DANIEL CHABANOL

CODE de justice administrative

À jour au 3 août 2001

Annotations
Commentaires
Jurisprudence

LE MONITEUR
17, rue d'Uzès – 75002 Paris

ISBN : 2-281-12295-6

Préface

Cette sixième édition du « code annoté et commenté » de Daniel Chabanol serait-elle intervenue voici deux ans que j'aurais — déjà ! — éprouvé un vif plaisir à la préfacer. D'abord — pourquoi ne pas le dire ? — en raison des liens de très solide et fidèle amitié qui m'unissent à l'auteur depuis plus d'un tiers de siècle et de la profonde estime que je lui porte.

Ensuite parce que le « code Chabanol » fait partie de ce petit nombre d'ouvrages — les doigts des deux mains suffiraient à les compter — qu'un praticien du contentieux administratif a l'habitude de ranger à proximité immédiate de sa table de travail et de consulter de façon quasi quotidienne.

Si le préfacier d'un nouvel ouvrage prend parfois quelque risque en prophétisant le succès, ici, il n'y a ni risque, ni même, pourrait-on penser, prophétie : la réputation des précédentes éditions annonce la réussite de celle-ci. Et pourtant... Autant la Sixième symphonie de Beethoven ressemble peu à la Cinquième, autant la « sixième » de Chabanol différera des précédentes. Et, pour filer jusqu'au bout la métaphore, on dira que dans les deux cas c'est la sixième qu'on préfère...

C'est que ce que Daniel Chabanol annote et commente aujourd'hui, ce n'est plus le Code des tribunaux administratifs et des cours administratives d'appel mais le Code de justice administrative, issu d'une ordonnance et d'un décret du 4 mai 2000, paru au Journal officiel du 7 mai et entré en vigueur le 1er janvier 2001. Et il m'est particulièrement agréable d'être associé à cette transition.

L'article L. 1 du tout jeune Code de justice administrative (« le présent code s'applique au Conseil d'État, aux cours administratives d'appel et aux tribunaux administratifs ») exprime son ambition : refléter l'unité de l'appareil juridictionnel défini par la loi du 31 décembre 1987. À cette fin, il ne s'est pas borné à ajouter au Code des tribunaux administratifs et des cours administratives d'appel les dispositions, jusque-là éparses, relatives au Conseil d'État. Le droit codifié a voulu être un droit unifié en un ensemble homogène où les règles gouvernant, par exemple, l'introduction de l'instance, l'instruction, le jugement, les voies de recours, l'exécution des décisions soient les mêmes (chaque fois que la nature des choses ne s'y opposerait pas) devant les tribunaux, les cours et le Conseil d'État, et qu'elles s'expriment d'un même jet.

Cette ambition sous-tend le plan du nouveau code. Elle s'exprime aussi dans son « Titre préliminaire » qui, s'il prend quelque liberté avec les us de la codification, réunit en quelques formules concises et épurées les principes essentiels de la justice administrative : « Les jugements sont rendus au nom du peuple français » (article L. 2), « Les débats ont lieu en audience publique » (article L. 6), « Le délibéré des juges est secret » (article L. 8), « Les jugements sont motivés » (article L. 9), « Les jugements sont exécutoires » (article L. 11).

L'encre du codificateur était à peine sèche lorsque la loi du 30 juin 2000 relative au référé devant les juridictions administratives a substitué au livre V initial du code des dispositions nouvelles visant à doter la juridiction administrative de procédures la mettant à même, conformément aux besoins du temps, de prononcer des mesures conservatoires dans des délais très brefs. À vrai dire, les deux entreprises avaient été engagées et menées pour aboutir simultanément, et ont d'ailleurs pris effet à la même date du 1er janvier 2001 : seules les contingences des calendriers respectifs d'élaboration d'une ordonnance et d'une loi sont à l'origine de cet apparent bégaiement.

C'est à ce code nouveau — qui prolonge et parachève la réorganisation et la modernisation de la juridiction administrative, résultant des lois du 31 décembre 1987 et du 8 février 1995 — que Daniel Chabanol apporte le concours du talent que les précédentes éditions avaient permis d'apprécier. Rien, dans son commentaire, n'est pédant ni superflu ; la sûreté et la précision de l'information se combinent avec la clarté de l'expression et de la pensée, qu'irrigue la connaissance intime de la matière.

Daniel Chabanol avait beaucoup fait pour le Code des tribunaux administratifs et des cours administratives d'appel ; le Code de justice administrative aura à son égard le même devoir de gratitude.

Daniel L*ABETOULLE*

Président de la section du contentieux
du Conseil d'État

Avertissement

Deux siècles environ après l'an VIII qui avait vu la naissance du Conseil d'État sous sa forme moderne et des conseils de préfecture, est donc disponible un Code de justice administrative, regroupant les dispositions du Code des tribunaux administratifs et des cours administratives d'appel aujourd'hui abrogé, les textes applicables devant le Conseil d'État, et nombre de textes épars relatifs notamment au statut des membres de ces juridictions.

La loi du 16 décembre 1999 a autorisé le Gouvernement à adopter, par ordonnance, la partie législative de divers codes dont celui-ci. Ce sera fait par ordonnance n° 2000-387 du 4 mai 2000, laquelle a été accompagnée du décret n° 2000-388 (décret en Conseil d'État délibéré en Conseil des ministres) et du décret n° 2000-389 (décret en Conseil d'État) du 4 mai 2000 approuvant la partie réglementaire du même code. L'ensemble est entré en vigueur le 1er janvier 2001.

Outre une table de correspondance des textes anciens vers le nouveau code en fin d'ouvrage, la présente édition mentionne sous chaque article, en annotation, l'origine du texte codifié, qu'il soit issu de l'ancien Code des tribunaux administratifs et des cours administratives d'appel, d'un texte jusqu'alors non codifié ou qu'il s'agisse d'une disposition nouvelle. Il a été considéré que ce procédé serait pratique pour le lecteur, de même que le titrage de chaque article. Avec le même souci méthodique, un rapprochement a été opéré entre les articles législatifs et les articles réglementaires correspondants afin d'éviter à l'utilisateur des recherches et des manipulations fastidieuses.

Sauf mention expresse, le texte du présent code est donc celui qui se trouve annexé à l'ordonnance et aux décrets du 4 mai 2000, dans sa rédaction résultant de la loi n° 2000-597 du 30 juin 2000 relative au référé devant les juridictions administratives, du décret n° 2000-1115 du 22 novembre 2000 pris pour son application et de la loi de finances rectificative pour 2000 (loi n° 2000-1353 du 30 décembre 2000).

C'est ainsi à un délicat travail d'horlogerie juridique que les rédacteurs du Code de justice administrative se sont livrés. Ce nouveau code appelle cependant quelques remarques liminaires.

Tout d'abord, comme le signale en préface Daniel Labetoulle, président de la section du contentieux du Conseil d'État, le Code de justice administrative débute de façon inhabituelle par un « Titre préliminaire » qui a pour ambition de présenter les principes les plus éminents de fonctionnement des juridictions administratives ; c'est en quelque sorte la « carte de visite » de ces juridictions.

D'autre part, le livre V, qui s'intitulait initialement « procédures d'urgence », a très vite connu quelques avatars. À peine l'ordonnance et les deux décrets de codification du 4 mai 2000 étaient-ils parus que la loi n° 2000-597 du 30 juin 2000 relative au référé devant les juridictions administratives opérait la réécriture complète de ses dispositions législatives, laquelle sera suivie du décret n° 2000-1115 du 22 novembre 2000 réécrivant ses dispositions réglementaires et tirant les effets de la mise en application, le 1er novembre 2000, de l'article 21 de la loi n° 2000-321 du 12 avril 2000 relative aux droits des citoyens dans leurs relations avec les administrations. Cet article ramène à deux mois le délai au terme duquel naît une décision implicite de rejet, d'où la mise à jour nécessaire de l'article R. 421-2 du Code de justice administrative. Ainsi qu'on le verra à la lecture des articles, le paysage des procédures d'urgence, désormais regroupé sous le seul vocable de « référé » (mis à part le sursis à exécution des décisions juridictionnelles), est totalement remanié, et modernisé :
– le sursis à exécution traditionnel disparaît, remplacé par le « référé-suspension » ;
– un nouveau référé apparaît (« référé-liberté » ou « référé-injonction ») ;
– les procédures sont modifiées : généralisation du juge statuant seul (« juge des référés », défini à l'article L. 511-2), disparition souvent de l'appel, qui lorsqu'il subsiste est confié au seul Conseil d'État, procédure orale possible... De même est supprimé implicitement un mécanisme qui, en cas de rejet, pour défaut de moyens sérieux, d'une demande de sursis, entraînait désistement de la requête au principal si l'intéressé, après ce rejet, ne l'avait pas confirmée (article R. 122-1 du Code des tribunaux administratifs et des cours administratives d'appel).

Un tel bouleversement ne va pas sans poser des problèmes de raccordement dans le temps avec les anciens textes, que l'ordonnance et le décret du 4 mai 2000 ont abrogé à compter du 1er janvier 2001. Cette abrogation et la mise en vigueur corrélative, à la même date, du nouveau livre V se combinent mal avec la nécessité de traiter, sans vide juridique, des affaires présentées avant le 1er janvier 2001 (et donc contenant des conclusions se référant aux anciennes dispositions, seules en vigueur à la date de la présentation), au vu, après cette date, de textes qui ont cessé d'être applicables : par exemple, la cour administrative d'appel, saisie en appel, le 28 décembre, d'un recours formé contre un jugement rendu en matière de sursis à exécution, est-elle encore compétente, en janvier 2001, pour se prononcer sur cet appel alors qu'elle a perdu ses compétences en la matière ?

L'article 5 du décret du 22 novembre 2000 a sagement prévu que « les dispositions antérieures à celles de la loi du 30 juin 2000 et à celles du présent décret demeurent seules applicables aux demandes de suspension ou de sursis à exécution se rapportant à des litiges ayant fait l'objet d'une requête enregistrée au greffe d'une juridiction administrative avant la publication du présent décret » (soit avant le 23 novembre 2000), ce qui n'est que partiellement répondre aux questions posées par la mise en application du système nouveau. Au minimum doit-on en conclure que ces mesures transitoires ne concernent que les demandes de suspension ou de sursis à exécution, et non les autres référés (référé-instruction, ou référé-provision, ou encore référé résiduel prévu par l'article L. 521-3, anciennement article R. 130 du Code des tribunaux administratifs et des cours administratives d'appel).

De même, doit-on estimer que, en faisant référence à une affaire enregistrée devant « une » juridiction administrative, les rédacteurs du décret ont entendu que, dès lors qu'une affaire a été enregistrée en première instance avant le 23 novembre, tous les contentieux de sursis annexes qu'elle fera naître, fût-ce pour la première fois en appel, continueront de relever de l'ancienne procédure (CE 6 avril 2001, Ministère de l'Économie et SA Fyelds Service).

Pour le traitement en appel des affaires autres que les demandes de sursis à exécution ou de suspension, on doit estimer que sera applicable le principe selon lequel le droit de former recours est définitivement constitué à la date du jugement, ce droit s'étendant à la définition des voies et délais d'appel, cependant que la procédure et les formes selon lesquelles ce recours est instruit et jugé est, en vertu du principe d'applicabilité immédiate des règles de procédure, celle en vigueur à la date à laquelle le juge chargé du recours se prononce (CE sect. 13 novembre 1959, *Lebon* p. 593).

Sommaire général

Table des abréviations et des sigles

al.	alinéa
art.	art.
chr.	chronique
concl.	conclusions
obs.	observations
somm.	sommaire

Références aux textes officiels

Code des TA et des CAA	Code des tribunaux administratifs et des cours administratives d'appel
CCH	Code de la construction et de l'habitation
C. environ.	Code de l'environnement
CGCT	Code général des collectivités territoriales
CGI	Code général des impôts
C. santé publique	Code de la santé publique
C. urba	Code de l'urbanisme
LPF	Livre des procédures fiscales
R.	article réglementaire issu d'un décret en Conseil d'État
R.*	article réglementaire issu d'un décret en Conseil d'État délibéré en Conseil des ministres
Rép. min.	réponse ministérielle

Références à la jurisprudence

CAA	arrêt d'une cour administrative d'appel
Cass. civ.	arrêt de la chambre civile de la Cour de cassation
Cass. comm.	arrêt de la chambre commerciale de la Cour de cassation
CE	arrêt du Conseil d'État
CE ass.	arrêt de l'assemblée du Conseil d'État
CE avis	avis du Conseil d'État
CE sect.	arrêt de section du Conseil d'État
CEDH	Cour européenne des droits de l'homme
Cons. constit.	décision du Conseil constitutionnel
CRC	jugement d'une chambre régionale des comptes
TA	jugement d'un tribunal administratif
Trib. confl.	arrêt du Tribunal des conflits

Références aux revues, périodiques et ouvrages

AJDA	*L'Actualité juridique – Droit administratif*
D.	*Recueil Dalloz* (IR : Informations rapides)
Gaz. Pal.	*Gazette du Palais*
JCP	*Juris-classeur périodique (La semaine juridique)*
JCP G	*Juris-classeur périodique* (édition générale)
JO	*Journal officiel*
Lebon	*Recueil des décisions du Conseil d'État, du Tribunal des conflits et des jugements des tribunaux administratifs*
RDP	*Revue de droit public*
Rec.	*Recueil de jurisprudence du Conseil d'État*
RFDA	*Revue française de droit administratif*
RJF	*Revue de jurisprudence fiscale*

Titre préliminaire

CHAMP D'APPLICATION

Art. L 1 Le présent code s'applique au Conseil d'État, aux cours administratives d'appel et aux tribunaux administratifs.

■ **Textes sources**

– Ordonnance n° 2000-387 du 4 mai 2000, article 1er.

■ **Commentaires**

Ainsi qu'en dispose cet article, le présent code, dont le titre a reçu l'onction législative (loi du 16 décembre 1999), ne régit pas toutes les juridictions administratives. Toutes les juridictions spécialisées y échappent, ce qui ne signifie pas nécessairement que des règles ou principes qu'il contient ne leur sont pas applicables. Leurs règles d'organisation et de fonctionnement sont contenues, la plupart du temps, dans les codes régissant les matières dont elles ont à connaître (Code de la santé publique pour les juridictions disciplinaires de l'Ordre des médecins, Code des juridictions financières pour les chambres régionales des comptes et la Cour des comptes, par exemple).

Pas plus ne régit-il le Tribunal des conflits, lequel ne saurait être rattaché à l'un ou à l'autre des ordres de juridictions. Il en va de même, pour la même raison, des dispositions relatives à l'aide juridique issues de la loi du 10 juillet 1991.

AU NOM DU PEUPLE...

Art. L 2 Les jugements sont rendus au nom du peuple français.

■ **Textes sources**

– Code des TA et des CAA, article L. 1.

■ **Commentaires**

Cet article rappelle que les juridictions administratives exercent la justice déléguée. Depuis la loi du 24 mai 1872, qui pouvait en douter ?

Sous l'appellation de « jugements », il convient évidemment d'entendre, de

façon générique, l'ensemble des décisions rendues par les juridictions mentionnées à l'article 1, quelle que soit leur appellation (jugements, arrêts, ordonnances, ou décisions du Conseil d'État statuant au contentieux). Interprétation au demeurant confirmée au contentieux : par décision Bouteraa, le Conseil d'État a, le 4 novembre 1992, jugé que la compétence des cours administratives d'appel, décrite comme concernant les appels dirigés contre les « jugements » des tribunaux administratifs, s'étendait aux appels dirigés contre les ordonnances rendues par le juge de premier degré.
On notera que les « avis contentieux » rendus par le Conseil d'État, n'étant pas des décisions, ne sont pas prononcés au nom du peuple français (voir art. L. 113-1 et R. 113-1 et s.).

LA COLLÉGIALITÉ

Art. L. 3 Les jugements sont rendus en formation collégiale, sauf s'il en est autrement disposé par la loi.

■ Textes sources

– Code des TA et des CAA, article, L. 4, § 2.

■ Commentaires

L'affirmation du principe de collégialité est essentielle, tant « la collégialité est le corollaire indispensable de l'indépendance » (F. Mitterrand, 28 janvier 1994, installation du comité de politique monétaire). Comment ne pas citer ici l'appréciation sans nuance portée par R. Odent, alors président de la section du contentieux du Conseil d'État, sur le juge non collégial : « La solution du juge unique, qui peut paraître expédiente, est, en contentieux administratif, une solution détestable. Une délibération sérieuse, aboutissant à un jugement offrant des garanties d'indépendance et d'impartialité aux justiciables, implique nécessairement que plusieurs personnes soient consultées, discutent leurs points de vue respectifs et dégagent une majorité. »
Il reste que, devant l'abondance des affaires à traiter, le caractère souvent répétitif de certains contentieux, comme parfois l'évidence des réponses à apporter, il a bien fallu en venir à des solutions dérogeant au principe de collégialité. C'est en tout cas au législateur de définir les cas dans lesquels il peut être recouru au juge statuant seul, comme il résulte de la lettre même de l'article L. 3 que les exceptions ainsi définies devront être interprétées strictement.

Au surplus, le Code de justice administrative révèle que l'on n'attend point du législateur qu'il énumère, comme c'était le cas auparavant, les matières relevant du juge unique, mais seulement qu'il détermine les critères que le pouvoir réglementaire devra mettre en œuvre : en témoigne la rédaction de l'article L. 222-1, renvoyant à des « exceptions tenant à l'objet du litige ou à la nature des questions à juger », là où les articles L. 4-1 et L. 9 anciens du Code des tribunaux administratifs et des cours administratives d'appel énuméraient avec un luxe de précision les matières relevant du magistrat statuant seul.

LES REQUÊTES NE SONT PAS SUSPENSIVES

Art. L. 4 Sauf dispositions législatives spéciales, les requêtes n'ont pas d'effet suspensif s'il n'en est autrement ordonné par la juridiction.

■ Textes sources

– Ordonnance n° 45-1708 du 31 juillet 1945, article 48.
– Code des TA et des CAA, articles R. 118 et R. 125, 1re phrase.

■ Commentaires

Le caractère non suspensif des « requêtes » – qu'il s'agisse des demandes devant le tribunal administratif, des appels (CE 24 mai 2000, Thomas) ou des pourvois en cassation – est un principe fondamental de notre droit public (CE ass. 2 juillet 1982, Huglo, *Rec.* p. 257), découlant du caractère exécutoire des actes administratifs. Mais se trouve également rangée au nombre des principes constitutionnels de respect des droits de la défense la possibilité d'obtenir que l'exécution d'une décision administrative soit suspendue (Cons. constit., décision n° 86-224 DC du 23 janvier 1987, relative au Conseil de la concurrence [**1**]). De telle sorte que l'article L. 4 se devait d'annoncer que la juridiction pourrait ordonner la suspension de la décision contestée (voir livre V du présent code).

La seule exception au caractère non suspensif des recours, inscrite dans le code, figure à l'article L. 776-1 et concerne le contentieux des arrêtés préfectoraux de reconduite à la frontière des étrangers en situation irrégulière (second alinéa du II de l'article 22 *bis* de l'ordonnance du 2 novembre 1945). Elle n'est pas la seule : ainsi, il est de principe que l'opposition formée contre un titre exécutoire suspend d'office l'exécution de ce titre jusqu'à décision au fond du premier juge. Et le Code électoral prévoit de son côté que les conseillers dont l'élection est contestée demeurent en fonction jusqu'à ce qu'il soit statué définitivement sur leur élection, ce qui rend suspensif l'appel dirigé contre un jugement annulant une élection (art. L. 223 et L. 250 du code électoral, sous réserve des articles L. 223-1 et L. 250-1). Dans un domaine voisin, la démission d'office d'un conseiller municipal pour survenance en cours de mandat d'une cause d'inéligibilité relève d'un régime suspensif (CE 29 avril 1970, Agard, *Lebon*

p. 282) sauf si elle fait suite à une condamnation pénale définitive entraînant la perte des droits civiques et électoraux (article 78 de la loi du 8 février 1995). Naturellement, la demande de suspension n'a pas à être adressée à la juridiction lorsque l'exercice même du recours est suspensif. Si elle l'est, elle est irrecevable (CE 7 février 1986, Ruble, *Lebon* p. 34 [**2**], s'agissant d'un titre exécutoire). Mais, la suspension née de l'exercice d'un recours cesse avec la décision rendue par le juge saisi. Il a donc été admis que le juge d'appel puisse être utilement saisi, et pour la première fois, d'une demande de suspension, dans les matières dans lesquelles le recours est, en première instance, suspensif. Ainsi en matière de titre exécutoire (CE avis 5 mai 1995, Laiterie Fromarsac [**3**]). S'agissant de la reconduite à la frontière, l'admission identique d'une demande de sursis à exécution (CE 29 juin 1990, Engin [**4**]) paraît désormais impossible compte tenu de la nouvelle organisation des référés suspension (CE 26 janvier 2001, Gunes, et commentaires sous l'article L. 521-1).

☐ ***Jurisprudence***

[**1**] Considérant que, compte tenu de la nature non juridictionnelle du Conseil de la concurrence, de l'étendue des injonctions et de la gravité des sanctions pécuniaires qu'il peut prononcer, le droit pour le justiciable formant un recours contre une décision de cet organisme de demander et d'obtenir, le cas échéant, un sursis à l'exécution de la décision attaquée constitue une garantie essentielle des droits de la défense...

[**2**] Considérant qu'il résulte des pièces du dossier que M. Ruble a fait opposition par une requête enregistrée au greffe du tribunal administratif de Strasbourg le 23 octobre 1984 au commandement de payer émis à son encontre le 19 octobre 1984 par la recette-perception de Bischwiller d'un montant de 117 940,45 F ; que ce titre avait cessé d'être exécutoire dès l'introduction de l'opposition devant le tribunal administratif de Strasbourg ; que dès lors les conclusions de M. Ruble tendant à ce qu'il soit sursis à son exécution étaient sans objet et par suite non recevables...

[**3**] L'article 164 du décret du 29 décembre 1962 portant règlement général sur la comptabilité publique qui fixe les conditions dans lesquelles sont recouvrées les créances des établissements publics nationaux à caractère administratif dispose que : « Les créances de l'établissement qui n'ont pu être recouvrées à l'amiable font l'objet d'états rendus exécutoires par l'ordonnateur [...]. Leur recouvrement est poursuivi jusqu'à opposition devant la juridiction compétente. »
Il résulte de cette disposition que si l'opposition formée contre un titre exécutoire devant la juridiction compétente fait obstacle au recouvrement de la créance, l'intervention du jugement rejetant ladite opposition met fin à cet effet suspensif. Conformément aux dispositions de l'article L.8 du Code des tribunaux administratifs et des cours administratives d'appel aux termes duquel « les jugements des tribunaux administratifs et des cours administratives d'appel sont exécutoires et emportent hypothèque », l'appel présenté contre un tel jugement n'entraîne pas par lui-même la suspension de l'exécution du titre qui ne pourrait être ordonnée que par le juge d'appel saisi de conclusions à fin de sursis présentées dans les conditions de droit commun.

[**4**] Considérant qu'en vertu de l'article 22 *bis* de l'ordonnance du 2 novembre 1945 dans sa rédaction issue de la loi du 10 janvier 1990 : « L'étranger qui fait l'objet d'un arrêté préfectoral de reconduite à la frontière peut, dans les vingt-quatre heures suivant sa notification, demander l'annulation de cet arrêté au président du tribunal administratif. Le président ou son délégué statue dans un délai de quarante-huit heures à compter de sa saisine [...]. Le jugement du président du tribunal administratif ou de son délégué est susceptible d'appel dans un délai d'un mois devant le président de la section du contentieux du Conseil d'État ou un conseiller d'État délégué par lui. Cet appel n'est pas suspensif » ;
Considérant que par un arrêté en date du 21 mars 1990, le préfet du département de la Haute-Garonne a décidé la reconduite à la frontière de M. Engin ; que saisi par ce dernier, le conseiller délégué par le président du tribunal administratif de Toulouse a rejeté sa demande dirigée contre ledit arrêté par le jugement susvisé du 23 mars 1990 ; que les dispositions précitées de l'ordonnance du 2 novembre 1945 modifiée ne faisaient pas obstacle à ce que M. Engin demande au président de la section du contentieux du Conseil d'État d'ordonner le sursis à l'exécution de cet arrêté dans les conditions prévues par les dispositions de l'article 48 de l'ordonnance du 31 juillet 1945 et du décret du 30 juillet 1963...

L'INSTRUCTION EST CONTRADICTOIRE

Art. L. 5 L'instruction des affaires est contradictoire. Les exigences de la contradiction sont adaptées à celles de l'urgence.

■ Textes sources

– Ordonnance n° 2000-387 du 4 mai 2000, article 1er.

■ Commentaires

Cet article est nouveau. Nul ne discutera sans doute le caractère fondamental du principe du contradictoire, qui irrigue toute la procédure contentieuse. L'important est en fait la seconde phrase, qui autorise, au nom de l'urgence, une adaptation des exigences de l'instruction contradictoire, ainsi qu'on pourra le constater à propos du livre V.
Conformément au bon sens, et au surplus à la jurisprudence, la notion d'instruction « contradictoire » n'implique pas nécessairement que le défendeur éventuel ait été mis à même de présenter des observations sur une requête, si la solution qu'appelle cette dernière relève de l'évidence, et se traduit par un rejet (CE sect. 29 janvier 1993, Association des riverains de l'Herrengrie [**1**] – CE 5 avril 1996, Syndicat des avocats de France [**2**]). La procédure d'admission des pourvois en cassation en offre un exemple désormais classique (voir art. L. 822-1 et R. 822-1 et s.).

□ ***Jurisprudence*** :

[**1**] Considérant qu'aux termes du premier alinéa de l'article L. 9 du Code des tribunaux administratifs et des cours administratives d'appel, dans sa rédaction issue de la loi susvisée du 25 juin 1990 : « Les présidents de tribunal administratif, les présidents de cour administrative d'appel, le vice-président du tribunal administratif de Paris et les présidents de formation de jugement des tribunaux administratifs et des cours administratives d'appel peuvent, par ordonnance, donner acte des désistements, constater qu'il n'y a pas lieu de statuer sur une requête et rejeter les conclusions entachées d'une irrecevabilité manifeste non susceptible d'être couverte en cours d'instance » ; qu'aux termes du second alinéa du même article : « Ils peuvent, en outre, par ordonnance prise au terme d'une procédure contradictoire, rejeter les conclusions à fin de sursis. Ils peuvent, en tout état de cause, renvoyer l'affaire devant la formation collégiale de la juridiction » ;
Considérant que le principe du caractère contradictoire de la procédure rappelé au deuxième alinéa de l'article L. 9 précité, s'il interdit au président d'une formation de jugement de se fonder, pour rejeter des conclusions à fin de sursis, sur des éléments qui n'auraient pas été connus des demandeurs, ne lui fait pas obligation de communiquer ces conclusions aux défendeurs dès lors qu'il peut uniquement, par ordonnance prise en application dudit article, prononcer le rejet de telles conclusions ; que, par suite, les requérants ne sont pas fondés à soutenir que, faute de communication de leur demande tendant à ce qu'il soit sursis à l'exécution du permis de construire accordé à M. et Mme Deplanck par le maire de Marcq-en-Barœul à l'auteur et aux bénéficiaires de cette décision, l'ordonnance rejetant cette demande aurait été prise sur une procédure irrégulière...

[**2**] Considérant qu'aux termes de l'article R. 149 [du Code des tribunaux administratifs et des cours administratives d'appel] : « Lorsqu'il apparaît au vu de la requête que la solution de l'affaire est d'ores et déjà certaine, le président du tribunal administratif ou, à la cour administrative d'appel, le président de la chambre peut décider qu'il n'y a pas lieu à instruction et transmettre le dossier au commissaire du gouvernement » ;
Considérant que ces dispositions n'ont pas pour objet et ne sauraient avoir légalement pour effet de porter atteinte au principe général du caractère contradictoire de la procédure ; qu'elles permettent uniquement de dispenser de communiquer la requête aux défendeurs lorsque la décision à intervenir n'est pas susceptible de leur porter préjudice ; qu'il en va ainsi notamment en cas de rejet de la requête...

L'AUDIENCE EST PUBLIQUE

Art. L. 6 Les débats ont lieu en audience publique.

■ Textes sources

– Ordonnance n° 45-1708 du 31 juillet 1945, article 66, § 1.
– Code des TA et des CAA, article R. 195.

■ Commentaires

La publicité des audiences du Conseil d'État remonte à l'ordonnance du 2 février 1831.

L'article L. 6 érige au rang législatif le principe de publicité des audiences, ainsi que l'avait jugé, à propos du Nouveau Code de procédure civile, le Conseil d'État (CE ass. 4 octobre 1974, Dame David, *Lebon* p. 464 [**1**]). Et la procédure d'adoption du code par ordonnance contraignait à le rédiger à droit constant, en ce qui concerne sa partie législative, sauf à y opérer les déclassements découlant de la définition du domaine législatif (décision nº 99-421 DC du Conseil constitutionnel en date du 16 décembre 1999). Ce qui n'a pas permis de prévoir, pour les juridictions administratives, une procédure de huis clos.

Mais le texte n'impose pas la tenue systématique d'une audience avant jugement : une partie des procédures de référé peut se régler sans audience publique, et il en va de même de diverses ordonnances (par exemple prononcées en application de l'art. R. 222-1 : CE 11 mai 1994, Campocasso – CE 30 décembre 1998, Association syndicale du Nevon –, mais non en application des articles L. 551-1 et L. 551-2 relatifs aux marchés publics – CE ass. 10 juin 1994, Ville de Cabourg, *Lebon* p. 300).

Rien ne s'oppose à ce qu'une audience se tienne le dimanche (et diverses procédures d'urgence l'imposeront, par exemple en matière de référé-liberté prévu à l'article L. 521-2) : une telle circonstance ne méconnaît pas les droits de la défense (CE 17 mai 1995, Bungudi).

Si les audiences sont publiques, la procédure (entendons par là le contenu des dossiers) demeure secrète pour toutes les personnes autres que les parties, sous la seule réserve de ce qu'en révélera l'audience ou le jugement, lu en séance publique. Ce secret doit être préservé par la juridiction, qui ne doit pas le briser par des jonctions intempestives : décidée en première instance, la jonction des affaires permet, en appel, à toutes les parties d'avoir accès à l'entier dossier, y compris aux éléments relatifs aux affaires qui ne les concernent pas personnellement. C'est dire que des précautions doivent être observées, notamment lorsque les dossiers à joindre contiennent des éléments d'ordre médical (expertise), professionnel, ou fiscal (CE 14 juin 1989, SA Moulin Jacquot, *RJF* 1989, nº 1028 [**2**])

La décision juridictionnelle, qui « doit faire la preuve que la procédure à l'issue de laquelle elle a été prononcée a été régulière », doit faire apparaître que l'audience a été publique (CE 8 novembre 1993, Kluck – CE 29 juillet 1994, David), ce que confirme d'ailleurs l'article R. 741-2. La seule mention que les parties ont été entendues n'implique pas que l'audience a été publique (CE 27 mai 1998, Assoun).

□ *Jurisprudence*

[**1**] Considérant que la publicité des débats judiciaires est un principe général du droit ; qu'il n'appartient dès lors qu'au législateur d'en déterminer, d'en étendre ou d'en restreindre les limites ;

que le 2° alinéa de l'article 83 qui confère au président du tribunal, seul, le droit de décider que les débats auront lieu en chambre du conseil s'il doit résulter de leur publicité une atteinte à l'intimité de la vie privée, ou si toutes les parties le demandent, ou s'il survient des désordres de nature à troubler la sérénité de la justice, apporte des restrictions à ce principe et ne pouvait par suite être édicté par le pouvoir réglementaire...

[**2**] Considérant que le tribunal administratif de Besançon a été saisi de trois demandes distinctes, l'une émanant de M. Jacquot, ayant trait aux suppléments d'impôt sur le revenu auxquels celui-ci a été assujetti au titre des années 1978 et 1979, les deux autres de la société anonyme « Moulin Jacquot », et ayant trait aux suppléments d'impôt sur les sociétés et de taxe sur la valeur ajoutée auxquels cette société a été assujettie au titre, respectivement, de l'année 1980 et de la période du 1er avril 1979 au 31 mars 1980 ; que, compte tenu de la nature de l'impôt sur le revenu et de l'impôt sur les sociétés, et quels que fussent en l'espèce les liens de fait et de droit entre ces deux impositions, le tribunal devait statuer par deux décisions séparées à l'égard de M. Jacquot d'une part et de la société anonyme « Moulin Jacquot » d'autre part ; que c'est en méconnaissance de cette règle d'ordre public que le tribunal administratif a prononcé la jonction des instances ; que, dès lors, son jugement doit être annulé en tant qu'il a statué sur les impositions de la société anonyme « Moulin Jacquot » en même temps que sur celles de M. Jacquot...

Le commissaire du gouvernement

Art. L. 7 Un membre de la juridiction, chargé des fonctions de commissaire du gouvernement, expose publiquement, et en toute indépendance, son opinion sur les questions que présentent à juger les requêtes et sur les solutions qu'elles appellent.

■ Textes sources

– Loi n° 86-14 du 6 janvier 1986, article 18, § 1.

■ Commentaires

Le commissaire du gouvernement est apparu au XIXe siècle devant le Conseil d'État. C'est le 12 mars 1831 qu'est organisée l'intervention d'un maître des requêtes exerçant les fonctions du « ministère public », désigné pour trois mois par le ministre présidant le Conseil d'État, lequel maître des requêtes devra être entendu sur chaque affaire après avoir reçu communication du dossier. Rien dans le texte ne précise – à la différence de l'exposé des motifs – que ce personnage a pour mission de défendre les intérêts de l'État. Ce ministère public a rapidement pris son envol et son autonomie, puisque dès 1832 était rendue une décision rejetant les prétentions du ministère des Finances, conformément aux conclusions du ministère public (CE 24 mars 1832, D'Annebault c/ Adm. des Domaines, *Rec.* p. 97).

En 1842 apparaît pour la première fois dans un arrêt l'expression « commissaire du roi », et disparaît le ministère public, expression consacrée par la loi du 21 juillet 1845 (art. 20). Et c'est en 1852 que ce commissaire devient « du gouvernement » (art. 21 du décret du 25 janvier 1852).

À l'instar du procureur agissant comme « partie jointe », le commissaire du gouvernement a pris pour règle de conclure selon la loi et sa conscience, ainsi que le relevait Laferrière, et que le confirmera la jurisprudence (CE 10 juillet 1957, Gervaise, *Lebon* p. 466)

Par des décisions aujourd'hui classiques, la Cour européenne des droits de l'homme a mis en question des systèmes assez proches du commissaire du gouvernement pour qu'on puisse y voir une condamnation annoncée de ce dernier : le 20 février 1996 (Vermeulen/Labo Machado), la CEDH voyait dans le ministère public près la Cour de cassation belge « l'allié ou l'adversaire objectif » du justiciable, ce qui devait le soumettre aux règles du contradictoire gouvernant le procès équitable. Plus encore, elle soulignait (Vermeulen) que son intervention portait atteinte au caractère contradictoire de la procédure, notamment en ce que l'avocat général participait au délibéré des juges, occasion pour lui « d'appuyer ses conclusions en chambre du conseil ».

À propos de l'avocat général devant la Cour de cassation, française cette fois, et par ses décisions Reinhardt et Slimane Kaïd du 31 mars 1998, la Cour européenne des droits de l'homme jugeait non plus qu'il était un allié ou adversaire d'une des parties, mais que son intervention dans le procès le déséquilibrait, portant ainsi atteinte à l'égalité des armes. Position réitérée le 8 février 2000 (Voisine c/France), la Cour y rappelant que le droit à une procédure contradictoire « implique en principe le droit pour les parties à un procès de se voir communiquer et de discuter toute pièce ou observation présentée au juge, fût-ce par un magistrat indépendant, en vue d'influencer sa décision », ajoutant que « l'impossibilité pour le requérant de répondre à l'avocat général avant que la Cour de cassation ne rejette son pourvoi a méconnu son droit à une procédure contradictoire ».

Ainsi qu'en dispose l'article L. 7, reprenant un arrêt Esclatine (CE 29 juillet 1998, Esclatine [1]), le commissaire du gouvernement, loin d'être une partie, n'est qu'un membre de la juridiction, qui participe à la fonction de juger dévolue à cette juridiction, fonction qui commence dès qu'il se lève pour prononcer ses conclusions, marquant ainsi le terme de l'instruction. Cette fonction de juger relève des juges et d'eux seuls. Le prononcé des conclusions constitue le début du délibéré, un délibéré public – ce qui justifie que le commissaire du gouvernement, dont l'opinion est désormais connue, ne votera pas –, mais un délibéré tout de même. Ainsi que l'ont écrit MM. Bonichot et Abraham, le commissaire du gouvernement est un « juge qui parle » (*JCPG* 1998-I-176).

Par arrêt Kress c/ France (7 juin 2001), la Cour européenne des droits de l'homme a, s'agissant du rôle du commissaire du gouvernement devant le Conseil d'État, estimé que, compte tenu d'une part que les avocats qui le souhaitent peuvent lui demander par avance le sens de ses conclusions, d'autre part que les parties peuvent lui répliquer par une note en délibéré, le principe du contradictoire était respecté par la juridiction administrative. Le même arrêt condamne toutefois la France en ce que le commissaire du gouvernement participe – ou assiste – aux délibérés : il y là, au nom de la théorie de l'apparence, violation de l'article 6 § 1 de la Convention européenne de sauvegarde des droits de l'homme et des libertés fondamentales.

□ ***Jurisprudence***

[**1**] Considérant qu'aux termes de l'article 67 de l'ordonnance du 31 juillet 1945 : « Après le rapport, les avocats des parties présentent leurs observations orales ; les conclusions sont données dans chaque affaire par l'un des maîtres des requêtes, commissaire du gouvernement ou par l'un des auditeurs commissaire-adjoint » ;

Considérant que la requérante soutient que l'article 67 susmentionné, dont elle invoque la violation à l'appui de son recours en révision, doit être interprété, par référence à l'article 6-1 de la Convention européenne de sauvegarde des droits de l'homme et des libertés fondamentales, comme impliquant que les parties ou leurs conseils aient connaissance des conclusions du commissaire du gouvernement préalablement à leur prononcé afin d'être mis à même d'y répondre et qu'elle fait état, à l'appui de son argumentation, de décisions rendues par la Cour européenne des droits de l'homme dans des cas et pour des juridictions différents ;

Considérant que le principe du contradictoire, qui tend à assurer l'égalité des parties devant le juge, implique la communication à chacune des parties de l'ensemble des pièces du dossier, ainsi que, le cas échéant, des moyens relevés d'office ; que ces règles sont applicables à l'ensemble de la procédure d'instruction à laquelle il est procédé sous la direction de la juridiction ;

Mais considérant que le commissaire du gouvernement, qui a pour mission d'exposer les questions que présente à juger chaque recours contentieux et de faire connaître, en formulant en toute indépendance ses conclusions, son appréciation, qui doit être impartiale, sur les circonstances de fait de l'espèce et les règles de droit applicables ainsi que son opinion sur les solutions qu'appelle, suivant sa conscience, le litige soumis à la juridiction à laquelle il appartient, prononce ses conclusions après la clôture de l'instruction à laquelle il a été procédé contradictoirement ; qu'il participe à la fonction de juger dévolue à la juridiction dont il est membre ; que l'exercice de cette fonction n'est pas soumis au principe du contradictoire applicable à l'instruction ; qu'il suit de là que, pas plus que la note du rapporteur ou le projet de décision, les conclusions du commissaire du gouvernement – qui peuvent d'ailleurs ne pas être écrites – n'ont à faire l'objet d'une communication préalable aux parties, lesquelles n'ont pas davantage à être invitées à y répondre ; que, par suite, le moyen tiré de la violation de l'article 67 de l'ordonnance du 31 juillet 1945, tel qu'il a été analysé ci-dessus, doit être écarté...

LE SECRET DU DÉLIBÉRÉ

Art. L. 8 Le délibéré des juges est secret.

■ **Textes sources**

– Ordonnance nº 2000-387 du 4 mai 2000, article 1er.

■ **Commentaires**

Le contenu de cet article (nouveau) exprime un principe général du droit (CE 17 novembre 1922, Légillon, *Lebon* p. 849), lequel va sans dire, en tout cas pour des juridictions françaises, dont les décisions ne doivent pas faire apparaître les opinions dissidentes, non plus que les conditions de majorité dans lesquelles elles ont été acquises.

Ainsi que le rappellera l'article L. 741-1, le secret des délibérés emporte interdiction de rendre compte des délibérations des cours et tribunaux (loi du 29 juillet 1881), laquelle vaut, au premier chef, pour les membres de ces juridictions. Est ainsi irrégulier un jugement dont un quotidien avait pu révéler, avant sa lecture, le sens et les motifs, cette publicité ayant « porté au principe général du secret des délibérations de la formation de jugement une atteinte qui n'a été rendue possible que par une irrégularité de la procédure » (CE 30 décembre 1996, Élections municipales de Chantilly).

Et l'on verra que l'article R. 741-1 mentionne un « délibéré hors la présence des parties ».

LA MOTIVATION DES JUGEMENTS

Art. L. 9 Les jugements sont motivés.

■ **Textes sources**

– Code des TA et des CAA, article R. 200, § 5.

■ **Commentaires**

Ce texte affirme, ici également, et conformément à la vocation de ce titre préliminaire, un principe général du droit (CE 5 décembre 1924, Légillon, *Lebon* p. 985, et jurisprudence constante, par exemple CE 30 juin 2000, Manchec) s'appliquant en l'absence de dispositions législatives contraires.

La publicité des jugements

Art. L. 10 Les jugements sont publics. Ils mentionnent le nom des juges qui les ont rendus.

■ **Textes sources**

– Ordonnance n° 45-1708 du 31 juillet 1945, article 68, § 1 et 2.

– Code des TA et des CAA, articles R. 199 et R. 200, § 6.

■ **Commentaires**

La mention du nom des juges constitue un autre principe général du droit (CE ass. 23 janvier 1948, Bech, *Lebon* p. 33 – CE 13 mars 1998, Avakian). Et le fait que les jugements doivent être publics implique leur lecture en audience publique.

Le caractère exécutoire des jugements

Art. L. 11 Les jugements sont exécutoires.

■ **Textes sources**

– Code des TA et des CAA, article L. 8.

■ **Commentaires**

Cette mention a pour effet, entre autres, de renforcer l'affirmation que les recours contre les jugements ne sont pas suspensifs, sauf disposition législative contraire (art. L. 4). Voir CE 24 mai 2000, Thomas.

De ce que les jugements sont exécutoires, il suit que leur bénéficiaire peut mettre en œuvre les mécanismes organisés pour assurer l'exécution des décisions juridictionnelles (voir livre IX), et notamment l'astreinte.

Toutefois l'absence d'exécution d'un jugement ultérieurement annulé n'emporte pas, malgré l'article L. 11, responsabilité de l'administration, laquelle n'a pas, en s'abstenant ainsi d'exécuter, porté atteinte à un droit « définitivement acquis » (CE 27 novembre 1970, Ville de Toulouse c/Anisset, *Lebon* p. 716 [**1**] – CE 23 septembre 1983, Ministre de l'Intérieur c/ Dridi, *Lebon* p. 86).

De l'article L. 11, il résulte que tout jugement portant condamnation fait courir les intérêts du jour de son prononcé, même en l'absence de conclusions en ce sens – ce qui est contenu dans l'article 1153-1 du Code civil (CE sect. 16 janvier 1987, Ribot, *Lebon* p. 9 [**2**]), ce droit à intérêts s'appliquant au montant de la condamnation, fût-elle symbolique (par une décision Lapierre, du 10 mai 1996, le Conseil d'État a ainsi prévu des intérêts – et leur capitalisation – sur une somme de 1 F), et s'étendant à la créance représentative des frais irrépétibles (CE 30 mars 1994, Loubet ; voir art. L. 761-1). D'où il suit que sont irrecevables en appel, comme dépourvues d'objet, les conclusions tendant à ce que de tels intérêts soient alloués (CE 26 mai 1989, Centre hospitalier universitaire d'Amiens [**3**]). Encore faut-il s'entendre sur ce qu'est un jugement « portant condamnation » : reconnaître à un requérant le bénéfice d'une allocation est condamner la collectivité en cause à la payer (CE 28 juillet 2000, Brugeron) ; mais annuler le refus de versement d'une aide n'est pas prononcer une condamnation (CE 28 juillet 2000, Roca).

Cet intérêt, fixé par décret pour chaque année, est égal à la moyenne arithmétique des douze dernières moyennes mensuelles des taux de rendement actuariel des adjudications de bons du Trésor à treize semaines (art. 12 de la loi du 23 juin 1989). Il s'établit ainsi :

– jusqu'au 7 septembre 1989 : 9,5 %
– du 8 septembre au 31 décembre 1989 : 7,82 %
– 1990 : 9,36 %
– 1991 : 10,26 %
– 1992 : 9,69 %
– 1993 : 10,40 %
– 1994 : 8,40 %
– 1995 : 5,82 %
– 1996 : 6,65 %
– 1997 : 3,87 %
– 1998 : 3,36 %
– 1999 : 3,47 %
– 2000 : 2,74 %
– 2001 : 4,26 %

En application de la loi du 11 juillet 1975, le taux d'intérêt légal est majoré de cinq points si la somme due en vertu du jugement n'est pas payée deux mois après la notification de cette décision.

Naturellement, si le jugement vient à être annulé ou réformé, les intérêts dus sont recalculés en fonction des sommes découlant de la dernière décision juridictionnelle, et l'excédent éventuellement réglé au bénéficiaire doit être remboursé par lui. Mais le versement d'une somme en exécution d'un jugement ultérieurement annulé ou réformé n'autorise pas à percevoir en retour des intérêts sur cette somme (CE 4 mai 1984, Maternité régionale A. Pinard, *Lebon* p. 165 [**4**]). C'est en invoquant cette règle que la personne condamnée par jugement à verser une somme pourra obtenir le sursis à exécution de ce jugement, non point, en application de l'article R. 811-16, parce que l'exécution la conduirait à la perte définitive d'une somme qui ne devrait pas rester à sa charge en cas d'annulation de ce jugement – puisque ces intérêts doivent rester à sa charge : CE 13 juin 1997, Société civile professionnelle d'architectes Nicolet et Douillet [5] –, mais, en application de l'article R. 811-17, parce que le préjudice lié à l'immobilisation de la somme ainsi versée peut, dans certaines circonstances, être regardé comme difficilement réparable (CE 3 juillet 1985, Benaîtreau, *Lebon* p. 216).

Les mêmes règles, *mutatis mutandis*, valent pour les arrêts rendus par les cours administratives d'appel.

□ ***Jurisprudence***

[**1**] Considérant que si le maire de Toulouse n'avait pas exécuté le jugement du 28 mai 1965 contre lequel la ville de Toulouse avait interjeté appel devant le Conseil d'État par la requête susvisée n° 67-688, la faute dont le sieur Anisset se prévalait à ce sujet n'avait pu porter atteinte à un droit définitivement acquis à l'intéressé ; que celui-ci ne justifiant, dans ces conditions, d'aucun préjudice susceptible de lui ouvrir droit à indemnité, la ville est également fondée à demander l'annulation de l'article 2 du jugement du 22 novembre 1966 la condamnant à payer au sieur Anisset une indemnité de 7 000 F...

[**2**] Considérant, d'une part, que même en l'absence de demande tendant à l'allocation d'intérêts, tout jugement prononçant une condamnation à une indemnité fait courir les intérêts du jour de son prononcé jusqu'à son exécution, au taux légal puis, en application des dispositions précitées au taux majoré s'il n'est pas exécuté dans les deux mois de sa notification...

[**3**] Considérant que même en l'absence de demande tendant à l'allocation d'intérêts, tout jugement prononçant une condamnation à une indemnité fait courir les intérêts du jour de son prononcé jusqu'à son exécution ; qu'ainsi la demande de Mme Trancart, tendant à ce que lui soient alloués, à compter de la date du jugement attaqué, les intérêts au taux légal sur la somme que le centre hospitalier a été condamné à lui verser, est dépourvue de tout objet et doit donc être rejetée...

[**4**] Considérant que, si la maternité régionale A. Pinard a, en exécution du jugement attaqué, versé le 9 avril 1981 à M. Habermacher la somme de 104 850 F dont elle se trouve déchargée par la présente décision, elle n'est pas fondée à demander au Conseil d'État la condamnation de M. Habermacher à la réparation, sous forme d'intérêts au taux légal, du préjudice subi par elle du fait du versement de ladite somme auquel elle était tenue en raison du caractère exécutoire du jugement...

[**5**] Considérant qu'à supposer que ses conclusions d'appel soient accueillies, la Société civile professionnelle d'architectes Nicolet et Douillet ne serait pas fondée à demander au juge administratif la condamnation de la commune de Saint-Ismier à la réparation sous la forme d'intérêts au taux légal, du préjudice subi du fait du versement de la somme auquel elle était tenue, solidairement avec les établissements J.-B. Morel, en raison du caractère exécutoire du jugement du tribunal administratif de Grenoble ; que dès lors, les intérêts moratoires sur cette somme, pendant la période comprise entre la date de paiement et celle de son éventuelle restitution, resteraient à sa charge ; que, par suite, la cour administrative d'appel de Lyon n'a commis aucune erreur de droit en estimant que le sursis à l'exécution du jugement susmentionné du tribunal administratif de Grenoble ne

pouvait être accordé sur le fondement de l'alinéa 1er de l'article R. 125 du Code des tribunaux administratifs et des cours administratives d'appel qui subordonne l'octroi du sursis à la condition que l'exécution du jugement « risque d'exposer l'appelant à la perte définitive d'une somme qui ne devrait pas rester à sa charge dans le cas où ses conclusions d'appel seraient accueillies »...

Livre I

Le Conseil d'État

TITRE I Attributions

CHAPITRE 1 Attributions contentieuses

Le présent chapitre ne comprend pas de dispositions réglementaires.

Compétences contentieuses du Conseil d'État

Art. L. 111-1 Le Conseil d'État est la juridiction administrative suprême. Il statue souverainement sur les recours en cassation dirigés contre les décisions rendues en dernier ressort par les diverses juridictions administratives ainsi que sur ceux dont il est saisi en qualité de juge de premier ressort ou de juge d'appel.

■ Textes sources

– Ordonnance n° 45-1708 du 31 juillet 1945, article 32.

■ Commentaires

Le triple rôle du Conseil d'État, juge de premier ressort, d'appel et de cassation, est exposé, comme sa position au sommet de la pyramide des juridictions administratives. Mais l'article suivant souligne immédiatement que l'institution n'a pas qu'un rôle contentieux.

CHAPITRE 2

Attributions en matière administrative et législative

ATTRIBUTIONS ADMINISTRATIVES DU CONSEIL D'ÉTAT

Art. L. 112-1 Le Conseil d'État participe à la confection des lois et ordonnances. Il est saisi par le Premier ministre des projets établis par le Gouvernement.

Le Conseil d'État donne son avis sur les projets de décrets et sur tout autre projet de texte pour lesquels son intervention est prévue par les dispositions constitutionnelles, législatives ou réglementaires, ou qui lui sont soumis par le Gouvernement.

Saisi d'un projet de texte, le Conseil d'État donne son avis et propose les modifications qu'il juge nécessaires.

En outre, il prépare et rédige les textes qui lui sont demandés.

■ Textes sources

– Ordonnance n° 45-1708 du 31 juillet 1945, article 21, § 1 à 3, et article 23, § 1.

■ Commentaires

Les fonctions consultatives du Conseil d'État font de lui un « coauteur » des actes qui lui sont soumis, le texte précisant qu'il « participe » à leur confection. Ainsi que le deuxième alinéa le fait apparaître, il convient de distinguer les cas dans lesquels sa consultation est obligatoire (les textes réglementaires seront alors rédigés « le Conseil d'État entendu ») de ceux dans lesquels le Gouvernement a choisi, sans y être tenu, de recueillir l'avis du Conseil d'État (les textes étant alors rédigés « après avis du Conseil d'État »). La différence de rédaction correspond à une différence de statut juridique : un décret pris « le Conseil d'État entendu » est un décret en Conseil d'État, et ne peut être modifié que par un texte de même niveau, quel que soit son contenu (CE ass. 3 juillet 1998, Syndicat national de l'environnement CFDT, reprenant un avis du Conseil d'État en date du 30 janvier 1997, mentionné au rapport annuel p. 185), ce qui n'est pas le cas d'un décret pris après avis du Conseil, lequel peut être modifié sans nouvel avis dudit conseil.

Lorsque sa consultation est obligatoire, tout vice tenant à cette consultation est regardé non comme un vice de procédure, mais comme une incompétence, laquelle est au besoin relevée d'office. C'est le cas notamment si le texte finalement adopté diffère à la fois du texte soumis au Conseil d'État et du texte proposé par ce dernier.

La consultation du Conseil d'État par les ministres sur des difficultés

Art. L. 112-2 Le Conseil d'État peut être consulté par le Premier ministre ou les ministres sur les difficultés qui s'élèvent en matière administrative.

■ **Textes sources**
– Ordonnance nº 45-1708 du 31 juillet 1945, article 23, § 1.

■ **Commentaires**
Ce rôle de « bureau d'études juridiques » du Conseil d'État connaît un développement croissant. On en trouve les résultats, le plus souvent, dans le rapport annuel du Conseil d'État ou dans des publications spécifiques.

L'auto-saisine du Conseil d'État en matière administrative

Art. L. 112-3 Le Conseil d'État peut, de sa propre initiative, appeler l'attention des pouvoirs publics sur les réformes d'ordre législatif, réglementaire, ou administratif qui lui paraissent conformes à l'intérêt général.

■ **Textes sources**
– Ordonnance nº 45-1708 du 31 juillet 1945, article 24.

■ **Commentaires**
Le Conseil d'État peut s'autosaisir en matière administrative. Parmi de nombreux exemples, on citera les travaux d'un groupe de travail relatif aux procédures d'urgence, qui furent à l'origine de la loi du 30 juin 2000.

La désignation d'un membre du Conseil d'État pour une mission administrative

Art. L. 112-4 Le vice-président du Conseil d'État peut, à la demande du Premier ministre ou d'un ministre, désigner un membre du Conseil d'État pour une mission d'inspection.
Le vice-président peut, à la demande des ministres, désigner un membre du Conseil d'État pour assister leur administration dans l'élaboration d'un projet de texte déterminé.

■ **Textes sources**

– Ordonnance nº 45-1708 du 31 juillet 1945, article 21, § 4, et article 23, § 3.

LA MISSION D'INSPECTION DES JURIDICTIONS ADMINISTRATIVES

Art. L. 112-5 Le Conseil d'État est chargé d'une mission permanente d'inspection à l'égard des juridictions administratives.

■ **Textes sources**

– Ordonnance nº 45-1708 du 31 juillet 1945, article 23, § 2.

LA COMPOSITION DE LA MISSION D'INSPECTION DES JURIDICTIONS ADMINISTRATIVES

Art. R. 112-1 La mission permanente d'inspection des juridictions administratives est exercée, sous l'autorité du vice-président du Conseil d'État, par un conseiller d'État assisté d'autres membres du Conseil d'État.

■ **Textes sources**

– Ordonnance nº 45-1708 du 31 juillet 1945, article 23, § 2.

■ **Commentaires**

La mission d'inspection relève directement du vice-président du Conseil d'État, qui préside par ailleurs le Conseil supérieur des tribunaux administratifs et des cours administratives d'appel (art. L. 232-2). Son chef est membre dudit conseil, ainsi que le secrétaire général du Conseil d'État, chargé par l'article R. 121-9 de la gestion du corps des membres des tribunaux administratifs et des cours administratives d'appel. Et donc sa vision, ou ses appréciations, qui ne sont pas nécessairement identiques à celles du secrétaire général, peuvent s'exprimer au sein du conseil supérieur.

L'AVIS DU CONSEIL D'ÉTAT SUR LES PROJETS DE LOIS DU PAYS DE NOUVELLE-CALÉDONIE

Art. L. 112-6 Ainsi qu'il est dit à l'article 100 de la loi organique nº 99-209 du 19 mars 1999 relative à la Nouvelle-Calédonie, « les projets de loi du pays sont

soumis, pour avis, au Conseil d'État avant leur adoption par le gouvernement délibérant en conseil.
Les propositions de loi du pays sont soumises, pour avis, au Conseil d'État par le président du congrès avant leur première lecture. Le vote du congrès intervient après que le Conseil d'État a rendu son avis.
L'avis est réputé donné dans le délai d'un mois.
Les avis mentionnés au présent article sont transmis au président du gouvernement, au président du congrès, au haut-commissaire et au Conseil constitutionnel. »

■ Textes sources

– Loi organique n° 99-209 du 19 mars 1999, article 100.

■ Commentaires

Les lois du pays ont force de lois en Nouvelle-Calédonie – et relèvent donc du contrôle de constitutionnalité du Conseil constitutionnel – pour autant qu'elles respecteront les matières limitativement énumérées par l'article 99 de la loi organique du 19 mars 1999. Il appartient au seul Conseil d'État statuant au contentieux, saisi à titre préjudiciel, de juger du caractère réglementaire ou législatif d'une norme contenue dans une loi du pays (art. 107 de la loi) : si la loi du pays a excédé le champ prévu à l'article 99, elle devient un acte administratif soumis au contrôle du juge administratif.

CHAPITRE 3 L'avis sur une question de droit

L'avis du Conseil d'État sur une question de droit

Art. L. 113-1 Avant de statuer sur une requête soulevant une question de droit nouvelle, présentant une difficulté sérieuse et se posant dans de nombreux litiges, le tribunal administratif ou la cour administrative d'appel peut, par une décision qui n'est susceptible d'aucun recours, transmettre le dossier de l'affaire au Conseil d'État, qui examine dans un délai de trois mois la question soulevée. Il est sursis à toute décision au fond jusqu'à un avis du Conseil d'État ou, à défaut, jusqu'à l'expiration de ce délai.

■ **Textes sources**

– Loi nº 87-1127 du 31 décembre 1987, article 12.

■ **Commentaires**

Voir le commentaire sous l'article R. 113-4.

La demande d'avis sur une question de droit

Art. R. 113-1 La décision d'un tribunal administratif ou d'une cour administrative d'appel prononçant le renvoi d'une question en application de l'article L. 113-1 est adressée par le greffier de la juridiction saisie au secrétaire du contentieux du Conseil d'État, avec le dossier de l'affaire, dans les huit jours du prononcé du jugement. Les parties et le ministre compétent sont avisés de cette transmission par notification qui leur est faite de la décision, dans les formes prévues aux articles R. 751-2 à R. 751-8.

■ **Textes sources**

– Code des TA et des CAA, article R. 207.
– Décret nº 63-766 du 30 juillet 1963, article 57-11.

L'instruction de la demande d'avis sur une question de droit

Art. R. 113-2 La question est, sous réserve des dispositions ci-après, examinée conformément aux dispositions régissant la procédure devant le Conseil d'État statuant au contentieux. Les parties et le ministre compétent peuvent produire des observations devant le Conseil d'État, dans le délai d'un mois à partir de la notification qui leur a été faite de la décision de renvoi. Ce délai peut être réduit par décision du président de la section du contentieux.

Si la requête dont est saisie la juridiction qui a décidé le renvoi est dispensée du ministère d'avocat devant cette juridiction, la même dispense s'applique à la production des observations devant le Conseil d'État ; dans le cas contraire, et sauf lorsqu'elles émanent d'un ministre, les observations doivent être présentées par un avocat au Conseil d'État et à la Cour de cassation.

■ **Textes sources**

– Décret n° 63-766 du 30 juillet 1963, article 57-12.

La présentation des avis sur une question de droit

Art. R. 113-3 Les avis du Conseil d'État rendus en application de l'article L. 113-1 portent l'une des mentions suivantes :

« Le Conseil d'État »

ou

« Le Conseil d'État (section du contentieux) »

ou

« Le Conseil d'État (section du contentieux, n^e^ et n^e^ sous-sections réunies) »

ou

« Le Conseil d'État (section du contentieux, n^e^ sous-section) »

■ **Textes sources**

– Décret n° 2000-389 du 4 mai 2000, article 1er.

La notification des avis sur une question de droit

Art. R. 113-4 L'avis du Conseil d'État est notifié aux parties et au ministre compétent ; il est adressé à la juridiction qui a décidé le renvoi, en même temps que lui est retourné le dossier de l'affaire. L'avis peut mentionner qu'il sera publié au *Journal officiel* de la République française.

■ **Textes sources**

– Code des TA et des CAA, article R. 208.

– Décret n° 63-766 du 30 juillet 1963, article 57-13.

■ **Commentaires**

Le mécanisme des « avis contentieux », issu de la loi du 31 décembre 1987, n'a pas été créé sans de nombreux débats. Ainsi qu'en dispose l'article L. 113-1, il ne peut en principe jouer que s'il se pose une question de droit nouvelle, présentant une difficulté sérieuse, et se posant dans de nombreux litiges. C'est par une décision juridictionnelle insusceptible de recours que le Conseil d'État est saisi. Conformément à l'article L. 9, cette décision doit être motivée, mais l'absence de recours possible prive cette obligation de sanction.

La juridiction dispose en matière de renvoi pour avis d'un pouvoir souverain, et le refus par elle de demander un tel avis n'est, pas plus que la décision de le demander, pas susceptible de contestation (CE 21 février 1992, Orsane – CE 9 juin 1999, Guilluck). Il s'ensuit que la juridiction n'est pas tenue de statuer sur une demande tendant à ce qu'elle saisisse le Conseil d'État pour avis.

Et, devant le Conseil d'État, la procédure, si elle a les attributs de la procédure contentieuse, exclut l'intervention (CE sect. 22 novembre 2000, Société L. & P Publicité).

C'est, puisque la décision de le saisir est insusceptible de recours, par sa réponse à la demande d'avis que le Conseil d'État exprimera le cas échéant son désaccord avec cette demande, à laquelle il se refusera parfois de répondre. Ainsi s'est-il borné à la réponse qu'appelaient le cadre et les limites du litige dont le tribunal questionneur était saisi (CE avis 21 octobre 1998, Ramos), la procédure de demande d'avis ne devant pas devenir l'occasion d'une consultation juridique d'ensemble. Pas plus n'a-t-il accepté de donner son avis sur la qualification juridique des faits dont était saisi le juge du fond (CE ass. avis 24 novembre 1997, Association locale pour le culte des témoins de Jéhovah de Riom [1]). Et il refuse de donner son avis sur une question échappant à la compétence du juge administratif (CE sect. avis 28 juillet 1995, Kilou).

La question a été posée de savoir si, lorsque la demande d'avis met en cause l'interprétation du droit communautaire, le Conseil d'État devait se prononcer, compte tenu notamment de ce qu'il est tenu, si la question est obscure, de saisir par voie préjudicielle la Cour de justice de la communauté européenne. La réponse, apportée par une décision Mouflin (CE sect. avis 4 février 2000, Mouflin) est négative : le Conseil d'État laisse à la juridiction auteur de la demande le soin d'apprécier s'il y a lieu ou non de saisir ladite cour.

Lorsque la totalité de la demande d'avis échappe aux prévisions de la loi, le Conseil d'État émet l'avis qu'elle « ne peut être accueillie », et non qu'elle n'est pas recevable (ce qui serait alors une décision, et non un avis). Mais les formulations varient, et l'on a pu voir, dans l'affaire Chevillon (voir n° 3), le

Conseil d'État « décider » de « renvoyer le dossier au tribunal administratif », alors même que l'arrêt annonce que le Conseil d'État « rend l'avis suivant »... Les formules actuelles sont plus elliptiques, et ne font pas état d'une décision du Conseil d'État.

À la différence de la Cour de cassation qui dispose du même mécanisme depuis la loi n° 91-491 du 15 mai 1991 (art. L. 151-1 à L. 151-3 du Code de l'organisation judiciaire), le Conseil d'État ne s'est pas montré très rigoureux quant à l'appréciation des trois conditions mises par la loi au jeu de cette procédure. Ainsi la circonstance que, statuant au contentieux quelques mois plus tôt, il ait tranché la question qui lui est soumise, ne l'a pas conduit à refuser de répondre (CE sect. avis 31 mars 1995, Société d'expertise comptable du Languedoc [**2**]). De même peut-on constater qu'il lui arrive de reformuler la question qui lui est posée de façon à lui donner une portée plus générale (CE avis 21 juillet 1989, Bizard), voire de la rectifier dans un cas dans lequel le tribunal avait commis une erreur quant au texte applicable (CE avis 7 juillet 1989, Cale). Cette « générosité » trouve cependant deux limites.

En premier lieu, si l'acte sur la légalité duquel le Conseil d'État est consulté est annulé avant émission de l'avis, une telle annulation « rend sans objet la demande d'avis » (CE ass. avis 27 octobre 1989, Préfet de l'Essonne, *Lebon* p. 220).

En second lieu, la demande d'avis ne doit pas apparaître comme un acte de rébellion d'un tribunal administratif à l'encontre de la cour administrative d'appel dont il relève. Un tribunal administratif d'outre-mer, insatisfait de la position adoptée avec constance sur un point de droit par la cour administrative d'appel de Paris, dont il relevait, avait cru bon de saisir le Conseil d'État d'une demande d'avis portant sur ce point de droit. Le Conseil d'État ne l'a pas accueillie (CE 6 octobre 1995, Chevillon, *Lebon* p. 350 [**3**]). Cette position, qui contraste avec celle qui fut adoptée dans l'avis Société d'expertise comptable du Languedoc, sanctionne une sorte de détournement de procédure.

Cette procédure soulève deux questions. En premier lieu, la demande d'avis, à la différence de la question préjudicielle, peut être émise sans que le tribunal ou la cour ait statué sur les autres questions posées par le litige, et qui pourraient pourtant rendre inutile la demande d'avis (par exemple une fin de non-recevoir opposée à la requête). D'ailleurs, le Conseil d'État regarde cette demande d'avis non comme un jugement avant dire droit, mais comme une « mesure d'administration de la justice », dépourvue comme telle d'autorité de la chose jugée (CE 7 juillet 2000, Clinique chirurgicale du Coudon). C'est dire que, un avis ayant été demandé sur une des questions posées par le litige, rien ne s'oppose à ce que la juridiction règle ensuite ce litige sur un fondement autre que celui sur lequel portait la demande d'avis. Bien plus, on n'a point vu que le Conseil d'État s'assure, se prononçant sur une demande d'avis, que la question qui lui est posée l'était effectivement dans le litige soumis à la juridiction, ou soulevait une question d'ordre public. D'où un évident risque de dérive, la demande d'avis – et la réponse qui lui est faite – pouvant donner à l'une des parties une idée qu'elle n'avait pas eue. Ce risque est voisin de celui qu'emporte la communication des moyens d'ordre public organisée par l'article R. 611-7, lorsque le moyen ainsi présenté comme susceptible d'être relevé d'office n'est pas d'ordre public : par une mesure insusceptible de recours, la juridiction peut modifier le cours du litige et le déplacer au-delà de ce qu'envisageaient les parties, et l'une d'entre elles s'empressera de bondir sur le moyen qu'on lui suggère...

En second lieu, la question est posée de la portée des avis rendus. Formellement, on n'a affaire qu'à un avis, qui ne saurait juridiquement lier la juridiction qui l'a sollicité. Cet avis d'ailleurs n'émane pas du Conseil d'État statuant au contentieux (puisqu'il ne « statue » pas), ne constitue pas une décision, n'est pas susceptible de recours (CE 17 novembre 1997, Doukouré), n'est pas rendu au nom du peuple français, et ne contient pas la formule exécutoire prévue pour les décisions juridictionnelles par l'article R. 751-1. La juridiction qui l'a demandé est censée n'avoir pas renoncé à son pouvoir souverain d'interprétation du droit, et ne pourrait d'ailleurs, sans erreur de droit, s'appuyer sur l'avis rendu pour régler le litige. Il lui faut trancher à son tour la difficulté qu'elle a soumise au Conseil d'État.

Il reste que l'avis, émanant du juge suprême, n'est pas dépourvu d'autorité, bien au contraire. Une seule fois une juridiction s'est écartée de l'avis qu'elle avait recueilli (il s'est agi de la cour administrative d'appel de Lyon qui, par arrêt du 5 avril 1993, n'a pas suivi le sens de l'avis recueilli par elle le 4 novembre 1992 dans une affaire Lorenzy-Palanca) : par décision du 6 mai 1996, cet arrêt a été cassé, le Conseil d'État reprenant presque mot pour mot dans ses considérants l'argumentation qu'il avait développée dans l'avis. La leçon a été comprise : l'avis est plus qu'une consultation juridique, c'est l'annonce de la position qu'adoptera le juge suprême s'il est saisi, au contentieux, de la question. C'est dire qu'il s'impose avec la même force qu'une décision contentieuse du Conseil d'État.

Et c'est bien en raison de cette force que l'instruction de la demande d'avis s'effectue, devant la section du contentieux, dans le respect de la procédure contradictoire. Trois mois sont donnés au Conseil d'État pour se prononcer, délai au terme duquel la juridiction ayant posé la question peut reprendre l'examen de son dossier. Mais l'envoi dudit dossier au Conseil d'État, en application de l'article R. 113-1, rend assez hypothétique cette reprise d'instance en cas de retard du Conseil d'État, sauf dans le cas où ce dernier aurait décidé de ne pas répondre. Ce mécanisme n'est pas sans rappeler celui qui préside à la saisine du Tribunal des conflits (article 7 de l'ordonnance du 12 mars 1831), et, comme en matière de conflit, la juridiction interrogatrice attend la réponse à sa question, sans égard pour le délai de trois mois.

□ ***Jurisprudence***

[1] S'il appartient au Conseil d'État, dans le cadre de la procédure prévue par l'article 12 de la loi du 31 décembre 1987 précité, de formuler un avis sur une question de droit nouvelle, il ne lui appartient pas de trancher l'affaire au fond et, par suite, d'apprécier si, en l'espèce, l'Association locale pour le culte des témoins de Jéhovah de Riom peut être qualifiée d'association cultuelle au sens des dispositions du 4° de l'article 1382 du Code général des impôts et de la loi du 9 décembre 1905 concernant la séparation des Églises et de l'État...

[2] Ainsi que l'a jugé le Conseil d'État statuant au contentieux, par décision n° 68799 en date du 18 mars 1994, rendue sur la requête de la société Sovemarco-Europe, il résulte de l'ensemble des dispositions du Code général des impôts, et notamment de son article 1736, que, jusqu'à l'entrée en vigueur de l'article 112 de la loi de finances pour 1993, du 30 décembre 1992, complétant l'article L. 80 D du Livre des procédures fiscales, le législateur a entendu exclure l'obligation pour l'administration de suivre une procédure contradictoire pour l'établissement des pénalités fiscales, quelle que soit la nature de celles-ci...

[3] Aux termes de l'article 12 de la loi susvisée du 31 décembre 1987, « avant de statuer sur une requête soulevant une question de droit nouvelle, présentant une difficulté sérieuse et se posant dans de nombreux litiges, le tribunal administratif [...] peut, par un jugement qui n'est susceptible d'aucun recours, transmettre le dossier de l'affaire au Conseil d'État, qui examine dans un délai de trois mois la question soulevée. Il est sursis à toute décision sur le fond de l'affaire jusqu'à un avis du Conseil d'État... ».
En application de ces dispositions, le tribunal administratif de Saint-Denis de la Réunion a sursis à statuer sur la requête de M. Chevillon et a posé au Conseil d'État la question de savoir si la majoration de traitement et le complément temporaire institués par la loi du 3 avril 1950 et le décret du 22 décembre 1953 entraient dans l'assiette servant de base au calcul de l'indemnité exceptionnelle de 30 % du traitement indiciaire allouée aux fonctionnaires placés en cessation progressive d'activité.
Il résulte de l'instruction que cette question a fait l'objet de plusieurs arrêts rendus dans le même sens sur appel de jugements du tribunal administratif de Saint-Denis de la Réunion, par la cour administrative d'appel de Paris, certains de ces arrêts ayant d'ailleurs été déférés au Conseil d'État par la voie du recours en cassation, actuellement pendants. Eu égard aux instances en cours, et aux décisions déjà intervenues, la demande d'avis présentée par le tribunal administratif de Saint-Denis de la Réunion ne peut être regardée comme répondant à l'objet assigné par le législateur à l'article 12 de la loi du 31 décembre 1987. Elle ne peut, dès lors, être accueillie...

TITRE II Organisation et fonctionnement

CHAPITRE 1 Dispositions générales

LA PRÉSIDENCE DU CONSEIL D'ÉTAT

Art. L. 121-1 La présidence du Conseil d'État est assurée par le vice-président.
L'assemblée générale du Conseil d'État peut être présidée par le Premier ministre et, en son absence, par le garde des Sceaux, ministre de la justice.

■ **Textes sources**
- Ordonnance nº 45-1708 du 31 juillet 1945, article 1.
- Décret nº 63-766 du 30 juillet 1963, article 17.

SECTION 1 *Organisation*

LES MEMBRES DU CONSEIL D'ÉTAT

Art. L. 121-2 Le Conseil d'État se compose :
1° Du vice-président ;
2° Des présidents de section ;
3° Des conseillers d'État en service ordinaire ;
4° Des conseillers d'État en service extraordinaire ;
5° Des maîtres des requêtes ;
6° Des auditeurs de 1re classe ;
7° Des auditeurs de 2e classe.
Les membres du Conseil d'État sont inscrits dans chaque grade d'après la date et l'ordre de leur nomination.

■ **Textes sources**
- Décret nº 63-766 du 30 juillet 1963, article 1, § 1 et 2.

■ **Commentaires**
L'inscription de chacun dans son grade détermine l'ordre immuable du tableau, lequel sera scrupuleusement suivi, qu'il s'agisse des promotions aux grades d'auditeur de 1re classe, de maître des requêtes ou de conseiller d'État en service ordinaire... ou de l'attribution des sièges dans les salles de séances (sous réserve, pour le contentieux, de l'article R. 122-3).

LES SECTIONS DU CONSEIL D'ÉTAT

Art. L. 121-3 Le Conseil d'État est composé d'une section du contentieux et de sections administratives.

■ **Textes sources**
– Décret n° 63-766 du 30 juillet 1963, article 2, § 1.

■ **Commentaires**
La partie législative ne précise point combien de sections administratives comprend le Conseil d'État (voir art. R. 123-2). Relève en revanche de la matière législative la double nature, contentieuse et administrative, du Conseil d'État.

L'INSTALLATION DES MEMBRES DU CONSEIL D'ÉTAT

Art. R. 121-1 Les membres du Conseil d'État sont installés dans leurs fonctions en assemblée générale.

■ **Textes sources**
– Décret n° 63-766 du 30 juillet 1963, article 1, § 1 et 2.

L'ORDRE DU TABLEAU DES MEMBRES DU CONSEIL D'ÉTAT

Art. R. 121-2 Les membres du Conseil d'État siègent dans l'ordre du tableau, sous réserve, en ce qui concerne la section du contentieux, des dispositions de l'article R. 122-3.

■ **Textes sources**

– Décret n° 63-766 du 30 juillet 1963, article 1, § 3.

L'AFFECTATION DES CONSEILLERS D'ÉTAT EN SERVICE ORDINAIRE

Art. R. 121-3 Les conseillers d'État en service ordinaire sont affectés soit à une section administrative, soit à la section du contentieux, soit à la fois à une section administrative et à la section du contentieux, soit à la fois à la section du rapport et des études et à une autre section administrative, soit à trois sections, dont la section du contentieux et la section du rapport et des études. Les présidents adjoints ainsi que les présidents des sous-sections de la section du contentieux sont affectés uniquement à cette section ; ils peuvent toutefois être affectés à la section du rapport et des études.

■ **Textes sources**

– Décret n° 63-766 du 30 juillet 1963, article 2, § 2.

■ **Commentaires**

Cet article, comme le suivant, traduit, pour les affectations individuelles, la double nature du Conseil d'État. Pratiquement tous les conseillers d'État en service ordinaire font l'objet d'une double appartenance – plus ou moins également partagée –, sauf, en ce qui concerne ceux qui sont issus du tour extérieur (voir art. L. 133-3), pendant les deux ou trois premières années de leurs fonctions au Conseil d'État (ils sont alors exclusivement affectés au contentieux). On voit également la nature spécifique de la section du rapport et des études, qui, seule de toutes les sections administratives, peut bénéficier des apports des présidents de sous-sections et des présidents adjoints de la section du contentieux.

L'AFFECTATION DES MAÎTRES DES REQUÊTES ET AUDITEURS

Art. R. 121-4 Les maîtres des requêtes et les auditeurs sont affectés à la fois à une section administrative et à la section du contentieux.

Toutefois :

a) Les maîtres des requêtes et auditeurs chargés de diriger le centre de documentation peuvent être, selon le cas, affectés uniquement soit à la section du contentieux, soit à une section administrative ;

b) Les maîtres des requêtes et auditeurs qui comptent moins de trois années au Conseil sont affectés uniquement à la section du contentieux.

■ **Textes sources**

– Décret nº 63-766 du 30 juillet 1963, article 2, § 4 et 5.

■ **Commentaires**

Passée la période d'apprentissage contentieux, de trois ans, auditeurs et maîtres des requêtes ont une double appartenance.

L'AFFECTATION EN SECTION ADMINISTRATIVE

Art. R. 121-5 L'affectation d'un membre du Conseil d'État à une section administrative comporte, outre sa contribution aux travaux de cette formation, sa participation à l'exercice d'activités administratives visées au chapitre 7 du titre III du présent livre.

■ **Textes sources**

– Décret nº 63-766 du 30 juillet 1963, article 2, § 6.

■ **Commentaires**

Les activités administratives sont prévues aux articles R. 137-1 et s. On renvoie à ces derniers, étant observé que l'article R. 121-5 fait de ces activités une obligation (« comporte »), alors que l'article R. 137-1 paraît se limiter à une possibilité. La pratique ne fait pas apparaître de différence perceptible, l'accord de l'intéressé étant systématiquement recueilli.

LA PROCÉDURE D'AFFECTATION DES MEMBRES DU CONSEIL D'ÉTAT

Art. R. 121-6 Les affectations prévues aux articles R. 121-3 et R. 121-4 sont prononcées par arrêté du vice-président du Conseil d'État après avis des présidents de section.

■ **Textes sources**

– Décret nº 63-766 du 30 juillet 1963, article 2, § 7.

■ **Commentaires**

Est recueilli l'avis de tous les présidents de section, et non des seuls présidents de section concernés par telle ou telle affectation.

La compétence réglementaire du vice-président du Conseil d'État

Art. R. 121-7 Le vice-président du Conseil d'État fixe par arrêté toutes mesures d'ordre intérieur non prévues par le présent livre.

■ **Textes sources**

– Décret nº 63-766 du 30 juillet 1963, article 4, § 1.

■ **Commentaires**

Le vice-président dispose d'un pouvoir réglementaire résiduel mais autonome pour tout ce qui concerne le fonctionnement du Conseil d'État, qui n'est donc pas réductible à un service relevant d'un ministre.

La suppléance du vice-président du Conseil d'État

Art. R. 121-8 En cas d'absence ou d'empêchement, le vice-président est suppléé par le président de section présent le premier inscrit au tableau, sauf les cas prévus aux articles R. 122-21 et R. 123-23.

■ **Textes sources**

– Décret nº 63-766 du 30 juillet 1963, article 4, § 2.

Le secrétaire général du Conseil d'État

Art. R. 121-9 Sous l'autorité du vice-président, le secrétaire général dirige les services du Conseil d'État et prend les mesures nécessaires à la préparation de ses travaux, à leur organisation et à la gestion du corps des membres des tribunaux administratifs et des cours administratives d'appel.
Le secrétaire général du Conseil d'État est nommé par décret du président de la République, sur la proposition du garde des Sceaux, ministre de la justice. Le vice-président du Conseil d'État est appelé à faire les présentations après avis des présidents de section. Le secrétaire général est choisi parmi les conseillers d'État et les maîtres des requêtes.

■ **Textes sources**

– Décret nº 63-766 du 30 juillet 1963, article 4, § 3 et 4.

■ Commentaires

Le rôle du secrétaire général, en ce qui concerne la gestion du corps des membres des tribunaux administratifs et des cours administratives d'appel, est ici affirmé.

Désormais, le secrétaire général peut être choisi parmi les conseillers d'État, alors que cette fonction fut longtemps réservée à un maître des requêtes.

On notera la procédure de nomination – maintes fois reproduite dans le code s'agissant du Conseil d'État –, qui fait se succéder des « présentations » par le vice-président, après avis des présidents de section, une proposition du garde des Sceaux, et un décret du président de la République. Il n'est point besoin d'être grand clerc pour deviner qui détient, en fait, le pouvoir en la matière.

LES SECRÉTAIRES GÉNÉRAUX ADJOINTS DU CONSEIL D'ÉTAT

Art. R. 121-10 Le secrétaire général du Conseil d'État est assisté et, en cas d'absence ou d'empêchement, suppléé par deux maîtres des requêtes ou auditeurs chargés des fonctions de secrétaire général adjoint par arrêté du vice-président.

■ Textes sources

– Décret n° 63-766 du 30 juillet 1963, article 4, § 5.

LES DÉLÉGATIONS DE LA SIGNATURE DU VICE-PRÉSIDENT DU CONSEIL D'ÉTAT

Art. R. 121-11 Le secrétaire général et les secrétaires généraux adjoints assistent le vice-président du Conseil d'État dans l'exercice de ses attributions de gestion du corps des tribunaux administratifs et des cours administratives d'appel.

Ils peuvent recevoir délégation du vice-président pour signer tous actes et arrêtés concernant la gestion des services administratifs du Conseil d'État et l'exécution du budget du Conseil d'État, des cours administratives d'appel et des tribunaux administratifs.

Délégation peut également être donnée, aux mêmes fins, aux chefs de service du Conseil d'État et aux fonctionnaires du secrétariat général appartenant à un corps de catégorie A.

■ Textes sources

– Décret n° 63-766 du 30 juillet 1963, article 4, § 6.

– Décret n° 2001-562 du 29 juin 2001, article 1er, § I.

L'ORGANISATION DES VACANCES ANNUELLES DU CONSEIL D'ÉTAT

Art. R. 121-12 Le vice-président arrête la période des vacances annuelles du Conseil d'État ainsi que les mesures propres à assurer pendant cette période la continuité des travaux des diverses formations administratives du Conseil.
Il peut, en cas de besoin, former des sections de vacation et prononcer à titre provisoire les affectations nécessaires.

■ **Textes sources**

– Décret nº 63-766 du 30 juillet 1963, article 6.

■ **Commentaires**

Ainsi que cela se déduit négativement du texte, le vice-président n'a compétence que pour assurer la continuité, pendant les vacances annuelles, des travaux des formations administratives. L'activité de la section du contentieux ne relève pas de cette compétence.

LES FONCTIONNAIRES ET AGENTS DU CONSEIL D'ÉTAT

Art. R. 121-13 Les fonctionnaires et agents des services du Conseil d'État sont nommés dans leurs fonctions par le vice-président du Conseil d'État, sur la proposition du secrétaire général.

■ **Textes sources**

– Ordonnance nº 45-1708 du 31 juillet 1945, article 20, § 1.

LES CRÉDITS NÉCESSAIRES AU FONCTIONNEMENT DU CONSEIL D'ÉTAT

Art. R. 121-14 Les crédits nécessaires au fonctionnement du Conseil d'État sont inscrits dans des chapitres particuliers du budget du ministère de la justice.
Les dépenses sont ordonnancées par le vice-président du Conseil d'État.

■ **Textes sources**

– Décret nº 63-766 du 30 juillet 1963, article 7.

■ **Commentaires**

Le Conseil d'État voit son budget inscrit au sein de celui du ministère de la Justice. Mais son vice-président est ordonnateur principal de ses dépenses. Dans les faits, ce budget n'est pas négocié, à l'instar de celui d'un service ordinaire, par les services relevant du ministère de la Justice.

SECTION 2 *Les conseillers d'État en service extraordinaire*

LES CONSEILLERS D'ÉTAT EN SERVICE EXTRAORDINAIRE

Art. L. 121-4 Les conseillers d'État en service extraordinaire sont nommés par décret pris en conseil des ministres, sur la proposition du garde des Sceaux, ministre de la justice, et sont choisis parmi les personnalités qualifiées dans les différents domaines de l'activité nationale.

Ils siègent à l'assemblée générale et peuvent être appelés à participer aux séances des autres formations administratives.

Les conseillers d'État en service extraordinaire ne peuvent être affectés à la section du contentieux.

■ **Textes sources**

– Ordonnance n° 45-1708 du 31 juillet 1945, article 8.
– Décret n° 63-766 du 30 juillet 1963, article 2, § 3.

LA DURÉE DE FONCTIONS DES CONSEILLERS D'ÉTAT EN SERVICE EXTRAORDINAIRE

Art. L. 121-5 Les conseillers d'État en service extraordinaire sont nommés pour une durée de quatre ans non renouvelable avant l'expiration d'un délai de deux ans.

■ **Textes sources**

– Décret n° 63-767 du 30 juillet 1963, article 9.

■ **Commentaires**

Les conseillers d'État en service extraordinaire, nommés pour quatre ans, participent à l'ensemble des activités du Conseil d'État sauf aux activités contentieuses. Leur apport est précieux, compte tenu de la diversité de leurs origines (préfets, ingénieurs, professeurs d'Université, diplomates, etc.) : ils apportent aux travaux des sections administratives l'éclairage issu de leur compétence propre et de leur expérience, et leur influence sur le contenu de certains textes soumis au Conseil d'État est souvent déterminante.

L'INDEMNITÉ DES CONSEILLERS D'ÉTAT EN SERVICE EXTRAORDINAIRE

Art. L. 121-6 Les conseillers d'État en service extraordinaire peuvent recevoir, à l'exclusion de tout traitement au Conseil d'État, une indemnité pour les services qu'ils accomplissent effectivement au Conseil.

■ **Textes sources**

– Ordonnance nº 45-1708 du 31 juillet 1945, article 16.

L'INTERDICTION DE MENTIONNER LA QUALITÉ DE CONSEILLER D'ÉTAT EN SERVICE EXTRAORDINAIRE DANS L'ACCOMPLISSEMENT D'UNE ACTIVITÉ PROFESSIONNELLE PRIVÉE

Art. L. 121-7 Les conseillers d'État en service extraordinaire qui exercent une activité professionnelle privée ne peuvent, dans l'exercice de cette activité, mentionner ou laisser mentionner leur qualité. Ils ne peuvent, postérieurement à leur nomination au Conseil d'État, entreprendre à titre professionnel des activités privées lucratives interdites aux autres membres du Conseil d'État sans autorisation préalable du vice-président.

■ **Textes sources**

– Décret nº 63-767 du 30 juillet 1963, article 2, § 3.

■ **Commentaires**

Les conseillers d'État en service extraordinaire ne sont pas payés par le Conseil d'État, si l'on met à part une indemnité. S'ils sont agents publics, ils continuent à être rémunérés par leur administration d'origine. S'ils exercent une activité professionnelle privée, ils peuvent la conserver, à condition de ne pas faire état de leur qualité de conseiller d'État. Et ils peuvent même entreprendre de telles activités, en dérogation au régime général de la fonction publique.

LE DEVOIR DE RÉSERVE DES CONSEILLERS D'ÉTAT EN SERVICE EXTRAORDINAIRE

Art. L. 121-8 Les dispositions des articles L. 131-2 et L. 131-3 sont applicables aux conseillers d'État en service extraordinaire.

■ **Textes sources**
– Ordonnance nº 2000-387 du 4 mai 2000, article 1er.

L'AFFECTATION DES CONSEILLERS D'ÉTAT EN SERVICE EXTRAORDINAIRE

Art. R. 121-15 La participation des conseillers d'État en service extraordinaire aux travaux des sections administratives, de la commission permanente ou des commissions, est décidée par arrêté du vice-président du Conseil d'État délibérant avec les présidents de section.

■ **Textes sources**
– Ordonnance nº 45-1708 du 31 juillet 1945, article 8, § 4.

CHAPITRE 2

Le Conseil d'État dans l'exercice de ses attributions contentieuses

SECTION 1

Organisation

La présente section ne comprend pas de dispositions législatives.

LA SECTION DU CONTENTIEUX – COMPÉTENCE ET ORGANISATION

Art. R. 122-1 La section du contentieux est juge de toutes les affaires qui relèvent de la juridiction du Conseil d'État, sous réserve des dispositions de l'article R. 122-17.

Elle est divisée en dix sous-sections qui participent à l'instruction et au jugement des affaires dans les conditions prévues au présent livre.

■ **Textes sources**

– Décret n° 63-766 du 30 juillet 1963, article 27, § 1 et 2.

■ **Commentaires**

Les sous-sections constituent l'organe d'instruction des affaires, et participent, habituellement en se joignant par paire (les « sous-sections réunies »), à leur jugement.

LES MEMBRES DE LA SECTION DU CONTENTIEUX

Art. R. 122-2 La section du contentieux comprend :

1° un président assisté de trois présidents adjoints ;

2° pour chacune des sous-sections, un conseiller d'État en service ordinaire chargé des fonctions de président et deux conseillers d'État en service ordinaire chargés des fonctions d'assesseurs ;

3° des conseillers d'État en service ordinaire appartenant en même temps à une section administrative et appelés à siéger dans les conditions prévues aux articles R. 122-15 (alinéa 1) et R. 122-18 (4°) ;

4° des conseillers d'État en service ordinaire, des maîtres des requêtes et des auditeurs chargés des fonctions de rapporteur ou de commissaire du gouvernement.

■ Textes sources

– Décret n° 63-766 du 30 juillet 1963, article 28.

■ Commentaires

Chacune des dix sous-sections de la section du contentieux est bâtie sur le même modèle. Il doit être précisé que les deux assesseurs sont, de façon assez systématique, également affectés en section administrative.

On notera que ni les présidents de sous-section, ni *a fortiori* leurs assesseurs ne sont détenteurs d'un grade spécifique.

L'ordre du tableau des membres de la section du contentieux

Art. R. 122-3 Les membres de la section du contentieux siègent dans l'ordre suivant :

1° Le président de la section du contentieux ;

2° Les présidents adjoints dans l'ordre d'ancienneté de leurs fonctions de présidents adjoints ;

3° Les présidents de sous-section dans l'ordre d'ancienneté de leurs fonctions de présidents de sous-section ;

4° Les autres membres dans l'ordre du tableau.

■ Textes sources

– Décret n° 63-766 du 30 juillet 1963, art. 29.

■ Commentaires

L'ordre de préséance à la section du contentieux n'est pas, pour les trois premières catégories, calqué sur l'ordre du tableau déterminé par les articles L. 121-2 et R. 121-2. Il convient d'ajouter que, lorsqu'ils sont en séance, les assesseurs siègent aux côtés de leur président de sous-section, quel que soit leur ordre dans le tableau par rapport aux assesseurs de l'autre sous-section.

La désignation des présidents adjoints de la section du contentieux

Art. R. 122-4 Les présidents adjoints de la section du contentieux sont désignés par décret pris sur la proposition du garde des Sceaux, ministre de la justice, après présentation du vice-président du Conseil d'État délibérant avec les présidents de section.

■ **Textes sources**

– Décret n° 63-766 du 30 juillet 1963, article 30, § 1.

■ **Commentaires**

Le texte ne précise pas dans quelle catégorie peuvent être choisis les présidents adjoints. La tradition veut que ce soit parmi les présidents de sous-section.

LES COMMISSAIRES DU GOUVERNEMENT DE LA SECTION DU CONTENTIEUX

Art. R. 122-5 Les commissaires du gouvernement sont désignés par décret pris sur proposition du garde des Sceaux, ministre de la justice. Le vice-président du Conseil d'État et le président de la section du contentieux sont appelés à faire les présentations.

Les commissaires du gouvernement ne peuvent exercer leurs fonctions pendant une durée totale supérieure à dix années. En cas de nécessité de service, ces fonctions peuvent cependant être prolongées dans la limite d'un an, par arrêté du vice-président.

■ **Textes sources**

– Décret n° 63-766 du 30 juillet 1963, article 30, § 2.

■ **Commentaires**

Le texte ne précise pas non plus dans quelle catégorie peuvent être choisis les commissaires du gouvernement. La tradition veut que ce soit en principe parmi les maîtres des requêtes.

LES PRÉSIDENTS DE SOUS-SECTION

Art. R. 122-6 Les présidents de sous-section sont désignés par arrêté du Premier ministre, sur proposition du garde des Sceaux, ministre de la justice ; le vice-président du Conseil d'État est appelé à faire les présentations après avis du président de la section du contentieux et des présidents adjoints de ladite section. Les fonctions des présidents de sous-section se terminent le 31 décembre de la quatrième année suivant celle de leur désignation. Celle-ci peut être renouvelée par arrêté du vice-président du Conseil d'État.

■ **Textes sources**
– Décret nº 63-766 du 30 juillet 1963, article 31.

■ **Commentaires**
On remarque qu'un simple arrêté du Premier ministre suffit à nommer un président de sous-section, alors qu'il faut un décret pour nommer un commissaire du gouvernement.

LES CONSEILLERS D'ÉTAT ASSESSEURS

Art. R. 122-7 Les conseillers d'État chargés de fonctions d'assesseurs sont désignés par arrêté du vice-président du Conseil d'État après avis du président de la section du contentieux et des présidents adjoints de cette section. Leurs fonctions se terminent le 31 décembre de la quatrième année suivant celle de leur désignation. Ils peuvent, dans les mêmes formes, être prolongés dans ces fonctions ou faire l'objet d'une nouvelle désignation pour une période de une à quatre années.
En cas d'absence ou d'empêchement d'un assesseur, le vice-président du Conseil d'État peut désigner par arrêté, après avis du président de la section du contentieux et des présidents adjoints, un conseiller d'État chargé des fonctions d'assesseur pour la durée de l'absence ou de l'empêchement.

■ **Textes sources**
– Décret nº 63-766 du 30 juillet 1963, article 32.

LA DÉSIGNATION, À LA SECTION DU CONTENTIEUX, DE CONSEILLERS D'ÉTAT APPARTENANT À UNE SECTION ADMINISTRATIVE

Art. R. 122-8 Les conseillers d'État mentionnés au 3° de l'article R. 122-2 ainsi que leurs suppléants sont désignés, au début de chaque année, dans les conditions prévues à l'article R. 123-18.

■ **Textes sources**
– Décret nº 63-766 du 30 juillet 1963, article 33.

■ **Commentaires**
Il s'agit des conseillers d'État membres des sections administratives, qui se

joignent, pour les séances de jugement, aux formations contentieuses. Ils sont élus par l'assemblée générale plénière, ainsi qu'en dispose l'article R. 123-18.

La répartition des membres entre les sous-sections

Art. R. 122-9 La répartition entre les sous-sections de la section du contentieux des autres membres du Conseil d'État mentionnés au 4° de l'article R. 122-2 est arrêtée par le président de ladite section, après avis des présidents adjoints et des présidents de sous-section.

■ Textes sources

– Décret n° 63-766 du 30 juillet 1963, article 34.

La délibération de la sous-section

Art. R. 122-10 Une sous-section ne peut délibérer que si son président et un de ses assesseurs ou, à défaut, les deux assesseurs sont présents. Si, par suite de vacance, d'absence ou d'empêchement du président ou des assesseurs, une sous-section ne se trouve pas en nombre pour délibérer, elle est complétée par l'appel de conseillers d'État ; elle peut l'être aussi, mais à titre exceptionnel, par l'appel d'un maître des requêtes pris dans l'ordre du tableau. Lesdits conseillers et maîtres des requêtes sont désignés par le président de la section du contentieux. En cas d'absence ou d'empêchement du président, la sous-section est présidée par l'assesseur le plus ancien.

Lorsqu'elle siège en formation d'instruction, une sous-section peut délibérer en nombre pair. Les conseillers d'État ont voix délibérative. En cas de partage, on appelle le plus ancien rapporteur dans l'ordre du tableau présent à la séance.

■ Textes sources

– Décret n° 63-766 du 30 juillet 1963, article 35, § 1 et 2.

■ Commentaires

Cet article distingue les deux fonctions de la sous-section. En formation de jugement (1er alinéa), elle doit siéger en nombre impair (art. R. 122-14 et *a contrario* du second alinéa), son président et un de ses assesseurs étant présents. On peut déduire du 1er alinéa que, de ces deux, un seul peut être remplacé par l'appel à un conseiller d'État ou, à titre exceptionnel, à un maître des requêtes. Ainsi, compte

tenu de la présence du rapporteur, la sous-section statuant seule au contentieux comprend toujours au moins deux membres lui appartenant.
Les règles présidant au fonctionnement de la séance d'instruction sont plus souples, puisque aussi bien ne sont issues desdites séances que des positions provisoires (le « projet de la sous-section ») qui seront soumises au délibéré et au vote d'une formation de jugement. On ne saurait pour autant tenir pour négligeables ces règles, qui sont scrupuleusement respectées dans la pratique. Il n'est en effet pas indifférent, pour le sort qui sera fait à une affaire, que la sous-section ait pris position dans un sens ou un autre, outre que la formation d'instruction décide des mesures d'instruction qui seront opérées, lesquelles ne sont pas non plus toujours neutres : prévenir les parties de l'éventualité de l'examen d'un moyen relevé d'office est par exemple implicitement considérer que ce moyen est d'ordre public, et de toute façon l'insérer dans le débat contradictoire, lors même que la formation de jugement serait ensuite d'avis qu'il n'est pas d'ordre public (l'observation étant identique, voir les commentaires de l'article R. 113-4).

SECTION 2 *Les formations de jugement*

LES FORMATIONS DE JUGEMENT DU CONSEIL D'ÉTAT

Art. L. 122-1 Les décisions du Conseil d'État statuant au contentieux sont rendues par l'assemblée du contentieux, par la section du contentieux ou par des formations de sous-sections réunies. Elles peuvent également être rendues par chaque sous-section siégeant en formation de jugement.
Le président de la section du contentieux et les présidents de sous-section peuvent, par ordonnance, régler les affaires dont la nature ne justifie pas l'intervention d'une formation collégiale.

■ **Textes sources**
– Ordonnance n° 2000-387 du 4 mai 2000, article 1er.

LE JUGEMENT PAR UNE SOUS-SECTION OU PAR DEUX SOUS-SECTIONS RÉUNIES

Art. R. 122-11 Sous réserve des dispositions de l'article R. 122-12 et de celles de l'article R. 122-17, le jugement des affaires est confié à une sous-section ou à deux sous-sections réunies.

■ **Textes sources**

– Décret nº 63-766 du 30 juillet 1963, article 38, § 2.

LE POUVOIR DES PRÉSIDENTS DE SOUS-SECTION DE STATUER PAR ORDONNANCE

Art. R. 122-12 Les présidents de sous-sections peuvent, par ordonnance :
1° donner acte des désistements ;
2° rejeter les requêtes ne relevant manifestement pas de la compétence de la juridiction administrative ;
3° constater qu'il n'y a pas lieu de statuer sur une requête ;
4° rejeter les requêtes irrecevables pour défaut de ministère d'avocat ou entachées d'une irrecevabilité manifeste non susceptible d'être couverte en cours d'instance ;
5° statuer sur les requêtes qui ne présentent plus à juger de questions autres que la condamnation prévue à l'article L. 761-1 ou la charge des dépens ;
6° statuer sur les requêtes relevant d'une série, qui présentent à juger en droit et en fait des questions identiques à celles que le Conseil d'État statuant au contentieux a déjà tranchées ensemble par une même décision.
Ils peuvent, en outre, rejeter par ordonnance des conclusions à fin de sursis à exécution d'une décision juridictionnelle.

■ **Textes sources**

– Décret nº 63-766 du 30 juillet 1963, articles 37-2 et 54, § 5.
– Décret nº 2000-1115 du 22 novembre 2000, article 2-I.
– Décret nº 2001-562 du 29 juin 2001, article 2.

■ **Commentaires**

Ces articles définissent, sauf certains cas particuliers déterminés aux articles suivants, les formations de jugement, l'art. L. 122-1 prévoyant, dans le respect de l'article L. 3, que certaines affaires, « dont la nature ne justifie pas l'intervention d'une formation collégiale », pourront être jugées par un juge statuant seul. On pourrait se demander si une telle formulation constitue un encadrement suffisant de la compétence du pouvoir réglementaire appelé à définir ces affaires, dans une matière qui relève de la disposition législative (voir art. L. 3). L'article correspondant concernant les tribunaux administratifs et les cours administratives d'appel fait état des « exceptions tenant à l'objet du litige et à la nature des questions à juger ». Et l'on pourrait s'interroger sur la différence de rédaction retenue pour le Conseil d'État. Elle s'explique. On verra en effet que, au tribunal administratif, un magistrat statuant seul peut se prononcer sur des affaires définies non seulement, comme devant le Conseil d'État, par la nature des questions à juger, mais par l'objet du litige (voir art. R. 222-13).

De ces articles, il résulte que les formations de jugement de droit commun du Conseil d'État statuant au contentieux sont la sous-section (statuant seule) et les sous-sections réunies. Dans la pratique, c'est la dernière formation qui est regardée comme le juge normal des affaires contentieuses.
L'article R. 122-12 a pour effet de supprimer toute audience publique, ce qui peut poser problème pour le Conseil d'État statuant en premier et dernier ressort : la Cour européenne des droits de l'homme a vu dans l'existence d'une telle audience une garantie découlant de l'article 6-1 de la Convention (CEDH 29 octobre 1991, Helmers c/ Suède). Mais elle a admis, plus récemment, que c'était envisageable si les problèmes sont « de caractère restreint » (CEDH 19 février 1998, Allan Jacobsson c/ Suède).
Les compétences des présidents de sous-sections couvrent, en ce qui concerne les 1° à 5° de l'article R. 122-12, une activité qui dans la généralité des cas s'apparente plus à la bonne administration de la justice qu'au jugement.
On doit préciser dès l'abord que ce sont les conclusions principales soumises au juge qui doivent être prises en considération, et non l'état du litige tel qu'il se présentait au premier juge, lorsque le Conseil d'État est saisi soit en appel soit en cassation. Ainsi l'appel, qui pourrait être formé contre la décision du premier juge donnant acte d'un désistement en matière électorale, ne pourra être traité, devant le Conseil d'État, par ordonnance d'un président de sous-section, pas plus que le pourvoi formé contre un arrêt, fut-il fondé de manière évidente, déclinant la compétence de la juridiction administrative.
Le texte prévoit que les membres qu'il désigne « peuvent » statuer. Ce qui n'implique pas que les affaires ici énumérées « doivent » être jugées ainsi : la rédaction prend en compte un principe systématique de la procédure contentieuse administrative, selon lequel le juge désigné pour statuer seul peut toujours renvoyer à une formation collégiale le jugement d'une affaire qui lui est soumise (CE 13 juillet 1956, Secrétaire d'État à la Reconstruction c/ Pieton Guibout, *Lebon* p. 338), au vu des « difficultés graves et susceptibles d'une discussion sérieuse » qu'elle peut présenter. En effet, le magistrat statuant seul n'est pas une juridiction, mais une formation de la juridiction à laquelle il appartient. Et ce renvoi n'est pas susceptible de recours, ni de discussion devant la juridiction (même décision ; CE 10 décembre 1997, Préfet de Police, en matière de reconduite à la frontière, revenant sur CE 29 mai 1996, Préfet du Rhône c/ Zobnine).
S'agissant des désistements, il importe peu qu'il s'agisse d'un désistement spontané ou d'un désistement d'office prononcé en application de l'article R. 611-22 pour absence de production du mémoire complémentaire annoncé (CE 8 février 1995, Hébert).
Le 2° a dû être ajouté pour tenir compte de la jurisprudence : conçu à l'origine pour régler les affaires affectées d'une irrecevabilité non régularisable, le mécanisme ne pouvait jouer si l'affaire ne relevait pas de la compétence de la juridiction administrative, une incompétence n'étant pas assimilable à une

irrecevabilité (CE avis 29 novembre 1991, Landrée). Sur la portée de l'adverbe « manifestement », voir alinéa suivant.

Les termes du 4° doivent être soulignés. Les juges sont peu regardants quant à la notion d'irrecevabilité « manifeste », qui à vrai dire ne paraît pas signifier grand-chose, puisqu'il s'agit d'une question de droit, et non d'appréciation : une requête est ou n'est pas irrecevable, et lorsqu'elle l'est, cette irrecevabilité devient manifeste, même s'il a fallu quelques recherches pour fonder ce constat. En revanche, la notion d'irrecevabilité « non susceptible d'être couverte en cours d'instance » est rigoureusement interprétée. Dès lors qu'une régularisation est envisageable, et même si l'intéressé a fait preuve d'inertie à la suite d'une invitation à régulariser, sa requête ne peut être traitée par ordonnance : l'intervention d'une audience publique, assortie d'un avis d'audience, jouera ainsi le rôle d'une ultime sommation de régulariser, que le recours à l'ordonnance supprimerait. Ce fut le cas de l'absence d'avocat s'il est obligatoire, et c'est le cas de l'absence de production de la décision attaquée (CE 9 février 1994, Lejeune – CE 27 avril 1994, Djoubri), et ce, même en présence d'une invitation à régulariser (CE 30 juin 1997, Collino). Les choses ont été fermement et très formellement mises au point par un avis contentieux du 28 juillet 1995 (CE avis 28 juillet 1995, Tourteaux [1]), lequel a au surplus souligné que l'existence d'une ordonnance de clôture de l'instruction (existant devant les tribunaux administratifs et les cours administratives d'appel) ne pouvait faire obstacle à la régularisation d'un vice de forme.

Et c'est pour limiter les effets de cette jurisprudence que l'article R. 612-2 contient un mécanisme permettant de rendre certaines irrecevabilités « non susceptibles d'être couvertes » (voir cet article), ce qui permet alors de traiter par ordonnance les requêtes correspondantes.

Ainsi que le fait apparaître la nouvelle rédaction de l'article, une requête dépourvue d'avocat lorsqu'il est nécessaire peut être rejetée par ordonnance dès que l'intéressé a été informé de cette nécessité, sans qu'il soit indispensable qu'une mise en demeure ait rendu cette irrecevabilité non régularisable. Cela jouera notamment si la notification de l'acte susceptible de pourvoi en cassation a fait état de cette nécessité (art. R. 821-4).

Au titre des irrecevabilités « non susceptibles d'être couvertes en cours d'instance », il convient de noter la présence de l'irrecevabilité due, en plein contentieux, au défaut de liaison du contentieux. Sans doute est-il jugé, de façon constante, que, dans ce domaine, le contentieux pouvait se trouver lié en cours d'instance par l'envoi au défendeur d'une demande d'indemnité (CE 8 juillet 1970, Andry, *Lebon* p. 470), comme au surplus par la teneur des observations produites en défense. Mais on doit déduire d'un arrêt du 13 juin 1984 (CE sect. 13 juin 1984, Association club athlétique de Mantes-la-Ville, *Lebon* p. 218) que cette irrecevabilité devient insusceptible d'être régularisée en cours d'instance si le défendeur s'en est expressément prévalu (voir également CE 4 juillet 1997, Congar, même solution). Dans une situation voisine, la cour administrative d'appel de Lyon a adopté une position également rigoureuse : il s'agissait d'une requête fiscale formée avant toute émission d'un avis d'imposition, laquelle a été regardée comme définitivement irrecevable, alors même que l'aventure administrative était susceptible, en se poursuivant, de donner naissance à un contentieux lié (CAA Lyon, 25 octobre 2000, Laboure).

Le 5° a été prévu pour éviter de devoir renvoyer aux formations collégiales des affaires appartenant notamment aux catégories prévues aux 1° à 4°, mais dans lesquelles des conclusions relatives aux frais irrépétibles paraissaient faire obstacle au traitement par ordonnance. La jurisprudence avait admis de lever cet obstacle (CE avis 28 octobre 1994, Gosse) ; le texte le lève derechef. On peut estimer que, par analogie, l'infliction de l'amende pour recours abusif prévue par l'article R. 741-12 peut s'inscrire dans les ordonnances prises en application de l'article R. 122-12 (CAA Nantes, 5 mars 1996, District de l'agglomération angevine).

Le 6° est le résultat d'une aventure administrativo-juridictionnelle qui s'est produite en 1992 : une série de 27 000 affaires identiques s'est alors abattue sur les tribunaux administratifs, et, pour parer aux effets de la reproduction d'une telle situation (non exclue, par exemple en matière de fonction publique), le texte a prévu que l'on puisse, une fois jugée le dossier « tête de série », régler par ordonnance les autres affaires, pourvu qu'elles ne posent, ni en fait, ni en droit, de question distincte. Il reste à définir le terme de « série », qui relève plus du langage commun que des catégories juridiques. Il n'y a série que s'il y a affaires nombreuses (il est signalé que, pour l'appréciation statistique de l'activité des juridictions, la « série » commence avec dix dossiers), et surtout si ces affaires apparaissent en quelque sorte comme un décalque de l'affaire jugée comme « tête de série ».

S'agissant du sursis, le texte ne fait état que de la demande de sursis d'une décision juridictionnelle, qu'il convient de distinguer avec soin des demandes de suspension d'une décision administrative, laquelle relève du livre V, et se traite selon les procédures définies par ce livre.

La procédure applicable au prononcé de ces ordonnances se déroule sans audience publique (CE 11 mai 1994, Campocasso), c'est son principal intérêt, ni audition d'un commissaire du gouvernement (CE 29 janvier1993, Giordano. On note que l'article L. 7 n'appelle pas cette intervention dans « toutes » les affaires). Et une affaire, primitivement inscrite à un rôle d'audience collégiale, peut régulièrement être renvoyée au juge statuant seul si elle relève de la compétence de ce dernier, pour être jugée par ordonnance (CE 30 avril 1993, Commune d'Arcangues).

Pour être expéditive, la procédure ainsi prévue ne doit pas méconnaître de principes fondamentaux, tel notamment que celui du caractère contradictoire. Cette exigence n'appelle certes pas nécessairement la notification de la requête à l'adversaire, lorsque dès sa présentation il appert qu'elle est frappée d'irrecevabilité : s'agissant de l'ancien art. L. 9, qui en son second alinéa exigeait une

« procédure contradictoire », il en a été ainsi jugé (CE sect. 29 janvier 1993, Association des riverains de l'Herrengrie), et il en doit aller *a fortiori* de même dans le silence du texte. Mais, si la demande a été notifiée, et si le défendeur a fait état d'éléments sur lesquels le magistrat s'appuiera pour rejeter cette demande, les observations en défense doivent être communiquées au demandeur, et un délai lui être donné pour réagir, s'il le juge opportun, à ces observations, puisqu'aucun avis d'audience ne l'avertira de l'imminence du règlement de l'affaire. Ce peut être un délai de réponse, comme une date de clôture de l'instruction (CAA Lyon 27 décembre 2000, Da Silva – CE 6 avril 2001, Dervin).

Voir l'article. R. 222-1 pour les particularités de ce système en ce qu'il s'applique aux cours et tribunaux administratifs.

□ ***Jurisprudence***

[**1**] L'article L. 9 du Code des tribunaux administratifs et des cours administratives d'appel dispose que les présidents de tribunal administratif, les présidents de cour administrative d'appel, le vice-président du tribunal administratif de Paris et les présidents de formation de jugement des tribunaux administratifs et des cours administratives d'appel peuvent rejeter par ordonnance, notamment, « les conclusions entachées d'une irrecevabilité manifeste non susceptible d'être couverte en cours d'instance ». Doivent seules être regardées comme insusceptibles d'être couvertes en cours d'instance au sens de ces dispositions les irrecevabilités qui ne peuvent en aucun cas être couvertes et celles qui ne pouvaient être couvertes que dans le délai du recours contentieux et qui ne l'ont pas été. Tel n'est pas le cas de l'irrecevabilité résultant du non-paiement du droit de timbre prévu par les dispositions de l'article 1089 B du Code général des impôts, qui peut être couverte par le paiement du droit même dans le cas où le délai du recours contentieux est expiré et, éventuellement, dans le cas où une ordonnance de clôture de l'instruction a été prise.
Par suite, seules les formations collégiales des tribunaux administratifs et des cours administratives d'appel peuvent rejeter une requête comme irrecevable au motif que son auteur n'a pas acquitté le droit de timbre...

LE POUVOIR DU PRÉSIDENT DE LA SECTION DU CONTENTIEUX DE SE PRONONCER PAR ORDONNANCE EN MATIÈRE DE RECONDUITE À LA FRONTIÈRE

Art. R. 122-13 Lorsqu'il statue en application des articles 22 *bis* et 27 *ter* de l'ordonnance n° 45-2658 du 2 novembre 1945 relative aux conditions d'entrée et de séjour des étrangers en France, le président de la section du contentieux, ou son délégué, peut statuer par ordonnance dans les cas prévus à l'article précédent.

■ **Textes sources**

– Décret nº 63-766 du 30 juillet 1963, article 37-2.

■ **Commentaires**

Cet article donne au président de la section du contentieux (ou à son délégué), statuant en appel des jugements rendus en matière de reconduite à la frontière, la possibilité de se prononcer par ordonnance (et donc sans audience) dans les cas prévus à l'article précédent. Ce qui n'allait pas de soi, le Conseil d'État ayant jugé, à propos précisément de ces jugements, que le juge unique de la reconduite ne pouvait user de la procédure d'ordonnance même si les conditions – identiques à celles contenues dans l'article R. 122-12 – étaient réunies (CE 23 décembre 1992, Tarbane).

La composition de la sous-section siégeant en formation de jugement

Art. R. 122-14 La sous-section siégeant en formation de jugement ne peut délibérer que si trois membres au moins ayant voix délibérative sont présents.
Les deuxième et troisième alinéas de l'article R. 122-16 sont applicables à la sous-section en formation de jugement.
Le vice-président du Conseil d'État, le président et les présidents adjoints de la section du contentieux peuvent présider chacune des sous-sections.

■ **Textes sources**

– Décret nº 63-766 du 30 juillet 1963, article 35, § 3 à 5.

■ **Commentaires**

En pratique, la sous-section statuant seule se tient au minimum réglementaire de trois membres. On note au dernier alinéa l'expression d'une règle constante de fonctionnement du Conseil d'État statuant au contentieux, laquelle ne joue en pratique jamais s'agissant de la sous-section statuant seule.

La composition des sous-sections réunies

Art. R. 122-15 Les sous-sections réunies sont complétées par un des conseillers d'État mentionnés au 3° de l'article R. 122-2 et désignés dans les conditions prévues à l'article R. 122-8. Elles sont présidées par l'un des présidents adjoints de la section du contentieux ou, à défaut, par le président de la sous-section le plus ancien dans ses fonctions présent à la séance.

Le groupement de sous-sections en formations de jugement est fixé par arrêté du vice-président du Conseil d'État, pris après avis du président de la section du contentieux.

Le vice-président du Conseil d'État et le président de la section du contentieux peuvent présider les sous-sections réunies.

■ Textes sources

– Décret nº 63-766 du 30 juillet 1963, article 38, § 3 à 6.

■ Commentaires

L'article R. 122-11 impose la réunion des sous-sections par groupes de deux.

LE QUORUM DES SOUS-SECTIONS RÉUNIES

Art. R. 122-16 Pour le jugement des affaires, les sous-sections réunies ne peuvent statuer que si cinq membres au moins ayant voix délibérative sont présents.

Elles ne peuvent statuer qu'en nombre impair. Lorsque les membres présents à la séance ayant voix délibérative sont en nombre pair, le conseiller d'État, le maître des requêtes ou l'auditeur présent le plus ancien dans l'ordre du tableau est appelé à siéger.

Il en est de même lorsque, par suite de vacance, d'absence ou d'empêchement, les membres présents ne se trouvent pas en nombre pour délibérer.

■ Textes sources

– Décret nº 63-766 du 30 juillet 1963, article 38, § 7 à 9.

■ Commentaires

Cet article ne permet de déterminer l'effectif de la formation de jugement que par combinaison avec d'autres. Le minimum de cinq comprend le président adjoint (art. R. 122-15) et le rapporteur (art. R. 122-22), auxquels s'ajoute le conseiller d'État membre d'une formation administrative (art. R. 122-15). Les deux autres membres ne peuvent dès lors qu'être les présidents de chacune des sous-sections ainsi réunies. Et chacune des sous-sections se complète avec ses deux assesseurs – seuls membres délibérant appartenant à la sous-section et ne votant pas en qualité de rapporteur –, ce qui conduit à un maximum de neuf. Cette fourchette de cinq à neuf s'ajuste en fonction des nécessités : si un membre s'abstient de délibérer, par suite d'une incompatibilité, l'imparité est rétablie par appel à l'un des conseillers d'État ou maître des requêtes présent (en règle générale, le rapporteur d'une autres affaire inscrite), ainsi invité à « départager ». Si deux membres sont absents ou empêchés, la formation est ramenée à sept, sans départageur. Et ainsi de suite jusqu'à cinq, minimum requis.

Le renvoi d'une affaire à la section du contentieux ou à l'assemblée du contentieux

Art. R. 122-17 Le jugement de toutes les affaires relevant de la juridiction du Conseil d'État est renvoyé à la section du contentieux ou à l'assemblée du contentieux à la demande soit du vice-président du Conseil d'État, soit du président de la section du contentieux, soit du président de la formation de jugement, soit de la sous-section ou des sous-sections réunies, soit du commissaire du gouvernement.

Les affaires dont l'instruction a été confiée à la section du contentieux en application du premier alinéa de l'article R. 611-20 sont jugées par l'assemblée du contentieux.

Le renvoi devant les sous-sections réunies d'une affaire portée devant la sous-section siégeant en formation du jugement a lieu à la demande, soit du président de la formation de jugement, soit de la sous-section, soit du commissaire du gouvernement.

■ **Textes sources**

– Décret n° 63-766 du 30 juillet 1963, article 39.

■ **Commentaires**

Comme il est normal pour un système juridictionnel, le mécanisme de renvoi d'une affaire à la formation supérieure est organisé. On remarque en premier lieu la diversité des personnes ou instances disposant du pouvoir de renvoyer une affaire à l'une des formations supérieures, le président de la section du contentieux pouvant, dès l'origine, décider de l'inscription d'une affaire au rôle de l'assemblée du contentieux en en confiant l'instruction à la section du contentieux elle-même (art. R. 611-20).

On remarquera en second lieu que le texte est muet sur le moment de la procédure auquel peut se décider ce renvoi (à la différence des articles R. 222-19 et R. 222-29 précisant, pour les tribunaux administratifs et les cours administratives d'appel, que ce renvoi peut être opéré « à tout moment de la procédure »). Mais son libellé même – et notamment l'énumération des auteurs possibles du renvoi – implique qu'il peut être prononcé à tout moment de la procédure, et notamment après que la formation de jugement a délibéré. Un tel renvoi, a-t-il été jugé, doit être motivé par « l'intérêt d'une bonne administration de la justice » (CE 3 avril 1996, Kodituwakku Kankanamge), et n'est donc pas totalement discrétionnaire : il ne saurait évidemment être décidé à

seule fin, pour le président de la formation de jugement, de trouver dans une formation supérieure une autre majorité que celle qui s'est manifestée devant la formation initialement saisie et qui a délibéré.
Dans la pratique, chaque semaine, les présidents des sous-sections réunies qui ont délibéré la semaine précédente se réunissent, sous la présidence du président de la section du contentieux, pour examiner les solutions délibérées par les formations qu'ils ont présidées, et s'assurer, en une ultime vérification, qu'elles ne conduisent pas à des discordances de jurisprudence, ou ne s'inscrivent pas en rupture (délibérée ou accidentelle) avec la jurisprudence du Conseil d'État. La tradition veut que cette réunion soit baptisée de « troïka ». C'est à l'occasion de cet examen, qui ne peut en aucun cas aboutir à une décision modifiant la solution délibérée par la formation de jugement, que se décide, traditionnellement, le renvoi de l'affaire soit devant la section du contentieux soit devant l'assemblée du contentieux, après que, le cas échéant, la formation de jugement a délibéré à nouveau des questions ayant pu poser problème.

LA COMPOSITION DE LA SECTION DU CONTENTIEUX SIÉGEANT EN FORMATION DE JUGEMENT

Art. R. 122-18 La section du contentieux en formation de jugement comprend :
1° Le président de la section ;
2° Les trois présidents adjoints ;
3° Les présidents de sous-section ;
4° Deux conseillers d'État mentionnés au 3° de l'article R. 122-2 et désignés dans les conditions prévues à l'article R. 122-8 ;
5° Le rapporteur.
Lorsqu'elle siège en formation d'instruction, en application du premier alinéa de l'article R. 611-20, la section du contentieux comprend les membres énumérés aux 1°, 2°, 3° et 5° ci-dessus.

■ Textes sources

– Décret n° 63-766 du 30 juillet 1963, article 40, § 1 et 2.

■ Commentaires

La section du contentieux en formation de jugement compte dix-sept membres, puisque dix sous-sections la composent (art. R. 122-1). La présence de tous les présidents de sous-section a pour effet que les décisions rendues par la section s'imposeront à l'ensemble des formations contentieuses du Conseil d'État.
On constate que les conseillers d'État affectés en section administrative y sont présents à raison de deux (contre, comme en dispose l'article R. 122-15, un

seul pour les sous-sections réunies). Ce n'est pas un hasard : plus les dossiers soulèvent des questions de droit délicates et dont la solution va engager le Conseil d'État, plus il convient de s'assurer que cette solution ne heurte pas inconsidérément les nécessités de l'action administrative. L'augmentation du nombre des membres des sections administratives est la traduction de cette préoccupation, qui, on l'a dit maintes fois, est au cœur de l'activité juridictionnelle des juridictions administratives.

LE REMPLACEMENT DU PRÉSIDENT DE LA SECTION DU CONTENTIEUX

Art. R. 122-19 En cas d'absence ou d'empêchement du président de la section du contentieux, celle-ci est présidée par l'un des présidents adjoints pris dans l'ordre d'ancienneté de leurs fonctions ou, à défaut de l'un de ces derniers, par le président de sous-section le plus ancien dans ses fonctions présent à la séance.

En cas d'absence ou d'empêchement, le président de la sous-section sur le rapport de laquelle l'affaire est jugée est remplacé par l'un des assesseurs de cette sous-section pris dans l'ordre d'ancienneté dans ses fonctions.

La section du contentieux ne peut statuer que si neuf au moins de ses membres ayant voix délibérative sont présents.

La section du contentieux ne peut statuer qu'en nombre impair. Lorsque les membres présents à la séance ayant voix délibérative sont en nombre pair, la section est complétée par l'un des assesseurs pris dans l'ordre du tableau. Il en est de même lorsque par suite de vacance, d'absence ou d'empêchement, les membres présents ne se trouvent pas en nombre pour délibérer.

■ **Textes sources**

– Décret n° 63-766 du 30 juillet 1963, article 40, § 3 et 4.

LA COMPOSITION DE L'ASSEMBLÉE DU CONTENTIEUX

Art. R. 122-20 L'assemblée du contentieux comprend :

1° Le vice-président du Conseil d'État ;

2° Les présidents de section ;

3° Les trois présidents adjoints de la section du contentieux ;

4° Le président de la sous-section sur le rapport de laquelle l'affaire est jugée ou, si l'instruction a été faite dans les conditions prévues au premier

alinéa de l'article R. 611-20, le président de la sous-section à laquelle l'affaire a été initialement attribuée ;
5° Le rapporteur.
La présidence de l'assemblée du contentieux appartient au vice-président du Conseil d'État.
L'assemblée ne peut valablement siéger que si neuf de ses membres ou leurs suppléants sont présents.
En cas de partage égal, la voix du président est prépondérante.

■ **Textes sources**
– Décret nº 63-766 du 30 juillet 1963, articles 41, 44 et 45.

■ **Commentaires**
L'assemblée du contentieux compte douze membres, et échappe donc à la règle d'imparité. C'est la raison pour laquelle la voix du président est prépondérante en cas de partage égal des voix.
On constate que cinq de ses membres appartiennent aux sections administratives (il s'agit de leurs présidents), cependant que le vice-président du Conseil d'État qui la préside n'a pas de fonctions exclusivement contentieuses. C'est l'application renforcée de la règle déjà aperçue à propos de la section du contentieux (voir art. R. 122-18).
Évidemment, cette composition ne va pas sans soulever régulièrement des questionnements au regard des exigences du procès équitable telles qu'énoncées par la Cour européenne des droits de l'homme (CEDH 28 septembre 1995, Procola c/ Luxembourg), notamment lorsque l'assemblée du contentieux est appelée à se prononcer sur la légalité d'un texte adopté sur avis de l'une de ses formations administratives, et notamment de son assemblée générale, qui comprend entre autres, outre le vice-président, tous les présidents de section. La réponse n'est pas aussi évidente qu'il y paraît : ne sont par tradition appelées devant l'assemblée du contentieux, en ce qui concerne ces textes, que les affaires dans lesquelles l'instruction, ou un premier délibéré en formation de rang inférieur, s'orientent vers l'annulation. Dans le cas contraire, c'est la formation des sous-sections réunies qui statue pour dire légal le texte. Il reste que certaines précautions doivent être prises pour éviter que, sur une impartialité réelle, ne se plaque une apparence de partialité.

Le remplacement du vice-président du Conseil d'État à l'assemblée du contentieux

Art. R. 122-21 En cas d'empêchement du vice-président du Conseil d'État, la présidence de l'assemblée du contentieux est exercée par le président de la section du contentieux. Pour compléter l'assemblée, le vice-président du Conseil d'État est suppléé par le président de section administrative le premier inscrit au tableau, lui-même suppléé par un des conseillers d'État mentionnés au troisième alinéa du présent article.

En cas d'empêchement, le président de la section du contentieux est suppléé, pour compléter l'assemblée, par les présidents adjoints de ladite section dans l'ordre d'ancienneté de leurs fonctions ; ces derniers sont suppléés dans l'ordre d'ancienneté de leurs fonctions par les présidents de sous-section autres que celui siégeant en application du 4° de l'article R. 122-20 ci-dessus.

En cas d'empêchement, les présidents de section administrative sont suppléés par des conseillers d'État en service ordinaire, désignés par le vice-président du Conseil d'État au début de chaque année, après avis des présidents de section administrative, à raison de deux conseillers d'État en service ordinaire pour chaque président de section administrative.

En cas d'empêchement, le président de sous-section mentionné au 4° de l'article R. 122-20 est suppléé par l'un des assesseurs de sa sous-section dans l'ordre du tableau.

■ Textes sources

– Décret n° 63-766 du 30 juillet 1963, articles 42 et 43.

LA VOIX DÉLIBÉRATIVE DU RAPPORTEUR

Art. R. 122-22 Dans les formations du Conseil d'État statuant au contentieux, le rapporteur a voix délibérative.

■ Textes sources

– Décret n° 63-766 du 30 juillet 1963, article 46.

■ Commentaires

Cet article anodin emporte des conséquences fortes. Le plus jeune des auditeurs – qui peut n'avoir que vingt-cinq ans – a, s'il est rapporteur, une voix délibérative aussi forte que celle de tel ou tel des présidents en fonctions au Conseil d'État, et cette voix, même si, conformément à la tradition, elle s'exprime en premier, peut être déterminante. C'est peut-être cette présence de la sensibilité des générations les plus jeunes – renforcée par la voix des commissaires du gouvernement, qui, maîtres des requêtes, ne figurent pas parmi les gérontes – qui explique le dynamisme de la jurisprudence de la haute assemblée.

La délégation du président de la section du contentieux pour statuer sur les affaires relevant du livre V et sur le règlement des questions de compétence

Art. R. 122-23 Le président de la section du contentieux peut donner, par arrêté, délégation à l'un des présidents adjoints et, en prévision de l'absence ou de l'empêchement de ceux-ci et pour la durée de cette absence ou de cet empêchement, à un conseiller d'État affecté à la section du contentieux pour statuer sur les demandes qui lui sont présentées en application des dispositions du livre V du présent code et pour procéder, en application des dispositions du livre III du présent code, au règlement des questions de compétence et aux renvois pour connexité.

■ **Textes sources**

– Décret n° 63-766 du 30 juillet 1963, article 47.

Le remplacement, pour l'activité contentieuse, du président de la section du contentieux absent ou empêché

Art. R. 122-24 En cas d'absence ou d'empêchement du président de la section du contentieux, les présidents adjoints, dans l'ordre d'ancienneté de leurs fonctions, ont, de plein droit, compétence pour statuer sur les demandes visées à l'article précédent.

Dans les mêmes circonstances, un des présidents adjoints, dans l'ordre d'ancienneté de leurs fonctions, exerce de plein droit les attributions conférées au président de la section du contentieux par les articles R. 122-5, R. 122-9, R. 122-10, R. 122-15, R. 122-17, par l'alinéa 1er de l'article R. 611-20, par l'article R. 635-2, et par l'alinéa 1er de l'article R. 712-1.

■ **Textes sources**

– Décret n° 63-766 du 30 juillet 1963, article 48.

■ **Commentaires**

Ces deux articles ne sont pas redondants. Ils distinguent la suppléance de plein droit (art. R. 122-24), qui joue dans le respect de l'ordre d'ancienneté des fonctions de président adjoint, de la suppléance choisie (art. R. 122-23), qui n'est pas liée par cet ordre.

LE REMPLACEMENT, POUR LA DIRECTION GÉNÉRALE DU SERVICE, DU PRÉSIDENT DE LA SECTION DU CONTENTIEUX

Art. R. 122-25 En cas d'absence ou d'empêchement du président de la section du contentieux, celui-ci est remplacé pour la direction générale du service par l'un des présidents adjoints, dans l'ordre d'ancienneté de leurs fonctions, ou, à défaut de chacun de ces derniers, par le président de sous-section le plus ancien dans ses fonctions.

■ **Textes sources**

– Décret nº 63-766 du 30 juillet 1963, article 49.

SECTION 3 *Le secrétariat de la section du contentieux*

La présente section ne comprend pas de dispositions législatives.

LE SECRÉTAIRE DU CONTENTIEUX

Art. R. 122-26 Le secrétariat de la section du contentieux est assuré par le secrétaire du contentieux.

Ce dernier est nommé par arrêté du Premier ministre sur proposition du garde des Sceaux, ministre de la justice, et sur présentation du vice-président et du président de la section du contentieux. Il ne peut être révoqué que dans la même forme.

■ **Textes sources**

– Ordonnance nº 45-1708 du 31 juillet 1945, article 20, § 2.
– Décret nº 63-766 du 30 juillet 1963, article 50, § 1.

LE SECRÉTAIRE ADJOINT DU CONTENTIEUX

Art. R. 122-27 Le secrétaire du contentieux est assisté d'un secrétaire adjoint, désigné par le vice-président du Conseil d'État, sur la proposition du président de la section.

■ Textes sources

– Décret nº 63-766 du 30 juillet 1963, article 50, § 1.

Le secrétaire de sous-section

Art. R. 122-28 Pour chaque sous-section, le secrétaire du contentieux est, en outre, assisté d'un secrétaire désigné par le vice-président du Conseil d'État sur la proposition du président de la section du contentieux.

■ Textes sources

– Décret nº 63-766 du 30 juillet 1963, article 50, § 3.

Le remplacement du secrétaire du contentieux

Art. R. 122-29 En cas d'absence ou d'empêchement, le secrétaire du contentieux est remplacé dans ses fonctions par le secrétaire adjoint du contentieux et, si celui-ci est lui-même absent ou empêché, par un secrétaire de sous-section désigné par le président de la section du contentieux.

■ Textes sources

– Décret nº 63-766 du 30 juillet 1963, article 50, § 2.

■ Commentaires

De cette section sont à remarquer les précautions qui entourent la nomination... et la révocation du secrétaire du contentieux.

CHAPITRE 3

Le Conseil d'État dans l'exercice de ses attributions administratives et législatives

Le présent chapitre ne comprend pas de dispositions législatives.

LES FORMATIONS DE DÉLIBÉRATION DU CONSEIL D'ÉTAT EN MATIÈRE CONSULTATIVE

Art. R. 123-1 Le Conseil d'État délibère soit en sections, soit en sections réunies, soit en commissions où les différentes sections intéressées sont représentées, soit en assemblée générale.

■ **Textes sources**
– Décret n° 63-766 du 30 juillet 1963, article 8.

SECTION 1

Les sections administratives

LES SECTIONS ADMINISTRATIVES DU CONSEIL D'ÉTAT

Art. R. 123-2 Les sections administratives du Conseil d'État sont :
- la section de l'intérieur,
- la section des finances,
- la section des travaux publics,
- la section sociale,
- la section du rapport et des études.

■ **Textes sources**
– Décret n° 63-766 du 30 juillet 1963, article 9, § 1.

LA RÉPARTITION DES AFFAIRES ENTRE LES SECTIONS ADMINISTRATIVES

Art. R. 123-3 Les affaires ressortissant aux différents départements ministériels sont réparties entre les quatre premières de ces sections conformément aux dispositions d'un arrêté du Premier ministre et du garde des Sceaux, ministre de la justice.

Toutes les affaires relevant d'un département ministériel sont soumises à la même section.

Cependant, l'examen de certaines catégories d'affaires, notamment de celles concernant la fonction publique, peut être attribué à une section déterminée, quel que soit le département ministériel d'origine.

■ **Textes sources**

– Décret nº 63-766 du 30 juillet 1963, article 9, § 2 à 4.

■ **Commentaires**

Contrairement à ce que l'on aurait pu penser, les affaires ne sont pas réparties entre les sections administratives en fonction de leur nature, mais en fonction – sauf l'exception du troisième alinéa – du département ministériel « maître d'œuvre » du texte soumis à l'examen du Conseil d'État, selon une répartition arrêtée par le Premier ministre et le garde des Sceaux. Les « conflits de frontière » sont réglés par application des articles R. 123-6 (2e alinéa) et R. 123-10.

La question de savoir si un décret en Conseil d'État a été adopté après intervention de la section administrative compétente est opérante dans le contentieux de l'excès de pouvoir (CE 15 mai 1996, Association des fonctionnaires d'Afrique du Nord, solution implicite).

La répartition entre les sections des affaires de Nouvelle-Calédonie

Art. R. 123-4 Les projets et propositions de lois du pays de la Nouvelle-Calédonie sont répartis, pour leur examen par les sections administratives, selon les matières énumérées à l'article 99 de la loi organique nº 99-209 du 19 mars 1999 relative à la Nouvelle-Calédonie par arrêté du Premier ministre et du ministre chargé de l'outre-mer.

■ **Textes sources**

– Décret nº 63-766 du 30 juillet 1963, article 9, § 5.

La section du rapport et des études du Conseil d'État

Art. R. 123-5 La section du rapport et des études a pour mission d'élaborer les propositions que le Conseil d'État adresse aux pouvoirs publics en exécution de

l'article L. 112-3 et de procéder à des études à la demande du Premier ministre ou à l'initiative du vice-président.
La section du rapport et des études est également chargée, dans les conditions fixées au livre IX du présent code, du règlement des difficultés auxquelles peut donner lieu l'exécution des décisions du Conseil d'État statuant au contentieux et des juridictions administratives.
Elle prépare le rapport d'activité que le Conseil d'État établit chaque année. Ce rapport est soumis au vice-président délibérant avec les présidents de section et adopté par l'assemblée générale. Il mentionne les réformes d'ordre législatif, réglementaire ou administratif sur lesquelles le Conseil d'État a appelé l'attention du Gouvernement ; il peut contenir des propositions nouvelles et signale en outre, s'il y a lieu, les difficultés rencontrées dans l'exécution des décisions du Conseil d'État statuant au contentieux et des juridictions administratives.
Le rapport est remis au président de la République.

■ **Textes sources**
– Décret n° 63-766 du 30 juillet 1963, article 14-1.

LA COMPOSITION DE LA SECTION ADMINISTRATIVE

Art. R. 123-6 Chaque section administrative est composée d'un président, de conseillers d'État en service ordinaire au nombre de sept au minimum dont l'un choisi parmi les assesseurs des sous-sections de la section du contentieux, de conseillers d'État en service extraordinaire, de maîtres des requêtes et d'auditeurs.
Dans le cas prévu au dernier alinéa de l'article R. 123-3 comme dans celui où une affaire attribuée à une section ressortit à plusieurs départements ministériels relevant de sections différentes, un ou plusieurs conseillers appartenant à chacune des sections intéressées peuvent être appelés à prendre part aux délibérations de la section compétente.
Les conseillers d'État ont voix délibérative dans toutes les affaires. Les maîtres des requêtes et auditeurs ont voix délibérative dans les affaires dont ils sont rapporteurs et voix consultative dans les autres affaires.

■ **Textes sources**
– Décret n° 63-766 du 30 juillet 1963, article 10.

■ **Commentaires**

La composition des sections administratives obéit à des règles précises, par lesquelles s'exprime, symétriquement à ce que l'on a pu constater pour la section du contentieux, le souci de mixité. Dans les faits, il est rare qu'une section ne comprenne pas, parmi les conseillers d'État qui en sont membres, plus qu'un assesseur au contentieux.

Seuls des conseillers d'État peuvent être appelés à compléter une section en application du deuxième alinéa.

LE RAPPORTEUR GÉNÉRAL DE LA SECTION DU RAPPORT ET DES ÉTUDES

Art. R. 123-7 Un conseiller d'État ou un maître des requêtes, nommé par le vice-président après avis des présidents de section, exerce les fonctions de rapporteur général de la section du rapport et des études. Il est affecté uniquement à cette section et a voix délibérative dans toutes les affaires.

Des maîtres des requêtes et auditeurs peuvent lui être adjoints ; ils peuvent alors être affectés uniquement à la section du rapport et des études.

■ **Textes sources**

– Décret n° 63-766 du 30 juillet 1963, article 10.

LE QUORUM DES SECTIONS ADMINISTRATIVES

Art. R. 123-8 Les sections administratives ne peuvent délibérer valablement que si le président et trois conseillers d'État dont deux en service ordinaire ou, en l'absence du président, quatre conseillers d'État dont trois en service ordinaire sont présents.

Dans le cas où, par suite de vacance, d'absence ou d'empêchement d'un ou de plusieurs conseillers d'État, une section ne se trouve pas en nombre pour délibérer, elle est complétée, par arrêté du vice-président du Conseil d'État pris après avis des présidents de section, par l'appel de conseillers d'État affectés à d'autre sections. En cas d'urgence, la décision est prise par le président de la section.

Toutefois, lorsqu'il s'agit de pourvoir à un remplacement pour une seule séance, la section peut être complétée par l'appel du maître des requêtes le plus ancien affecté à cette formation, présent à la séance, lequel siège avec voix délibérative.

■ **Textes sources**

– Décret nº 63-766 du 30 juillet 1963, article 11.

■ **Commentaires**

Le texte est rigoureux, puisqu'il conditionne à la règle de quorum le fait de « délibérer », ce qui paraît impliquer que le quorum devrait être respecté à chaque instant de la délibération.

LE REMPLACEMENT DU PRÉSIDENT DE LA SECTION ADMINISTRATIVE

Art. R. 123-9 En cas d'absence ou d'empêchement du président d'une section administrative, la présidence est exercée par un conseiller d'État en service ordinaire affecté à la section, désigné par arrêté du vice-président pris après avis des présidents de section ou, à défaut, par le conseiller d'État en service ordinaire le premier inscrit au tableau.

Le vice-président du Conseil d'État peut présider les séances des sections administratives.

En cas de partage égal, la voix du président est prépondérante.

■ **Textes sources**

– Décret nº 63-766 du 30 juillet 1963, article 12.

LA RÉUNION DE DEUX SECTIONS ADMINISTRATIVES OU LA CONSTITUTION D'UNE COMMISSION SPÉCIALE

Art. R. 123-10 Le vice-président du Conseil d'État peut réunir à la section administrative compétente une des autres sections pour l'examen d'une affaire déterminée.

S'il y a lieu de réunir plus de deux sections, il est constitué une commission où les sections intéressées, y compris, le cas échéant, la section du contentieux, sont représentées ; le vice-président en fixe la composition.

Les dispositions de l'article R. 123-8 et de l'article R. 123-9, dernier alinéa, sont applicables aux sections réunies et aux commissions.

Les dispositions du dernier alinéa de l'article R. 123-6 sont applicables aux sections réunies. En ce qui concerne les commissions, tous leurs membres ont voix délibérative.

La présidence des séances de sections réunies ou de commissions appartient au vice-président du Conseil d'État ou à celui des présidents de section présent le premier inscrit au tableau.

■ **Textes sources**
– Décret nº 63-766 du 30 juillet 1963, article 13.

■ **Commentaires**
À titre d'exemple, l'examen des textes de procédure (ce qui fut le cas pour le présent code) est soumis à une commission spéciale pour l'examen des textes intéressant le contentieux administratif.

LA CERTIFICATION DES AVIS RENDUS PAR LES SECTIONS ADMINISTRATIVES

Art. R. 123-11 Le secrétaire de chaque section ou commission certifie les expéditions des avis émis par cette formation et les notifie aux administrations intéressées.

■ **Textes sources**
– Décret nº 63-766 du 30 juillet 1963, article 14.

SECTION 2 *L'assemblée générale*

LES FORMATIONS DE L'ASSEMBLÉE GÉNÉRALE DU CONSEIL D'ÉTAT

Art. R. 123-12 L'assemblée générale du Conseil d'État se réunit soit en formation plénière, soit en formation ordinaire.

■ **Textes sources**
– Décret nº 63-766 du 30 juillet 1963, article 15, § 1.

L'ASSEMBLÉE GÉNÉRALE PLÉNIÈRE DU CONSEIL D'ÉTAT

Art. R. 123-13 L'assemblée générale plénière, qui se réunit au moins douze fois par an et deux fois par trimestre, comprend, avec voix délibérative, le vice-président du Conseil d'État, les présidents de section et les conseillers d'État. Les maîtres des requêtes et auditeurs y ont accès et voix consultative. Ils ont voix délibérative dans les affaires dont ils sont rapporteurs.

■ **Textes sources**

– Décret n° 63-766 du 30 juillet 1963, article 15, § 2.

■ **Commentaires**

La seule prérogative partagée par tous les conseillers d'État, en service ordinaire ou extraordinaire, quelle que soit leur affectation, est d'avoir voix délibérative à l'assemblée générale plénière. C'est ainsi que les présidents des cours administratives d'appel, qui sont conseillers d'État, siègent à cette assemblée générale.

L'ASSEMBLÉE GÉNÉRALE ORDINAIRE DU CONSEIL D'ÉTAT

Art. R. 123-14 L'assemblée générale ordinaire comprend avec voix délibérative :

1° Le vice-président du Conseil d'État et les présidents de section ;

2° L'un des présidents adjoints de la section du contentieux, suppléé, le cas échéant, par un autre président adjoint ;

3° Douze conseillers d'État désignés chaque année par le vice-président du Conseil d'État sur proposition du président de la section du contentieux parmi les conseillers affectés à cette section ;

4° Trois conseillers d'État dont deux au moins en service ordinaire par section administrative, désignés chaque année par le vice-président du Conseil d'État sur proposition du président de la section administrative intéressée.

Un suppléant est désigné pour chacun des conseillers d'État prévus aux 3° et 4° ci-dessus. Le tiers desdits conseillers et des suppléants est renouvelé chaque année.

Les autres membres du Conseil d'État ont accès à l'assemblée générale ordinaire avec voix consultative ; ils ont voix délibérative dans les affaires dont ils sont rapporteurs.

■ **Textes sources**

– Décret n° 63-766 du 30 juillet 1963, article 15, § 3 à 5.

■ **Commentaires**

L'assemblée générale ordinaire comprend trente-cinq membres. Comme à l'assemblée générale plénière, seuls les conseillers d'État y ont voix délibérative (sauf en ce qui concerne le rapporteur).

La présence des ministres à l'assemblée générale du Conseil d'État

Art. R. 123-15 Les ministres ont rang et séance à l'assemblée générale du Conseil d'État. Chacun a voix délibérative pour les affaires qui dépendent de son département.

■ **Textes sources**
– Décret n° 63-766 du 30 juillet 1963, article 16.

■ **Commentaires**
Il est très inhabituel qu'un ministre vienne siéger à l'assemblée générale du Conseil d'État pour y délibérer sur une affaire relevant de son département. Lorsque cela se produit, il est d'usage qu'il limite son rôle à un exposé soulignant l'importance qu'il attache au projet soumis au Conseil d'État, et répondant, le cas échéant, aux questions que le rapporteur a évoquées, et qu'il quitte la séance avant la discussion du projet et le vote sur ce dernier.

La présidence de l'assemblée générale du Conseil d'État

Art. R. 123-16 Sous réserve des dispositions de l'article L. 121-1, la présidence de l'assemblée générale appartient au vice-président du Conseil d'État ou, à son défaut, au président de section inscrit le premier au tableau.

■ **Textes sources**
– Décret n° 63-766 du 30 juillet 1963, article 17.

■ **Commentaires**
Même si un ministre est présent et siège, c'est le vice-président qui préside l'assemblée générale, sauf lorsque, en application de l'article L. 121-1, celle-ci est présidée par le Premier ministre ou le garde des Sceaux. Ce que presque tous les Premiers ministres font une fois pendant leur mandat, lors d'une séance protocolaire.

Le quorum de l'assemblée générale du Conseil d'État

Art. R. 123-17 L'assemblée générale du Conseil d'État, dans chacune des deux formations prévues à l'article R. 123-12, ne peut délibérer que si la moitié au moins des membres ayant voix délibérative sont présents. Toutefois, pen-

dant la période des vacances annuelles, ce quorum est ramené au quart des membres ayant voix délibérative.
Le président a la police de l'assemblée et dirige les débats.
En cas de partage égal, la voix du président est prépondérante.

■ **Textes sources**
– Décret n° 63-766 du 30 juillet 1963, article 18.

L'ÉLECTION D'UN MEMBRE DU CONSEIL D'ÉTAT PAR L'ASSEMBLÉE GÉNÉRALE

Art. R. 123-18 Lorsqu'il y a lieu pour le Conseil d'État d'élire un de ses membres, il est procédé à l'élection en assemblée générale plénière au scrutin secret et à la majorité absolue des membres présents.

■ **Textes sources**
– Décret n° 63-766 du 30 juillet 1963, article 19.

LE PROCÈS-VERBAL DE L'ASSEMBLÉE GÉNÉRALE DU CONSEIL D'ÉTAT

Art. R. 123-19 Le secrétaire général tient le procès-verbal de l'assemblée générale ; il signe et certifie les expéditions des actes, des décrets et des avis du Conseil d'État délivrées aux personnes qui ont qualité pour les réclamer.
En cas d'absence ou d'empêchement du secrétaire général et des secrétaires généraux adjoints, un membre du Conseil désigné par le vice-président exerce les fonctions prévues à l'alinéa précédent.

■ **Textes sources**
– Décret n° 63-766 du 30 juillet 1963, article 20.

L'ORDRE DU JOUR DE L'ASSEMBLÉE GÉNÉRALE DU CONSEIL D'ÉTAT

Art. R. 123-20 Sont portés à l'ordre du jour de l'assemblée générale ordinaire du Conseil d'État ou, sur décision du vice-président, après avis du président de la section ou de la commission compétente, à l'ordre du jour de l'assemblée générale plénière du Conseil d'État :
1° Les projets de lois et d'ordonnances, sous réserve des dispositions de l'article R. 123-21 ;

2° Les projets de décrets pris en vertu de l'article 37 de la Constitution ;
3° Les affaires qui, en raison de leur importance, sont renvoyées à l'examen de l'assemblée générale soit à la demande des ministres intéressés, soit par le vice-président du Conseil d'État, soit par le président de la section ou de la commission compétente, soit à la demande de cette section ou de cette commission.
Toutefois, le vice-président du Conseil d'État peut, sur proposition du président de la section ou de la commission compétente, décider de ne pas porter à l'ordre du jour de l'assemblée générale certains des projets mentionnés au 2° ci-dessus.
L'assemblée générale ordinaire peut décider le renvoi d'une affaire à l'assemblée générale plénière.

■ **Textes sources**
– Décret n° 63-766 du 30 juillet 1963, article 21.

■ **Commentaires**
Seuls les projets de loi ou d'ordonnance doivent en toutes circonstances (sauf le cas d'urgence mentionné à l'article R. 123-21) être examinés par l'assemblée générale. Le texte organise un mécanisme précis de renvoi par les sections administratives à cette assemblée, qui n'est pas sans rappeler le mécanisme identique régissant l'activité contentieuse. Seul le vice-président ou l'assemblée générale ordinaire ont le pouvoir d'envoyer une affaire devant l'assemblée générale plénière (outre l'hypothèse mentionnée à l'article R. 123-18 ci-dessus).

SECTION 3 *La commission permanente*

LA COMMISSION PERMANENTE

Art. R. 123-21 Une commission permanente est chargée de l'examen des projets de loi et d'ordonnance dans les cas exceptionnels où l'urgence est signalée par le ministre compétent et expressément constatée par une décision spéciale du Premier ministre mentionnée dans les visas.
Cette commission peut dans chaque cas décider de renvoyer après instruction l'affaire dont elle est saisie à l'assemblée générale.

■ **Textes sources**

– Décret nº 63-766 du 30 juillet 1963, article 22.

■ **Commentaires**

La commission permanente, destinée à répondre aux situations d'urgence, traduit le principe de continuité de l'État.

La composition de la commission permanente

Art. R. 123-22 La commission permanente comprend :

1° Le vice-président du Conseil d'État ;

2° Le président de l'une des sections administratives désigné par arrêté du Premier ministre pris sur proposition du garde des Sceaux, ministre de la justice, faite après présentation par le vice-président du Conseil d'État ainsi que, le cas échéant, le ou les présidents de la ou des autres sections intéressées ;

3° Douze conseillers d'État et douze conseillers d'État suppléants désignés par arrêté du vice-président du Conseil d'État, après avis des présidents de section, à raison de deux titulaires et de deux suppléants par section. La commission permanente peut être complétée, selon la nature des affaires dont elle est saisie, par un et éventuellement deux conseillers désignés par le vice-président sur la proposition du président de la section qui aurait été normalement compétente pour examiner l'affaire si l'urgence n'avait pas été déclarée ;

4° Des maîtres des requêtes et auditeurs désignés dans les mêmes conditions.

En outre, tout membre du Conseil d'État peut être spécialement désigné par le vice-président pour le rapport d'une affaire déterminée.

■ **Textes sources**

– Décret nº 63-766 du 30 juillet 1963, article 23.

Le fonctionnement de la commission permanente

Art. R. 123-23 La commission permanente est présidée par le vice-président du Conseil d'État ou, en son absence, par le président de section désigné par arrêté du Premier ministre comme il a été dit à l'article R. 123-22 (2°).

En cas de partage égal, la voix du président est prépondérante.

Les dispositions du dernier alinéa de l'article R. 123-6, des deux derniers alinéas de l'article R. 123-8, de l'article R. 123-17 ainsi que de l'article R. 123-19 sont applicables à la commission permanente.

■ **Textes sources**

– Décret n° 63-766 du 30 juillet 1963, article 24.

SECTION 4 *Dispositions communes*

LES COMMISSAIRES DU GOUVERNEMENT DEVANT LES SECTIONS ADMINISTRATIVES

Art. R. 123-24 Dans chaque ministère, des décrets pris sur la proposition des ministres intéressés désignent des fonctionnaires ayant au moins rang de directeurs, qui sont habilités à assister en qualité de commissaire du gouvernement aux séances du conseil pour l'ensemble des affaires du département dont ils relèvent. Des fonctionnaires peuvent être en outre désignés par arrêté ministériel pour prendre part à la discussion d'une affaire déterminée.
Les commissaires du gouvernement assistent avec voix consultative aux séances de l'assemblée générale, des commissions ou des sections pour les affaires qui dépendent de leurs services.

■ **Textes sources**

– Décret n° 63-766 du 30 juillet 1963, article 25.

■ **Commentaires**

On aura noté le niveau hiérarchique élevé des commissaires du gouvernement appelés à participer, pour les projets de leur ministère, et avec voix consultative, aux débats des sections administratives.
Le lecteur se gardera, évidemment, de confondre ces commissaires du gouvernement, dont la mission correspond à leur appellation, avec ceux qui, membres du Conseil d'État, officient au contentieux (voir art. L. 7). Même si cela ne pose pas de problème aux personnes averties, il reste pour le moins bizarre, voire fâcheux, que dans le même code une même appellation désigne des fonctions aussi fondamentalement différentes, sauf à estimer que la différence est si considérable que nul ne peut s'y tromper...

Le commissaire du gouvernement de la Nouvelle-Calédonie

Art. R. 123-25 Pour l'examen des projets et propositions de lois du pays de la Nouvelle-Calédonie, des arrêtés du président du gouvernement de la Nouvelle-Calédonie désignent des agents publics, ayant au moins rang de chef de service, en qualité de commissaire du gouvernement de la Nouvelle-Calédonie, pour assister avec voix consultative aux séances du Conseil d'État. Le président du gouvernement peut, en outre, désigner d'autres agents publics pour prendre part à la discussion d'une affaire déterminée.
Le Gouvernement de la République est représenté dans les conditions prévues à l'article précédent.

■ **Textes sources**
– Décret nº 63-766 du 30 juillet 1963, article 25-1.

La présence de personnes qualifiées devant les sections administratives

Art. R. 123-26 Les ministres et le vice-président du Conseil d'État peuvent appeler à prendre part, avec voix consultative, aux séances des sections administratives et des commissions, y compris la commission permanente, ainsi que de l'assemblée générale, les personnes que leurs connaissances spéciales mettraient en mesure d'éclairer les discussions.

■ **Textes sources**
– Décret nº 63-766 du 30 juillet 1963, article 26.

TITRE III Dispositions statutaires

CHAPITRE 1 Dispositions générales

Le statut des membres du Conseil d'État

Art. L. 131-1 Le statut des membres du Conseil d'État est régi par le présent livre et, pour autant qu'elles n'y sont pas contraires, par les dispositions statutaires de la fonction publique de l'État.

■ **Textes sources**

– Décret nº 63-767 du 30 juillet 1963, article 1.

■ **Commentaires**

Les membres du Conseil d'État sont des fonctionnaires, soumis au statut général des fonctionnaires, à la différence des magistrats de l'ordre judiciaire.

L'interdiction de se prévaloir du titre de membre du Conseil d'État à l'appui d'une activité politique

Art. L. 131-2 Aucun membre du Conseil ne peut se prévaloir, à l'appui d'une activité politique, de son appartenance au Conseil d'État.

■ **Textes sources**

– Décret nº 63-767 du 30 juillet 1963, article 3.

Le devoir de réserve des membres du Conseil d'État

Art. L. 131-3 Tout membre du Conseil d'État, en service au Conseil ou chargé de fonctions extérieures, doit s'abstenir de toute manifestation de nature politique incompatible avec la réserve que lui imposent ses fonctions.

■ **Textes sources**

– Décret n° 63-767 du 30 juillet 1963, article 4.

LA POSSIBILITÉ D'EFFECTUER DES TRAVAUX SCIENTIFIQUES, LITTÉRAIRES OU ARTISTIQUES

Art. R.* 131-1 Les membres du Conseil d'État peuvent se livrer à des travaux scientifiques, littéraires ou artistiques et à toutes activités d'ordre intellectuel, et notamment d'enseignement, qui ne seraient pas de nature à porter atteinte à leur dignité ou à leur indépendance.

■ **Textes sources**

– Décret n° 63-767 du 30 juillet 1963, article 2, § 1 et 2.

■ **Commentaires**

Il convient de noter que certaines dispositions réglementaires du titre III du livre I ont été édictées sous la forme de décrets en Conseil d'État délibérés en Conseil des ministres ; leur codification a donc été prononcée par un décret de même niveau et se manifeste par l'adjonction d'une astérisque avant le numéro d'article.

L'OBTENTION D'UN CONGÉ POUR ABSENCE

Art. R.* 131-2 En dehors des périodes de vacances, les membres du Conseil d'État ne peuvent s'absenter sans avoir obtenu du vice-président un congé, accordé après avis des présidents des sections auxquelles ils sont affectés.

Tout membre du Conseil qui s'absente sans congé, ou qui excède la durée du congé qu'il a obtenu subit, indépendamment des sanctions disciplinaires qu'il peut encourir, la retenue intégrale de la portion de son traitement afférente au temps pendant lequel a duré son absence non autorisée.

■ **Textes sources**

– Décret n° 63-767 du 30 juillet 1963, article 5.

CHAPITRE 2 La commission consultative

La commission consultative

Art. L. 132-1 Une commission consultative est placée auprès du vice-président du Conseil d'État qui la préside. Elle comprend, d'une part, les présidents de section, d'autre part un nombre égal de membres élus du Conseil d'État.

■ **Textes sources**
– Décret nº 63-766 du 30 juillet 1963, article 5, § 1.

Le rôle de la commission consultative

Art. L. 132-2 La commission consultative peut être consultée sur toutes les questions intéressant le statut des membres du Conseil d'État.
Elle doit donner son avis sur les mesures individuelles concernant la discipline, l'avancement des membres du Conseil ainsi que dans les cas prévus au présent titre.

■ **Textes sources**
– Décret nº 63-767 du 30 juillet 1963, article 6, § 1 et 2.

La saisine pour avis de la commission consultative

Art. L. 132-3 La commission consultative peut être saisie pour avis de tous problèmes intéressant l'organisation et le fonctionnement du Conseil d'État.

■ **Textes sources**
– Décret nº 63-766 du 30 juillet 1963, article 5, § 4.

La composition de la commission consultative

Art. R. 132-1 La commission consultative comprend, outre le vice-président du Conseil d'État qui la préside et les présidents de section, six membres élus du Conseil d'État en activité de service ou en délégation, dont deux conseil-

lers d'État en service ordinaire ou en service extraordinaire, deux maîtres des requêtes et deux auditeurs.
Les membres élus ont un mandat de deux ans. Les modalités de l'élection sont fixées par arrêté du vice-président. Six suppléants sont élus dans les mêmes conditions.
Le secrétaire général du Conseil d'État assiste avec voix consultative aux réunions de la commission et en tient les procès-verbaux.

■ Textes sources

– Décret n° 63-766 du 30 juillet 1963, article 5.

Le remplacement du vice-président du Conseil d'État au sein de la commission consultative

Art. R. 132-2 En cas d'empêchement, le vice-président est remplacé par le président de section le plus ancien au tableau. Les présidents de section et les membres élus de la commission siègent et, le cas échéant, sont supplées en suivant l'ordre du tableau.

■ Textes sources

– Décret n° 63-767 du 30 juillet 1963, article 6, § 4.

La composition de la commission consultative pour l'examen des questions individuelles

Art. R. 132-3 Pour l'examen des mesures individuelles, la commission comprend, d'une part, le vice-président et les deux présidents de section les plus anciens au tableau et, d'autre part, si l'affaire concerne un conseiller d'État : les deux conseillers d'État et un de leurs suppléants ; si l'affaire concerne un maître des requêtes : les deux maîtres des requêtes et un de leurs suppléants ; si elle concerne un auditeur : les deux auditeurs et un de leurs suppléants.

■ Textes sources

– Décret n° 63-767 du 30 juillet 1963, article 6, § 3.

■ Commentaires

La commission consultative correspond, *mutatis mutandis*, à la commission administrative paritaire et au comité technique paritaire prévus par le statut général des fonctionnaires de l'État. Son caractère paritaire est strictement défini par l'article R. 132-3 lorsqu'elle doit connaître de questions individuelles (ce qui sera notamment le cas d'affaires disciplinaires le cas échéant), le texte respectant toutefois le principe général voulant qu'alors la commission ne comporte aucun membre dont le grade soit inférieur à celui de la personne dont le cas est discuté (CE 10 mai 1999, Syndicat de la juridiction administrative). Sur l'application de ce principe au conseil supérieur des tribunaux administratifs et des cours administratives d'appel, voir article. R. 232-23.

CHAPITRE 3 Nominations

SECTION 1 *Dispositions générales*

LA NOMINATION DU VICE-PRÉSIDENT DU CONSEIL D'ÉTAT

Art. L. 133-1 Le vice-président du Conseil d'État est nommé par décret pris en conseil des ministres, sur la proposition du garde des Sceaux, ministre de la justice.
Il est choisi parmi les présidents de section ou les conseillers d'État en service ordinaire.

■ **Textes sources**
– Ordonnance n° 45-1708 du 31 juillet 1945, article 5.

LA NOMINATION DES PRÉSIDENTS DE SECTION

Art. L. 133-2 Les présidents de section sont nommés par décret pris en conseil des ministres, sur la proposition du garde des Sceaux, ministre de la justice, et sont choisis parmi les conseillers d'État en service ordinaire.

■ **Textes sources**
– Ordonnance n° 45-1708 du 31 juillet 1945, article 6.

LA NOMINATION DES CONSEILLERS D'ÉTAT EN SERVICE ORDINAIRE

Art. L. 133-3 Les conseillers d'État en service ordinaire sont nommés par décret pris en conseil des ministres, sur la proposition du garde des Sceaux, ministre de la justice.
Les deux tiers au moins des emplois vacants de conseillers d'État sont réservés aux maîtres des requêtes.
Nul ne peut être nommé conseiller d'État en service ordinaire, en dehors des maîtres des requêtes, s'il n'est âgé de quarante-cinq ans accomplis.

■ **Textes sources**

– Ordonnance n° 45-1708 du 31 juillet 1945, article 7, § 1 et 2.

– Décret n° 63-767 du 30 juillet 1963, article 7, § 1.

LA NOMINATION DES MAÎTRES DES REQUÊTES

Art. L. 133-4 Les maîtres des requêtes sont nommés par décret, sur la proposition du garde des Sceaux, ministre de la justice.

Les trois quarts au moins des emplois vacants des maîtres des requêtes sont réservés aux auditeurs de 1re classe.

Nul ne peut être nommé maître des requêtes, en dehors des auditeurs de 1re classe en exercice, s'il n'est âgé de trente ans et s'il ne justifie de dix ans de services publics, tant civils que militaires.

■ **Textes sources**

– Ordonnance n° 45-1708 du 31 juillet 1945, article 9, § 1 à 3.

LA NOMINATION DES AUDITEURS DE PREMIÈRE CLASSE

Art. L. 133-5 Les auditeurs de 1re classe sont nommés par décret, sur la proposition du garde des Sceaux, ministre de la justice. Sous réserve des dispositions de la loi n° 70-2 du 2 janvier 1970 tendant à faciliter l'accès des officiers à des emplois civils, ils sont choisis parmi les auditeurs de 2e classe.

■ **Textes sources**

– Ordonnance n° 45-1708 du 31 juillet 1945, article 10.

LA NOMINATION DES AUDITEURS DE SECONDE CLASSE

Art. L. 133-6 Les auditeurs de 2e classe sont nommés parmi les anciens élèves de l'École nationale d'administration selon les règles propres au classement des élèves de cette école.

■ **Textes sources**

– Décret n° 63-767 du 30 juillet 1963, article 11.

LES NOMINATIONS AU TOUR EXTÉRIEUR

Art. L. 133-7 Les nominations au tour extérieur dans les grades de conseiller d'État et de maître des requêtes ne peuvent être prononcées qu'après avis du vice-président du Conseil d'État.

Cet avis tient compte des fonctions antérieurement exercées par l'intéressé, de son expérience et des besoins du corps, exprimés annuellement par le vice-président du Conseil d'État ; le sens de l'avis sur les nominations prononcées est publié au *Journal officiel* en même temps que l'acte de nomination.

L'avis du vice-président est communiqué à l'intéressé sur sa demande.

Les dispositions précédentes ne s'appliquent pas aux nominations aux grades de conseiller d'État et maître des requêtes prononcées en vertu de la section 2 du présent chapitre.

■ **Textes sources**

– Loi n° 94-530 du 28 juin 1994, article 2-I.

■ **Commentaires**

De toutes ces procédures de nomination, on retiendra le jeu du tour extérieur, lequel joue tant au niveau de l'accès au grade de maître des requêtes que pour le grade de conseiller d'État. Tour extérieur qui, en ce qui concerne les conseillers d'État, est seulement subordonné à une condition d'âge.

Tous tours extérieurs confondus (soit une nomination de conseiller d'État sur trois, et une nomination de maître des requêtes sur quatre), il se déduit qu'un conseiller d'État sur deux (en service ordinaire) a accédé au Conseil d'État par une voie de tour extérieur. Élément mathématiquement tiré du statut, dont il n'y a lieu de tirer aucune conclusion péjorative soit quant à la compétence, soit quant à l'indépendance des intéressés.

LE CLASSEMENT INDICIAIRE DES AUDITEURS DE SECONDE CLASSE LORS DE LEUR NOMINATION

Art. R.* 133-1 Les auditeurs de 2e classe sont nommés directement au 3e échelon de ce grade et titularisés à compter du lendemain du dernier jour de leur scolarité à l'École nationale d'administration.

Toutefois, si l'indice qu'ils détenaient dans leur corps d'origine est supérieur à celui correspondant au 3e échelon du grade d'auditeur de 2e classe, les auditeurs recrutés par la voie du concours interne de cette école sont placés à l'échelon du grade d'auditeur de 2e classe comportant un traitement égal ou, à défaut, immédiatement supérieur à celui dont ils bénéficiaient dans leur corps d'origine ou dans leur emploi pour les agents non titulaires.

Les auditeurs qui ont été recrutés par la voie du troisième concours de l'École nationale d'administration sont placés au 6e échelon du grade d'auditeur de 2e classe.

■ **Textes sources**

– Décret no 63-767 du 30 juillet 1963, article 11-1.

LE RECLASSEMENT DES AUDITEURS LORS DE LEUR AVANCEMENT

Art. R.* 133-2 Les auditeurs mentionnés à l'article précédent sont, en fonction de leur échelon de reclassement dans le grade d'auditeur de 2e classe, classés ainsi qu'il suit lors de leurs promotions aux grades d'auditeur de 1re classe et de maître des requêtes.

AUDITEUR de 2e classe	AUDITEUR de 1re classe	MAÎTRE des requêtes
4e échelon	1er échelon	1er échelon
5e échelon	2e échelon	1er échelon, avec six mois d'ancienneté acquise
6e échelon	3e échelon	2e échelon
7e échelon	4e échelon	2e échelon avec six mois d'ancienneté acquise

■ **Textes sources**

– Décret no 63-767 du 30 juillet 1963, article 11-2.

SECTION 2

Nomination des membres du Conseil d'État choisis parmi les membres du corps des tribunaux administratifs et des cours administratives d'appel

La nomination de membres du Conseil d'État parmi les membres du corps des tribunaux administratifs et des cours administratives d'appel

Art. L. 133-8 Les nominations de membres du Conseil d'État choisis parmi ceux du corps des tribunaux administratifs et des cours administratives d'appel sont faites sur proposition du vice-président du Conseil d'État, délibérant avec les présidents de section.

■ **Textes sources**

– Décret n° 53-934 du 30 septembre 1953, article 3, § 9.

La nomination de conseillers d'État parmi les membres des TA et CAA

Art. R.* 133-3 Les emplois vacants dans le grade de conseiller d'État auxquels peuvent être nommées, en application de l'article L. 133-3, des personnes ne détenant pas le grade de maître des requêtes sont pourvus, à raison d'un sur six, par la nomination de conseillers d'État choisis parmi les membres du corps des tribunaux administratifs et des cours administratives d'appel ayant le grade de président et exerçant les fonctions de président d'un tribunal administratif, de vice-président du tribunal administratif de Paris, de président de section à ce même tribunal ou de président de chambre dans une cour administrative d'appel.

■ **Textes sources**

– Décret n° 53-935 du 30 septembre 1953, article 3, § 1.

■ **Commentaires**

Il se déduit de ce texte, combiné avec l'article L. 133-3, qu'un conseiller d'État en service ordinaire sur dix-huit est nommé parmi les membres des tribunaux administratifs et des cours administratives d'appel, auxquels il convient d'ajouter ceux qui sont nommés en application de l'article R.* 133-7 (trois présidents de cours administratives d'appel à ce jour).

La nomination des maîtres des requêtes parmi les membres des TA et CAA

Art. R.* 133-4 Les emplois vacants dans le grade de maître des requêtes au Conseil d'État auxquels peuvent être nommées, en application des dispositions de l'article L. 133-4, des personnes ne détenant pas le grade d'auditeur de 1re classe au Conseil d'État sont pourvus, à raison d'un sur quatre, par la nomination de maîtres des requêtes choisis parmi les membres du corps des tribunaux administratifs et des cours administratives d'appel ayant le grade de président ou de premier conseiller.

■ Textes sources

– Décret no 53-935 du 30 septembre 1953, article 3, § 2.

■ Commentaires

Par le même raisonnement que précédemment, on constate qu'un maître des requêtes sur seize provient des tribunaux administratifs ou cours administratives d'appel, sous réserve de l'article suivant. Ce qui, une fois les maîtres des requêtes devenus conseillers d'État, fait que un conseiller d'État en service ordinaire sur dix provient des tribunaux administratifs ou cours administratives d'appel.

La nomination supplémentaire et exceptionnelle d'un maître des requêtes parmi les membres des TA et CAA

Art. R.* 133-5 Lorsque, entre deux nominations faites au titre de l'article R.* 133-4, un emploi vacant ne peut être pourvu ni par la nomination d'un auditeur justifiant de trois années de services effectifs dans le corps ni par une nomination au tour de l'extérieur, il peut être procédé à la nomination d'encore un maître des requêtes pris parmi les membres du corps des tribunaux administratifs et des cours administratives d'appel cités à l'article R.* 133-4. Cette nomination est décomptée comme celle d'un auditeur pour l'application des dispositions du deuxième alinéa de l'article L. 133-4.

■ Textes sources

– Décret no 53-935 du 30 septembre 1953, article 3, § 3.

La promotion des maîtres des requêtes nommés parmi les membres des TA et CAA

Art. R.* 133-6 La promotion au grade de conseiller d'État des maîtres des requêtes nommés par application des prescriptions des articles R.* 133-4 et R.* 133-5 suit les règles fixées pour les nominations au titre de l'intérieur par les articles L. 133-3 et R.* 134-4.

■ **Textes sources**
– Décret n° 53-935 du 30 septembre 1953, article 3, § 4.

La nomination de conseillers d'État, présidents de cour administrative d'appel

Art. R.* 133-7 Peuvent être nommés conseillers d'État pour exercer les fonctions de président de cour administrative d'appel les membres du corps des tribunaux administratifs et des cours administratives d'appel remplissant les conditions définies aux articles L. 133-3 et R.* 133-3.

■ **Textes sources**
– Décret n° 88-153 du 15 février 1988, article 1.

La combinaison entre la nomination de conseillers d'État, présidents de cour administrative d'appel, et de conseillers d'État au tour extérieur

Art. R.* 133-8 Il n'est pas tenu compte des nominations faites en vertu de l'article R.* 133-7 pour l'application des dispositions de l'article R.* 133-3.

■ **Textes sources**
– Décret n° 88-153 du 15 février 1988, article 2.

La durée de fonctions du membre du corps des TA et CAA nommé président d'une cour administrative d'appel

Art. R.* 133-9 Les membres du corps des tribunaux administratifs et des cours administratives d'appel appelés à exercer les fonctions de président d'une cour

sont nommés au grade de conseiller d'État, hors tour, et, le cas échéant, en surnombre, résorbable à la première vacance.
Pendant une durée de cinq ans, ils ne peuvent obtenir d'autre affectation que celle de président de cour administrative d'appel.

■ **Textes sources**
– Loi nº 87-1127 du 31 décembre 1987, article 5.

CHAPITRE 4

Avancement

Le présent chapitre ne comprend pas de dispositions législatives.

L'avancement d'échelon des membres du Conseil d'État

Art. R.* 134-1 Le grade de conseiller d'État comporte deux échelons, celui de maître des requêtes en comporte huit ; ceux d'auditeur de 1re classe et d'auditeur de 2e classe en comportent respectivement quatre et sept.

Le temps à passer dans chacun des échelons pour accéder à l'échelon supérieur est fixé à :

1° Un an pour les trois premiers échelons du grade d'auditeur de 2e classe ;

2° Deux ans pour les 4e, 5e et 6e échelons du grade d'auditeur de 2e classe ; ce délai peut être réduit, par décision du vice-président du Conseil d'État, sans pouvoir être inférieur à 18 mois, pour les auditeurs faisant preuve d'une valeur professionnelle exceptionnelle ;

3° Deux ans pour chaque échelon du grade d'auditeur de 1re classe et pour les cinq premiers échelons de celui de maître des requêtes ; ce délai peut être réduit, par décision du vice-président du Conseil d'État, sans pouvoir être inférieur à un an, pour les auditeurs et maîtres des requêtes faisant preuve d'une valeur professionnelle exceptionnelle ;

4° Les maîtres des requêtes accèdent au 7e échelon après douze ans dans ce grade ou, sous réserve d'avoir passé un an au moins au 6e échelon, après seize ans depuis l'entrée dans le corps comme auditeur ; ils accèdent au 8e échelon après quinze ans dans ce grade ou, sous réserve d'avoir passé un an au moins dans les deux échelons précédents, après dix-neuf ans depuis l'entrée dans le corps comme auditeur.

Les conseillers d'État accèdent au 2e échelon après avoir passé cinq ans au moins dans le 1er échelon.

■ **Textes sources**
– Décret no 2000-388 du 4 mai 2000, article 1er.

L'absence de tableau d'avancement pour les membres du Conseil d'État

Art. R.* 134-2 Il n'est pas établi de tableau d'avancement pour les promotions des membres du Conseil d'État.

■ **Textes sources**

– Décret nº 63-767 du 30 juillet 1963, article 12.

LA PROMOTION AU GRADE DE CONSEILLER D'ÉTAT – DURÉE DE SERVICES

Art. R.* 134-3 La promotion d'un maître des requêtes au grade de conseiller d'État est subordonnée à l'accomplissement par l'intéressé soit de douze années au moins de service dans le grade de maître des requêtes, soit de dix-sept années au moins de service comme membre du Conseil d'État.

Pour l'application de cette règle, les maîtres des requêtes nommés directement dans leur grade sont réputés avoir la même durée de service dans l'auditorat que le maître des requêtes ancien auditeur de 2e classe qui les précède immédiatement au tableau.

■ **Textes sources**

– Décret nº 63-767 du 30 juillet 1963, article 7, § 2 et 3.

LA PROMOTION AU CHOIX AU GRADE DE CONSEILLER D'ÉTAT

Art. R.* 134-4 Les promotions de maîtres des requêtes sont faites au choix sur une liste de trois noms établie par le vice-président du Conseil d'État délibérant avec les présidents de section.

■ **Textes sources**

– Ordonnance nº 45-1708 du 31 juillet 1945, article 7, § 3.

LA NOMINATION EN SURNOMBRE AU GRADE DE CONSEILLER D'ÉTAT

Art. R.* 134-5 Tout maître des requêtes ayant accompli dans son grade dix-huit années de services, soit en activité au Conseil d'État ou en délégation, soit en position de détachement et qui n'aurait pu être promu, bien que remplissant les conditions mentionnées ci-dessus, peut, dans la limite des crédits budgétaires, être nommé conseiller d'État.

Les surnombres résultant de ces nominations sont par priorité résorbés au moyen des vacances d'emplois dans le grade de conseiller d'État, à l'exception de celles pourvues au tour de l'extérieur ou destinées à permettre les réintégrations de droit prononcées en vertu des articles R.* 135-6 et R.* 135-8.

Le poste précédemment occupé par un maître des requêtes nommé conseiller d'État en vertu du présent article n'est considéré comme vacant qu'à la date où le surnombre est résorbé dans les conditions prévues à l'alinéa précédent.

Aucune autre nomination de conseiller d'État au tour de l'intérieur ne peut être faite tant qu'il existe des conseillers d'État en surnombre au titre du présent article.

Les maîtres des requêtes qui n'ont pas accompli dans l'auditorat une durée de service de sept années au moins ne peuvent bénéficier des dispositions de l'alinéa 1er du présent article qu'au jour où ils ont accompli dans le grade de maître des requêtes, en sus des dix-huit années fixées par ces dispositions, la durée de service qui leur manque pour atteindre une durée de service égale à celle dont ils seraient titulaires s'ils avaient accompli dans l'auditorat sept années de service ; pour l'application de cette règle, les maîtres des requêtes nommés directement dans leur grade sont réputés avoir la même durée de service dans l'auditorat que le maître des requêtes ancien auditeur de 2e classe qui les précède immédiatement au tableau.

■ Textes sources

– Décret no 63-767 du 30 juillet 1963, article 8.

■ Commentaires

Le passage du grade de maître des requêtes au grade de conseiller d'État s'opère en principe au choix (art. R.* 134-4), mais la pratique a fait prévaloir une très stricte règle d'ancienneté, dans laquelle il est légitime de voir une garantie d'indépendance. On observe au surplus que cette garantie joue non seulement de façon ordinale (en ce que l'ordre des promus est objectivement prédéfini), mais aussi de façon cardinale, en ce que le nombre des promus ne dépend pas totalement de la disponibilité d'emplois de conseillers d'État : la possibilité de surnombres prévue par l'article R.* 134-5 garantit à un maître des requêtes ayant dix-huit ans de fonctions dans ce grade le passage au grade supérieur, pourvu qu'il ait accompli, en plus, sept ans dans l'auditorat. Ainsi peuvent se gommer les effets les plus perturbants des pyramides des âges (voir art. R.* 134-7, la même règle au bénéfice des auditeurs).

LA PROMOTION AU GRADE DE MAÎTRE DES REQUÊTES

Art. R.* 134-6 Le vice-président du Conseil d'État délibérant avec les présidents de section est appelé à faire des présentations pour la nomination des maîtres des requêtes parmi les auditeurs de 1re classe.

■ **Textes sources**
– Ordonnance nº 45-1708 du 31 juillet 1945, article 9, § 1.

LA NOMINATION EN SURNOMBRE AU GRADE DE MAÎTRE DES REQUÊTES

Art. R.* 134-7 Tout auditeur, justifiant de l'accomplissement de huit années de service, soit en activité au Conseil d'État ou en délégation, soit en position de détachement peut, dans la limite des crédits budgétaires, être nommé maître des requêtes.
Les surnombres résultant de ces nominations sont par priorité résorbés au moyen des vacances d'emplois dans le grade de maître des requêtes, à l'exception de celles pourvues au tour de l'extérieur ou destinées à permettre les réintégrations de droit prononcées en vertu des articles R.* 135-6 et R.* 135-8.
Le poste précédemment occupé par un auditeur nommé maître des requêtes en vertu du présent article n'est considéré comme vacant qu'à la date où le surnombre est résorbé dans les conditions prévues à l'alinéa précédent.
Aucune autre nomination de maître des requêtes au tour de l'intérieur ne peut être prononcée tant qu'il existe des maîtres des requêtes en surnombre au titre du présent article.

■ **Textes sources**
– Décret nº 63-767 du 30 juillet 1963, article 10.

LA PROMOTION AU GRADE D'AUDITEUR DE PREMIÈRE CLASSE

Art. R.* 134-8 Le vice-président du Conseil d'État délibérant avec les présidents de section est appelé à faire des présentations pour la nomination des auditeurs de 1re classe parmi les auditeurs de 2e classe.

■ **Textes sources**
– Ordonnance nº 45-1708 du 31 juillet 1945, article 10.

CHAPITRE 5 Positions

Le présent chapitre ne comprend pas de dispositions législatives.

LES POSITIONS DES MEMBRES DU CONSEIL D'ÉTAT

Art. R.* 135-1 Sont en activité les membres du Conseil d'État qui sont dans les cadres et qui occupent soit une fonction au Conseil, soit une autre fonction publique dans laquelle ils sont délégués.

Les membres du Conseil d'État peuvent être mis en position de détachement de longue durée dans les cas prévus à l'article 14 du décret nº 85-986 du 16 septembre 1985. Sauf pour accomplir la période de mobilité instituée par le décret nº 99-602 du 15 juillet 1999 portant application au Conseil d'État de la mobilité instituée par le décret du 21 mars 1997, ils ne peuvent être délégués ou détachés que s'ils comptent au moins quatre années de services au Conseil. Si, avant l'expiration de ce délai, un membre du Conseil d'État est nommé dans un emploi, il est rayé des cadres.

■ **Textes sources**
– Décret nº 63-767 du 30 juillet 1963, article 15.

LA DÉLÉGATION DANS LES FONCTIONS PUBLIQUES DES MEMBRES DU CONSEIL D'ÉTAT

Art. R.* 135-2 La délégation des membres du Conseil d'État dans les fonctions publiques et leur mise en détachement de longue durée sont prononcées par arrêtés du Premier ministre, pris sur proposition du garde des Sceaux, ministre de la justice, après avis du vice-président du Conseil d'État.

Toutefois, en application de l'article 13 de la Constitution, la mise en position de délégation ou de détachement des conseillers d'État est prononcée, sur le même rapport et après le même avis, par décret en conseil des ministres.

■ **Textes sources**
– Décret nº 63-767 du 30 juillet 1963, article 16.

LA DURÉE DE LA DÉLÉGATION

Art. R.* 135-3 La durée de la délégation ne peut excéder quatre ans.

La durée du détachement de longue durée ne peut excéder cinq ans ; elle est réduite d'un temps égal à la durée de la délégation au cas où cette mesure a précédé le détachement.

Le détachement peut être prolongé par période de cinq ans sur proposition du vice-président du Conseil d'État.

■ **Textes sources**

– Décret nº 63-767 du 30 juillet 1963, article 17.

LE DÉTACHEMENT DES MEMBRES DU CONSEIL D'ÉTAT ÉLUS AU PARLEMENT

Art. R.* 135-4 Les membres du Conseil d'État élus au Parlement sont mis en position de détachement pendant la durée de leur mandat.

■ **Textes sources**

– Décret nº 63-767 du 30 juillet 1963, article 18.

LE STATUT DES MEMBRES DU CONSEIL D'ÉTAT DÉLÉGUÉS DANS DES FONCTIONS PUBLIQUES

Art. R.* 135-5 Le nombre des membres du Conseil délégués dans des fonctions publiques ne peut excéder un cinquième du nombre des titulaires du même grade.

Les conseillers d'État, maîtres des requêtes et auditeurs délégués dans des fonctions publiques ne perdent pas leur rang au Conseil et ne sont pas remplacés.

Les membres du Conseil d'État délégués pour exercer des fonctions publiques perçoivent, dans cette position, le traitement afférent à l'emploi auquel ils sont nommés. Toutefois, ils continuent à percevoir le traitement afférent à leur grade et à leur échelon au Conseil d'État, si la fonction exercée comporte un traitement moindre ; ils supportent, dans ce cas, les retenues légales sur le traitement d'activité du Conseil d'État. Les retenues sont opérées dans les mêmes conditions, si la fonction qui a motivé la délégation est rémunérée sur les fonds d'une collectivité publique autre que l'État.

■ **Textes sources**

– Décret nº 63-767 du 30 juillet 1963, article 19.

LE STATUT DES MEMBRES DU CONSEIL D'ÉTAT EN DÉTACHEMENT DE LONGUE DURÉE

Art. R.* 135-6 Les membres du Conseil mis en position de détachement de longue durée sont remplacés dans leurs fonctions. Pendant la durée de leur détachement, ils sont régis en matière d'avancement par les dispositions de l'article 45 de la loi nº 84-16 du 11 janvier 1984, leur promotion ayant lieu hors tour.

Ils sont réintégrés sur leur demande, dès la première vacance, dans leurs fonctions et à leur rang au Conseil. Les dispositions réglementant la nomination aux emplois vacants ne sont pas opposables à leur réintégration.

Ils sont rayés des cadres s'ils n'ont pas demandé leur réintégration soit dans les trois mois qui suivent la cessation des fonctions pour l'exercice desquelles ils avaient été mis en détachement de longue durée, soit au plus tard avant l'expiration de la période pour laquelle ils avaient été placés dans cette position.

■ **Textes sources**

– Décret nº 63-767 du 30 juillet 1963, article 20.

LA POSITION HORS CADRE DES MEMBRES DU CONSEIL D'ÉTAT

Art. R.* 135-7 Les membres du Conseil d'État peuvent être mis en position hors cadre dans les conditions prévues à l'article 49 de la loi nº 84-16 du 11 janvier 1984, et selon les formes prescrites à l'article R.* 135-2.

■ **Textes sources**

– Décret nº 2000-388 du 4 mai 2000, article 1er.

LA DISPONIBILITÉ DES MEMBRES DU CONSEIL D'ÉTAT

Art. R.* 135-8 Les membres du Conseil d'État peuvent être mis en disponibilité dans les conditions prévues à l'article 51 de la loi nº 84-16 du 11 janvier 1984, et selon les formes prescrites à l'article R.* 135-2.

La disponibilité ne peut excéder trois années mais, sous réserve des conditions posées par l'article 37 du décret n° 86-442 du 14 mars 1986, peut être renouvelée une fois pour une durée égale.
La disponibilité ne comporte aucun traitement. Le temps passé dans cette position ne compte ni pour la retraite, ni pour l'avancement, ni pour le décompte des années de service dans le grade de maître des requêtes ou d'auditeur, visé aux articles R.* 134-3, R.* 134-5 et R.* 134-7.
Les membres du Conseil d'État mis en disponibilité sont remplacés dans leurs fonctions.
À l'expiration du temps passé en disponibilité, les intéressés sont rappelés en activité dans les conditions fixées par les articles R.* 135-9, R.* 135-10 et R.* 135-11 sans qu'il y ait lieu de tenir compte des dispositions réglementant la nomination aux emplois vacants, ou bien cessent définitivement leurs fonctions.

■ **Textes sources**
– Décret n° 63-767 du 30 juillet 1963, article 21.

LA DISPONIBILITÉ POUR CONVENANCES PERSONNELLES

Art. R.* 135-9 Sont notamment placés dans la position de disponibilité pour convenances personnelles les membres du Conseil d'État qui quittent momentanément le Conseil d'État pour exercer un mandat ou des fonctions quelconques dans les établissements privés, même soumis au contrôle de l'État, ou bénéficiant d'un privilège de l'État, lorsque ce mandat ou ces fonctions n'ont été ni conférés ni confirmés par un acte du Gouvernement.
Tout membre du Conseil placé en disponibilité pour convenances personnelles est astreint à porter dans le mois à la connaissance du Premier ministre, par l'intermédiaire du garde des Sceaux, ministre de la justice saisi par le vice-président du Conseil d'État, toutes modifications survenues aux fonctions en raison desquelles ce régime lui a été appliqué. Est considéré comme une telle modification toute acceptation d'attributions nouvelles, tout changement d'attribution, toute suppression d'emploi.
Si le Premier ministre estime que l'activité du membre du Conseil placé en disponibilité est inopportune ou contraire à l'intérêt public, il peut, sur proposition du garde des Sceaux, ministre de la justice, après avis de la commission consultative, provoquer la radiation des cadres de l'intéressé.
Les membres du Conseil placés en disponibilité pour convenances personnelles doivent, s'ils veulent être réintégrés, demander leur réintégration avant l'expiration de la période de trois années en cours. La réintégration est prononcée de droit à l'une des trois premières vacances qui viennent

à s'ouvrir dans les emplois du grade de l'intéressé à compter de la date de sa demande.

Toutefois, le Premier ministre, sur avis conforme de la commission consultative et sur proposition du garde des Sceaux, ministre de la justice, peut ne pas donner suite à cette demande de réintégration pour raison d'opportunité ayant trait à l'activité du membre du Conseil pendant la période de disponibilité.

Les intéressés sont rayés des cadres s'ils n'ont pas, dans le délai de trois ans précité, demandé leur réintégration.

■ **Textes sources**

– Décret nº 63-767 du 30 juillet 1963, article 22.

LA DISPONIBILITÉ POUR RAISON DE SANTÉ

Art. R.*135-10 Les membres du Conseil d'État sont, après avis de la commission consultative, soit sur leur demande, soit d'office, mis en disponibilité pour raison de santé, après l'expiration des congés comportant l'allocation du traitement ou du demi-traitement dans les conditions prévues par le décret nº 86-442 du 14 mars 1986.

Après l'expiration de la période de trois années prévue à l'article R.* 135-8, les membres du Conseil d'État mis en disponibilité pour raisons de santé doivent demander soit le renouvellement de leur mise en disponibilité pour le même motif et pour une durée de trois ans au maximum, soit leur réintégration en justifiant qu'ils sont en état de reprendre leurs fonctions ; faute par eux de formuler une telle demande et de fournir les justifications exigées, ils sont rayés des cadres.

La réintégration est prononcée dans les conditions prévues à l'article R.* 135-6 pour les membres du Conseil d'État mis en détachement de longue durée.

■ **Textes sources**

– Décret nº 63-767 du 30 juillet 1963, article 23.

LA RÉINTÉGRATION APRÈS DÉTACHEMENT OU DISPONIBILITÉ

Art. R.*135-11 Au cas où le vice-président du Conseil d'État est saisi de plusieurs demandes de réintégration, il est satisfait, par priorité, aux demandes formulées par les membres du Conseil d'État mis en détachement de longue durée et par ceux placés en disponibilité pour raisons de santé ; les uns et les autres concourent entre eux d'après la date de leur demande, en commençant par la plus ancienne. En cas d'identité de dates, la préférence est accordée à la demande présentée par le membre du Conseil le plus âgé.

La réintégration des membres du Conseil en disponibilité pour convenances personnelles est également prononcée en tenant compte de l'ordre d'ancienneté des demandes et, le cas échéant, de l'âge des intéressés.

■ **Textes sources**

– Décret n° 63-767 du 30 juillet 1963, article 24.

CHAPITRE 6 Discipline

Le présent chapitre ne comprend pas de dispositions réglementaires.

Les sanctions disciplinaires applicables aux membres du Conseil d'État

Art. L. 136-1 Les sanctions disciplinaires applicables aux membres du Conseil d'État sont :
1° L'avertissement ;
2° Le blâme ;
3° L'exclusion temporaire de fonctions dans la limite de six mois ;
4° La mise à la retraite d'office ;
5° La révocation.

■ **Textes sources**
– Décret nº 63-767 du 30 juillet 1963, article 13.

Le prononcé des mesures disciplinaires

Art. L. 136-2 Les sanctions disciplinaires sont prononcées par l'autorité investie du pouvoir de nomination sur proposition du garde des Sceaux, ministre de la justice, après avis de la commission consultative.
Toutefois, l'avertissement et le blâme peuvent être prononcés, sans consultation de la commission consultative, par le vice-président du Conseil d'État.

■ **Textes sources**
– Décret nº 63-767 du 30 juillet 1963, article 14.

CHAPITRE 7 La participation des membres du Conseil d'État à des activités administratives ou d'intérêt général

LA DÉSIGNATION DE MEMBRES HONORAIRES DU CONSEIL D'ÉTAT POUR PARTICIPER À DES COMMISSIONS OU JURYS

Art. L. 137-1 Lorsque la participation d'un membre du Conseil d'État soit à une commission à caractère juridictionnel ou administratif, soit à un jury de concours ou d'examen est prévue, l'autorité chargée de la désignation peut porter son choix sur un membre honoraire de rang au moins égal, après avis du vice-président du Conseil d'État.

■ **Textes sources**

– Décret nº 63-766 du 30 juillet 1963, article 64.

■ **Commentaires**

Cet article a été reclassé sous forme législative car il peut concerner la composition de juridictions.

LA PARTICIPATION DES MEMBRES DU CONSEIL D'ÉTAT À DES COMMISSIONS OU CONSEILS, OU À DES MISSIONS

Art. R. 137-1 Les membres du Conseil d'État peuvent participer aux travaux des commissions ou conseils à caractère administratif ou juridictionnel institués auprès des administrations, établissements ou entreprises publics et être chargés de toutes missions auprès des mêmes administrations, établissements ou entreprises ainsi qu'auprès des organisations internationales dont la France fait partie à condition que ces activités soient compatibles avec leurs fonctions au sein du Conseil d'État et qu'ils aient préalablement obtenu l'agrément du vice-président.

Cet agrément ne peut être donné aux maîtres des requêtes et auditeurs comptant respectivement moins de trois ou quatre années de services effectifs dans le corps, lorsque les activités extérieures impliqueraient une réduction des activités des intéressés au sein du Conseil.

Le deuxième alinéa du présent article s'applique notamment aux fonctions dans les cabinets ministériels.

■ **Textes sources**

– Décret n° 63-766 du 30 juillet 1963, article 60.

L'AFFECTATION DES MEMBRES DU CONSEIL D'ÉTAT PLACÉS DANS LA POSITION DE DÉLÉGATION

Art. R. 137-2 Les membres du Conseil d'État qui, pour exercer des fonctions extérieures, sont placés dans la position de délégation, sont uniquement affectés à une section administrative ; ils participent à ses travaux ainsi qu'à ceux de l'assemblée générale.

■ **Textes sources**

– Décret n° 63-766 du 30 juillet 1963, article 61.

LES CONCOURS APPORTÉS PAR LES MEMBRES DU CONSEIL D'ÉTAT AUX TRAVAUX DES ADMINISTRATIONS

Art. R. 137-3 Le Premier ministre peut demander au vice-président du Conseil d'État de désigner un membre chargé, auprès des ministres, de la préparation des mesures réglementaires nécessaires à l'application d'une loi.

Les ministres peuvent demander au vice-président du Conseil d'État que des membres du Conseil d'État apportent leur concours aux travaux de leur administration. Ils peuvent en outre demander au vice-président du Conseil d'État que ces membres soient réunis en une mission. En ce cas, le président de la mission est désigné d'un commun accord par le ministre et par le vice-président du Conseil d'État.

Le président de la section administrative dont relève le ministère intéressé veille à ce que la mission assure la liaison nécessaire entre la section et le ministère ; il peut charger le président ou les membres de la mission d'établir les rapports des textes présentés à la section par le ministère ou d'assister le rapporteur dans sa tâche.

Les membres du Conseil d'État ou les missions prévus au présent article peuvent être chargés de donner leur avis sur les questions juridiques intéressant le ministre ou les organismes qui en dépendent ainsi que sur les projets de textes préparés par ses services et notamment sur ceux qui doivent être soumis à l'examen du Conseil d'État, de l'assister dans la présentation au Parlement des projets de lois, et plus généralement de lui faire des propositions sur la solution des problèmes qu'il leur soumet.

■ **Textes sources**

– Décret nº 63-766 du 30 juillet 1963, article 62.

La coordination des activités extérieures des membres du Conseil d'État

Art. R. 137-4 Le président de chaque section administrative sous l'autorité du vice-président du Conseil d'État et avec le concours du secrétaire général du Conseil d'État, coordonne les activités extérieures des membres du Conseil d'État affectés à sa section ou appelés à participer aux travaux des administrations relevant de la compétence de cette section.

■ **Textes sources**

– Décret nº 63-766 du 30 juillet 1963, article 63.

LIVRE II

Les tribunaux administratifs et les cours administratives d'appel

TITRE I **Attributions**

CHAPITRE 1 Attributions contentieuses

Le présent chapitre ne comprend pas de dispositions réglementaires.

La compétence juridictionnelle des tribunaux administratifs

Art. L. 211-1 Les tribunaux administratifs sont, en premier ressort et sous réserve des compétences attribuées au Conseil d'État, juges de droit commun du contentieux administratif.

■ **Textes sources**

– Code des TA et des CAA, article L. 3, § 1.

■ **Commentaires**

La compétence de droit commun des tribunaux administratifs pour connaître du contentieux administratif résulte de la réforme de septembre 1953.

Cette règle (ou plutôt, devrait-on dire, ce principe), commande la démarche du juge appelé à rechercher si le Conseil d'État est compétent en premier ressort pour connaître d'une affaire. Outre l'analyse restrictive qui est faite des compétences du Conseil d'État (voir art ; R. 311-1), on constate que, notamment pour déterminer si un litige est « né hors des territoires soumis à la juridiction d'un tribunal administratif ou d'un conseil de contentieux administratif » (6° de l'art. R. 311-1), le juge recherche d'abord si aucune des règles de compétence territoriale ne rend un tribunal administratif compétent, quel que soit le lieu de naissance du litige, avant d'en déduire que le Conseil d'État a une compétence de premier ressort (CE 28 juillet 2000, Demir – CE 15 novembre 2000, El Ghani) : ainsi le litige concernant un agent de la fonction publique d'État affecté à Wallis et Futuna (territoire dans lequel il n'y a pas de tribunal administratif), qui pourtant ne relève pas du conseil de contentieux administratif de ce territoire, ne relève du Conseil d'État en premier ressort que s'il ne trouve pas son origine dans une décision ministérielle, car alors le tribunal administratif de Paris a compétence pour en connaître (CE 11 janvier 1995, Jolly). La solution est la même si le litige est né à l'étranger, mais avec intervention d'une autorité installée sur le territoire français : ainsi pour le cuisinier de l'ambassade de France à Londres (CE sect. 6 juillet 1991, Troquet).

La compétence juridictionnelle des cours administratives d'appel

Art. L. 211-2 Les cours administratives d'appel connaissent des jugements rendus en premier ressort par les tribunaux administratifs, sous réserve des compétences attribuées au Conseil d'État en qualité de juge d'appel et de celles définies aux articles L. 552-1 et L. 552-2.

■ **Textes sources**

– Loi nº 87-1127 du 31 décembre 1987, article 1, § 1 et 2.
– Loi nº 2000-597 du 30 juin 2000, article 13-III-2.

■ **Commentaires**

La compétence d'appel de droit commun de la cour administrative d'appel cède devant celle attribuée au Conseil d'État (voir art. L. 321-1, L. 523-1 et R. 321-1).
L'exception mentionnée aux articles L. 552-1 et L. 552-2 concerne le référé fiscal, procédure dans laquelle le tribunal administratif est juge d'appel de la décision juridictionnelle rendue par un de ses membres.

La compétence des cours administratives d'appel en matière d'indemnisation des Français rapatriés

Art. L. 211-3 Les cours administratives d'appel connaissent également des appels formés contre les jugements rendus par les commissions du contentieux de l'indemnisation des Français dépossédés de biens situés dans un territoire antérieurement placé sous la souveraineté, le protectorat ou la tutelle de la France.

■ **Textes sources**

– Loi nº 87-1127 du 31 décembre 1987, article 1, § 3.

La conciliation par les tribunaux administratifs

Art. L. 211-4 Les tribunaux administratifs peuvent exercer une mission de conciliation.

■ Textes sources

– Code des TA et des CAA, article L. 3, § 2.

■ Commentaires

Il se déduit de cette formulation que les cours administratives d'appel ne disposent pas du pouvoir de concilier. La question avait été débattue en droit, compte tenu des modifications apportées, par la loi du 31 décembre 1987, à la loi du 6 janvier 1986, y insérant les mots « et cours administratives d'appel » chaque fois que le texte de 1986 faisait état de « tribunaux administratifs » : or c'est la loi du 6 janvier 1986 qui, sur amendement sénatorial, avait confié cette mission de conciliation aux « tribunaux administratifs ». Mais comme la même loi du 31 décembre 1987 avait procédé à la mise à jour des articles du Code des tribunaux administratifs (devenu Code des tribunaux administratifs et des cours administratives d'appel), et avait notamment réécrit le premier alinéa de l'article L. 3 sans toucher à son second alinéa, il pouvait être soutenu que ce second alinéa, qui ne confiait la mission de conciliation qu'aux tribunaux administratifs, n'était pas affecté par la loi du 31 décembre 1987. C'est la position qui a prévalu lors de la rédaction du présent code.

Inspiré de l'article 21 du Nouveau Code de procédure civile, cet article a été jugé immédiatement applicable (CE ass. 23 juin 1989, Veriter, *AJDA* 1989, p. 424 [**1**]), sans qu'il soit nécessaire d'attendre un décret d'application (qui au demeurant n'a jamais été pris). Mais cette mission para ou méta juridictionnelle ne saurait donner lieu à décision susceptible de recours : tel sera notamment le cas du refus, par le président de la juridiction, de procéder à une telle mission (même arrêt). Elle ne se déroule pas toutefois dans la méconnaissance totale des règles juridictionnelles : le domaine de son intervention ne doit pas être étranger au domaine de compétence du tribunal administratif (CE 22 mars 1995, Dadillon [**2**]).

De la décision Dadillon, on peut en outre déduire que cette compétence appartient en propre aux tribunaux administratifs, et ne saurait en aucune façon être exercée, que ce soit au titre de l'effet dévolutif de l'appel, ou au titre de l'évocation, par le juge d'appel quel qu'il soit.

On ne saurait dire que cette formule, *a priori* séduisante, ait rencontré un franc succès. Sans doute l'absence de « mode d'emploi » y est-elle pour quelque chose. Sans doute également la nature du contentieux administratif se prête-t-elle difficilement à la conciliation : difficile à envisager dans le contentieux de la légalité, la conciliation trouve péniblement sa place dans le contentieux de l'indemnité. En effet les collectivités publiques ne peuvent transiger comme elles l'entendent, et la jurisprudence rappelle qu'une collectivité ne doit pas être conduite à payer ce qu'elle ne doit pas (CE sect. 19 mars 1971, Mergui, *Lebon* p. 235). De telle sorte que la solution de conciliation ne constitue pas, notamment lorsqu'est en cause une collectivité territoriale, une garantie de l'absence de contentieux ultérieur, introduit par un tiers intéressé (par exemple, un contribuable local, ou un élu). On ajoutera qu'en matière contractuelle, domaine idéal de la conciliation, existe déjà un mécanisme de règlement amiable des conflits, auprès des comités de règlement amiable des marchés, qui, très structuré, occupe la place qui pourrait être réservée à la conciliation de l'article L. 211-4. Le temps enfin que requiert l'accomplissement d'une mission de conciliation n'est pas étranger au faible succès du système : c'est, le plus souvent, pour le ou les magistrats concernés, notablement plus que le temps qui devrait être consacré au règlement contentieux du même litige.

□ ***Jurisprudence***

[**1**] Considérant qu'aux termes du second alinéa ajouté à l'article L. 3 du Code des tribunaux administratifs et des cours administratives d'appel par l'article 22 de la loi du 6 janvier 1986 fixant les règles garantissant l'indépendance des membres des tribunaux administratifs : « Les tribunaux administratifs exercent également une mission de conciliation » ;
Considérant que M. Veriter, attaché de préfecture, a demandé au tribunal administratif de Nancy de procéder, en application de la disposition précitée de l'article L. 3 du code, à une conciliation entre son administration et lui-même en vue de la révision de la note qui lui avait été attribuée au titre de l'année 1981, de la suppression d'une phrase de l'appréciation générale portée sur son comportement professionnel et du remboursement des frais de déplacement qu'il avait engagés pour se rendre à la séance de la commission administrative paritaire ; que, par la décision attaquée, le tribunal a refusé d'exercer la mission de conciliation ainsi sollicitée ;
Considérant qu'eu égard à la nature de la mission de conciliation ainsi confiée aux tribunaux administratifs, la décision par laquelle un tribunal administratif refuse d'exercer ladite mission n'est pas susceptible de recours...

[**2**] Sur les conclusions tendant à l'application de l'article L. 3 du Code des tribunaux administratifs et des cours administratives d'appel :
Considérant qu'aux termes de l'article L. 3 du Code des tribunaux administratifs et des cours administratives d'appel dans sa rédaction issue de la loi du 6 janvier 1986 : « Les tribunaux administratifs exercent également une mission de conciliation » ; que si la demande de M. Dadillon présentée au tribunal administratif de Paris et transmise au Conseil d'État par l'ordonnance susvisée tendait à ce que, avant de prononcer l'annulation sollicitée par le requérant, le tribunal fît usage du pouvoir qui lui est ainsi conféré par la loi, ces conclusions ne peuvent en tout état de cause ni être accueillies par le Conseil d'État statuant au contentieux qui ne dispose pas de tels pouvoirs ni être renvoyées au tribunal qui ne saurait en tous cas exercer sa « mission de conciliation » hors des domaines de sa compétence juridictionnelle...

CHAPITRE 2 Attributions administratives

Les fonctions consultatives des tribunaux et cours

Art. L. 212-1 Outre leurs attributions juridictionnelles, les tribunaux administratifs et les cours administratives d'appel exercent des fonctions consultatives.

■ Textes sources

– Ordonnance nº 2000-387 du 4 mai 2000, article 1er.

Les demandes d'avis par les préfets

Art. R. 212-1 Les tribunaux administratifs et les cours administratives d'appel peuvent être appelés à donner leur avis sur les questions qui leur sont soumises par les préfets.

Les questions relevant des attributions des préfets de région de la métropole sont soumises par ces derniers à la cour administrative d'appel, les autres au tribunal administratif.

■ Textes sources

– Code des TA et des CAA, article R. 242.

■ Commentaires

Seuls les préfets (et les autorités équivalentes mentionnées à l'article R. 212-4) sont habilités à solliciter l'avis du tribunal administratif ou de la cour administrative d'appel. Les représentants des collectivités décentralisées ne peuvent donc accéder à cette assistance que par le canal des préfets. L'évidence conduit le préfet à s'adresser à la juridiction dans le ressort de laquelle il a son siège.

Les pratiques – encore que relativement peu abondantes, de l'ordre d'une demande par mois et par tribunal – sont très diverses, les tribunaux refusant en principe de se prononcer sur une question dont ils sont saisis au contentieux (reproduisant ici la règle constante en usage devant le Conseil d'État), voire sur une question dont la réponse conditionnera l'introduction d'un contentieux par l'autorité demandant l'avis (« telle délibération du conseil municipal est-elle légale ? »).

Le partage des compétences entre tribunaux administratifs et cours administratives d'appel est peu aisé à appliquer, tout préfet de région étant préfet de département. C'est par l'objet de la demande que l'on pourra dire si l'affaire relève ou non des compétences du préfet de région pris en cette qualité. Il faut toutefois relativiser le problème. S'agissant d'une demande d'avis, et non d'une procédure juridictionnelle, les juridictions n'ont pas en principe à trop raffiner sur leur compétence, encore moins à prononcer des avis d'incompétence au sein de la juridiction administrative. Comme au surplus il s'agit d'une consultation facultative, on voit mal comment l'avis qui serait rendu par un tribunal sur une demande qui, au regard du texte, aurait relevé de la cour, et vice versa, pourrait vicier la décision prise au vu de cet avis.

Ainsi qu'en dispose la loi du 17 juillet 1978 relative à la communication des documents administratifs, les avis des tribunaux administratifs et ceux du Conseil d'État ne constituent pas des documents administratifs communicables. On doit en penser de même de ceux qui sont rendus par les cours administratives d'appel.

L'existence même de cette fonction consultative pose le problème, déjà examiné, de l'impartialité de la formation de jugement appelée à se prononcer sur une affaire sur laquelle elle a émis un avis. La jurisprudence Procola de la Cour européenne des droits de l'homme (31 août 1995) conduit à prêter une attention toute particulière à la composition de la juridiction, ce que de toute façon le Conseil d'État a rappelé par l'arrêt Syndicat des avocats de France (CE sect. 5 avril 1996, Syndicat des avocats de France [**1**], solution implicite). On doit estimer que ce dernier arrêt rend caduques les jurisprudences Gadiaga (CE 25 janvier 1980, Gadiaga, *Lebon* p. 44) et Comité mosellan de sauvegarde de l'enfance (CE 6 juillet 1994) prononcées respectivement à propos d'avis rendus par un magistrat isolé ou par une formation collégiale : que l'avis soit public ou non, la règle est que ceux qui y ont contribué ne peuvent siéger dans le litige né de la décision rendue à la suite de cet avis (voir, en cas d'avis public, CE 15 octobre 1990, Association pour le développement harmonieux de Saint-Gilles [**2**]).

□ ***Jurisprudence***

[**1**] Considérant qu'aux termes de l'article R. 242 dans sa rédaction issue du décret contesté : « Les tribunaux administratifs peuvent être appelés à donner leur avis sur les questions qui leur sont soumises par les préfets ou les hauts-commissaires » ; qu'aux termes de l'article R. 243 dans sa rédaction issue du même décret : « Le tribunal exerce ses attributions administratives dans une formation collégiale comprenant le président de la juridiction ou le magistrat qu'il délègue à cet effet et au moins deux membres, désignés par le président de la juridiction » ; et qu'aux termes de l'article R. 244 dans sa rédaction issue dudit décret : « Lorsque la participation d'un magistrat de tribunal administratif ou de cour administrative d'appel à une commission ne rendant pas des décisions juridictionnelles est prévue par une disposition, la désignation peut porter sur un magistrat honoraire » ; que si le syndicat requérant critique les dispositions précitées en tant qu'elles ne prévoient pas d'incompatibilités entre la participation d'un magistrat à l'activité consultative du tribunal et son activité contentieuse un tel moyen doit être écarté dès lors que ces dispositions ne

portent, par elles-mêmes, aucune atteinte aux principes généraux relatifs à la composition des juridictions...

[**2**] Considérant que par un jugement en date du 29 janvier 1988, le tribunal administratif de Saint-Denis de la Réunion a ordonné qu'il sera sursis à l'exécution de l'arrêté du préfet de la Réunion, en date du 7 octobre 1987 ; qu'il ressort des pièces du dossier que l'un des juges qui ont concouru à cette décision avait émis un avis public sur le projet concerné par ledit arrêté ; qu'ainsi la composition du tribunal était irrégulière et que, dès lors, son jugement doit être annulé...

La désignation par le vice-président du Conseil d'État d'un magistrat pour apporter son concours à une administration de l'État

Art. R. 212-2 Le vice-président du Conseil d'État peut, à la demande d'un ministre et avec l'accord du chef de juridiction et de l'intéressé, désigner un magistrat d'un tribunal administratif ou d'une cour administrative d'appel pour qu'il apporte son concours à une administration de l'État.

■ **Textes sources**

– Code des TA et des CAA, article R. 246.

La désignation d'un membre du tribunal ou de la cour sur la demande d'un préfet

Art. R. 212-3 Le président de la cour administrative d'appel ou du tribunal administratif peut, à la demande d'un préfet du ressort et avec l'accord de l'intéressé, désigner un membre de la juridiction pour qu'il apporte son concours à une administration de l'État.

Il peut également saisir de cette demande le vice-président du Conseil d'État.

■ **Textes sources**

– Code des TA et des CAA, article R. 247.

■ **Commentaires**

Les dispositions des articles R. 212-2 et R. 212-3 constituent le pendant, pour les tribunaux et cours, des articles R. 137-1 et R. 137-2 concernant le Conseil d'État. On notera que seule une administration d'État peut bénéficier des concours ainsi prévus, et que l'accord du chef de juridiction est dans tous les cas requis (voir également art. R. 237-1).

LA DEMANDE D'AVIS EN POLYNÉSIE, EN NOUVELLE-CALÉDONIE ET À MAYOTTE

Art. R. 212-4 Les attributions des préfets mentionnées aux articles R. 212-1 et R. 212-3 sont exercées, en Polynésie française et en Nouvelle-Calédonie, par les hauts-commissaires, à Mayotte, par le représentant du Gouvernement et, dans les Terres antarctiques et australes, par l'administrateur supérieur.

■ **Textes sources**

– Décret n° 2000-389 du 4 mai 2000, article 1er.

L'EXERCICE D'UNE ACTION PAR UN CONTRIBUABLE D'UNE COLLECTIVITÉ TERRITORIALE

Art. L. 212-2 Les tribunaux administratifs se prononcent sur l'exercice, par les contribuables, des actions appartenant à certaines collectivités territoriales et à leurs établissements publics, dans les conditions fixées par le Code général des collectivités territoriales.

■ **Textes sources**

– Ordonnance n° 2000-387 du 4 mai 2000, article 1er.

■ **Commentaires**

La mission ici confiée aux tribunaux administratifs n'est pas nouvelle, puisqu'elle était inscrite de longue date au Code des communes, et a été reprise au Code général des collectivités territoriales (art. L. 2132-5). Elle a été étendue, dans ce dernier code, aux régions et départements (voir loi du 12 avril 2000, art. 14 et 15, et art. L. 3133-1 et L. 4143-1 du CGCT).
Il faut souligner que la décision du tribunal administratif est une décision administrative, et non juridictionnelle, et qu'elle est susceptible de pourvoi devant le Conseil d'État agissant, depuis le décret du 26 février 1992, au contentieux et saisi donc en premier ressort (CE 26 juin 1992, Lepage Huglo). Il s'agit d'un recours de pleine juridiction, qui appelle donc l'intervention d'un avocat aux Conseils. La décision du tribunal doit être contestée dans le mois de son intervention (fût-elle implicite), à moins que l'omission, dans le récépissé de la demande déposée devant le tribunal, de la mention de ce délai ne l'empêche de courir (CE 13 mai 1994, Levais).

TITRE II Organisation et fonctionnement

CHAPITRE 1 Organisation des tribunaux administratifs et des cours administratives d'appel

SECTION 1 *Dispositions communes*

LA COMPOSITION DES TRIBUNAUX ADMINISTRATIFS
ET DES COURS ADMINISTRATIVES D'APPEL

Art. L. 221-1 Les tribunaux administratifs et les cours administratives d'appel se composent d'un président et de plusieurs membres du corps des tribunaux administratifs et des cours administratives d'appel. Ils peuvent également comprendre d'autres membres détachés dans ce corps dans les conditions définies par les lois et règlements en vigueur.

■ **Textes sources**

– Code des TA et des CAA, article L. 2.

■ **Commentaires**

Le texte distingue, plus nettement que l'ancien article L. 2, le président et les membres. L'explication résulte de la situation particulière des cours administratives d'appel, dont le président est conseiller d'État (art. L. 222-3), et n'appartient donc pas au corps des membres des tribunaux administratifs et cours administratives d'appel.

Le détachement constitue une originalité s'agissant de l'exercice de fonctions juridictionnelles, mais non une exclusivité, puisque les membres des tribunaux et cours peuvent être détachés dans les chambres régionales des comptes. Il est toutefois encadré, ainsi qu'on le verra (voir art. L. 233-5 et R. 233-7) : aucun détachement ne peut être prononcé pour occuper un emploi de président, ou un emploi de magistrat dans une cour administrative d'appel, puisqu'un tel emploi ne peut être occupé que par un membre du corps justifiant d'au moins quatre ans de fonctions juridictionnelles dans le corps (art. L. 222-5). Ce dernier point fait écho à la situation qui prévaut au Conseil d'État : les fonction-

naires y effectuant leur mobilité ne disposent pas du droit de vote lorsqu'ils participent aux travaux du contentieux.
C'est (voir art. L. 232-1) le Conseil supérieur des tribunaux administratifs et des cours administratives d'appel qui dispose d'un pouvoir de proposition en ce qui concerne ces détachements, et ce pouvoir – qui a pour effet que l'autorité compétente ne peut prononcer un détachement qui n'ait pas obtenu l'aval du Conseil supérieur – participe des garanties d'indépendance édictées au bénéfice de l'institution juridictionnelle. On renvoie, pour le surplus, à l'article L. 233-5.

Le nom des tribunaux et cours

Art. R. 221-1 Les tribunaux administratifs et les cours administratives d'appel sont désignés par le nom de la ville où ils siègent. Toutefois, le tribunal administratif qui siège à Nouméa est désigné sous le nom de : « tribunal administratif de Nouvelle-Calédonie ».

■ **Textes sources**
– Code des TA et des CAA, article R. 1.

■ **Commentaires**
L'indication par le jugement du nom de la ville siège est une formalité substantielle (CE 12 décembre 1997, Élections de Saint-Philippe).

Le contrôle de la mission d'inspection des juridictions administratives

Art. R. 221-2 Les tribunaux administratifs et les cours administratives d'appel sont soumis au contrôle de la mission permanente d'inspection des juridictions administratives prévue à l'article L. 112-5.

■ **Textes sources**
– Code des TA et des CAA, article R. 3.

SECTION 2

Organisation des tribunaux administratifs

L'APPEL À DES MEMBRES EXTÉRIEURS AU TRIBUNAL ADMINISTRATIF

Art. L. 221-2 Les tribunaux administratifs peuvent délibérer en se complétant, en cas de vacance ou d'empêchement, par l'adjonction, à défaut d'un membre appartenant à un autre tribunal administratif, d'un avocat inscrit au barreau du siège en suivant l'ordre du tableau.

■ Textes sources

– Code des TA et des CAA, article L. 2-1.

■ Commentaires

Les cours ne peuvent se compléter par appel à des éléments qui leur soient extérieurs. De toute façon, cet article est, notamment s'agissant de l'appel à un avocat, pratiquement tombé en désuétude. Mais il n'est pas exclu qu'il doive retrouver une certaine actualité, compte tenu des exigences renforcées d'impartialité objective.

Le terme de « compléter » exige qu'au moins un membre de la juridiction ainsi « complétée » soit présent. Et, s'il est seul, ce ne peut être que le président de formation de jugement. Il s'ensuit d'évidence que le magistrat statuant seul en matière de reconduite à la frontière comme celui qui est prévu à l'article R. 222-13, ou encore le juge des référés ne peut qu'appartenir au tribunal. Par ailleurs, le recours à un avocat ne peut être que subsidiaire par rapport à l'appel à un conseiller extérieur, bien qu'il ait été admis – situation extrême – qu'était régulière une formation de trois magistrats complétée et par un conseiller extérieur et par un avocat (CE 25 juin 1969, Cassagne, *Lebon* p. 923). Dans tous les cas, la formation de jugement doit comprendre une majorité de magistrats (CE 19 juin 1959, Djelloval Mokrane, *Lebon* p. 388).

S'il y a appel au membre d'un autre tribunal (et jamais au membre d'une cour), il n'est pas nécessaire qu'il s'agisse d'un tribunal limitrophe.

La question se pose de savoir quelles mentions doit comporter la décision rendue par une formation ainsi complétée. On peut penser qu'elle n'a pas à faire état des motifs qui ont rendu nécessaire l'appel à un magistrat extérieur, et notamment de l'existence de l'empêchement à l'origine de cet appel (CE 15 juillet 1960, Cardona, *Lebon* p. 481, jugeant qu'aucun principe général n'exige cette mention). En revanche, et parce que tout jugement doit comporter les mentions permettant de s'assurer de la régularité de la procédure suivie (CE ass. 1er juin 1956, Ville de Nîmes c/ Pabion, *Lebon* p. 217 – 30 juin 1993, CPAM de la région dieppoise, *Lebon* p. 188), on doit estimer que mention doit être faite et de l'existence d'un « remplaçant » et de la qualité qui lui permet de siéger (tribunal d'appartenance par exemple).

LES SIÈGES ET RESSORTS DES TRIBUNAUX ADMINISTRATIFS

Art. R. 221-3 Les sièges et les ressorts des tribunaux administratifs sont fixés comme suit :
Amiens : Aisne, Oise, Somme ;
Bastia : Corse-du-Sud, Haute-Corse ;
Besançon : Doubs, Jura, Haute-Saône, territoire de Belfort ;
Bordeaux : Dordogne, Gironde, Lot-et-Garonne ;
Caen : Calvados, Manche, Orne ;
Cergy-Pontoise : Seine-Saint-Denis, Val d'Oise
Châlons-en-Champagne : Ardennes, Aube, Marne, Haute-Marne ;
Clermont-Ferrand : Allier, Cantal, Haute-Loire, Puy-de-Dôme ;
Dijon : Côte-d'Or, Nièvre, Saône-et-Loire, Yonne ;
Grenoble : Drôme, Isère, Savoie, Haute-Savoie ;
Lille : Nord, Pas-de-Calais ;
Limoges : Corrèze, Creuse, Haute-Vienne, Indre ;
Lyon : Ain, Ardèche, Loire, Rhône ;
Marseille : Alpes-de-Haute-Provence, Hautes-Alpes, Bouches-du-Rhône, Vaucluse ;
Melun : Seine-et-Marne, Val-de-Marne ;
Montpellier : Aude, Gard, Hérault, Lozère, Pyrénées-Orientales ;
Nancy : Meurthe-et-Moselle, Meuse, Vosges ;
Nantes : Loire-Atlantique, Maine-et-Loire, Mayenne, Sarthe, Vendée ;
Nice : Alpes-Maritimes, Var ;
Orléans : Cher, Eure-et-Loir, Indre-et-Loire, Loir-et-Cher, Loiret ;
Paris : Ville de Paris, Hauts-de-Seine ;
Pau : Gers, Landes, Pyrénées-Atlantiques, Hautes-Pyrénées ;
Poitiers : Charente, Charente-Maritime, Deux-Sèvres, Vienne ;
Rennes : Côtes-d'Armor, Finistère, Ille-et-Vilaine, Morbihan ;
Rouen : Eure, Seine-Maritime ;
Strasbourg : Moselle, Bas-Rhin, Haut-Rhin ;
Toulouse : Ariège, Aveyron, Haute-Garonne, Lot, Tarn, Tarn-et-Garonne ;
Versailles : Essonne, Yvelines ;
Basse-Terre : Guadeloupe ;
Cayenne : Guyane ;
Fort-de-France : Martinique ;
Mamoudzou : Mayotte ;
Saint-Denis : Réunion, Terres australes et antarctiques françaises ;

Saint-Pierre : Saint-Pierre-et-Miquelon ;
Papeete : Polynésie française ;
Nouméa : Nouvelle-Calédonie.

■ **Textes sources**

– Code des TA et des CAA, article R. 4.
– Décret n° 2001-710 du 31 juillet 2001, article 7-I.

■ **Commentaires**

Le découpage des ressorts est, en règle générale, calqué sur celui des régions, avec toutefois quelques exceptions : la Moselle, située dans la région Lorraine, relève du tribunal administratif de Strasbourg pour des raisons historiques évidentes ; l'Indre, appartenant à la région Centre, relève du tribunal administratif de Limoges et non d'Orléans ; le ressort du tribunal administratif de Pau est à cheval sur deux régions (Aquitaine – départements des Landes et des Pyrénées-Atlantiques – et Midi-Pyrénées – départements du Gers et des Hautes-Pyrénées). Trois régions enfin voient leur territoire partagé entre plusieurs tribunaux administratifs, sans empiètement sur une autres région : ce sont les régions Ile-de-France (tribunaux administratifs de Paris, Melun, Versailles et Cergy-Pontoise), Rhône-Alpes (tribunaux de Lyon et Grenoble) et Provence Alpes-Côte d'Azur (tribunaux de Marseille et Nice).

LES CHAMBRES DES TRIBUNAUX ADMINISTRATIFS

Art. R. 221-4 Les tribunaux administratifs désignés ci-après sont composés de plusieurs chambres dont le nombre est fixé comme suit :
Amiens : trois chambres ;
Bastia : deux chambres ;
Besançon : deux chambres ;
Bordeaux : quatre chambres ;
Caen : deux chambres ;
Cergy-Pontoise : cinq chambres ;
Châlons-en-Champagne : deux chambres ;
Clermont-Ferrand : deux chambres ;
Dijon : trois chambres ;
Grenoble : cinq chambres ;
Lille : six chambres ;
Limoges : deux chambres ;
Lyon : sept chambres ;
Marseille : huit chambres ;
Melun : cinq chambres ;

Montpellier : cinq chambres ;
Nancy : deux chambres ;
Nantes : quatre chambres ;
Nice : six chambres ;
Orléans : trois chambres ;
Pau : deux chambres ;
Poitiers : trois chambres ;
Rennes : cinq chambres ;
Rouen : trois chambres ;
Strasbourg : quatre chambres ;
Toulouse : trois chambres ;
Versailles : sept chambres.

■ **Textes sources**

– Code des TA et des CAA, article R. 5, sauf dernier §.

■ **Commentaires**

Cet article a surtout une portée « budgétaire » et statutaire, puisque le nombre officiel de chambres commande le nombre de « vice-présidents » d'une part, occupant les fonctions de présidents de chambre, détermine d'autre part l'échelon du président de la juridiction (art. R. 221-5 et 234-6).

Sur le plan du fonctionnement, nombre de juridictions fonctionnent, en fait, avec plus de « chambres » que ne l'indique l'article R. 221-4, le terme de chambre étant alors pris dans le sens d'unités fonctionnelles de jugement.

La présidence des tribunaux administratifs

Art. R. 221-5 Les tribunaux administratifs comportant au moins quatorze chambres sont présidés par un président classé au 6e échelon de son grade. Les tribunaux administratifs comportant moins de cinq chambres sont présidés par un président classé au 5e échelon de son grade.

■ **Textes sources**

– Code des TA et des CAA, article R. 5, dernier §.

Le tribunal administratif de Paris

Art. R. 221-6 Le tribunal administratif de Paris comprend quatorze chambres réparties en sections. Il est présidé par un président classé au 7e échelon de son grade.

■ Textes sources

– Code des TA et des CAA, article R. 6.

■ Commentaires

La structure du tribunal administratif de Paris est originale, puisque ses chambres sont réparties en sections, dont le texte ne fixe plus le nombre, non plus que le nombre de chambres les composant. On retrouvera les sections dans la hiérarchie du corps fixée par l'art. R. 234-6.

SECTION 3

Organisation des cours administratives d'appel

LA COMPOSITION DES COURS ADMINISTRATIVES D'APPEL

Art. L. 221-3 Chaque cour administrative d'appel comporte des chambres.

■ Textes sources

– Loi n° 87-1127 du 31 décembre 1987, article 2.

LES SIÈGES ET RESSORTS DES COURS ADMINISTRATIVES D'APPEL

Art. R. 221-7 Les sièges et les ressorts des cours administratives d'appel sont fixés comme suit :

Bordeaux : ressorts des tribunaux administratifs de Bordeaux, Limoges, Pau, Poitiers, Toulouse, Basse-Terre, Cayenne, Fort-de-France, Mamoudzou, Saint-Denis de la Réunion et Saint-Pierre-et-Miquelon ;

Douai : ressorts des tribunaux administratifs d'Amiens, Lille et Rouen ;

Lyon : ressorts des tribunaux administratifs de Clermont-Ferrand, Dijon, Grenoble et Lyon ;

Marseille : ressorts des tribunaux administratifs de Bastia, Marseille, Montpellier et Nice ;

Nancy : ressorts des tribunaux administratifs de Besançon, Châlons-en-Champagne, Nancy et Strasbourg ;

Nantes : ressorts des tribunaux administratifs de Caen, Nantes, Orléans et Rennes ;

Paris : ressorts des tribunaux administratifs de Cergy-Pontoise, Melun, Paris, Versailles, Nouvelle-Calédonie et Papeete.

■ **Textes sources**

– Code des TA et des CAA, article R. 7.

■ **Commentaires**

Le nombre des cours administratives d'appel, fixé à l'origine à cinq, est désormais de sept, et semble actuellement stabilisé. Le développement de ce nombre n'est pas allé sans poser quelques problèmes de remodelage des compétences, et donc de redistribution des effectifs : l'inamovibilité des magistrats n'a permis de redéployer les effectifs qu'à l'occasion soit de mutations volontaires, soit de départs spontanés (retraite ou avancement).

L'augmentation intervenue, si elle a rapproché dans l'ensemble ces juridictions de leurs justiciables, n'a pu être en elle-même d'aucun effet positif sur la capacité des cours à traiter le contentieux qui leur est attribué. C'est l'augmentation des effectifs de magistrats qui a cet effet. Et encore, pourrait-on paradoxalement avancer, la multiplication des cours, même assortie de créations corrélatives d'emploi de magistrats, a un effet de freinage sur les capacités de jugement : il est, dans les grandes unités, des « économies d'échelle » directement liées au nombre d'affaires à traiter, de telle sorte que cent cinquante magistrats répartis dans une seule structure seront plus productifs que le même nombre éclaté dans sept structures.

Les chambres des cours administratives d'appel

Art. R. 221-8 Le nombre de chambres de chaque cour administrative d'appel est fixé comme suit :

Paris : cinq chambres ;

Bordeaux, Lyon : quatre chambres

Douai, Marseille, Nancy et Nantes : trois chambres.

■ **Textes sources**

– Code des TA et des CAA, article R. 8.

■ **Commentaires**

En un peu plus de dix ans, le schéma des cours administratives d'appel a subi la « loi française », qui fait un sort à part à l'organisme parisien (on signale qu'à l'origine, à savoir en 1988, les cours de Paris et de Lyon avaient le même nombre de chambres, soit quatre).

CHAPITRE 2 Fonctionnement des tribunaux administratifs et des cours administratives d'appel

SECTION 1 *Dispositions communes*

LA COLLÉGIALITÉ ET L'IMPARITÉ DES FORMATIONS DE JUGEMENT

Art. L. 222-1 Les jugements des tribunaux administratifs et les arrêts des cours administratives d'appel sont rendus par des formations collégiales, sous réserve des exceptions tenant à l'objet du litige ou à la nature des questions à juger.
Les juges délibèrent en nombre impair.

■ **Textes sources**

– Code des TA et des CAA, article L. 4, § 1.

■ **Commentaires**

Cet article comporte deux principes, d'imparité et de collégialité. Mais si le principe d'imparité est absolu et ne souffre donc aucune exception, il n'en va pas de même de la collégialité. Comme on l'a vu à propos de l'article L. 3, le législateur peut « disposer autrement », et l'article L. 222-1 constitue cette disposition « autre ». On ne pourra que constater que le législateur laisse ici une marge très considérable au pouvoir réglementaire, se bornant à autoriser une dérogation à la collégialité compte tenu de « l'objet du litige » ou de la « nature des questions à juger ». Ce qui conduit à prévoir l'intervention du juge statuant seul soit dans certaines matières (voir art. R. 222-13), soit pour se prononcer sur certaines questions (voir art. R. 222-1). En tout cas serait illégal un système dans lequel la décision de recourir au juge statuant seul dépendrait du seul sentiment du chef de juridiction, ou d'un critère étranger à ceux, quelque vagues qu'ils soient, qui résultent de la loi.

LA DÉSIGNATION D'UN MEMBRE DE COUR ADMINISTRATIVE D'APPEL POUR PARTICIPER À UNE COMMISSION ADMINISTRATIVE

Art. L. 222-2 Lorsque la participation d'un magistrat de tribunal administratif à une commission est prévue, la désignation peut porter sur un magistrat de cour administrative d'appel.

Si la disposition prévoit que la désignation est faite par le président du tribunal administratif ou sur sa proposition, celui-ci peut demander au président de la cour administrative d'appel du ressort de désigner ou de proposer un magistrat de la cour.
Dans tous les cas où la participation d'un magistrat de tribunal administratif ou de cour administrative d'appel à une commission est prévue, la désignation peut porter sur un magistrat honoraire.

■ **Textes sources**

– Code des TA et des CAA, article R. 244.

■ **Commentaires**

Le texte organise l'inchangeabilité des magistrats en fonctions dans les cours ou les tribunaux, s'agissant d'occuper des fonctions hors de leurs juridictions. Le reclassement en partie législative de dispositions antérieurement réglementaires ne se comprend que parce que le texte nouveau n'a pas la même portée que l'ancien : là où l'ancien ne prévoyait cette substituabilité, ou le recours à des magistrats honoraires que pour la participation à des commissions « ne rendant pas de décision juridictionnelle », le texte nouveau étend cette possibilité à toutes les commissions, ce qui englobe celles qui ont la nature de juridictions. Cette extension, qui s'aligne sur le système en vigueur pour les membres du Conseil d'État (art. L. 137-1), doit donner quelque souplesse supplémentaire.
On note que le texte est muet, et les mesures réglementaires également, sur la procédure à suivre lorsque le membre de la juridiction administrative est désigné par une autorité administrative. On peut estimer que cette dernière s'adressera, à son choix, au président, soit du tribunal administratif, soit de la cour administrative d'appel, soit encore aux deux avant de faire son choix.
Le texte ne paraît pas devoir s'appliquer aux commissions départementales des impôts, qui sont régies par le Code général des impôts. Mais ce dernier contient des dispositions analogues.

LE POUVOIR DES PRÉSIDENTS DE STATUER PAR ORDONNANCE

Art. R. 222-1 Les présidents de tribunal administratif et de cour administrative d'appel, le vice-président du tribunal administratif de Paris et les présidents de formation de jugement des tribunaux et des cours peuvent, par ordonnance :
1° donner acte des désistements ;
2° rejeter les requêtes ne relevant manifestement pas de la compétence de la juridiction administrative ;

3° constater qu'il n'y a pas lieu de statuer sur une requête ;
4° rejeter les requêtes irrecevables pour défaut de ministère d'avocat ou entachées d'une irrecevabilité manifeste non susceptible d'être couverte en cours d'instance ;
5° statuer sur les requêtes qui ne présentent plus à juger de questions autres que la condamnation prévue à l'article L. 761-1 ou la charge des dépens ;
6° statuer sur les requêtes relevant d'une série, qui présentent à juger en droit et en fait, pour la juridiction saisie, des questions identiques à celles qu'elle a déjà tranchées ensemble par une même décision passée en force de chose jugée.

Les présidents des cours administratives d'appel et les présidents de formation de jugement des cours peuvent, en outre, par ordonnance, rejeter les conclusions à fin de sursis à exécution d'une décision juridictionnelle frappée d'appel. Ils peuvent, de même, rejeter les requêtes dirigées contre des ordonnances prises en application des 1° à 6° du présent article.

■ Textes sources

- Code des TA et des CAA, article L. 9.
- Décret n° 2000-1115 du 22 novembre 2000, article 2-III.
- Décret n° 2001-710 du 31 juillet 2001, article 1-I.

■ Commentaires

Le texte applicable aux cours et tribunaux est peu différent de celui en vigueur devant le Conseil d'État (art. R. 122-12). On se reportera donc aux observations faites sous cet article.

On signalera que la nouvelle rédaction du 4° a pour seul effet de permettre de rejeter par ordonnance les requêtes présentées sans avocat lorsque celui-ci est nécessaire, sans que pour autant une mise en demeure ait rendu cette irrecevabilité non régularisable. Mais subsiste, évidemment, l'obligation pour la juridiction d'inviter l'intéressé à régulariser, en application de l'article R. 612-1.

Toutefois, le dernier alinéa de l'article R. 811-7 conduit à tempérer sensiblement en appel la portée de l'obligation définie à l'article R. 612-1 : si la notification du jugement comporte, ainsi que le prescrit l'article R. 751-5, le texte de l'article R. 811-7, qui définit l'étendue de l'obligation à recourir à un avocat, une requête méconnaissant cette obligation pourra être rejetée par ordonnance, sans invitation à régulariser.

La seule différence avec l'article R. 122-12 concerne le 6°, pour lequel il est exigé, s'agissant des tribunaux et cours, que le premier jugement soit « passé en force de chose jugée », exigence qui n'aurait eu aucun sens pour le Conseil d'État. Cette expression doit s'entendre, selon la jurisprudence, comme visant les décisions d'une juridiction ayant statué en dernier ressort, c'est-à-dire soit d'un jugement de tribunal administratif devenu définitif faute d'appel dans le délai, soit d'un arrêt de cour administrative d'appel, « même si elle peut faire ou a fait l'objet d'un pourvoi en cassation » (CE ass. 27 octobre 1995, Ministre de l'Équipement c/ Mattio). Naturellement, ce qui est juridiquement possible n'est pas pour autant nécessaire : l'existence d'un pourvoi en cassation formé contre un arrêt « tête de série » fragilise en quelque sorte cet arrêt, et il est parfois opportun d'attendre que ce pourvoi soit jugé avant de traiter par ordonnance les autres affaires de la série. On remarque au surplus que les « séries » ne peuvent se traiter par ordonnance que si la juridiction elle-même a préalablement tranché, ensemble, les questions posées par cette série. Le texte ne permet donc pas de s'inspirer de la seule décision d'une juridiction supérieure pour traiter par ordonnance une série : il faut que la juridiction elle-même se soit prononcée sur les questions posées. Ce pourra être le cas lorsque, à la suite d'un pourvoi en cassation, l'arrêt « tête de série » aura été annulé par le Conseil d'État qui, statuant ensuite au fond, aura à son tour tranché les questions posées par la série : la cour devra à nouveau enrôler une « tête de série » avant de traiter la série par ordonnance. C'est certes peu pratique, mais tout autre solution mettrait en cause le principe de plénitude de juridiction du juge saisi d'un litige, principe qui implique qu'il ne peut sans erreur de droit s'estimer lié par la solution donnée par un autre juge aux questions posées par ce litige.

Le même 6° permet de rejeter par ordonnance les requêtes formées contre les ordonnances prononcées en application de cet article. C'est tirer en droit les conséquences d'un constat fréquent, à savoir que la contestation, en appel, de la réponse juridictionnelle à une question relevant de l'évidence est le plus souvent gouvernée par la même règle d'évidence. Il reste que le système de « l'ordonnance sur ordonnance » prive le demandeur de toute possibilité d'audience publique, en première instance et en appel. Après avoir vu dans la possibilité de débats publics au moins une fois, soit en première instance soit en appel, une garantie découlant de l'article 6-1 de la convention européenne de sauvegarde des droits de l'homme et des libertés fondamentales (CEDH 29 octobre 1991, Helmers c/ Suède), la Cour européenne des droits de l'homme semble admettre une telle absence, dès lors que les problèmes à trancher sont « de caractère restreint » (CEDH 19 février 1998, Allan Jacobsson c/ Suède).

Comme pour le Conseil d'État, le dernier alinéa est cantonné aux procédures de sursis à exécution de décisions juridictionnelles (ce pourquoi il ne concerne que les cours administratives d'appel), l'ensemble des procédures de suspension des décisions administratives relevant du livre V du code.

On note qu'en application de l'article 8 du décret n° 2001-710 du 31 juillet 2001, le pouvoir de rejeter par ordonnances des appels formés contre des ordonnances trouve à jouer lorsque les ordonnances attaquées trouvent leur fondement non dans l'article R. 222-1 du code, mais dans l'article L. 9 du code des tribunaux administratifs et des cours administratives d'appel.

Les formations administratives

Art. R. 222-2 Le tribunal et la cour exercent les attributions administratives prévues à l'article R. 212-1 dans une formation collégiale comprenant le président de la juridiction ou le magistrat qu'il délègue à cet effet et au moins deux membres, désignés par le président de la juridiction.

■ **Textes sources**
– Code des TA et des CAA, article R. 243.

■ **Commentaires**
Ces dispositions s'appliquent aux avis mentionnés à l'article R. 212-1., mais on doit estimer qu'il convient de les étendre à toutes les attributions administratives. On songe aux cas dans lesquels le tribunal est appelé à décider de la possibilité pour un contribuable communal, départemental ou régional, d'exercer une action appartenant à la collectivité en cause (art. L. 212-2). De même doit-on envisager que, lorsque le tribunal administratif est appelé à proclamer les résultats d'une élection au lieu et place du bureau de vote (CE 28 septembre 1983, Brune), il devra se prononcer en formation collégiale. Le texte d'origine, faisant état des attributions administratives, sans les limiter aux demandes d'avis, ne laissait place à aucune hésitation.

Le pouvoir réglementaire du président pour assurer le fonctionnement de la juridiction

Art. R. 222-3 Le président prend les dispositions nécessaires au fonctionnement de la juridiction qu'il préside. Il assure la direction des services de cette juridiction et le maintien de sa discipline intérieure.

■ **Textes sources**
– Code des TA et des CAA, article R. 9.

■ **Commentaires**
Le texte est général, et l'on peut en déduire qu'il confie au président un pouvoir réglementaire en ce qui concerne le fonctionnement de sa juridiction.

L'ASSEMBLÉE GÉNÉRALE DES MAGISTRATS

Art. R. 222-4 L'assemblée générale du tribunal administratif ou de la cour administrative d'appel, composée de tous les magistrats, se réunit au moins une fois par an. Elle est convoquée et présidée par le président du tribunal ou de la cour. Elle examine les sujets d'intérêt commun. Son rôle est consultatif.

■ Textes sources

– Code des TA et des CAA, article R. 9-1.

■ Commentaires

L'assemblée générale de la juridiction, composée de tous les magistrats, est apparue dans le code assez tardivement (décret du 29 mai 1997). Cette apparition officielle n'a fait qu'entériner une pratique qui s'était spontanément développée dans toutes les juridictions ou presque. Il est clair qu'elle n'a qu'un rôle consultatif, et en aucune façon juridictionnel. Sa compétence, limitée aux « sujets d'intérêt commun », exclut les questions individuelles. Par ailleurs seul le président a l'initiative de la réunion de l'assemblée : on ne trouve pas de mécanisme, parfois en usage dans la fonction publique, le contraignant à convoquer une réunion à la demande d'une majorité des membres de cette assemblée. On doit en déduire que le président est seul maître de l'ordre du jour de ladite assemblée.

On pourrait se demander si l'indicatif présent (« elle examine ») n'emporte pas obligation de la consulter sur tous les sujets d'intérêt commun, et notamment avant que le président ne prenne les mesures mentionnées à l'article précédent. C'est douteux, compte tenu de la périodicité modeste de ses réunions, et de la rédaction de l'article R. 222-3.

LE TABLEAU DES EXPERTS

Art. R. 222-5 Chaque année, le président procède, s'il y a lieu, à l'établissement du tableau des experts près la juridiction qu'il préside.

■ Textes sources

– Code des TA et des CAA, article R. 10.

■ Commentaires

L'établissement du tableau des experts n'est pas une obligation, et l'on doit penser que c'est au président d'apprécier s'il y a lieu d'en établir un. Aucune procédure ne préside à cet établissement, à la différence des usages devant les juridictions judiciaires.

Cette liste, si elle existe, est purement indicative : elle ne lie pas l'autorité chargée de désigner l'expert, selon une règle solidement établie devant tous les ordres de juridiction : l'inscription sur la liste vaut « label », sans conférer un droit d'exclusivité.

Pour autant on ne saurait considérer que, si liste il y a, les refus d'inscription et plus encore les radiations peuvent intervenir sans un minimum de garanties. Le principe du respect des droits de la défense nous paraît commander, en premier lieu, que la radiation ne puisse intervenir sans que l'intéressé ait été préalablement mis à même de s'expliquer sur les griefs motivant cette radiation, comme au surplus cette radiation devrait être motivée en application de la loi du 11 juillet 1979. Ce n'est que l'application de l'article 24 de la loi du 12 avril 2000. S'agissant des refus d'inscription, et si l'on peut penser que, intervenant à la suite d'une demande de l'intéressé, ils n'entrent pas dans les prévisions de cet article 24, il convient de signaler que, dès lors qu'ils sont fondés sur des éléments propres à l'intéressé, et non révélés par son dossier de demande, ils relèvent également de la procédure contradictoire (CE 25 novembre 1994, Palem [1]).

□ ***Jurisprudence***

[1] Considérant que la décision contestée du garde des Sceaux, ministre de la Justice, en date du 17 février 1989 rejette la demande de M. Palem tendant à être nommé notaire à l'office de Piegut-Pluviers ; que si cette décision fait suite à une demande de M. Palem, elle est fondée sur des motifs tenant aux difficultés relationnelles qu'il aurait rencontrées et qui le rendraient inapte à l'exercice de la profession de notaire, dont la demande ne faisait pas état et qui, étant liées à la considération de la personne de M. Palem, ne pouvaient lui être opposés, pour l'écarter de l'exercice de la profession dont s'agit, qu'après qu'il ait été mis en mesure de présenter ses observations sur les griefs qui lui étaient ainsi reprochés ; qu'il est constant que la décision du garde des Sceaux, ministre de la Justice a été prise sans que cette procédure ait été respectée ; que cette décision est par suite entachée d'irrégularité...

LE POUVOIR DE COMMUNICATION DU PRÉSIDENT

Art. R. 222-6 Le président communique directement avec les chefs des autres juridictions et avec toutes autorités administratives pour les questions concernant l'organisation et le fonctionnement de la juridiction qu'il préside.

■ Textes sources

– Code des TA et des CAA, article R. 11.

■ **Commentaires**

Le chef de juridiction est totalement affranchi de la « voie hiérarchique ». Cet article exclut notamment toute subordination hiérarchique, via la transmission du courrier aux instances gérant l'institution, des présidents de tribunal administratif aux présidents de cours administratives d'appel.

Pouvant communiquer avec « toutes autorités administratives », les chefs de juridiction peuvent notamment s'adresser directement aux ministres. Mais il est douteux qu'ils puissent – en dehors du courrier courant – s'adresser dans les mêmes conditions à des parlementaires, qui ne sont pas des « autorités administratives », même si l'initiative concerne le fonctionnement de la juridiction, et par exemple le nombre de magistrats qui y sont affectés.

L'ORDRE DU TABLEAU DANS LES TRIBUNAUX ADMINISTRATIFS ET LES COURS ADMINISTRATIVES D'APPEL

Art. R. 222-7 Pour la détermination de l'ordre du tableau, dans chaque grade du corps des tribunaux administratifs et des cours administratives d'appel, seule est prise en considération la date de nomination à ce grade ; en cas de nomination à la même date, la préséance revient au plus âgé.

Toutefois, les membres du corps des tribunaux administratifs et des cours administratives d'appel nommés dans leur grade à la suite du reclassement intervenu au 1er janvier 1998 prennent place au tableau en fonction du grade qu'ils détenaient antérieurement et de la date à laquelle ils y avaient été nommés.

■ **Textes sources**

– Code des TA et des CAA, article R. 12.

■ **Commentaires**

La précision tenant à l'âge, dans le premier alinéa, est opportune, les nominations de magistrats s'effectuant habituellement de façon groupée à des dates identiques. Elle dispense au surplus de rechercher l'ordre d'impression des nominations au *Journal officiel*, comme le veut en pareil cas la jurisprudence (CE 12 novembre 1980, Association des membres de l'inspection générale des affaires sociales).

Le second alinéa n'est qu'une mesure transitoire, destinée à « gommer » les effets sur l'ordre du tableau d'une réforme statutaire qui, créant deux nouveaux grades de conseillers là où il y en avait trois, a provoqué des « nominations dans le grade » prenant effet au 1er janvier 1998, bousculant ainsi le tableau antérieur : on a décidé de conserver une sorte de « droit acquis » à la place dans le tableau résultant des anciens grades.

L'AFFECTATION DES MEMBRES ET DES AFFAIRES DANS LES CHAMBRES

Art. R. 222-8 L'affectation des membres aux formations de jugement et la composition de chacune d'elles ainsi que la répartition des affaires entre ces formations sont décidées par le président de la juridiction.

■ Textes sources

– Code des TA et des CAA, article R. 13.

■ Commentaires

Les affectations ici envisagées comprendront notamment la désignation des magistrats qui, en application de l'article R. 222-13, seront appelés à se prononcer seuls sur certains types d'affaires. On doit estimer que ces désignations-là ne sauraient s'effectuer au coup par coup, lors même que le texte est muet : le risque serait alors grand que le choix du magistrat ne soit dicté par les éléments particuliers de telle ou telle affaire...

Pour la même raison, il paraît normal que la composition des formations de jugement ne soit pas définie au coup par coup. Le texte autorise, à la lettre, des configurations des formations de jugement adaptées aux affaires à juger, ce qui ne saurait emporter l'adhésion : qui connaît bien ses magistrats sera toujours à même de constituer une formation de jugement dont il saura par avance les tendances, et une telle pratique mettrait en cause l'impartialité de la juridiction.

Aussi bien constate-t-on que les juridictions se sont sagement éloignées de telles pratiques : les affectations des magistrats dans les chambres sont définies de façon stable, en règle générale en début d'année, et les modifications n'interviennent que pour pallier un empêchement : est alors appréciée la souplesse de l'article R. 222-8, alors surtout que le Conseil d'État n'exige point que le remplacement ainsi décidé soit formalisé par une décision écrite du président (CE 26 juillet 1996, Université d'Aix-Marseille-III [1]).

La distinction, qui doit être faite, entre les « chambres » et les « formations de jugement », complique les choses. Lorsque la chambre comporte trois membres, et dès lors que (cas des tribunaux administratifs) la formation de jugement ordinaire est de trois membres, on voit que l'affectation à une chambre vaut affectation à la formation de jugement, puisqu'il y a identité entre « chambre » et « formation de jugement ». L'ambiguïté naît lorsque les chambres comportent plus que trois magistrats. En supposant que le président ait pu procéder aux affectations dans les chambres en vertu de ses pouvoirs d'organisation définis à l'article R. 222-3, on ne sait, s'agissant des tribunaux administratifs, selon quels critères il va déterminer les membres appelés à juger. On remarque que, pour le Conseil d'État (art. R. 122-11 et s.), comme pour les cours administratives d'appel (art. R. 222-26 et s.), la composition des formations de jugement est strictement définie.

Cet article, au surplus, ne saurait trouver application pour les formations de jugement de « rang supérieur », dont la composition est prédéfinie, et échappe donc au pouvoir du président (art. R. 222-20).

Ces observations conduisent à penser que, par « formation de jugement », il faut entendre « chambre ».

S'agissant de la répartition des affaires entre les formations, ici encore il convient de lire « entre les chambres ». De plus, cette disposition doit se combiner avec celles qui président à la désignation du rapporteur (art. R. 611-9, 611-16 et s.) : c'est la désignation du rapporteur qui vaudra affectation de l'affaire à une chambre. Dans la pratique, une certaine spécialisation des chambres se généralise, et le rapporteur d'une affaire relevant d'une chambre est choisi parmi les seuls membres de cette chambre. Mais les articles R. 611-9 et suivants n'y obligent pas, et l'on peut se demander si un requérant pourrait se plaindre de la méconnaissance de la mesure interne de spécialisation pouvant découler de l'application de l'article R. 222-8.

□ ***Jurisprudence***

[1] Considérant qu'aux termes de l'article R. 13 du Code des tribunaux administratifs et des cours administratives d'appel, « l'affectation des membres aux formations de jugement et la composition de chacune d'elles ainsi que la répartition des affaires entre ces formations sont décidées par le président de la juridiction » ; que ces dispositions n'exigent pas une décision écrite du président du tribunal administratif pour prévoir, pour une audience, le remplacement d'un membre d'une chambre empêché, par un membre d'une autre chambre...

LES AVIS ET PROPOSITIONS DU PRÉSIDENT EN MATIÈRE DE GESTION DES MAGISTRATS ET DES AGENTS DU GREFFE

Art. R. 222-9 Le président fait connaître au Conseil supérieur des tribunaux administratifs et des cours administratives d'appel son avis sur la désignation du ou des premiers conseillers ou conseillers devant être chargés des fonctions de commissaire du gouvernement près la juridiction qu'il préside et sur l'avancement des membres de celle-ci.

Il formule ses propositions sur la nomination et l'avancement du personnel des greffes affecté à son tribunal.

■ **Textes sources**

– Code des TA et des CAA, article R. 14.

■ **Commentaires**

Seul un (premier) conseiller peut être nommé commissaire du gouvernement, devant le tribunal ou la cour.

Le chef de juridiction ne peut qu'émettre un avis, au titre du premier alinéa, puisqu'en ces matières le Conseil supérieur des tribunaux administratifs et des cours administratives d'appel dispose d'un pouvoir de proposition (art. L. 234-1, R. 222-23 et R. 222-32). Cet avis, évidemment, ne lie pas ledit conseil, même s'il est rarissime qu'il soit méconnu.

LE RAPPORT ANNUEL D'ACTIVITÉ

Art. R. 222-10 Chaque année, avant le 1er février, le président adresse au vice-président du Conseil d'État, président du Conseil supérieur des tribunaux administratifs et des cours administratives d'appel, un compte rendu relatif au fonctionnement des services de la juridiction qu'il préside pendant l'année écoulée, avec une statistique des affaires jugées et une statistique des affaires en instance.

Le président joint à ce rapport toutes observations utiles au sujet des questions d'intérêt général se rapportant aux travaux de la juridiction qu'il préside.

■ **Textes sources**

– Code des TA et des CAA, article R. 15.

■ **Commentaires**

Le destinataire du rapport annuel n'est pas un ministre, ce qui révèle le rattachement des tribunaux administratifs et cours administratives d'appel au Conseil d'État, et non à un département ministériel. C'est le président du Conseil supérieur, à savoir le vice-président du Conseil d'État, qui est ainsi désigné comme responsable de l'institution, et qui constitue l'intermédiaire obligé entre juridiction administrative et pouvoirs publics.

L'ORDONNATEUR PRINCIPAL DES DÉPENSES DES TRIBUNAUX ADMINISTRATIFS ET COURS ADMINISTRATIVES D'APPEL

Art. R. 222-11 Le vice-président du Conseil d'État ordonnance les dépenses des tribunaux administratifs et des cours administratives d'appel.

Il peut déléguer sa signature au secrétaire général et aux secrétaires généraux adjoints du Conseil d'État. Délégation peut également être donnée aux chefs de service du Conseil d'État et aux fonctionnaires du secrétariat général appartenant à un corps de catégorie A pour signer les ordonnances de paiement, de virement, de délégation, les pièces justificatives de dépense et les ordres de recette.

■ **Textes sources**

– Décret n° 89-915 du 19 décembre 1989, article 1, § 2 et 3.

Les ordonnateurs secondaires des dépenses des tribunaux administratifs et des cours administratives d'appel

Art. R. 222-12 Les présidents, chefs de juridiction des tribunaux administratifs et des cours administratives d'appel, sont institués ordonnateurs secondaires des dépenses de fonctionnement de la juridiction qu'ils président. Ils peuvent déléguer, en cas d'absence ou d'empêchement, leur signature, sous leur responsabilité, à un membre de leur juridiction ou à un fonctionnaire de greffe de catégorie A.

■ **Textes sources**

– Décret n° 89-915 du 19 décembre 1989, article 1, § 4.

SECTION 2 *Fonctionnement des tribunaux administratifs*

La présente section ne comprend pas de dispositions législatives.

Le juge statuant seul dans les tribunaux administratifs

Art. R. 222-13 Le président du tribunal administratif ou le magistrat qu'il désigne à cette fin et ayant atteint au moins le grade de premier conseiller statue en audience publique et après audition du commissaire du gouvernement :

1° Sur les litiges relatifs aux déclarations de travaux exemptés de permis de construire ;

2° Sur les litiges relatifs à la situation individuelle des agents publics, à l'exception de ceux concernant l'entrée au service, la discipline et la sortie du service ;

3° Sur les litiges en matière de pensions, d'aide personnalisée au logement, de communication de documents administratifs, de service national ;
4° Sur les litiges relatifs à la redevance audiovisuelle ;
5° Sur les recours relatifs aux taxes syndicales et aux impôts locaux autres que la taxe professionnelle ;
6° Sur la mise en œuvre de la responsabilité de l'État pour refus opposé à une demande de concours de la force publique pour exécuter une décision de justice ;
7° Sur les actions indemnitaires, lorsque le montant des indemnités demandées est inférieur au montant déterminé par les articles R. 222-14 et R. 222-15 ;
8° Sur les requêtes contestant les décisions prises en matière fiscale sur des demandes de remise gracieuse ;
9° Sur les litiges relatifs aux bâtiments menaçant ruine.

■ Textes sources

– Code des TA et des CAA, article L. 4-1.

■ Commentaires

Après les domaines du juge statuant seul en raison des questions posées par une affaire (art. R. 222-1), vient le domaine du juge statuant seul, en tribunal administratif, en raison de l'objet du litige (voir art ; L. 222-1). On est en présence d'une sorte de « juge de paix » administratif, un juge en deux personnes, puisque le magistrat statue après audition d'un commissaire du gouvernement. On s'étendra peu sur la confection de liste des affaires concernées, qui s'est allongée au fil des débats parlementaires, et s'est délégalisée (sauf en matière de contraventions de grande voirie : voir art. L. 774-1). On cherche vainement un fil directeur, si ce n'est la faible importance supposée des contentieux concernés. En tout cas on ne saurait acquiescer à l'opinion parfois avancée par les parlementaires qui furent à l'origine de cette liste, selon laquelle ces affaires ne posent pas de questions délicates : les litiges en matière de pensions, ou de taxes syndicales ne sont assurément pas parmi les plus simples !

On peut estimer que la compétence ainsi attribuée au président ou au magistrat qu'il a désigné s'étend aux conclusions accessoires (relatives par exemple aux frais irrépétibles), par un raisonnement analogue à celui qui a été tenu en ce qui concerne les attributions données aux présidents par l'article R. 222-1 (CE avis 28 octobre 1994, Gosse). Mais les demandes de suspension relèvent du juge des référés d'urgence prévu au livre V. Et il est jugé que le magistrat de l'article R. 222-13 peut être saisi de conclusions tendant à ce qu'il enjoigne à l'administration de prendre les mesures qu'appelle l'exécution de la chose qu'il juge, en application des articles L. 911-1 et L. 911-2 (CE avis 29 décembre 2000, Clouzeau).

Ce magistrat statuant seul dispose de tous les pouvoirs d'instruction confiés à un président de formation de jugement (art. R. 222-16). Et l'attribution de compétence ici instituée n'est pas une faculté, mais une obligation *a priori* : en principe, un jugement rendu dans une des matières mentionnées à l'article R. 222-13 par une formation collégiale procède d'une formation incompétente, sauf pour le juge unique compétent à avoir renvoyé le jugement de l'affaire à une formation collégiale, ce qui est toujours possible (CE 13 juillet 1956, Secrétaire d'État à la reconstruction c/ Piéton Guibout, *Lebon* p. 338), ainsi que confirmé par les travaux préparatoires de la loi du 8 février 1995 qui a institué ce mécanisme. Ce renvoi peut, au demeurant, intervenir à tout moment de l'instruction (art. R. 222-19, second alinéa), à l'initiative du magistrat concerné ou du président de la juridiction. Aucun document écrit, encore moins d'ordonnance, ne paraît requis pour matérialiser ce renvoi (CE 3 avril 1996, Traore [1], *Lebon* p. 113) : c'est de toute façon une « mesure d'administration de la justice insusceptible de faire l'objet d'un recours » (CE 6 novembre 2000, Kanoute).

Il n'a pas été prévu de renvoi « descendant », de la collégialité vers le juge unique. Cela semble inutile : si la collégialité est par erreur invitée à statuer dans une des matières mentionnées à l'article R. 222-13, elle ne fera que respecter cet article en renvoyant le dossier au juge unique. Si au contraire elle a été saisie après renvoi, dans le cadre de l'article R. 222-19, elle ne peut se dérober à son devoir de juger, sauf à renvoyer à son tour l'affaire à une formation supérieure.

Les dispositions attributives de compétence doivent être regardées comme pouvant jouer sans s'exclure : une affaire de responsabilité communale excédant le plafond prévu au 7° pourra malgré tout entrer dans la compétence du juge unique si elle entre dans le champ défini au 2° ou au 9°. Et, si la compétence attribuée au juge statuant seul en matière de contravention de grande voirie (10° de l'article L. 4-1 du Code des tribunaux administratifs et des cours administratives d'appel) a disparu de la liste, ce n'est pas par souci de la réduire : la matière étant ici de nature pénale, il a paru aux auteurs du code qu'elle ne pouvait figurer à la partie réglementaire, de telle sorte que c'est à l'article L. 774-1 que l'on retrouve cette attribution de compétence.

Le 1° ne devrait pas être longtemps opérant, le Code de l'urbanisme ayant vu disparaître les déclarations de travaux (loi du 13 décembre 2000 relative à la solidarité et au renouvellement urbains).

Le 6° pose la question de son application dans les cas où, la responsabilité de l'État étant recherchée en raison du refus de concours de la force publique, l'État forme contre une commune un appel en garantie (ce qui est concevable si elle a fait obstacle à l'intervention de la force publique : CE 23 novembre 1994, Commune de Colombes), la somme en jeu excédant le plafond mentionné au 7°. On doit estimer que l'objet principal de la requête détermine ici la compétence, quelles que soient les conclusions incidentes présentées par l'État.

Le 7° a vu sa rédaction améliorée, puisqu'il se réfère désormais aux seules actions indemnitaires, sans faire état de la nature juridique de la personne poursuivie. L'ancienne rédaction, qui faisait état des actions indemnitaires dirigées contre une collectivité publique, était d'application malaisée et complexe dans les litiges ayant pour objet la réparation de dommages de travaux publics, dont on sait que les victimes sont en droit d'agir tant contre la collectivité publique que contre l'entreprise chargée des travaux. Les choses sont désormais simplifiées et clarifiées. Il en ira de même pour les actions en responsabilité contractuelle, dans lesquelles la personne publique peut être demanderesse tout autant que défenderesse. On verra aux articles suivants comment se détermine le plafond de compétence.

On précisera que le juge « désigné » agit valablement même si sa décision ne fait pas état de la date de sa désignation (CE 12 octobre 1994, Kitoko Luzaia, à propos du magistrat délégué).

□ ***Jurisprudence***

[**1**] Considérant que l'affaire a été renvoyée par la section à laquelle elle avait été attribuée à la formation des « sections réunies », le 27 octobre 1993 ; que, d'une part, ce renvoi constitue une faculté ouverte à chaque section de la Commission des recours des réfugiés par l'article 15-1 ajouté au décret du 2 mai 1953 susvisé par le décret du 30 juillet 1992 ; que, d'autre part, aucun texte ni aucun principe n'exige qu'une ordonnance de renvoi soit prise pour attribuer ainsi une affaire aux sections réunies...

LE PLAFOND DE COMPÉTENCE DU JUGE STATUANT SEUL

Art. R. 222-14 Les dispositions du 7° de l'article précédent sont applicables aux demandes dont le montant n'excède pas 50 000 F [8 000 euros].

■ **Textes sources**

– Code des TA et des CAA, article R. 17-1.
– Décret n° 2001-373 du 27 avril 2001, article 2.

LE MODE DE CALCUL DU PLAFOND DE COMPÉTENCE DU JUGE STATUANT SEUL

Art. R. 222-15 Ce montant est déterminé par la valeur totale des indemnités demandées dans la requête introductive d'instance. Les demandes d'intérêts et celles qui sont présentées en application des dispositions de l'article L. 761-1 sont sans effet sur la détermination de ce montant.

Le magistrat n'est compétent pour statuer en application du 7° de l'article R. 222-13 que si aucune demande accessoire, incidente ou reconventionnelle n'est supérieure au taux de sa compétence.

Lorsque des indemnités sont demandées, dans une même requête, par plusieurs demandeurs ou contre plusieurs défendeurs, la compétence de ce magistrat est déterminée par la plus élevée d'entre elles.

■ **Textes sources**
– Code des TA et des CAA, article R. 17-2.

■ **Commentaires**
Le plafond de compétence est plus élevé que celui de 30 000 F qui commande la compétence du juge d'instance (art. R. 321-1 du Code de l'organisation judiciaire), mais qui, fixé en 1985, a singulièrement vieilli.
C'est la requête introductive d'instance qui, par le montant global qu'elle indiquera (mis à part intérêts et frais irrépétibles), figera la compétence, quelles que soient les variations ultérieures de la somme réclamée. D'où l'on peut déduire que, si la requête n'est pas chiffrée (par exemple dans l'attente des résultats d'une expertise), elle ne peut entrer dans la sphère de compétence du juge unique, sans qu'un chiffrage ultérieur puisse autoriser un retour dans cette sphère.
Mais le comportement des défendeurs (demandes incidentes ou reconventionnelles) pourra dessaisir le juge unique, si les montants réclamés excèdent 50 000 F.
Ce dispositif permet, de façon inhabituelle, au requérant de choisir son juge *in limine litis*, en situant sa demande initiale en dessus ou au-dessous de 50 000 F, quitte à l'ajuster ensuite à sa recherche effective d'indemnisation. Sans doute, et si la somme finalement demandée excède très largement le plafond, peut-on penser que le juge unique en renverra le jugement à une formation collégiale. Mais l'inverse ne sera pas normalement possible.

L'INSTRUCTION PAR LE JUGE STATUANT SEUL

Art. R. 222-16 Pour les affaires visées à l'article R. 222-13, les attributions dévolues par les dispositions réglementaires du présent code à la formation de jugement ou à son président sont exercées par le magistrat compétent en vertu de cet article.

■ **Textes sources**
– Code des TA et des CAA, article R. 17-3.

■ **Commentaires**

On pouvait, s'agissant du juge unique, hésiter sur l'étendue de ses pouvoirs en ce qui concerne l'instruction des affaires relevant de sa compétence : il eut été en effet concevable de le regarder, jusqu'au jour du jugement, comme un magistrat ordinaire, rapporteur chargé d'instruire les dossiers dans les conditions du droit commun. Le texte lève toute ambiguïté : il est investi, dès que l'affaire est repérée comme relevant de sa compétence, de tous les pouvoirs d'un président de formation de jugement, et peut donc, notamment, signer les mises en demeure et clore l'instruction.

La présidence des chambres

Art. R. 222-17 Les chambres mentionnées aux articles R. 221-4 et R. 221-6 sont présidées soit par le président, soit par un vice-président du tribunal, et, au tribunal administratif de Paris, par le président ou le vice-président du tribunal, le président ou le vice-président de la section.

En cas d'absence ou d'empêchement du président de la chambre, celle-ci peut être présidée par un magistrat désigné à cet effet par le président du tribunal et ayant au moins le grade de premier conseiller.

■ **Textes sources**

– Code des TA et des CAA, article R. 16.

■ **Commentaires**

Les chambres ici visées ne paraissent pas être les formations de jugement dont il est question aux articles suivants. Il faut y voir une unité de regroupement de magistrats dirigée par un président, même lorsqu'elle n'est pas en formation juridictionnelle. Ce texte en tout cas permet au chef de juridiction de présider une chambre, notamment en cas d'absence de vice-président.

Le second alinéa permet utilement de pallier l'absence de président de chambre, accidentelle ou permanente.

La formation de jugement en tribunal administratif

Art. R. 222-18 Sauf lorsqu'ils relèvent d'un magistrat statuant seul, les jugements des tribunaux administratifs sont rendus par une formation de trois membres.

■ **Textes sources**

– Code des TA et des CAA, article R. 17, § 1.

LE RENVOI D'UNE AFFAIRE À UNE FORMATION SUPÉRIEURE EN TRIBUNAL ADMINISTRATIF

Art. R. 222-19 La formation de jugement ou le président du tribunal peuvent, à tout moment de la procédure, décider d'inscrire une affaire au rôle du tribunal statuant dans l'une des formations prévues aux articles R. 222-20 et R. 222-21.

Dans les cas mentionnés à l'article R. 222-13, le président du tribunal ou le magistrat désigné pour statuer peuvent décider d'inscrire l'affaire au rôle d'une chambre ou de l'une des formations de jugement mentionnées à l'alinéa précédent.

■ Textes sources

– Code des TA et des CAA, article R. 191.

■ Commentaires

Est ici précisé le mécanisme de renvoi à une formation numériquement supérieure, par parallèle avec le système en vigueur devant le Conseil d'État (art. R. 122-17).

Ce renvoi peut avoir lieu « à tout moment de la procédure », ce qui doit s'entendre de l'enregistrement de l'affaire jusqu'à la lecture de la décision (et donc, le cas échéant, après délibéré par la formation de jugement de droit commun mentionnée à l'article R. 222-18). Il est certain que des renvois après délibéré, que le chef de juridiction y ait ou non participé, sont susceptibles, s'ils sont pratiqués sans mesure, d'instituer au sein de la juridiction une sorte d'appel interne peu compatible avec l'indépendance que l'on est en droit d'attendre de la formation de jugement. Il est non moins évident que certaines décisions méritent d'être délibérées par une instance représentant toute la juridiction si l'on veut éviter des discordances de jurisprudences toujours fâcheuses. Le sage principe est que le renvoi ne peut être décidé que « dans l'intérêt d'une bonne administration de la justice » (CE 3 avril 1996, Koditwakku Kankanamge, *Lebon* p. 112), et n'est donc pas totalement discrétionnaire : il ne saurait évidemment être décidé à seule fin, pour le président de la formation de jugement, de trouver dans une formation supérieure une autre majorité que celle qui s'est manifestée devant la formation initialement saisie et qui a délibéré. Ce pourquoi c'est la formation de jugement, et non son seul président, qui peut décider du renvoi. Quant au rôle du chef de juridiction, il est affaire de « tact et mesure ». Quelques juridictions ont institué une réunion périodique du chef de juridiction et de ses présidents de formations, qui n'est pas sans rappeler la « troïka » (voir art. R. 122-17).

On notera que le commissaire du gouvernement n'a, à l'inverse de ce qui se passe au Conseil d'État, aucune part à la décision de renvoi, qui n'a d'autre part pas à être matérialisée (CE 3 avril 1996 Traore, cité sous l'article R. 222-13).

La rédaction de l'article R. 222-19 conduit à penser que la faculté de renvoi est également ouverte à la formation de jugement mentionnée au second alinéa de l'article R. 222-20, puisqu'il y est question de « la formation de jugement », et non de « la formation de jugement mentionnée à l'article R. 222-18 ».

Le renvoi est « ascendant », et le texte ne prévoit pas qu'il puisse être descendant. De telle sorte que la formation plénière, une fois saisie, ne peut que statuer, lors même que l'affaire ne présente plus à juger qu'une question anodine (par exemple lorsqu'un désistement est intervenu peu avant la séance). Cette rigueur apparaît peu compatible avec la jurisprudence qui permet, après séance collégiale, de juger une affaire par ordonnance en application de l'article R. 222-1 (CE 30 avril 1993, Commune d'Arcangues). La contradiction n'est, pensons-nous, qu'apparente. Car, dans de telles circonstances, c'est le chef de juridiction, responsable de la mise au rôle, qui peut radier l'affaire du rôle de la formation spécifique, pour ou bien user des pouvoirs que lui donne l'article R. 222-1, ou bien attribuer au juge de l'article R. 222-13 une affaire relevant de la compétence de ce dernier, pour autant bien sûr que ce dernier n'a pas, déjà, provoqué un renvoi devant une formation collégiale, renvoi sur lequel il ne paraît pas possible de revenir (voir commentaire sous l'article R. 222-13).

On rappelle enfin (voir art. R. 222-13) que la décision de renvoi constitue une mesure d'administration de la justice insusceptible de recours (CE 6 novembre 2000, Kanoute).

La formation plénière en tribunal administratif

Art. R. 222-20 Chaque tribunal administratif peut, à titre exceptionnel, se réunir en formation plénière. Lorsque les membres présents à la séance sont en nombre pair, le dernier conseiller dans l'ordre du tableau ne siège pas.

Pour les tribunaux composés de plus de deux chambres, à l'exception du tribunal administratif de Paris, les jugements peuvent également être rendus par une formation composée de la chambre à laquelle appartient le rapporteur de l'affaire et à laquelle s'adjoignent les vice-présidents du tribunal. Cette formation est présidée par le président du tribunal. Lorsque les membres présents à la séance sont en nombre pair, un magistrat pris dans l'ordre du tableau est appelé à siéger.

■ Textes sources

– Code des TA et des CAA, article R. 17, § 2 et 3.

■ **Commentaires**

On note la présence, dans les tribunaux de trois chambres et plus, à côté de la formation plénière, d'une formation intermédiaire, composée en principe de cinq magistrats au moins. C'est en quelque sorte une émanation du tribunal, où siègent au moins tous les présidents de chambre et le chef de juridiction.

On peut se demander si, dans les très grands tribunaux, composés de plus de vingt magistrats, la formule de la formation plénière est encore raisonnable, et s'il ne conviendrait pas d'envisager une solution analogue à celle que prévoit, pour le tribunal administratif de Paris, l'article suivant.

LA FORMATION PLÉNIÈRE AU TRIBUNAL ADMINISTRATIF DE PARIS

Art. R. 222-21 Au tribunal administratif de Paris, la formation plénière comprend le président du tribunal, le vice-président du tribunal, les présidents de section et le rapporteur. Elle ne peut statuer que si sept de ses membres ou leurs suppléants sont présents. Lorsque les membres présents à la séance sont en nombre pair, un vice-président de section ou un magistrat pris dans l'ordre du tableau est appelé à siéger. Une section peut en outre statuer en formation de cinq membres.

Par dérogation aux dispositions du précédent alinéa et à celles de l'article R. 222-18, trois sections du tribunal administratif de Paris peuvent constituer une formation de jugement qui comprend le président du tribunal, le vice-président, les présidents et les vice-présidents de ces sections et le rapporteur.

■ **Textes sources**

– Code des TA et des CAA, article R. 17, § 4 et 5.

■ **Commentaires**

Le tribunal administratif de Paris fait l'objet d'un traitement à part, puisque, d'une part, sa formation plénière ne regroupe pas tous les magistrats, d'autre part est prévue une formation de « trois sections réunies ».

Paradoxalement, la formule retenue au second alinéa (qui comprend neuf membres sans que le texte envisage qu'elle puisse être incomplète) peut compter plus de membres que la plénière (qui peut siéger à sept). Observons que le même paradoxe existe au Conseil d'État, où la section du contentieux, avec dix-sept membres, excède largement l'assemblée du contentieux (douze membres).

LE REMPLACEMENT DU PRÉSIDENT

Art. R. 222-22 En cas d'absence ou d'empêchement, les présidents des tribunaux administratifs autres que celui de Paris sont remplacés par le vice-président le plus ancien dans l'ordre du tableau ou, à défaut de vice-président, par le magistrat le plus ancien dans l'ordre du tableau.

En cas d'absence ou d'empêchement, le président du tribunal administratif de Paris est remplacé par le vice-président du tribunal ou, à défaut, par le président de section le plus ancien dans l'ordre du tableau et chaque président de section par le vice-président de section ou, à défaut, par le magistrat de cette section le plus ancien dans l'ordre du tableau.

■ Textes sources

– Code des TA et des CAA, article R. 18.

■ Commentaires

Ces règles de remplacement doivent être complétées par ce que dicte le bon sens, à savoir que, pour les tribunaux autres que celui de Paris, c'est le vice-président présent le plus ancien qui remplace le président, l'appel à un conseiller ne pouvant s'effectuer tant qu'un vice-président est présent.

Le mécanisme est plus complexe à Paris, puisque, pour le remplacement du président, il est fait appel aux présidents de section et non à leurs remplaçants, chaque président de section étant lui-même suppléé par son vice-président de section ou par un conseiller de sa section, et non en principe par un autre président de section.

Le remplacement organisé par cet article est de droit, et n'appelle donc pas de désignation expresse (CE 10 mars 1995, Bertin). Et il peut conduire à ce qu'un conseiller puisse prendre une décision là où le texte réserve cette compétence à un président (CE sect. 4 mars 1998, Courtois [**1**]), pourvu qu'il apparaisse bien qu'a joué la règle de remplacement, et non une désignation ou délégation qui eût été irrégulière (CE 15 avril 1996, Omar [**2**]).

□ ***Jurisprudence***

[**1**] Considérant qu'aux termes de l'article L. 10 du Code des tribunaux administratifs et des cours administratives d'appel : « Saisi d'une demande en ce sens et au terme d'une procédure contradictoire, le président du tribunal administratif ou le président de la formation de jugement peut prononcer, par ordonnance, la suspension pour une durée maximum de trois mois de l'exécution d'une décision administrative faisant l'objet d'une demande de sursis à exécution, lorsque cette exécution risque d'entraîner des conséquences irréversibles et que la requête comporte un moyen sérieux. La suspension provisoire cesse de produire ses effets si la décision sur la demande de sursis intervient avant l'expiration du délai fixé par le juge » ; qu'aux termes de l'article R. 18 dudit code : « En

cas d'absence ou d'empêchement, les présidents des tribunaux administratifs autres que celui de Paris sont remplacés par le vice-président le plus ancien dans l'ordre du tableau ou, à défaut de vice-président, par le conseiller le plus ancien dans l'ordre du tableau » ; qu'il a été fait application des dispositions de l'article R. 18 précité par l'ordonnance du 4 décembre 1997 du président du tribunal administratif de Saint-Denis de la Réunion désignant M. Bouchier pour le remplacer, en son absence, du 12 au 23 janvier 1998 ; que, par suite, ce conseiller était compétent pour prendre, sur le fondement des dispositions de l'article L. 10 précité, l'ordonnance attaquée...

[**2**] Considérant qu'aux termes de l'article L. 10 du Code des tribunaux administratifs et des cours administratives d'appel : « Saisi d'une demande en ce sens et au terme d'une procédure contradictoire, [...] le président de la formation de jugement peut prononcer, par ordonnance, la suspension pour une durée maximum de trois mois de l'exécution d'une décision administrative faisant l'objet d'une demande de sursis à exécution, lorsque cette exécution risque d'entraîner des conséquences irréversibles et que la requête comporte un moyen sérieux [...] » ;
Considérant que les dispositions précitées n'autorisaient pas le magistrat délégué au tribunal administratif de Lyon à statuer sur la demande présentée par M. Omar ; qu'ainsi l'ordonnance en date du 1er août 1995 par laquelle le magistrat délégué par le tribunal administratif de Lyon a rejeté cette demande doit être annulée...

Les commissaires du gouvernement devant le tribunal administratif

Art. R. 222-23 Dans chaque tribunal administratif, selon ses besoins, un ou plusieurs premiers conseillers ou conseillers sont chargés, par décret pris sur proposition du Conseil supérieur des tribunaux administratifs et des cours administratives d'appel, d'exercer les fonctions de commissaire du gouvernement.
Lorsque le fonctionnement du tribunal administratif l'exige, un premier conseiller ou conseiller qui exerce les fonctions de commissaire du gouvernement peut être rapporteur dans les affaires sur lesquelles il n'est pas ou n'a pas été appelé à conclure.

■ Textes sources

– Code des TA et des CAA, article R. 19.

■ Commentaires

Le second alinéa (qui n'est applicable que devant les tribunaux administratifs) rappelle la règle découlant de l'arrêt du 21 octobre 1966 (CE 21 octobre 1966, Société française des mines de Sentein, *Lebon* p. 564 – CE 2 décembre 1987, SA Camping Côte d'Argent [**1**]). Naturellement, et *a fortiori*, un même membre du tribunal ne saurait, pour la même affaire, siéger comme rapporteur ou assesseur et occuper les fonctions de commissaire du gouvernement (CE 29 décembre 1993, Michel, *a contrario*).

Et il va de soi qu'aucun membre de cette formation de jugement ne pourra occuper dans une formation d'appel appelée à se prononcer sur le jugement ainsi rendu (CE 30 novembre 1994, Pinto, pour les membres délibérants – 30 novembre 1994, SARL Étude Recherche Constructions, pour les commissaires du gouvernement) : la question est d'ordre public.

C'est là une des applications du principe d'impartialité objective : rien ne doit permettre de suspecter l'impartialité des membres de la juridiction, commissaire du gouvernement inclus, ce dernier ne pouvant, de plus, jamais connaître comme membre délibérant d'une affaire sur laquelle il a publiquement conclu. Cette exigence d'impartialité commande que l'on tienne compte également des fonctions non juridictionnelles antérieurement occupées. Ainsi a été jugé irrégulier le jugement rendu sur la demande d'un centre hospitalier, alors que le commissaire du gouvernement faisait partie du cabinet du maire de la ville présidant le conseil d'administration de ce centre (CE 10 mars 1995, Vogt). La décision a été la même s'agissant du jugement rendu, sur la demande d'une commune, par une formation comprenant la fille d'un conseiller municipal, une telle circonstance étant « de nature à faire naître un doute sur l'impartialité des premiers juges » (CE 2 octobre 1996, Commune de Sartrouville), ou du jugement issu d'une formation où siégeait, comme rapporteur, l'ancien supérieur hiérarchique du requérant (CE 3 septembre 1997, Boucher). La même solution a été adoptée à propos du commissaire du gouvernement concluant sur une affaire d'expulsion alors qu'il avait été membre de la commission d'expulsion ayant préalablement délibéré sur la même affaire (CE 24 octobre 1997, El Adj), ou encore à propos du magistrat, par ailleurs enseignant, se prononçant sur une demande formée par un de ses étudiants (CE 6 mars 1998, Ravet [**2**] – CE 5 mars 1999, Felomaki). Par un raisonnement analogue, mais en quelque sorte au second degré, il a été jugé qu'un conseiller ayant, alors qu'il était affecté en tribunal administratif, présidé la commission départementale des impôts s'étant prononcée sur les bases d'une imposition, ne pouvait siéger dans la formation de jugement de la cour administrative d'appel examinant le jugement rendu sur cette imposition (CE 16 janvier 1995, Perjean, *RJF* 1995, nº 382, p. 226). La cour administrative d'appel de Lyon a décidé que, dès qu'un magistrat avait, à un titre ou un autre, participé, à travers une commission consultative, à l'élaboration d'une décision, cette dernière fut-elle prise en définitive, après recours hiérarchique, par l'autorité ministérielle, il ne pouvait participer à la formation de jugement appelée à se prononcer sur la légalité de cette décision (CAA Lyon 6 novembre 2000, Centre médico-chirurgical de Tronquières).

Dans toutes ces occasions le magistrat concerné doit, à défaut d'une demande de récusation, se déporter (voir art. L. 721-1).

□ ***Jurisprudence***

[**1**] Considérant que, par jugement en date du 7 décembre 1982, le tribunal administratif de Pau a rejeté la demande de la société anonyme « Camping Côte d'argent » tendant à ce que l'État soit condamné à verser à cette société diverses indemnités en réparation du préjudice que lui a causé le refus opposé par le préfet des Landes, le 25 avril 1977, à sa demande d'extension du camping qu'elle exploite à Labenne (Landes) ; qu'il résulte de l'instruction que l'un des juges qui ont concouru à cette décision avait rempli les fonctions de commissaire du gouvernement lors du premier jugement, en date du 13 novembre 1979, par lequel le tribunal s'est prononcé sur la responsabilité de l'État dans ce litige et réouvert l'instruction ; que, de ce fait, la composition du tribunal administratif était irrégulière lors de l'examen de l'affaire qui a donné lieu au jugement attaqué et que celui-ci doit être annulé.

[**2**] Considérant qu'il n'est pas contesté qu'au cours de l'année universitaire 1994, M. Vogel qui, en sa qualité de conseiller au tribunal administratif de Nouméa, a participé au délibéré des jugements attaqués, enseignait la procédure administrative contentieuse en deuxième année de maîtrise de droit à l'université française du Pacifique ; que cette circonstance est à elle seule de nature à faire naître le doute sur l'impartialité des premiers juges à l'égard des décisions attaquées, relatives au contrôle des connaissances d'étudiants ayant suivi cet enseignement ; que M. Ravet, M. Mayerau-Lonne et Mlle Broisin sont, par suite, fondés à soutenir que le tribunal administratif de Nouméa était irrégulièrement composé quand il a rendu les jugements attaqués et à en demander pour ce motif l'annulation...

LE REMPLACEMENT DU COMMISSAIRE DU GOUVERNEMENT

Art. R. 222-24 Tout commissaire du gouvernement absent ou empêché est suppléé de droit par un autre commissaire du gouvernement.

À défaut, et si le fonctionnement du tribunal ou de la cour l'exige, ses fonctions sont temporairement exercées par un membre du corps du grade de conseiller ou de premier conseiller pris dans l'ordre du tableau et désigné par le président du tribunal ou de la cour.

■ Textes sources

– Code des TA et des CAA, article R. 20.
– Loi nº 86-14 du 6 janvier 1986, article 18, § 2.

■ Commentaires

Le texte est fort souple, et permet, à la limite, de faire appel à un rapporteur pour suppléer un commissaire du gouvernement. On remarque que, par une inadvertance de rédaction, l'article R. 222-24 concerne également les cours (alors qu'il figure dans une section consacrée aux tribunaux administratifs). C'est de toute façon l'intention des auteurs du texte, ainsi que cela résulte de l'article R. 222-32.

SECTION 3 Fonctionnement des cours administratives d'appel

LA PRÉSIDENCE DES COURS ADMINISTRATIVES D'APPEL PAR UN CONSEILLER D'ÉTAT

Art. L. 222-3 Chaque cour administrative d'appel est présidée par un conseiller d'État en service ordinaire.

■ **Textes sources**

– Loi n° 87-1127 du 31 décembre 1987, article 5.

LA NOMINATION DES PRÉSIDENTS DE COURS ADMINISTRATIVES D'APPEL

Art. L. 222-4 L'affectation dans les fonctions de président d'une cour administrative d'appel est prononcée par décret sur proposition du vice-président du Conseil d'État délibérant avec les présidents de section.

■ **Textes sources**

– Décret n° 88-153 du 15 février 1988, article 3.

L'AFFECTATION DANS UNE COUR ADMINISTRATIVE D'APPEL

Art. L. 222-5 Les membres du corps des tribunaux administratifs et des cours administratives d'appel peuvent être affectés dans une cour administrative d'appel s'ils justifient au 1er janvier de leur année de nomination d'au moins quatre ans d'exercice de fonctions juridictionnelles dans ce corps.

■ **Textes sources**

– Loi n° 87-1127 du 31 décembre 1987, article 4.

■ **Commentaires**

Le texte de l'article L. 222-5 entend réserver les fonctions en cour administrative d'appel à des magistrats justifiant d'un minimum d'expérience contentieuse. Une telle exigence paraît légitime. Pourtant, nul ne s'offusque que, devant le Conseil d'État, soient affectés à la section du contentieux tous les nouveaux membres, auditeurs issus de l'École nationale d'administration comme maîtres des requêtes et conseillers d'État nommés au tour extérieur...

Ils étaient juges d'appel avant la réforme de 1987, ils sont juges de cassation, et l'expérience leur vient avec l'exercice du métier. De telle sorte que l'on peut s'interroger sur la pertinence de ce délai de quatre ans, lequel a des effets secondaires parfois préoccupants : nul magistrat n'étant affecté en cour au titre de sa première nomination (alors que la première affectation est « autoritaire », et dictée par l'intérêt du service), les cours ne comportent que des magistrats qui, affectés dans un tribunal administratif, ont fait acte de candidature pour des fonctions en cour, candidature qui, sauf pour le tribunal administratif qui siège dans la même ville que la cour, implique normalement déménagement, alors qu'elle ne se correspond, pour les conseillers, à aucun changement de grade. De telle sorte qu'il est parfois difficile de pourvoir tous les emplois disponibles en cour administrative d'appel.

Les formations de jugement des cours administratives d'appel

Art. R. 222-25 Les affaires sont jugées soit par une chambre, soit par la cour administrative d'appel en formation plénière, qui délibèrent en nombre impair.

■ **Textes sources**

– Code des TA et des CAA, article R. 26.

La composition de la chambre siégeant en formation de jugement

Art. R. 222-26 La chambre siège en formation de jugement sous la présidence de son président ou, en cas d'absence ou d'empêchement, d'un magistrat désigné à cet effet par le président de la cour et ayant au moins le grade de président. Elle comprend, outre le président :

1° Un magistrat affecté à la chambre, désigné en suivant l'ordre du tableau parmi les magistrats présents ;

2° Le magistrat rapporteur.

■ **Textes sources**

– Code des TA et des CAA, article R. 27, § 1.

– Décret n° 2001-710 du 31 juillet 2001, article 2-I.

La formation à cinq magistrats

Art. R. 222-27 Lorsque la nature ou la difficulté de l'affaire le justifie et sans préjudice des dispositions de l'article R. 222-29, le président de la chambre peut proposer au président de la cour que la chambre siégeant en formation de jugement comprenne, outre les magistrats mentionnés à l'article précédent :

1° Un autre magistrat affecté à la chambre, désigné en suivant l'ordre du tableau parmi les magistrats présents ;

2° Un magistrat affecté à une autre chambre, désigné en suivant l'ordre du tableau parmi les magistrats présents autres que les présidents de chambre.

■ Textes sources

– Code des TA et des CAA, article R. 27, § 2.
– Décret n° 2001-710 du 31 juillet 2001, article 2-II.

■ Commentaires

On observera, s'agissant de la formation « de droit commun », la minutie des deux articles précédents, qui contraste avec leurs homologues concernant les tribunaux administratifs. Le terme de « magistrat » est devenu d'usage courant. Et l'on observe que la formation « à cinq » comporte une majorité de membres détenteurs du grade de président, qui leur permettrait de présider une formation de jugement en tribunal administratif : ce n'est que la traduction d'un usage courant devant les juridictions judiciaires (chaque membre de cour d'appel ayant rang de président de tribunal de grande instance). Au surplus, la présence dans cette chambre d'un membre (ayant le grade de président en principe) appartenant à une autre chambre permet d'enrichir le délibéré par la vision et les réactions d'un magistrat n'ayant pas connu de l'affaire en séance d'instruction (art. R. 611-19). Ce mécanisme s'inspire des règles en usage au Conseil d'État, démontrant ainsi que l'orientation de la réforme de 1987 fait des cours un démembrement du Conseil d'État plus qu'une excroissance des tribunaux administratifs (ce que confirme l'article L. 222-3).

Ces règles ne valent pas pour la formation ordinaire à trois qui est en quelque sorte l'homologue de la sous-section statuant seule du Conseil d'État (art. R. 122-14). À l'inverse des textes antérieurs, sa compétence est de droit commun et la formation à cinq ne peut être saisie que sur proposition du président de la chambre motivée par la nature ou la difficulté de l'affaire.

On rappelle que, à côté des formations collégiales, existe la possibilité pour le président ou son délégué de juger seul un certain nombre d'affaires (art. R. 222-1).

La possibilité pour le président de la cour de présider toute formation de jugement

Art. R. 222-28 Le président de la cour administrative d'appel peut présider une chambre siégeant en formation de jugement. Le président de la chambre siège alors au titre du 1° de l'article R. 222-26.

■ **Textes sources**

– Code des TA et des CAA, article R. 28.

■ **Commentaires**

Comme au Conseil d'État, le vice-président du Conseil d'État ou le président de la section du contentieux, le président de la cour est habilité à présider n'importe quelle formation de jugement, étant seulement précisé que, lorsqu'il en est ainsi, c'est le magistrat le moins ancien qui est « évincé ».

Le renvoi d'une affaire à la formation plénière

Art. R. 222-29 La formation de jugement ou le président de la cour peuvent, à tout moment de la procédure, décider d'inscrire une affaire au rôle de la cour statuant en formation plénière.

■ **Textes sources**

– Code des TA et des CAA, article R. 191.

■ **Commentaires**

Le mécanisme est identique à celui qui est décrit pour les tribunaux administratifs (art. R. 222-19). Il appelle les mêmes observations.

La formation plénière

Art. R. 222-30 La cour administrative d'appel en formation plénière est présidée par le président de la cour ou, à défaut, par le président de chambre le plus ancien dans ses fonctions. Elle comprend en outre :

1° Les présidents de chambre de la cour, remplacés en cas d'absence ou d'empêchement par un magistrat de la même chambre, ayant au moins le grade de président, désigné en suivant l'ordre du tableau ;

2° Le magistrat rapporteur ;

3° S'il y a lieu, un magistrat départageur ayant le grade de président, désigné en suivant l'ordre du tableau.

■ **Textes sources**

– Code des TA et des CAA, article R. 29.
– Décret n° 2001-710 du 31 juillet 2001, article 2-III.

■ **Commentaires**

La plénière comprend actuellement de cinq à sept membres.

L'éventail des formations de jugement des cours est ainsi configuré, toutes choses égales par ailleurs, comme celui du Conseil d'État, la plénière pouvant se comparer à la section du contentieux.

On note que le remplacement des présidents de chambre est ici prévu pour leur seul rôle de délibérants (art. R. 222-30). Le code est muet sur les autres fonctions de ces présidents, liées notamment à l'instruction des affaires. Dans le silence du texte, rien ne paraît s'opposer à ce que l'on applique les règles générales de suppléance, telles que dégagées par les arrêts des 27 juin 1947 (CE, Chambre syndicale de l'habillement, *Lebon* p. 288) ou 23 février 1983 (CE, Ministre du Travail c/ Machinet, *Lebon* p. 78).

Art. R. 222-31 *Abrogé (décret n° 2001-710 du 31 juillet 2001, article 2-IV).*

La désignation des commissaires du gouvernement devant les cours administratives d'appel

Art. R. 222-32 Les dispositions du premier alinéa de l'article R. 222-23 et celles de l'article R. 222-24 sont applicables à la désignation des commissaires du gouvernement dans les cours administratives d'appel.

■ **Textes sources**

– Décret n° 2000-389 du 4 mai 2000, article 1er.

■ **Commentaires**

Ce texte allait de soi (alors surtout qu'on a vu que l'article R. 222-24 est déjà rédigé de façon à s'appliquer aux cours). Il importe de noter que le second alinéa de l'article R. 222-23 n'est pas applicable aux cours : si, comme dans les tribunaux administratifs, un rapporteur peut, temporairement, exercer des fonctions de commissaire du gouvernement, l'inverse n'y est pas possible, et donc un commissaire du gouvernement ne peut rapporter. C'est un autre trait qui rapproche les cours administratives d'appel du Conseil d'État.

CHAPITRE 3

Dispositions particulières aux tribunaux administratifs des départements d'outre-mer, de Mayotte et de Saint-Pierre-et-Miquelon

LA PRÉSENCE DE MAGISTRATS JUDICIAIRES DANS LES TRIBUNAUX ADMINISTRATIFS OUTRE-MER

Art. L. 223-1 Dans les départements d'outre-mer, à Saint-Pierre-et-Miquelon et à Mayotte, les tribunaux administratifs peuvent comprendre, à titre permanent ou comme membres suppléants, des magistrats de l'ordre judiciaire.

■ **Textes sources**

– Code des TA et des CAA, article L. 2-2, § 1.

■ **Commentaires**

Les magistrats de l'ordre judiciaire – permanents ou suppléants – ne sont pas membres des tribunaux administratifs concernés « à titre exceptionnel » ou « en cas d'empêchement », mais de façon normale.

LA SAISINE POUR AVIS DU TRIBUNAL ADMINISTARATIF DE MAMOUDZOU

Art L. 223-2 La procédure de saisine pour avis du tribunal administratif de Mamoudzou par le président du conseil général de Mayotte est régie par les dispositions de l'article L. 3552-7 du code général des collectivités locales ci-après reproduit :

Art. L. 3552-7 — Le président du conseil général peut saisir le tribunal administratif de Mamoudzou d'une demande d'avis portant sur l'interprétation du statut de Mayotte ou sur l'applicabilité dans cette collectivité d'un texte législatif ou réglementaire.
En cas de difficulté sérieuse, le président du tribunal administratif peut transmettre cette demande au Conseil d'État.
Le présent article est applicable sous réserve des dispositions du 7° de l'article L. 3571-1.

■ **Textes sources**

– Loi n° 2001-616 du 11 juillet 2001 relative à Mayotte, article 71.

■ **Commentaires**

Cet article d'ordre n'est à vrai dire pas encore inséré dans le code : ainsi qu'en dispose l'article 71 de la loi du 11 juillet 2001, il ne le sera qu'à compter de la date mentionnée au I de l'article 2 de la loi, soit « à compter du renouvellement du conseil général en 2004 ».

La composition des tribunaux administratifs de Basse-Terre, Fort-de-France, Cayenne, Saint-Pierre, Mamoudzou et Saint-Denis

Art. R. 223-1 Un même président, classé au 5e échelon de son grade, assure la présidence des tribunaux administratifs de Basse-Terre, de Cayenne, de Fort-de-France et de Saint-Pierre. Il est assisté d'un ou plusieurs magistrats ayant le grade de président. Ces tribunaux peuvent avoir des membres communs.

Un même président, classé au 5e échelon de son grade, assure la présidence des tribunaux administratifs de Mamoudzou et de Saint-Denis. Ces tribunaux peuvent avoir des membres communs.

■ **Textes sources**

– Code des TA et des CAA, articles R. 23 et R. 24.

■ **Commentaires**

Ce texte crée, en son premier alinéa, et pour les quatre tribunaux concernés, qui ne comportent chacun qu'une chambre, une direction correspondant à celle d'un tribunal à deux chambres, mais commune à l'ensemble. Le code ne précise pas comment doit s'observer, par les magistrats concernés, l'obligation de résidence énoncée à l'article L. 231-9. Dans la pratique, le président réside en Martinique, le vice-président en Guadeloupe.

S'agissant du tribunal de Mamoudzou, on s'est contenté de lui donner le même président qu'à Saint-Denis, sans renforcer l'effectif de ce dernier tribunal, ce qui, compte tenu de l'activité à Mamoudzou, est compréhensible.

La possibilité pour chacun des deux groupes de tribunaux d'avoir des membres communs, permet de disposer, notamment à Saint-Pierre et à Mamoudzou, de tribunaux administratifs sans qu'il soit besoin d'y affecter, à titre exclusif, un ou plusieurs conseillers. Ce qui, ici encore, se comprend, au vu des quelque vingt dossiers enregistrés annuellement à Saint-Pierre...

LE COMMISSAIRE DU GOUVERNEMENT DEVANT LES TRIBUNAUX ADMINISTRATIFS D'OUTRE-MER

Art. R. 223-2 Les fonctions de commissaire du gouvernement auprès des tribunaux administratifs de Basse-Terre, de Cayenne, de Fort-de-France et de Saint-Pierre sont assurées par le ou les mêmes magistrats. Il en va de même pour les fonctions de commissaire du gouvernement auprès des tribunaux administratifs de Mamoudzou et de Saint-Denis.

■ **Textes sources**
– Code des TA et des CAA, article L. 2-3.

■ **Commentaires**
La règle des « membres communs » est étendue aux commissaires du gouvernement, ce qui est logique.

LA DÉSIGNATION DU MAGISTRAT JUDICIAIRE COMPLÉTANT UN TRIBUNAL ADMINISTRATIF

Art. R. 223-3 Les magistrats de l'ordre judiciaire appelés à faire partie des tribunaux administratifs des départements d'outre-mer, de Mayotte et de Saint-Pierre-et-Miquelon sont choisis parmi les magistrats en fonction dans le ressort.

■ **Textes sources**
– Code des TA et des CAA, article R. 21.

LA PROCÉDURE DE DÉSIGNATION DU MAGISTRAT JUDICIAIRE COMPLÉTANT LE TRIBUNAL ADMINISTRATIF

Art. R. 223-4 Le magistrat mentionné à l'article R. 223-3 est désigné chaque année, dans la première quinzaine du mois de décembre, par le premier président de la cour d'appel ou, le cas échéant, le président du tribunal supérieur d'appel. Un membre suppléant est désigné dans les mêmes conditions.

■ **Textes sources**
– Code des TA et des CAA, article R. 22.

CHAPITRE 4 Dispositions particulières à la Nouvelle-Calédonie

LA PRÉSENCE D'UN MAGISTRAT JUDICIAIRE AU TRIBUNAL ADMINISTRATIF DE NOUVELLE-CALÉDONIE

Art. L. 224-1 Le tribunal administratif de Nouvelle-Calédonie peut valablement délibérer en se complétant, en cas d'absence ou d'empêchement d'un de ses membres, par l'adjonction d'un magistrat de l'ordre judiciaire.

■ **Textes sources**
– Code des TA et des CAA, article L. 2-2, § 3.

■ **Commentaires**
L'adjonction d'un magistrat de l'ordre judiciaire est ici non la règle, mais seulement la réponse à un cas d'empêchement ou d'absence.

LA COMPOSITION DU TRIBUNAL ADMINISTRATIF DE NOUVELLE-CALÉDONIE POUR L'EXERCICE DE SA FONCTION CONSULTATIVE

Art. L. 224-2 Pour l'exercice de sa fonction consultative, le tribunal administratif peut être complété par des magistrats de l'ordre administratif ou judiciaire.

■ **Textes sources**
– Code des TA et des CAA, article L. 2-6.

LA NOMINATION DU MAGISTRAT JUDICIAIRE COMPLÉTANT LE TRIBUNAL ADMINISTRATIF DE NOUVELLE-CALÉDONIE

Art. R. 224-1 Le magistrat de l'ordre judiciaire appelé à faire partie du tribunal administratif de Nouvelle-Calédonie est choisi parmi les magistrats en fonction dans le ressort.

■ **Textes sources**
– Code des TA et des CAA, article R. 25.

LE COMPLÉMENT APPORTÉ AU TRIBUNAL ADMINISTRATIF DE NOUVELLE-CALÉDONIE POUR L'EXERCICE DE SA FONCTION CONSULTATIVE

Art. R. 224-2 Pour l'exercice de sa fonction consultative, le tribunal administratif de Nouvelle-Calédonie peut s'adjoindre, à l'initiative de son président, lorsque l'examen d'une affaire déterminée le rend nécessaire, un magistrat désigné par le premier président de la cour d'appel de Nouméa et un magistrat de la chambre territoriale des comptes de la Nouvelle-Calédonie désigné par le président de cette juridiction, ou un de ces magistrats seulement. En cas de partage égal des voix, la voix du président est prépondérante.

■ **Textes sources**
– Code des TA et des CAA, article R. 252.

SECTION 1 *La demande d'avis sur le dossier d'un recours pour excès de pouvoir transmis par le tribunal administratif de Nouvelle-Calédonie*

LA DEMANDE D'AVIS DU CONSEIL D'ÉTAT SUR LE DOSSIER D'UN RECOURS POUR EXCÈS DE POUVOIR TRANSMIS PAR LE TRIBUNAL ADMINISTRATIF DE NOUVELLE-CALÉDONIE

Art. L. 224-3 Ainsi qu'il est dit à l'article 205 de la loi organique nº 99-209 du 19 mars 1999 relative à la Nouvelle-Calédonie, « lorsque le tribunal administratif est saisi d'un recours pour excès de pouvoir dirigé contre les actes mentionnés aux 1° du A, 1° du B, 1° à 3° du D du II de l'article 204 et que ce recours est fondé sur un moyen sérieux invoquant l'inexacte application de la répartition des compétences entre l'État, la Nouvelle-Calédonie, les provinces et les communes ou que ce moyen est soulevé d'office, il transmet le dossier sans délai pour avis au Conseil d'État, par un jugement qui n'est susceptible d'aucun recours. Le Conseil d'État examine la question soulevée dans un délai de trois mois et il est sursis à toute décision sur le fond jusqu'à son avis ou, à défaut, jusqu'à l'expiration de ce délai. Le tribunal administratif statue dans un délai de deux mois à compter de la publication de l'avis au *Journal officiel* de la Nouvelle-Calédonie ou de l'expiration du délai imparti au Conseil d'État. »

■ **Textes sources**

– Loi organique n° 99-209 du 19 mars1999, article 2-6.

■ **Commentaires**

Article relevant de la technique dite du « code suiveur ». La formule utilisée a pour effet que toutes les modifications ultérieures du code « pilote », ou du texte « pilote » cité par le code suiveur s'incorporeront d'office dans le code suiveur, sans qu'il soit besoin de modifier expressément ce dernier.

Les avis ici mentionnés ont un champ rigoureusement défini, et le Conseil d'État l'interprète non moins rigoureusement : il a ainsi refusé de donner suite à une demande d'avis étrangère à ce champ (CE 26 avril 2000, Sotty), sans, il faut le noter, requalifier cette demande comme relevant de l'article L. 113-1 (avis sur une question de droit). Il a ce faisant confirmé la position rigoureuse qu'il avait arrêtée à propos d'une demande d'avis du tribunal administratif de Papeete (CE 28 octobre 1998, Sachet).

L'ENVOI DU DOSSIER DE DEMANDE D'AVIS

Art. R. 224-3 Le jugement du tribunal administratif de Nouvelle-Calédonie prononçant la transmission d'un dossier en application de l'article L. 224-3 est adressé par le greffier de cette juridiction au secrétaire du contentieux du Conseil d'État. Les parties, le gouvernement de la Nouvelle-Calédonie, le haut-commissaire de la République en Nouvelle-Calédonie et le ministre chargé de l'outre-mer sont avisés de cette transmission par la notification qui leur est faite du jugement, dans les formes prévues aux articles R. 751-2 à R. 751-8 du présent code.

■ **Textes sources**

– Décret n° 63-766 du 30 juillet 1963, article 57-17.

– Code des TA et des CAA, article R. 208-3.

L'INSTRUCTION DE LA DEMANDE D'AVIS

Art. R. 224-4 Le dossier est, sous réserve des dispositions ci-après, examiné conformément aux dispositions régissant la procédure devant le Conseil d'État statuant au contentieux. Les parties, le gouvernement de la Nouvelle-Calédonie et le ministre chargé de l'outre-mer peuvent produire des observations devant le Conseil d'État, dans le délai d'un mois à partir de la notification qui leur a été faite du jugement de renvoi. Ce délai peut être réduit par décision du président de la section du contentieux.

■ Textes sources

– Décret nº 63-766 du 30 juillet 1963, article 57-18.

Les mentions de l'avis

Art. R. 224-5 Les avis du Conseil d'État rendus en application de l'article L. 224-3 portent l'une des mentions suivantes :

« Le Conseil d'État »

ou

« Le Conseil d'État (section du contentieux) »

ou

« Le Conseil d'État (section du contentieux, n^e^ et n^e^ sous-sections réunies) »

ou

« Le Conseil d'État (section du contentieux, n^e^ sous-section) ».

■ Textes sources

– Décret nº 2000-389 du 4 mai 2000, article 1er.

La notification de l'avis du Conseil d'État

Art. R. 224-6 L'avis du Conseil d'État est notifié aux parties, au gouvernement de la Nouvelle-Calédonie, au haut-commissaire de la République en Nouvelle-Calédonie et au ministre chargé de l'outre-mer. Il est adressé au tribunal administratif de Nouvelle-Calédonie, en même temps que lui est retourné le dossier de l'affaire. L'avis peut mentionner qu'il sera publié au *Journal officiel* de la République française. Le haut-commissaire assure la publication de celui-ci au *Journal officiel* de la Nouvelle-Calédonie.

■ Textes sources

– Décret nº 63-766 du 30 juillet 1963, article 57-19.

– Code des TA et des CAA, article R. 208-4.

SECTION 2 *La saisine pour avis du tribunal administratif de Nouvelle-Calédonie*

La demande d'avis au tribunal administratif de Nouvelle-Calédonie

Art. L. 224-4 Ainsi qu'il est dit à l'article 206 de la loi organique nº 99-209 du 19 mars 1999 relative à la Nouvelle-Calédonie, « le président du gouvernement, le président du congrès, le président du Sénat coutumier ou le président d'une assemblée de province peut saisir le tribunal administratif d'une demande d'avis. Il en informe immédiatement le haut-commissaire. Lorsqu'elle porte sur la répartition des compétences entre l'État, la Nouvelle-Calédonie, les provinces ou les communes, la demande d'avis est examinée par le Conseil d'État auquel elle est transmise sans délai. »

■ **Textes sources**
– Loi organique nº 99-209 du 19 mars 1999, article 206.

La transmission au Conseil d'État de la demande d'avis

Art. R. 224-7 La transmission d'une demande d'avis par le tribunal administratif de Nouvelle-Calédonie, en application de l'article L. 224-4, est adressée par le greffier de cette juridiction au secrétaire général du Conseil d'État.

■ **Textes sources**
– Décret nº 63-766 du 30 juillet 1963, article 13-4.
– Code des TA et des CAA, article R. 250.

L'examen de la demande d'avis par le Conseil d'État

Art. R. 224-8 La demande d'avis est examinée conformément aux dispositions régissant la procédure devant les sections administratives du Conseil d'État.

■ **Textes sources**
– Décret nº 63-766 du 30 juillet 1963, article 13-5.

La notification de l'avis du Conseil d'État

Art. R. 224-9 L'avis du Conseil d'État est notifié à l'auteur de la demande d'avis, au gouvernement de la Nouvelle-Calédonie, au haut-commissaire de la République en Nouvelle-Calédonie et au ministre chargé de l'outre-mer. Il est adressé au tribunal administratif de Nouvelle-Calédonie.

■ **Textes sources**

– Décret nº 63-766 du 30 juillet 1963, article 13-6.
– Code des TA et des CAA, article R. 251.

■ **Commentaires**

Il faut distinguer la demande d'avis formée au titre de cette section, de la demande précédente. À la précédente, il est répondu en la forme contentieuse, après procédure contentieuse. La demande de la présente section est traitée par une section administrative du Conseil d'État, et n'a donc aucune forme contentieuse. Il est au surplus déjà arrivé que le Conseil d'État ait à statuer, presque simultanément, sur une demande d'avis contentieux et sur une demande d'avis « administratif ». Dans une telle hypothèse, les contacts nécessaires sont pris au sein du Conseil d'État pour éviter des réponses divergentes à la même question.

SECTION 3 *La nature juridique d'une disposition d'une loi du pays de la Nouvelle-Calédonie*

L'intervention du Conseil d'État sur une disposition d'une loi du pays de Nouvelle-Calédonie

Art. L. 224-5 Ainsi qu'il est dit à l'article 107 de la loi organique nº 99-209 du 19 mars 1999 relative à la Nouvelle-Calédonie, « les lois du pays ont force de loi dans le domaine défini à l'article 99. Elles ne sont susceptibles d'aucun recours après leur promulgation.

Les dispositions d'une loi du pays intervenues en dehors du domaine défini à l'article 99 ont un caractère réglementaire. Lorsqu'au cours d'une procédure devant une juridiction de l'ordre administratif ou de l'ordre judiciaire, la nature juridique d'une disposition d'une loi du pays fait l'objet d'une contestation sérieuse, la juridiction saisit, par un jugement qui n'est susceptible d'aucun recours, le Conseil d'État qui statue dans les trois mois. Il est sursis à toute décision sur le fond jusqu'à ce que le Conseil d'État se soit prononcé sur la nature de la disposition en cause. »

■ Textes sources

– Loi organique nº 99-209 du 19 mars 1999, article 107.

La saisine du Conseil d'État d'une question concernant une disposition d'une loi du pays de Nouvelle-Calédonie

Art. R. 224-10 Le jugement, la décision ou l'arrêt saisissant le Conseil d'État d'une question portant sur la nature juridique d'une disposition de loi du pays en application de l'article L. 224-5 est adressé par le secrétaire ou le greffier de la juridiction saisie au secrétaire du contentieux du Conseil d'État, avec les pièces de la procédure, dans les huit jours du prononcé du jugement, de la décision ou de l'arrêt. Les parties, le président du congrès, le gouvernement de la Nouvelle-Calédonie et le ministre chargé de l'outre-mer sont avisés de cette transmission par la notification qui leur est faite du jugement, de la décision ou de l'arrêt.

■ Textes sources

– Décret nº 63-766 du 30 juillet 1963, article 57-20.

L'examen par le Conseil d'État de la question

Art. R. 224-11 La question est, sous réserve des dispositions ci-après, examinée conformément aux dispositions régissant la procédure devant le Conseil d'État statuant au contentieux. Les parties, le président du congrès, le gouvernement de la Nouvelle-Calédonie et le ministre chargé de l'outre-mer peuvent produire des observations devant le Conseil d'État, dans le délai d'un mois à partir de la notification du jugement, de la décision ou de l'arrêt de renvoi. Ce délai peut être réduit par décision du président de la section du contentieux.

■ Textes sources

– Décret nº 63-766 du 30 juillet 1963, article 57-21.

La notification de la décision du Conseil d'État

Art. R. 224-12 La décision du Conseil d'État est notifiée aux parties, au président du congrès, au gouvernement de la Nouvelle-Calédonie, au haut-commissaire de la République en Nouvelle-Calédonie et au ministre chargé de l'outre-mer. Elle est adressée à la juridiction qui a saisi le Conseil d'État, en même temps que lui sont retournées les pièces qui avaient été transmises. La décision peut mentionner qu'elle sera publiée au *Journal officiel* de la République française. Le haut-commissaire assure la publication de celle-ci au *Journal officiel* de la Nouvelle-Calédonie.

■ **Textes sources**
– Décret n° 63-766 du 30 juillet 1963, article 57-22.

CHAPITRE 5 Dispositions particulières à la Polynésie française

LA PRÉSENCE D'UN MAGISTRAT JUDICIAIRE AU TRIBUNAL ADMINISTRATIF DE PAPEETE

Art. L. 225-1 Le tribunal administratif de Papeete peut valablement délibérer en se complétant, en cas d'absence ou d'empêchement d'un de ses membres, par l'adjonction d'un magistrat de l'ordre judiciaire.

■ **Textes sources**
– Code des TA et des CAA, article L. 2-2, § 2.

LE CHOIX DU MAGISTRAT JUDICIAIRE COMPLÉTANT LE TRIBUNAL ADMINISTRATIF DE PAPEETE

Art. R. 225-1 Le magistrat de l'ordre judiciaire appelé à faire partie du tribunal administratif de Papeete est choisi parmi les magistrats en fonction dans le ressort.

■ **Textes sources**
– Code des TA et des CAA, article R. 25.

SECTION 1 *La demande d'avis sur le dossier d'un recours pour excès de pouvoir transmis par le tribunal administratif de Papeete*

LA DEMANDE D'AVIS DU CONSEIL D'ÉTAT SUR LE DOSSIER D'UN RECOURS POUR EXCÈS DE POUVOIR TRANSMIS PAR LE TRIBUNAL ADMINISTRATIF

Art. L. 225-2 Ainsi qu'il est dit à l'article 113 de la loi organique n° 96-312 du 12 avril 1996 portant statut d'autonomie de la Polynésie française :

Art. 113 – Lorsqu'un recours pour excès de pouvoir invoque l'illégalité de délibérations de l'assemblée de la Polynésie française ou de sa commission permanente ou celle d'actes pris en application de ces délibérations fondée sur l'inexacte application de la répartition des compétences entre l'État, le territoire et les communes ou si ce moyen est soulevé d'office, le tribunal administratif transmet le dossier sans délai pour avis au Conseil d'État, par un jugement qui n'est susceptible d'aucun recours. Le Conseil d'État examine la question soulevée dans un délai de trois mois et il est sursis à toute décision sur le fond jusqu'à son avis ou, à défaut, jusqu'à l'expiration du délai de trois mois. Le tribunal administratif statue dans les deux mois à compter de la publication de l'avis au *Journal officiel* de la Polynésie française ou de l'expiration du délai imparti au Conseil d'État.

■ **Textes sources**

– Loi organique nº 96-312 du 12 avril 1996, article 113.

L'ENVOI DU DOSSIER DE DEMANDE D'AVIS

Art. R. 225-2 Le jugement du tribunal administratif de Papeete prononçant la transmission d'un dossier en application de l'article L. 225-2 est adressé par le greffier de cette juridiction au secrétaire du contentieux du Conseil d'État, avec le dossier de l'affaire. Les parties, le haut-commissaire de la République en Polynésie française et le ministre chargé de l'outre-mer sont avisés de cette transmission par la notification qui leur est faite du jugement, dans les formes prévues aux articles R. 751-2 à R. 751-8.

■ **Textes sources**

– Code des TA et des CAA, article R. 208-1.

– Décret nº 63-766 du 30 juillet 1963, article 57-14.

L'INSTRUCTION DE LA DEMANDE D'AVIS

Art. R. 225-3 Le dossier est, sous réserve des dispositions ci-après, examiné conformément aux dispositions régissant la procédure devant le Conseil d'État statuant au contentieux. Les parties et le ministre chargé des territoires d'outre-mer peuvent produire des observations devant le Conseil d'État, dans le délai d'un mois à partir de la notification qui leur a été faite du jugement de renvoi. Ce délai peut être réduit par décision du président de la section du contentieux.

■ **Textes sources**

– Décret nº 63-766 du 30 juillet 1963, article 57-15.

Les mentions de l'avis du Conseil d'État

Art. R. 225-4 Les avis du Conseil d'État rendus en application de l'article L. 225-2 portent l'une des mentions suivantes :
« Le Conseil d'État »
ou
« Le Conseil d'État (section du contentieux) »
ou
« Le Conseil d'État (section du contentieux, n^e^ et n^e^ sous-sections réunies) »
ou
« Le Conseil d'État (section du contentieux, n^e^ sous-section) ».

■ **Textes sources**
– Décret n° 2000-389 du 4 mai 2000, article 1er.

La notification de l'avis du Conseil d'État

Art. R. 225-5 L'avis du Conseil d'État est notifié aux parties, au haut-commissaire de la République et au ministre chargé de l'outre-mer. Il est adressé au tribunal administratif de Papeete, en même temps que lui est retourné le dossier de l'affaire. L'avis peut mentionner qu'il sera publié au *Journal officiel* de la République française. Le haut-commissaire assure la publication de celui-ci au *Journal officiel* de la Polynésie française.

■ **Textes sources**
– Décret n° 63-766 du 30 juillet 1963, article 57-16.
– Code des TA et des CAA, article R. 208-2.

SECTION 2 *La saisine pour avis du tribunal administratif de Papeete*

La demande d'avis au tribunal administratif de Papeete

Art. L. 225-3 Ainsi qu'il est dit à l'article 114 de la loi organique n° 96-312 du 12 avril 1996 portant statut d'autonomie de la Polynésie française :

Art. 114 – Le président du gouvernement de la Polynésie française ou le président de l'assemblée de la Polynésie française peut saisir le tribunal

administratif de Papeete d'une demande d'avis. Lorsqu'elle porte sur la répartition des compétences entre l'État, le territoire et les communes, la demande d'avis est examinée par le Conseil d'État auquel elle est transmise sans délai.
Le haut-commissaire en est immédiatement avisé par l'auteur de la demande.

■ **Textes sources**
– Loi organique n° 96-312 du 12 avril 1996, article 114.

La transmission au Conseil d'État de la demande d'avis

Art. R. 225-6 La transmission d'une demande d'avis par le tribunal administratif de Papeete, en application de l'article L. 225-3 est adressée par le greffier de cette juridiction au secrétaire général du Conseil d'État.

■ **Textes sources**
– Décret n° 63-766 du 30 juillet 1963, article 13-1.
– Code des TA et des CAA, article R. 248.

L'examen de la demande d'avis

Art. R. 225-7 La demande d'avis est examinée conformément aux dispositions régissant la procédure devant les sections administratives du Conseil d'État.

■ **Textes sources**
– Décret n° 63-766 du 30 juillet 1963, article 13-2.

La notification de l'avis du Conseil d'État

Art. R. 225-8 L'avis du Conseil d'État est notifié à l'auteur de la demande d'avis, au haut-commissaire de la République en Polynésie française et au ministre chargé de l'outre-mer. Il est adressé au tribunal administratif de Papeete.

■ **Textes sources**
– Décret n° 63-766 du 30 juillet 1963, article 13-3.
– Code des TA et des CAA, article R. 249.

CHAPITRE 6 Les greffes

Le présent chapitre ne comprend pas de dispositions législatives.

SOUS-SECTION 1 Dispositions relatives au personnel

LE PERSONNEL DES GREFFES

Art. R. 226-1 Au siège de chaque tribunal administratif, le greffe comprend un greffier en chef et, s'il y a lieu, un ou plusieurs greffiers.
Au siège de chaque cour administrative d'appel, le greffe comprend un greffier en chef et des greffiers.
Le greffier en chef et les greffiers sont choisis parmi les fonctionnaires des corps des personnels de préfecture, selon le cas par le président du tribunal administratif ou le président de la cour administrative d'appel.
Les greffiers en chef doivent avoir au moins le grade d'attaché et les greffiers au moins celui de secrétaire administratif.

■ **Textes sources**
– Code des TA et des CAA, article R. 31.

■ **Commentaires**
Le mécanisme de gestion des agents des greffes est complexe, puisque, l'ensemble de la juridiction étant géré par le Conseil d'État, il n'a pas été toutefois décidé de constituer un corps d'agents des greffes, lesquels appartiennent toujours au personnel des préfectures, sauf les exceptions mentionnées aux articles R. 226-7 et suivants. C'est donc le chef de juridiction qui choisit les agents de son greffe, dans le respect des procédures officielles de mutation, sans devoir passer par le préfet.
Et il a été décidé que la juridiction pourrait recruter directement, par concours, les agents destinés à occuper les emplois que le jeu normal des mutations aurait laissés vacants. Les chefs de juridiction ne dépendent donc plus du bon vouloir des préfets, tant en ce qui concerne le nombre d'agents affectés au greffe, qu'en ce qui concerne la qualité desdits agents.

La détermination du nombre des agents du greffe

Art. R. 226-2 Le nombre des greffiers et celui des autres employés du greffe est arrêté par le secrétaire général du Conseil d'État, après avis des présidents de juridiction et sur proposition du secrétaire général des tribunaux administratifs et des cours administratives d'appel.

■ **Textes sources**

– Code des TA et des CAA, article R. 35.
– Décret n° 2000-1115 du 22 novembre 2000, article 3-I.

■ **Commentaires**

Cet article est le complément nécessaire de l'article R. 226-1. Disposant d'un pouvoir autonome de recrutement, les chefs de juridiction ne peuvent l'exercer que dans la limite du tableau des effectifs de leur greffe, tableau qui représente l'éclatement des effectifs budgétaires résultant de la loi de finances.

La ventilation opérée est décidée, après consultation des chefs de juridiction, par le secrétaire général du Conseil d'État, mais sur proposition du secrétaire général des tribunaux administratifs et des cours administratives d'appel, lequel est ainsi en mesure, en principe, de lier la compétence du secrétaire général du Conseil d'État. Ces attributions du secrétaire général des tribunaux administratifs et des cours administratives d'appel découlent directement de la loi (voir art. L. 232-5, dernier alinéa).

Les règles de gestion des agents des greffes

Art. R. 226-3 Les greffiers en chef et les greffiers ainsi que l'ensemble des personnels de greffe sont régis, notamment en ce qui concerne l'avancement et la discipline, par les règles applicables aux corps de fonctionnaires auxquels ils appartiennent.

■ **Textes sources**

– Code des TA et des CAA, article R. 33.

La notation des agents des greffes

Art. R. 226-4 Ils sont placés sous l'autorité exclusive du président pour ce qui concerne l'ensemble des attributions exercées par eux dans le greffe. Le président dispose à leur égard du pouvoir de notation.

Le président envoie annuellement les notes qu'il a attribuées aux intéressés à l'autorité administrative dont relève le corps auquel ils appartiennent.

■ **Textes sources**

– Code des TA et des CAA, article R. 34.

■ **Commentaires**

Le terme « ils », placé en tête de l'article R. 226-4, désigne bien évidemment les greffiers mentionnés à l'article précédent.

Ces deux articles expriment l'ambiguïté des greffes, soumis à l'autorité exclusive du chef de juridiction, mais dépendant, pour leurs développements de carrière, d'une autre autorité administrative. Le pouvoir de notation est clairement attribué au seul président. Il reste que son autonomie ne va pas sans poser quelques problèmes s'agissant d'agents qui concourent pour l'avancement avec les autres fonctionnaires du corps des préfectures. Une harmonisation est donc nécessaire...

SOUS-SECTION 2 Dispositions relatives au fonctionnement

La compétence pour assurer le greffe des audiences et exécuter les actes de procédure

Art. R. 226-5 Le greffe des audiences et l'exécution des actes de procédure sont assurés par le greffier en chef et par les greffiers, ainsi que par les autres agents du greffe désignés à cet effet par le président.

■ **Textes sources**

– Décret n° 2000-1115 du 22 novembre 2000, articles 3-I et 3-II.

■ **Commentaires**

Cet article est bienvenu. Il dissocie les titres de « greffier » et de « greffier en chef » de l'accomplissement de certaines fonctions. Ainsi le greffe des audiences peut-il régulièrement être assuré par un agent non pourvu de l'un de ces titres. Il en va de même de l'accomplissement des actes de procédure. Il est permis de se demander si la polyvalence ainsi autorisée va jusqu'à permettre à un agent autre que le greffier en chef de signer les expéditions (copies certifiées conformes) des décisions juridictionnelles (art. R. 751-2). Il est permis d'hésiter : cette expédition, revêtue de la formule exécutoire, va constituer le titre matérialisant les droits nés pour les parties de la décision de justice, et l'on peut estimer que c'est la responsabilité propre du greffier en chef de s'assurer de ce que la copie ainsi réalisée est bien conforme à la minute. À l'inverse, la taille des juridictions, le nombre de décisions rendues et celui, encore plus grand, des parties, obligent à envisager que cette responsabilité puisse être partagée. De telle sorte que l'on doit raisonnablement lire ce texte comme instituant une compétence « de droit commun » du greffier en chef et des greffiers, et une compétence d'attribution conférée, sur décision du président, à d'autres agents du greffe.

La délégation de la signature du greffier en chef

Art. R. 226-6 Le greffier en chef peut, avec l'accord du président, déléguer sa signature, pour une partie de ses attributions, à des agents affectés au greffe.
L'intérim ou la suppléance du greffier en chef est assuré par un des agents affectés au greffe, désigné à cet effet par le président.

■ Textes sources

- Code des TA et des CAA, articles R. 32 et R. 36.
- Décret n° 2000-1115 du 22 novembre 2000, article 3-I.

■ Commentaires

La délégation prévue au premier alinéa laisse perplexe compte tenu de l'article précédent. On se demande en effet si, une fois mise sur pied une organisation en application de l'article précédent, il est encore nécessaire d'y ajouter des délégations, lesquelles supposent l'accord du président. Le seul intérêt de la délégation est que, étant de signature, elle ne dessaisit pas le délégant, alors que la « désignation » mentionnée à l'article précédent apparaît comme une attribution permanente de compétence. C'est ajouter un peu de souplesse au système.

Cette délégation peut porter sur n'importe quelle attribution du greffier en chef, pourvu que, et c'est une constante du droit des délégations, elle soit partielle (CE 30 septembre 1960, Jauffret, *Lebon* p. 504). On doit estimer qu'elle doit être publiée pour être applicable (CE 13 juillet 1979, SCI de Marcilly). Elle doit être renouvelée à chaque changement, soit du délégant, soit du délégataire.

SECTION 2 *Dispositions particulières à certains greffes*

SOUS-SECTION 1 Règles particulières au greffe du tribunal administratif de Paris et à la cour administrative d'appel de Paris

La composition du greffe du tribunal administratif de Paris

Art. R. 226-7 Le personnel du greffe du tribunal administratif de Paris et de la cour administrative d'appel de Paris appartient aux corps de fonctionnaires d'administration centrale du ministère de l'intérieur.

Les greffiers en chef du tribunal administratif de Paris et de la cour administrative d'appel de Paris sont choisis parmi les fonctionnaires d'administration centrale du ministère de l'intérieur ayant au moins le grade d'attaché principal ou parmi les fonctionnaires des corps des personnels de préfecture ayant au moins le grade d'attaché principal.

■ **Textes sources**
– Code des TA et des CAA, articles R. 37, R. 38 et R. 45.

SOUS-SECTION 2 Règles particulières aux greffes des tribunaux administratifs de Papeete, de Mamoudzou et de la Nouvelle-Calédonie

Les greffiers des tribunaux administratifs de Mamoudzou, Papeete et Nouvelle-Calédonie

Art. R. 226-8 Le greffier en chef et les greffiers des tribunaux administratifs de Mamoudzou, de Papeete et de Nouvelle-Calédonie appartiennent à la fonction publique d'État et sont désignés par le président du tribunal administratif.

■ **Textes sources**
– Code des TA et des CAA, article R. 39.

LES BUREAUX ANNEXES DES GREFFES EN NOUVELLE CALÉDONIE ET EN POLYNÉSIE

Art. R. 226-9 En Nouvelle-Calédonie et en Polynésie française, un ou plusieurs bureaux annexes du greffe peuvent être institués par décision du haut-commissaire sur proposition du président du tribunal administratif. Cette décision est publiée au *Journal officiel* de la Nouvelle-Calédonie ou de la Polynésie française.

■ **Textes sources**
– Code des TA et des CAA, article R. 40.

LE SERVICE DU BUREAU ANNEXE

Art. R. 226-10 Le service de chaque bureau annexe du greffe est assuré par un greffier.

■ **Textes sources**
– Code des TA et des CAA, article R. 41.

L'AUTORITÉ SUR LE GREFFIER CHARGÉ DU BUREAU ANNEXE

Art. R. 226-11 Tout greffier chargé d'un bureau annexe du greffe demeure, au point de vue administratif et disciplinaire, sous l'autorité du haut-commissaire.

■ **Textes sources**
– Code des TA et des CAA, article R. 42.

LE POUVOIR D'INSTRUCTION SUR LE GREFFIER CHARGÉ DU BUREAU ANNEXE

Art. R. 226-12 Le greffier reçoit directement du président du tribunal administratif toutes instructions utiles pour le fonctionnement du bureau annexe du greffe.

■ **Textes sources**
– Code des TA et des CAA, article R. 43.

■ **Commentaires**

Les greffes annexes, supprimés pour tous les autres tribunaux, sont expressément maintenus pour les seuls tribunaux administratifs du Pacifique (mais non pour Mamoudzou).

SOUS-SECTION 3 Règles particulières au greffe du tribunal administratif de Saint-Pierre

Le greffe du tribunal administratif de Saint-Pierre

Art. R. 226-13 Le service du greffe du tribunal administratif de Saint-Pierre est assuré par un greffier et un greffier adjoint qui a au moins le grade de secrétaire administratif.

■ **Textes sources**

– Code des TA et des CAA, article R. 44.

TITRE III Dispositions statutaires

CHAPITRE 1 Dispositions générales

L'applicabilité du statut général de la fonction publique aux membres du corps des tribunaux administratifs et des cours administratives d'appel

Art. L. 231-1 Sous réserve des dispositions du présent titre, les dispositions statutaires de la fonction publique de l'État s'appliquent aux membres du corps des tribunaux administratifs et des cours administratives d'appel.

■ **Textes sources**

– Loi n° 86-14 du 6 janvier 1986, article 21.

■ **Commentaires**

Il est clairement affirmé que les membres du corps des tribunaux administratifs et des cours administratives d'appel sont des fonctionnaires, soumis comme tels au statut général des fonctionnaires de l'État, sous réserve des aménagements énoncés aux articles suivants.

Les grades du corps des tribunaux administratifs et des cours administratives d'appel

Art. L. 231-2 Le corps des tribunaux administratifs et des cours administratives d'appel comprend les grades suivants :
– président ;
– premier conseiller ;
– conseiller.

■ **Textes sources**

– Loi n° 86-14 du 6 janvier 1986, article 2.

■ **Commentaires**

La répartition en trois grades, qui a résulté de la réforme statutaire de 1997 (loi du 25 mars 1997), a réduit les occasions d'établir des tableaux d'avancement, ce qui contribue à l'indépendance des membres du corps.

L'INAMOVIBILITÉ DES MEMBRES DU CORPS DES TRIBUNAUX ADMINISTRATIFS ET DES COURS ADMINISTRATIVES D'APPEL

Art. L. 231-3 Lorsqu'ils exercent leurs fonctions de magistrats dans une juridiction administrative, les membres du corps des tribunaux administratifs et des cours administratives d'appel ne peuvent recevoir, sans leur consentement, une affectation nouvelle, même en avancement.

■ **Textes sources**

– Loi n° 86-14 du 6 janvier 1986, article 1, § 2.

■ **Commentaires**

C'est la traduction de la règle d'inamovibilité (laquelle cède toutefois en cas de sanction disciplinaire : voir art. L. 236-3). Cette règle ne protège les membres du corps que lorsqu'ils exercent leurs fonctions de magistrats dans une juridiction administrative. Il est clair que, lorsque, par détachement, ils exercent des fonctions administratives, ils ne sont pas plus inamovibles que les autres agents exerçant les mêmes fonctions.

Par affectation, il faut entendre « affectation dans une juridiction » : les affectations des magistrats à l'intérieur de la juridiction ne sont évidemment pas couvertes par cet article.

L'IMPOSSIBILITÉ DE REQUÉRIR LES MEMBRES DES TRIBUNAUX ADMINISTRATIFS ET DES COURS ADMINISTRATIVES D'APPEL POUR D'AUTRES SERVICES PUBLICS QUE LE SERVICE NATIONAL

Art. L. 231-4 Les membres du corps des tribunaux administratifs et des cours administratives d'appel ne peuvent, en dehors de leurs fonctions, être requis pour d'autres services publics que le service national.

■ **Textes sources**

– Loi n° 86-14 du 6 janvier 1986, article 3.

L'INCOMPATIBILITÉ AVEC DES FONCTIONS ÉLECTIVES OU ADMINISTRATIVES ANTÉRIEURES

Art. L. 231-5 Nul ne peut être nommé membre d'un tribunal administratif ou d'une cour administrative d'appel s'il exerce ou a exercé depuis moins de trois ans dans le ressort de ce tribunal ou de cette cour :

1° Une fonction publique élective ; néanmoins un représentant français au Parlement européen peut être nommé membre d'un tribunal administratif ou d'une cour administrative d'appel à l'issue de son mandat ;

2° Une fonction de représentant de l'État dans une région ou de représentant de l'État dans un département ou de délégué de celui-ci dans un arrondissement ou de directeur régional ou départemental d'une administration publique de l'État ;

3° Une fonction de direction dans l'administration d'une collectivité territoriale.

■ **Textes sources**

– Loi n° 86-14 du 6 janvier 1986, article 5, sauf dernier §.

L'INCOMPATIBILITÉ AVEC LA FONCTION ANTÉRIEURE D'AVOCAT

Art. L. 231-6 Nul ne peut être nommé membre d'un tribunal administratif ou d'une cour administrative d'appel s'il a exercé dans le ressort de ce tribunal ou de cette cour depuis moins de cinq ans la profession d'avocat.

■ **Textes sources**

– Loi n° 86-14 du 6 janvier 1986, article 5, dernier §.

■ **Commentaires**

Ces incompatibilités territoriales ont leur logique. On note qu'elles sont définies, pour le 3° de l'article L. 231-5, par les « fonctions », et non par les titres, ce qui peut prêter à discussion, car on peut avoir exercé des fonctions de direction sans avoir été directeur...

L'INCOMPATIBILITÉ AVEC DES FONCTIONS ÉLECTIVES NOUVELLES

Art. L. 231-7 L'exercice des fonctions de membre du corps des tribunaux administratifs et des cours administratives d'appel est incompatible avec l'exercice des fonctions de président d'un conseil régional ou général.

Ainsi qu'il est dit aux articles 112 et 196 de la loi organique n° 99-209 du 19 mars 1999 relative à la Nouvelle-Calédonie, les fonctions de membre du gouvernement de la Nouvelle-Calédonie et celles de membre d'une assemblée de province sont incompatibles avec les fonctions de magistrat des juridictions administratives.

■ **Textes sources**

– Loi n° 86-14 du 6 janvier 1986, article 4.

Le délai d'option

Art. L. 231-8 Le membre du corps des tribunaux administratifs et des cours administratives d'appel qui est élu président d'un conseil général ou régional doit exercer son option dans les quinze jours de l'élection ou, en cas de contestation, dans les quinze jours de la décision définitive. Dans les mêmes conditions de délai, le président d'un conseil général ou régional, nommé membre d'un tribunal administratif ou d'une cour administrative d'appel, peut exercer son option.

À défaut d'option dans le délai mentionné à l'alinéa précédent, il est placé en position de disponibilité.

■ **Textes sources**

– Loi n° 86-14 du 6 janvier 1986, article 6.

L'obligation de résidence dans le ressort

Art. L. 231-9 Les membres du corps des tribunaux administratifs et des cours administratives d'appel sont astreints à résider dans le ressort du tribunal administratif ou de la cour administrative d'appel auquel ils appartiennent. Des dérogations exceptionnelles à caractère individuel et provisoire peuvent être accordées aux conseillers par le président de la juridiction.

■ **Textes sources**

– Loi n° 86-14 du 6 janvier 1986, article 11.

■ **Commentaires**

Les dérogations ne peuvent être accordées qu'aux conseillers, à l'exclusion donc des présidents. Mais le texte est à la fois trop vague et trop étendu pour pouvoir être appliqué à la lettre.

En premier lieu, la notion de « résidence » demeure floue. Seule paraît en cause la résidence individuelle, non la résidence familiale. De telle sorte qu'il suffit de disposer d'un pied-à-terre pour satisfaire à l'obligation.
En second lieu, la référence au ressort de la juridiction manque singulièrement de pertinence, notamment en ce qui concerne les cours administratives d'appel. Par exemple, un conseiller affecté à la cour de Paris peut légalement résider à Papeete, ou un membre de la cour de Lyon résider dans le Cantal. Et un conseiller affecté au tribunal administratif de Lyon peut légalement résider sur le plateau ardéchois, à une heure et demie de sa juridiction, alors qu'il est en infraction s'il réside à Vienne (Isère), d'où l'on rejoint Lyon en vingt minutes environ...
De tout cela il faut conclure que cette obligation doit être perçue et vécue avec bon sens, compte tenu de l'esprit du texte, lequel d'ailleurs était inutile, les fonctionnaires étant déjà assujettis à l'obligation de résidence.

Les fonctions de magistrats

Art. R. 231-1 Les membres du corps des tribunaux administratifs et des cours administratives d'appel exercent leurs fonctions de magistrats administratifs au sein de ces juridictions.

■ **Textes sources**
– Décret n° 97-859 du 18 septembre 1997, article 1, § 1.

Les fonctions de commissaire du gouvernement

Art. R. 231-2 Les premiers conseillers et les conseillers peuvent occuper les fonctions de rapporteur ou de commissaire du gouvernement dans les tribunaux administratifs ou, s'ils remplissent les conditions fixées à l'article L. 222-5, dans les cours administratives d'appel.

■ **Textes sources**
– Décret n° 97-859 du 18 septembre 1997, article 3.

La gestion du corps par le vice-président du Conseil d'État

Art. R. 231-3 Le vice-président du Conseil d'État assure la gestion du corps des tribunaux administratifs et des cours administratives d'appel.

Il peut déléguer sa signature au secrétaire général et aux secrétaires généraux adjoints du Conseil d'État. Délégation peut également être donnée aux chefs de service du Conseil d'État et aux fonctionnaires du secrétariat général appartenant à un corps de catégorie A.

■ **Textes sources**
– Décret n° 89-915 du 19 décembre 1989, article 1, § 1 et 3.
– Décret n° 2001-562 du 29 juin 2001, article 1er, § II.

Le contrôle par la mission d'inspection des juridictions administratives

Art. R. 231-4 Le contrôle de l'activité des membres du corps des tribunaux administratifs et des cours administratives d'appel est exercé par la mission permanente d'inspection des juridictions administratives prévue à l'article L. 112-5.

■ **Textes sources**
– Décret n° 97-859 du 18 septembre 1997, article 2.

CHAPITRE 2

Le Conseil supérieur des tribunaux administratifs et cours administratives d'appel

SECTION 1

Dispositions générales

La présente section ne comprend pas de dispositions réglementaires.

LA COMPÉTENCE DU CONSEIL SUPÉRIEUR DES TRIBUNAUX ADMINISTRATIFS ET COURS ADMINISTRATIVES D'APPEL

Art. L. 232-1 Le Conseil supérieur des tribunaux administratifs et cours administratives d'appel exerce seul, à l'égard des membres des tribunaux administratifs et cours administratives d'appel, les attributions conférées par les articles 14 et 15 de la loi n° 84-16 du 11 janvier 1984 portant dispositions statutaires relatives à la fonction publique de l'État, aux commissions administratives paritaires, aux comités techniques paritaires et à la commission spéciale chargée de donner un avis sur le tour extérieur, le détachement, l'intégration après détachement et le recrutement complémentaire. Il connaît de toute question relative au statut particulier du corps des tribunaux administratifs et cours administratives d'appel.
En outre, il émet des propositions sur les nominations, détachements et intégrations prévus aux articles L. 233-3, L. 233-4 et L. 233-5.

■ **Textes sources**
– Loi n° 86-14 du 6 janvier 1986, article 13.

■ **Commentaires**
Le CSTACAA joue, entre autres, le rôle des commissions administratives paritaires et comités techniques paritaires, ce qui le conduit à se prononcer tant sur les questions d'ensemble concernant les juridictions, que sur les questions individuelles, ses compétences étant ici plus vastes que celles d'une commission administrative paritaire.

La composition du Conseil supérieur des tribunaux administratifs et cours administratives d'appel

Art. L. 232-2 Le Conseil supérieur des tribunaux administratifs et cours administratives d'appel est présidé par le vice-président du Conseil d'État et comprend en outre :

1° Le conseiller d'État, chef de la mission permanente d'inspection des juridictions administratives ;

2° Le directeur général de la fonction publique ;

3° Le secrétaire général du Conseil d'État ;

4° Le directeur chargé au ministère de la justice des services judiciaires ;

5° Cinq représentants des membres du corps, élus au scrutin de liste parmi l'ensemble des membres du corps des tribunaux administratifs et cours administratives d'appel. Ces listes peuvent être incomplètes ;

6° Trois personnalités qui n'exercent pas de mandat électif nommées, pour une durée de trois ans non renouvelable, respectivement par le président de la République, le président de l'Assemblée nationale et le président du Sénat.

Le mandat des représentants des membres des tribunaux administratifs et cours administratives d'appel est d'une durée de trois ans. Il est renouvelable une seule fois.

■ Textes sources

– Loi n° 86-14 du 6 janvier 1986, art. 14, § 1 et 2.

■ Commentaires

La composition du CSTACAA est originale, en ce qu'elle n'est pas et ne cherche pas à être paritaire. Nul « bloc » n'y détient la majorité de sept voix sur treize. C'est qu'à la vérité, cet organisme n'a pas pour vocation d'être le spectacle de l'opposition de deux camps, mais de rechercher, sous le regard des trois personnalités mentionnées au 6°, la meilleure solution. Ce n'est point à dire qu'il ne connaît pas d'oppositions entre, notamment, les magistrats élus et les autres membres chargés de responsabilités de gestion. Mais ces oppositions n'ont pas pour vocation de se traduire par un vote partagé, mais, dans une sorte de dialectique du dialogue, d'aboutir à une position commune et raisonnée. D'ailleurs, les « autres membres », dont plusieurs bénéficient d'une indépendance statutaire, ne se prononcent pas nécessairement tous dans le même sens, n'étant nullement ici les représentants de l'administration que l'on connaît dans les commissions administratives paritaires.

La présence des trois personnalités a d'autre part pour effet direct de conduire à une grande transparence, notamment en ce qui concerne les décisions individuelles. De telle sorte que, compte tenu du rôle fondamental joué par le

CSTACAA pour ces décisions, il est possible de retenir que, si elles sont parfois erronées (qui peut se vanter de pouvoir juger les mérites comparés de plusieurs magistrats sans erreur ?), ces décisions sont toujours prises au vu de critères énoncés et discutés, et donc exempts d'erreurs de droit.
On aura remarqué la prééminence quantitative des membres du Conseil d'État dans ce conseil, alors surtout que l'habitude s'est prise de puiser dans ce vivier la personnalité désignée par le président de la République.

Les suppléances au sein du Conseil supérieur des tribunaux administratifs et cours administratives d'appel

Art. L. 232-3 En cas d'empêchement du vice-président du Conseil d'État, la présidence est assurée de plein droit par le conseiller d'État, chef de la mission permanente d'inspection des juridictions administratives. Ce dernier est lui-même suppléé par un conseiller d'État désigné par le vice-président.
Les suppléants des représentants de l'administration au Conseil supérieur des tribunaux administratifs et cours administratives d'appel sont désignés par les ministres dont ils dépendent.

■ **Textes sources**
– Loi n° 86-14 du 6 janvier 1986, article 14, § 3 et 4.

La voix prépondérante du président du Conseil supérieur des tribunaux administratifs et cours administratives d'appel

Art. L. 232-4 S'il y a partage égal des voix dans les cas prévus au deuxième alinéa de l'article L. 232-1, la voix du président est prépondérante.

■ **Textes sources**
– Loi n° 86-14 du 6 janvier 1986, article 14, § 5.

SECTION 2 Désignation des membres du Conseil supérieur

La présente section ne comprend pas de dispositions législatives.

La désignation par voie d'élection des représentants des magistrats au Conseil supérieur des tribunaux administratifs et cours administratives d'appel

Art. R. 232-1 Les représentants du corps des tribunaux administratifs et des cours administratives d'appel qui siègent au Conseil supérieur des tribunaux administratifs et des cours administratives d'appel sont élus pour trois ans à la représentation proportionnelle à raison :

1° D'un représentant titulaire et d'un suppléant pour le grade de conseiller ;

2° De deux représentants titulaires et de deux suppléants pour le grade de premier conseiller ;

3° De deux représentants titulaires et de deux suppléants pour le grade de président.

■ **Textes sources**

– Décret n° 87-554 du 17 juillet 1987, article 1.

La date des élections au Conseil supérieur des tribunaux administratifs et cours administratives d'appel

Art. R. 232-2 Les élections au Conseil supérieur ont lieu quatre mois au plus et quinze jours au moins avant la date d'expiration du mandat de ses membres en exercice. La date de ces élections est fixée par le vice-président du Conseil d'État.

■ **Textes sources**

– Décret n° 87-554 du 17 juillet 1987, article 2.

Le droit de vote

Art. R. 232-3 Sont électeurs les membres du corps des tribunaux administratifs et des cours administratives d'appel en position d'activité, de congé parental ou de détachement.

■ **Textes sources**

– Décret n° 87-554 du 17 juillet 1987, article 3.

■ **Commentaires**

Les fonctionnaires détachés dans le corps ne disposent pas du droit de vote, et ce texte a été jugé légal (CE 6 décembre 1989, Syndicat de la juridiction administrative).

La liste électorale

Art. R. 232-4 La liste des électeurs est arrêtée par le secrétaire général du Conseil d'État. Elle est affichée au Conseil d'État et dans tous les tribunaux administratifs et cours administratives d'appel quinze jours au moins avant la date fixée pour le scrutin.

Dans les huit jours qui suivent sa publication, les électeurs peuvent vérifier les inscriptions et, le cas échéant, présenter des demandes d'inscription. Dans le même délai, et pendant trois jours à compter de son expiration, des réclamations peuvent être formulées contre les inscriptions ou omissions sur la liste électorale.

Le vice-président du Conseil d'État statue immédiatement sur les réclamations.

■ **Textes sources**

– Décret n° 87-554 du 17 juillet 1987, article 4.

L'éligibilité

Art. R. 232-5 Sont éligibles les membres du corps qui remplissent les conditions requises pour être inscrits sur la liste électorale.

■ **Textes sources**

– Décret n° 87-554 du 17 juillet 1987, article 5.

Les listes de candidats

Art. R. 232-6 Les listes des candidats au Conseil supérieur sont déposées au moins un mois avant la date fixée pour les élections. Ces listes, qui peuvent être incomplètes, comportent pour chaque grade au titre duquel elles présentent des candidats le nom d'un titulaire et d'un suppléant.

Le dépôt de chaque liste est accompagné d'une déclaration de candidature signée par tous les candidats titulaires et suppléants, ainsi que du nom d'un mandataire.

■ **Textes sources**

– Décret n° 87-554 du 17 juillet 1987, article 6.

La date limite de dépôt des candidatures

Art. R. 232-7 Aucune liste ne peut être déposée ou modifiée après la date limite prévue à l'article précédent. Si, après cette date, un candidat titulaire ou suppléant inscrit sur une liste est reconnu inéligible, la liste intéressée est considérée comme n'ayant présenté aucun candidat pour le grade correspondant. L'éligibilité s'apprécie à la date limite prévue pour le dépôt des listes. Aucun retrait de candidature ne peut être opéré après le dépôt des listes de candidature.

■ **Textes sources**

– Décret n° 87-554 du 17 juillet 1987, article 7.

Les documents de propagande

Art. R. 232-8 Les circulaires des candidats, les bulletins de vote et les enveloppes sont établis aux frais de l'administration d'après le modèle défini par celle-ci, en nombre au moins égal, pour chaque liste, au nombre des électeurs. Ces documents sont transmis aux électeurs par les soins de l'administration.

■ **Textes sources**

– Décret n° 87-554 du 17 juillet 1987, article 8.

Le vote par correspondance

Art. R. 232-9 Le vote a lieu par correspondance. Les électeurs peuvent :
a) Soit voter pour une liste entière sans rayer aucun nom ;
b) Soit rayer pour un ou plusieurs sièges à la fois le nom du candidat et celui de son suppléant sans les remplacer ;
c) Soit, dans la limite du nombre des représentants à élire pour chaque

grade, procéder à un panachage entre les candidats de listes concurrentes, sans pouvoir séparer chaque titulaire de son suppléant.

■ **Textes sources**
– Décret nº 87-554 du 17 juillet 1987, article 9.

Le bureau de vote

Art. R. 232-10 Le bureau de vote, institué au Conseil d'État, procède au dépouillement du scrutin ainsi qu'à la proclamation des résultats. Il comprend un président et un secrétaire désignés par le vice-président du Conseil d'État ainsi que le mandataire de chaque liste en présence.

■ **Textes sources**
– Décret nº 87-554 du 17 juillet 1987, article 10.

Le nombre moyen de voix obtenu

Art. R. 232-11 Le bureau de vote détermine le nombre de voix obtenu par chaque candidat titulaire, le nombre total de voix obtenu par chaque liste et le nombre moyen de voix obtenu par chaque liste.
Le nombre total de voix obtenu par chaque liste s'obtient en additionnant les suffrages acquis à chaque candidat titulaire ayant fait acte de candidature au titre de cette liste.
Le nombre moyen de voix obtenu par chaque liste s'obtient en divisant le nombre total de suffrages acquis par chaque liste par le nombre de sièges à pourvoir.
Le bureau de vote détermine, en outre, le quotient électoral en divisant le nombre total de suffrages valablement exprimés par le nombre de représentants titulaires à élire pour l'ensemble du corps.

■ **Textes sources**
– Décret nº 87-554 du 17 juillet 1987, article 11.

La répartition des sièges

Art. R. 232-12 Chaque liste a droit à autant de sièges de représentants que le nombre moyen de voix recueilli par elle contient de fois le quotient électoral.
Les sièges de représentants restant éventuellement à pourvoir sont attribués suivant la règle de la plus forte moyenne.

■ Textes sources

– Décret n° 87-554 du 17 juillet 1987, article 12 a.

■ Commentaires

Le mécanisme issu des articles R. 232-11 (2e et 3e alinéas) et R. 232-12 a pour effet de pénaliser les listes incomplètes, et encore plus les candidatures isolées, puisque le quotient électoral, clé de l'attribution du nombre de sièges, s'obtient par division du nombre total de suffrages obtenu par le nombre de sièges à pourvoir : une liste ne présentant des candidats qu'au titre d'un grade (conseiller par exemple) verra ainsi le nombre des suffrages qu'elle obtiendra au titre de ce grade divisé par cinq.
Dans un autre corps, la légalité d'un système analogue a été contestée (CE ass. 2 juillet 1999, Syndicat national des psychologues [**1**]).

□ ***Jurisprudence***

[**1**] Considérant qu'aux termes de l'article 22 de la loi du 9 janvier 1986 portant dispositions statutaires relatives à la fonction publique hospitalière, « un décret en Conseil d'État détermine notamment le nombre de membres titulaires et suppléants des commissions administratives paritaires, [...] les modalités de l'élection des représentants du personnel [...] » ; que le décret du 14 août 1992 relatif aux commissions administratives paritaires locales et départementales de la fonction publique hospitalière, qui prévoit que les représentants du personnel au sein de ces commissions sont élus à la proportionnelle et autorise sous certaines conditions la présentation de listes incomplètes, disposait à l'article 38 : « [...] chaque liste a droit à autant de sièges de représentants titulaires que le nombre de suffrages recueillis par elle contient de fois le quotient électoral [...] » ; qu'il était précisé à l'article 37 que le quotient électoral s'obtient « en divisant le nombre total de suffrages valablement exprimés par le nombre de représentants à élire pour l'ensemble de la commission administrative paritaire » ;
Considérant que les dispositions attaquées des articles 5 et 6 du décret du 22 août 1996 ont, pour la répartition des sièges entre les listes, modifié les articles 37 et 38 du décret du 14 août 1992 et substitué à la prise en compte du nombre de suffrages recueillis par chaque liste celle d'un « nombre moyen de voix » obtenu en multipliant le nombre de suffrages recueillis par chaque liste par le nombre de candidats présentés par cette liste puis en divisant le résultant ainsi obtenu par le nombre de sièges à pourvoir pour la commission administrative paritaire considérée ;
Considérant que s'il appartenait au pouvoir réglementaire, en application des dispositions alors

en vigueur de l'article 22 précité de la loi du 9 janvier 1986, de définir le mode de scrutin employé pour l'élection des représentants du personnel aux commissions administratives paritaires locales et départementales de la fonction publique hospitalière, les dispositions contestées conduisent à appliquer la règle du quotient électoral non au nombre de suffrages réellement exprimés par les électeurs, mais au résultat de la pondération de ce nombre par un coefficient calculé pour chaque liste en fonction du nombre de candidats présentés par elle ; que de telles dispositions, qui peuvent conduire à méconnaître la volonté des électeurs – et, par exemple, à ce qu'une liste ayant recueilli plus de suffrages qu'une autre liste, mais comportant moins de candidats, n'obtienne aucun siège, alors que la seconde en aurait un, ou obtienne moins de sièges que cette dernière – sont entachées d'illégalité...

Le choix des représentants par les listes

Art. R. 232-13 La liste ayant droit au plus grand nombre de sièges choisit chacun d'eux sous réserve de ne pas empêcher par son choix une autre liste d'obtenir le nombre de sièges auxquels elle a droit dans les grades pour lesquels elle avait présenté des candidats.

Les autres listes exercent ensuite leur choix successivement dans l'ordre décroissant du nombre de sièges auxquels elles peuvent prétendre dans les mêmes conditions et sous les mêmes réserves.

En cas d'égalité du nombre des sièges obtenus, l'ordre des choix est déterminé par le nombre respectif de suffrages obtenu par les listes en présence.

En cas d'égalité du nombre des suffrages, l'ordre des choix est déterminé par voie de tirage au sort.

Lorsque la procédure prévue ci-dessus n'a pas permis à une ou plusieurs listes de pourvoir tous les sièges auxquels elle aurait pu prétendre, ces sièges sont attribués à la liste qui, pour les grades dont les représentants restent à désigner, a obtenu le plus grand nombre de suffrages.

Dans l'hypothèse où aucune liste n'a présenté de candidats pour un grade, le représentant de ce grade est désigné par voie de tirage au sort parmi les fonctionnaires titulaires de ce grade. Si le fonctionnaire ainsi désigné n'accepte pas sa nomination, le siège concerné reste vacant.

■ Textes sources

– Décret n° 87-554 du 17 juillet 1987, article 12 b.

■ Commentaires

On observera l'arrivée (ou le retour) curieuse du terme de « fonctionnaire », dans ce code qui dans l'ensemble utilise le terme de « magistrat »...

L'ATTRIBUTION D'UN SIÈGE EN CAS D'ÉGALITÉ DE VOIX

Art. R. 232-14 Dans le cas où deux listes ont la même moyenne et où il ne reste qu'un siège à pourvoir, ledit siège est attribué à la liste qui a recueilli le plus grand nombre de suffrages. Si les deux listes en cause ont également recueilli le même nombre de voix, le siège est attribué à celui des candidats figurant sur l'une de ces deux listes ayant obtenu le plus grand nombre de voix. Si les candidats titulaires de ces deux listes ont obtenu le même nombre de voix, le plus âgé d'entre eux est proclamé élu avec son suppléant

■ **Textes sources**
– Décret nº 87-554 du 17 juillet 1987, article 12 c.

LE PROCÈS-VERBAL

Art. R. 232-15 Un procès-verbal des opérations électorales est établi par le bureau de vote et immédiatement transmis au vice-président du Conseil d'État et au ministre de la justice ainsi qu'aux mandataires habilités à représenter les listes de candidats.

■ **Textes sources**
– Décret nº 87-554 du 17 juillet 1987, article 13.

LES CONTESTATIONS

Art. R. 232-16 Les contestations sur la validité des opérations électorales sont portées dans un délai de cinq jours à compter de la proclamation des résultats devant le ministre de la justice qui statue dans un délai de quinze jours. Le Conseil d'État peut être saisi dans un délai de deux mois à compter soit de la décision du ministre, soit de l'expiration du délai de quinze jours précité.

■ **Textes sources**
– Décret nº 87-554 du 17 juillet 1987, article 14.

Le remplacement d'un membre élu démissionnaire

Art. R. 232-17 Si, avant l'expiration de son mandat, l'un des représentants titulaires du corps des tribunaux administratifs et des cours administratives d'appel démissionne ou se trouve dans l'impossibilité d'exercer son mandat ou si le Conseil supérieur constate qu'il cesse de remplir les conditions requises pour être éligible, il est remplacé par son suppléant. Au cas où pour l'une des causes mentionnées ci-dessus ce dernier ne peut exercer son mandat, il est procédé à une élection complémentaire dans un délai de deux mois. Le représentant élu dans ces conditions achève le mandat de celui qu'il remplace.

Si, en cours de mandat, un représentant élu fait l'objet d'une promotion de grade, il continue à représenter le grade pour lequel il a été élu.

■ **Textes sources**

– Décret n° 87-554 du 17 juillet 1987, article 15.

La désignation des personnalités extérieures

Art. R. 232-18 Les personnalités nommées en application du 6° de l'article L. 232-2 doivent être désignées quinze jours au moins avant la date normale d'expiration du mandat de leurs prédécesseurs. En cas de vacance, il est pourvu au remplacement de la personnalité dans le délai de trois mois.

Le Conseil supérieur des tribunaux administratifs et des cours administratives d'appel constate, le cas échéant, la démission d'office de celle des personnalités qui viendrait à exercer un mandat électif incompatible avec sa qualité de membre du conseil ou qui serait privée de la jouissance de ses droits civils et politiques. Il est pourvu, dans ce cas, à la désignation d'un remplaçant dans le délai de trois mois.

■ **Textes sources**

– Décret n° 87-554 du 17 juillet 1987, article 16.

SECTION 3 *Fonctionnement du Conseil supérieur*

La présente section ne comprend pas de dispositions législatives.

La première réunion du Conseil supérieur des tribunaux administratifs et cours administratives d'appel après l'élection

Art. R. 232-19 La première réunion du Conseil supérieur intervient dans le mois suivant la proclamation des résultats de l'élection des représentants du personnel.

■ **Textes sources**

– Décret n° 87-554 du 17 juillet 1987, article 17.

La convocation et l'ordre du jour

Art. R. 232-20 Le Conseil supérieur se réunit sur convocation de son président à l'initiative de ce dernier, du ministre de la justice ou à la demande écrite d'au moins trois des cinq membres élus et, dans ce cas, dans le délai de deux mois à compter de cette demande.

L'acte portant convocation fixe l'ordre du jour. Les questions entrant dans la compétence du Conseil supérieur, dont l'examen est demandé par au moins trois représentants du personnel, sont inscrites à l'ordre du jour.

■ **Textes sources**

– Décret n° 87-554 du 17 juillet 1987, article 18.

L'obligation de discrétion

Art. R. 232-21 Les membres du Conseil supérieur ainsi que les personnes qui, à un titre quelconque, assistent aux délibérations sont soumis à l'obligation de discrétion professionnelle.

■ **Textes sources**

– Décret n° 87-554 du 17 juillet 1987, article 19.

Le rapporteur devant le Conseil supérieur des tribunaux administratifs et cours administratives d'appel

Art. R. 232-22 Le président du Conseil supérieur désigne pour chaque affaire un rapporteur qui peut être le secrétaire général des tribunaux administratifs et des cours administratives d'appel ou l'un des membres du conseil. Lorsque le Conseil supérieur émet une proposition, le dossier au vu duquel il se prononce est rapporté par le secrétaire général du Conseil d'État et comporte l'avis écrit du conseiller d'État, chef de la mission permanente d'inspection des juridictions administratives. En accord avec le président, les rapporteurs peuvent être assistés d'experts.

■ **Textes sources**

– Décret n° 87-554 du 17 juillet 1987, article 20.

■ **Commentaires**

Dans la pratique, c'est le plus souvent le secrétaire général du Conseil d'État qui rapporte les affaires devant le CSTACAA ; mais ce n'est pas une règle constante.

Le secrétaire général adjoint du Conseil d'État chargé des tribunaux administratifs et des cours administratives d'appel assiste le plus souvent aux séances du CSTACAA avec la qualité d'expert.

La composition du Conseil supérieur des tribunaux administratifs et cours administratives d'appel statuant sur des questions d'ordre individuel

Art. R. 232-23 Lorsque le Conseil supérieur statue sur les questions d'ordre individuel, relatives à la situation administrative des membres du corps des tribunaux administratifs et des cours administratives d'appel, seuls siègent parmi les membres élus ceux qui détiennent un grade supérieur ou égal à celui du magistrat intéressé. Toutefois, cette règle ne s'applique pas à l'examen des demandes de mutation des conseillers et premiers conseillers.

Lorsque la situation de l'un des membres élus du Conseil supérieur est susceptible d'être évoquée à l'occasion de l'examen d'une question figurant à l'ordre du jour, le magistrat intéressé ne participe pas à la réunion.

■ **Textes sources**

– Décret n° 87-554 du 17 juillet 1987, article 21.

■ **Commentaires**

Le premier alinéa a des effets paradoxaux, compte tenu de l'absence de parité au sein du CSTACAA : la représentation élue est réduite lorsque sont en question, par exemple, des avancements aux grades les plus élevés, sans que, en ce qui concerne les membres non élus de ce conseil, une réduction corrélative doive être opérée. Du même coup, la proportion de cinq élus sur treize membres n'est plus respectée. Mais ce n'est que l'application d'une part du fait que le CSTACAA n'est pas un organisme « paritaire », d'autre part du principe qui veut qu'aucun agent public ne soit conduit à délibérer du sort d'un agent ayant un grade plus élevé que le sien (CE 10 mai 1999, Syndicat de la juridiction administrative [**1**]).

Le jeu de ce principe s'apprécie toutefois au jour de la réunion, et compte tenu des grades effectivement détenus à ce jour par les représentants élus, sans égard pour le grade au titre duquel ils ont été élus, en dépit du libellé du second alinéa de l'article R. 232-17 (CE 9 février 1996, Petit [**2**]).

□ ***Jurisprudence***

[**1**] Considérant qu'aux termes de l'article 14 de la loi du 6 janvier 1986 susvisée « le conseil supérieur des tribunaux administratifs est présidé par le vice-président du Conseil d'État et comprend, en outre : 1°) le conseiller d'État, chef de la mission permanente d'inspection des juridictions administratives ; 2°) le directeur général de la fonction publique ; 3°) le directeur chargé au ministère de l'Intérieur de la gestion du corps des membres des tribunaux administratifs ; 4°) le directeur chargé au ministère de la Justice des services judiciaires ; 5°) cinq représentants des membres du corps, élus au scrutin de liste parmi l'ensemble des membres du corps des tribunaux administratifs. Ces listes peuvent être incomplètes ; 6°) trois personnalités qui n'exercent pas de mandat électif nommées, pour une durée de trois ans non renouvelable, respectivement par le président de la République, le président de l'Assemblée nationale et le président du Sénat... Les conditions d'application du présent article sont fixées par décret en Conseil d'État » ;

Considérant qu'aux termes de l'article 21 du décret du 17 juillet 1987 pris pour fixer les conditions d'application des dispositions précitées de la loi du 6 janvier 1986 : « Lorsque le Conseil supérieur statue sur des questions d'ordre individuel, relatives à la situation administrative des membres du corps des tribunaux administratifs, seuls siègent parmi les membres élus ceux qui détiennent un grade supérieur ou égal à celui du fonctionnaire intéressé. Toutefois, cette règle ne s'applique pas à l'examen des demandes de mutation des conseillers » ;

Considérant, d'une part, qu'il ne ressort pas des dispositions précitées de l'article 14 de la loi du 6 janvier 1986, éclairé par ses travaux préparatoires, que le législateur, en fixant les conditions de fonctionnement du Conseil supérieur des tribunaux administratifs ait entendu déroger au principe général en vertu duquel, lorsque sont examinées les questions relatives à la situation individuelle d'un agent public, ne peuvent siéger au sein des organismes compétents pour donner un avis sur la manière de servir de celui-ci que les représentants des personnels détenant un grade égal ou supérieur au grade détenu par l'agent public considéré ; que, par suite, la disposition contestée ne méconnaît pas les dispositions législatives précitées ;

Considérant, d'autre part, que les requérants font valoir que, dès lors que la disposition contestée du décret du 17 juillet 1987 a pour conséquence, lorsqu'elle trouve à s'appliquer, de réduire le nombre des représentants élus des membres du corps des tribunaux administratifs et des cours administratives d'appel, elle ne serait légale qu'à la condition de comporter des dispositions ayant pour objet de rétablir le nombre de cinq membres représentants du corps, fixé par l'article 14 précité de la loi du 6 janvier 1986, qui constituerait une garantie pour les magistrats de ce corps ; Considérant que la loi du 6 janvier 1986 a fixé les règles garantissant l'indépendance des membres des tribunaux administratifs ; que, parmi ces règles figurent des dispositions relatives à l'institution de ce conseil supérieur dont les attributions excèdent celles des commissions administratives paritaires prévues par l'article 14 de la loi du 11 janvier 1984 susvisée et d'autres dispositions relatives à la composition dudit Conseil supérieur ; qu'ainsi, la circonstance que l'application des dispositions contestées conduit, dans certains cas, à réduire la proportion des membres représentant les membres du corps par rapport au nombre total des membres du conseil supérieur ne méconnaît pas le principe d'indépendance des membres des tribunaux administratifs qui est assurée par d'autres dispositions...

[**2**] Considérant qu'aux termes de l'article 15 du décret susvisé du 17 juillet 1987 qui fait partie des dispositions du titre 1er relatif à la désignation des membres du Conseil supérieur des tribunaux administratifs : « [...] Si en cours de mandat, un représentant élu fait l'objet d'une promotion de grade, il continue à représenter le grade pour lequel il a été élu » ; que l'article 21 du même décret, inséré dans les dispositions relatives au fonctionnement de ce Conseil, dispose : « Lorsque le Conseil supérieur statue sur les questions d'ordre individuel relatives à la situation administrative des membres du corps des tribunaux administratifs, seuls siègent parmi les membres élus ceux qui détiennent un grade supérieur ou égal à celui du fonctionnaire intéressé..." ;
Considérant que si les dispositions précitées de l'article 21 font obstacle à ce qu'un magistrat détenant un grade donné puisse se prononcer sur des mesures intéressant la situation personnelle d'un magistrat d'un grade hiérarchiquement supérieur, elles ne s'opposent pas à ce que siège un magistrat qui, s'il a été élu en qualité de représentant du grade immédiatement inférieur, a été promu, depuis cette élection, au même grade que l'intéressé ; qu'ainsi le moyen tiré de ce qu'un membre du Conseil supérieur des tribunaux administratifs, élu comme représentant le grade de président de tribunal administratif, a siégé lors de l'examen de la candidature du requérant à une affectation à un poste de président hors classe doit être écarté dès lors que ledit membre avait été promu, entre la date de son élection et celle à laquelle le Conseil supérieur des tribunaux administratifs a émis son avis, au grade de président hors classe...

LES MODALITÉS DE VOTE AU CONSEIL SUPÉRIEUR DES TRIBUNAUX ADMINISTRATIFS ET COURS ADMINISTRATIVES D'APPEL

Art. R. 232-24 Le Conseil supérieur émet ses avis et ses propositions à la majorité des suffrages exprimés.
Pour les affaires individuelles, le vote a lieu à bulletin secret si l'un des membres le réclame. Le vote à bulletin secret est de droit en matière disciplinaire.

■ **Textes sources**

– Décret no 87-554 du 17 juillet 1987, article 22.

LE PROCÈS-VERBAL DE LA SÉANCE DU CONSEIL SUPÉRIEUR DES TRIBUNAUX ADMINISTRATIFS ET COURS ADMINISTRATIVES D'APPEL

Art. R. 232-25 Un procès-verbal est établi après chaque séance du Conseil supérieur, par les soins du secrétaire général des tribunaux administratifs et des cours administratives d'appel. Il est signé par le secrétaire général et par le président.

Le ministre de la justice est immédiatement informé des propositions et avis émis par le Conseil supérieur par son président. Le procès-verbal des délibérations lui est communiqué dès sa signature.

■ **Textes sources**

– Décret nº 87-554 du 17 juillet 1987, article 23.

L'INDEMNISATION DES FRAIS DE DÉPLACEMENT DES MEMBRES DU CONSEIL SUPÉRIEUR DES TRIBUNAUX ADMINISTRATIFS ET COURS ADMINISTRATIVES D'APPEL

Art. R. 232-26 Les membres du Conseil supérieur ne perçoivent aucune indemnité du fait de leurs fonctions au Conseil supérieur. Toutefois, ils sont indemnisés de leurs frais de déplacement et de séjour dans les conditions fixées par le décret nº 90-437 du 28 mai 1990.

■ **Textes sources**

– Décret nº 87-554 du 17 juillet 1987, article 24.

SECTION 4 *Le secrétaire général des tribunaux administratifs et des cours administratives d'appel*

LES ATTRIBUTIONS DU SECRÉTAIRE GÉNÉRAL DU CONSEIL SUPÉRIEUR DES TRIBUNAUX ADMINISTRATIFS ET COURS ADMINISTRATIVES D'APPEL

Art. L. 232-5 Un secrétaire général des tribunaux administratifs et des cours administratives d'appel appartenant au corps des tribunaux administratifs et cours administratives d'appel est désigné sur proposition du Conseil supérieur. Pendant l'exercice de ses fonctions, il ne peut bénéficier d'aucun avance-

ment. Il exerce ses fonctions pendant une durée qui ne peut excéder cinq ans. Il a pour mission notamment :
– d'assurer le secrétariat du Conseil supérieur ;
– de gérer les greffes des tribunaux et des cours et d'organiser la formation de leurs personnels ;
– de coordonner les besoins des tribunaux et des cours en matériel, en moyens techniques et en documentation.

■ **Textes sources**
– Loi n° 86-14 du 6 janvier 1986, article 14, § 6.

LA DÉSIGNATION DU SECRÉTAIRE GÉNÉRAL DU CONSEIL SUPÉRIEUR DES TRIBUNAUX ADMINISTRATIFS ET COURS ADMINISTRATIVES D'APPEL

Art. R. 232-27 Le secrétaire général est désigné par décret du Premier ministre sur proposition du Conseil supérieur parmi les membres du corps des tribunaux administratifs et des cours administratives d'appel en service dans les tribunaux administratifs et les cours administratives d'appel et ayant exercé des fonctions dans un emploi du corps pendant quatre années consécutives.
Il ne peut être mis fin à ses fonctions, sans son accord, que sur proposition du Conseil supérieur.

■ **Textes sources**
– Décret n° 87-554 du 17 juillet 1987, article 25.

LES COMPÉTENCES DU SECRÉTAIRE GÉNÉRAL DU CONSEIL SUPÉRIEUR DES TRIBUNAUX ADMINISTRATIFS ET COURS ADMINISTRATIVES D'APPEL

Art. R. 232-28 Le secrétaire général exerce les missions prévues à l'article L. 232-5.
À cet effet :
1° Il prépare l'ordre du jour des séances et la convocation du Conseil supérieur. Il informe le Conseil supérieur de la suite réservée à ses avis et propositions ;
2° Il définit les actions de formation à entreprendre au profit des personnels des greffes des tribunaux et des cours et en suit la mise en œuvre ;
3° Il recense les besoins des tribunaux et des cours en matériel, en moyens techniques et en documentation et propose au vice-président du Conseil

d'État les modalités de répartition des moyens correspondants, compte tenu, notamment, des crédits budgétaires disponibles ;
4° Il participe à la définition des règles générales d'organisation et de fonctionnement des greffes des tribunaux et des cours et en suit la mise en œuvre ;
5° Il participe avec voix consultative aux commissions administratives paritaires du cadre national des personnels des préfectures lorsque l'ordre du jour appelle l'examen de questions intéressant la situation administrative des fonctionnaires de ce cadre affectés dans un greffe de tribunal ou de cour ;
6° Il participe avec voix consultative aux comités techniques paritaires centraux du ministère de l'intérieur lorsque l'ordre du jour appelle l'examen de questions relatives à l'organisation et au fonctionnement des greffes des tribunaux et des cours, à la répartition de leurs effectifs et à la formation de leurs personnels ;
7° Il réalise, à la demande du Conseil supérieur, ou de son président, toutes études relatives à l'organisation et au fonctionnement des tribunaux et des cours ou à la procédure suivie devant eux ;
8° Il rend compte périodiquement de l'exécution de ses missions au Conseil supérieur.

■ **Textes sources**

– Décret nº 87-554 du 17 juillet 1987, article 26.

Les services assistant le secrétaire général du Conseil supérieur des tribunaux administratifs et cours administratives d'appel

Art. R. 232-29 Pour l'accomplissement des missions mentionnées à l'article R. 232-28, le secrétaire général bénéficie de l'assistance des services du secrétariat général du Conseil d'État et, en tant que de besoin, de ceux du ministère de la justice et du ministère de l'intérieur.

■ **Textes sources**

– Décret nº 87-554 du 17 juillet 1987, article 27.

CHAPITRE 3 Nomination et recrutement

SECTION 1 *Dispositions générales*

La nomination des membres du corps des tribunaux administratifs et des cours administratives d'appel

Art. L. 233-1 Les membres du corps des tribunaux administratifs et des cours administratives d'appel sont nommés et promus par décret du président de la République.

■ **Textes sources**

– Loi n° 86-14 du 6 janvier 1986, article 1, § 1.

Le recrutement parmi les anciens élèves de l'École nationale d'administration

Art. L. 233-2 Les membres du corps des tribunaux administratifs et des cours administratives d'appel sont recrutés parmi les anciens élèves de l'École nationale d'administration, sous réserve des dispositions des articles L. 233-3, L. 233-4, L. 233-5 et L. 233-6.

■ **Textes sources**

– Loi n° 86-14 du 6 janvier 1986, article 7.

■ **Commentaires**

La loi a fait du corps des tribunaux administratifs et des cours administratives d'appel un corps « recruté par la voie de l'École nationale d'administration », quel que soit, en fait, le rapport numérique observé, tant en flux de recrutements qu'en « stocks », entre les anciens élèves de l'ENA et les membres issus d'une autre filière.

La nomination des membres issus de l'École nationale d'administration

Art. R. 233-1 Les membres du corps des tribunaux administratifs et des cours administratives d'appel recrutés au grade de conseiller parmi les anciens élèves de l'École nationale d'administration sont nommés directement au 3e échelon de ce grade et titularisés à compter du lendemain du dernier jour de leur scolarité.

Toutefois, si l'indice qu'ils détenaient dans leur corps ou emploi d'origine est supérieur à celui correspondant au 3e échelon du grade de conseiller, les membres des tribunaux administratifs et des cours administratives d'appel recrutés par la voie du concours interne de cette école sont placés à l'échelon du grade de conseiller comportant un traitement égal ou, à défaut, immédiatement supérieur à celui dont ils bénéficiaient dans leur corps d'origine ou dans leur emploi pour les agents non titulaires.

Dans la limite de l'ancienneté exigée à l'article R. 234-1 pour une promotion à l'échelon supérieur, ils conservent l'ancienneté d'échelon acquise dans leur précédent grade ou classe, lorsque l'augmentation de traitement consécutive à leur nomination est inférieure à celle qui résulterait d'un avancement d'échelon dans leur ancienne situation.

Les agents nommés alors qu'ils avaient atteint l'échelon le plus élevé de leur précédent grade ou classe conservent leur ancienneté d'échelon dans les mêmes conditions et limites, lorsque l'augmentation de traitement consécutive à leur nomination est inférieure à celle résultant d'un avancement à ce dernier échelon.

Ceux qui ont été recrutés par la voie du troisième concours sont placés au 6e échelon du grade de conseiller.

■ **Textes sources**

– Décret no 97-859 du 18 septembre 1997, article 4.

Le stage préalable au Conseil d'État

Art. R. 233-2 Avant leur première entrée en fonction, les premiers conseillers et les conseillers, quel que soit leur recrutement, reçoivent au Conseil d'État une formation complémentaire de six mois dont la durée est comptée comme services effectifs dans le corps des tribunaux administratifs et des cours administratives d'appel. Ils ne peuvent accomplir leur obligation de mobilité avant l'achèvement de cette période de formation.

■ **Textes sources**
– Décret nº 97-859 du 18 septembre 1997, article 9.

LES AFFECTATIONS

Art. R. 233-3 Les affectations et changements d'affectation sont prononcés par arrêté du ministre de la justice qui peut déléguer ces attributions au vice-président du Conseil d'État.

■ **Textes sources**
– Décret nº 97-859 du 18 septembre 1997, article 10.

SECTION 2 *Nomination au tour extérieur*

LA NOMINATION DE CONSEILLER AU TOUR EXTÉRIEUR

Art. L. 233-3 Pour trois membres du corps recrutés parmi les anciens élèves de l'École nationale d'administration au grade de conseiller, une nomination est prononcée au bénéfice des fonctionnaires civils ou militaires de l'État ou des fonctionnaires de la fonction publique territoriale appartenant à un corps de catégorie A ou de même niveau de recrutement justifiant, au 31 décembre de l'année considérée, d'au moins dix ans de services publics ou des magistrats de l'ordre judiciaire.

■ **Textes sources**
– Loi nº 86-14 du 6 janvier 1986, article 8, § 1.

LA NOMINATION DE PREMIER CONSEILLER AU TOUR EXTÉRIEUR

Art. L. 233-4 Pour sept conseillers promus au grade de premier conseiller, une nomination est prononcée, à condition qu'ils justifient d'au moins huit ans de services effectifs dans un ou plusieurs des corps ci-après, au bénéfice :
1° de fonctionnaires de l'un des corps recrutés par la voie de l'École nationale d'administration ;
2° de fonctionnaires appartenant à un autre corps de catégorie A, titulaires

de l'un des diplômes exigés pour se présenter au concours externe d'entrée à l'École nationale d'administration ainsi que d'un grade terminant au moins à l'indice brut 966 ;
3° de magistrats de l'ordre judiciaire ;
4° de professeurs et maîtres de conférences titulaires des universités ;
5° d'administrateurs territoriaux.
Pour bénéficier de cette nomination, les membres des corps soumis à l'obligation statutaire de mobilité doivent avoir satisfait à cette obligation.

■ **Textes sources**

– Loi n° 86-14 du 6 janvier 1986, article 8, § 2.

■ **Commentaires**

Comme il est de règle en matière de tour extérieur, la ou les nominations prévues par ce mécanisme doivent être prononcées, et selon le rythme prévu, faute de quoi aucune nomination au tour « normal » ne peut être décidée.
On remarquera qu'aucune nomination au tour extérieur n'est prévue au grade de président.

Le dépôt des candidatures au tour extérieur

Art. R. 233-4 Chaque année, le vice-président du Conseil d'État détermine le nombre des emplois dans les grades de conseiller et de premier conseiller à pourvoir en application des articles L. 233-3 et L. 233-4. Il fixe la date limite du dépôt des candidatures. Celles-ci lui sont adressées par les intéressés.
L'avis de recrutement est publié au *Journal officiel* de la République française un mois au moins avant la date de clôture des inscriptions.
Le dossier administratif des candidats est envoyé par l'autorité dont relèvent les intéressés au secrétaire général du Conseil d'État. Cette autorité doit indiquer si le candidat réunit les conditions d'ancienneté de services définies par les articles L. 233-3 et L. 233-4 ainsi que son classement hiérarchique et son niveau d'emploi.

■ **Textes sources**

– Décret n° 97-859 du 18 septembre 1997, article 5.

La détermination du nombre de nominations à prononcer au tour extérieur

Art. R. 233-5 Pour la détermination du nombre des nominations à prononcer au grade de conseiller en application de l'article L. 233-3, lorsque le nombre de conseillers nommés au titre d'une année donnée parmi les anciens élèves de l'École nationale d'administration n'est pas un multiple de trois, le reste est ajouté au nombre de conseillers nommés dans les mêmes conditions l'année suivante.

De même, pour la détermination du nombre des nominations au grade de premier conseiller en application de l'article L. 233-4, lorsque le nombre de conseillers promus au titre d'une année donnée au grade de premier conseiller n'est pas un multiple de sept, le reste est ajouté au nombre de conseillers promus au grade de premier conseiller l'année suivante.

■ **Textes sources**

– Décret n° 97-859 du 18 septembre 1997, article 6.

La titularisation des membres nommés au tour extérieur

Art. R. 233-6 Les fonctionnaires civils ou militaires de l'État, les magistrats de l'ordre judiciaire, les professeurs et maîtres de conférences titulaires des universités et les fonctionnaires territoriaux recrutés au tour extérieur en qualité de membres des tribunaux administratifs et des cours administratives d'appel sont nommés et titularisés dans leur grade à l'échelon comportant un indice égal ou, à défaut, immédiatement supérieur à celui dont ils bénéficiaient dans leur grade antérieur. Les services effectifs et l'ancienneté d'échelon sont décomptés à partir de la date de nomination des intéressés dans le corps des tribunaux administratifs et des cours administratives d'appel. Ceux qui percevaient dans leur ancien corps ou cadre d'emploi une rémunération supérieure à celle qui est afférente au dernier échelon du grade auquel ils ont été recrutés bénéficient d'une indemnité compensatrice.

■ **Textes sources**

– Décret n° 97-859 du 18 septembre 1997, article 7.

■ **Commentaires**

L'indemnité compensatrice prévue par cet article cesse d'être versée lorsque l'intéressé bénéficie d'une promotion de grade. Son calcul s'opère, en permanence, par comparaison entre le traitement perçu dans le corps des tribunaux administratifs et des cours administratives d'appel et celui qui, à la même date, aurait été perçu dans le corps d'origine, compte tenu des avancements d'échelon dont l'intéressé aurait bénéficié s'il y était demeuré.

SECTION 3 Recrutement après détachement

LE DÉTACHEMENT DANS LE CORPS DES TRIBUNAUX ADMINISTRATIFS ET DES COURS ADMINISTRATIVES D'APPEL

Art. L. 233-5 Les magistrats de l'ordre judiciaire, les professeurs et maîtres de conférences titulaires des universités et les fonctionnaires appartenant à un corps recruté par la voie de l'École nationale d'administration peuvent être détachés aux grades de conseiller ou de premier conseiller dans le corps des tribunaux administratifs et cours administratives d'appel. Ils ne peuvent être intégrés qu'au terme de trois années de services effectifs en détachement dans ce corps et s'ils satisfont aux conditions prévues aux articles L. 233-3 et L. 233-4 pour l'accès au grade dont il s'agit.

Il ne peut être mis fin à des détachements dans le corps que sur demande des intéressés ou pour motifs disciplinaires.

Ces dispositions sont également applicables aux fonctionnaires appartenant à des corps de la fonction publique territoriale de même niveau de recrutement dans des conditions fixées par décret en Conseil d'État.

■ **Textes sources**

– Loi n° 86-14 du 6 janvier 1986, article 12.

■ **Commentaires**

Cet article prévoit un détachement, en seule qualité de conseiller, des agents qu'il mentionne. Il est doublement dérogatoire : en premier lieu, et contrairement aux usages dans la fonction publique, ce détachement n'est pas révocable, sauf sur demande de l'intéressé ou pour motif disciplinaire. En second lieu, les intéressés ont, au terme d'un détachement de trois ans, vocation à être titularisés dans le corps, dans l'un des grades occupés par les conseillers, et en fonction des conditions énoncées au titre du tour extérieur. D'où il suit que les magistrats judiciaires, les professeurs et maîtres de conférence, ainsi que les membres de corps recrutés par la voie de l'ENA peuvent entrer dans le corps des membres des tribunaux administratifs et des cours administratives d'appel

soit par le tour extérieur, soit par détachement suivi d'une intégration. Ce qui n'est pas le cas des autres agents de catégorie A.
On rappelle que l'article L. 232-1 confère au CSTACAA un pouvoir de proposition en matière de détachement.
Pour l'application de ce texte, le membre d'un corps recruté au sein de corps eux-mêmes recrutés par la voie de l'ENA est regardé comme membre d'un corps recruté par la voie de l'ENA : un préfet peut donc être détaché comme conseiller de tribunal administratif (CE 28 juillet 1999, Syndicat de la juridiction administrative [1]).

□ ***Jurisprudence***

[**1**] Considérant qu'aux termes du premier alinéa de l'article 12 de la loi du 6 janvier 1986 dans sa rédaction applicable à la date du décret attaqué : « Les magistrats de l'ordre judiciaire et les fonctionnaires appartenant à un corps recruté par la voie de l'École nationale d'administration peuvent être détachés en qualité de conseiller, dans le corps des tribunaux administratifs et cours administratives d'appel. Ils ne peuvent être intégrés qu'au terme de trois années de services effectifs » ; qu'en édictant cette disposition relative au détachement en qualité de conseiller dans le corps des tribunaux administratifs et cours administratives d'appel, le législateur a autorisé, outre le détachement des magistrats de l'ordre judiciaire en cette qualité, celui des fonctionnaires appartenant à un corps normalement recruté parmi les anciens élèves de l'École nationale d'administration et celui des fonctionnaires appartenant à un corps dont, en vertu de ses règles statutaires, le recrutement est principalement assuré parmi des fonctionnaires provenant d'un ou de plusieurs corps eux-mêmes normalement recrutés parmi les anciens élèves de l'École nationale d'administration ;
Considérant, d'une part, qu'aux termes de l'article 1er du décret du 29 juillet 1964 susvisé : « Les préfets sont nommés par décret du président de la République [...]. Les nominations impliquent affectation à un poste territorial [...] » ; qu'aux termes de l'article 2 du même décret : « Les sous-préfets qui exercent des fonctions territoriales peuvent être nommés préfets en poste territorial s'ils occupent depuis deux ans ou ont occupé pendant deux ans un poste territorial de 1re catégorie » ; qu'aux termes de l'article 6 du même décret : « Le nombre des préfets occupant un poste territorial qui, au moment de leur nomination, n'entraient pas dans les cas prévus à l'article 2, ne peut excéder le cinquième de l'effectif global des préfets servant dans ces postes » ; que, par l'effet de ces dispositions, le recrutement des préfets est principalement assuré parmi les sous-préfets ;
Considérant, d'autre part, qu'aux termes de l'article 5 du décret du 14 mars 1964 susvisé : « Les sous-préfets sont recrutés parmi les administrateurs civils. Ils peuvent l'être également parmi les fonctionnaires des autres corps de l'État dont le recrutement est normalement assuré par l'École nationale d'administration » ; que si certains postes de sous-préfets sont pourvus par des fonctionnaires n'appartenant pas à un corps recruté par la voie de l'École nationale d'administration, le nombre des postes pouvant être ainsi pourvus est déterminé en proportion du nombre de postes pourvus par la voie statutaire de recrutement définie par les dispositions précitées ; qu'ainsi, le recrutement du corps des sous-préfets est normalement assuré par la voie de ladite école ;
Considérant que, dans ces conditions, les préfets sont principalement recrutés parmi les membres

d'un corps dont le recrutement est normalement assuré parmi les anciens élèves de l'École nationale d'administration ; qu'ainsi le corps des préfets constitue un corps recruté par la voie de l'École nationale d'administration au sens des dispositions précitées de l'article 12 de la loi du 6 janvier 1986 susvisé ; que dès lors, le décret attaqué nommant M. Gadbin, préfet, en qualité de conseiller hors classe du corps des membres des tribunaux administratifs et des cours administratives d'appel et le plaçant en service détaché n'est pas entaché de violation de l'article 12 précité de la loi du 6 janvier 1986...

LA NOMINATION ET LE STATUT DE L'AGENT DÉTACHÉ

Art. R. 233-7 Les magistrats de l'ordre judiciaire, les professeurs et maîtres de conférences titulaires des universités, les fonctionnaires appartenant à un corps recruté par la voie de l'École nationale d'administration et les fonctionnaires territoriaux sont détachés dans le corps des tribunaux administratifs et des cours administratives d'appel à grade équivalent et à l'échelon comportant un indice égal ou, à défaut, immédiatement supérieur à celui qu'ils détenaient dans leur corps d'origine. Ils concourent pour l'avancement de grade et d'échelon avec les membres du corps.

■ **Textes sources**

– Décret n° 97-859 du 18 septembre 1997, article 8 ;

SECTION 4 *Recrutement complémentaire*

La présente section ne comprend pas de dispositions réglementaires.

LE RECRUTEMENT COMPLÉMENTAIRE

Art. L. 233-6 Le recrutement complémentaire, par voie de concours, de membres du corps des tribunaux administratifs et des cours administratives d'appel du grade de conseiller, organisé par l'article 1er de la loi n° 80-511 du 7 juillet 1980 relative au recrutement des membres des tribunaux administratifs et des cours administratives d'appel, est prorogé jusqu'au 31 décembre 2004. Pour les années 2000, 2001 et 2002, il pourra être dérogé aux dispositions de cette loi limitant le nombre de postes offerts au titre du recrutement complémentaire au nombre de ceux pourvus au titre du recrutement statutaire.

■ **Textes sources**

– Loi n° 86-14 du 6 janvier 1986, article 9.

■ **Commentaires**

En principe, ne doivent pas figurer dans les codes de dispositions temporaires. Toutefois, le « recrutement complémentaire », prévu à l'origine à titre exceptionnel, et toujours assorti d'une date limite, a une telle ancienneté (il remonte à un décret de 1975...), qu'il est regardé comme permanent, même si, avec constance, le législateur en fixe la limite dans le temps.

Les contraintes de recrutement expliquent cet état de fait, comme aussi la mise entre parenthèses régulière du « verrou » instauré par la loi du 7 juillet 1980, qui entendait interdire que les flux de recrutements issus du recrutement « complémentaire » soient plus importants que ceux provenant du recrutement « statutaire », à savoir de l'ENA. Ce qui n'était que la traduction du principe posé par ce qui est devenu l'article L. 233-2.

SECTION 5 *Maintien en surnombre*

La présente section ne comprend pas de dispositions réglementaires.

LE MAINTIEN EN SURNOMBRE

Art. L. 233-7 À titre exceptionnel et jusqu'au 31 décembre 2004, les membres du corps des tribunaux administratifs et des cours administratives d'appel, lorsqu'ils atteignent la limite d'âge résultant de la loi n° 84-834 du 13 septembre 1984 relative à la limite d'âge dans la fonction publique et le secteur public, sont, sur leur demande, maintenus en activité, en surnombre, pour exercer l'une des fonctions dévolues aux premiers conseillers pendant une durée de trois ans non renouvelable.

■ **Textes sources**

– Loi n° 87-1127 du 31 décembre 1987, article 8.

LE DROIT À RÉMUNÉRATION DES MAGISTRATS MAINTENUS EN FONCTIONS EN SURNOMBRE

Art. L. 233-8 Les personnes visées à l'article précédent conservent la rémunération afférente aux grade, classe et échelon qu'elles détenaient lorsqu'elles ont atteint la limite d'âge. Il leur est fait application des articles L. 26 *bis* et L. 63 du Code des pensions civiles et militaires de retraite.

■ **Textes sources**

– Loi nº 87-1127 du 31 décembre 1987, article 9.

■ **Commentaires**

Même observation que ci-dessus. Ces dispositions en principe temporaires ne devraient pas se trouver dans un code. On devine toutefois que leur reconduction est d'ores et déjà prévue... Le maintien en fonctions ne peut s'opérer que dans les fonctions de conseiller.

CHAPITRE 4 Avancement

LE TABLEAU D'AVANCEMENT

Art. L. 234-1 L'avancement des membres du corps des tribunaux administratifs et des cours administratives d'appel a lieu de grade à grade après inscription au tableau d'avancement. Ce tableau est établi sur proposition du Conseil supérieur des tribunaux administratifs et cours administratives d'appel.

■ Textes sources

– Loi nº 86-14 du 6 janvier 1986, article 16, § 1.

LA NOMINATION DES PRÉSIDENTS

Art. L. 234-2 Les présidents sont nommés au choix sur proposition du Conseil supérieur des tribunaux administratifs et cours administratives d'appel après inscription au tableau d'avancement parmi les membres du corps des tribunaux administratifs et cours administratives d'appel comptant huit ans de services effectifs et ayant soit satisfait à l'obligation de mobilité pour ceux qui ont été recrutés postérieurement au 12 mars 1971, soit exercé leurs fonctions juridictionnelles pendant trois ans dans une cour administrative d'appel.

Toutefois, dans la limite de deux ans, les services rendus au titre de l'obligation de mobilité sont assimilés à des services effectifs dans les tribunaux administratifs et cours administratives d'appel.

■ Textes sources

– Loi nº 86-14 du 6 janvier 1986, article 16, § 2 et 3.

■ Commentaires

On notera d'une part le pouvoir de proposition conféré au CSTACAA, d'autre part la disposition permettant à un conseiller qui a occupé pendant trois ans au moins des fonctions dans une cour administrative d'appel d'être nommé président sans avoir accompli son obligation de mobilité. Cette entorse au principe qui veut qu'un magistrat administratif exerce, pendant sa carrière, des fonctions administratives, principe qui trouve entre autres sa traduction dans l'obligation de mobilité, s'explique par les difficultés qu'il y a eu à pourvoir les emplois disponibles dans les cours administratives d'appel, compte tenu du parti retenu de n'y nommer des magistrats que par voie de mutation (voir les commentaires sous l'article L. 222-5). L'équivalence partielle ici créée entre les fonctions en cour et la mobilité a eu pour objet (et pour effet) de créer une certaine incitation à la candidature pour des fonctions en cour administrative d'appel.

LES FONCTIONS DES PRÉSIDENTS

Art. L. 234-3 Les présidents occupent les fonctions, dans une cour administrative d'appel, de président de chambre ou d'assesseur ; dans un tribunal administratif, de président ou de vice-président du tribunal ; au tribunal administratif de Paris, ils occupent en outre les fonctions de président ou de vice-président de section.

■ **Textes sources**
– Loi n° 86-14 du 6 janvier 1986, article 16-1, § 1.

LA LISTE D'APTITUDE À CERTAINES FONCTIONS DE PRÉSIDENTS

Art. L. 234-4 Les fonctions de président de chambre dans une cour administrative d'appel, de président d'un tribunal administratif comportant moins de cinq chambres ou de président de section au tribunal administratif de Paris sont accessibles aux membres du corps des tribunaux administratifs et cours administratives d'appel titulaires du grade de président depuis au moins deux ans. La première nomination dans l'une de ces fonctions est subordonnée à l'inscription sur une liste d'aptitude annuelle établie sur proposition du Conseil supérieur des tribunaux administratifs et des cours administratives d'appel.

■ **Textes sources**
– Loi n° 86-14 du 6 janvier 1986, article 16-1, § 2.

LA LISTE D'APTITUDE À D'AUTRES FONCTIONS DE PRÉSIDENTS

Art. L. 234-5 Les fonctions de président du tribunal administratif de Paris, de vice-président de ce même tribunal et de président d'un tribunal administratif comportant au moins cinq chambres sont accessibles aux membres du corps des tribunaux administratifs et cours administratives d'appel titulaires du grade de président depuis au moins quatre ans. La première nomination dans l'une de ces fonctions est subordonnée à l'inscription sur une liste d'aptitude annuelle établie sur proposition du Conseil supérieur des tribunaux administratifs et des cours administratives d'appel.

■ Textes sources

– Loi n° 86-14 du 6 janvier 1986, article 16-1, § 3.

■ Commentaires

La dissociation du grade et de la fonction est le résultat de l'effort effectué pour simplifier le tableau des grades : à un seul grade de président correspondent des fonctions plus ou moins élevées, auxquelles les intéressés n'accèdent – à partir des fonctions énumérées à l'article L. 234-4 – que par inscription sur une « liste d'aptitude », rémanence de l'ancien tableau d'avancement. Dans la même logique, ces fonctions (voir art. R. 234-1) correspondent à un échelon, et non à un grade : ainsi parle-t-on désormais, en application de l'article R. 234-6, de « P5 » (président de 5e échelon) ou de « P6 » (président de 6e échelon), au lieu des anciens « présidents hors classe ».

LES ÉCHELONS DANS LES DIVERS GRADES

Art. R. 234-1 Le grade de président comporte sept échelons dont trois sont fonctionnels ; ceux de premier conseiller et de conseiller en comportent respectivement six et sept.

Le temps à passer dans chacun des échelons pour accéder à l'échelon supérieur est fixé à :

1° Un an pour les quatre premiers échelons du grade de conseiller ;

2° Deux ans pour les 5e et 6e échelons du grade de conseiller, pour les trois premiers échelons du grade de premier conseiller et pour le premier échelon du grade de président ;

3° Trois ans pour les 4e et 5e échelons du grade de premier conseiller et pour les 2e et 3e échelons du grade de président.

L'avancement d'échelon est prononcé par arrêté du vice-président du Conseil d'État.

■ Textes sources

– Décret n° 97-859 du 18 septembre 1997, article 11.

LA NOMINATION DES PREMIERS CONSEILLERS

Art. R. 234-2 Les premiers conseillers sont nommés au choix après inscription au tableau d'avancement parmi les conseillers qui justifient de quatre années de services effectifs dans le corps et ont atteint le 7e échelon de leur grade. Ils sont classés au premier échelon du grade de premier conseiller et conservent dans la limite de deux ans l'ancienneté acquise dans l'échelon précédent.

■ Textes sources

– Décret no 97-859 du 18 septembre 1997, article 12.

LA PRISE EN COMPTE DE CERTAINS SERVICES EFFECTIFS

Art. R. 234-3 Pour l'application des articles R. 233-7 et R. 234-2 ci-dessus, les services effectifs accomplis dans un autre corps recruté par la voie de l'École nationale d'administration sont assimilés à des services effectifs dans le corps des tribunaux administratifs et des cours administratives d'appel.

■ Textes sources

– Décret no 97-859 du 18 septembre 1997, article 13.

■ Commentaires

La règle énoncée à l'article R. 234-3 est interprétée strictement : elle ne s'étend pas aux services accomplis en qualité de magistrat de l'ordre judiciaire (CE sect. 19 novembre 1999, Coent-Bochard [1]).

□ ***Jurisprudence***

[1] Considérant qu'aux termes de l'article 13 du décret susvisé du 28 septembre 1988 : « Les conseillers hors classe sont nommés au choix après inscription au tableau d'avancement parmi les conseillers de 1re classe qui justifient de cinq années de services effectifs dans le corps et ont atteint au moins le 2e échelon de la 1re classe » ; qu'aux termes du 1er alinéa de l'article 8 de ce décret « les magistrats de l'ordre judiciaire, les fonctionnaires appartenant à un corps recruté par la voie de l'École nationale d'administration ainsi que les fonctionnaires membres du cadre d'emploi des administrateurs territoriaux peuvent être détachés dans le corps des tribunaux administratifs et des cours administratives d'appel » ; qu'aux termes du second alinéa du même article 8 : « Leur détachement est prononcé dans les emplois de conseiller à grade équivalent et à l'échelon comportant un indice égal, ou à défaut, immédiatement supérieur à celui qu'ils percevaient dans leur corps ou cadre d'emploi d'origine. Ils concourent pour l'avancement de grade et d'échelon avec les

membres du corps » ; qu'enfin, l'article 14 du même décret dispose que « pour l'application de l'article 8, deuxième alinéa, et des articles 12 et 13 ci-dessus, les services effectifs accomplis dans un autre corps recruté par la voie de l'École nationale d'administration sont assimilés à des services effectifs dans le corps des tribunaux administratifs et des cours administratives d'appel » ; qu'aucune disposition de ce décret n'assimile, notamment pour l'application de l'article 13, les services accomplis comme magistrat judiciaire à des services effectifs dans le corps des tribunaux administratifs et des cours administratives d'appel ;

Considérant, il est vrai, que l'article 76-2 de l'ordonnance susvisée du 22 décembre 1958 relative au statut de la magistrature, dans sa rédaction résultant de la loi organique du 25 février 1992, dispose que : « Les magistrats peuvent sur leur demande être soit détachés, soit intégrés après détachement, soit nommés au tour extérieur dans un corps recruté par la voie de l'École nationale d'administration dans les conditions et selon les modalités prévues par le statut particulier dudit corps pour l'ensemble des fonctionnaires issus des autres corps recrutés par la voie de l'École nationale d'administration" ;

Mais considérant que ces dispositions qui prévoient seulement – pour l'ensemble des corps recrutés par la voie de l'École nationale d'administration, et non pas spécialement pour le corps des tribunaux administratifs et des cours administratives d'appel – les conditions et modalités selon lesquelles les magistrats de l'ordre judiciaire peuvent accéder à ces corps sont, par elles-mêmes, sans incidence sur les conditions de l'avancement ultérieur de ces magistrats dans ces corps ; que, notamment elles n'ont pas directement pour effet de faire bénéficier les magistrats de l'ordre judiciaire de dispositions analogues à celles de l'article 14 précité du décret du 28 septembre 1988 et d'assimiler pour l'application de l'article 13 de ce décret les services effectifs accomplis en qualité de magistrat de l'ordre judiciaire à des services effectifs dans le corps des membres des tribunaux administratifs et des cours administratives d'appel...

LE CLASSEMENT DES MAGISTRATS PROMUS

Art. R. 234-4 Les présidents sont classés, lors de leur promotion, à l'échelon comportant un indice égal à celui dont ils bénéficiaient antérieurement. Ils conservent à cette occasion l'ancienneté acquise dans le précédent échelon dans la limite de la durée des services nécessaires pour accéder à l'échelon immédiatement supérieur. Toutefois les premiers conseillers promus au grade de président avant d'avoir atteint le 4e échelon de leur ancien grade sont classés au 1er échelon du grade de président sans ancienneté.

Textes sources

– Décret no 97-859 du 18 septembre 1997, article 14.

L'ÉTABLISSEMENT DES LISTES D'APTITUDE

Art. R. 234-5 Les listes d'aptitude annuelles prévues aux articles L. 234-4 et L. 234-5 sont dressées par ordre alphabétique et arrêtées par décret du président de la République.

Ces listes comportent les noms de ceux des membres du corps qui, remplissant les conditions d'ancienneté requises, se sont portés candidats pour y être inscrits et ont été reconnus aptes à l'exercice des fonctions auxquelles elles donnent accès.

■ **Textes sources**

– Décret n° 97-859 du 18 septembre 1997, article 15.

LA CORRESPONDANCE ENTRE FONCTIONS DES PRÉSIDENTS ET ÉCHELONS DE LEUR GRADE

Art. R. 234-6 Le président du tribunal administratif de Paris est classé au 7e échelon du grade de président.

Le président nommé dans la fonction de vice-président du tribunal administratif de Paris et les présidents nommés dans la fonction de président d'un tribunal administratif comportant au moins cinq chambres sont classés au 6e échelon de leur grade.

Les présidents nommés dans la fonction de président de chambre dans une cour administrative d'appel, de président d'un tribunal administratif comportant moins de cinq chambres ou de président de section au tribunal administratif de Paris sont classés au 5e échelon de leur grade.

■ **Textes sources**

– Décret n° 97-859 du 18 septembre 1997, article 16.

LA NOTATION DES CHEFS DE JURIDICTION

Art. R. 234-7 Les dispositions du titre II du décret n° 59-308 du 14 février 1959 relatif aux conditions générales de notation et d'avancement des fonctionnaires ne sont pas applicables aux membres du corps des tribunaux administratifs et des cours administratives d'appel.

Pour l'application du titre Ier du même décret, le pouvoir de notation à l'égard des présidents exerçant les fonctions de président d'un tribunal administratif appartient au chef de la mission permanente d'inspection des juridictions administratives

■ Textes sources

– Décret nº 97-859 du 18 septembre 1997, article 17.

CHAPITRE 5 Positions

Le présent chapitre ne comprend pas de dispositions législatives.

Le détachement et la mise à disposition des membres du corps des tribunaux administratifs et des cours administratives d'appel

Art. R. 235-1 Sous réserve des dispositions de l'article R. 235-2, les membres du corps des tribunaux administratifs et des cours administratives d'appel ne peuvent être détachés ou placés en position de mise à disposition avant d'avoir accompli quatre années de services effectifs dans leur corps d'appartenance.

Les détachements ou mises à disposition auxquels il est procédé en application de l'alinéa précédent ainsi que les décisions de maintien dans l'une ou l'autre de ces positions sont prononcés sur la demande des intéressés, après avis du chef de la mission permanente d'inspection des juridictions administratives.

■ **Textes sources**
– Décret n° 97-859 du 18 septembre 1997, article 18.

L'obligation de mobilité

Art. R. 235-2 Les membres du corps des tribunaux administratifs et des cours administratives d'appel satisfont à l'obligation de mobilité dans les conditions définies par le décret n° 97-274 du 21 mars 1997. À la fin de la période au cours de laquelle ils ont accompli la mobilité, ils sont réintégrés de droit et au besoin en surnombre dans leur corps d'origine. Chacun d'eux doit retrouver, s'il le demande, une affectation dans la juridiction à laquelle il était précédemment affecté lorsqu'une vacance y est ouverte à la fin de sa période de mobilité.

■ **Textes sources**
– Décret n° 97-859 du 18 septembre 1997, article 19.

CHAPITRE 6 Discipline

Le présent chapitre ne comprend pas de dispositions réglementaires.

LE PRONONCÉ DES MESURES DISCIPLINAIRES

Art. L. 236-1 Les mesures disciplinaires sont prises sur proposition du Conseil supérieur des tribunaux administratifs et cours administratives d'appel saisi par le président du tribunal administratif ou de la cour administrative d'appel auquel appartient le membre du corps concerné ou par le chef de la mission d'inspection des tribunaux administratifs et cours administratives d'appel.

■ **Textes sources**

– Loi n° 86-14 du 6 janvier 1986, article 17, § 1.

LA SUSPENSION EN CAS DE MANQUEMENT GRAVE

Art. L. 236-2 Lorsqu'un membre du corps des tribunaux administratifs et cours administratives d'appel commet un manquement grave rendant impossible son maintien en fonctions et si l'urgence le commande, l'auteur de ce manquement peut être immédiatement suspendu sur proposition du président du Conseil supérieur des tribunaux administratifs et cours administratives d'appel. La suspension ne peut être rendue publique.

Dès la saisine du Conseil supérieur, l'intéressé a droit à la communication intégrale de son dossier et de tous les documents annexés. Il peut se faire assister par un ou plusieurs défenseurs de son choix.

■ **Textes sources**

– Loi n° 86-14 du 6 janvier 1986, article 17, § 2 et 3.

LA DÉROGATION À LA RÈGLE D'INAMOVIBILITÉ EN CAS DE MESURE DISCIPLINAIRE

Art. L. 236-3 Les dispositions de l'article L. 231-3 ne sont pas applicables lorsque les membres du corps des tribunaux administratifs et cours administratives d'appel font l'objet d'un déplacement d'office pour raison disciplinaire.

■ **Textes sources**

– Loi nº 86-14 du 6 janvier 1986, article 17, § 4.

■ **Commentaires**

Cet article déroge, en matière disciplinaire, à la règle d'inamovibilité.

CHAPITRE 7

De la participation des membres du corps des tribunaux administratifs et des cours administratives d'appel à des activités administratives ou d'intérêt général

Le présent chapitre ne comprend pas de dispositions législatives.

La participation des membres du corps des tribunaux administratifs et des cours administratives d'appel à des travaux administratifs

Art. R. 237-1 Indépendamment des fonctions juridictionnelles qui leur sont confiées, les membres du corps des tribunaux administratifs et cours administratives d'appel peuvent, avec l'autorisation du président de la juridiction à laquelle ils appartiennent, participer à certains travaux des administrations publiques.

■ **Textes sources**

- Code des TA et des CAA, article R. 2.
- Loi nº 86-14 du 6 janvier 1986, article 10.
- Décret nº 97-859 du 18 septembre 1997, article 1, § 2.

L'avis du Conseil supérieur des tribunaux administratifs et des cours administratives d'appel sur la participation d'un membre du corps des tribunaux administratifs et des cours administratives d'appel à des fonctions non juridictionnelles

Art. R. 237-2 Toute disposition prévoyant la participation des membres des tribunaux administratifs et des cours administratives d'appel à d'autres fonctions que celles qui sont mentionnées à l'article R. 231-1 est soumise pour avis au Conseil supérieur des tribunaux administratifs et des cours administratives d'appel.

■ **Textes sources**

- Décret nº 97-859 du 18 septembre 1997, article 1, § 3.

■ **Commentaires**

On notera, outre le fait que la mission des magistrats concernés est d'effectuer plus que des travaux juridictionnels, que leur participation aux travaux des administrations publiques ne peut être pratiquée qu'avec l'autorisation de leur chef de juridiction.

Quant à l'article R. 237-2 (qui crée un mécanisme d'avis obligatoire), il a pour objet d'éviter que les textes réglementaires ne multiplient à l'excès la participation de ces magistrats à des fonctions non juridictionnelles, au détriment de l'exercice des fonctions principales qui leur sont confiées.

Livre III

La compétence

TITRE I La compétence de premier ressort

CHAPITRE 1 La compétence en raison de la matière

LE JUGE DE DROIT COMMUN

Art. L. 311-1 Les tribunaux administratifs sont, en premier ressort, juges de droit commun du contentieux administratif, sous réserve des compétences que l'objet du litige ou l'intérêt d'une bonne administration de la justice conduisent à attribuer au Conseil d'État.

■ **Textes sources**
– Ordonnance n° 2000-387 du 4 mai 2000, article 1er.

LA COMPÉTENCE DU CONSEIL D'ÉTAT EN MATIÈRE DE CHANGEMENT DE NOM

Art. L. 311-2 Le Conseil d'État est compétent pour connaître, en premier et dernier ressort, des oppositions aux changements de noms prononcés en vertu de l'article 61 du Code civil.

■ **Textes sources**
– Décret n° 53-1169 du 28 novembre 1953, article 2, § 1.

LA COMPÉTENCE DE PREMIER RESSORT DU CONSEIL D'ÉTAT EN MATIÈRE ÉLECTORALE

Art. L. 311-3 Le Conseil d'État est compétent en premier et dernier ressort pour connaître des protestations dirigées contre :
1° l'élection des représentants au Parlement européen, conformément à l'article 25 de la loi n° 77-729 du 7 juillet 1977 relative à l'élection des représentants au Parlement européen ;
2° les élections aux conseils régionaux et à l'Assemblée de Corse conformément aux articles L. 361 et L. 381 du Code électoral ;

3° les élections au congrès et aux assemblées de province de la Nouvelle-Calédonie, conformément à l'article 199 de la loi organique n° 99-209 du 19 mars 1999 relative à la Nouvelle-Calédonie, ainsi que l'élection des membres, du président et du vice-président du gouvernement de la Nouvelle-Calédonie et les recours concernant la démission d'office des membres du gouvernement, du congrès et des assemblées de province de Nouvelle-Calédonie conformément aux articles 72, 110, 111, 112, 115, 116, 165, 195 et 197 de la même loi organique ;
4° les élections à l'assemblée de la Polynésie française, conformément à l'article 10 de la loi n° 52-1175 du 21 octobre 1952 relative à la composition et à la formation de l'assemblée territoriale de la Polynésie française ;
5° les élections à l'assemblée territoriale de Wallis-et-Futuna, conformément à l'article 13-12 de la loi n° 61-814 du 29 juillet 1961 conférant aux îles Wallis-et-Futuna le statut de territoire d'outre-mer ;
6° les élections au Conseil supérieur des Français de l'étranger, conformément à l'article 9 de la loi n° 82-471 du 7 juin 1982 relative au Conseil supérieur des Français de l'étranger.

■ **Textes sources**

– Ordonnance n° 2000-387 du 4 mai 2000, article 1er.

LA COMPÉTENCE DE PREMIER RESSORT DU CONSEIL D'ÉTAT EN PLEIN CONTENTIEUX

Art. L. 311-4 Le Conseil d'État connaît, en premier et dernier ressort, des recours de pleine juridiction qui lui sont attribués en vertu :
1° de l'article L. 310-18 du Code des assurances contre les décisions de sanction prises par la commission de contrôle des assurances ;
2° de l'article L. 313-13 du Code de la construction et de l'habitation contre les décisions de sanction prises par le ministre chargé du logement ;
3° de l'article L. 36-11 du Code des postes et télécommunications contre les décisions de sanction prises par l'autorité de régulation des télécommunications ;
4° de l'article L. 951-10 du Code de la Sécurité sociale et l'article L. 531-6 du Code de la mutualité contre les décisions de sanction prises par la commission de contrôle des institutions de retraite et de prévoyance ;
5° de l'article 42-8 de la loi n° 86-1067 du 30 septembre 1986 contre les décisions du Conseil supérieur de l'audiovisuel visées aux articles 42-1, 42-3 et 42-4 de cette loi ;
6° de l'article 71 de la loi n° 96-597 du 2 juillet 1996 contre les décisions

de sanction prises par la Commission des opérations de bourse à l'encontre des prestataires de service d'investissement agréés ;
7° de l'article 33-3 de la loi n° 88-1201 du 23 décembre 1988 contre les décisions de sanction prises par le conseil de discipline de la gestion financière ;
8° de l'article 26 de la loi n° 99-223 du 23 mars 1999 contre les décisions de sanction du Conseil de prévention et de lutte contre le dopage ;
9° de l'article 40 de la loi n° 2000-108 du 10 février 2000 contre les décisions de sanction prises par la Commission de régulation de l'électricité.

■ **Textes sources**
– Ordonnance n° 2000-387 du 4 mai 2000.

LA COMPÉTENCE DE PREMIER RESSORT DU CONSEIL D'ÉTAT SUR LES ACTIONS DES CONTRIBUABLES DES COLLECTIVITÉS TERRITORIALES

Art. L. 311-5 Le Conseil d'État est compétent en premier et dernier ressort pour connaître des recours dirigés contre les décisions des tribunaux administratifs visées à l'article L. 212-2.

■ **Textes sources**
– Décret n° 53-934 du 30 septembre 1953, article 2, 7°.
– Décret n° 53-1169 du 28 novembre 1953, article 2, 10°.

L'ARBITRAGE

Art. L. 311-6 Par dérogation aux dispositions du présent code déterminant la compétence des juridictions de premier ressort, il est possible de recourir à l'arbitrage dans les cas prévus par :
1° l'article 69 de la loi du 17 avril 1906 portant fixation du budget général des dépenses et des recettes de l'exercice 1906, repris aux articles 247 et 361 du Code des marchés publics ;
2° l'article 7 de la loi n° 75-596 du 9 juillet 1975 portant diverses dispositions relatives à la réforme de la procédure civile ;
3° l'article 19 de la loi n° 82-610 du 15 juillet 1982 d'orientation et de programmation pour la recherche et le développement technologique ;
4° l'article 25 de la loi n° 82-1153 du 30 décembre 1982 d'orientation des transports intérieurs ;

5° l'article 9 de la loi n° 86-972 du 19 août 1986 portant dispositions diverses relatives aux collectivités locales ;
6° l'article 28 de la loi n° 90-568 du 2 juillet 1990 relative à l'organisation du service public de la poste et des télécommunications ;
7° l'article 24 de la loi n° 95-877 du 3 août 1995 portant transposition de la directive 93/7 du 15 mars 1993 du Conseil des Communautés européennes relative à la restitution des biens culturels ayant quitté illicitement le territoire d'un État membre ;
8° l'article 3 de la loi 97-135 du 13 février 1997 portant création de l'établissement public « Réseau ferré de France » en vue du renouveau du transport ferroviaire.

■ **Textes sources**

– Ordonnance n° 2000-387 du 4 mai 2000, article 1er.

■ **Commentaires**

Tout en posant un principe – les tribunaux administratifs sont juges de droit commun – et la possibilité d'exceptions motivées par la « nature du litige » ou « l'intérêt d'une bonne administration de la justice » (exceptions qui seront déclinées dans la partie réglementaire), ces articles reprennent des attributions légales de compétence en premier ressort au profit du Conseil d'État, et – c'est le principal intérêt de l'article L. 311-6 – balaient les possibilités d'arbitrage ouvertes en matière administrative. On rappelle à cet égard que la clause compromissoire est nulle (CE sect. 3 mars 1989, Société des autoroutes de la région Rhône-Alpes, *Lebon* p. 69), mais que le compromis est, s'il est expressément prévu par un texte, licite. La liste de l'article L. 311-6 est à cet égard précieuse.

Les autres compétences de premier ressort du Conseil d'État

Art. R. 311-1 Le Conseil d'État est compétent pour connaître en premier et dernier ressort :
1° Des recours dirigés contre les ordonnances du président de la République et les décrets ;
2° Des recours dirigés contre les actes réglementaires des ministres ainsi que contre les actes des ministres qui ne peuvent être pris qu'après avis du Conseil d'État ;
3° Des litiges relatifs à la situation individuelle des fonctionnaires nommés par décret du président de la République en vertu des dispositions de l'article 13 (3e alinéa) de la Constitution et des articles 1er et 2 de l'ordon-

nance n° 58-1136 du 28 novembre 1958 portant loi organique concernant les nominations aux emplois civils et militaires de l'État ;
4° Des recours dirigés contre les décisions administratives des organismes collégiaux à compétence nationale ;
5° Des recours dirigés contre les actes administratifs dont le champ d'application s'étend au-delà du ressort d'un seul tribunal administratif ;
6° Des litiges d'ordre administratif nés hors des territoires soumis à la juridiction d'un tribunal administratif ou d'un conseil du contentieux administratif ;
7° Des litiges d'ordre administratif, autres que ceux relevant du contentieux local, nés dans le territoire des îles Wallis-et-Futuna ;
8° Des recours en interprétation et des recours en appréciation de légalité des actes dont le contentieux relève en premier et dernier ressort du Conseil d'État
9° Des recours dirigés contre les décisions ministérielles prises en matière de contrôle des concentrations économiques.

Textes sources

– Décret n° 53-934 du 30 septembre 1953, article 2, sauf 7° et dernier alinéa.
– Décret n° 53-1169 du 28 novembre 1953, article 2, sauf 7°, 8° et 10°.

Commentaires

Cet article contient la liste des compétences de premier ressort du Conseil d'État les plus couramment mises en œuvre, et abstraction faite des compétences énumérées aux articles législatifs qui précèdent. Elle appelle les observations suivantes, qui ne sauraient prétendre à l'exhaustivité :

I • S'agissant en premier lieu du 1°, et plus particulièrement des « recours contre les décrets », il semble qu'il faut entendre le texte comme se référant aux seuls « recours pour excès de pouvoir », et non aux recours intervenus en plein contentieux, fût-ce contre un décret. Tel était en tout cas le contenu des textes antérieurement en vigueur. La question avait pu se poser, par exemple, à propos d'un décret portant résiliation d'une concession.
La requête dirigée contre le refus de modifier ou d'abroger un décret préexistant est considérée comme dirigée contre ce décret, et sera donc présentée au Conseil d'État (CE 4 décembre 1957, Brandstetter, *Lebon* p. 651 – CE ass. 20 décembre 1995, Vedel et Jannot, *Lebon* p. 440). En revanche, le refus de prendre un décret n'est pas assimilé à un décret, pas plus que l'édiction d'une mesure, autrement que par décret (acte implicite par exemple), lors même qu'elle aurait dû prendre la forme d'un décret.

II • S'agissant du 2°, la notion d'acte réglementaire ne relève pas de l'évidence. Il importe d'abord peu que le ministre ait incompétemment pris un tel acte. Et la notion d'acte réglementaire retenue pour l'application du texte relatif à la compétence n'est pas strictement identique à celle que l'on retient pour déterminer la portée d'une circulaire ministérielle : on sait qu'un tel acte, s'il n'a pas de portée normative ou réglementaire, est regardé comme purement interprétatif, et par là même insusceptible de faire l'objet d'un recours pour excès de pouvoir. C'est cependant le Conseil d'État qui prononce l'irrecevabilité d'un tel recours, sans faire le détour par l'article R. 351-4, preuve qu'il s'estime compétent pour se prononcer.

Par ailleurs, il est jugé, à l'inverse de la solution adoptée en matière de décrets, que le refus d'un ministre de prendre un acte réglementaire constitue un acte réglementaire, tout comme le refus du ministre de provoquer l'édiction d'un décret réglementaire (CE ass. 8 juin 1973, Richard, *Lebon* p. 405). D'où l'on conclut, fort logiquement, que le refus d'un ministre de modifier des dispositions réglementaires, qu'il n'a pas compétence pour modifier, relève de la compétence en premier ressort du Conseil d'État (CE 27 mars 2000, Syndicat national des travailleurs des transports solidaires).

À titre d'exemples, ont été regardés comme réglementaires :

– les actes ministériels portant organisation du service public, tels que le refus de créer un office de notaire (CE 3 décembre 1993, Ferron), ou d'autoriser son transfert (CE 17 décembre 1997, Desmots), ou le refus d'autoriser le transfert d'un office d'huissier de justice (CE 5 novembre 1993, Sœur), ou de supprimer une circonscription rabbinique (CE 28 septembre 1998, Association séfarade de Mulhouse). Le même critère explique que l'on ait jugé réglementaire l'acte transformant un office public d'HLM en OPAC (CE 1er juin 1994, Syndicat CFDT Interco du Maine-et-Loire), ou encore l'arrêté portant agrément d'une fédération sportive, et délégation à elle d'une mission de service public (CE 20 janvier 1989, Fédération française de karaté), ou encore tous les actes portant délégation de la signature du ministre ;
– les actes portant refus de constater un état de catastrophe naturelle (CE 17 janvier 1996, Loyen), ou déterminant les zones et productions touchées par une calamité agricole (CE 24 février 1999, Bunel) ;
– la décision du Premier ministre de faire publier un rapport par la Documentation française (CE sect. 21 octobre 1988, Église de scientologie de Paris, *Lebon* p. 354) ;
– la décision créant une commission ou déterminant sa composition (CE 13 juillet 1967, Brouiller, *Lebon* p. 312) ;

N'ont pas en revanche été regardées comme réglementaires :

– la nomination des membres d'une commission (CE 28 juin 1988, Cassignol, *Lebon* p. 405) ;
– l'inscription d'un port sur la liste des ports n'ayant pas à disposer de dockers permanents (CE 17 février 1992, Société Sogetra), ou le classement d'un aéroport en catégorie B (CE 5 mai 1993, Association de défense des riverains de l'aéroport de Deauville) ;

– l'approbation des statuts d'un organisme (CE 9 décembre 1994, Baheux) ;
– l'autorisation de rejets radioactifs par une centrale nucléaire (CE 19 juin 2000, Association Stop Civaux).

Si un acte doit être pris obligatoirement après avis du Conseil d'État (et relève donc de la compétence en premier ressort de cette juridiction), le refus de prendre un tel acte n'a pas à être soumis à cet avis, et relève donc de la compétence de droit commun du tribunal administratif, même si, en fait, l'avis du Conseil d'État a été recueilli (CE 15 décembre 2000, Association Émile Reilles).

III • S'agissant du 3°, et bien que sa lecture soit aisée, il faut noter qu'elle est faite littéralement. Il ne suffit pas en somme qu'un agent ait été nommé par décret du président de la République pour que son contentieux relève du Conseil d'État. Encore faut-il que cette intervention du président de la République ait été dictée par l'article 13 de la Constitution ou les articles 1 et 2 de l'ordonnance du 28 novembre 1958. Ce qui concerne, essentiellement, les membres des grands corps, les magistrats judiciaires, les officiers, les professeurs d'université, et les membres des corps recrutés par la voie de l'ENA.

N'entrent pas dans ce cadre, par exemple :
– les élèves officiers (CE 31 mars 1999, Pech de Laclause) ;
– les membres de corps pourtant statutairement soumis aux dispositions applicables aux officiers, tel étant le cas des infirmiers surveillants chefs militaires (CE 4 juin 1999, Bistar) ;
– les conservateurs généraux de bibliothèques (CE 28 juillet 2000, Bonnefoy).

On notera en revanche que l'appartenance à un corps normalement pourvu par décret du président de la République en application des textes susmentionnés entraîne compétence directe du Conseil d'État, lors même que l'intéressé n'y a pas accédé par le truchement d'un tel décret.

Et la circonstance que l'intéressé a été nommé par décret du président de la République, fût-ce au titre d'un usage établi, est sans influence sur la compétence du Conseil d'État : ainsi des inspecteurs généraux du tourisme (CE 23 juin 1999, Mougey) ou des chefs de mission de la coopération (CE 31 juillet 1992, Labi [**1**]) ou des membres du corps des administrateurs des Postes et Télécommunications (CE 16 juin 2000, Pele).

Les litiges ainsi mentionnés doivent, évidemment, se rattacher à des démêlés « statutaires » de l'agent concerné : si le litige concerne la situation de l'agent avant sa nomination par décret du président de la République, il relèvera de la juridiction compétente compte tenu de cette situation antérieure (CE 21 octobre 1994, Bouché), sauf dans les cas où l'objet du litige est le refus de faire accéder l'agent à un corps dont les membres sont nommés par décret du président de la République (mais ce n'est pas le cas du refus d'inscription à un concours conduisant à un tel corps : CE 17 mai 1999, Gallo). C'est l'application du statut – et des droits dérivés de ce dernier, par exemple le droit à pension – qui doit être en cause, et non une législation distincte de ce statut, en serait-elle voisine : ainsi le refus de communiquer un document administratif à un tel fonctionnaire relèvera du tribunal administratif s'il ne peut être rattaché à un droit statutairement organisé d'accès à un tel document (CE 20 novembre 1987, Lagraula, *Lebon* p. 373 – CE 2 novembre 1994, Simonnet). Très subtilement, il est jugé que le refus d'accorder à un magistrat une dispense d'activité pour raison syndicale se rattache à l'exercice des droits syndicaux reconnus au syndicat, et non au statut du magistrat : ce refus relève donc du tribunal administratif (CE 15 janvier 1996, Syndicat de la magistrature).

Le litige peut enfin être de plein contentieux : ainsi le recours formé par un officier contre un état exécutoire lié à des faits intervenus à l'occasion de l'exercice des fonctions relève du Conseil d'État (CE 3 octobre 1997, Moine).

IV • S'agissant du 4°, il n'y a pas trop à hésiter sur la notion d'« organe collégial à compétence nationale », les jurys nationaux de concours en font évidemment partie (CE 20 mars 1987, Gambus, *Lebon* p. 100). Il en va de même de la Commission de contrôle des mutuelles et institutions de prévoyance (CE 22 novembre 2000, Mutuelle Inter-Jeunes). Encore doit-on signaler que, traditionnellement, les conseils d'administration des établissements publics ne sont pas regardés comme organes collégiaux : ainsi du conseil d'administration de la Caisse nationale d'assurance maladie (CE 13 mai 1996, Fédération nationale de la mutualité française), ou du conseil d'administration de l'Office national des anciens combattants (CE 13 mai 1991, Lepeltier).

La jurisprudence a dû déterminer ce qu'était une « décision » de ces organes collégiaux. Le plus souvent en effet c'est l'exécutif de l'organisme, ou son représentant, qui apparaît comme ayant pris la décision incriminée. Dans un premier temps, le juge s'est déterminé en fonction de la seule apparence : la décision prise par le président de l'organisme relevait alors du tribunal administratif (CE 9 octobre 1985, Grellet, *Lebon* p. 276, s'agissant de la sanction prononcée contre un sportif). La démarche est actuellement plus affinée : le juge se livre à une recherche tendant à déterminer si ce représentant a pris la décision en vertu de pouvoirs propres (auquel cas cette décision n'émane pas de l'organisme collégial), ou a agi au nom de l'organisme collégial. Ainsi, à propos d'actes émanant des présidents, d'une part, de la Commission nationale de l'informatique et des libertés, d'autre part, de la Commission nationale des interceptions de sécurité, le Conseil d'État a recherché si les décisions entraient ou non dans le champ des compétences de l'organisme collégial, que ces compétences aient été déléguées (affaire de la CNIL : CE 28 juillet 2000, Troyon), ou non (affaire de la CNIS : CE 28 juillet 2000, Dakar), et sans rechercher si ladite délégation était de signature ou de pouvoirs (Troyon, précité).

V • Le 5° est d'application malaisée, le Conseil d'État ayant régulièrement refusé d'admettre que la seul circonstance qu'un acte pouvait avoir des effets sur l'ensemble du territoire le faisait entrer dans la catégorie des « actes dont le champ d'application s'étend au-delà du ressort d'un seul tribunal administratif ». C'est en considération des « effets directs » de la mesure que se détermine la compétence, par des démarches non exemptes d'ambiguïté (CE 8 novembre 1961, Société Olympia Press, *Lebon* p. 624). Si certes il est clair qu'un arrêté prononçant l'expulsion d'un étranger – exécutable en tout point du territoire – n'a d'effet direct qu'au lieu où se trouve l'intéressé, que dire des mesures de nature économique concernant des entreprises exerçant leur activité sur l'ensemble du territoire ?

Les décisions relatives au visa d'une spécialité pharmaceutique sont censées ne s'appliquer qu'au siège de l'entreprise concernée (CE 26 février 1958, Bouchereau), à l'inverse de celles qui sont relatives à l'inscription de cette spécialité sur la liste de celles qui sont remboursées par la Sécurité sociale, regardées comme s'appliquant sur l'ensemble du territoire (CE 22 novembre 1957, Société des laboratoires Ciba, *Lebon* p. 637), comme la décision mettant le fabricant d'un médicament en demeure de le commercialiser (CE 25 janvier 1991, Confédération nationale des associations familiales catholiques, *Lebon* p. 30). Partant toutefois de l'idée que l'autorisation de mise sur le marché d'un médicament emportait des prescriptions applicables aux distributeurs, aux prescripteurs at aux patients, le Conseil d'État y voit désormais un acte dont les effets directs se produisent sur tout le territoire et qu'il a donc compétence pour connaître en premier ressort (CE sect. 25 avril 2001, Association Choisir la vie [**2**]). Ces positions se comparent avec celles qui concernent les visas de films cinématographiques : le refus (ou le retrait) de visa est censé n'avoir d'effets qu'au siège de l'entreprise, à l'inverse des décisions accordant le visa (ou inscrivant le film sur la liste X), réputées emporter effets sur l'ensemble du territoire. C'est ainsi le Conseil d'État qui, saisi en premier ressort, s'est prononcé en juin 2000 sur le visa accordé au film *Baise-moi* (CE 30 juin 2000, Association Promouvoir). Le même raisonnement a conduit le Conseil d'État à se reconnaître compétent pour connaître en premier ressort d'un litige relatif à l'approbation, par le ministre, du transfert d'un portefeuille de contrats d'assurance d'une société à une autre, cette approbation emportant des effets pour tous les titulaires desdits contrats (CE 27 novembre 2000, Société Delubac).

À l'inverse, l'autorisation donnée à l'exploitant d'une centrale nucléaire d'effectuer des rejets d'effluents radioactifs a été jugée n'avoir pas un champ d'application s'étendant au-delà du ressort d'un tribunal administratif (CE 19 juin 2000, Association Stop Civaux). Il en est allé de même de l'autorisation d'exploiter une ligne de tranport (CE sect. 22 novembre 1957, Régué, *Lebon* p. 638).

Toutes ces décisions sont logiques : la délivrance d'une autorisation, ou d'un visa, comme le prononcé d'une interdiction, frappent directement le producteur. À l'inverse, les modalités accompagnant une autorisation (classement d'un film dans une catégorie déterminée, conditions de remboursement d'un médicament, restrictions apportées aux conditions de vente de revues) ont d'abord effets sur les exploitants disséminés sur le territoire (cinémas, marchands de journaux) ou sur les caisses d'assurance maladie. Il n'est pas sûr que la jurisprudence ait toujours respecté cette logique, comme il est certain qu'il est des cas dans lesquels il est malaisé de l'appliquer.

VI • Le 6°, comme le 7°, sont aisés à percevoir. Il faut rappeler ici que, comme on l'a vu, leur application est d'interprétation stricte : par « litige né hors des territoires soumis à la juridiction d'un tribunal administratif », il faut entendre « litige qu'aucun tribunal administratif n'a compétence pour connaître » (voir les commentaires sous l'article L. 211-1). La notion de « juridiction d'un tribunal administratif » n'est donc pas territoriale, mais juridique.

□ ***Jurisprudence***

[**1**] Considérant qu'en vertu de l'article 2 du décret du 30 septembre 1953 : « Le Conseil d'État reste compétent pour connaître en premier et dernier ressort : [...] 2°) des litiges relatifs à la situation individuelle des fonctionnaires nommés par décret du président de la République en vertu des dispositions de l'article 13 (3e alinéa) de la Constitution et des articles 1er et 2 de l'ordonnance du 28 novembre 1958 portant loi organique concernant les nominations aux emplois civils et militaires de l'État » ; que les emplois de chefs de mission de coopération ne sont visés ni à l'article 13 de la Constitution, ni aux articles 1er et 2 de l'ordonnance précitée du 28 novembre 1958 ; qu'aux termes du décret du 25 juillet 1959 : « Le chef de mission d'aide et de coopération est nommé par décret pris sur le rapport du ministre d'État chargé de l'aide et de la coopération » ; que si, conformément à un usage établi, M. Labi, agent contractuel, a cependant été nommé chef de mission à Maputo (Mozambique) par décret du président de la République en date du 11 décembre 1985, cette nomination n'avait pour objet que de lui confier des fonctions et une affectation et n'a pas eu pour effet de lui conférer la qualité de fonctionnaire nommé par décret du président de la République au sens des dispositions sus-rappelées ; que, par suite, le litige relatif à sa situation individuelle qu'il soumet à la juridiction administrative ne ressortit pas à la compétence en premier et dernier ressort du Conseil d'État...

[**2**] Considérant qu'aux termes de l'article R. 311-1 du Code de justice administrative : « Le Conseil d'État est compétent pour connaître en premier et dernier ressort : (...) 5° Des recours dirigés contre les actes administratifs dont le champ d'application s'étend au-delà du ressort d'un seul tribunal administratif » ;
Considérant que si l'autorisation de mise sur le marché d'un médicament délivrée, en application de l'article L. 601 du Code de la santé publique, par l'agence française de sécurité sanitaire des produits de santé, a pour principal objet de permettre à l'entreprise qui le demande de commercialiser cette spécialité et doit donc être réputée de ce fait, même si elle a une portée nationale, n'avoir d'effet direct qu'au siège de cette entreprise, elle peut également, depuis l'intervention des décrets du 2 novembre 1994 et 14 juin 1996 maintenant codifiés aux articles R. 5143 et R. 5135 du Code de la santé publique, soumettre le médicament à des restrictions en matière de prescription ou de publicité auprès du public ; qu'ayant, dans cette mesure, vocation à produire des effets directs à l'égard de l'ensemble des personnes qui prescrivent ou dispensent cette spécialité sur le

territoire national, elle doit être regardée comme étant au nombre des actes administratifs dont le champ d'application s'étend au-delà du ressort d'un seul tribunal administratif, dont il appartient au Conseil d'État de connaître en premier et dernier ressort ; qu'il y a lieu, dans l'intérêt d'une bonne administration de la justice, de retenir la compétence directe du Conseil d'État aussi bien dans le cas où le recours est dirigé contre une autorisation de mise sur le marché que dans celui où il tend à l'annulation d'un refus d'autorisation...

LA COMPÉTENCE DES TRIBUNAUX ADMINISTRATIFS EN MATIÈRE SPORTIVE

Art. R. 311-2 Par dérogation aux dispositions du 4° de l'article R. 311-1, les décisions individuelles, prises à l'encontre d'une personne physique ou morale par une fédération sportive dans l'exercice de ses prérogatives de puissance publique, sont portées, nonobstant toute disposition contraire, devant le tribunal administratif.

■ Textes sources

– Loi n° 84-610 du 16 juillet 1984 modifiée, article 19.

■ Commentaires

Cette disposition, issue de la loi du 13 juillet 1992, a pour effet d'éviter que le Conseil d'État ne soit compétent pour tous les litiges individuels d'ordre sportif impliquant l'intervention d'une fédération nationale (laquelle constitue un organe collégial au sens du 4° de l'article précédent). Elle a été appliquée pour la première fois par le Conseil d'État le 29 juillet 1994 (CE 29 juillet 1994, Association sportive roannaise). La détermination du tribunal administratif compétent est fixée à l'article R. 312-7.

CHAPITRE 2

La compétence territoriale des tribunaux administratifs

Le présent chapitre ne comprend pas de dispositions législatives.

SECTION 1

Principes

LA RÈGLE GÉNÉRALE DE COMPÉTENCE TERRITORIALE DES TRIBUNAUX ADMINISTRATIFS

Art. R. 312-1 Lorsqu'il n'en est pas disposé autrement par les dispositions de la section 2 du présent chapitre ou par un texte spécial, le tribunal administratif territorialement compétent est celui dans le ressort duquel a légalement son siège l'autorité qui, soit en vertu de son pouvoir propre, soit par délégation, a pris la décision attaquée ou a signé le contrat litigieux.

En cas de recours préalable à celui qui a été introduit devant le tribunal administratif, la décision à retenir pour déterminer la compétence territoriale est celle qui a fait l'objet du recours administratif ou du pourvoi devant une juridiction incompétente.

■ **Textes sources**

– Code des TA et des CAA, article R. 46.

■ **Commentaires**

Cet article ne s'applique qu'à titre résiduel, supplétif. Ses dispositions ont été interprétées, comme il est normal, restrictivement, cette interprétation correspondant à la volonté d'éviter de surcharger le tribunal administratif de Paris, que l'application de la règle ici fixée rend compétent pour la plupart des affaires impliquant l'État, compte tenu du degré de concentration de l'administration. C'est la même volonté qui explique la disposition relative aux autorités déléguées, et qui a valu, entre autres, au tribunal administratif de Poitiers d'être spécialisé en matière de pensions militaires de retraite, à la suite de la délocalisation à La Rochelle du service des pensions agissant par délégation du ministre. De même est-ce le tribunal administratif de Nantes qui connaît du contentieux de la nationalité, les services compétents ayant été délocalisés dans cette ville, ou encore le tribunal administratif d'Amiens qui se prononce sur les litiges nés de l'application de l'article L. 13 du Code du service national, le service gestionnaire ayant été transféré à Compiègne.

Le second alinéa apporte une précision utile, notamment en cas de recours hiérarchique obligatoire (dont on sait qu'il aboutit à une décision se substituant à la décision initiale, réputée avoir disparu). Il joue alors même que le recours administratif a été formé en l'absence de décision de l'échelon initial, circonstance il est vrai rare, mais non inimaginable : elle s'est présentée en matière de détermination des bénéfices agricoles forfaitaires (CE sect. 21 février 1958, Secrétaire d'État au Budget c/ Association des viticulteurs de la Côte-d'Or, *Lebon* p. 119). Cet alinéa a son revers : lorsque le premier échelon a son siège hors de la juridiction d'un tribunal administratif (par exemple à l'étranger), l'intervention de l'autorité hiérarchique installée en France ne rend pas un tribunal administratif compétent (CE sect. 5 juillet 1957, Aknin, *Lebon* p. 448), et l'affaire relève de la compétence de premier ressort du Conseil d'État.

Ainsi qu'on l'a déjà souligné, ce texte constitue le point de passage obligatoire lorsqu'il y a lieu de rechercher si le litige est susceptible de relever d'un tribunal administratif, ou doit être présenté au Conseil d'État. Autrement dit, les textes suivants, qui posent des règles de compétence territoriale spécifiques pour certaines catégories d'affaires, ne posent pas de règles exclusives de compétence pour ces affaires. Et si leur jeu ne permet pas de déterminer un tribunal administratif compétent, il est vérifié que la règle posée par l'article R. 312-1 ne permet pas d'aboutir à une telle détermination, avant de déclarer le Conseil d'État compétent en premier ressort : ainsi que le prescrivent les nombreux arrêts rendus en la matière, au cas où aucun des articles devenus R. 312-6 à R. 312-17 n'attribue compétence à un tribunal administratif, il convient de se référer aux prescriptions de l'article devenu R. 312-1 et « c'est seulement si l'application de celles-ci ne permet pas de déterminer un tribunal administratif territorialement compétent que le litige doit être regardé comme né hors des territoires soumis à la juridiction des tribunaux administratifs et entre à ce titre dans la compétence en premier et dernier ressort du Conseil d'État » (CE 9 février 1968, Canaut, *Lebon* p. 105 – CE 25 juillet 1975, Grenet, *Lebon* p. 933 – CE 11 janvier 1995, Jolly – CE 20 novembre 1996, Hannoun [1] – CE 15 novembre 2000, El Ghani).

La question se pose des affaires de plein contentieux, dans lesquelles le requérant doit (sauf en matière de travaux publics) provoquer l'intervention d'une décision administrative lui refusant un versement avant de saisir le juge d'une demande de condamnation (ce que l'usage désigne sous l'appellation de « liaison du contentieux »). En semblable hypothèse et si le requérant n'a pas satisfait à cette obligation, le juge recherche quelle autorité aurait dû prendre cette décision, et, en l'absence d'une autre règle tirée des articles R. 312-6 et suivants, arrête la compétence en fonction du siège de cette autorité (CE 4 juillet 1962, Thirion de Briel, *Lebon* p. 451). À l'inverse, et si l'on se trouve dans le cas de travaux publics, la présence au dossier d'une décision préalable (inutile) est sans influence sur la compétence déterminée par l'article R. 312-14 ou, si l'on se trouve en matière contractuelle, par l'article R. 312-11 (CE 4 décembre

1970, Starr, *Lebon* p. 734), à moins que l'article applicable ne permette pas de déterminer un tribunal compétent (ce qui sera le cas si un dommage de travaux publics est imputable à un ouvrage situé à cheval sur les ressorts de deux tribunaux administratifs), auquel cas, on se référera au siège de l'auteur de la décision, quelque inutile qu'elle ait été (CE 23 juillet 1993, Le Scouarnec [**2**]). Il n'est pas toujours aisé de déterminer l'autorité qui a pris la décision attaquée, lorsque plusieurs autorités collaborent en vue de la même décision. La question s'est notamment posée des états exécutoires : ils sont parfois rendus exécutoires par le préfet alors qu'ils ont pour objet d'assurer le recouvrement d'une créance assise et liquidée par une autre autorité, dont le siège peut être différent. C'est, a décidé le Conseil d'État, le siège de cette dernière qui détermine la compétence territoriale (CE 14 mars 1990, Société Fernand Alix [**3**]), pour autant que la matière ne relève pas d'une autre règle d'attribution de compétence (CE 19 novembre 1999, Radio Dreyeckland Antenne Sud-Alsace).

□ ***Jurisprudence***

[**1**] Considérant que la requête de Mme Veuve Hannoun est dirigée contre la décision du 9 novembre 1993 par laquelle le ministre de la Défense (service des pensions des armées) a rejeté sa demande de revalorisation de la pension militaire de réversion dont elle est titulaire depuis 1953 et qui a été remplacée, depuis le 1er janvier 1961, par l'indemnité annuelle prévue par l'article 71 de la loi du 26 décembre 1959 ;
Considérant qu'aux termes de l'article R. 46, premier alinéa, du Code des tribunaux administratifs et des cours administratives d'appel : « Lorsqu'il n'en est pas disposé autrement par les articles R. 50 à R. 64 ou par un texte spécial, le tribunal administratif territorialement compétent est celui dans le ressort duquel a légalement son siège l'autorité qui, soit en vertu de son pouvoir propre, soit par délégation, a pris la décision attaquée... » ; que la demande présentée par Mme Veuve Hannoun, qui est domiciliée hors de France, n'entre dans aucune des catégories de litiges visées par les articles R. 50 à R. 64 du code précité ou par un texte spécial ; que, par suite, le tribunal administratif de Poitiers, dans le ressort duquel a son siège l'autorité qui, par délégation, a pris la décision attaquée, est compétent, en vertu de l'article R. 46 précité, pour connaître de cette demande ; que, dès lors, il y a lieu, pour le Conseil d'État de lui en attribuer le jugement...

[**2**] Considérant qu'aux termes de l'article R. 46 du Code des tribunaux administratifs et des cours administratives d'appel : « Lorsqu'il n'en est pas disposé autrement par les articles R. 50 à R. 64 ou par un texte spécial, le tribunal administratif territorialement compétent est celui dans le ressort duquel a légalement son siège l'autorité qui, soit en vertu de son pouvoir propre, soit par délégation, a pris la décision attaquée ou a signé le contrat litigieux. En cas de recours préalable à celui qui a été introduit devant le tribunal administratif, la décision à retenir pour déterminer la compétence territoriale est celle qui a fait l'objet du recours administratif ou du pourvoi devant une juridiction incompétente » ; qu'en vertu de l'article R. 58 du même code : « Les actions en responsabilité fondées sur une cause autre que la méconnaissance d'un contrat ou d'un quasi-contrat et dirigées contre l'État, les autres personnes publiques ou les organismes privés gérant un service public relèvent [...]. 2° Lorsque le dommage invoqué est un dommage de travaux publics, ou est imputable

soit à un accident de la circulation, soit à un fait ou à un agissement administratif, de la compétence du tribunal administratif dans le ressort duquel se trouve le lieu où ce fait générateur du dommage s'est produit » ;
Considérant que les conclusions de M. Le Scouarnec tendent à l'annulation de la décision par laquelle la Compagnie d'aménagement des coteaux de Gascogne, concessionnaire de l'État pour l'exécution de travaux hydrauliques et l'exploitation des ouvrages réalisés à cet effet, a implicitement rejeté la demande d'indemnité qu'il a présentée le 5 octobre 1992 en vue d'obtenir réparation des préjudices qu'il estime subir dans ses biens et ses conditions d'existence du fait de l'implantation du barrage dit de Lunax, lequel est situé sur le territoire des deux départements du Gers et de la Haute-Garonne, relevant du ressort de deux tribunaux administratifs ; qu'eu égard à la localisation du fait générateur du dommage allégué, les dispositions précitées de l'article R. 58 du Code des tribunaux administratifs et des cours administratives d'appel, ni aucune autre disposition des articles R. 50 à R. 64, ne permettent de déterminer le tribunal administratif territorialement compétent ; que, par suite, par application de l'article R. 46, il y a lieu de transmettre les conclusions de M. Le Scouarnec au tribunal administratif dans le ressort duquel a légalement son siège l'autorité qui a pris la décision implicite attaquée, soit en l'espèce le tribunal administratif de Pau dès lors que la Compagnie d'aménagement des coteaux de Gascogne a son siège à Tarbes...

[**3**] Considérant, en premier lieu, qu'aux termes de l'article R. 37 du Code des tribunaux administratifs applicable au litige : « Lorsqu'il n'en est pas disposé autrement par les articles R. 41 à R. 50 ou par un texte spécial, le tribunal administratif territorialement compétent est celui dans le ressort duquel a légalement son siège l'autorité qui, soit en vertu de son pouvoir propre, soit par délégation, a pris la décision attaquée [...] » ;
Considérant, en second lieu, que les litiges concernant les taxes parafiscales ne peuvent être regardés comme « relatifs aux législations régissant les activités professionnelles » au sens de l'article R. 45 du même code ;
Considérant, enfin, qu'il ressort des dispositions des articles 8 et 10 du décret du 30 octobre 1980 que les taxes parafiscales dont l'assiette n'est pas commune avec les impôts ou taxes perçus au profit de l'État ou de toute autre collectivité publique sont assises et liquidées par l'organisme au profit duquel ces taxes sont instituées ; que, dès lors, et alors même que le recouvrement forcé de ces taxes ne peut être poursuivi qu'après que le préfet du département où le débiteur est domicilié a rendu exécutoire le titre de perception établie par le représentant qualifié de cet organisme, visé par le contrôleur d'État, le tribunal administratif territorialement compétent pour connaître du contentieux de l'assiette de ces taxes est celui dans le ressort duquel se trouve le représentant qualifié de l'organisme bénéficiaire qui a pris la décision d'asseoir et de liquider la taxe contestée...

LES PARTIES NE PEUVENT NORMALEMENT CHOISIR LEUR TRIBUNAL

Art. R. 312-2 Sauf en matière de marchés, contrats ou concessions, la compétence territoriale ne peut faire l'objet de dérogations, même par voie d'élection de domicile ou d'accords entre les parties.

■ **Textes sources**

– Code des TA et des CAA, article R. 47.

■ **Commentaires**

Le texte nouveau a fait disparaître le premier alinéa de l'ancien article R. 47, qui affirmait le caractère d'ordre public des règles de compétence territoriale. Outre que cela allait de soi, la rédaction retenue conduit au même résultat, puisque, sauf en matière de contrats, les parties ne peuvent choisir leur tribunal.

Cette rigueur ne va pas sans poser des questions irritantes. Ainsi que l'écrivait Raymond Odent (« Contentieux administratifs », Les Cours du Droit, Paris) : « Les problèmes que pose la répartition des compétences entre le Conseil d'État et les tribunaux administratifs, de même que ceux que soulève la compétence territoriale des tribunaux administratifs sont parmi les plus irritants et les plus stériles de ceux qu'une juridiction peut avoir à affronter. Les difficultés rencontrées obligent à des recherches longues et fastidieuses qui risquent de prendre la pas sur l'étude de fond du droit. Les raisonnements à suivre incitent les esprits au byzantinisme et aux plus subtiles des distinctions. Tout cela pour dégager des solutions, souvent contestables et arbitraires, très rarement opportunes. »

La force des règles de compétence territoriale est telle qu'une partie qui a par erreur saisi un tribunal administratif territorialement incompétent, et en a obtenu un jugement, peut demander l'annulation de ce jugement (s'il lui est défavorable) en excipant de cette incompétence, que d'ailleurs le juge d'appel doit relever d'office (CE 10 octobre 1958, Blanchard et Pol, *Lebon* p. 482).

Cette force est toutefois relative : on verra qu'au nom de la connexité, il peut être dérogé aux règles de compétence territoriale (art. R. 341-1 et s.). Et le second alinéa de l'article R. 351-6 fait s'effacer les règles de compétence territoriale devant l'autorité de la chose décidée en la matière par le président de la section du contentieux du Conseil d'État.

Naturellement, c'est à la date à laquelle le juge se prononce qu'il doit être compétent, ce qui ne laisse pas de poser parfois des problèmes lorsque disparaît une compétence. Toutefois, lorsque la compétence découle d'une connexité, elle s'apprécie à la date de saisine de la juridiction, même si, à la date à laquelle cette dernière se prononce, l'affaire avec laquelle il y avait connexité a été jugée, et a donc disparu (CE 26 janvier 1990, Morlot, *Lebon* p. 648 – CE 4 novembre 1996, Jourdain).

Le juge de l'action est juge de l'exception

Art. R. 312-3 Le tribunal administratif territorialement compétent pour connaître d'une demande principale l'est également pour connaître de toute demande accessoire, incidente ou reconventionnelle ressortissant à la compétence des tribunaux administratifs ; il est également compétent pour connaître des exceptions relevant de la compétence d'une juridiction administrative.

■ Textes sources

– Code des TA et des CAA, article R. 48.

■ Commentaires

Le juge de l'action est juge de l'exception, ce qui permettra au tribunal administratif de se prononcer, le cas échéant, sur l'exception d'illégalité d'un décret. S'agissant des demandes reconventionnelles ou incidentes, que le tribunal ne peut examiner que si elles relèvent de la compétence des tribunaux administratifs, on rappelle que leur montant peut avoir pour effet de modifier, à l'intérieur du tribunal administratif compétent, la compétence de la formation appelée à juger (voir art. R. 222-13 et R. 222-15).

Les recours en interprétation et en appréciation de légalité

Art. R. 312-4 Les recours en interprétation et les recours en appréciation de légalité relèvent de la compétence du tribunal administratif territorialement compétent pour connaître de l'acte litigieux.

■ Textes sources

– Code des TA et des CAA, article R. 49.

■ Commentaires

Les recours en interprétation relèvent du plein contentieux (CE 8 octobre 1990, Deniau). Ils peuvent être présentés directement et avoir pour objet l'interprétation d'un acte administratif ou d'une décision rendue par une juridiction administrative (CE 30 septembre 1992, Vigno [1]). Dans ce dernier cas, et contrairement à l'hypothèse envisagée par le texte, ils sont présentés devant la juridiction auteur de la décision à interpréter (CE sect. 28 janvier 1966, Société La Purfina, *Lebon* p. 68). Il suit que l'on ne peut saisir le juge d'une demande d'interprétation d'une loi (arrêt Vigno, précité).

Les conditions *sine qua non* de recevabilité d'un recours direct en interprétation sont que l'acte en cause soit obscur, et que cette obscurité soit à l'origine d'un litige né et actuel entre celui qui demande l'interprétation et un tiers : ce litige n'a pas nécessairement à être entré dans une phase contentieuse, mais il doit être effectif. De simples difficultés d'interprétation, ou d'application (le même texte étant lu différemment selon les communes par exemple) ne sauraient suffire à fonder une demande d'interprétation (CE 28 juillet 2000, Syndicat des entreprises de petits trains routiers – CE 27 octobre 2000, Conseil supérieur de l'Ordre des experts-comptables [**2**]). Le juge administratif veille en effet à ne pas devenir, par le biais du recours en interprétation, le conseiller juridique des administrés et des administrations (CE 9 janvier 1981, SA Claude, *Lebon* p. 1).

Lorsqu'est en cause une décision juridictionnelle, la prudence du juge redouble, car il ne doit pas, sous couvert d'interprétation, modifier la chose jugée, laquelle peut être soumise au contrôle du juge supérieur. Le recours en interprétation est alors ouvert aux seules parties au litige ayant donné lieu à la décision (CE 11 janvier 1980, Fédération nationale des travaux publics). Saisi d'une telle demande, le juge se limite à préciser, s'il y a lieu, les données de son jugement (par exemple, les intérêts dont est assortie une condamnation sont-ils les intérêts moratoires ou les intérêts légaux ?), plus rarement à compléter ces données (quel est le point de départ des intérêts ?). On observe au surplus que les pouvoirs désormais donnés au juge administratif de pourvoir à l'exécution de ses décisions le conduisent, ce faisant, à en donner une interprétation, sans avoir à être saisi d'un recours à cette fin. L'existence de ces compétences nouvelles a pour effet de réduire les recours directs en interprétation de décisions juridictionnelles.

Lorsque lui est présenté un recours direct en interprétation d'un acte administratif, le juge veille à ne pas empiéter, par son interprétation, sur les compétences d'une autre juridiction, par exemple du juge pénal saisi de poursuites pour violation dudit acte (CE 6 juin 1952, Ville de Bastia, *Lebon* p. 301).

Le recours en appréciation de légalité – qui relève également du plein contentieux – ne peut être introduit directement : il doit l'être à l'invitation du juge judiciaire, sur question préjudicielle posée par ce dernier (CE 15 juin 1956, Moru, *Lebon* p. 248 – CE 30 septembre 1992, Vigno, précité). Ce peut être un juge étranger, sauf stipulations contraires d'un accord international (CE ass. 27 octobre 2000, Société BFG Bank Luxembourg SA) : la seule particularité, alors, est que le juge administratif n'est pas tenu de répondre à la question posée, à la différence des situations dans lesquelles il est saisi sur renvoi de l'autorité judiciaire française. Mais la saisine du juge administratif ne peut, sauf texte spécifique, être effectuée que par les parties (CE 7 juillet 1995, Wimmer [**3**]).

En l'absence de jugement posant la question préjudicielle, la saisine est irrecevable : ainsi jugé dans une espèce dans laquelle le Tribunal des conflits avait décidé qu'une question, pendante dans un litige soumis au juge judiciaire, relevait du juge administratif. La décision du Tribunal des conflits, a-t-il été jugé, ne permettait pas aux parties de saisir valablement le juge administratif (CE 30 juillet 1997, Banque nationale de Paris [**4**]). Les parties ne peuvent notamment pas anticiper sur l'intervention du jugement judiciaire les invitant à saisir le juge administratif d'une question préjudicielle : la présentation prématurée d'un recours en appréciation de légalité est irrecevable, mais cette irrecevabilité est régularisée si, avant que ne statue le juge saisi du recours, est intervenu le jugement judiciaire (CE 29 mars 2000, SARL Soprodif).

Ce recours n'est pas soumis aux règles, notamment de délais, qui régissent le recours en annulation ou même l'exception d'illégalité d'un acte individuel (CE 19 mai 2000, Mutuelle de la RATP). Il appartient seulement au juge saisi de répondre à la question posée, dès lors qu'il a compétence pour ce faire (CE 21 juin 1996, Fischer [**5**]), et même s'il estime que le juge posant la question avait aussi compétence pour la trancher. Et le juge saisi de la question préjudicielle ne doit répondre qu'à la question posée et s'interdit donc de se prononcer sur d'autres points, éventuellement soulevés devant lui par les parties, fussent-ils d'ordre public (CE 4 juin 1999, Société Recherches et développement des services funéraires [**6**]).

□ ***Jurisprudence***

[**1**] Sur les conclusions à fin d'appréciation de validité :

Considérant qu'un recours en appréciation de validité ne saurait être introduit qu'à la suite d'une décision d'une juridiction judiciaire renvoyant à la juridiction administrative l'examen de la question préjudicielle de légalité d'une décision administrative à laquelle est subordonnée la solution d'un litige pendant devant cette juridiction ; que les conclusions de la requête de M. Vigno, qui ne sont pas présentées sur renvoi d'une juridiction judiciaire, sont dès lors irrecevables ;

Sur les conclusions en interprétation :

Considérant qu'un recours en interprétation, présenté directement devant le juge administratif, ne peut avoir pour objet que l'interprétation d'un acte administratif ou d'une décision juridictionnelle rendue par les juridictions administratives ; que les conclusions de la requête de M. Vigno tendant à ce que le Conseil d'État interprète l'article 635 du Code civil n'ont pas cet objet et sont dès lors irrecevables...

[**2**] Considérant que si le Conseil supérieur de l'Ordre des experts-comptables fait valoir que ces dispositions [...] laissent place à l'interprétation et ont d'ailleurs donné lieu à un débat et à des désaccords au sein des instances ordinales dans la perspective de prochaines élections aux conseils de l'Ordre, ces circonstances ne peuvent être regardées comme un litige né et actuel qui opposerait l'Ordre des experts-comptables à l'administration ou à une autre personne et qui serait seule de nature à rendre recevable son recours en interprétation ; que faute pour cette condition d'être remplie et quelle que soit l'incertitude que, selon le Conseil supérieur de l'Ordre des experts-comptables, l'interprétation des dispositions en cause du décret du 2 septembre 1996 laisserait planer sur les conditions dans lesquelles doivent être organisées les prochaines élections dans les instances

de l'Ordre, sa demande, qui revient à solliciter du Conseil d'État une consultation, ne peut être accueillie...

[**3**] Considérant que, par des jugements du 10 janvier 1994 et du 11 octobre 1993, les conseils de prud'hommes de Montpellier et de Valence ont entendu saisir le Conseil d'État de la question préjudicielle de la légalité de l'article 197 du règlement PS 2 de la Société nationale des chemins de fer français ; que, toutefois, ces jugements n'ont pu avoir par eux-mêmes pour effet, en l'absence de toute conclusion présentée par l'une ou l'autre des parties, de saisir le Conseil d'État ; que, par suite, il n'y a pas lieu, en l'état, de statuer sur ces questions préjudicielles...

[**4**] Considérant, d'une part, que si par la décision précitée le Tribunal des conflits a jugé que l'appréciation de la validité de la décision du ministre d'État, ministre de l'Économie, des Finances et de la Privatisation était de la compétence de la juridiction administrative, le tribunal n'a pas eu à renvoyer la COFACE devant la juridiction administrative pour l'appréciation de la validité dudit acte ;
Considérant, d'autre part, qu'aucune question préjudicielle n'a été définie par la cour d'appel de Paris en son arrêt du 1er juillet 1991 qui s'est borné à surseoir à statuer dans l'attente de la cause pendante entre les parties ou jusqu'à l'expiration des délais prévus par l'article 7 de l'ordonnance du 12 mars 1831 modifiée ; que, dès lors la demande en appréciation de validité de la COFACE introduite directement devant le tribunal administratif de Paris, sans renvoi par l'autorité judiciaire, n'était pas recevable...

[**5**] Considérant qu'aux termes de l'article L. 352-1 du Code du travail : « Les accords conclus entre employeurs et travailleurs à l'effet de servir des allocations aux travailleurs sans emploi peuvent être rendus obligatoires en vertu de la procédure d'agrément prévue à l'article L. 352-2 », et qu'aux termes de l'article L. 352-2, dans sa rédaction applicable à la date de l'arrêté litigieux : « Les accords ayant pour objet exclusif le versement d'allocations spéciales aux travailleurs sans emploi [...] peuvent être agréées par arrêté du ministre chargé du travail lorsqu'ils sont conclus, sur le plan national et interprofessionnel, entre organisations syndicales les plus représentatives d'employeurs et de travailleurs au sens de l'article L. 133-2 du présent code, et qu'ils ne comportent aucune stipulation incompatible avec les dispositions législatives ou réglementaires en vigueur... » ;
Considérant que, saisis de litiges relatifs au calcul des allocations de chômage dues à des chômeurs dont le dernier emploi se trouvait en Suisse, le tribunal de grande instance de Mulhouse, le tribunal d'instance de Mulhouse et le tribunal d'instance de Strasbourg ont sursis à statuer jusqu'au moment où la juridiction administrative compétente se serait prononcée sur la validité de l'arrêté du 6 août 1987 par lequel le ministre des Affaires sociales et de l'Emploi a agréé, en vertu des dispositions précitées, un avenant du 6 avril 1987 à l'annexe IX du 10 décembre 1985 au règlement annexé à la convention du 19 novembre 1985 relative à l'assurance chômage ;
Considérant que les requêtes susvisées présentent à juger, à l'exclusion de toute contestation relative à un vice propre de l'arrêté d'agrément du 6 août 1987, des questions relatives à la validité même des stipulations dudit avenant ; qu'eu égard au caractère de droit privé que présente cet accord, la connaissance des questions ainsi posées ressortit à la seule compétence des tribunaux de l'ordre judiciaire ; que dès lors, le Conseil d'État est incompétent pour en connaître...

[**6**] Considérant que, par un arrêt du 15 janvier 1992, la cour d'appel de Nîmes, qui était saisie d'une action en concurrence déloyale intentée par la Société Recherches et développement des

services funéraires contre la Société d'exploitation de l'entreprise Rey, a sursis à statuer jusqu'à ce que la juridiction administrative se soit prononcée sur la validité du contrat, signé le 31 octobre 1988, par lequel la commune de Cavaillon a concédé le service extérieur des pompes funèbres à la Société d'exploitation de l'entreprise Rey ; que la question préjudicielle ainsi posée est limitée à l'appréciation de la validité de ce contrat au regard des dispositions du Code des marchés publics et de celles de l'article L. 362-1 du Code des communes, dans sa rédaction alors en vigueur, aux termes duquel : « Le service extérieur des pompes funèbres [...] appartient aux communes, à titre de service public. Les communes peuvent assurer ce service, soit directement, soit par entreprise en se conformant aux lois et règlements sur les marchés de gré à gré et adjudications. » ;
Considérant que le moyen tiré par la Société Recherches et développement des services funéraires de ce que le maire de Cavaillon n'était pas compétent pour signer, le 31 octobre 1988, le contrat concédant le service extérieur des pompes funèbres de la commune à la société d'exploitation de l'entreprise Rey, au motif que la délibération du conseil municipal l'autorisant à procéder à cette signature n'a été transmise au représentant de l'État dans le département que le 7 novembre suivant, excède les limites du renvoi préjudiciel ; qu'il en est de même du moyen tiré de l'absence de transmission du contrat de concession lui-même au représentant de l'État dans le département...

Les litiges dans lesquels est en cause un membre du tribunal

Art. R. 312-5 Lorsqu'un tribunal administratif est saisi d'un litige relevant de sa compétence et dans lequel un de ses membres est en cause, l'affaire est renvoyée par le président à un autre tribunal administratif désigné par le président de la section du contentieux du Conseil d'État.

■ Textes sources

– Code des TA et des CAA, article R. 61.

■ Commentaires

Par membre « en cause », il faut entendre « partie », en demande ou en défense (on peut songer sur ce dernier point au contentieux des immeubles menaçant ruine, ou des contraventions de grande voirie). Cette règle n'a donc pas à jouer si se trouve en discussion devant le tribunal une décision prise par un membre de la juridiction, ou à l'élaboration de laquelle il a participé, non plus évidemment qu'en cas de procédure de récusation. Mais on ne saurait oublier qu'« en vertu d'une règle générale de procédure applicable même sans texte un membre d'une juridiction administrative ne peut pas participer au jugement d'un recours dirigé contre une décision administrative ?[...] dont il est l'auteur ou qui a été prise par ?[...] un organisme collégial dont il était membre et aux délibérations duquel il a pris part » (CE 30 novembre 1994, Pinto).
On ajoutera que la règle énoncée par l'article R. 312-5 s'applique également aux membres de la juridiction qui n'appartiennent pas au corps des tribunaux

administratifs et cours administratives d'appel, tel étant le cas, par exemple, des personnes appelées à compléter un tribunal administratif d'outre-mer (CE 15 mai 1996, Ministre des Départements d'outre-mer c/ Bondarenko [1]).

□ ***Jurisprudence***

[**1**] Considérant qu'aux termes des dispositions qui figuraient alors à l'article R. 51 du Code des tribunaux administratifs, et qui sont aujourd'hui reprises à l'article R. 61 du Code des tribunaux administratifs et des cours administratives d'appel : « Lorsqu'un tribunal administratif est saisi d'un litige relevant de sa compétence, et dans lequel un de ses membres est en cause, l'affaire est renvoyée par le président à un autre tribunal administratif désigné par le président de la section du contentieux du Conseil d'État » ; qu'il est constant que M. Bondarenko, conseiller d'administration scolaire et universitaire exerçant les fonctions de conseiller auprès du vice-recteur de la Nouvelle-Calédonie, avait été désigné par ordonnance du 8 février 1985 du président du tribunal administratif de Nouméa pour remplir les fonctions de conseiller suppléant ; qu'il n'est pas établi par les pièces du dossier que cette ordonnance n'était plus en vigueur le 1er août 1985, date à laquelle M. Bondarenko a saisi le tribunal administratif de Nouméa du litige qui l'opposait à l'administration ; que c'est, par suite, à tort que le tribunal administratif de Nouméa n'a pas fait application des dispositions de l'article R. 51 précité ; qu'il s'ensuit que son jugement en date du 28 avril 1986 doit être annulé dans la limite des conclusions présentées en appel par le ministre...

SECTION 2 *Exceptions*

LES LITIGES RELATIFS À LA RECONNAISSANCE D'UNE QUALITÉ

Art. R. 312-6 Les litiges relatifs à la reconnaissance d'une qualité telle que celles de combattant, d'évadé, de déporté, de résistant ainsi qu'aux avantages attachés à l'une de ces qualités relèvent de la compétence du tribunal administratif dans le ressort duquel le bénéficiaire ou le candidat au bénéfice des dispositions invoquées a sa résidence lors de l'introduction de la réclamation.

Il en est de même :

1° Des litiges relatifs aux diverses décorations ;

2° Des litiges en matière d'emplois réservés ; toutefois, les pourvois dirigés contre une nomination critiquée comme intervenue en violation des droits d'un bénéficiaire de la législation sur les emplois réservés relèvent de la compétence du tribunal administratif dans le ressort duquel l'agent nommé est affecté sans préjudice des dispositions du dernier alinéa de l'article R. 312-12.

■ **Textes sources**

– Code des TA et des CAA, article R. 50.

■ **Commentaires**

La notion de « qualité » est interprétée étroitement : ainsi le litige portant sur la reconnaissance de la qualité de soutien de famille en vue de l'obtention d'une dispense d'obligations du service national échappe au champ d'application de cet article (CE sect. 31 janvier 1969, Gardarein, *Lebon* p. 55, concl. Rigaud). Il en va de même des litiges relatifs aux refus de naturalisation (CE 3 juillet 1974, Sultan, *Lebon* p. 912). En revanche le litige portant sur la reconnaissance de la qualité d'apatride en relève (CE sect. 9 octobre 1981, Subramaniam, *Lebon* p. 362). Il en va de même pour un litige portant sur la reconnaissance de la qualité de rapatrié (CE 7 novembre 1990, Bardelli et Clément [**1**] – CE 10 octobre 1994, Bideau). La date retenue pour l'application de ce critère est celle du dépôt de la demande contentieuse (CE 18 octobre 1961, Abada, *Lebon* p. 573 [**2**]), alors que le texte, et parfois la jurisprudence (CE 7 novembre 1990, Bardelli, précité) peuvent conduire à une lecture différente.

□ ***Jurisprudence***

[**1**] Considérant qu'aux termes de l'article R. 50 du Code des tribunaux administratifs et des cours administratives d'appel « les litiges relatifs à la reconnaissance d'une qualité telle que celles de combattant, d'évadé, d'interné, de déporté, de résistant, ainsi qu'aux avantages attachés à l'une de ces qualités relèvent de la compétence du tribunal administratif dans le ressort duquel le bénéficiaire ou le candidat au bénéfice des dispositions invoquées a sa résidence lors de l'introduction de la réclamation » ; que M. Clément, qui a sollicité le bénéfice d'avantages prévus par la loi du 4 décembre 1985 et attachés à la qualité de rapatrié, avait, lors de l'introduction de sa réclamation, sa résidence à Chalon-sur-Saône ; qu'ainsi sa demande dirigée contre la décision par laquelle le secrétaire d'État aux Rapatriés a limité à 50 % le taux de l'aide de l'État pour le rachat de ses cotisations de retraite ressortissait à la compétence du tribunal administratif de Dijon ; qu'il y a lieu dès lors d'annuler le jugement attaqué par lequel le tribunal administratif de Paris a rejeté cette demande comme non fondée...

[**2**] Considérant qu'aux termes de l'article 7 du décret du 28 novembre 1953, « les litiges relatifs à la reconnaissance d'une qualité telle que celles de combattant, d'évadé, d'interné, de déporté, de résistant ? ? ? relèvent de la compétence du tribunal administratif dans le ressort duquel le bénéficiaire ou le candidat au bénéfice des dispositions invoquées a sa résidence lors de l'introduction de la réclamation » ; que cette disposition doit s'entendre comme attribuant compétence territoriale au tribunal administratif dans le ressort duquel l'intéressé a sa résidence à la date où la juridiction administrative est saisie de sa réclamation contentieuse et non pas à celui dans le ressort duquel ledit intéressé résidait lorsqu'il a, pour la première fois, demandé à l'administration que la qualité qu'il revendique lui soit reconnue...

LES LITIGES RELATIFS À DES IMMEUBLES

Art. R. 312-7 Les litiges relatifs aux déclarations d'utilité publique, au domaine public, aux affectations d'immeubles, au remembrement, à l'urbanisme et à l'habitation, au permis de construire, au classement des monuments et des sites et, de manière générale, aux décisions concernant des immeubles relèvent de la compétence du tribunal administratif dans le ressort duquel se trouvent les immeubles faisant l'objet du litige.

Il en est de même des litiges en matière de réquisition qui relèvent, si la réquisition porte sur un bien mobilier ou immobilier, du tribunal administratif dans le ressort duquel se trouvait ce bien au moment de la réquisition.

■ Textes sources

– Code des TA et des CAA, article R. 51.

■ Commentaires

On observera seulement que s'agissant du domaine public, et s'il y a contrat d'occupation, les parties peuvent conventionnellement déroger à la règle de compétence (CE 29 mars 1957, Roger, *Lebon* p. 223 ; *AJDA* 1951, II, p. 205 – CE sect. 20 juin 1958, SNCF, *Lebon* p. 367).

Cet article, interprété largement, a été appliqué au contentieux des redevances perçues à l'occasion de la construction de locaux (CE 23 janvier 1974, Société anonyme Aciéries et Fonderies de l'Est, *Lebon* p. 55 [**1**]).

□ ***Jurisprudence***

[**1**] Considérant qu'aux termes de l'article R. 42 du Code des tribunaux administratifs, « les litiges relatifs aux déclarations d'utilité publique, au domaine public, aux affectations d'immeubles, au remembrement, à l'urbanisme et à l'habitation, au permis de construire, au classement des monuments et sites et, de manière générale, aux décisions concernant les immeubles relèvent de la compétence du tribunal administratif dans le ressort duquel se trouvent les immeubles faisant l'objet du litige » ;

Considérant que les dispositions de la loi n° 60-790 du 2 août 1960 tendant à limiter l'extension de locaux à usage de bureaux et à usage industriel dans la région parisienne par l'institution d'une redevance pour la construction de locaux de cette nature et d'une prime à la suppression de ceux-ci s'insèrent dans l'ensemble de la législation de l'urbanisme ; que d'ailleurs les dispositions de la loi du 2 août 1960 ont été reprises aux articles L. 520-1 et s. du Code de l'urbanisme publié par le décret n° 73-1022 du 8 novembre 1973 ; que l'article 2 de ladite loi porte que le titre de perception de la redevance doit être émis dans l'année qui suit la délivrance du permis de construire ; qu'ainsi les décisions prises pour l'établissement de cette redevance concernent des immeubles au sens de l'article R. 42 précité du Code des tribunaux administratifs...

LES LITIGES RELATIFS AUX DÉCISIONS INDIVIDUELLES EN MATIÈRE DE POLICE

Art. R. 312-8 Les litiges relatifs aux décisions individuelles prises à l'encontre de personnes par les autorités administratives dans l'exercice de leurs pouvoirs de police relèvent de la compétence du tribunal administratif du lieu de résidence des personnes faisant l'objet des décisions attaquées à la date desdites décisions.

■ Textes sources

– Code des TA et des CAA, article R. 52.

■ Commentaires

Les décisions de police « prises à l'encontre de personnes » doivent s'entendre comme excluant celles qui concernent soit des fonds de commerce (police des débits de boissons par exemple : CE 16 avril 1969, Desamis, *Lebon* p. 778), soit des immeubles (police des immeubles menaçant ruine).

On note que lorsque la mesure de police a une coloration « professionnelle », c'est l'article R. 312-10 qui détermine la compétence (CE 14 juin 1967, Santucci, *Lebon* p. 251, refus d'agrément d'un croupier), bien qu'une décision ultérieure ait admis le contraire s'agissant de l'interdiction d'accès à un hippodrome frappant un entraîneur et un jockey (CE 13 juin 1975, Beaumé et Cimmino, *Lebon* p. 352).

Le « lieu de résidence » n'est pas toujours aisé à déterminer lorsque la personne visée par l'arrêté de police est incarcérée (cas des arrêtés d'expulsion), parfois loin de son domicile antérieur. On se reportera à l'article R. 776-3 pour la règle de compétence applicable en matière de reconduite à la frontière.

L'application de cet article à des personnes placées en détention ou en rétention conduit parfois à de déraisonnables enchevêtrements de compétence, laquelle va varier, pour une personne dont pourtant le domicile est déterminé, en fonction de ses transferts d'un établissement pénitentiaire à l'autre : 30 km seulement séparent la prison Saint-Paul (Lyon) de celle de Saint-Quentin-Fallavier, commune de l'Isère ; cela suffit à conduire à un changement de tribunal administratif...

LES LITIGES RELATIFS À LA DÉSIGNATION DES MEMBRES D'ASSEMBLÉES OU ORGANISMES COLLÉGIAUX

Art. R. 312-9 Les litiges relatifs à la désignation, soit par voie d'élection, soit par nomination, des membres des assemblées, corps ou organismes administratifs ou professionnels relèvent de la compétence du tribunal administratif dans le ressort duquel se trouve le siège de l'assemblée, corps ou organisme à la composition duquel pourvoit l'élection ou la nomination contestée. Toutefois, le contentieux des opérations préliminaires aux élections parlementaires est, lorsqu'il ressortit à la juridiction administrative, de la compétence du tribunal administratif dans le ressort duquel se trouve le département où l'élection a lieu.

■ **Textes sources**

– Code des TA et des CAA, article R. 53.

■ **Commentaires**

La règle découlant de cet article s'étend à la désignation des organes de ces assemblées, corps ou organismes (bureau, etc.). On doit penser qu'elle s'applique à toute désignation d'un membre d'une assemblée, pour siéger à une commission ou autre organe (voir, par parallèle, à propos de la désignation des membres de la commission d'appel d'offres, CE 17 mars 1999, Moynier).

LES LITIGES RELATIFS AUX ACTIVITÉS PROFESSIONNELLES

Art. R. 312-10 Les litiges relatifs aux législations régissant les activités professionnelles, notamment les professions libérales, les activités agricoles, commerciales et industrielles, la réglementation des prix, la réglementation du travail, ainsi que la protection ou la représentation des salariés, ceux concernant les sanctions administratives intervenues en application de ces législations relèvent, lorsque la décision attaquée n'a pas un caractère réglementaire, de la compétence du tribunal administratif dans le ressort duquel se trouve soit l'établissement ou l'exploitation dont l'activité est à l'origine du litige, soit le lieu d'exercice de la profession.

Si, pour ces mêmes catégories de litiges, la décision contestée a un caractère réglementaire et ne s'applique que dans le ressort d'un seul tribunal administratif, ce tribunal administratif est compétent pour connaître du litige.

■ **Textes sources**

– Code des TA et des CAA, article R. 54.

■ **Commentaires**

On n'oubliera pas, à propos de cet article, que le Conseil d'État est compétent en premier ressort pour connaître des recours en annulation dirigés contre les actes réglementaires des ministres ou contre les décisions administratives des organismes collégiaux à compétence nationale – art. R. 311-1, sous réserve de l'article R. 311-2 concernant les décisions individuelles des fédérations sportives prises dans l'exercice de leurs prérogatives de puissance publique, lesquelles relèvent du tribunal administratif.

Cet article a permis de restreindre la notion d'acte dont le champ d'application s'étend au-delà du ressort d'un seul tribunal administratif (autre cas de compétence directe du Conseil d'État en matière d'excès de pouvoir). Il a pour cette raison été interprété extensivement (CE sect. 22 novembre 1957, Regué, *Lebon* p. 638 [**1**]). Ainsi relève du tribunal dans le ressort duquel se situe le siège d'une entreprise le litige né du règlement intérieur unique adopté par cette entreprise pour l'ensemble de ses établissements, quelle qu'en soit l'implantation géographique (CE 5 mai 1993, Ministre des Affaires sociales c/ Société anonyme de Télécommunications).

L'article R. 312-10 s'applique aux litiges liés à la protection ou à la représentation des salariés, mais non à ceux qui sont relatifs à l'application de la législation de Sécurité sociale (CE 28 février 1958, Caisse primaire de Sécurité sociale d'Ille-et-Vilaine, *Lebon* p. 137).

Il ne s'applique pas aux taxes parafiscales, même instituées au profit de groupements professionnels (CE 14 mars 1990, Société Fernand Alix et Cie), mais régit les litiges nés du refus d'avantages fiscaux (CE 26 janvier 1968, Société Maison Genestal, *Lebon* p. 61), ou ceux dirigés contre un état exécutoire émis, hors taxe parafiscale, au titre d'une activité professionnelle, par exemple par l'Institut national de l'audiovisuel (CE 19 novembre 1999, Radio Dreyeckland Antenne Sud-Alsace). Il n'est pas non plus applicable aux litiges concernant la décision accordant ou retirant la reconnaissance du caractère représentatif d'une organisation (CE 7 juin 1989, Fédération nationale des syndicats paysans).

☐ ***Jurisprudence***

[**1**] Considérant que le sieur Regué défère au Conseil d'État par le pourvoi n° 34378 une décision du ministre des Travaux publics, des Transports et du Tourisme du 10 septembre 1952 retirant les autorisations provisoires de transports automobiles de voyageurs entre L'Hospitalet et Andorre-la-Vieille dont le requérant était titulaire et, par le pourvoi n° 34379, un arrêté du 14 décembre 1953 par lequel le même ministre a accordé à la Société franco-andorrane de transports l'autorisation d'exploiter la ligne de transports automobiles susmentionnée :

Sur la compétence :

Considérant que les deux requêtes susvisées du sieur Regué ont été enregistrées au secrétariat du contentieux du Conseil d'État le 5 février 1955, postérieurement à l'entrée en vigueur du décret du 30 septembre 1953 ;

Considérant, en premier lieu, que si, aux termes du paragraphe 3 de l'article 3 du décret précité, le Conseil d'État reste compétent pour connaître en premier et dernier ressort « des recours dirigés contre les actes administratifs dont le champ d'application s'étend au-delà du ressort d'un seul

tribunal administratif », les dispositions dont il s'agit ne sont pas applicables aux requêtes du sieur Regué, lesquelles sont dirigées contre deux actes administratifs individuels dont les effets sont attachés aux seules entreprises intéressées ; que chacun de ces actes doit être regardé comme recevant application au lieu où se trouve l'établissement de l'entreprise intéressée, quelle que soit par ailleurs l'étendue géographique de son activité ;
Considérant, en second lieu, qu'aux termes de l'article 12 du décret du 28 novembre 1953 « les litiges relatifs aux législations régissant les activités professionnelles, notamment les activités agricoles, commerciales et industrielles [...], relèvent, lorsque la décision attaquée n'a pas un caractère réglementaire, de la compétence du tribunal administratif dans le ressort duquel se trouve soit l'établissement ou l'exploitation dont l'activité est à l'origine du litige, soit le lieu d'exercice de la profession » ; qu'il ressort des pièces du dossier que l'entreprise de transport du sieur Regué, qui a fait l'objet de la décision du 10 septembre 1952, avait son établissement à L'Hospitalet (Ariège) ; que cette localité étant dans le ressort du tribunal administratif de Toulouse, ledit tribunal est territorialement compétent pour connaître d'une demande dirigée contre la décision ministérielle susmentionnée retirant l'autorisation de transport dont le requérant était titulaire ;
Considérant qu'il ressort, d'autre part, des pièces du dossier que la Société franco-andoranne de transports, qui a fait l'objet de l'arrêté du ministre des Travaux publics, des Transports et du Tourisme du 14 décembre 1953, a son établissement à Andorre-la-Vieille dans les vallées d'Andorre ; que ni l'article 12 précité du décret du 28 novembre 1953 ni aucune des autres dispositions des articles 7 à 16 dudit décret ne donnent compétence territoriale à un tribunal administratif déterminé pour statuer sur le litige eu égard au lieu de cet établissement, mais que l'application de l'article 4 du même décret conduit, en revanche, à reconnaître la compétence du tribunal administratif de Paris dans le ressort duquel a son siège l'autorité qui a pris la décision attaquée...

LES LITIGES DE NATURE CONTRACTUELLE OU QUASI CONTRACTUELLE

Art. R. 312-11 Les litiges relatifs aux marchés, contrats, quasi-contrats ou concessions relèvent de la compétence du tribunal administratif dans le ressort duquel ces marchés, contrats, quasi-contrats ou concessions sont exécutés. Si leur exécution s'étend au-delà du ressort d'un seul tribunal administratif ou si le lieu de cette exécution n'est pas désigné dans le contrat, le tribunal administratif compétent est celui dans le ressort duquel l'autorité publique contractante ou la première des autorités publiques dénommées dans le contrat a signé le contrat, sans que, dans ce cas, il y ait à tenir compte d'une approbation par l'autorité supérieure, si cette approbation est nécessaire.
Toutefois, si l'intérêt public ne s'y oppose pas, les parties peuvent, soit dans le contrat primitif, soit dans un avenant antérieur à la naissance du litige, convenir que leurs différends seront soumis à un tribunal administratif autre que celui qui serait compétent en vertu des dispositions de l'alinéa précédent.

■ **Textes sources**

– Code des TA et des CAA, article R. 55.

■ **Commentaires**

Seuls sont concernés par cet article les litiges contractuels proprement dits, à l'exception des recours pour excès de pouvoir formés, soit par les tiers, soit par le contractant, contre des actes détachables du contrat, ou d'actions en responsabilité quasi délictuelle formée par les tiers en raison de l'exécution d'un contrat (CE ass. 16 avril 1986, Cie luxembourgeoise de télédiffusion, *Lebon* p. 97 – CE ass. 2 février 1987, Société France-5, *Lebon* p. 28). De la même façon, cet article n'est pas applicable à un recours pour excès de pouvoir formé contre les dispositions réglementaires d'un contrat (CE 14 janvier 1998, Syndicat national des personnels des affaires sociales).

Si le contrat est de louage de services, ce sont les règles de compétence issues de l'article R. 312-12 qui s'appliquent, non celles de l'article R. 312-11.

La présence dans cet article des quasi-contrats, qui répond à leur exclusion dans l'article R. 312-14, ne laisse pas d'intriguer au regard de l'un des critères retenus : on voit mal où pourrait être « signé » un quasi-contrat, un tel engagement résultant précisément d'une situation née unilatéralement (enrichissement sans cause, versement d'indu) et certainement pas « signée ». Il est vrai que l'acte faisant naître une situation quasi contractuelle est « exécuté »,

Voir, comme exemple d'utilisation du critère tiré du lieu de signature, à propos d'un contrat s'exécutant sur un vaste territoire, CE 3 juillet 1987, Cofiroute, *Lebon* p. 245 [**1**], arrêt qui soulève la question du paiement par la gendarmerie des péages sur une autoroute concédée.

La possibilité de dérogation conventionnelle à la règle de compétence ne peut conduire à affecter les compétences des tribunaux administratifs pris dans leur ensemble : un litige contractuel qui doit normalement relever du Conseil d'État en premier ressort, parce que né hors du ressort des tribunaux administratifs (CE sect. 7 juin 1991, Troquet, à propos d'un contrat signé et exécuté à l'étranger), ne peut, par une clause contractuelle, être confié à un tribunal administratif déterminé (CE 5 janvier 1972, Société Unitchadienne, *Lebon* p. 4 – CE 10 décembre 1997, Muscadier [**2**]).

□ ***Jurisprudence***

[**1**] Considérant que les litiges qui se sont élevés entre la société Cofiroute et l'État au sujet du paiement par la gendarmerie nationale des péages sur des autoroutes concédées par l'État à la société Cofiroute portent sur l'application des stipulations de l'article 29 du cahier des charges annexé à la convention de concession relative aux exemptions de péage dont bénéficient les fonctionnaires de certains services de l'État et qu'il appartient ainsi au juge du contrat d'en connaître ; que l'exécution de cette concession s'étend au-delà du ressort d'un seul tribunal administratif ; qu'il résulte des dispositions sus-rappelées de l'article R. 46 du Code des tribunaux administratifs que le

tribunal compétent est celui de Paris dans le ressort duquel l'autorité publique contractante a signé la concession...

[**2**] Considérant qu'il résulte des termes mêmes des dispositions de l'article R. 55, alinéa 2, du code précité, qui prévoient, pour les parties à un contrat, la possibilité de déroger aux règles déterminant, en vertu du premier alinéa du même article, la compétence territoriale des tribunaux administratifs pour connaître des litiges relatifs aux marchés, contrats, quasi-contrats ou concessions, qu'elles n'autorisent aucune modification des dispositions, d'ordre public, qui fixent la répartition des compétences entre le Conseil d'État et les tribunaux administratifs ; que, par suite, la clause de l'article 11 du contrat de recrutement de M. Muscadier du 25 février 1993, qui attribue compétence au Conseil d'État pour connaître des recours relatifs à l'application de ce contrat, est sans effet sur la détermination du juge administratif compétent...

LES LITIGES INDIVIDUELS RELATIFS AUX AGENTS PUBLICS

Art. R. 312-12 Tous les litiges d'ordre individuel, y compris notamment ceux relatifs aux questions pécuniaires, intéressant les fonctionnaires ou agents de l'État et des autres personnes ou collectivités publiques, ainsi que les agents ou employés de la Banque de France, relèvent du tribunal administratif dans le ressort duquel se trouve le lieu d'affectation du fonctionnaire ou agent que la décision attaquée concerne.

Si cette décision prononce une nomination ou entraîne un changement d'affectation, la compétence est déterminée par le lieu de la nouvelle affectation.

Si cette décision prononce une révocation, une admission à la retraite ou toute autre mesure entraînant une cessation d'activité, ou si elle concerne un ancien fonctionnaire ou agent, ou un fonctionnaire ou un agent sans affectation à la date où a été prise la décision attaquée, la compétence est déterminée par le lieu de la dernière affectation de ce fonctionnaire ou agent.

Si cette décision a un caractère collectif (tels notamment les tableaux d'avancement, les listes d'aptitude, les procès-verbaux de jurys d'examens ou de concours, les nominations, promotions ou mutations présentant entre elles un lien de connexité) et si elle concerne des agents affectés ou des emplois situés dans le ressort de plusieurs tribunaux administratifs, l'affaire relève de la compétence du tribunal administratif dans le ressort duquel siège l'auteur de la décision attaquée.

■ Textes sources

– Code des TA et des CAA, article R. 56.

■ Commentaires

La volonté de déconcentration est évidente dans ce texte, qui ne concerne que les actes individuels ou collectifs, à l'exception donc des actes réglementaires. Cet article concerne tous les agents publics régis par le droit public (y compris donc les agents contractuels), sauf ceux dont le sort relève, en premier ressort, du Conseil d'État, à savoir ceux qui sont nommés par décret du président de la République en application de l'article 13-3° de la Constitution ou des articles 1 et 2 de l'ordonnance du 28 novembre 1958 portant loi organique concernant les nominations aux emplois civils et militaires de l'État (voir art. R. 311-1).

Le critère retenu pour déterminer la compétence, s'agissant des actes individuels, est l'affectation de l'agent à la date de la décision contestée (CE 22 octobre 1958, Blaie, *Lebon* p. 492 [**1**] – CE 15 novembre 1991, Mauduech), sans égard pour les mutations ultérieures qui ont pu se produire (on doit tenir pour une solution d'espèce le critère différent retenu par l'arrêt Fournier du 17 décembre 1990). Un agent peut donc avoir à soutenir un litige devant un tribunal fort éloigné de son affectation à la date à laquelle il agit en justice (CE 15 juillet 1960, Pédoussant, *Lebon* p. 485).

Le lieu d'affectation est celui de l'emploi assigné à l'agent, même s'il refuse ce poste, ne l'a pas rejoint, et conteste précisément cette affectation (CE 10 mai 1972, Dufond, *Rec.* p. 351 [**2**] – CE 1er février 1995, Penevere). Si toutefois la mutation est annulée, le litige né des conditions de réintégration sur l'ancien poste relèvera du tribunal administratif correspondant à ce dernier (CE 8 février 1961, Rousset, *Lebon* p. 85 [**3**] – CE 17 juin 1966, Clary, *Lebon* p. 907). Quant au refus de renouveler un détachement, et même s'il a pour effet de replacer l'agent dans son administration d'origine, il n'est pas regardé comme un changement d'affectation, une mutation vers cette dernière. Le litige auquel il donne lieu relève donc du tribunal qui a dans son ressort le lieu de détachement, et non le lieu de l'administration d'origine (CE 20 février 1989, Vassé).

Lorsque le litige porte sur la nomination sur un emploi d'un agent autre que le requérant, c'est normalement le lieu de cet emploi qui détermine la compétence. Mais, si le litige porte en réalité sur le refus de nommer le requérant, et si ce dernier est déjà agent public, affecté dans un autre ressort que celui de l'emploi en cause, le refus de le nommer relèvera du tribunal de son lieu d'affectation (CE sect. 27 avril 1988, Marabuto, *Lebon* p. 167 [**4**]).

Le dernier alinéa, qui concerne les décisions à caractère collectif, soulève parfois de délicats problèmes lorsqu'un agent, n'attaquant pas la décision, se borne à demander l'annulation du refus de l'en faire bénéficier. Il semble qu'il faille alors rechercher si ce refus peut être examiné indépendamment de l'acte collectif, autrement dit si cet acte est ou non indivisible. S'il est divisible (autrement dit si la liste n'est pas établie à l'issue d'une comparaison entre les mérites des candidats en lice), le lieu d'affectation du requérant déterminera le tribunal habilité à connaître du refus d'inscription (CE 27 avril 1988, Marabuto, précité – CE 19 janvier 1990, Arnaud, à propos du refus d'inscription sur l'arrêté reconnaissant une qualification à un ensemble de fonctionnaires). Si inversement l'acte est indivisible (c'est le cas normalement des tableaux d'avancement, ou des résultats d'admission à un concours), la contestation du refus d'inscription, qui ne peut qu'être regardée comme la contestation de l'acte dans son ensemble, sera régie par le dernier alinéa de l'article R. 312-12.

La lecture de cet alinéa appelle une légère précision. En faisant état d'« agents affectés ou d'emplois situés dans le ressort de plusieurs tribunaux administratifs », le texte n'a pas entendu exiger que les agents, ou emplois, soient tous affectés ou situés dans le ressort de tribunaux administratifs, mais seulement qu'ils ne se trouvent pas dans le ressort d'un seul tribunal administratif, même si certains de ces agents ou emplois se trouvent hors du ressort de tout tribunal administratif (CE 12 décembre 1994, Boquel). Cette lecture a permis de ne pas retenir la compétence de premier ressort du Conseil d'État saisi par un agent affecté hors d'un tel ressort.

Soucieux de restreindre sa compétence en premier ressort, le Conseil d'État a enfin appliqué le dernier alinéa à une décision ministérielle autorisant le recrutement d'agents dans des services régionaux (CE 24 septembre 1990, Syndicat national des personnels civils des affaires maritimes [**5**]).

□ ***Jurisprudence***

[**1**] Sur la compétence du tribunal administratif de Rennes :

Considérant que les demandes formées par le sieur Blaie et la dame Blaie, en application de l'article 16 de la loi du 6 août 1953, tendaient à l'annulation de deux arrêtés du ministre de l'Éducation nationale, en date du 8 avril 1946, prononçant leur révocation sans pension ; que ces demandes relevaient, en application de l'article 14-3° du décret du 28 novembre 1953, de la compétence du tribunal administratif dans le ressort duquel se trouvait le lieu de la dernière affectation précédant la mesure de révocation attaquée, c'est-à-dire en l'espèce du tribunal administratif de Rennes ; que si, postérieurement à la décision attaquée, mais antérieurement à l'introduction des pourvois, les requérants ont été réintégrés et affectés dans une localité relevant de la compétence territoriale d'un autre tribunal administratif, cette circonstance est sans effet sur la détermination de la compétence territoriale, laquelle doit s'apprécier à la date à laquelle a été prise la décision attaquée...

[**2**] Considérant que, bien que le sieur Dufond ait refusé d'occuper le poste de Villeneuve-sur-Lot auquel il avait été affecté, cette ville constitue le lieu de sa dernière affectation administrative ; que, dès lors, le tribunal administratif de Bordeaux, dans le ressort duquel est située ladite ville, a, par une fausse application de l'article 14 précité du décret du 28 novembre 1953, rejeté la requête du sieur Dufond comme portée devant une juridiction territorialement incompétente pour en connaître...

[**3**] Considérant que, par une décision du 25 mars 1955, le Conseil d'État statuant au contentieux a annulé la décision du 16 février 1952 par laquelle le sieur Rousset a été licencié des fonctions

qu'il exerçait à l'établissement de réserve générale du matériel automobile de la Maltournée ; que le sieur Rousset a demandé au ministre des Armées sa réintégration, en exécution de cette décision, dans ses fonctions et la réparation du préjudice que son éviction lui causait ;
Considérant que, par application de l'article 14 du décret du 28 novembre 1953, le tribunal territorialement compétent pour statuer sur le litige résultant du refus opposé par le ministre à ces demandes était déterminé par le lieu d'affectation de l'intéressé ; qu'en raison de l'annulation prononcée par le Conseil d'État, ainsi qu'il a été dit ci-dessus, de la décision le licenciant de ses fonctions, le sieur Rousset doit être réputé être demeuré affecté à l'établissement de la Maltournée, lequel se trouve dans le ressort du tribunal administratif de Versailles ; qu'il appartenait, par suite, audit tribunal de statuer sur la demande du sieur Rousset...

[**4**] Considérant, en premier lieu, qu'aux termes du premier alinéa de l'article 47 du Code des tribunaux administratifs : « Tous les litiges d'ordre individuel [...] intéressant les fonctionnaires ou agents de l'État [...] relèvent du tribunal administratif dans le ressort duquel se trouve le lieu d'affectation du fonctionnaire ou agent que la décision attaquée concerne » ; qu'après avoir été admise à participer aux épreuves du concours externe organisé en 1977 pour le recrutement de greffiers en chef stagiaires des cours et tribunaux, Mme Marabuto, professeur certifié en fonction au lycée de Bondy (Seine-Saint-Denis), n'a pas été nommée greffier en chef stagiaire et n'a pas été affectée à l'École nationale d'application des secrétariats-greffes de Dijon ; que, dès lors, les conclusions dirigées par l'intéressée contre la décision refusant de procéder à cette nomination et à cette affectation, ainsi que ses conclusions subsidiaires dirigées contre la décision refusant de l'admettre à participer aux épreuves du concours interne et ses conclusions à fins d'indemnité, relevaient, par application des dispositions précitées, de la compétence du tribunal administratif de Paris dans le ressort duquel se trouvait le lieu d'affectation du Mme Marabuto en qualité d'enseignante ;
Considérant, en second lieu, qu'aux termes du quatrième alinéa de l'article 47 précité : « Si la décision a un caractère collectif [...] et si elle concerne des agents affectés ou des emplois situés dans le ressort de plusieurs tribunaux administratifs, l'affaire relève de la compétence du tribunal administratif dans le ressort duquel a son siège l'auteur de la décision attaquée » ; que, par suite, les conclusions de Mme Marabuto dirigées contre les arrêtés du garde des Sceaux, ministre de la Justice, en date du 13 décembre 1978, titularisant et nommant dans leurs postes respectifs les greffiers en chef issus des concours de recrutement organisés en 1977 relevaient également de la compétence du tribunal administratif de Paris...

[**5**] Considérant qu'il résulte des dispositions de l'article R. 56 du Code des tribunaux administratifs et des cours administratives d'appel que les litiges relatifs aux décisions présentant un caractère collectif et concernant des emplois situés dans le ressort de plusieurs tribunaux administratifs relèvent de la compétence du tribunal administratif dans le ressort duquel siège l'auteur de la décision attaquée ; que, dès lors, le Conseil d'État n'est pas compétent pour connaître en premier et dernier ressort des conclusions de la requête du Syndicat national des personnels civils des affaires maritimes CGT tendant à l'annulation de la lettre par laquelle le secrétaire d'État auprès du ministre de l'Urbanisme, du Logement et des Transports chargé de la Mer autorise pour 1984 dans les services régionaux des affaires maritimes et centres de sécurité le recrutement de huit techniciens experts des services de sécurité de la navigation maritime ; qu'il y a lieu, par suite, de transmettre le dossier de la requête au tribunal administratif de Paris...

Les litiges relatifs aux pensions

Art. R. 312-13 Les litiges relatifs aux pensions des agents des collectivités locales relèvent du tribunal administratif dans le ressort duquel est situé le siège de la personne publique dont l'agent intéressé relevait au moment de sa mise à la retraite.

Pour les autres pensions dont le contentieux relève de la juridiction des tribunaux administratifs, le tribunal compétent est celui dans le ressort duquel se trouve le lieu d'assignation du paiement de la pension ou, à défaut, soit qu'il n'y ait pas de lieu d'assignation, soit que la décision attaquée comporte refus de pension, la résidence du demandeur lors de l'introduction de sa réclamation.

■ Textes sources

– Code des TA et des CAA, article R. 57.

■ Commentaires

Il est à signaler que depuis la suppression de l'agent payeur du consulat général de France à Pondichéry, les pensions qui y étaient assignées ont été transférées sur la trésorerie générale pour l'étranger à Nantes, ce qui rend le tribunal administratif de Nantes compétent pour en connaître (CE 5 avril 1991, Simon).

Les actions en responsabilité

Art. R. 312-14 Les actions en responsabilité fondées sur une cause autre que la méconnaissance d'un contrat ou d'un quasi-contrat et dirigées contre l'État, les autres personnes publiques ou les organismes privés gérant un service public relèvent :

1° Lorsque le dommage invoqué est imputable à une décision qui a fait ou aurait pu faire l'objet d'un recours en annulation devant un tribunal administratif, de la compétence de ce tribunal ;

2° Lorsque le dommage invoqué est un dommage de travaux publics ou est imputable soit à un accident de la circulation, soit à un fait ou à un agissement administratif, de la compétence du tribunal administratif dans le ressort duquel se trouve le lieu où le fait générateur du dommage s'est produit ;

3° Dans tous les autres cas, de la compétence du tribunal administratif dans le ressort duquel se trouvait, au moment de l'introduction de la demande, la résidence de l'auteur ou du premier des auteurs de cette demande, s'il est une personne physique, ou son siège, s'il est une personne morale.

■ **Textes sources**

– Code des TA et des CAA, article R. 58.

■ **Commentaires**

Pour les actions en responsabilité contractuelle ou quasi contractuelle, voir article R. 312-11 ci-dessus (ou article R. 312-12 s'il s'agit d'un agent contractuel).

Les dispositions du 1° sont d'application délicate lorsque est en cause une absence de décision : s'il s'agit du refus de prendre une décision, et ce refus étant lui-même un acte administratif, ce paragraphe joue. Si au contraire, sans avoir provoqué un refus, l'administré se plaint d'une carence et en demande réparation, cet alinéa ne peut jouer. On peut alors hésiter entre le deuxième alinéa (la carence étant regardée comme un « agissement ») et le troisième (« autres cas »).

À la solution retenue dans un arrêt Delvaux (CE 23 juillet 1976 [**1**]), appliquant le troisième alinéa dans un cas de retard mis à prendre une réglementation, peut être ainsi comparée la décision Compagnie d'assurances Mercator (CE 25 mars 1992) appliquant le deuxième alinéa à une requête tendant à obtenir réparation d'une prétendue carence des services de police [**2**]. On peut avancer que la carence exclusivement juridique relève du troisième alinéa, alors que celle qui serait révélée par l'insuffisance ou l'inefficacité d'une action matérielle relève du deuxième alinéa.

Les dispositions du deuxième alinéa soulèvent la question du « fait générateur » du dommage, qui n'est pas toujours évidente à résoudre, lorsque est en cause un « agissement administratif ». On doit semble-t-il rechercher le lieu où s'est produit le dernier agissement administratif qui a directement causé le préjudice : ce sera par exemple le lieu d'où s'est évadé un mineur, lequel commettra des méfaits ailleurs, mais non le lieu de commission de ces méfaits (CE 24 février 1965, Caisse primaire centrale de Sécurité sociale de la région parisienne, *Lebon* p. 127 ; *AJDA* 1965, p. 339 [**3**]).

Le troisième alinéa est d'application subsidiaire (CE 2 décembre 1970, Ministre des Affaires étrangères c/ Dame Coursières-Berthezène, *Lebon* p. 722 [**4**]). Il ne faut toutefois pas le lire comme signifiant que la résidence du demandeur permettra de déterminer un tribunal administratif lorsque les alinéas précédents ne le permettent pas. Si un litige entre dans le champ d'application du premier ou du deuxième alinéa (par exemple un agissement administratif), et si les règles énoncées par ces alinéas ne permettent pas de déterminer un tribunal administratif apte à en connaître (parce que par exemple cet agissement s'est produit à l'étranger), la résidence du demandeur ne permettra pas de désigner un tel tribunal. Il faudra rechercher si l'article R. 46 le permet (par exemple, parce que la décision liant le contentieux a été prise par une autorité ayant son siège dans le ressort d'un tribunal administratif : CE 25 février 1957, Parentaud, *Lebon* p. 127 [**5**] – CE sect. 4 décembre 1970, Ministre de la Défense c/ Starr, *Lebon* p. 734 – CE 23 juillet 1993, Le Scouarnec). La solution issue de ces arrêts n'est, malgré les apparences, pas contraire à celle résultant de l'arrêt Coursières-Berthezène (précité). S'agissant en effet des dommages causés par des décisions, le 1° de l'article R. 312-14 ne s'applique qu'aux décisions relevant du contrôle de légalité exercé par un tribunal administratif. Si ce contrôle relève du Conseil d'État, le cas sort du champ d'application de cet alinéa, et entre donc dans celui du troisième alinéa de l'article R. 312-14 (CE 8 janvier 1993, Roy [**6**] – CE 15 novembre 2000, El Ghani, concernant le préjudice causé par un refus de visa d'entrée sur le territoire).

☐ ***Jurisprudence***

[**1**] Considérant que la requête du sieur Delvaux, présentée au tribunal administratif de Limoges et transmise au Conseil d'État par ordonnance du président de cette juridiction en application de l'article R. 74 du Code des tribunaux administratifs, tend à la réparation du préjudice que l'intéressé prétend avoir subi du fait du retard apporté à la publication de l'arrêté interministériel du 30 décembre 1974 pris pour l'application à certains personnels du décret du 28 mars 1967 relatif aux émoluments des fonctionnaires en service à l'étranger ; que cette requête relève, non de la compétence du Conseil d'État mais de celle du tribunal administratif territorialement compétent ; que d'après l'article R. 49-3° du code susvisé, ce tribunal est celui dans le ressort duquel se trouvait, au moment de l'introduction de la demande, la résidence du requérant ; que le sieur Delvaux résidant à Limoges, le tribunal administratif de Limoges est compétent pour statuer sur la requête de l'intéressé...

[**2**] Considérant que, le 17 mai 1983, un camion de la société de transport De Moor Jérôme, chargé de viande de porc, assuré conjointement par la compagnie d'assurances Mercator NV, la Compagnie d'assurances maritimes, aériennes et terrestres, la Pearl Insurance Company Ltd, la compagnie d'assurances Commercial Union, la compagnie d'assurances Assucom et la compagnie d'assurances Rhône-Méditerranée, représentées par leur courtier la société Nautica, fut intercepté par un groupe d'une trentaine d'individus au péage de Mâcon-Nord de l'autoroute A6, et détourné vers la préfecture de Saône-et-Loire à Mâcon ; que le chargement du camion fut déversé en totalité sur la chaussée, arrosé de carburant et rendu impropre à la consommation ; que les compagnies d'assurances requérantes ont réglé à la société De Moor la somme de 2 500 000 F belges à titre d'indemnité de sinistre et demandent la condamnation de l'État à leur verser la même somme de 2 500 000 F belges ;
Considérant qu'alors même que le délit de détérioration volontaire d'objet mobilier appartenant à autrui aurait été perpétré dans le cadre d'une action concertée et avec le concours de plusieurs personnes, il n'a pas été commis par un attroupement ou un rassemblement ; que, par suite, les dommages qu'il a provoqués ne sont pas de ceux qui peuvent donner droit à réparation au titre de l'article 92 de la loi du 7 janvier 1983 relatif à la responsabilité de l'État du fait d'attroupements

ou de rassemblements ; que la requête doit en réalité être regardée comme fondée sur les agissements fautifs qu'aurait commis la collectivité publique responsable de la carence des services de police ;

Considérant qu'aux termes de l'article R. 49 du Code des tribunaux administratifs et des cours administratives d'appel : « Les actions en responsabilité fondées sur une autre cause que la méconnaissance d'un contrat ou d'un quasi-contrat et dirigées contre l'État, les autres personnes publiques ou les organismes privés gérant un service public relèvent : [...] 2° Lorsque le dommage invoqué est un dommage de travaux publics ou est imputable soit à un accident de la circulation, soit à un fait ou à un agissement administratif, de la compétence du tribunal administratif dans le ressort duquel se trouve le lieu où le fait générateur du dommage s'est produit » ; qu'ainsi le tribunal administratif territorialement compétent est, en l'espèce, celui de Dijon...

[**3**] Considérant qu'il est constant que le jeune Thibault, après s'être enfui, dans la nuit du 8 au 9 août 1958, de l'institution publique d'éducation surveillée de Neufchâteau (Vosges), où il était placé comme mineur pénal, a provoqué, le 29 août 1958, à Chevilly-Larue (Seine), au volant d'un véhicule qu'il avait dérobé à Paris le 27 août 1958, la mort du sieur Jubin ;

Sur la compétence du tribunal administratif :

Considérant que les conclusions présentées devant le tribunal administratif de Paris tendaient à faire déclarer l'État responsable en raison soit de négligences prétendument commises dans le fonctionnement de l'institution publique d'éducation surveillée à Neufchâteau, dans les Vosges, soit du risque inhérent à ce fonctionnement ; que le lieu où le fait générateur du dommage allégué s'est produit étant compris dans le ressort du tribunal administratif de Nancy, le tribunal administratif de Paris n'était pas compétent pour connaître des conclusions susvisées ; qu'il y a lieu, en conséquence, d'annuler le jugement dudit tribunal administratif ; que l'affaire est en état ; qu'il y a lieu d'évoquer pour y être statué immédiatement au fond...

[**4**] Sur la compétence du tribunal administratif de Nice :

Considérant qu'aux termes de l'article 16 du décret du 28 novembre 1953, tel qu'il a été modifié par l'article 7 du décret du 27 décembre 1960, « les actions en responsabilité fondées sur une cause autre que la méconnaissance d'un contrat ou d'un quasi-contrat et dirigées contre l'État [...] relèvent : 1° lorsque le dommage invoqué est imputable à une décision qui a fait ou aurait pu faire l'objet d'un recours en annulation devant un tribunal administratif, de la compétence de ce tribunal ; 2° lorsque le dommage invoqué est un dommage de travaux publics ou est imputable [...] à un fait ou à un agissement administratif, de la compétence du tribunal administratif dans le ressort duquel se trouve le lieu où le fait générateur du dommage s'est produit ; 3° dans tous les autres cas, de la compétence du tribunal administratif dans le ressort duquel se trouvait, au moment de l'introduction de la demande, la résidence de l'auteur ou du premier des auteurs de cette demande, s'il est une personne physique, ou son siège, s'il est une personne morale » ;

Considérant que la demande présentée par la dame Coursières-Berthezène au tribunal administratif de Nice tendait à la réformation de la décision en date du 31 octobre 1963 par laquelle le ministre des Affaires étrangères lui a alloué, en réparation du préjudice qui lui a été causé par l'application de la disposition de l'article 3 du décret du 29 octobre 1958 déclarée illégale par décision du Conseil d'État statuant au contentieux du 7 décembre 1962, une indemnité dont le montant serait, selon la requérante, insuffisant ;

Considérant qu'en vertu des dispositions de l'article 2-1° du décret du 30 septembre 1953, portant réforme du contentieux administratif, c'est au Conseil d'État qu'il appartenait de connaître, en premier et dernier ressort, de tout recours tendant à l'annulation de l'article 3 du décret du 29 octobre 1958 ; qu'ainsi les dispositions susrappelées de l'article 16-1° du décret du 28 novembre 1953 modifié par l'article 7 du décret du 27 décembre 1960 ne permettaient d'attribuer compétence à aucun tribunal administratif pour connaître de l'action en responsabilité engagée contre l'État par la dame Coursières-Berthezène ; que les dispositions de l'article 16-2°, qui ne concernent aucune catégorie d'actions en responsabilité relatives à des dommages imputables à des décisions administratives, étaient inapplicables en l'espèce ; que celles de l'article 4 du même décret ne sont applicables que sous réserve des autres hypothèses prévues à l'article 16 ; que, dans ces conditions, il convient de se référer aux dispositions de l'article 16-3° du décret du 28 novembre 1953 précité, lesquelles conduisent à attribuer compétence au tribunal administratif de Nice, dans le ressort duquel la dame Coursières-Berthezène a sa résidence...

[**5**] Considérant qu'aux termes de l'article 4 du décret du 28 novembre 1953, « lorsqu'il n'en est pas disposé autrement par les articles 7 à 16 du présent décret ou par un texte spécial, le tribunal administratif territorialement compétent est celui dans le ressort duquel a légalement son siège l'autorité qui, soit en vertu de son pouvoir propre, soit par délégation, a pris la décision attaquée [...] » ; qu'il ressort de ladite disposition que le tribunal administratif territorialement compétent pour connaître en premier ressort d'un litige qui, par sa nature, relève du juge de droit commun du contentieux administratif est, en principe, celui dans le ressort duquel a légalement son siège l'autorité qui, soit en vertu de son pouvoir propre, soit par délégation, a pris la décision attaquée, mais que des dérogations sont apportées à cette règle en vertu des articles 7 à 16 dudit décret ;
Considérant qu'en matière d'accidents de la circulation, une telle dérogation est apportée par l'article 16, alinéa 2, dudit décret, lequel attribue compétence au tribunal administratif dans le ressort duquel se trouve le lieu de l'accident ; qu'au contraire, les dispositions du 3e alinéa du même article, attribuant « dans tous les autres cas » d'actions en responsabilité, compétence au tribunal dans le ressort duquel a sa résidence l'auteur de la demande, ne sont pas, en vertu de leurs termes mêmes, applicables aux litiges visés aux alinéas précédents du même article et notamment à ceux résultant d'accidents de la circulation ; qu'il suit de là qu'au cas où l'application des dispositions de l'alinéa 2 de l'article 16 n'attribue compétence à aucun tribunal administratif déterminé, il convient de se référer non pas aux prescriptions du 3e alinéa du même article, mais à la règle générale instituée par l'article 4 précité du décret...

[**6**] Considérant qu'en vertu des dispositions de l'article 2-6° du décret du 30 septembre 1953 qui lui attribuent compétence pour connaître des recours en annulation formés contre les décisions des organismes collégiaux à compétence nationale, c'est au Conseil d'État qu'il eût appartenu de connaître, en premier et dernier ressort, de tout recours tendant à l'annulation de l'inscription de M. Girard au tableau de la section G du Conseil de l'Ordre des pharmaciens ; qu'ainsi les dispositions ci-dessus rappelées de l'article R. 58-1° du Code des tribunaux administratifs et des cours administratives d'appel ne permettent d'attribuer compétence à aucun tribunal administratif pour connaître de l'action en responsabilité engagée par M. Roy contre le Conseil national de l'Ordre des pharmaciens ; que les dispositions du 2° du même article, qui ne concernent aucune catégorie d'actions en responsabilité relatives à des dommages imputables à des décisions administratives,

étant inapplicables en l'espèce, il convient de se référer aux dispositions du 3° du même texte, qui conduisent à attribuer compétence au tribunal administratif de Nantes dans le ressort duquel M. Roy a sa résidence...

Les litiges relatifs à l'organisation et au fonctionnement des collectivités publiques autres que l'État

Art. R. 312-15 Sous réserve de l'application des articles R. 312-6 à R. 312-14, les litiges relatifs à l'organisation ou au fonctionnement de toute collectivité publique autre que l'État et de tout organisme public ou privé, notamment en matière de contrôle administratif ou de tutelle, relèvent de la compétence du tribunal administratif dans le ressort duquel a son siège la collectivité ou l'organisme objet des décisions attaquées.

■ Textes sources

– Code des TA et des CAA, article R. 59.

■ Commentaires

Pour un exemple d'application, assez rare, de ce texte, voir CE 14 janvier 1998, Syndicat national des personnels des affaires sociales.

Les litiges relatifs à l'application de l'article L. 341-7 du Code du travail

Art. R. 312-16 Les contestations relatives à l'application de la contribution spéciale instituée par l'article L. 341-7 du Code du travail sont portées devant le tribunal administratif dans le ressort duquel l'infraction a été constatée.

■ Textes sources

– Code des TA et des CAA, article R. 60.

■ Commentaires

Il s'agit de la contribution exigée des employeurs recourant irrégulièrement aux services de travailleurs étrangers.

Les litiges en matière sportive

Art. R. 312-17 Les recours visés à l'article R. 311-2 sont portés devant le tribunal administratif dans le ressort duquel se situe la résidence ou le siège social du requérant à la date des décisions attaquées.

■ Textes sources

– Loi n° 84-610 du 16 juillet 1984, article 19, dernier §.
– Décret n° 2001-710 du 31 juillet 2001, article 3.

■ Commentaires

Cet article est la suite normale de l'article R. 311-2 relatif aux mesures individuelles prises par les fédérations sportives.

Tirant les conséquences de la loi du 6 juillet 2000 ayant modifié l'article 19 de la loi du 16 juillet 1984 sur le sport, sa nouvelle rédaction implique que le requérant peut ne pas être la personne faisant l'objet des décisions individuelles attaquées.

TITRE II La compétence d'appel

CHAPITRE 1 La compétence en raison de la matière

LA COMPÉTENCE DE DROIT COMMUN, EN APPEL, DES COURS ADMINISTRATIVES D'APPEL

Art. L. 321-1 Les cours administratives d'appel connaissent des jugements rendus en premier ressort par les tribunaux administratifs, sous réserve des compétences que l'intérêt d'une bonne administration de la justice conduit à attribuer au Conseil d'État et de celles définies aux articles L. 552-1 et L. 552-2.

■ Textes sources

– Ordonnance nº 2000-387 du 4 mai 2000, article 1er.
– Loi nº 2000-597 du 30 juin 2000, article 13-III-2.

■ Commentaires

La réserve des articles L. 552-1 et L. 552-2 concerne les référés fiscaux, matière dans laquelle, la décision étant prise par un membre du tribunal administratif, l'appel est confié au tribunal administratif lui-même.

LA COMPÉTENCE DE DROIT COMMUN, EN APPEL, DU CONSEIL D'ÉTAT

Art. L. 321-2 Dans tous les cas où la loi n'en dispose pas autrement, le Conseil d'État connaît des appels formés contre les décisions rendues en premier ressort par les autres juridictions administratives.

■ Textes sources

– Décret nº 53-1169 du 28 novembre 1953, article 2, § 1.

■ Commentaires

De la combinaison des deux articles précédents, il ressort que le Conseil d'État est à la fois le juge d'appel de droit commun pour toutes les juridictions administratives – point que la rédaction du code révèle être de nature législative –, cependant que ce sont les cours administratives d'appel qui le sont pour les tribunaux administratifs, cette compétence de nature législative étant toutefois tempérée par la délégation permettant au pouvoir réglementaire, « dans l'intérêt d'une bonne administration de la justice », d'en confier une partie au Conseil d'État.

LA COMPÉTENCE D'ATTRIBUTION, EN APPEL, DU CONSEIL D'ÉTAT

Art. R. 321-1 Le Conseil d'État est compétent pour statuer sur les appels formés contre les jugements des tribunaux administratifs rendus sur les recours sur renvoi de l'autorité judiciaire ainsi que sur les litiges relatifs aux élections municipales et cantonales.

■ Textes sources

– Loi n° 87-1127 du 31 décembre 1987, article 1.

■ Commentaires

La rédaction, en ce qui concerne les renvois préjudiciels, n'est pas strictement copiée sur celle de la loi du 31 décembre 1987 (ce qui était possible dès lors que cette partie de la loi était « délégalisée »).

Le texte d'origine faisait état, s'agissant des renvois préjudiciels, des seuls « recours en appréciation de légalité ». En substituant à cette formule celle des « recours sur renvoi de l'autorité judiciaire », les auteurs du texte ont étendu la compétence d'appel du Conseil d'État aux affaires dans lesquelles l'autorité judiciaire renvoie au juge administratif la question de l'appartenance d'un bien au domaine public. Le souci de fournir à l'autorité judiciaire une réponse définitive dans des délais rapides explique cette légère extension.

En limitant par ailleurs la compétence du Conseil d'État aux jugements « rendus sur les recours sur renvoi de l'autorité judiciaire », le texte, pris à la lettre, écarte cette compétence pour les renvois n'ayant pas pour origine l'autorité judiciaire... ce qui est possible : par décision du 27 octobre 2000 (CE ass. 27 octobre 2000, Société BFG Bank Luxembourg SA), le Conseil d'État – saisi en appel sur le fondement de l'article 1 de la loi du 31 décembre 1987 – a en effet admis que la saisine préjudicielle puisse être ordonnée par une juridiction étrangère (voir art. R. 312-4). Sauf à donner de l'article R. 321-1 une interprétation extensive, la compétence, dans une telle hypothèse, devrait échoir à la cour administrative d'appel. On peut toutefois douter que telle était l'intention des auteurs du texte nouveau.

LES APPELS CONTRE LES DÉCISIONS RENDUES PAR LE CONSEIL DES PRISES

Art. R. 321-2 Les appels contre les décisions rendues par le Conseil des prises restent régis par les dispositions qui leur sont propres.

■ **Textes sources**

– Décret nº 53-1169 du 28 novembre 1953, article 3.

CHAPITRE 2 La compétence territoriale des cours administratives d'appel

Le présent chapitre ne comprend pas de dispositions législatives.

LA COMPÉTENCE TERRITORIALE DES COURS ADMINISTRATIVES D'APPEL

Art. R. 322-1 La cour administrative d'appel territorialement compétente pour connaître d'un appel formé contre un jugement d'un tribunal administratif ou une décision d'une commission du contentieux de l'indemnisation des Français d'outre-mer est celle dans le ressort de laquelle a son siège ce tribunal ou cette commission.

■ Textes sources

– Code des TA et des CAA, article R. 62.

■ Commentaires

Cette règle de compétence apparemment simple pose un problème lorsque le jugement attaqué émane d'un tribunal territorialement incompétent : si la cour dans le ressort de laquelle siège ce tribunal est bien compétente pour annuler ce jugement, peut-elle évoquer l'affaire si le tribunal territorialement compétent n'appartient pas à son ressort ? Si l'affaire avait en effet suivi son cours normal et été jugée par le « bon » tribunal, la cour n'aurait pas eu à en connaître.

On doit à cet égard estimer que les conclusions présentées à la cour et tendant à ce qu'au-delà de la simple annulation elle rejuge l'affaire (lesquelles sont en principe nécessaires à l'évocation) ne relèvent pas de sa compétence territoriale, dès lors qu'elles relevaient en première instance d'un tribunal étranger à son ressort.

La cour ne peut donc pas évoquer. Et le dossier doit, après annulation du jugement pour incompétence territoriale, être transmis au président de la section du contentieux, en application de l'article R. 351-3, lequel président le renvoie alors au tribunal administratif territorialement compétent (CE 14 mars 1990, Société Fernand Alix et Cic – CE 17 décembre 1990, Société Réalisations France Industries [1] – CE 12 décembre 1990, Gille).

Identiquement peut-on s'interroger sur l'étendue de la compétence de la cour administrative d'appel lorsque, saisie d'un appel dirigé contre un jugement rendu dans son ressort, elle constatera que le tribunal administratif a empiété sur la compétence du Conseil d'État (saisi en pareille hypothèse, le Conseil d'État annule et statue sans évoquer : CE 21 juin 1957, Oulés, *Lebon* p. 416 –

CE 4 juillet 1962, Albert, *Lebon* p. 450). On peut imaginer par exemple qu'un tribunal administratif statue sur un litige de plein contentieux concernant un fonctionnaire dont on s'aperçoit, en appel, qu'il est nommé par décret du président de la République. La cour administrative d'appel est compétente pour connaître de l'appel, le jugement n'étant pas intervenu dans une matière pour laquelle l'appel est réservé au Conseil d'État. Le jugement doit être annulé. Mais les conclusions présentées devant la cour et réitérant celles présentées en première instance ne relèvent pas, par définition, de sa compétence, et devront être transmises au Conseil d'État par application de l'article R. 351-2. Les affaires se compliquent si le Conseil d'État ne suit pas la cour dans son analyse, et estime, contrairement à elle, que le tribunal administratif est bien compétent. En pareil cas, et bien qu'il ne soit pas saisi de conclusions dirigées contre l'arrêt, il le déclare nul et non avenu par règlement de juge « en vertu des pouvoirs généraux de régulation de l'ordre juridictionnel administratif dont il est investi », et renvoie l'affaire devant la cour (CE 28 juillet 2000, Demir).

Quant à l'hypothèse dans laquelle, le tribunal administratif compétent ayant son siège dans le ressort de la cour, cette dernière ne juge pas opportun d'évoquer, elle ne manque pas non plus d'interpeller. Certaines cours, en pareille situation, après avoir annulé pour incompétence le jugement rendu par un tribunal incompétent, renvoient d'elles-mêmes l'affaire au tribunal administratif compétent, qui se trouve dans leur ressort, solution simple et efficace. Mais aucun texte ne permet à une cour de saisir un tribunal administratif, l'évidence commanderait-elle cette saisine : c'est au président de la section du contentieux du Conseil d'État (ou au Conseil d'État) qu'appartient ce pouvoir (voir art. R. 351-1 et s.). De telle sorte que la façon expédiente de procéder n'est pas dénuée de quelque fragilité.

On verra, à propos de l'article R. 351-6, que le schéma se complique encore lorsque l'intervention de la cour fait suite à une attribution de compétence opérée par le président de la section du contentieux du Conseil d'État.

Ces procédures de renvoi doivent être maniées avec les plus grandes précautions, car la cour ne transmet le dossier au président de la section du contentieux qu'après avoir annulé le jugement qu'elle tient pour rendu par un tribunal territorialement incompétent. Si ledit président ne partage pas le sentiment de la cour sur la compétence territoriale, et donc estime que le tribunal était bien compétent, il ne pourra transmettre le dossier à un autre tribunal. Mais, n'étant pas juge de cassation, et ne pouvant au surplus s'autosaisir, il ne pourra annuler la partie de l'arrêt qui, retenant l'incompétence du tribunal, a annulé le jugement. De ce blocage, on ne peut sortir que par le renvoi du dossier par le président de la section du contentieux à une formation de jugement du Conseil d'État, à laquelle il appartient, par règlement de juges, de revenir sur la position imprudemment arrêtée par la cour (et donc d'effacer l'annulation du jugement) : c'est ce qui fut décidé le 10 novembre 1999 (CE 10 novembre 1999, Société coopérative agricole de Brienon [**2**]).

☐ ***Jurisprudence***

[**1**] Considérant que, lorsqu'une cour administrative d'appel est saisie d'un jugement par lequel un tribunal administratif de son ressort s'est prononcé, sans se déclarer incompétent, sur une demande relevant de la compétence d'un tribunal administratif ayant son siège en dehors de ce ressort, il appartient à la cour, après avoir annulé le jugement qui lui est déféré, de transmettre le dossier au président de la section du contentieux du Conseil d'État en application des dispositions relatives au règlement des questions de compétence au sein de la juridiction administrative ; que le jugement de l'affaire doit alors être attribué au tribunal administratif qui aurait été territorialement compétent pour connaître du litige...

[**2**] Considérant [...] que, par son arrêt en date du 6 mai 1999, la cour administrative d'appel de Lyon, après avoir annulé comme rendu par une juridiction territorialement incompétente le jugement du 29 novembre 1994 du tribunal administratif de Dijon, a, sur le fondement de l'article R. 82 du code susmentionné, renvoyé le dossier au président de la section du contentieux du Conseil d'État pour qu'il règle la question de compétence qu'elle estimait posée ;
Considérant cependant qu'aux termes de l'article R. 84 du code susmentionné : « La juridiction déclarée compétente par le président de la section du contentieux du Conseil d'État en application des articles R. 72 et R. 79 à R. 82 ne peut décliner sa compétence, sauf pour soulever l'incompétence de la juridiction administrative » ; qu'il résulte de ces dispositions que, dès lors qu'il appartenait à la juridiction administrative de connaître de l'affaire et que le tribunal administratif de Dijon avait été déclaré compétent par le président de la section du contentieux du Conseil d'État statuant par l'ordonnance susmentionnée du 11 mars 1992, ce tribunal ne pouvait décliner sa compétence ; que, par voie de conséquence et en application de l'article R. 62 du code précité, la cour administrative d'appel dans le ressort duquel le tribunal se situe était compétente pour connaître de l'appel formé contre le jugement entrepris et du fond du litige si elle était conduite à se prononcer par la voie de l'évocation ;
Considérant qu'en raison de la contrariété existant entre ce qui vient d'être dit et l'arrêt du 6 mai 1999 de la cour administrative d'appel de Lyon qui, ainsi qu'il a été rappelé ci-dessus, a annulé le jugement du tribunal administratif de Dijon qui lui était déféré comme rendu par une juridiction territorialement incompétente, il y a lieu, en vertu des pouvoirs généraux de régulation de l'ordre juridictionnel administratif dont le Conseil d'État statuant au contentieux est investi, de déclarer cet arrêt nul et non avenu et de renvoyer l'affaire devant la cour administrative d'appel de Lyon...

LA COMPÉTENCE TERRITORIALE DES COURS ADMINISTRATIVES D'APPEL EST D'ORDRE PUBLIC

Art. R. 322-2 La compétence territoriale des cours administratives d'appel est d'ordre public.

■ **Textes sources**

– Code des TA et des CAA, article R. 64.
– Décret n° 2000-1115 du 22 novembre 2000, article 2-III.

■ **Commentaires**

La numérotation de cet article, et du suivant, a résulté du décret du 22 novembre 2000, qui a abrogé l'ancien article R. 322-2.

On remarque que les règles de compétence territoriale des cours administratives d'appel résultant de l'article R. 322-1 ne souffrent aucune autre dérogation que celle prévue par l'article R. 322-3, à la différence de la compétence territoriale des tribunaux administratifs. Donc, si ceux qui signent un contrat administratif peuvent s'entendre pour en confier le contentieux à un tribunal administratif de leur choix, ce choix détermine nécessairement la cour administrative d'appel compétente, par application de l'article R. 322-1.

LES LITIGES DANS LESQUELS EST EN CAUSE UN MEMBRE DE LA COUR

Art. R. 322-3 Lorsqu'une cour administrative d'appel est saisie d'un litige relevant de sa compétence et dans lequel un de ses membres est en cause, l'affaire est renvoyée par le président à une autre cour administrative d'appel désignée par le président de la section du contentieux du Conseil d'État.

■ **Textes sources**

– Code des TA et des CAA, article R. 65.
– Décret n° 2000-1115 du 22 novembre 2000, article 2-III.

■ **Commentaires**

C'est l'extension aux cours administratives d'appel de la règle édictée pour les tribunaux administratifs par l'article R. 312-5, auquel on se reportera. Ainsi qu'il est précisé à propos de cet article, les termes « en cause » doivent s'interpréter comme signifiant « partie ». Comme pour les tribunaux administratifs, il doit être entendu que cette règle vise tous les membres de la cour, et pas seulement ceux d'entre eux qui appartiennent au corps des membres des tribunaux administratifs et des cours administratives d'appel : le président de la cour, qui est membre du Conseil d'État, est donc aussi concerné que les autres membres de la cour (c'est d'ailleurs le seul membre de la cour qui ne soit pas membre du corps des membres des tribunaux administratifs et des cours administratives d'appel, en l'absence à la cour de tout membre détaché).

De ce qu'un membre de la cour administrative d'appel a rendu en première instance une ordonnance contestée devant cette cour, ou participé au délibéré

d'un jugement frappé d'appel devant cette cour, il ne résulte pas que cette cour doive ni puisse se défaire du dossier concerné.
En revanche l'intervention dans l'affaire frappée d'appel d'un membre de la cour lui interdira de participer au jugement de l'appel : « Un membre d'une juridiction administrative ne peut pas participer au jugement d'un recours dirigé contre une décision [...] juridictionnelle dont il est l'auteur ou qui a été prise par une juridiction dont il était membre et aux délibérations de laquelle il a pris part » (CE 30 novembre 1994, Pinto), pas plus d'ailleurs que celui « qui a publiquement exprimé son opinion sur un litige ne peut participer à la formation de jugement statuant sur le recours formé contre une décision statuant sur ce litige », ce cas visant d'évidence les commissaires du gouvernement (CE 30 novembre 1994, SARL Étude Ravalement Constructions). Ces règles sont d'ordre public (mêmes arrêts).

TITRE III Le Conseil d'État juge de cassation

La compétence du Conseil d'État juge de cassation

Art. L. 331-1 Le Conseil d'État est seul compétent pour statuer sur les recours en cassation dirigés contre les décisions rendues en dernier ressort par toutes les juridictions administratives.

■ Textes sources

– Décret n° 53-934 du 30 septembre 1953, art. 2, dernier alinéa.

■ Commentaires

Comme il est normal, il y a un juge de cassation au-dessus de toutes les juridictions administratives, et ce principe législatif, qui traduit un principe général du droit (CE 7 février 1947, D'Aillières, *Lebon* p. 50) ne souffre aucune exception..., si ce n'est que les décisions rendues par le Conseil d'État, soit en premier ressort, soit en appel, ne peuvent faire l'objet d'un pourvoi en cassation.

TITRE IV **La connexité**

Le présent titre ne comprend pas de dispositions législatives.

CHAPITRE 1 Connexité entre des demandes relevant de la compétence d'un tribunal administratif et des demandes relevant de la compétence de premier ressort du Conseil d'État

LA COMPÉTENCE DU CONSEIL D'ÉTAT POUR CONNAÎTRE D'AFFAIRES CONNEXES

Art. R. 341-1 Lorsque le Conseil d'État est saisi de conclusions relevant de sa compétence de premier ressort, il est également compétent pour connaître de conclusions connexes relevant normalement de la compétence de premier ressort d'un tribunal administratif.

■ **Textes sources**
– Code des TA et des CAA, article R. 66.

■ **Commentaires**
Voir le commentaire sous l'article R. 341-4.

LA CONNEXITÉ ENTRE DEMANDES RELEVANT DE LA COMPÉTENCE DU TRIBUNAL ADMINISTRATIF ET CONCLUSIONS PRÉSENTÉES DEVANT LE CONSEIL D'ÉTAT STATUANT EN PREMIER RESSORT

Art. R. 341-2 Dans le cas où un tribunal administratif est saisi de conclusions relevant normalement de sa compétence mais connexes à des conclusions présentées devant le Conseil d'État et relevant de la compétence en premier et dernier ressort de celui-ci, son président renvoie au Conseil d'État lesdites conclusions.
Dans le même cas, le président de la section du contentieux, saisi par la

sous-section intéressée, ordonne le renvoi au Conseil d'État de la demande soumise au tribunal administratif.

■ **Textes sources**
– Code des TA et des CAA, article R. 67.

■ **Commentaires**
Voir le commentaire sous l'article R. 341-4.

La connexité entre demandes relevant de la compétence du tribunal administratif et conclusions relevant du Conseil d'État statuant en premier ressort

Art. R. 341-3 Dans le cas où un tribunal administratif est saisi de conclusions distinctes mais connexes relevant les unes de sa compétence et les autres de la compétence en premier et dernier ressort du Conseil d'État, son président renvoie l'ensemble de ces conclusions au Conseil d'État.

■ **Textes sources**
– Code des TA et des CAA, article R. 68.

■ **Commentaires**
Voir le commentaire sous l'article R. 341-4.

La procédure de règlement des questions de connexité

Art. R. 341-4 Dans les cas prévus aux articles R. 341-2 et R. 341-3 ci-dessus, il est fait application des dispositions des articles R. 351-2, R. 351-6 et R. 351-7 ci-après.

■ **Textes sources**
– Code des TA et des CAA, article R. 69.

■ **Commentaires**
Contrairement à ce que prévoient pour la juridiction civile les articles 100 et suivants du Nouveau Code de procédure civile, la dérogation aux règles normales de compétence commandée, dans l'intérêt d'une bonne justice, par la

connexité, donne lieu à un traitement soustrait le plus souvent à la demande des parties, et en tout cas non soumis à leur contrôle, puisque les procédures auxquelles renvoie l'article R. 341-4 reposent sur un mécanisme d'ordonnances non susceptibles de recours.

On note que les dispositions des articles R. 341-1 à R. 341-4 ne concernent que la connexité au regard des compétences de premier ressort du Conseil d'État. Elles ne trouvent pas à s'appliquer si le Conseil d'État est saisi en appel (CE sect. 6 octobre 1961, Demarze, *Lebon* p. 549 [**1**] – CE 8 février 1974, Catty, *Lebon* p. 913 – CE 28 octobre 1988, Stefanini – CE 27 juillet 1990, Raveneau Sabardeil – CE 23 novembre 1994, Commune de Vaux-et-Chantegrue), ou en cassation. Identiquement, si le tribunal administratif n'est pas saisi en premier ressort, ces dispositions ne peuvent jouer.

La notion de connexité est malaisée à cerner. Dans un premier temps, le Conseil d'État l'a limitée aux cas où le sort d'une des requêtes dépend directement et nécessairement de celui de l'autre (CE 13 mai 1964, Carron, *Lebon* p. 289 [**2**]), refusant par exemple de la reconnaître entre les recours dirigés respectivement contre un acte réglementaire et un acte individuel pris pour son application (CE 8 mars 1963, Mailhol, *Lebon* p. 147). Ainsi y a-t-il connexité entre le recours formé par un fonctionnaire contre le refus du maire de rapporter une sanction, compte tenu de l'avis émis par le Conseil supérieur de la fonction publique territoriale, et le recours formé par le maire, devant le Conseil d'État, contre cet avis (CE 9 novembre 1990, Ville de Perpignan). Progressivement, cette conception fut étendue : c'est ainsi que fut admise la connexité entre un recours pour excès de pouvoir dirigé contre un acte relevant de la compétence directe du Conseil d'État et une demande d'indemnité fondée sur l'illégalité de cet acte (CE ass. 7 décembre 1962, Coursières-Berthezène, *Lebon* p. 662, solution implicite – CE 30 juin 1993, Parat Soulier), et surtout que fut admise la connexité entre une requête dirigée contre un acte et celle qui, dirigée contre un autre acte, se prévalait essentiellement, et non plus exclusivement comme auparavant, de l'illégalité du premier (CE 18 décembre 1970, Beaune, *Lebon* p. 776). De même fut admise la connexité entre les conclusions dirigées contre le décret mettant fin aux fonctions d'un directeur et celles qui étaient dirigées contre l'arrêté le réintégrant dans son corps d'origine (CE 17 juin 1992, Leclerc).

Encore doit-on remarquer que des arrêts postérieurs réintroduisent l'idée de lien de dépendance nécessaire entre deux dossiers : on citera par exemple l'arrêt Cayrol, du 28 juillet 1989, dans lequel le Conseil d'État écarte l'idée de lien de connexité parce que « la solution du litige dont le tribunal administratif était saisi n'était pas nécessairement subordonnée à celle du litige dont le Conseil d'État avait été également saisi ».

De même, par décision SA Clinique chirurgicale et maternité du Parc, du 22 novembre 1989, le Conseil d'État pose qu'« il n'existe pas de connexité entre le recours contre un acte réglementaire et les recours contre les décisions individuelles prises pour son application », réaffirmant ainsi la position prise en 1963 dans l'arrêt Mailhol (voir aussi CE 8 février 1995, Société nautique de Marseille, absence de connexité entre les recours formés contre l'acte fixant un tarif et celui qui vise le titre de paiement). Cette position a été fermement réaffirmée le 15 mai 2000 (Société Auto contrôle technique rennais) et le 28 juillet 2000 (CE 28 juillet 2000, Tameze et Girard) : « Il n'y a pas de lien de connexité entre le pourvoi tendant à l'annulation pour excès de pouvoir d'un règlement administratif et celui contestant la légalité d'une décision individuelle prise sur le fondement dudit règlement. »

La notion de connexité se rapproche par ailleurs de celle d'opération complexe (CE 8 octobre 1976, Le Blant, *Lebon* p. 398 – CE 26 novembre 1976, Soldani, *Lebon* p. 507). On a vu ainsi le Conseil d'État reconnaître une connexité entre la requête dirigée contre la révision d'un plan d'occupation des sols spécialement adoptée pour rendre possible l'édification d'un bâtiment et celle qui était dirigée contre le permis de construire ledit bâtiment (CE 17 janvier 1996, Commune d'Alboussière). Et une certaine tendance s'est manifestée, consistant à reconnaître la connexité entre affaires indépendantes mais reposant sur les mêmes faits (CE 5 décembre 1980, Serrat, concl. Latournerie, *Lebon* p. 467, 3e alinéa – CE sect. 16 octobre 1981, Guillaume, *Lebon* p. 370 [**3**]). L'affaire Guillaume est à cet égard exemplaire, reconnaissant une connexité entre deux demandes d'indemnité formées l'une par un sous-officier, l'autre par un officier, en raison des mêmes incidents. On l'opposera avec intérêt à la solution opposée retenue, près de vingt ans plus tôt, dans les affaires Tabarin et autres (CE 14 octobre 1961, *Lebon* p. 984, voir ci-dessous [**4**], l'analyse donnée de cet arrêt au *Recueil Lebon*).

Ces extensions, qui sont demeurées ponctuelles, n'ont toutefois pas sensiblement marqué l'activité contentieuse. Rares sont les tribunaux administratifs qui, saisis de recours contre des actes d'application d'un décret, recours essentiellement, voire exclusivement, fondés sur l'illégalité du décret ainsi appliqué, dont l'annulation était simultanément demandée au Conseil d'État, ont envisagé de faire jouer la connexité.

On a vu ainsi ces tribunaux se prononcer en 1988-1989 sur la légalité des décisions d'intégration dans les cadres d'emplois de la fonction publique territoriale, prises en application des décrets du 30 décembre 1987, sans renvoyer au Conseil d'État au titre de la connexité les très nombreux déférés préfectoraux dont ils étaient saisis en la matière, alors même que le seul point en litige devant eux était la légalité desdits décrets en tant notamment qu'ils édictaient des seuils démographiques, et que des recours pour excès de pouvoir dirigés contre ces décrets étaient pendants devant le Conseil d'État.

Pourtant, le texte des articles R. 67 et R. 68, et l'indicatif présent utilisé pourraient donner à penser que le renvoi est une obligation pour le juge de premier degré (CE 9 novembre 1990, Ville de Perpignan).

On note que la connexité est une donnée résultant de la seule nature des conclusions des requêtes à la date à laquelle elles sont formées et détermine ainsi la compétence non au jour où le juge statue, mais au jour où le juge est saisi. Ainsi, lorsqu'elle est reconnue, son existence n'est pas affectée par la circonstance que l'auteur de la requête « mère », relevant de la compétence du Conseil d'État, s'en est désisté : cette dernière juridiction conserve la compétence, née de la connexité, pour se prononcer sur la requête « fille » présentée soit au tribunal administratif soit à la cour administrative d'appel (CE 19 février 1986, Comité de défense du Finistère – CE 26 janvier 1990, Morlot, *Lebon* p. 648). De même, si la requête « mère » a été jugée avant que la juridiction n'examine la requête « fille », cette dernière continue au nom de la connexité de relever de la compétence de cette juridiction (CE 4 novembre 1996, Jourdain). Cette position est dérogatoire aux règles déterminant la compétence juridictionnelle, mais doit être tenue pour règle constante, même si on a pu, dans ce qui doit être regardé comme un cas d'espèce, noter un écart, d'ailleurs fort implicite, par rapport à elle (CE 26 juillet 1996, Société entrepositaire parisienne).

☐ ***Jurisprudence***

[**1**] Considérant qu'il résulte de la combinaison des dispositions sus-rappelées que le président d'un tribunal administratif ne peut renvoyer au Conseil d'État l'examen d'une demande soumise au tribunal et qu'il juge connexe à une autre demande dont le Conseil d'État se trouve saisi, que si cette dernière demande relève de la compétence en premier et dernier ressort du Conseil d'État...

[**2**] Considérant que, d'une part, les sieurs Carron et autres ont demandé au tribunal administratif de Lyon d'annuler la décision du préfet du Rhône refusant de déclarer nulle de droit la délibération du 30 janvier 1963 par laquelle le conseil municipal de Saint-Rambert-Ile-Barbe, consulté par application des dispositions de l'article 3 du décret du 22 janvier 1959, a émis un avis favorable au rattachement de cette commune à la ville de Lyon et de prononcer la nullité de cette délibération ; que, d'autre part, la requête présentée devant le Conseil d'État par les sieurs Carron et autres est dirigée contre le décret prononçant ce rattachement ; que l'illégalité de ladite délibération, qui présente le caractère d'un acte préparatoire au décret susvisé, entraînerait, si elle était établie, l'annulation de celui-ci : qu'ainsi la solution à donner à la requête présentée devant le Conseil d'État se trouve nécessairement subordonnée à celle du litige né de la demande dont le tribunal administratif de Lyon a été saisi ; que par suite, il existe entre les deux pourvois susvisés un lien de connexité...

[**3**] Considérant que M. Guillaume, officier de la gendarmerie nationale, et M. Germanaud, sous-officier de la gendarmerie nationale, ont demandé respectivement au Conseil d'État et au tribunal administratif de Paris la condamnation de l'État à leur verser diverses indemnités en réparation du préjudice résultant des blessures qu'ils ont subies en tentant d'empêcher l'évasion avec prise d'otages du prévenu M. Villoquet le 5 juillet 1975 au palais de Justice de Paris ; qu'entre la demande formée pour M. Germanaud et qui a été renvoyée au Conseil d'État par ordonnance du 21 octobre 1980 du président du tribunal administratif de Paris et la requête n° 24977 présentée

pour M. Guillaume dont il appartient au Conseil d'État de connaître en premier et dernier ressort, il existe, eu égard aux circonstances de l'espèce, un lien de connexité...

[**4**] Annulation d'une ordonnance par laquelle le président du tribunal administratif de Pau prescrit la transmission au président de la section du contentieux du Conseil d'État de quatre demandes introduites devant son tribunal en se fondant sur ce que le tribunal administratif de Paris serait saisi d'un grand nombre de demandes connexes à ces quatre demandes. Si les tribunaux administratifs de Pau et de Paris se trouvent saisis de demandes identiques ayant le même objet et posant à juger des questions semblables pour des agents se trouvant dans la même situation juridique (personnels civils des Forces françaises en Allemagne), il n'y a pas entre les demandes formées devant ces deux tribunaux administratifs un lien de connexité au sens de l'article 39 *bis* ajouté à la loi du 22 juillet 1889 par l'article 1er du décret du 27 décembre 1960 (Affaires Tabarin, Gaillat, dame Gaillat et dame Bietry).

CHAPITRE 2

Connexité entre des demandes relevant de la compétence de deux tribunaux administratifs

La connexité entre tribunaux administratifs

Art. R. 342-1 Le tribunal administratif saisi d'une demande relevant de sa compétence territoriale est également compétent pour connaître d'une demande connexe à la précédente et relevant normalement de la compétence territoriale d'un autre tribunal administratif.

■ **Textes sources**

– Code des TA et des CAA, article R. 70.

■ **Commentaires**

Voir le commentaire sous l'article R. 342-3.

La saisine du président de la section du contentieux en cas de connexité entre tribunaux administratifs

Art. R. 342-2 Lorsque deux tribunaux administratifs sont simultanément saisis de demandes distinctes mais connexes, relevant normalement de leur compétence territoriale respective, chacun des deux présidents intéressés saisit le président de la section du contentieux du Conseil d'État et lui adresse le dossier de la demande.

L'ordonnance de renvoi est notifiée au président de l'autre tribunal administratif qui transmet au président de la section du contentieux le dossier de la demande soumis à son tribunal.

■ **Textes sources**

– Code des TA et des CAA, article R. 71.

■ **Commentaires**

Voir le commentaire sous l'article R. 342-3.

Le rôle du président de la section du contentieux du Conseil d'État

Art. R. 342-3 Le président de la section du contentieux se prononce sur l'existence du lien de connexité et détermine la ou les juridictions compétentes pour connaître des demandes. Il est fait application des dispositions de l'article R. 351-2 et des articles R. 351-4 à R. 351-7.

■ **Textes sources**

– Code des TA et des CAA, article R. 72.

■ **Commentaires**

Outre les observations précédentes, on notera que, lorsque la connexité concerne deux (ou plusieurs : CE 16 octobre 2000, Société Dalkia) tribunaux administratifs, le président de la section du contentieux se prononce également sur la compétence territoriale.

La connexité envisagée par ces articles n'est pas nécessairement identique à celle examinée ci-dessus, laquelle impliquait un lien de dépendance entre les affaires, la solution donnée à l'une commandant celle qu'appelle l'autre. S'agissant de connexité entre affaires présentées devant des juridictions de même niveau, c'est plutôt, ou plus fréquemment le souci de bonne administration de la justice qui commande la liaison des affaires : ainsi les litiges contractuels distincts opposant Électricité de France à des producteurs autonomes – relevant normalement des tribunaux administratifs dans le ressort desquels se trouve chaque lieu d'exploitation – sont-ils réputés connexes, « dans l'intérêt d'une bonne administration de la justice », puisque aussi bien ils donnent à interpréter des stipulations identiques, découlant de clauses types (CE 16 octobre 2000, Société Dalkia).

CHAPITRE 3

Connexité entre des demandes relevant d'une cour administrative d'appel et des demandes relevant de la compétence d'appel du Conseil d'État

La connexité entre Conseil d'État et cour administrative d'appel

Art. R. 343-1 Lorsque le Conseil d'État est saisi de conclusions relevant de sa compétence comme juge d'appel, il est également compétent pour connaître de conclusions connexes relevant normalement de la compétence d'une cour administrative d'appel.

■ **Textes sources**

– Code des TA et des CAA, article R. 73.

■ **Commentaires**

Voir le commentaire sous l'article R. 344-3.

La connexité entre demandes relevant de la compétence de la cour administrative d'appel et conclusions présentées devant le Conseil d'État statuant en appel

Art. R. 343-2 Dans le cas où une cour administrative d'appel est saisie de conclusions relevant normalement de sa compétence mais connexes à des conclusions présentées devant le Conseil d'État et relevant de la compétence d'appel de celui-ci, son président renvoie au Conseil d'État lesdites conclusions.

Dans le même cas, le président de la section du contentieux saisi, par la sous-section intéressée, ordonne le renvoi au Conseil d'État de ces conclusions.

■ **Textes sources**

– Code des TA et des CAA, article R. 74.

■ **Commentaires**

Voir le commentaire sous l'article R. 344-3.

LA CONNEXITÉ ENTRE DEMANDES RELEVANT DE LA COMPÉTENCE DE LA COUR ADMINISTRATIVE D'APPEL ET CONCLUSIONS RELEVANT DU CONSEIL D'ÉTAT STATUANT EN APPEL

Art. R. 343-3 Dans le cas où une cour administrative d'appel est saisie de conclusions distinctes mais connexes relevant les unes de sa compétence et les autres de la compétence d'appel du Conseil d'État, son président renvoie l'ensemble de ces conclusions au Conseil d'État.

■ **Textes sources**

– Code des TA et des CAA, article R. 75.

■ **Commentaires**

Voir le commentaire sous l'article R. 344-3.

LA PROCÉDURE DE RÈGLEMENT DES QUESTIONS DE CONNEXITÉ

Art. R. 343-4 Dans les cas prévus aux articles R. 343-2 et R. 343-3, il est fait application des dispositions de l'article R. 351-2 et des articles R. 351-4 à R. 351-7.

■ **Textes sources**

– Code des TA et des CAA, article R. 76.

■ **Commentaires**

Voir le commentaire sous l'article R. 344-3.

CHAPITRE 4 Connexité entre des demandes relevant de la compétence de deux cours administratives d'appel

LA CONNEXITÉ ENTRE COURS ADMINISTRATIVES D'APPEL

Art. R. 344-1 La cour administrative d'appel saisie d'une demande relevant de sa compétence territoriale est également compétente pour connaître d'une demande connexe à la précédente et relevant normalement de la compétence territoriale d'une autre cour.

■ **Textes sources**
– Code des TA et des CAA, article R. 77.

■ **Commentaires**
Voir le commentaire sous l'article R. 344-3.

LA SAISINE DU PRÉSIDENT DE LA SECTION DU CONTENTIEUX EN CAS DE CONNEXITÉ ENTRE COURS ADMINISTRATIVES D'APPEL

Art. R. 344-2 Lorsque deux cours administratives d'appel sont simultanément saisies de demandes distinctes mais connexes, relevant normalement de leur compétence territoriale respective, chacun des deux présidents intéressés saisit le président de la section du contentieux du Conseil d'État et lui adresse le dossier de la demande.
L'ordonnance de renvoi est notifiée au président de l'autre cour administrative d'appel qui transmet au président de la section du contentieux le dossier de la demande soumise à sa cour.

■ **Textes sources**
– Code des TA et des CAA, article R. 78.

■ **Commentaires**
Voir le commentaire sous l'article R. 344-3.

Le rôle du président de la section du contentieux du Conseil d'État

Art. R. 344-3 Le président de la section du contentieux se prononce sur l'existence d'un lien de connexité et détermine la juridiction ou les juridictions compétentes pour connaître des demandes. Il est fait application des dispositions de l'article R. 351-2 et des articles R. 351-4 à R. 351-7.

■ **Textes sources**

– Code des TA et des CAA, article R. 79.

■ **Commentaires**

La connexité dont il est ici question est, à l'inverse des cas précédents, constatée entre affaires soumises à deux juges d'appel différents. Logiquement, le Conseil d'État a usé de cette connexité dans une affaire dans laquelle, saisi en cassation, il avait, après avoir annulé l'arrêt attaqué, décidé, en application de ce qui était l'article 11 de la loi du 31 décembre 1987, devenu l'article L. 821-2 du présent code, de régler l'affaire au fond, retrouvant ainsi des compétences de juge d'appel (CE 26 juillet 1996, Mir).

L'article R. 343-3 étend les hypothèses de connexité aux conclusions, sans se limiter aux seules requêtes, une même requête pouvant contenir des conclusions d'excès de pouvoir et de plein contentieux qui ont pu relever, avant 1995, de deux juges d'appel différents. Tel était le cas jugé le 18 décembre 1992 par le Conseil d'État (Société Omya [1]), à propos d'un jugement se prononçant à la fois sur l'autorisation d'exploitation d'une carrière (alors de la compétence d'appel du Conseil d'État) et sur l'autorisation d'exploiter la station de concassage qui en était le complément nécessaire (relevant de la cour administrative d'appel). La généralisation, intervenue en 1995, de la compétence d'appel des cours administratives d'appel, doit désormais rendre inutiles ou peu s'en faut les articles R. 343-1 à R. 343-4.

L'hypothèse envisagée par l'article R. 344-2, parallèle à celle prévue pour les tribunaux administratifs par l'article R. 342-2, pourra jouer lorsque deux tribunaux administratifs, situés dans le ressort de deux cours administratives d'appel différentes, se seront prononcés, sans avoir perçu la connexité, sur des demandes connexes. Le mécanisme institué par l'article R. 344-2 permettra de donner un seul juge d'appel à ces deux jugements : on peut songer à la réparation des conséquences d'une même crue qui, suivant le cours d'un fleuve, ne respecte ni les ressorts des tribunaux administratifs ni ceux des cours administratives d'appel...

L'évolution dans le temps des compétences des cours administratives d'appel a eu des effets curieux : non compétente pour connaître de l'appel dirigé contre un jugement rendu en matière de sursis à exécution (appel dont le Conseil d'État était donc normalement saisi), la cour est devenue, lorsque le jugement au fond est intervenu, compétente pour connaître de l'appel dirigé contre ce dernier. Le Conseil d'État a estimé qu'il n'y avait pas de connexité entre les deux appels, malgré le lien étroit qui, quant aux moyens, les unissait (CE 5 décembre 1994, Commune de la Roque-sur-Pernes).

On pourrait penser qu'une situation identique se retrouvera en application de la loi du 30 juin 2000 relative aux référés (voir livre V), n'étant pas exclu que le Conseil d'État soit saisi en appel d'un jugement rendu en application de l'article L. 521-2, alors que la cour est saisie, aussi en appel, du jugement rendu au fond dans la même instance... Il est vrai que les délais donnés au Conseil d'État en la matière (quarante-huit heures, selon l'article L. 523-1) rendent une telle hypothèse peu vraisemblable. Et comme les jugements rendus en matière de suspension (nouvelle appellation du sursis à exécution) ne sont susceptibles que d'un recours en cassation (art. L. 523-1), il ne saurait plus y avoir du tout connexité, cette notion ne jouant pas lorsque le Conseil d'État est saisi en cassation.

On précisera enfin – mais cela ne présente plus qu'un intérêt historique – qu'il y a en principe toujours connexité entre les pourvois formés contre des parties d'un même jugement, même lorsqu'ils relevaient de deux juges d'appel différents. Un même jugement se prononce, après jonction, sur la demande d'annulation d'une délibération de conseil municipal portant autorisation de passer un contrat, et sur la demande d'annulation du permis de construire délivré au contractant. L'appel formé contre la première partie relevait, à la date à laquelle il y fut statué, du Conseil d'État, et celui dirigé contre la seconde partie relevait de la cour administrative d'appel. L'unicité du jugement attaqué a rendu le Conseil d'État compétent pour le tout (CE sect. 25 février 1994, SOFAP Marignan Immobilier, solution implicite).

□ ***Jurisprudence***

[**1**] Considérant que par deux arrêtés du 10 mai 1991, le préfet des Pyrénées-Orientales a autorisé la Société Omya à exploiter une carrière à ciel ouvert et une installation classée de broyage-concassage ; que le tribunal administratif de Montpellier s'est prononcé par un seul jugement sur les deux demandes qui tendaient à ce qu'il soit sursis à l'exécution de ces deux décisions ; qu'eu égard à ce que la station de broyage-concassage est le complément nécessaire de la carrière, ces demandes doivent être regardées comme liées par un lien de connexité au sens des dispositions de l'article R. 73 du Code des tribunaux administratifs et des cours administratives d'appel ; que le Conseil d'État est dès lors compétent pour en connaître par la voie de l'appel...

TITRE V **Le règlement des questions de compétence**

Le présent titre ne comprend pas de dispositions législatives.

LE RENVOI À UNE JURIDICTION ADMINISTRATIVE D'UNE AFFAIRE PRÉSENTÉE À TORT DEVANT LE CONSEIL D'ÉTAT

Art. R. 351-1 Lorsque le Conseil d'État est saisi de conclusions relevant de la compétence d'une autre juridiction administrative, et sous réserve des dispositions de l'article R. 351-4, le président de la section du contentieux, saisi par la sous-section chargée de l'instruction du dossier, règle la question de compétence et attribue, le cas échéant, le jugement de tout ou partie de l'affaire à la juridiction qu'il déclare compétente.

■ **Textes sources**
– Code des TA et des CAA, article R. 80.

■ **Commentaires**
Voir le commentaire sous l'article R. 351-3.

LE RENVOI AU CONSEIL D'ÉTAT D'UNE AFFAIRE RELEVANT DE SA COMPÉTENCE ET PRÉSENTÉE PAR ERREUR DEVANT UN TRIBUNAL ADMINISTRATIF OU UNE COUR ADMINISTRATIVE D'APPEL

Art. R. 351-2 Lorsqu'une cour administrative d'appel ou un tribunal administratif est saisi de conclusions qu'il estime relever de la compétence du Conseil d'État, son président transmet sans délai le dossier au Conseil d'État qui poursuit l'instruction de l'affaire. Si l'instruction de l'affaire révèle que celle-ci relève en tout ou partie de la compétence d'une autre juridiction, la sous-section d'instruction saisit le président de la section du contentieux qui règle la question de compétence et attribue, le cas échéant, le jugement de tout ou partie des conclusions à la juridiction qu'il déclare compétente.

■ **Textes sources**

– Code des TA et des CAA, article R. 81.

■ **Commentaires**

Voir le commentaire sous l'article R. 351-3.

LE RENVOI AU PRÉSIDENT DE LA SECTION DU CONTENTIEUX D'UNE AFFAIRE RELEVANT D'UNE JURIDICTION ADMINISTRATIVE AUTRE QUE LE CONSEIL D'ÉTAT, PRÉSENTÉE À TORT DEVANT UN TRIBUNAL ADMINISTRATIF OU UNE COUR ADMINISTRATIVE D'APPEL

Art. R. 351-3 Lorsqu'une cour administrative d'appel ou un tribunal administratif est saisi de conclusions qu'il estime relever de la compétence d'une juridiction administrative autre que le Conseil d'État, son président transmet sans délai le dossier au président de la section du contentieux du Conseil d'État qui règle la question de compétence et attribue le jugement de tout ou partie de l'affaire à la juridiction qu'il déclare compétente.

■ **Textes sources**

– Code des TA et des CAA, article R. 82.

■ **Commentaires**

Le président de la section du contentieux est le seul grand aiguilleur des demandes présentées à un juge administratif incompétent, pourvu qu'elles relèvent de la juridiction administrative (sauf en ce qui concerne, en premier ressort, le contentieux de la reconduite des étrangers à la frontière). Plus précisément, si le Conseil d'État est habilité à recevoir les affaires relevant de sa compétence qui lui sont transmises par les présidents des juridictions subordonnées (art. R. 351-2), c'est au président de la section du contentieux qu'il appartient de réorienter vers une autre juridiction administrative les demandes dont est saisi par erreur le Conseil d'État (art. R. 351-1 et R. 351-2), ou un tribunal administratif ou une cour administrative d'appel (art. R. 351-3). Dans le cadre des pouvoirs qui lui sont ainsi attribués, le président de la section du contentieux doit se borner à aiguiller les affaires. C'est ainsi que si un désistement survient alors que le dossier lui a été transmis en application de cet article, il n'a pas la possibilité d'en donner acte, mais doit en principe transmettre le dossier à une sous-section (CE 10 mai 1996, Époux Gorron). C'est également par le transfert à une sous-section qu'il évitera de renvoyer à la juridiction compétente une requête dont le sort est scellé : c'est ainsi que, saisi d'une requête relevant de la cour administrative d'appel, le Conseil d'État a refusé de faire jouer l'article R. 351-1, au motif que le jugement attaqué avait par ailleurs fait l'objet d'un appel identique présenté devant ladite cour, laquelle avait statué sur cet appel (CE 30 juillet 1997, Gomez Rodriguez).

Cette réorientation peut s'effectuer au bénéfice d'une juridiction administrative autre que tribunaux administratifs ou cours administratives d'appel (art. R. 351-1 et R. 351-3).

Il faut noter que cette procédure de renvoi n'est pas, en ce qui concerne les tribunaux administratifs, limitée aux affaires qui relèvent de leur compétence « en premier ressort ». Un texte ancien avait par exemple interdit au Conseil d'État de renvoyer au tribunal administratif les appels dirigés contre les ordonnances du juge du référé fiscal (CE 10 juillet 1985, Poigniart, *Lebon* p. 225). Cette jurisprudence est désormais rendue caduque.

De la même façon, ce mécanisme peut jouer s'agissant des affaires relevant de toute la compétence du Conseil d'État, et non plus seulement de sa « compétence directe », tels étant les termes d'un ancien texte. La qualification « directe » avait fait douter que l'on puisse renvoyer au Conseil d'État un appel présenté par erreur au tribunal administratif, mais le Conseil d'État avait admis le renvoi en pareille hypothèse (CE 21 juin 1974, Ben Ziane Ould Boualem, *Lebon* p. 358 [1] ; *AJDA* 1974, p. 536). Toute ambiguïté est désormais levée.

Ces articles appellent une réaction d'office du président de tribunal administratif ou de cour administrative d'appel. S'agissant des cas de connexité, cette réaction d'office vaut suppression de la faculté autrefois reconnue aux parties de demander le renvoi pour connexité, faculté qui avait pour contrepartie l'obligation corrélative pour le président de se prononcer sur cette demande, par ordonnance susceptible d'appel ; ce système était étonnamment lourd pour des mesures s'apparentant plus à l'administration raisonnable des dossiers qu'à leur jugement.

Ces textes impliquent qu'il ne peut pas y avoir normalement, entre tribunaux administratifs, cours administratives d'appel et Conseil d'État, de rejet d'une requête pour incompétence de la juridiction administrative saisie, pourvu qu'une juridiction administrative soit compétente pour connaître de l'affaire (CE 21 juin 1974, Ben Ziane Ould Boualem, *Lebon* p. 358, précité – CE 19 mars 1993, Medise). Mais on doit noter que les juridictions administratives spécialisées ne disposent pas de ces possibilités de renvoi pour attribution, et peuvent donc être conduites à rejeter des requêtes parce qu'elles n'ont pas compétence pour en connaître, alors que le tribunal administratif est compétent.

Du même coup disparaît en principe du paysage juridictionnel la majorité des hypothèses de « règlement de juges » que rendait nécessaire le risque de conflit négatif à l'intérieur de la juridiction administrative résultant de ce que deux tribunaux administratifs se déclaraient successivement incompétents, chacun au bénéfice de l'autre, pour connaître de la même affaire (CE 26 février 1971, Odinot, *Lebon* p. 170). Les seules hypothèses encore envisageables concernent les juridictions administratives spécialisées, qui ne connaissent pas le mécanisme du renvoi (CE 21 juin 1991, Centre hospitalier d'Auxerre, à propos de la décision d'une commission départementale d'aide sociale – CE 24 juin 1998, Rakba, dans une hypothèse identique), ou les hypothèses envisagées ci-dessus, à propos de l'article R. 322-1.

Seul devrait donc subsister, essentiellement, le règlement de juges provoqué par une contrariété de fond entre deux décisions de juridictions administratives (CE 12 février 1990, Commune de Bain-de-Bretagne), impliquant parfois le Conseil d'État : par arrêt du 2 avril 1993 (Ville de Bastia), ce dernier a dû régler la contrariété de fond existant entre sa décision rendue sur l'appel formé contre une partie d'un jugement, et les articles non contestés du même jugement. On note que, en cas de contrariété entre un jugement et une décision du Conseil d'État, seul ce dernier, et non la cour administrative d'appel, a compétence pour y mettre fin (CE 7 juin 1995, Vandamme), conformément à la règle selon laquelle c'est au juge supérieur commun le plus immédiat des juridictions dont les décisions sont inconciliables de régler la contrariété. Un autre exemple de règlement de juges est fourni par la décision Bramon (CE 14 juin 2000, Bramon) : une cour administrative d'appel, estimant que, dans l'affaire, le Conseil d'État était compétent en premier ressort, annule pour incompétence le jugement du tribunal administratif, et, ensuite, renvoie le dossier pour jugement au Conseil d'État. Ce dernier, ne partageant pas la vision de la cour, et s'estimant donc incompétent, refuse de juger, mais doit déclarer nul l'arrêt qui a annulé le jugement, avant de renvoyer l'affaire devant la cour administrative d'appel.

L'interdiction de principe pour un juge administratif de rejeter des conclusions relevant de la compétence d'une autre juridiction administrative devrait a fortiori valoir pour les formations composant la même juridiction. Et l'on a vu au moins une fois le Conseil d'État annuler la décision du juge des référés rejetant des conclusions tendant à ce qu'il ordonne un sursis à exécution : ces dernières relevaient de la compétence du tribunal, et le juge des référés devait non les rejeter mais les renvoyer au tribunal (CE 23 mars 1990, Bergeron). Identiquement a-t-il été jugé que la demande de sursis en 48 heures présentée par le préfet au président du tribunal administratif (voir article L. 2131-6 du Code général des collectivités territoriales, dans sa rédaction résultant de la loi du 30 juin 2000) devait être transmise au tribunal si l'acte attaqué n'entrait pas dans les prévisions de cet article. Ces attitudes doivent être interprétées avec prudence. Les règles de transmission posées par ces articles ont pour seul objet de rectifier l'erreur commise par le requérant sur le juge compétent, non de corriger le choix qu'il a fait d'une procédure erronée, choix qui résultera des termes mêmes qu'il utilisera. La tierce opposition à un jugement de tribunal administratif présentée au juge d'appel par une personne qui n'était pas partie ni intervenante devant le tribunal administratif doit être renvoyée à ce tribunal ; mais l'appel présenté devant ce même juge d'appel, contre le même jugement, et par la même personne, alors que seule la voie de la tierce opposition est ouverte, sera rejeté comme irrecevable (CE 18 juin 1982, SA Bureau Veritas, *Lebon* p. 240). De même le juge d'appel rejette-t-il avec constance les conclusions « présentées pour la première fois en appel », sans les renvoyer au premier juge, parce que le demandeur a ici fait choix non d'un juge incompétent, mais d'une procédure inadaptée.

C'est par un raisonnement analogue que se règlent les partages de compétence, en matière d'expulsion du domaine public, entre juge des référés et tribunal administratif. Si l'une des conditions commandant la compétence du juge des référés (et notamment l'urgence) fait défaut, la demande qui lui est présentée doit être rejetée, et non renvoyée au tribunal, la procédure choisie étant inapplicable.

□ ***Jurisprudence***

[**1**] Considérant qu'aux termes de l'article 16 quater ajouté au décret du 28 novembre 1953 par le décret du 22 février 1972, « lorsqu'un tribunal administratif est saisi de conclusions qu'il estime ne pas ressortir à sa compétence territoriale, le président du tribunal transmet immédiatement le dossier, par ordonnance non motivée, au président de la section du contentieux du Conseil d'État [...] » et qu'aux termes de l'article 16 quinquies, également ajouté au décret du 28 novembre 1953 par celui du 22 février 1972, « lorsqu'un tribunal administratif est saisi de conclusions qu'il estime ressortir à la compétence directe du Conseil d'État, son président envoie immédiatement le dossier au Conseil d'État par ordonnance non motivée » ; qu'il résulte nécessairement de ces dispositions que, depuis le 1er avril 1972, date de leur entrée en vigueur, un tribunal administratif ne peut jamais se déclarer incompétent sur des conclusions qui ressortissent à la compétence soit du Conseil d'État, soit d'un autre tribunal administratif, le président du tribunal qui estime sa juridiction incompétemment saisie étant tenu de transmettre le dossier selon le cas au Conseil d'État ou au président de la section du contentieux de ce Conseil pour jugement ou pour règlement de la question de compétence...

LE POUVOIR DE STATUER SUR CERTAINES AFFAIRES NONOBSTANT LES RÈGLES DE COMPÉTENCE

Art. R. 351-4 Lorsque tout ou partie des conclusions dont est saisi un tribunal administratif, une cour administrative d'appel ou le Conseil d'État relève de la compétence d'une juridiction administrative, le tribunal administratif, la cour administrative d'appel ou le Conseil d'État, selon le cas, est compétent, nonobstant les règles de répartition des compétences entre juridictions administratives, pour rejeter les conclusions entachées d'une irrecevabilité manifeste insusceptible d'être couverte en cours d'instance ou pour constater qu'il n'y a pas lieu de statuer sur tout ou partie des conclusions.

■ **Textes sources**

– Code des TA et des CAA, article R. 83.

■ **Commentaires**

Il peut paraître étonnant que le désistement ne figure pas dans les hypothèses dans lesquelles le juge saisi peut se prononcer même s'il n'est pas compétent. C'est que la question va de soi, puisque tout juge a compétence pour donner acte du désistement d'une demande qui lui a été présentée, cette demande relèverait-elle de la compétence d'une juridiction d'un autre ordre, d'une juridiction étrangère, ou ne relèverait-elle de la compétence d'aucune juridiction (CE sect. 16 octobre 1981, Ministre de la Défense c/ Lassus, *Lebon* p. 374). La question s'est posée de savoir si cette règle devait être étendue au désistement d'office, pour lequel les règles applicables devant le Conseil d'État sont plus draconiennes que celles en vigueur devant les autres juridictions (voir art. R. 611-22 comparé à R. 612-5). Elle a été résolue par l'affirmative (CE sect. 28 janvier 1994, Ministre des Départements et Territoires d'outre-mer – CE 4 mai 1998, Commune de Saint-Sauveur-sur-École).

Aux compétences ainsi attribuées à un juge normalement incompétent il convient d'ajouter le pouvoir de statuer sur les conclusions afférentes aux frais irrépétibles qui ont pu être présentées soit en demande soit en défense (CE 15 mars 1996, Le Gac, solution implicite), ces conclusions accessoires suivant en matière de compétence juridictionnelle, selon une tradition maintenant bien établie, le sort des conclusions principales (CE avis 28 octobre 1994, Gosse ; voir aussi le commentaire sous l'article L. 761-1).

La dérogation de bon sens apportée par cet article aux règles de compétence est, en ce qui concerne les irrecevabilités, limitée à celles qui sont manifestes et non susceptibles d'être couvertes en cours d'instance (CE 30 avril 1993, Bucholzer). Naturellement le juge qui se prononce au titre de ce texte doit appliquer, en ce qui concerne la recevabilité, les règles régissant la procédure devant la juridiction qui était compétente (CE 4 janvier 1974, Lefer, *Lebon* p. 911).

Il faut souligner que cette dérogation est d'interprétation stricte : si une cour est habilitée par l'article R. 351-4 à prononcer un non-lieu, il ne s'ensuit pas qu'elle soit compétente pour se prononcer sur l'appel formé contre un jugement ayant prononcé un tel non-lieu lorsque ce jugement est rendu dans une matière échappant aux compétences de la cour (CE 30 juillet 1997, Rodes). Cette lecture de l'article R. 351-4 doit évidemment être transposée aux autres hypothèses qu'il mentionne ou implique (désistement ou irrecevabilités). Ce qui conduit à se demander si le texte ne devrait pas être réécrit et son champ d'application élargi : est-il toujours sage et conforme à une bonne administration de la justice de renvoyer du Conseil d'État saisi par erreur vers une cour administrative d'appel le pourvoi formé contre l'ordonnance d'un président de tribunal administratif ayant relevé une tardiveté aussi manifeste qu'indiscutable, ou donné acte d'un désistement ? Et ne serait-il pas raisonnable d'affranchir des règles de compétence le pouvoir de confirmer ce genre d'ordonnance ? Il est vrai qu'un tel élargissement du domaine couvert par l'article R. 351-4 coexisterait difficilement avec les termes de l'article L. 321-1 issu de la loi du 31 décembre 1987...

Dans un premier temps, le Conseil d'État a estimé que, l'article R. 351-4 instaurant une règle de compétence, le juge ne pouvait s'y soustraire, et que donc le renvoi d'une affaire qui était définitivement irrecevable devait être censuré et le dossier retourné à son envoyeur avec mention de l'irrecevabilité qu'il n'avait pas nécessairement perçue (CE 21 septembre 1990, Département du Doubs [1]). Cette jurisprudence a été depuis discrètement abandonnée par des décisions réglant la question implicitement – mais non inconsciemment (CE sect. 7 janvier 1994, Roth – CE 29 juin 1994, Massé – CE 16 novembre 1994, Pillet).

□ ***Jurisprudence***

[1] Considérant que les conclusions renvoyées devant le Conseil d'État avaient le caractère de demande nouvelle en appel et que la cour administrative d'appel devait les rejeter comme irrecevables ; qu'il n'appartient pas au président de la section du contentieux du Conseil d'État saisi en application de l'article R. 82 du Code des tribunaux administratifs et des cours administratives d'appel et qu'il n'appartient pas par conséquent à une formation collégiale à laquelle il a transmis le dossier de se prononcer sur la demande ; qu'il y a lieu pour le Conseil d'État non de faire application de l'article R. 83 dudit code, mais de renvoyer l'affaire à la cour administrative d'appel de Nancy...

Le pouvoir pour le Conseil d'État de statuer sur certaines affaires nonobstant les règles de compétence

Art. R. 351-5 Lorsque tout ou partie des conclusions dont est saisi le Conseil d'État relève de la compétence d'une juridiction administrative autre qu'un tribunal administratif ou une cour administrative d'appel, le Conseil d'État est compétent, nonobstant toutes dispositions relatives à la répartition des compétences entre juridictions administratives, pour rejeter les conclusions entachées d'une irrecevabilité manifeste insusceptible d'être couverte en cours d'instance ou pour constater qu'il n'y a pas lieu de statuer sur tout ou partie des conclusions.

■ Textes sources

– Décret n° 53-934 du 30 septembre 1953, article 3, § 2.

■ **Commentaires**

L'article R. 351-5 est, pour le Conseil d'État, redondant avec le précédent, et l'on cherche vainement à y discerner une portée plus grande que celle du précédent. En tout cas il réaffirme, ce que le précédent disait déjà, que la compétence spéciale qu'il instaure vaut, pour le Conseil d'État, même pour les affaires relevant d'une juridiction autre que tribunaux administratifs ou cours administratives d'appel.

LA PORTÉE DES ORDONNANCES DE RENVOI SUR LA COMPÉTENCE

Art. R. 351-6 Les décisions du président de la section du contentieux du Conseil d'État et des présidents des cours administratives d'appel et des tribunaux administratifs prises en application des articles R. 341-2, R. 341-3, R. 342-2, R. 343-2, R. 343-3, R. 344-2 et R. 344-3 à R. 351-3, sont notifiées sans délai aux parties. Elles sont prises par ordonnance non motivée et ne sont susceptibles d'aucun recours. Elles n'ont pas l'autorité de chose jugée.

La juridiction déclarée compétente par le président de la section du contentieux du Conseil d'État en application des dispositions des articles R. 342-3 et R. 344-3 à R. 351-3 ne peut décliner sa compétence, sauf pour soulever l'incompétence de la juridiction administrative.

■ **Textes sources**

– Code des TA et des CAA, article R. 84.

■ **Commentaires**

L'« ordonnance non motivée » du président peut sans irrégularité être remplacée par un jugement (ou un arrêt) motivé (CE 29 mars 1985, Loredon, *Lebon* p. 96 – CE 30 mars 1984, Société Coignet Pacifique, *Lebon* p. 715 [1] – CE 28 juin 1895, Office national des forêts, *Lebon* p. 747 – CE 30 avril 1993, Fouchonet), qui demeure non susceptible de recours. L'intervention d'un jugement ou arrêt permet d'éviter tout conflit entre la formation de jugement (estimant le juge saisi incompétent) et le président (refusant, car d'un avis différent sur la compétence, de signer l'ordonnance de renvoi). On constate de même, à lire les décisions du Conseil d'État, que ce dernier tranche à l'occasion des questions de compétence à l'intérieur de la juridiction administrative sans opérer le détour par le président de la section du contentieux.

Il est important de préciser que ces ordonnances, dont la nature – administrative ou juridictionnelle – n'est pas clairement définie (encore que le fait qu'elles ne soient pas motivées conduirait à leur nier la qualité juridictionnelle) « n'ont pas l'autorité de chose jugée ». Il est en effet des hypothèses où le critère permettant de déterminer le juge compétent constitue simultanément une question dont dépend la solution de fond du litige (par exemple le caractère réglementaire d'un acte ministériel commande la compétence du Conseil d'État, mais entraîne également nombre de conséquences juridiques de fond qui peuvent être au cœur du litige). Il est clairement précisé que le règlement de la question de compétence n'empiète pas sur le fond du litige.

L'étendue de l'interdiction faite à la juridiction déclarée compétente de décliner sa compétence prête à interrogation.

I • On pouvait tout d'abord se demander si le juge d'appel était lié par l'attribution de compétence faite par le président de la section du contentieux à un juge de premier degré. La question est tranchée par décision du 10 novembre 1999 (CE 10 novembre 1999, Société coopérative agricole de Brienon [**2**]) : non seulement la cour administrative d'appel ne peut annuler pour incompétence territoriale le jugement ainsi rendu, mais, si, après annulation, elle estime devoir évoquer, elle est compétente pour ce faire, cette compétence découlant de celle, non susceptible de discussion, du tribunal administratif désigné.

II • On doit compliquer le schéma et envisager le cas où la cour a été saisie par une ordonnance de renvoi émanant du président de la section du contentieux du Conseil d'État, laquelle trouve son fondement dans l'origine du jugement attaqué. Si la cour est indiscutablement compétente pour se prononcer sur ce jugement, rien n'indique *a priori* qu'elle ne puisse juger que le tribunal était territorialement incompétent, et que l'affaire relevait d'un autre tribunal situé hors de son ressort. Dans une telle hypothèse, on devrait, semble-t-il, en revenir à la procédure découlant de l'article R. 322-1, et précisée par l'arrêt du 17 décembre 1990, Société Réalisations France Industries. Sauf à envisager qu'en désignant la cour pour connaître du litige né du jugement contesté, l'ordonnance du président de la section du contentieux a « mandaté » en quelque sorte la cour pour régler tout le litige, y compris par voie d'évocation, et que cette désignation s'impose en tous ses termes à la cour, par l'effet de l'article R. 351-6. Interprétation certes constructive de cet article, mais combien efficiente !

III • On doit également estimer que l'attribution de compétence ainsi décidée ne porte que sur les conclusions telles que les a perçues et visées l'auteur de l'ordonnance de renvoi. Trois hypothèses peuvent à cet égard être envisagées :
– celle de la « requête fleuve », dont les conclusions apparentes relèvent d'un tribunal administratif, mais qui contient, glissée dans une argumentation touffue, une demande d'annulation d'un acte relevant du Conseil d'État, un décret par exemple. On ne saurait estimer que l'attribution de cette requête à un tribunal administratif investit ce dernier de la compétence, réservée au Conseil d'État, de connaître d'un recours pour excès de pouvoir dirigé contre un décret ;

– celle de la requête identifiant mal la décision contestée, dont on s'aperçoit après coup, et pendant l'instruction, qu'il s'agit par exemple d'un décret ;
– celle des conclusions à ce point floues qu'il faut les interpréter : l'analyse qu'en fait le président de la section du contentieux, laquelle commande une attribution de compétence déterminée, peut ne pas être partagée par la juridiction saisie. Est-elle liée par l'ordonnance de désignation ? On en peut douter, cette ordonnance étant dépourvue d'autorité de chose jugée. Ainsi, le juge des référés du tribunal administratif rejette une demande ; l'appel de l'ordonnance devra être présenté devant la cour administrative d'appel si ce référé est « ordinaire », devant le tribunal administratif s'il s'agit d'un référé fiscal. Désignant le juge d'appel, le président de la section du contentieux prend nécessairement parti sur l'interprétation de la requête ; l'analyse qu'il en fait ne saurait à notre avis lier le juge de renvoi qui doit, à notre sens, ne considérer qu'il est nécessairement compétent en vertu de l'article R. 351-6 que pour les conclusions visées par l'ordonnance de renvoi et non pour celles qu'il a cru pouvoir à son tour analyser dans la requête.

Appliquant le second alinéa, et renvoyant ainsi à une cour une affaire que cette dernière, malgré une ordonnance du président de la section du contentieux lui ayant attribué le dossier, avait cru bon de renvoyer au Conseil d'État, le Conseil d'État a estimé nécessaire d'annuler d'office l'ordonnance de transmission du président de la cour administrative d'appel (CE 17 juin 1996, Gauthier).

On signalera enfin que le fait qu'une juridiction ait été désignée comme compétente par le président de la section du contentieux ne fait pas obstacle à ce que, si elle est suspecte de partialité, la juridiction immédiatement supérieure saisie d'une demande de renvoi pour cause de suspicion légitime en désigne une autre (CE 6 octobre 1999, Pinault).

□ ***Jurisprudence***

[**1**] Considérant que l'article R. 75 du Code des tribunaux administratifs dispose que « lorsqu'un tribunal administratif est saisi de conclusions qu'il estime ressortir à la compétence d'une juridiction administrative autre que le Conseil d'État ou les tribunaux administratifs, le président transmet immédiatement le dossier au Conseil d'État par ordonnance non motivée, non susceptible de recours » ; que ces dispositions n'interdisent pas au tribunal administratif qui s'estime incompétemment saisi de transmettre le dossier au Conseil d'État par un jugement motivé ; qu'un tel jugement, comme l'ordonnance qui aurait pu intervenir aux mêmes fins, n'est pas susceptible de recours...

[**2**] Considérant que, par une demande présentée le 3 mars 1992 au tribunal administratif de Dijon, la Société coopérative agricole de Brienon a contesté les titres exécutoires émis à son encontre par le directeur général de l'Office national interprofessionnel des céréales pour le règlement de prélèvements de coresponsabilité sur les céréales dus au titre de la campagne 1990-1991 en application du règlement (CEE) n° 2727/75 du 29 octobre 1975 modifié du Conseil des communautés européennes ; que, par une ordonnance en date du 3 mars 1992, le président du

tribunal administratif de Dijon a transmis le dossier au président de la section du contentieux du Conseil d'État en application de l'article R. 82 du Code des tribunaux administratifs et des cours administratives d'appel aux fins d'attribution du jugement de l'affaire à la juridiction qu'il déclarerait compétente ; que, par son ordonnance en date du 11 mai 1992, le président de la section du contentieux du Conseil d'État a attribué le jugement de l'affaire au tribunal administratif de Dijon ; qu'après le rejet par ce tribunal de la demande de la Société coopérative agricole de Brienon par un jugement en date du 29 novembre 1994, cette société a fait appel le 2 février 1995 devant la cour administrative d'appel de Nancy ; que cette cour a transmis le dossier à la cour administrative d'appel de Lyon devenue compétente en application du décret du 9 mai 1997 ; que, par son arrêt en date du 6 mai 1999, la cour administrative d'appel de Lyon, après avoir annulé comme rendu par une juridiction territorialement incompétente le jugement du 29 novembre 1994 du tribunal administratif de Dijon, a, sur le fondement de l'article R. 82 du code susmentionné, renvoyé le dossier au président de la section du contentieux du Conseil d'État pour qu'il règle la question de compétence qu'elle estimait posée ;
Considérant cependant qu'aux termes de l'article R. 84 du code susmentionné : « La juridiction déclarée compétente par le président de la section du contentieux du Conseil d'État en application des articles R. 72 et R. 79 à R. 82 ne peut décliner sa compétence, sauf pour soulever l'incompétence de la juridiction administrative » ; qu'il résulte de ces dispositions que, dès lors qu'il appartenait à la juridiction administrative de connaître de l'affaire et que le tribunal administratif de Dijon avait été déclaré compétent par le président de la section du contentieux du Conseil d'État statuant par l'ordonnance susmentionnée du 11 mars 1992, ce tribunal ne pouvait décliner sa compétence ; que, par voie de conséquence et en application de l'article R. 62 du code précité, la cour administrative d'appel dans le ressort duquel le tribunal se situe était compétente pour connaître de l'appel formé contre le jugement entrepris et du fond du litige si elle était conduite à se prononcer par la voie de l'évocation...

LA PORTÉE DE LA PROCÉDURE DEVANT LE JUGE INCOMPÉTENT

Art. R. 351-7 Les actes de procédure accomplis régulièrement devant la juridiction saisie en premier lieu demeurent valables devant la juridiction de renvoi à laquelle incombe le jugement de l'affaire, sous réserve, le cas échéant, des régularisations imposées par les règles de procédure propres à cette juridiction.

■ Textes sources

– Code des TA et des CAA, article R. 85.

■ Commentaires

La procédure passée demeure valable telle qu'effectuée, pourvu qu'elle ait été régulière. Cela évite notamment de recommencer l'instruction d'une requête lorsqu'on s'avise tardivement d'une incompétence. Cela permet surtout de sauvegarder les délais de recours (CE sect. 21 juin 1974, Ben Ziane Ould Boualem, *AJDA* 1974, p. 536 [1]).

Si le tribunal administratif est saisi d'un appel dirigé contre un de ses jugements (soit que l'appel lui soit présenté, soit que, présenté à la cour administrative d'appel, il ait été adressé au greffe du tribunal), la date à retenir pour apprécier la recevabilité de cet appel est celle de l'enregistrement au greffe du tribunal, que ce dernier ait ou non procédé à la transmission à laquelle il est tenu (CE 10 juillet 1987, Roucaud, *Lebon* p. 256).

Mais la poursuite de cette procédure s'effectue selon les règles propres à la juridiction saisie. Cette dernière règle est peu critiquable en ce qui concerne les problèmes de compétence à l'intérieur de la juridiction administrative : il est normal qu'une requête qui aurait dû être présentée au Conseil d'État, et l'a été par erreur à un tribunal administratif, doive être soumise après renvoi aux règles propres au Conseil d'État. Le terme de « régularisation » interdit de contourner, notamment en ce qui concerne le ministère d'avocat, les exigences du juge qu'il fallait saisir. Faute de cette précaution de texte, tous les appels seraient formés devant les tribunaux administratifs dans les matières dispensées d'avocat devant eux...

En revanche, dans les hypothèses de connexité, cette règle aboutit à obliger une partie à un litige dispensé d'avocat devant le tribunal administratif à recourir à l'assistance d'un avocat aux Conseils si le litige, attribué au Conseil d'État au titre de la connexité, appelle le ministère d'un avocat, ce qui n'apparaît pas très satisfaisant puisque cette partie avait le droit d'être jugée par le tribunal administratif, donc sans avocat.

□ ***Jurisprudence***

[1] Considérant que, lorsque l'affaire entre dans les cas de transmission des dossiers prévus par le décret du 22 février 1972, la date à retenir pour apprécier la recevabilité du recours est celle de son enregistrement au secrétariat de la juridiction qui, incompétemment saisie, procède ou aurait dû procéder à la transmission du dossier ; qu'il en va ainsi, notamment, dans le cas où un tribunal administratif est saisi d'un appel contre le jugement d'un autre tribunal administratif...

LIVRE IV

L'introduction de l'instance de premier ressort

TITRE I La requête introductive d'instance

CHAPITRE 1 Présentation de la requête

Le droit de timbre

Art. L. 411-1 L'introduction des requêtes est subordonnée à l'acquittement d'un droit de timbre dans les conditions prévues par les dispositions des articles 1089 B et 1090 A du Code général des impôts, ci-après reproduites :

Art. 1089 B — Les actes des secrétariats des juridictions judiciaires et administratives ne sont pas soumis au droit d'enregistrement ni au droit de timbre, ni à toute autre taxe prévue par le présent code à l'exception d'un droit de timbre de 100 F [15 euros] par requête enregistrée auprès des tribunaux administratifs, des cours administratives d'appel et du Conseil d'État.
Les requêtes engagées contre une décision de refus de visa sont dispensées du droit de timbre.

Art. 1090 A-III — Les actes soumis au droit de timbre prévu par l'article 1089 B sont exonérés de ce droit lorsque l'auteur de la requête remplit les conditions permettant de bénéficier de l'aide juridictionnelle prévue par la loi nº 91-647 du 10 juillet 1991 modifiée relative à l'aide juridique, qu'elle soit partielle ou totale.

■ **Textes sources**

- CGI, articles 1089 B et 1090-III.
- Ordonnance nº 2000-387 du 4 mai 2000, article 1er.
- Ordonnance nº 2000-916 du 19 septembre 2000, article 6 et annexe III.

■ **Commentaires**

La loi de finances pour 1994 (loi du 30 décembre 1993) a, dans son article 44, prévu un « droit de timbre de 100 F par requête enregistrée auprès des tribunaux administratifs, des cours administratives d'appel et du Conseil d'État », et ajouté que « les actes soumis au droit de timbre [...] sont exonérés de ce droit lorsque l'auteur de la requête remplit les conditions permettant de bénéficier de l'aide juridictionnelle [...] qu'elle soit partielle ou totale ». Ce texte, désormais incorporé dans le Code de justice administrative, est applicable aux requêtes enregistrées à compter du 1er janvier 1994 (CE avis contentieux 28 septembre 1994, Préfet de l'Aube c/ SARL Gueritte). Cette obligation est sanctionnée par une irrecevabilité, ainsi que rappelé sous l'article R. 411-2, ce qu'avait admis l'avis Chatbi (CE sect. avis 18 février 1994 [**1**]). En application d'une ordonnance du 19 septembre 2000, le droit de timbre sera de 15 euros à compter du 1er janvier 2002.

Le même avis contentieux a posé qu'il appartient au juge d'inviter les intéressés à régulariser leur procédure s'ils ne s'en sont pas acquittés, position qui sera confirmée au contentieux (CE 20 juin 1994, Barry – CE ass. 17 février 1995, Conjard – CE 28 juin 1996, Boukhriss). Ce que le code exprime désormais par son article R. 612-2.

On note que la régularisation peut intervenir à tout moment et, notamment, même après clôture de l'instruction (CE avis 28 juillet 1995, Tourteaux), pourvu qu'elle ne soit pas postérieure au délai imparti en application de l'article R. 612-2 (voir cet article).

Ce droit de timbre ne fait pas partie des dépens, et peut donc faire l'objet d'une demande de réattribution au titre des frais non compris dans les dépens, par application de l'article L. 761-1 (CE avis contentieux 28 septembre 1994, Préfet de l'Aube – CE avis 28 octobre 1994, Gosse [**2**]).

Se pose la question de savoir si, pour en être exonéré, il faut justifier de ce que l'on a obtenu l'aide juridictionnelle, ou s'il suffit de démontrer qu'on remplit les conditions pour l'obtenir, ce qui peut recouvrir deux hypothèses : ou bien on ne l'a pas demandée, ou bien, l'ayant demandée, on ne l'a pas obtenue, et l'on conteste devant le juge la position prise à cet égard par le bureau d'aide juridictionnelle (sans la remettre en cause). Un arrêt Barry (CE 20 juin 1994) avait paru apporter un début de réponse, puisqu'il a écarté une demande d'exonération sans se référer à la situation de l'intéressé au regard de l'aide juridictionnelle : « S'il fait valoir qu'il a de lourdes charges de famille, cette circonstance n'est pas de nature à permettre de l'exonérer de ce droit. » D'où l'on pouvait apparemment conclure que l'intéressé aurait pu, par d'autres arguments de fait, démontrer, même s'il n'avait pas l'aide juridictionnelle, qu'il pouvait être exonéré. Contraire à l'instruction fiscale du 3 janvier 1994 concernant ce droit de timbre, cette position a été formellement abandonnée par le Conseil d'État saisi d'une demande d'avis contentieux (CE avis 22 février 1995, Fofana [**3**]) : l'exonération du droit de timbre ne joue qu'au bénéfice de ceux qui ont demandé et obtenu le bénéfice de l'aide juridictionnelle. Et il appartient donc au juge, placé devant une demande d'exonération, d'inviter l'intéressé à saisir le bureau d'aide juridictionnelle d'une demande tendant à obtenir cette aide, bureau dont la décision déterminera le droit à exonération. On peut sans doute estimer que cette invitation pourra ne pas être faite dans les cas où l'évidence démontrera que l'intéressé ne peut bénéficier de l'aide juridictionnelle. Aussi bien le Conseil d'État jugera légale l'instruction du 3 janvier 1994 (CE 16 juin 1995, Meyot).

Il a fallu définir la notion de « requête » pour l'application de ces dispositions. Ne constituent pas des « requêtes », et n'ont donc pas à être timbrées :

– la requête présentée devant le tribunal administratif, dirigée contre un arrêté de reconduite d'étranger à la frontière (CE sect. avis contentieux 18 février 1994, Chatbi), mais non l'appel formé devant le président de la section du contentieux contre le jugement rendu sur cette requête (CE 13 janvier 1995, Miayoukou) ;
– la saisine du juge de l'élection, en application de l'article L. 52-15 du Code électoral, par la commission nationale des comptes de campagne et des financements politiques lorsqu'un compte n'a pas été déposé ou a été rejeté, ou s'il fait apparaître un dépassement du plafond des dépenses électorales (CE avis contentieux 29 juillet 1994, Commission nationale des comptes de campagne et des financements politiques).
– Constituent en revanche des requêtes à timbrer :
– la saisine du juge par un ministre agissant au nom de l'État (CE 18 février 1998, Ministre du Budget) ;
– la saisine du juge de la contravention de grande voirie par le préfet (voir art. L. 13), le droit de timbre étant dû par l'État, et non par la personne, si elle n'est pas l'État, propriétaire du domaine sur lequel a été commise la contravention (CE avis contentieux 28 septembre 1994, Préfet de l'Aube c/ SARL Gueritte) ;
– le déféré du maire transmettant au tribunal administratif un arrêté pris en application de l'article R. 511-1 du Code de la construction et de l'habitation, et concernant un immeuble menaçant ruine (CE avis contentieux 28 septembre 1994, Maire de la commune de Laneuvelle).
– la transmission d'office au tribunal administratif, par le directeur des impôts, d'une réclamation, en application de l'article R. 199-1 du Livre des procédures fiscales, et le droit de timbre doit alors être réglé par le contribuable auteur de la réclamation (CE avis 28 septembre 1994, Association Foire internationale de Caen) ;
– l'acte par lequel un préfet défère au tribunal, par application des articles 3 ou 46 de la loi du 2 mars 1982, ou 7 de la loi du 5 juillet 1972, l'acte d'une collectivité territoriale (CE avis contentieux 25 janvier 1995, Préfet des Yvelines), ou l'appel formé par le même préfet d'un jugement rendu en matière de reconduite à la frontière ;
– la requête tendant à ce que le Conseil d'État prononce une astreinte en raison de l'inexécution d'une décision juridictionnelle (CE 6 février 1995, Pétillon-Chenitzer). On note que cette décision ne se prononce pas sur les actes par lesquels la section du rapport et des études, saisie d'une demande d'exécution, décide de déclencher l'ouverture d'office d'une procédure contentieuse d'astreinte. À notre sens, la personne qui avait, sans demander d'astreinte, recherché les diligences de cette section ne devrait pas avoir à payer de timbre. Devant les tribunaux administratifs et cours administratives

d'appel, la question n'est pas évidente. Les articles L. 911-4 et R. 921-5 et R. 921-6 organisent une procédure qui, d'abord amiable, peut, en cas d'échec ou si le demandeur ne se satisfait pas de la solution obtenue, revêtir une forme contentieuse. De telle sorte que l'on peut estimer que le droit de timbre n'est exigible que lors du démarrage de cette phase contentieuse. Mais il est quelque peu inopportun de réclamer un timbre au bénéficiaire d'une décision de justice qui se heurte à la volonté systématique de ne pas l'appliquer... Certaines juridictions n'exigent alors le timbre que si le déclenchement de la phase contentieuse est imputable au demandeur, qui refuse de se satisfaire de la solution obtenue « à l'amiable ». On note que la demande faite au juge tendant à ce qu'il liquide l'astreinte qu'il a infligée n'est pas soumise au droit de timbre (CE avis 30 avril 1997, Marchal) ;
– la saisine du juge de l'élection (CE ass. 17 février 1995, Conjard – CE 31 juillet 1996, Élections municipales de Dange).

□ ***Jurisprudence***

[**1**] Il ressort de ces dispositions nouvelles, éclairées par les travaux préparatoires de la loi de finances, qu'en créant un droit de timbre sur les requêtes présentées devant les tribunaux administratifs, les cours administratives d'appel et le Conseil d'État, le législateur a entendu en prescrire le paiement à peine d'irrecevabilité des requêtes. Il appartient donc au juge, lorsqu'une requête n'est pas exonérée du droit de timbre, de rejeter cette requête comme irrecevable si son auteur n'a pas acquitté ce droit après une demande de régularisation restée sans effet...

[**2**] Le juge compétent pour statuer sur la charge des frais exposés et non compris dans les dépens est nécessairement celui qui est compétemment saisi pour statuer sur le litige à l'occasion duquel ces frais ont été exposés. Il résulte de l'article R. 217 du Code des tribunaux administratifs et des cours administratives d'appel, aux termes duquel « les dépens comprennent les frais d'expertise, d'enquête et de toute autre mesure d'instruction... », que le droit de timbre n'est pas compris dans les dépens. Par suite, le juge compétent pour régler le litige a également le pouvoir de condamner la partie en défense à rembourser le montant du droit de timbre au requérant au titre des dispositions précitées de l'article L. 8-1 lorsque les conditions posées par cet article se trouvent remplies...

[**3**] Il résulte des dispositions de l'article 1090 A-III précité, éclairées par les travaux préparatoires de la loi de finances pour 1994, que pour bénéficier de l'exonération qu'elles instituent, le requérant doit avoir demandé le bénéfice de l'aide juridictionnelle dans les conditions prévues par la loi du 10 juillet 1991 et y avoir été admis.
Il appartient donc au juge, lorsqu'un requérant s'abstient d'acquitter le droit de timbre en invoquant les dispositions de l'article 1090 A-III, de l'inviter à présenter une demande d'aide juridictionnelle devant le bureau d'aide juridictionnelle compétent et, en cas de rejet de cette demande, à acquitter le droit. Si la demande d'aide juridictionnelle n'est pas présentée ou si elle est rejetée, et si le requérant n'acquitte pas le droit, le juge doit rejeter la requête comme irrecevable...

Le contenu des requêtes

Art. R. 411-1 La juridiction est saisie par requête. La requête indique les nom et domicile des parties. Elle contient l'exposé des faits et moyens, ainsi que l'énoncé des conclusions soumises au juge.
L'auteur d'une requête ne contenant l'exposé d'aucun moyen ne peut la régulariser par le dépôt d'un mémoire exposant un ou plusieurs moyens que jusqu'à l'expiration du délai de recours.

■ Textes sources

– Ordonnance nº 45-1708 du 31 juillet 1945, article 40.
– Code des TA et des CAA, article R. 87.

■ Commentaires

Pour rendre les décisions plus lisibles, les juridictions d'appel comme le juge de cassation distinguent les « demandes », dont est saisi le premier juge, des « requêtes », adressées au juge d'appel ou de cassation, le terme de « recours » étant réservé aux appels ou pourvois formés par un ministre. Le code englobe sous la même appellation de requête les demandes, les requêtes et les recours.
Il va sans dire que la requête doit être écrite. Elle doit être... intelligible (CE 18 juin 1993, Debard). Le texte de l'article ne précise pas qu'elle doit être également rédigée en français (CE 22 novembre 1985, Quillevère, *Lebon* p. 333), élément qui doit désormais donner lieu à demande de régularisation, sous la forme de la production d'une traduction par une personne assermentée (CE 18 octobre 2000, Société Max-Planck-Gesellschaft [**1**] revenant sur CE 22 mars 1989, Wijenayake Mudalige, *Lebon* p. 99). Ne semblent en revanche pas devoir donner lieu à régularisation les autres manquements aux obligations nées de cet article (CE 15 avril 1988, Michelix, *Lebon* p. 142 – CE 7 juillet 1993, Casas [**2**] – CE 4 octobre 1991, OPAC des Bouches-du-Rhône). Cette caractéristique a pour corollaire que c'est en principe dans le délai de recours que la requête doit répondre aux impératifs nés de l'article R. 411-1, ainsi qu'en dispose expressément, s'agissant de la motivation son second alinéa.
Identité et domicile complets du requérant doivent figurer dans la requête, qui sinon doit être rejetée (CE 5 juillet 1993, Clément) et non placée en attente sous la forme d'un non-lieu en l'état (CE 7 juillet 1993, Grange [**3**]).
Les conclusions doivent identifier clairement l'acte ou les actes attaqués (sauf en matière de travaux publics, dispensée pour l'instant de décision préalable). Ne met pas le juge à même d'apprécier la portée de ses conclusions, qui sont donc irrecevables, celui qui demande l'annulation de « toutes les décisions prises sur avis du comité technique paritaire » (CE 22 avril 1988, Ternon).
S'agissant de la motivation des requêtes, l'obligation est clairement enfermée par le second alinéa dans le carcan des règles relatives au délai de recours

contentieux. Demeure donc applicable la jurisprudence rendue antérieurement à ce nouveau texte, selon laquelle est irrecevable, et définitivement, la requête qui ne développe aucun moyen avant l'expiration du délai de recours, même si, postérieurement à cette date, est invoqué un moyen, fût-il d'ordre public (alors qu'un tel moyen peut, si la requête est recevable, être invoqué à tout moment de la procédure, et doit être relevé d'office par le juge). *A fortiori* le juge ne peut-il, en relevant d'office un tel moyen, faire échapper la requête non motivée à son irrecevabilité (CE 25 octobre 1993, Commune de Collonges-sous-Salève [**4**]). Et la circonstance que le greffe aurait invité le demandeur à régulariser une demande non motivée, en lui donnant un délai pour ce faire, est sans influence sur le terme du délai de recours contentieux, qui peut survenir avant l'expiration du délai donné par le greffe (CE 7 décembre 1994, Estrada, *RJF* 1995, n° 388, p. 227). Naturellement, si le délai de recours a été interrompu par une demande d'aide juridictionnelle, la motivation contenue dans un mémoire complémentaire parvenu à l'intérieur du nouveau délai de recours est admise, et de nature à régulariser une requête irrecevable (CE 10 janvier 2000, Potin).

La motivation peut se manifester par une référence à celle contenue dans des documents joints, par exemple une réclamation, pourvu que cette référence soit expresse (CE 10 décembre 1965, Territoire des Comores, *Lebon* p. 679 – CE 20 avril 1988, SA Estrat-Bonche [**5**] – CE 29 décembre 1995, Kavvadias). Le Conseil d'État – mais ce fut exceptionnel – a admis la régularité d'une motivation par référence au contenu d'une autre requête, même non jointe en copie, dès lors que les deux demandes « mettaient en cause la légalité d'actes intervenus au cours d'une même procédure administrative » (CE 4 janvier 1957, Ville de Paris c/ Société Henri Faure, *Lebon* p. 11 – CE 29 septembre 1982, Syndicat CGT de l'URSSAF des Alpes-Maritimes, *Lebon* p. 702 [**6**]). De même a-t-il accepté que le requérant se réfère à un jugement précédent, étant ainsi regardé comme invoquant les faits et moyens retenus dans les motifs dudit jugement (CE 18 décembre 1985, Gresse [**7**]). Il a, en revanche, refusé qu'un contribuable se borne à motiver sa requête par référence à l'argumentation d'un autre contribuable contestant un autre impôt dans une requête non formellement jointe (CE 29 décembre 1995, Gendre). La tendance actuelle est plutôt à la rigueur, ainsi qu'on le verra ci-dessous à propos de la motivation des requêtes d'appel.

Inversement il n'a pas été admis que l'indication des faits et moyens soit donnée par une personne sans qualité pour agir au nom du requérant (CE 8 janvier 1988, Chanut [**8**]).

La question de la motivation des requêtes d'appel fut longtemps floue. Un arrêt d'assemblée Époux Neel (CE 23 janvier 1970, *Lebon* p. 44) avait formellement admis que référence y fût faite à la demande de première instance, jointe à la requête [**9**]. Il avait été suivi de décisions, tant du Conseil d'État que de la cour administrative d'appel de Paris (CAA Paris, 6 mars 1990, Crespu

[**10**]) donnant au contraire à entendre que l'appelant doit contester le jugement et démontrer qu'il contient des erreurs. Le Conseil d'État jugeait ainsi le 27 mai 1991 (CE 27 mai 1991, Fédération régionale des associations de protection de la nature) que, si l'appelant peut se référer à sa demande de première instance, et à condition d'en joindre une copie, ses productions d'appel, même présentées ultérieurement, doivent comporter sur ses moyens des développements mettant le juge d'appel en mesure de se prononcer sur les erreurs que le tribunal administratif a pu commettre en les rejetant, position reprise le 8 janvier 1993 (CE 8 janvier 1993, Association des riverains du front de Seine et autres [**11**]). Et pourtant, on pouvait lire dans une décision du 16 juin 1997 (CE 16 juin 1997, SARL Somatha) que « la circonstance que la requête d'appel se borne à reproduire les termes de la demande de première instance n'est pas de nature à la faire regarder comme irrecevable », position reprise dans un arrêt Boczmak du 25 février 1998... La mise au point est survenue le 11 juin 1999 (CE 11 juin 1999, OPHLM de la ville de Caen [**12**]) : une requête d'appel doit contenir des moyens d'appel, et donc contenir une critique du jugement attaqué, et plus particulièrement de sa motivation. Il en va de même de l'appel incident (CE 17 novembre 1999, Ministre de l'Équipement c/ Sallato), et, doit-on penser, de l'appel provoqué. Ainsi est irrecevable une requête d'appel formé en plein contentieux qui rappelle les étapes de la procédure et les conclusions, à laquelle est jointe la copie d'une autre requête d'appel formée contre le jugement rendu en excès de pouvoir, mais qui ne contient pas de moyen dirigé contre le jugement de plein contentieux (CE 28 juillet 2000, Duchemin). Toutefois, a été jugée suffisamment motivée une requête d'appel se bornant à soutenir que l'indemnité allouée par le tribunal « ne correspondait pas à la réalité du préjudice financier qu'il avait subi » (CE 8 décembre 2000, Szmaja).

Il est ainsi certain que si le tribunal a opposé à l'appelant un moyen d'ordre public, il appartient à ce dernier, d'abord, de discuter ce moyen, l'absence de fondement d'un moyen d'ordre public n'étant pas elle-même d'ordre public (CE 23 décembre 1987, Onyemuwa Chikezie, *Lebon* p. 891), qu'il s'agisse de la tardiveté (CE 5 mai 1976, Samra – CE 23 avril 1990, Vasse) ou du défaut de qualité pour agir (CE 26 février 1990, Chamereau [**13**]), à l'exception toutefois de l'irrecevabilité tenant à l'absence d'objet (CE 15 octobre 1969, Forasetto, *Lebon* p. 438). Ainsi qu'on peut le lire dans un arrêt du 15 avril 1996 (CE 15 avril 1996, Devoto), « il n'appartient pas à la cour administrative d'appel de s'interroger d'office sur le bien-fondé de l'irrecevabilité opposée au requérant par le tribunal administratif ».

Les développements des télécommunications posent la question de la recevabilité des requêtes adressées par télécopie (fax). Moins rigoureux que le juge judiciaire (V. J. Huet, « La valeur juridique de la télécopie », *D.* 1992, chr. VII), le juge administratif admet ce style de dépôt, pourvu bien sûr qu'il soit enregistré dans le délai de recours (CE 20 mai 1996, District urbain du Grand-

Angoulême), dès lors que l'arrivée ultérieure de l'original permet de lever tout doute sur l'authenticité de la requête par la production d'un document signé (CE 13 mars 1996, Diraison [**14**] – CE 25 avril 1997, Ministre de l'Agriculture c/ Roger – CE 19 novembre 1997, Ministre des Postes). Il admet notamment qu'un envoi en télécopie sauvegarde le délai de recours (CE 29 juillet 1994, Préfet du Val-de-Marne c/ Toni [**15**] – CE 30 mai 1997, Ministre de l'Agriculture c/ Maillard). Telle est également la position du Tribunal des conflits (Trib. confl. 2 décembre 1991, Paolucci [**16**]). Mais l'intéressé devra faire la preuve de l'arrivée de la télécopie : « la production d'un rapport d'émission de télécopie ne saurait, eu égard aux conditions techniques dans lesquelles un tel document est établi, prévaloir sur les mentions figurant aux registres du secrétariat » (CE 27 avril 1994, Raynal – CE 30 octobre 1995, Ministre de l'Industrie c/ Entreprise RCFC, espèce dans laquelle il était pourtant probable qu'une défaillance du matériel de la juridiction avait empêché la télécopie de parvenir jusqu'au greffe). L'homologation de matériels « permettant de certifier la date d'envoi », prévue par l'article 16 de la loi du 12 avril 2000 devrait normalement conduire à une évolution de cette jurisprudence. On se reportera également aux observations sous l'article R. 711-2.

□ ***Jurisprudence***

[**1**] Considérant que l'irrecevabilité tirée de leur présentation en langue étrangère ne peut être opposée à des conclusions que si le requérant, d'abord invité à régulariser sa requête par la production d'une traduction par une personne assermentée, s'est abstenu de donner suite à cette invitation...

[**2**] Considérant qu'il ressort des pièces du dossier que la demande présentée par M. Casas au tribunal administratif de Montpellier a été enregistrée au greffe de ce tribunal le 21 décembre 1990 ; qu'elle ne contenait l'énoncé d'aucun moyen ; qu'aucun texte ni aucun principe n'imposait au tribunal administratif de demander sa régularisation ; que par suite, à la date du 9 janvier 1992 à laquelle il a statué par ordonnance, le président de la première chambre du tribunal administratif de Montpellier était fondé à rejeter la requête de M. Casas...

[**3**] Considérant qu'en décidant qu'il n'y avait pas lieu de statuer sur la demande dont il était saisi au motif que le domicile de la demanderesse n'était pas connu de lui, et en réservant ainsi implicitement à Mlle Grange la faculté de le saisir à nouveau ultérieurement du même litige, le tribunal administratif a méconnu la règle applicable, même sans texte, à toutes les juridictions de l'ordre administratif et d'après laquelle, sauf dans le cas où un incident de procédure y fait obstacle, ces juridictions ont l'obligation d'épuiser définitivement leur pouvoir juridictionnel en statuant sur toutes les conclusions présentées devant elles ; qu'ainsi, le jugement attaqué est entaché d'une irrégularité de nature à entraîner son annulation...

[**4**] Considérant que, pour écarter la fin de non-recevoir opposée par la commune de Collonges-sous-Salève et tirée de l'absence de motivation de la demande de première instance, la cour administrative s'est fondée sur ce que la responsabilité pour risque constituait un « fondement juridique

d'ordre public qu'il appartient, en conséquence, au juge de soulever au besoin d'office » ; que le juge administratif ne peut soulever d'office un moyen d'ordre public que si la demande dont il est saisi est recevable : que, par suite, contrairement à ce qu'a déclaré la cour, le fait que le juge puisse, d'office, fonder la responsabilité sur un terrain juridique autre que celui sur lequel le requérant a fondé sa demande ne saurait suppléer l'absence ou l'insuffisance de motivation d'une requête.. ;

[**5**] Considérant qu'aux termes de l'article R. 77 du Code des tribunaux administratifs : « La requête introductive d'instance [...] doit contenir l'exposé sommaire des faits et moyens, les conclusions, nom et demeure des parties [...] »
Considérant que la demande présentée par la société Estrat-Bonche devant le tribunal administratif de Lyon, enregistrée le 21 juin 1984 et dirigée contre les décisions du directeur départemental du travail et de l'emploi du Rhône et du ministre des Affaires sociales refusant l'autorisation de procéder à certains licenciements, ne satisfaisait pas à ces dispositions, cette demande d'annulation pour excès de pouvoir desdites décisions ne se référant pas aux moyens développés par la société requérante dans le recours adressé au ministre des Affaires sociales, le 23 décembre 1983, joint en copie, mais « à des motifs qu'elle se réserve de développer dans un mémoire ampliatif ultérieur » ; que ce mémoire n'a été enregistré au greffe du tribunal administratif que le 30 avril 1985, soit après l'expiration du délai imparti pour présenter un recours contentieux ; que, dès lors, la société Estrat-Bonche n'est pas fondée à demander l'annulation du jugement attaqué qui a déclaré sa demande irrecevable...

[**6**] Considérant que, dans leur demande n° 18377, les syndicats requérants se référaient devant le tribunal administratif à leur demande n° 18140 ; que ces deux demandes mettaient en cause la légalité d'actes intervenus au cours d'une même procédure administrative ; que, par suite, et bien que les syndicats demandeurs n'aient pas joint une copie de leur demande n° 18140 à leur demande n° 18377, c'est à tort que le tribunal administratif a jugé que cette dernière demande n'était pas recevable comme ne contenant pas l'exposé sommaire des faits et moyens exigé par l'article R. 77 du Code des tribunaux administratifs ; que le jugement attaqué doit, dans cette mesure, être annulé...

[**7**] Considérant que dans sa demande présentée devant le tribunal administratif de Strasbourg, M. Gresse s'est référé à un jugement du 27 octobre 1977, par lequel ce tribunal administratif a fait droit à une demande qui, selon le requérant, était semblable à la sienne ; qu'il a ainsi entendu invoquer à l'appui de sa demande les faits et moyens retenus par le tribunal administratif pour faire droit à cette demande ; que, dès lors, il est fondé à demander l'annulation du jugement attaqué, par lequel le tribunal administratif, estimant à tort que sa demande ne contenait pas l'exposé des faits et moyens exigé par l'article R. 77 du Code des tribunaux administratifs, l'a rejetée comme irrecevable...

[**8**] Considérant que si M. Pierre Chanut, par requête enregistrée au greffe du tribunal administratif de Clermont-Ferrand le 7 avril 1986, a demandé l'annulation de la décision du 19 mars 1986 par laquelle la commission régionale de Clermont-Ferrand a refusé de le dispenser de ses obligations du service national actif, cette requête n'était assortie d'aucun moyen ; que M. Chanut n'a pas répondu à une demande de régularisation qui lui a été adressée le 24 avril 1986 par le

tribunal ; que si la mère de l'intéressé a fait parvenir au greffe, le 5 mai 1986, une lettre dans laquelle elle fait connaître les conséquences qu'aurait, pour son foyer, l'incorporation de son fils, elle n'avait pas qualité pour agir au nom de ce dernier ; que c'est, dès lors, à bon droit que les premiers juges ont estimé qu'une telle correspondance n'est pas de nature à couvrir l'irrégularité mentionnée ; que la demande présentée par M. Chanut devant le tribunal administratif n'était donc pas recevable et ne pouvait qu'être rejetée...

[**9**] Considérant que, dans leur requête au Conseil d'État, enregistrée dans le délai du recours contentieux, les époux Neel déclarent faire appel d'un jugement du tribunal administratif de Versailles dont ils joignent une copie ; qu'ils se réfèrent expressément à leur demande introductive d'instance dûment motivée, dont une copie est également jointe à la requête, et tendant à l'annulation de deux arrêtés du préfet de Seine-et-Oise, en date du 26 avril 1963, qui ont déclaré d'utilité publique l'acquisition d'une propriété appartenant aux époux Neel et déclaré immédiatement cessible ladite propriété ; que, dans ces circonstances, la ville de Chatou n'est fondée à soutenir ni que la requête des époux Neel n'est pas motivée, ni que les décisions et jugement attaqués sont insuffisamment précisés...

[**10**] Considérant qu'en se bornant, dans le délai d'appel, à se référer purement et simplement aux moyens qu'elle a invoqués tant devant l'administration fiscale qu'en première instance, l'association requérante ne met pas la cour administrative d'appel en mesure de se prononcer sur les erreurs que le tribunal administratif aurait pu commettre en rejetant ces moyens...

[**11**] Considérant que, si les requérants déclarent sans autre précision reprendre en cause d'appel l'intégralité des moyens qu'ils ont présentés dans leur mémoire de première instance, ils ne mettent pas le Conseil d'État en mesure de se prononcer sur les erreurs que le tribunal administratif aurait pu commettre en écartant ces moyens...

[**12**] Considérant qu'aux termes de l'article R. 87 du Code des tribunaux administratifs et des cours administratives d'appel : « La requête concernant toute affaire sur laquelle le tribunal administratif ou la cour administrative d'appel est appelé à statuer doit contenir l'exposé des faits et moyens, les conclusions, nom et demeure des parties » ;
Considérant que, par trois arrêts du 29 juin 1995, la cour administrative d'appel de Nantes a rejeté les trois requêtes de l'Office public d'habitations à loyer modéré de la ville de Caen dirigées contre trois jugements du 27 septembre 1994 du tribunal administratif de Caen au motif qu'en se bornant à se référer à ses demandes de première instance jointes à ses requêtes d'appel, sans présenter à la cour des moyens d'appel, l'office public n'avait pas mis la cour en mesure de se prononcer sur les erreurs qu'aurait pu commettre le tribunal en écartant les moyens soulevés devant lui ; qu'en statuant ainsi, par trois arrêts suffisamment motivés, la cour a fait une exacte application de l'article R. 87 du Code des tribunaux administratifs et des cours administratives d'appel...

[**13**] Considérant que, pour rejeter la demande de M. Jean-Louis Chamereau, le tribunal administratif de Dijon s'est fondé sur l'absence de qualité du requérant pour demander l'annulation de la décision par laquelle la commission régionale de Dijon a refusé de dispenser son fils M. Fabrice Chamereau de ses obligations du service national actif ; que M. Chamereau n'invoque en appel aucun moyen sur ce point ; que, par suite, il n'est pas fondé à soutenir que c'est à tort que, par le jugement attaqué, le tribunal administratif de Dijon a rejeté sa demande...

[**14**] Considérant que le Conseil d'État peut être valablement saisi d'une requête ou d'un recours présenté par télécopie et enregistré dans les délais du recours contentieux, dès lors que cette requête ou ce recours contient, conformément aux prescriptions de l'article 40 de l'ordonnance du 31 juillet 1945 susvisée, l'exposé sommaire des faits et moyens, les conclusions et les noms et demeures des parties ; que toutefois la faculté ainsi laissée aux requérants ne saurait les dispenser de l'obligation qui leur incombe, en vertu notamment des articles 41 à 43 de l'ordonnance du 31 juillet 1945 susvisée, d'authentifier la requête ou le recours soit par la production d'un exemplaire dûment signé du mémoire adressé par télécopie, soit par l'apposition de leur signature au bas du document enregistré au Conseil d'État ; que la circonstance que le document enregistré au Conseil d'État comporterait une copie de la signature de son auteur ne saurait le faire regarder comme le mémoire signé qu'exigent les dispositions susmentionnées de l'ordonnance du 31 juillet 1945...

[**15**] Considérant que si l'article 47 de l'ordonnance du 31 juillet 1945 prévoit : « Les recours et les requêtes et, en général, toutes les productions de parties sont déposées au Conseil d'État. Ils peuvent être adressés en franchise au président de la section du contentieux », ces dispositions n'ont pas par elles-mêmes pour effet, contrairement à ce que soutient M. Toni, d'interdire l'envoi d'une requête par télécopie ;
Considérant qu'il est constant que la télécopie de la requête formée par le préfet du Val-de-Marne contre le jugement attaqué qui lui a été notifié le 29 octobre 1992 a été enregistrée au secrétariat du contentieux du Conseil d'État le 27 novembre 1992 ; qu'ainsi, alors même que l'exemplaire original de cette requête qui était nécessaire à sa régularisation n'a été enregistré que le 2 décembre 1992, soit postérieurement à l'expiration du délai d'un mois imparti pour faire appel en matière de contentieux des arrêtés de reconduite à la frontière par l'article 22 *bis* de l'ordonnance du 2 novembre 1945 susvisée, la fin de non-recevoir tirée de la tardiveté ne saurait être accueillie...

[**16**] Considérant qu'en l'absence de toute contestation sur l'existence de l'arrêté de conflit signé par le préfet de Meurthe-et-Moselle, la procédure de conflit a été valablement engagée par l'envoi au greffe du tribunal correctionnel de Briey de sa télécopie, dans le délai fixé par les articles 8 et 11 de l'ordonnance du 1er juin 1828...

L'IRRECEVABILITÉ DES REQUÊTES NON TIMBRÉES

Art. R. 411-2 Lorsque la formalité prévue à l'article 1089 B du Code général des impôts est requise et n'a pas été respectée, la requête est irrecevable.

■ **Textes sources**

– Code des TA et des CAA, article R. 87-1..

■ **Commentaires**

Ainsi qu'on l'a précisé à propos de l'article L. 411-1, la méconnaissance de l'obligation de timbrer une requête constitue une irrecevabilité. Cette sanction avait déjà été admise par la jurisprudence. Sa mention expresse dans le code a pour objet, et pour effet, de la soumettre au régime défini à l'article R. 612-2, aboutissant à ce que cette irrecevabilité ne soit plus susceptible de régularisation, et autorisant ainsi le traitement de la requête par le mécanisme d'ordonnance défini à l'article R. 222-1.

La production des copies de la requête

Art. R. 411-3 Les requêtes doivent, à peine d'irrecevabilité, être accompagnées de copies, en nombre égal à celui des autres parties en cause, augmenté de deux.

■ **Textes sources**

– Ordonnance nº 45-1708 du 31 juillet 1945, article 47, § 3.
– Code des TA et des CAA, article R. 89.

■ **Commentaires**

Voir article R. 411-4.

La production des copies supplémentaires

Art. R. 411-4 En cas de nécessité, le président de la formation de jugement ou, au Conseil d'État, le président de la sous-section chargée de l'instruction, exige des parties intéressées la production de copies supplémentaires.

■ **Textes sources**

– Code des TA et des CAA, article R. 91.

■ **Commentaires**

Le défaut de production de copies en nombre suffisant n'est plus sanctionné par le constat que la requête est « non avenue », comme le prescrivait un ancien texte. C'est désormais une irrecevabilité qui entache ce défaut de production, irrecevabilité qui n'est plus laissée à l'appréciation du juge mais s'impose à l'instar des autres vices de forme. C'est d'ailleurs ainsi que le Conseil d'État avait déjà interprété les dispositions identiquement rédigées de l'article 53 du décret du 30 juillet 1953 (CE 1er juin 1994, Marangoni : « La requête doit être rejetée comme irrecevable »).

LE REPRÉSENTANT UNIQUE DES REQUÉRANTS

Art. R. 411-5 Sauf si elle est signée par un mandataire régulièrement constitué, la requête présentée par plusieurs personnes physiques ou morales doit comporter, parmi les signataires, la désignation d'un représentant unique. À défaut, le premier dénommé est avisé par le greffe qu'il est considéré comme le représentant mentionné à l'alinéa précédent, sauf à provoquer, de la part des autres signataires qui en informent la juridiction, la désignation d'un autre représentant unique choisi parmi eux.

■ Textes sources

– Décret nº 63-766 du 30 juillet 1963, article 53-5.
– Code des TA et des CAA, article R. 92.

■ Commentaires

Cette disposition a pour objet de simplifier la tâche des greffes et du secrétariat du contentieux du Conseil d'État, dans le cas notamment des « requêtes-pétitions ». Dérivée de la jurisprudence Haristoy (CE 16 janvier 1970, *Lebon* p. 28 [**1**]) relative au point de départ du délai en cas de réponse faite aux premiers signataires d'une réclamation collective, elle combine la nécessité pour le greffe de disposer d'un représentant unique, et l'impossibilité d'imposer cette responsabilité au premier dénommé sans l'en avertir et lui donner la possibilité de repousser ce calice. On note qu'il s'agit du premier « dénommé », plus facile à déterminer que le premier signataire.

Ce mécanisme (qui ne viole pas le caractère contradictoire de la procédure : CE sect. 5 avril 1996, Syndicat des avocats de France) est désormais applicable à la présentation des observations en défense (voir art. R. 611-2), ce qui devrait simplifier la tâche des greffes, notamment en appel (contestation du jugement ayant fait droit aux conclusions d'une requête collective).

La désignation du représentant unique semble ne pouvoir valoir que pour l'instance. Et l'on doit estimer en conséquence qu'elle doit être renouvelée (avec, le cas échéant, la demande de régularisation prévue par le texte) en appel, même si les demandeurs sont les mêmes.

Cet article joue dès que plus d'un requérant signe la requête (CE 19 janvier 1996, Boyer et Segondy, appliquant les dispositions en vigueur devant le Conseil d'État à une requête signée de deux personnes). À la différence de ce qui se passait devant le Conseil d'État (art. 53-5 du décret du 30 juillet 1963), le refus de désigner un représentant unique ne se traduit pas par une irrecevabilité, mais par le fait que le premier nommé assume cette charge et se trouvera donc régulièrement destinataire unique des divers actes de procédure. En tout état de cause, cet article impose expressément que la juridiction adresse une invitation aux requérants multiples n'ayant pas désigné de mandataire unique avant de laisser jouer ce rôle au premier dénommé. Et l'on ne peut que s'interroger sur la portée d'un arrêt du 8 mars 1996 (CE 8 mars 1996, Port autonome de Nantes) admettant que le tribunal ait pu poursuivre la procédure auprès du premier requérant dénommé sans que l'arrêt fasse état de l'invitation à régulariser prévue au second alinéa de ce qui était alors l'article R. 92 du Code des tribunaux administratifs et des cours administratives d'appel. La position du Conseil d'État est en tout cas clairement affirmée par un arrêt du 31 juillet 1996 (CE 31 juillet 1996, Élections municipales d'Argenton-Château), d'où il résulte en premier lieu que l'invitation à régulariser est obligatoire, en second lieu qu'aucune autre mesure de régularisation (par exemple en matière de timbre) n'est possible tant que n'a pas été effectuée celle qu'impose cet article [**2**].

□ ***Jurisprudence***

[**1**] Considérant que la seconde demande du sieur Haristoy faisait suite à une pétition collective dont il était signataire et qui avait été adressée au préfet le 25 mai 1965 par les soins du sieur Maillet et de la dame Maillet ; que ces derniers devant en l'espèce être regardés comme ayant agi en mandataires des auteurs de la pétition, la lettre par laquelle le préfet a, le 21 juillet 1965, fait connaître à ces mandataires qu'il rejetait cette pétition, a eu pour effet de faire courir le délai du recours contentieux à l'égard du sieur Haristoy à compter de la réception de cette lettre par le sieur Maillet et la dame Maillet ; qu'il n'est pas contesté que ce délai était expiré le 4 octobre 1965 ; que, dès lors, cette seconde demande dudit sieur Haristoy était tardive et, par suite, non recevable...

[**2**] Considérant, d'une part, que si la protestation adressée au tribunal administratif par M. Dandres, M. Hervé, M. Richard, M. Bessonnet, M. Chartier et Mme Bellouard contre les résultats des opérations électorales qui se sont déroulées le 11 juin 1995 pour l'élection des conseillers municipaux dans la commune d'Argenton-Château (Deux-Sèvres) ne comportait pas de timbre, le tribunal ne pouvait rejeter pour ce motif la protestation qu'après avoir régulièrement adressé aux requérants ou à leur représentant unique une demande de régularisation restée sans effet ;
Considérant, d'autre part, qu'il résulte des dispositions précitées de l'article R. 92 du Code des tribunaux administratifs et des cours administratives d'appel que le tribunal ne pouvait adresser une demande de régularisation au seul premier dénommé, sans l'avoir préalablement informé, dans les conditions prévues par lesdites dispositions, qu'il était considéré par le tribunal comme le représentant unique des requérants ;
Considérant qu'en l'espèce la demande de régularisation adressée au seul premier dénommé n'a pas été précédée de l'information prévue par l'article R. 92 ; qu'ainsi le jugement du tribunal administratif de Poitiers en date du 6 septembre 1995 doit être annulé...

LA NOTIFICATION DES ACTES DE PROCÉDURE AU MANDATAIRE OU AU REPRÉSENTANT UNIQUE

Art. R. 411-6 À l'exception de la notification de la décision prévue aux articles R. 751-1 à R. 751-4, les actes de procédure sont accomplis à l'égard du mandataire ou du représentant unique mentionné à l'article R. 411-5, selon le cas.

■ Textes sources

– Code des TA et des CAA, article R. 93.

■ Commentaires

Voir également l'article R. 431-1.

Ce texte érige en principe la pratique généralement suivie. Dès qu'un mandataire ou un représentant est constitué, toute la procédure se déroule exclusivement avec lui, à l'exception de la notification de la décision juridictionnelle. Le Conseil d'État avait eu l'occasion de se prononcer dans le même sens (CE 20 mars 1989, Avedissian [**1**]).

De la rédaction de ce texte, il paraît résulter qu'une partie ne peut avoir qu'un représentant ou mandataire, avec qui se poursuit la procédure. En cas donc de pluralité d'avocats représentant la même partie, l'un d'eux devra être désigné comme interlocuteur unique de la juridiction. En cas de doute, et notamment si plusieurs mandataires d'une même partie se succèdent au cours de la même instance le greffe doit inviter les mandataires à opérer cette désignation (CE 24 février 1999, SCP d'avocats André Cellard et Françoise Choisel de Monti [**2**] – CE 21 février 2000, Ville d'Annecy).

□ ***Jurisprudence***

[**1**] Considérant que la demande présentée le 29 décembre 1978 pour M. Avedissian et autres devant le tribunal administratif de Marseille a été signée par Me Paoli, avocat au barreau de Marseille ; qu'à cette demande n'étaient pas jointes, comme l'exige l'article R. 84 du Code des tribunaux administratifs et des cours administratives d'appel, les décisions contre lesquelles le pourvoi était formé ; que, par lettre recommandée avec avis de réception en date du 14 février 1979, le secrétaire-greffier du tribunal a mis en demeure Me Paoli de produire ces pièces dans un délai de quinze jours ; qu'aucune disposition législative ou réglementaire ne faisait obligation au tribunal administratif de communiquer cette mise en demeure aux requérants eux-mêmes ; que si les requérants soutiennent qu'à cette date, l'avocat n'était plus inscrit au barreau et qu'il avait de ce fait cessé de les représenter, il ne résulte pas de l'instruction, et il n'est d'ailleurs pas allégué, que Me Paoli ou les requérants aient informé le tribunal de cette circonstance ; que, dans ces conditions, les requérants ne sont pas fondés à soutenir que c'est à tort que, par le jugement attaqué, en date du 15 mai 1984, le tribunal a rejeté leur demande comme irrecevable pour défaut de production des décisions attaquées...

[**2**] Considérant qu'aux termes de l'article R. 107 du Code des tribunaux administratifs et des cours administratives d'appel : « Lorsqu'une partie est représentée devant le tribunal administratif ou la cour administrative d'appel par un des mandataires mentionnés à l'article R. 108 », c'est-à-dire par un avocat, par un avocat au Conseil d'État et à la Cour de cassation ou par un avoué en exercice dans le ressort du tribunal administratif intéressé, « les actes de procédure, à l'exception de la notification de la décision prévue aux articles R. 211 et suivants, ne seront accomplis qu'à l'égard de ce mandataire » ;

Considérant que, dans le cas où, au cours d'une même procédure, des mémoires sont présentés au nom d'une partie par des mandataires différents, le tribunal administratif ou la cour administrative d'appel doit, s'il y a doute sur l'identité du mandataire ayant seul qualité pour représenter cette partie, inviter celle-ci à la lui faire connaître ;

Considérant que la requête de la SCP d'avocats André Cellard et Françoise Choisel de Monti, enregistrée le 4 mai 1994 au greffe de la cour administrative d'appel de Paris, a été présentée devant cette dernière sous la signature de Me Moulin, avocat à la cour d'appel de Paris ; que, toutefois, par une lettre du 29 décembre 1994, la SCP Delaporte-Briard, avocat au Conseil d'État et à la Cour de cassation, a demandé au greffier en chef de la cour administrative d'appel de prendre acte de sa constitution pour la SCP d'avocats André Cellard et Françoise Choisel de Monti, sans pour autant que celle-ci ait fait connaître qu'elle avait déchargé Me Moulin de son mandat ou que Me Moulin ait fait connaître qu'il entendait y mettre fin ; que, dans ces conditions, il appartenait à la cour administrative d'appel d'inviter la SCP d'avocats André Cellard et Françoise Choisel de Monti à lui indiquer le nom du mandataire qui était seul habilité à la représenter ; que la cour s'est abstenue d'effectuer une telle démarche et s'est bornée à communiquer les actes de la procédure à Me Moulin qu'elle a seul convoqué à l'audience ; que la SCP d'avocats André Cellard et Françoise Choisel de Monti est, par suite, fondée à soutenir que l'arrêt attaqué a été rendu à la suite d'une procédure irrégulière...

LA PRÉSENTATION DES REQUÊTES EN MATIÈRE D'URBANISME

Art. R. 411-7 La présentation des requêtes dirigées contre un document d'urbanisme ou une décision relative à l'occupation ou l'utilisation du sol est régie par les dispositions de l'article R. 600-1 du Code de l'urbanisme ci-après reproduit :

Art. R. 600-1 — En cas de déféré du préfet ou de recours contentieux à l'encontre d'un document d'urbanisme ou d'une décision relative à l'occupation ou l'utilisation du sol régie par le présent code, le préfet ou l'auteur du recours est tenu, à peine d'irrecevabilité, de notifier son recours à l'auteur de la décision et, s'il y a lieu, au titulaire de l'autorisation. Cette notification doit également être effectuée dans les mêmes conditions en cas de demande tendant à l'annulation ou à la réformation d'une décision juridictionnelle concernant un document d'urbanisme ou une décision relative à l'occupation ou l'utilisation du sol. L'auteur d'un recours administratif est également tenu de le notifier à peine d'irrecevabilité du recours contentieux qu'il pourrait intenter ultérieurement en cas de rejet du recours administratif.

La notification prévue au précédent alinéa doit intervenir par lettre recommandée avec accusé de réception, dans un délai de quinze jours francs à compter du dépôt du déféré ou du recours.

La notification du recours à l'auteur de la décision et, s'il y a lieu, au titulaire de l'autorisation, est réputée accomplie à la date d'envoi de la lettre recommandée avec accusé de réception. Cette date est établie par le certificat de dépôt de la lettre recommandée auprès des services postaux.

■ Textes sources

– Décret n° 2000-389 du 4 mai 2000, article 4-I.
– C. urba, article R. 600-1.

■ Commentaires

Cet article procède d'une double opération. En premier lieu, l'ordonnance de codification a, dans les limites de la loi d'habilitation, déclassé l'article L. 600-3 du Code de l'urbanisme, qui a ainsi été d'une part abrogé d'autre part supplanté par un article R. 600-1, analyse normale s'agissant d'un point de simple procédure. En second lieu, il a paru nécessaire de rappeler dans le Code de justice administrative une disposition certes sectorielle, mais qui gouverne l'accès au juge administratif dans un contentieux abondant et socialement sensible.

Applicable à compter du 1er octobre 1994, cette formalité (qui ne méconnaît ni l'article 6-1 ni l'article 13 de la Convention européenne de sauvegarde des droits de l'homme et des libertés fondamentales : CE 5 mai 1999, Kerroy) a vu sa portée définie par plusieurs avis ou décisions du Conseil d'État.

Elle est exigée des seuls auteurs des recours, non des personnes qui interviennent, même en demande, à l'appui de tels recours (CE 30 juillet 1997, Fanartzis). Et elle ne joue que dans le contentieux de l'annulation ou de la réformation, ne s'appliquant donc pas aux hypothèses où une juridiction administrative est saisie d'un recours en appréciation de légalité d'un acte administratif à la suite d'un renvoi de l'autorité judiciaire (CE 18 octobre 2000, Nougarou).

Quant aux modalités d'application et à la portée de cette obligation, trois points doivent être mentionnés. En premier lieu, c'est le recours lui-même qui doit être notifié, et non un avis de ce qu'un recours est déposé (CE sect. avis 1er mars 1996, Association Soisy Étioles Environnement). En deuxième lieu, l'omission de cette formalité n'est pas susceptible de régularisation, compte tenu du délai impératif de quinze jours imparti par le texte. S'il appartient donc au juge d'inviter le demandeur à produire la justification de ce que la formalité a été accomplie, cette dernière ne pourra l'être utilement après expiration du délai sus-indiqué. Il n'est notamment pas suppléé à un manquement à cet égard par la communication, par les soins du greffe, de la requête au défendeur (CE sect. avis 6 mai 1996, Andersen). Sur la combinaison de ce délai de quinzaine et de la prorogation du délai de recours par une demande d'aide juridictionnelle, il est jugé que le délai de quinzaine se compte à partir de l'introduction de la requête introduite dans le délai prorogé (CE 10 janvier 2001, Coren). Enfin l'omission de notification d'un éventuel recours administratif préalable a pour seule conséquence de priver ce dernier de son effet interruptif du délai de recours contentieux (CE sect. avis 1er mars 1996, Association Soisy Étioles Environnement) : ce recours contentieux pourra donc être utilement présenté au juge, s'il est dans le délai calculé sans tenir compte du recours gracieux, et s'il est naturellement accompagné de la notification prévue à l'article R. 600-1 du Code de l'urbanisme. On notera que tous les recours administratifs sont visés par cette disposition, ce qui s'étend aux demandes adressées au préfet, tendant à ce qu'il exerce, en application de l'article L. 2131-8 du Code général des collectivités territoriales, le contrôle de légalité d'un acte d'une collectivité territoriale pris en matière d'urbanisme (CE 28 juillet 2000, SA Lapalun), une telle demande ayant pour effet d'interrompre le délai de recours (CE 25 janvier 1991, Brasseur, *Lebon* p. 23).

S'agissant du champ d'application *ratione materiae* de cette obligation, il a tout d'abord été jugé que, lorsque le recours était formé contre une mesure individuelle, elle ne s'appliquait qu'aux mesures d'autorisation, et non aux recours formés contre les refus d'autorisation, bien qu'il s'agisse de décisions relatives à l'utilisation du sol (CE sect. avis 6 mai 1996, SARL Nicolas Hill Immobilier). Le recours formé contre une décision de transfert de permis de construire doit être notifié au bénéficiaire de ce transfert, non au bénéficiaire du permis initial (CE avis 3 novembre 1997, Préfet des Alpes-Maritimes). Le recours formé contre un permis de démolir est soumis à la formalité (CE 24 septembre 1999, Association de défense du lotissement de Crouzes). À l'inverse, un certificat d'urbanisme n'a pas pour objet d'autoriser une construction ou la réalisation d'une opération d'urbanisme : le recours le concernant n'a donc pas à être soumis à cette formalité, que ce certificat soit négatif (CE 16 juin 2000, Commune de Gassin) ou positif (CE avis 13 octobre 2000, Procarione).

Quant aux mesures réglementaires, seules sont concernées celles qui, prises en application du Code de l'urbanisme, contiennent des règles touchant à l'affectation ou à l'occupation des sols. Ce n'est pas le cas des programmes d'aménagement d'ensemble de divers secteurs de la commune élaborés en application de l'article L. 332-9 du Code de l'urbanisme, ces programmes ayant un objet exclusivement financier (CE 17 janvier 1997, Association de défense du site de Galluis). Mais c'est le cas des schémas de mise en valeur de la mer (CE 7 juillet 1997, Association sauvegarde de l'étang des Mouettes). Et, encore qu'ils emportent parfois mise en compatibilité (et donc modification) des plans d'occupation des sols, ce n'est pas le cas des actes déclaratifs d'utilité publique (CE 11 décembre 1996, Association de défense de l'environnement orangeois – CE 28 mars 1997, Association contre le projet de l'autoroute transchablaisienne). En revanche, et dès lors qu'ils déterminent des zones dans lesquelles s'appliquent des contraintes d'urbanisme, les plans d'exposition au bruit constituent des « documents d'urbanisme » au sens de ce texte, et tout recours les concernant est soumis à la formalité ici prévue (CE 7 juillet 2000, Secrétaire d'État au Logement).

L'applicabilité de ce texte aux appels est plus complexe. Il est jugé que, si un jugement annule une décision concernée par l'article L. 600-3, l'appel formé par l'auteur de cette décision ou son bénéficiaire, ou « par toute personne ayant qualité pour faire appel » n'est pas soumis à la formalité de notification (CE sect. 26 juillet 1996, Commune de Triel-sur-Seine [1] – CE 9 juin 1999, Roveyaz). Cette règle, énoncée dans le dernier alinéa de l'avis « Commune de Triel-sur-Seine », doit toutefois être nuancée lorsque le jugement n'a annulé que partiellement la décision attaquée. Car, parmi les personnes ayant qualité pour faire appel, figure le demandeur de première instance, dont les conclusions ont pu ne pas été intégralement accueillies. Il doit être clair, ainsi d'ailleurs que le rappelle dans son pénultième alinéa l'avis Triel-sur-Seine, que, si ce dernier forme appel, il est soumis à l'obligation de notification.

□ ***Jurisprudence***

[1] Aux termes des deux premiers alinéas de l'article L. 600-3 du Code de l'urbanisme, issu de la loi du 9 février 1944 portant diverses dispositions en matière d'urbanisme et de construction : « En cas de déféré du préfet ou de recours contentieux à l'encontre d'un document d'urbanisme ou d'une décision relative à l'occupation ou l'utilisation du sol régie par le présent code, le préfet ou l'auteur du recours est tenu, à peine d'irrecevabilité, de notifier son recours à l'auteur de la décision et, s'il y a lieu, au titulaire de l'autorisation. Cette notification doit également être effectuée dans les mêmes conditions en cas de demande tendant à l'annulation ou à la réformation d'une décision juridictionnelle concernant un document d'urbanisme ou une décision relative à l'occupation ou l'utilisation du sol. L'auteur d'un recours administratif est également tenu de le notifier à peine d'irrecevabilité du recours contentieux qu'il pourrait intenter ultérieurement en cas de rejet du recours administratif. La notification prévue au précédent alinéa doit intervenir par lettre recommandée avec accusé de réception, dans un délai de quinze jours francs à compter du dépôt du déféré ou du recours. »

Il ressort de ces dispositions, éclairées par les travaux préparatoires de la loi, que le législateur, conformément à l'objectif de sécurité juridique poursuivi par la loi, a entendu prolonger l'obligation faite à l'auteur d'un recours contentieux dirigé contre un document d'urbanisme ou une décision valant autorisation d'occupation ou d'utilisation du sol régie par le Code de l'urbanisme de notifier ce recours à l'auteur de la décision et, s'il y a lieu, au titulaire de l'autorisation par une obligation similaire lorsque, le recours ayant été en tout ou en partie rejeté, son auteur ou, le cas échéant, un intervenant en demande ayant qualité de partie à l'instance, décide d'interjeter appel du jugement

de première instance. L'appel doit être notifié, de la même façon que le recours introduit devant les premiers juges, à l'auteur de la décision et, s'il y a lieu, au titulaire de l'autorisation.
En revanche, l'article L. 600-3 précité du Code de l'urbanisme n'impose pas à l'auteur de la décision litigieuse ou au bénéficiaire de l'autorisation, ni d'ailleurs à aucune autre personne ayant qualité pour faire appel d'un jugement annulant, au moins partiellement, un document d'urbanisme ou une décision valant autorisation d'occupation ou d'utilisation du sol régie par le Code de l'urbanisme, de notifier l'appel dirigé contre un tel jugement.

CHAPITRE 2 Pièces jointes ou productions

Le présent chapitre ne comprend pas de dispositions législatives.

LA PRODUCTION DE LA DÉCISION ATTAQUÉE

Art. R. 412-1 La requête doit, à peine d'irrecevabilité, être accompagnée, sauf impossibilité justifiée, de la décision attaquée ou, dans le cas mentionné à l'article R. 421-2, de la pièce justifiant de la date de dépôt de la réclamation. Cette décision ou cette pièce doit être accompagnée de copies dans les conditions fixées à l'article R. 411-3.

■ Textes sources

– Code des TA et des CAA, article R. 94.
– Ordonnance n° 45-1708 du 31 juillet 1945, article 40.
– Décret n° 2001-710 du 31 juillet 2001, article 4.

■ Commentaires

Pour cet article également, la procédure de mise en œuvre de l'irrecevabilité qu'il prévoit est organisée par les articles R. 612-1 et R. 612-2. Le devoir de la juridiction d'inviter le requérant à régulariser sur ce point sa requête a pour effet que, comme ce semble être le cas de toutes les irrégularités appelant invitation à régulariser, la fin de non-recevoir tirée de l'absence de production de la décision attaquée ne peut être utilement soulevée pour la première fois en appel, « dès lors que les premiers juges n'auraient pu l'opposer à la demande sans avoir préalablement invité le demandeur à produire la décision dont il demandait l'annulation » (CE 12 avril 1995, Commune d'Avignon).
Cette nécessité pour la juridiction d'inviter à régulariser a, s'agissant de l'obligation de produire la décision attaquée, un champ d'application spécifique. Lorsqu'en effet des conclusions en indemnité sont jointes à des conclusions d'excès de pouvoir, et que, en ce qui concerne la demande d'indemnité, le contentieux n'a pas été lié (voir art. R. 421-1), cette irrecevabilité est traditionnellement opposée aux conclusions indemnitaires sans invitation à régulariser (CE 8 janvier 1997, Société des Grands Magasins de l'Ouest), alors que le vice qui les affecte pourrait être regardé comme tenant au défaut de production d'une décision nécessaire à la liaison du contentieux pouvant naître pendant l'instance (CE 8 juillet 1970, Andry, *Lebon* p. 470), ce qui donne une portée utile à l'invitation à régulariser. On observera toutefois que le vice en question tient moins à l'absence de production de la décision attaquée qu'à l'absence même de cette décision, et témoigne ainsi plus de l'absence de situation litigieuse que d'une imperfection de forme de la requête. Au demeurant, un tel

vice est rangé, à l'inverse des vices de forme, dans la catégorie des vices « insusceptibles d'être couverts en cours d'instance » pour l'application des règles de procédure (CE sect. 13 juin 1984, Association club athlétique Mantes-la-Ville, *Lebon* p. 218, ayant jugé que le défaut de liaison du contentieux, s'agissant d'une demande d'indemnité, est insusceptible d'être couvert en cours d'instance dès lors qu'il est expressément opposé par le défendeur – CE 4 juillet 1997, Congar, même solution).

L'obligation de produire la décision attaquée n'existe que « sauf impossibilité justifiée ». Le texte fait ici référence à la solution retenue dans un arrêt Messin (CE ass. 4 janvier 1957, *Lebon* p. 10 [**1**]), dans laquelle le requérant avait justifié à la fois de ses diligences pour se procurer copie de la décision attaquée et du résultat négatif de ses démarches. Naturellement, ces justifications pourront être produites en réponse à une demande de régularisation.

On doit ajouter que, si le défendeur a de lui-même produit la décision attaquée, il n'est pas tenu rigueur au requérant de ne pas l'avoir fait (CE 5 janvier 1986, Poulet). Une telle situation ne pourra normalement survenir que si la juridiction a engagé l'instruction sans attendre le résultat d'une demande de régularisation, ce qui peut se produire en cas d'urgence.

Lorsqu'une décision a fait l'objet d'un recours administratif préalable auquel il n'a pas été répondu, le requérant s'acquitte de l'obligation mise à sa charge par l'article R. 412-1 en se bornant à produire l'accusé de réception ou le récépissé postal de ce recours, et non les copies de la décision initiale (CE 3 juillet 1991, Desault [**2**]).

Enfin on note que, en matière de reconduite à la frontière, c'est à l'administration de produire la décision attaquée (voir art. R. 776-4).

□ ***Jurisprudence***

[**1**] Considérant qu'il résulte de l'instruction que l'arrêté attaqué n'a fait l'objet d'aucune publication et qu'il n'a pas davantage été notifié au sieur Messin : que l'administration, qui a refusé d'en délivrer une copie au requérant, n'en conteste pas l'existence ; que, par suite, le ministre ne saurait opposer au sieur Messin une fin de non-recevoir tirée de ce qu'il n'a pas joint à sa requête la copie de l'arrêté attaqué...

[**2**] Considérant qu'aux termes de l'article R. 84 du Code des tribunaux administratifs, applicable à la date du jugement attaqué : « La requête doit être accompagnée de la décision attaquée ou, dans le cas visé à l'article 1er (al. 2) du décret n° 65-29 du 11 janvier 1965, de la pièce justifiant de la date du dépôt de la réclamation » ; qu'aux termes de l'alinéa 2 de l'article 1er de ce décret : « Le silence gardé pendant plus de quatre mois sur une réclamation par l'autorité compétente vaut décision de rejet » ;

Considérant que M. Desault a demandé au tribunal administratif de Versailles d'annuler, d'une part, les arrêtés des 30 août 1982 et 27 octobre 1982 par lesquels le maire de Saint-Brice-sous-Forêt a accordé un permis de construire à M. Letort et modifié ce permis et, d'autre part, la décision implicite de rejet résultant du silence gardé par le préfet du Val-d'Oise sur le recours hiérarchique qu'il lui avait présenté ; que, par suite, pour que soient respectées, en l'espèce, les prescriptions sus-rappelées de l'article R. 84 du Code des tribunaux administratifs, il suffit que le demandeur produise un accusé de réception ou un récépissé postal de son recours hiérarchique ; que M. Desault a fait enregistrer au greffe du tribunal administratif de Versailles, le 5 mars 1987, le récépissé du recours hiérarchique qu'il avait formé, le 28 décembre 1982, auprès du préfet du Val-d'Oise, contre les arrêtés susmentionnés du maire de Saint-Brice-sous-Forêt ; qu'ainsi M. Desault est fondé à soutenir que c'est à tort que, par le jugement attaqué, le tribunal administratif a, en application des dispositions sus-rappelées, rejeté sa demande comme irrecevable...

L'inventaire des pièces jointes

Art. R. 412-2 Lorsque les parties joignent des pièces à l'appui de leurs requêtes et mémoires, elles en établissent simultanément un inventaire détaillé. Sauf lorsque leur nombre, leur volume ou leurs caractéristiques y font obstacle, ces pièces sont accompagnées de copies en nombre égal à celui des autres parties augmenté de deux.

■ Textes sources

– Décret nº 63-766 du 30 juillet 1963, article 53, § 1.
– Code des TA et des CAA, article R. 95.

■ Commentaires

La méconnaissance de cet article, pourtant bien utile, n'est assortie d'aucune sanction.
Naturellement, comme il en est de la requête, tout document produit en langue étrangère doit être assorti d'une traduction certifiée, sauf à ne pouvoir être pris en considération. Et l'on peut penser que, comme pour les requêtes, il appartient désormais à la juridiction d'inviter à la régularisation.

La communication des pièces dans l'instance devant le Conseil d'État

Art. R. 412-3 Au Conseil d'État, lorsque leur nombre, leur volume ou leurs caractéristiques font obstacle à la production de copies des pièces jointes, les pièces sont communiquées aux parties au secrétariat du contentieux ou à la préfecture.
À l'expiration du délai assigné aux ministres et aux parties pour la production des défenses et observations, le Conseil d'État peut statuer au vu desdites copies.

Les avocats des parties peuvent prendre communication des productions de l'instance, au secrétariat, sans frais.

■ **Textes sources**

– Décret n° 63-766 du 30 juillet 1963, article 53, § 3, 4 et 5.

CHAPITRE 3
Dépôt de la requête

Le présent chapitre ne comprend pas de dispositions législatives.

LE DÉPÔT DE LA REQUÊTE AU GREFFE

Art. R. 413-1 La requête doit être déposée ou adressée au greffe, sauf disposition contraire contenue dans un texte spécial.

■ Textes sources

- Ordonnance n° 45-1708 du 31 juillet 1945, article 47, § 1.
- Code des TA et des CAA, article R. 96.

■ Commentaires

Le mot « déposé » n'implique évidemment pas que la requête soit « apportée » au greffe : un envoi postal, une transmission par télex ou télécopie – pourvu qu'aucun doute n'existe quant à son authenticité, ce qui pose, en ce qui concerne les télex, la question de la signature – valent évidemment « dépôt ». Voir l'article R. 411-1 en ce qui concerne la télécopie.

LE TIMBRE D'ARRIVÉE AILLEURS QU'AU GREFFE

Art. R. 413-2 Dans le cas où, en vertu d'une disposition spéciale, le dépôt ou l'envoi a été effectué à un bureau autre que le greffe, les requêtes ainsi que les pièces qui y sont jointes sont transmises à celui-ci, après avoir été marquées, par l'autorité administrative responsable de ce bureau, d'un timbre indiquant la date de leur arrivée.

■ Textes sources

- Code des TA et des CAA, article R. 97.
- Décret n° 63-766 du 30 juillet 1963, article 52, § 1.

■ Commentaires

La disparition des greffes annexes ne permet guère à cet article de jouer, s'agissant des tribunaux administratifs et cours administratives d'appel, qu'en matière électorale (art. R. 119 du Code électoral), en matière de reconduite d'étrangers à la frontière (art. R. 776-6), et, en appel, en matière fiscale (voir art. R. 772-3). Pour le Conseil d'État, cela concerne les requêtes en matière d'élections (art. R 773-4, dépôt possible à la préfecture ou la sous-préfecture du domicile du requérant), et les recours mentionnés à l'article suivant.

LE DÉPÔT DE CERTAINS RECOURS RELATIFS À LA NOUVELLE-CALÉDONIE

Art. R. 413-3 Les recours prévus aux articles 113, 116, 130 et 197 de la loi organique n° 99-209 du 19 mars 1999 relative à la Nouvelle-Calédonie sont déposés au Conseil d'État ou auprès du haut-commissaire de la République en Nouvelle-Calédonie.

Lorsque le recours est déposé auprès du haut-commissaire en Nouvelle-Calédonie, il est marqué d'un timbre à date qui indique la date de l'arrivée et il est transmis par le haut-commissaire au secrétariat du contentieux du Conseil d'État. Il en est délivré récépissé à la partie qui le demande.

■ **Textes sources**

– Décret n° 99-1068 du 14 décembre 1999, article 1.

LE POINT DE DÉPART DU DÉLAI POUR STATUER

Art. R. 413-4 Dans tous les cas où le tribunal administratif est, en vertu d'une disposition spéciale, tenu de statuer dans un délai déterminé, ce délai ne court qu'à compter de l'arrivée des pièces au greffe.

■ **Textes sources**

– Code des TA et des CAA, article R. 99.

■ **Commentaires**

Un tel article ne peut pour l'instant trouver application qu'en matière d'élections municipales et cantonales, tout au moins lorsque le délai est imparti à peine de dessaisissement du tribunal.

L'ENREGISTREMENT DES REQUÊTES ET LE TIMBRE D'ARRIVÉE

Art. R. 413-5 Les requêtes sont enregistrées par le greffier en chef ou, au Conseil d'État, par le secrétaire du contentieux.

Elles sont en outre marquées, ainsi que les pièces qui y sont jointes, d'un timbre indiquant la date de leur arrivée.

■ **Textes sources**

– Code des TA et des CAA, article R. 100.
– Décret n° 63-766 du 30 juillet 1963, article 51.

■ **Commentaires**

L'apposition du timbre d'arrivée constitue la preuve de la date d'enregistrement (CE 19 décembre 1986, Département de l'Aveyron). Il n'est pas inenvisageable que puisse être apportée la preuve contraire (par un accusé de réception par exemple). En l'état actuel des techniques, la production d'un rapport d'émission de télécopie ne peut constituer une telle preuve (CE 27 avril 1994, Raynal ; voir le commentaire sous l'article R. 411-1).

L'ACCUSÉ DE RÉCEPTION DE LA REQUÊTE

Art. R. 413-6 Le greffier en chef ou, au Conseil d'État, le secrétaire du contentieux délivre aux parties un certificat qui constate l'arrivée de la requête au greffe. Sur leur demande, il certifie le dépôt des différents mémoires.

■ **Textes sources**

– Code des TA et des CAA, article R. 101.

■ **Commentaires**

L'accusé de réception des requêtes doit être systématiquement délivré aux parties. Inversement, ce n'est que sur leur demande, comme auparavant, que les dépôts de mémoires font l'objet d'un certificat. Naturellement, l'analyse de la requête qui, le cas échéant, accompagne cet accusé de réception, n'a aucune portée juridique, et ne saurait valoir interprétation du contenu de la requête, laquelle relève de la mission juridictionnelle.
Le défaut d'accusé de réception ne constitue pas un vice entachant la régularité de la procédure suivie devant la juridiction (CE 28 juin 1993, Vincent, *Lebon* p. 964).

TITRE II **Les délais**

Le présent titre ne comprend pas de dispositions législatives.

LE RECOURS DOIT ÊTRE FORMÉ CONTRE UNE DÉCISION, DANS LES DEUX MOIS

Art. R. 421-1 Sauf en matière de travaux publics, la juridiction ne peut être saisie que par voie de recours formé contre une décision, et ce, dans les deux mois à partir de la notification ou de la publication de la décision attaquée.

■ Textes sources

– Code des TA et des CAA, article R. 102, § 1.

■ Commentaires

Sur le déroulement et la computation des délais, voir le commentaire sous l'article R. 421-5.

L'exigence d'une décision préalable, sauf en matière de travaux publics, est une caractéristique de la juridiction administrative. Exigence qui joue non seulement dans le contentieux de l'excès de pouvoir (ce qui n'a rien de surprenant compte tenu de ce que ce contentieux a précisément pour objet d'obtenir l'annulation d'une décision), mais aussi dans le plein contentieux, et notamment celui de l'indemnité. L'obtention d'une décision – qualifiée de « liaison du contentieux » – s'opère par l'exercice d'une réclamation préalable auprès de l'autorité administrative. Et c'est le rejet – exprès ou implicite – de cette réclamation qui constituera la « décision » faisant l'objet du contentieux. Ce qui explique que la règle de la « décision préalable » est souvent présentée comme règle de la « réclamation préalable ».

Il est admis que la liaison du contentieux puisse intervenir en cours d'instance, soit par rejet (le cas échéant implicite) d'une réclamation formée, fût-ce en cours d'instance, entre les mains de l'administration (CE 8 juillet 1970, Andry, *Lebon* p. 470 – CE 6 novembre 1995, Franceschi), soit par la volonté du défendeur de ne point opposer cette irrecevabilité à titre principal (CE 23 avril 1965, Ducroux, *Lebon* p. 233). Une ancienne jurisprudence décidait que, si le défendeur opposait une irrecevabilité autre que le défaut de liaison du contentieux, cette défense liait le contentieux (CE 18 janvier 1985, Ville d'Aix-en-Provence, *Lebon* p. 722). Elle a été abandonnée par décision Quille (CE 21 février 1997, Quille, *Lebon* p. 57) : une fin de non-recevoir opposée à titre principal, quelle qu'elle soit, fait obstacle à la liaison du contentieux par le défendeur. Cette liaison du contentieux par le défendeur, classiquement pratiquée en contentieux de l'indemnité, a été admise en contentieux de l'excès de pouvoir (CE 25 mars 1936, Toussaint, *Lebon* p. 376 – CE 23 octobre 1959, Doublet, *Lebon* p. 540 – CE 1er juin 1984, Commune du Vieux-Boucau, *Lebon* p. 195 – CE 28 octobre 1994, Raiff [1]), aussi bien qu'en contentieux électoral (CE 10 juin 1988, Département de l'Orne, *Lebon* p. 233).

Il est rappelé (voir art. R. 412-1) que le défaut de liaison du contentieux n'a pas à faire l'objet, de la part de la juridiction, d'une demande de régularisation : il n'est pas assimilé au défaut de production de la décision attaquée (CE 8 janvier 1997, Société des Grands Magasins de l'Ouest). Et l'on rappelle qu'un tel vice est rangé, à l'inverse des vices de forme, dans la catégorie des vices « insusceptibles d'être couverts en cours d'instance » pour l'application des règles de procédure (CE sect. 13 juin 1984, Association club athlétique Mantes-la-Ville, *Lebon* p. 218, ayant jugé que le défaut de liaison du contentieux, s'agissant d'une demande d'indemnité, est insusceptible d'être couvert en cours d'instance dès lors qu'il est expressément opposé par le défendeur – CE 4 juillet 1997, Congar, même solution).

☐ ***Jurisprudence***

[1] Considérant qu'il ressort des pièces du dossier de première instance que si la demande adressée par M. Raiff au ministre de la Défense ne tendait pas à la reconstitution de sa carrière et si de ce fait les conclusions présentées à cette fin devant le tribunal administratif n'étaient pas dirigées contre une décision préalable du ministre de la Défense, celui-ci a lié le contentieux en présentant, dans ses observations en réponse au mémoire en réplique du requérant, une argumentation tendant à ce que le tribunal rejette ces conclusions comme non fondées ; que, par suite, c'est à tort que les premiers juges ont rejeté ces conclusions comme irrecevables ; qu'ainsi le jugement du 8 mars 1984 du tribunal administratif de Marseille doit être annulé en tant qu'il rejette lesdites conclusions...

La décision implicite de rejet

Art. R. 421-2 Sauf disposition législative ou réglementaire contraire, le silence gardé pendant plus de deux mois sur une réclamation par l'autorité compétente vaut décision de rejet.

Les intéressés disposent, pour se pourvoir contre cette décision implicite, d'un délai de deux mois à compter du jour de l'expiration de la période mentionnée au premier alinéa. Néanmoins, lorsqu'une décision explicite de rejet intervient dans ce délai de deux mois, elle fait à nouveau courir le délai du pourvoi.

La date du dépôt de la réclamation à l'administration, constatée par tous moyens, doit être établie à l'appui de la requête.

■ Textes sources

– Code des TA et des CAA, article R. 102, § 2, 3 et 5.
– Décret nº 2000-1115 du 22 novembre 2000, article 4.

■ Commentaires

Voir article R. 421-5 s'agissant des délais de recours contre les décisions implicites.

Le texte ramène, en application de l'article 21 de la loi du 12 avril 2000, la durée du délai au terme duquel naît une décision implicite, de quatre à deux mois. La rédaction adoptée dans l'ordonnance de codification du 4 mai 2000, qui en était restée aux quatre mois, a été jugée légale jusqu'à la date de mise en vigueur de cet article 21, soit le 1er novembre 2000 (CE 28 juillet 2000, Emery).

La question s'est posée de savoir ce qu'était « le silence gardé par l'administration ». Revenant sur une décision de 1987 (CE 22 juin 1987, Ville de Montreuil c/ Sebban, *Lebon* p. 226), le Conseil d'État juge que, même si le service s'est effectivement prononcé sur la demande moins de deux (anciennement quatre) mois après sa réception, il y a décision implicite toutes les fois que l'administré, n'ayant pas reçu l'acte exprès, se trouve ainsi en présence du « silence gardé par l'administration » tel en tout cas qu'il peut le percevoir (CE sect. 1er mars 1996, Habib).

La demande adressée à une autorité qui n'a pas compétence pour la traiter fait naître une décision implicite de rejet de l'autorité compétente : elle doit en effet désormais en tous les cas être transmise à l'autorité compétente (art. 20 de la loi du 12 avril 2000). Que cette transmission ait ou non été effectuée n'empêche pas la naissance d'une décision implicite de rejet de l'autorité compétente, qui est censée avoir reçu transmission de la demande. Il convient toutefois de souligner que, si l'autorité qui devait transmettre non seulement n'a pas transmis, mais a expressément refusé d'effectuer cette transmission, et a, toujours expressément, statué sur la demande, il ne naît pas de décision implicite de l'autorité à laquelle la demande aurait dû être transmise (CE 8 décembre 1989, Ministre de l'Agriculture c/ Joslet, *Lebon* p. 841).

La décision implicite ne peut normalement être invoquée que par celui qui a formé une demande. Mais, s'agissant d'une procédure qui n'est pas contentieuse, le juge applique les règles découlant de l'article 1984 du Code civil, établissant la plus grande liberté dans le choix du mandataire (CE avis 7 mai 1997, Bathily [1]). Aucun formalisme spécifique n'est par ailleurs exigé s'agissant de la demande, pourvu qu'elle contienne les éléments utiles à son traitement.

□ ***Jurisprudence***

[1] 1° Tout mandataire a, selon l'article 1984 du Code civil, le pouvoir d'agir « pour le mandant et en son nom ». Tout recours administratif formé par un mandataire, dans l'exercice du mandat qui lui a été confié, conserve donc nécessairement et dans les conditions de droit commun le délai du recours contentieux au profit du mandant.

2° Si toute personne est libre de désigner le mandataire de son choix pour former un recours administratif, aucune disposition législative ne permet de présumer qu'une association qui, quel que soit son objet, aurait assisté un étranger lors de son audition par la Commission de séjour des étrangers, disposerait de ce seul fait d'un « mandat tacite » pour représenter l'intéressé lors d'une phase ultérieure de la procédure...

L'ABSENCE DE DÉLAI DE RECOURS CONTRE CERTAINES DÉCISIONS IMPLICITES DE REJET

Art. R. 421-3 Toutefois, l'intéressé n'est forclos qu'après un délai de deux mois à compter du jour de la notification d'une décision expresse de rejet :

1° En matière de plein contentieux ;

2° Dans le contentieux de l'excès de pouvoir, si la mesure sollicitée ne peut être prise que par décision ou sur avis des assemblées locales ou de tous autres organismes collégiaux ;

3° Dans le cas où la réclamation tend à obtenir l'exécution d'une décision de la juridiction administrative.

■ Textes sources

– Code des TA et des CAA, article R. 102, § 4.

■ Commentaires

Le texte de l'article R. 421-3 énumère les trois hypothèses dans lesquelles la survenance d'une décision implicite ne fait courir aucun délai. Si le 1° n'appelle guère de commentaires, encore qu'il soit parfois délicat de déterminer si un litige relève du plein contentieux, le 2° a donné lieu à interprétation parfois surprenante : ainsi une commission administrative paritaire ne constitue pas un organisme collégial au sens de ce texte (CE 26 mai 1971, Marnas, *Lebon* p. 381). En revanche, un décret en Conseil d'État constitue une mesure ne pouvant être prise que sur avis d'un organisme collégial, et le refus implicite de le prendre ne peut donc faire courir de délai (CE 22 février 1995, Syndicat national des psychologues de l'Éducation nationale). Le jeu de cette disposition a été précisé dans les cas de recours administratifs formés contre des actes pris par ou sur avis obligatoire d'autorités collégiales (par exemple contre des délibérations de conseils municipaux). Par arrêts du 6 décembre 1995 (CE sect., Préfet des Deux-Sèvres – Préfet du Morbihan), le Conseil d'État a jugé que le rejet, exprès ou implicite, par le maire, d'un recours formé par le préfet contre une délibération, faisait courir le délai de recours contentieux, alors même que seul le conseil municipal aurait pu modifier la délibération en cause. A été donc écarté dans cette hypothèse le 2° du quatrième alinéa de l'article R. 421-3.

Quant au 3°, qui résulte d'un décret du 15 mai 1990, il a pour objet de revenir sur les conséquences rigoureuses de l'arrêt Leroux (CE 2 décembre 1983, *Lebon* p. 482). La règle ici énoncée a été reprise à l'article R. 921-2 du code.

Hors ces trois hypothèses, une décision implicite fait courir un délai de recours, sauf si bien évidemment elle intervient en matière de travaux publics.

LES DÉLAIS DE RECOURS SPÉCIAUX

Art. R. 421-4 Les dispositions des articles R. 421-1 à R. 421-3 ne dérogent pas aux textes qui ont introduit des délais spéciaux d'une autre durée.

■ Textes sources

– Code des TA et des CAA, article R. 102, § 6.

■ Commentaires

Sans avoir la prétention d'être exhaustif, on peut citer, au nombre des délais spéciaux, ceux qui prévalent en matière d'élections politiques, d'élection du maire et des adjoints, ceux qui sont applicables au contentieux des installations classées, et celui, allant de deux à sept jours, relatif au contentieux des arrêtés de reconduite à la frontière (voir art. L. 776-1).

L'INDICATION DES VOIES ET DÉLAIS DE RECOURS

Art. R. 421-5 Les délais de recours contre une décision administrative ne sont opposables qu'à la condition d'avoir été mentionnés, ainsi que les voies de recours, dans la notification de la décision.

■ Textes sources

– Code des TA et des CAA, article R. 104.

Commentaires

Le régime des délais de recours contentieux devant le juge administratif est complexe. Sans prétendre ici à l'exhaustivité, on en dressera les grandes lignes.

I • Le point de départ des délais

Il n'y en a pas, car il n'y a pas de délais « en matière de travaux publics » (on laissera de côté le cas des décisions juridiquement « inexistantes », relativement rares). Cette expression est d'interprétation la plus large, et non limitée aux seules hypothèses de dommages de travaux publics. Ainsi une disposition d'un permis de construire imposant le versement d'une contribution pour équipements publics est-elle regardée comme intervenue « en matière de travaux publics », et peut donc être contestée à toute époque (CE sect. 12 février 1988, Ministre de l'Urbanisme c/ Société des automobiles Citroën, *Lebon* p. 65 [1] 23 décembre 1988, Reich). Il en ira de même des recours formés contre les arrêtés préfectoraux pris sur le fondement de la loi du 29 décembre 1892, et portant occupation temporaire (CE 10 juin 1994, SARL Fabrimaco, recours ressortissant du plein contentieux).

Le point de départ des délais de recours, quel qu'il soit, n'est pas affecté par les conditions dans lesquelles les actes en cause sont exécutés ou exécutoires. Ainsi un décret réglementaire, qui n'entre en vigueur, selon l'article 2 du décret du 5 novembre 1870, qu'un jour franc après l'arrivée du *Journal officiel* au chef-lieu d'arrondissement, doit-il être contesté dans les deux mois à compter de sa publication audit *Journal officiel* (CE ass. 29 avril 1994, Association Unimate 65 – CE 3 mars 1995, Memmi). La même position est adoptée en ce qui concerne les délais pour contester des mesures d'urbanisme dont le caractère exécutoire est différé (CE 3 novembre 1989, Association interdépartementale [...] pour la protection du lac de Sainte-Croix), et plus généralement s'agissant de la contestation des actes des collectivités territoriales non encore exécutoires faute de transmission au préfet (CE 21 avril 1997, Arnaud, s'agissant d'une délibération transmise au préfet dix-huit mois après son affichage...). De même « la suspension de l'exécution d'un arrêté d'expulsion n'interrompt pas le délai imparti pour attaquer cet acte devant le juge administratif », lequel court de sa notification (CE 6 décembre 1996, Boushaib). Cette dernière jurisprudence doit toutefois se combiner – mais l'exercice n'est pas aisé – avec celle qui admet que la mise à exécution d'un arrêté d'expulsion dont l'administration avait spontanément sursis à l'exécution constitue une mesure nouvelle, « détachable » en quelque sorte, faisant courir à nouveau le délai de recours (CE sect. 4 juillet 1980, Zemma, *Lebon* p. 300 – CE 4 juillet 1997, Préfet de Loire-Atlantique, *a contrario*, s'agissant d'une mesure de reconduite à la frontière).

S'agissant des décisions expresses, le délai part, pour les décisions réglementaires et collectives, de la date de leur publication ; une publication au *Bulletin officiel* du ministère suffit pour faire courir le délai contre les agents relevant de ce ministère (CE 31 janvier 2000, Moy de Lacroix), même au sens large (CE

26 mai 1995, Boulassier, faisant courir le délai contre un maître contractuel agréé de l'enseignement privé de la publication d'un acte au *BO* du ministère de l'Éducation nationale). Cette publication doit être complète : lorsqu'un texte a prévu les mentions qu'elle doit contenir, l'absence de l'une de ces mentions rend la publication inopérante au regard des règles de délais : ainsi jugé, s'agissant de la publication de l'autorisation d'exploitation d'une carrière, non assortie de toutes les mentions requises par le décret du 20 décembre 1979 (CE 13 mars 1998, Société GSM Auvergne).

On notera qu'aucune connaissance acquise ne fait en principe courir le délai contre un acte réglementaire non publié (CE ass. 10 juillet 1996, Cayzelle, *AJDA* 1996, p. 732, refusant de faire courir le délai de recours contre certains éléments d'un contrat non publié, alors même que le requérant avait obtenu une copie de cette convention).

La publication fera de même courir le délai dans le cas des décisions individuelles lorsque le délai est opposé aux tiers (ce qui explique que le juge admette que le bénéficiaire de la décision puisse opérer lui-même la publication de cet acte, en cas de carence de l'administration, ou si cette dernière n'a pas d'obligation à cet égard : CE 18 juin 1997, Clinique Saint-Pierre). On notera que le fait de notifier une décision réglementaire est sans influence sur le délai de recours, ni pour le faire partir (CE 19 février 1993, Nainfa [**2**] – CE 7 juillet 1993, Syndicat CGT du personnel de l'hôpital Dupuytren), ni pour le proroger (CE 8 juillet 1994, Association des loueurs de scooters saintois). Ce délai n'est donc pas concerné par l'article R. 421-5, qui s'applique aux seules décisions devant être notifiées. Par suite, la notification du rejet d'un recours formé contre une telle décision (décision réglementaire ou décision individuelle contestée par un tiers) fera courir le délai de recours, même si elle n'est pas assortie de la mention des voies et délais : ainsi jugé à propos du rejet du recours formé par un tiers contre un permis de construire (CE 16 octobre 1992, Touratier – CE 17 février 1993, Ohanian [**3**]).

Il convient à cet égard de distinguer avec soin recours administratif et recours juridictionnel contre un acte qui, tel qu'un permis de construire, doit être affiché pour que les délais de recours opposables aux tiers commencent à courir. En l'absence de cet affichage, les délais ne courent pas, même si un recours juridictionnel est formé (d'où il suit que le requérant peut invoquer tout moyen à l'appui de son recours, même plus de deux mois après enregistrement de sa requête, cette dernière fût-elle accompagnée de la copie du permis litigieux : CE 31 mai 1995, Commune de Sausset-les-Pins [**4**]). Cette jurisprudence n'autorise pas toutefois à présenter un nouveau recours en annulation contre le même permis : le délai, a-t-il été jugé, court alors de la présentation du premier recours, même si le permis n'a pas été affiché (CE 28 février 1994, Desboist [**5**]). Mais, si un recours administratif a été formé, son rejet constitue une décision administrative qu'il convient d'attaquer dans le délai, et la méconnaissance dudit délai paraît faire obstacle à la discussion contentieuse du permis (CE

16 février 1983, Provost, *Lebon* p. 17 – CE 17 février 1993, Ohanian, précité). Encore faut-il qu'il y ait eu véritable « recours » : une simple « protestation » adressée à l'auteur du permis n'est pas susceptible de faire courir les délais de recours, si ce permis n'a pas été publié (CE 17 mai 1999, Ferrari).

On signale toutefois que, dans le cas où une décision est prise pour remplacer une décision attaquée au contentieux, seule sa notification peut faire courir le délai, même si elle est réglementaire, cette particularité se rattachant au caractère contradictoire de la procédure contentieuse (CE ass. 23 mai 1973, Cie d'assurances l'Union, *Lebon* p. 251 – CE 11 février 1994, Charpentreau). Par décision du 15 avril 1996 (CE ass. 15 avril 1996, Institut de radiologie), le Conseil d'État, maintenant expressément cette jurisprudence, a, s'agissant des recours formés contre des décisions d'autorisation remplacées en cours d'instance, jugé qu'elle s'appliquait lorsque la décision de substitution ou bien avait une portée identique à celle de la décision attaquée, ou bien ne modifiait cette dernière que dans des conditions n'altérant pas son économie générale. Il convient toutefois de signaler que cette jurisprudence ne joue pas lorsque l'acte nouveau est pris, pendant une instance d'appel, pour remplacer celui que le tribunal administratif a annulé (CE 15 novembre 2000, Association de sauvegarde du site de Courcourt).

Le délai opposable à la personne concernée par une décision individuelle part, lui, au plus tôt de sa notification, la publication de ladite décision étant sans effet sur le délai (CE 11 octobre 1957, Pierrotet, *Lebon* p. 527). Il convient que la notification soit effective et en principe se traduise par la remise d'une copie de la décision (CE 4 janvier 1995, Chamorey). On note que les intéressés ne peuvent se soustraire aux notifications qui leur sont faites, en refusant par exemple une lettre recommandée, qui sera ainsi réputée leur avoir été remise, à condition toutefois que les formalités postales permettent de s'assurer de la réalité tant de la présentation que de sa date (CE 16 septembre 1994, Dertli), et que bien sûr l'envoi ait été fait à l'adresse de l'intéressé connue de l'administration (voir toutefois une espèce dans laquelle un tel envoi n'a pas fait courir le délai, l'administré s'étant trouvé dans un cas de force majeure l'ayant empêché de signaler son changement d'adresse : CE 11 janvier 1995, Ilumbe). L'état de santé, voire le décès postérieur de l'intéressé, sont sans influence sur le cours du délai (CAA Lyon 23 février 1992, Amoros, décès deux jours après notification sans influence sur le délai laissé aux ayants droit – CE 19 mai 1995, Zilliox – CE 25 mai 1994, G..., à propos d'une maladie, délai courant « quel qu'ait été l'état de santé de l'intéressé à la date à laquelle il a signé l'avis de réception » – CE 10 juillet 1995, Brustman, à propos d'une reconduite à la frontière).

À ces exigences de publicité, il n'est guère d'exception. Le juge n'admet que rarement que la connaissance acquise d'une décision puisse suppléer, pour le point de départ des délais, l'absence de publicité (absence qui n'empêche d'ailleurs pas l'intéressé d'attaquer la décision, qui pourtant ne lui est pas opposable : CE 21 janvier 1994, SARL La Nuit bleue). Le fait d'invoquer, par exemple à l'appui d'une demande d'indemnisation, à titre d'exception l'illégalité d'une décision ne vaut pas connaissance acquise de cette décision (CE 21 juin 1993, Coz [**6**] – CE 5 décembre 1994, Chambre de commerce et d'industrie du Languedoc-Roussillon). Ainsi, et cette accumulation est significative, a-t-il été jugé, à propos d'une décision refusant le renouvellement d'un contrat, non notifiée, que « ni la circonstance que l'intéressé a consulté son dossier personnel, ni celle qu'il a exercé une autre activité professionnelle (normalement interdite si le contrat avait été renouvelé) ne sont de nature à faire regarder l'intéressé comme ayant reçu notification de la décision » (CE 26 mai 1995, Ministre de l'Éducation nationale). De même, à propos de l'arrêté créant une communauté de communes, non notifié aux communes intéressées, a-t-il été jugé que « ni la relation par la presse locale de l'installation des organes de cette communauté, ni la circonstance que les maires ont participé à une réunion à la préfecture sur le fonctionnement de la communauté, ni le fait qu'un adjoint au maire aurait été en possession d'une copie de l'arrêté [...] n'ont pu faire courir le délai du recours contentieux à l'égard des communes [...] » (CE 2 octobre 1996, Ministre de l'Intérieur). Seules trois circonstances sont admises comme valant connaissance acquise :

- Il est considéré que le membre d'une assemblée délibérante a connaissance des décisions de cette assemblée prises lors de la réunion à laquelle il a été régulièrement convoqué ou a personnellement pris part, et cette connaissance est datée de cette réunion (CE 25 juin 1976, Romeyron, *Lebon* p. 336). Encore le délai ne courra qu'en l'absence d'une disposition expresse organisant la publicité de la décision (CE sect. 14 mai 1993, Union pour la défense des radios libres privées, à propos des décisions du CSA – CE 28 juillet 1995, Caisse primaire d'assurance maladie de Montpellier, à propos des décisions de la Commission technique d'orientation et de reclassement professionnel) ; la rigueur anormale de cette décision, qui a pour effet de faire courir le délai à l'encontre d'un membre de l'assemblée qui pouvait avoir une raison légitime de n'avoir pas assisté à la réunion, donne à penser qu'elle est susceptible d'être remise en question ;
- Le fait de former un recours administratif contre une décision vaut connaissance acquise de cette décision au plus tard à la date de ce recours ; mais, ainsi qu'on va le voir, la connaissance ainsi acquise de la décision ne vaut pas connaissance acquise de l'existence des voies et délais de recours, dont la mention est imposée par l'article R. 421-5 ;
- Le fait de former un recours juridictionnel contre une décision vaut également connaissance acquise de cette décision à la date d'enregistrement du recours (CE 10 octobre 1990, Ministre des PTT c/ Grandone, *Lebon* p. 916, solution implicite – CE 25 mai 1994, SA Papeteries Philippe Berges) ; mais il est rappelé que, s'agissant d'une décision dont seul l'affichage fait courir le délai contre les tiers, un recours juridictionnel même accompagné de la

copie de cette décision ne fait pas courir le délai si elle n'a pas été dûment affichée (voir en matière de permis de construire, CE 31 mai 1995, Commune de Sausset-les-Pins, précité, compte tenu toutefois du tempérament apporté par la décision Desboist du 28 février 1994, précitée).

– La notification d'une décision individuelle ne suffit plus à faire partir le délai de recours : elle doit être assortie de la mention des voies et délais de recours (art. R. 421-5), exigence applicable aux décisions notifiées après le 4 juin 1984 (CE 22 juin 1992, Dufour). Cette indication doit être écrite, et remise à l'intéressé (CE 8 avril 1998, Lahrache). Elle n'a à être donnée qu'en français (CE 18 octobre 1995, Bonnin) n'a pas nécessairement à préciser quelle juridiction administrative est compétente pour connaître du recours (CE 4 novembre 1992, Ben Dhiab, *Lebon* p. 1205 – CE 18 octobre 1995, Bonnin). Elle n'a pas non plus à préciser, « cas par cas, les prolongations éventuelles et de durée variable dont pourraient bénéficier certains requérants à raison de l'éloignement » (CE 8 juin 1994, Moumini, *Lebon* p. 293), étant entendu qu'une indication erronée de durée du délai primera sur le délai réglementaire si elle est plus longue, au même titre d'ailleurs que l'indication erronée de ce qu'un recours serait interruptif de délai (CE 29 juillet 1994, Dupont). Toutefois, la difficulté pour l'administration saisie d'un recours de savoir s'il est interruptif de délai (ce peut être le second recours administratif, ou bien le recours, formé en matière d'urbanisme, n'a pas respecté la règle édictée à l'article R. 600-1 du Code de l'urbanisme – voir article R. 411-7 –, tous éléments que l'autorité administrative saisie d'un recours ne connaît pas nécessairement) a conduit la cour administrative d'appel de Lyon à estimer que l'indication, donnée à réception d'un tel recours, de ce qu'il interrompait les délais, ne pouvait donner à un tel recours un caractère interruptif de délai (CAA Lyon, 24 octobre 2000, Commune de Polliat – CAA Lyon, 21 décembre 2000, Rebeaud).

Lorsque la décision renvoie, pour l'indication des voies et délais, à une annexe, et que cette dernière n'est pas jointe, il appartient à l'intéressé de faire toutes les diligences nécessaires pour en connaître le contenu, faute de quoi il est regardé comme l'ayant reçue (CE 22 juillet 1994, Collini – CE 6 mai 1996, Préfet des Yvelines). Dans le même esprit, celui qui ne retire pas le courrier qui lui est destiné, ne peut se prévaloir de ce que la décision qui y était contenue n'était pas assortie de la mention des voies et délais pour échapper à ces délais (CE 31 juillet 1992, Walter).

Bien souvent, l'exercice d'un recours contentieux est subordonné à la formation préalable d'un recours administratif. Et la question s'est posée de savoir si la notification de la mesure devait ou non faire part de cette particularité et, si oui, sous quelle sanction. En premier lieu, aucune conséquence ne s'attache au fait que la notification de la décision n'a pas fait état du délai pour former un recours administratif non obligatoire (CE 15 novembre 1995, Joao Almeida Brito Moreira [**7**]) ; mais il résulte expressément de cet arrêt que l'administration a l'obligation de faire figurer les délais applicables aux recours administratifs obligatoires. En second lieu, le manquement à cette dernière obligation empêche le délai de recours de courir en ce qui concerne le recours administratif, mais est sans influence sur l'irrecevabilité d'un recours contentieux formé sans avoir été précédé dudit recours administratif (CE 24 janvier 1996, Blancard [**8**] – CE 19 février 2001, El Hirach). On ne peut toutefois que s'interroger sur la coexistence de cette jurisprudence avec la décision, rendue en matière fiscale, selon laquelle l'obligation d'indiquer les voies et délais ne concerne que les délais contentieux, et n'est pas applicable, notamment, aux délais de réclamation en matière d'assiette de l'impôt (CE 25 avril 1990, Veneny, *RJF* 1990, n° 755, p. 448). Enfin, et dès lors qu'ont été indiqués les délais du recours administratif, ils sont opposables, même si le caractère obligatoire de ce dernier n'a pas été signalé (CE 9 février 1996, Ragot, *Lebon* p. 32, revenant sur CE 1er avril 1992 Abit, *Lebon* p. 144).

La question se pose des effets de l'absence de l'indication des voies et délais, encore assez fréquente, sur le jeu des délais.

Naturellement le juge pourra être saisi à toute époque si les délais pour le saisir ne sont pas indiqués. Mais cette circonstance n'autorise pas l'administration à retirer éternellement l'acte individuel ainsi notifié (CE ass. 24 octobre 1997, de Laubier).

Une fois le contentieux introduit, et cette démarche valant connaissance acquise de la décision (CE 10 octobre 1990, Ministre des PTT c/ Grandone – CE 25 mai 1994, SA Papeteries Berges, mentionnés ci-dessus – CE 9 octobre 1995, Collin), le délai de recours contentieux démarre, et si l'indication n'en a pas été donnée préalablement, ce démarrage est daté de la saisine. On pourrait se demander l'intérêt de rechercher ce point de départ dès lors que la juridiction est saisie, et de façon recevable. Mais, ainsi que le démontrent les deux arrêts susmentionnés, l'expiration du délai interdit de soulever un moyen relevant d'une cause juridique nouvelle (arrêt Grandone), comme elle interdit d'étendre les conclusions initiales, et par exemple de transformer une demande d'annulation partielle en demande d'annulation totale (arrêt Berges).

La question délicate provient de l'exercice, par l'intéressé destinataire d'une décision non assortie de la mention des voies et délais, d'un recours administratif préalable dont on verra qu'il est interruptif de délai. L'exercice d'un tel recours, s'il vaut connaissance acquise de l'existence de la décision, ne vaut pas connaissance des délais pour la contester, et ne déclenche donc pas ces délais s'ils n'ont pas été indiqués avec la décision initiale (CE 13 mars 1998, Mauline, *Lebon* p. 80 [**9**], revenant sur CE 2 mars 1994, Ville de Saint-Louis, *Lebon* p. 1 005). S'il est ainsi statué sur le recours par une décision expresse, les délais de recours ne seront opposables que si leur mention en a été portée soit sur la décision initiale (CE 7 octobre 1988, Association nationale de réadaptation sociale [**10**]), soit sur le rejet du recours (CE 10 février 1989, Djafri), une seule mention suffisant (CE 27 avril 1994, Moreau [**11**]). S'il est statué sur le recours par décision implicite de rejet, voir ci-dessous les conditions d'annonce du délai de recours.

Les décisions implicites d'acceptation peuvent être contestées par les tiers, en principe, dans le délai de recours partant de leur publication. Aussi bien les textes prévoyant leur naissance organisent le plus souvent les modalités de leur publication (c'est par exemple le cas en matière de permis de construire tacite, article R. 421-39 du Code de l'urbanisme). Si ces modalités n'ont pas été prévues, le bénéficiaire de la décision peut faire courir les délais contre les tiers en les informant, avec toutes précisions utiles, de l'intervention de cette décision (CE 15 octobre 1982, Asselin, *Lebon* p. 342 – CE 18 juin 1997, Clinique Saint-Pierre).

S'agissant des décisions implicites de rejet, nées du silence de l'administration pendant en principe deux mois, l'opposabilité des délais de recours qui les concernent est subordonnée à l'envoi au demandeur d'un accusé de réception qui, en principe, doit indiquer les conditions dans lesquelles cette décision naîtra, et les voies et délais permettant de la contester (art. 19 de la loi du 12 avril 2000 et décret n° 2001-492 du 6 juin 2001). L'article 18 de la même loi fait bénéficier de ces dispositions les auteurs de toute « demande, y compris ceux de recours gracieux ou hiérarchiques », ce qui rend ainsi obsolète la jurisprudence SA Laboratoires Lafon (CE sect. 29 mars 1991, SA Laboratoires Lafon), qui excluait de l'obligation d'accusé de réception, alors prévue par le décret du 28 novembre 1983, de tels recours administratifs. Il reste à dire si cette nouvelle rédaction législative périme également la jurisprudence qui pose que les contestations formées contre les actes de poursuites visées par les articles L. 281, R. 281-1 et R. 281-3 du Livre des procédures fiscales ne présentent pas le caractère de « demandes » au sens du texte relatif à l'accusé de réception (CE sect. 26 février 1993, Serfaty et autres).

Une erreur contenue dans l'accusé de réception, quant à la computation du délai de recours, ne peut nuire au requérant : si le délai « réglementaire » expire avant la date indiquée par erreur, c'est cette dernière qui prévaut (CE 29 mars 2000, Gluck).

II • La durée du délai

En contentieux administratif, tous les délais de recours sont des délais « francs », sauf texte contraire renvoyant expressément au Nouveau Code de procédure civile. La réforme opérée en procédure civile par le décret du 28 août 1972 est donc sans influence sur les délais de procédure administrative (CE 14 novembre 1980, Ministre de la Santé c/ Divol, *AJDA* 1981, p. 487). Ni le jour contenant l'événement déclenchant le délai (sauf s'il s'agit de la naissance d'une décision implicite de rejet), ni le jour contenant la démarche à accomplir dans le délai ne doivent donc être inclus dans ce délai (règle dite du *dies a quo* et du *dies ad quem*), même si ce délai est fixé à quelques jours (CE 8 novembre 1991, Perochon [**12**], concernant un délai fiscal de huit jours – CE 3 septembre 1997, CPAM d'Indre-et-Loire, concernant un délai d'appel « dans les trente jours »), sauf cas particuliers du contentieux électoral et du contentieux de la reconduite à la frontière, dont le délai se compute d'heure à heure (voir art. L. 776-1).

Concrètement, le délai de deux mois, qui se calcule de quantième à quantième, aboutit à ce que, une décision étant publiée ou notifiée le 10 d'un mois donné, le recours sera recevable s'il est formé (c'est-à-dire enregistré au greffe : CE 29 juillet 1994, Beaufils) au plus tard le 11 du deuxième mois qui suit. De même une requête est valablement enregistrée le 1er septembre, alors que le délai court d'une notification effectuée le 30 juin (CAA Lyon, 1er février 1995, Errico, *RJF* 1995, nº 533). Naturellement il est fait application de l'article 642 du Nouveau Code de procédure civile, et l'on proroge jusqu'au premier jour ouvrable suivant un délai expirant un samedi, un dimanche ou un jour férié ou chômé.

S'agissant de comparer la date d'enregistrement avec le terme du délai, les juridictions tendent à tenir compte des difficultés de l'acheminement postal, et estiment que les intéressés doivent prendre leurs précautions pour que leur courrier arrive à temps compte tenu du délai normal d'acheminement, traditionnellement estimé à deux jours (mais non toujours, certaines périodes, comme Noël, supposent un délai plus important : CE 29 décembre 1993, Société Bigand). Il est désormais d'ailleurs fait obligation au juge du fond d'examiner la date à laquelle une requête a été postée avant de la rejeter pour irrecevabilité (CE 29 décembre 1993, SA Bigand [**13**] – 21 février 2000, Blachere). Ont ainsi pu échapper à la forclusion au bénéfice de délais anormaux d'acheminement M. Delort (CE 20 février et 26 juin 1970, Ministre de l'Agriculture c/ Delort, *Rec.* p. 130 et 442) ou M. et Mme Charpentreau (CE 11 février 1994, envoi effectué à Lille le 7 novembre pour le tribunal administratif de Nice, alors que le délai de recours expirait le 17 novembre, et enregistré le 21 novembre), ou encore Mlle Viry (CE 17 février 1997, envoi formé le 8 novembre et enregistré le 19 novembre, alors que le délai expirait le 14 novembre), ou encore la Fédération nationale des accidents du travail (CE 6 mai 2001, Fédération nationale des accidents du travail, envoi le 16 juin 2000 parvenu le 26 juin), mais non le préfet de la Haute-Corse (CE 15 mars 1993, Préfet de la Haute-Corse, envoi à Bastia le 13 décembre, parvenu au Conseil d'État le mardi 18 décembre, alors que le délai expirait le lundi 17 décembre), non plus que M. Petit (CE 6 décembre 1993, Petit, envoi le 15 novembre, parvenu au Conseil d'État le vendredi 18 novembre, délai expirant le 17 novembre)... Ces solutions variables doivent commander aux requérants de ne point trop parier sur un délai normal d'acheminement. Les facilités offertes par la télécopie (même limitées, voir art. R. 411-1), comme la possibilité de s'adresser au plus proche « guichet » de juridiction administrative (voir art. R. 351-1 et s.) doivent permettre aux plus négligents d'échapper aux risques d'un tel pari.

III • L'interruption du délai

Le délai de recours peut être interrompu (c'est-à-dire ramené à zéro) par trois événements habituels – qui ne sont évidemment interruptifs que s'ils interviennent avant l'expiration du délai de recours –, que l'on peut additionner (d'ailleurs pas dans n'importe quel ordre), mais dont chacun ne peut jouer qu'une fois. On signalera toutefois que, s'agissant du délai pour effectuer un déféré, le préfet peut l'interrompre à la fois en formant une demande de pièces complémentaires et nécessaires à l'exercice de son contrôle, et, après les avoir reçues, en saisissant la collectivité d'un recours gracieux (CE 4 novembre 1996, Département de la Dordogne).

L'existence d'un recours administratif contenant des conclusions tendant à ce que la décision soit rapportée ou modifiée est la cause la plus fréquente d'interruption du délai, lequel repartira soit de la survenance d'une décision implicite de rejet (et à condition que l'accusé de réception ait été adressé), soit de la notification d'une décision expresse. Dans ce dernier cas, ainsi qu'on l'a dit, si le délai initial partait de la publication de la décision, le délai repartirait même si mention n'était pas faite de son existence (CE 16 octobre 1992, Touratier et Ohanian, précité). S'il partait de la notification de la décision, le délai ne partirait en l'état actuel de la jurisprudence que si l'une des deux décisions (initiale et prise après recours) comportait la mention des voies et délais (CE 13 mars 1998, Mauline, *Lebon* p. 80, précité).

La question s'est posée de savoir qui pouvait utilement former un tel recours, et qui pouvait ainsi se prévaloir de ses effets interruptifs. S'agissant tout d'abord des représentants des personnes morales, le Conseil d'État se montre beaucoup plus souple en matière de recours administratif qu'en matière de recours contentieux (voir art. R. 431-4), estimant que, en formant un recours contentieux, la personne morale « régularise implicitement » le recours administratif déposé par un de ses membres non régulièrement habilité (CE 10 juillet 1996, Cachalou-Trochme). Il a même, le 10 février 1997, attribué un effet interruptif à un recours administratif formé par le président d'une association « sans qu'il soit besoin de rechercher si son auteur peut justifier d'un mandat pour le former » (CE 10 février 1997, Commune de Labenne), s'inspirant ici d'une jurisprudence du 23 novembre 1962 (CE 23 novembre 1962, Association des anciens élèves de l'institut commercial de Nancy, *Lebon* p. 626).

Dans le cas des mandataires agissant non plus en qualité de représentants de personnes morales, mais pour le compte de personnes physiques, la même souplesse s'observe, on l'a vu. Le mandataire peut être choisi librement en application de l'article 1984 du Code civil (CE avis 7 mai 1997, Bathily, voir art. R. 421-2), et n'a pas à justifier d'un mandat en bonne et due forme (CE 22 novembre 1995, SCI du 6, rue de la Linière). Ainsi, un époux tient de l'article 1432 du Code civil le pouvoir, en qualité de mandataire tacite de son épouse, de former une réclamation au nom de cette dernière (CE 29 décembre

1997, Vivien), solution que l'on opposera à CE 27 juillet 1990, Ministre de l'Agriculture c/ Beaufils, sur son absence de qualité pour la représenter au contentieux. Les circonstances de fait, comme la formulation du recours administratif, permettront ou non de conclure à l'existence d'un mandat tacite, qui ne saurait résulter du seul fait que le signataire du recours aurait assisté l'intéressé lors d'opérations administratives antérieures (CE avis Bathily, précité). Le Conseil d'État admet désormais que des élus puissent ainsi former des recours interruptifs pour le compte de leurs administrés, pourvu que ces courriers se présentent bien comme des recours (CE 1er juillet 1996, Moumen) et non comme les traditionnelles « interventions » (CE 13 septembre 1995, Ministre de l'Intérieur c/ Salem). Pas plus la réponse faite par l'administration à une telle intervention n'est interruptive de délai, alors même qu'elle annonce le retrait de la décision contestée (CE 15 avril 1996, Ministre de la Santé et de l'Action humanitaire).

On note que cette cause d'interruption ne joue pas en matière de reconduite à la frontière (CE 12 février 1996, Chergou).

L'exercice d'un recours devant une juridiction incompétente, effectué dans le délai imparti pour saisir la juridiction compétente, vaut également interruption de ce délai, qui repart de la signification du jugement d'incompétence. Encore faut-il que la demande présentée au juge incompétent ait même objet que celle qui sera présentée au juge administratif. Une demande adressée par un agent de droit public au conseil de prud'hommes, ayant pour objet le paiement de salaires et d'indemnités diverses, n'a pas même objet que le recours pour excès de pouvoir formé devant le tribunal administratif, tendant à l'annulation du licenciement de cet agent, et n'est donc pas interruptive du délai de recours courant contre cet acte (CE 22 janvier 1988, Commune de Commentry – CE 27 mars 1995, Petiot). On note que cette interruption ne joue pas en matière de reconduite à la frontière (CE 15 novembre 1996, Zoza-Naluman).

Enfin une demande d'aide juridictionnelle est interruptive de délai (art. 38 du décret du 19 décembre 1991 modifié), si elle est adressée au bureau d'aide juridictionnelle (la date à retenir étant celle figurant sur le cachet du bureau de poste d'émission : art. 40 du décret) avant le terme de ce délai, lequel repart soit de la date à laquelle la décision du bureau est définitive (donc normalement un mois après sa notification), soit, si un avocat a été désigné, de la date de sa désignation (CE 16 mars 2001, Bah). On doit estimer qu'il convient de tenir compte de la date à laquelle l'intéressé est informé du nom de l'avocat désigné (CAA Lyon, 28 juin 2001, Plancher). Encore faut-il, pour que repartent les délais de recours, que la décision du bureau d'aide juridictionnelle indique dans quelles conditions repart ce délai, et notamment que l'exercice d'un recours contre le refus d'aide juridictionnelle n'est plus interruptif : faute de cette indication, le démarrage du délai de recours méconnaîtrait « le principe à valeur constitutionnelle du droit d'exercer un recours juridictionnel » (CE sect. 28 juillet 2000, M. E. A.). Si l'intéressé forme devant le président de la section du contentieux un recours contre le refus d'aide juridictionnelle opposé par le bureau d'aide juridictionnelle établi devant le Conseil d'État, cette démarche n'est pas interruptive du délai de recours (CE sect. 8 novembre 1996, Villechenoux, *Lebon* p. 443).

Une seule demande d'aide juridictionnelle est interruptive (CE 19 mars 1993, Taugourdeau, voir le texte de cet arrêt sous l'article R. 441-1).

Ces causes d'interruption ne jouent pas dans n'importe quel ordre : un recours administratif n'est pas interruptif s'il succède à une demande d'aide judiciaire (CE 26 septembre 1986, Saadi), ou à la saisine d'une juridiction incompétente (CE 4 juillet 1969, Cadarcet, *Lebon* p. 364).

À ces trois causes, il convient désormais d'ajouter la demande d'exécution d'une décision juridictionnelle, qui, présentée avant l'expiration du délai de recours courant contre la décision expresse refusant d'exécuter la chose jugée, interrompt ce délai jusqu'à notification de la décision qui statue sur cette demande. Initialement prévue, pour les demandes d'astreinte, par le décret du 15 mai 1990, cette règle a été généralisée à toutes les demandes d'exécution et incorporée au code (art. R. 921-3).

□ ***Jurisprudence***

[**1**] Considérant que la société anonyme des automobiles Citroën a demandé au tribunal administratif de Paris de condamner la région Ile-de-France, le département de la Seine-Saint-Denis, la commune d'Aulnay-sous-Bois et l'Agence foncière et technique de la région parisienne à lui restituer une somme de 88 844 932,14 F représentant le montant des participations mises à sa charge par l'article 2 du permis de construire qui lui a été accordé le 16 août 1973 par le préfet de la Seine-Saint-Denis en vue de l'édification d'une usine de carrosserie dans la zone d'aménagement concerté de Paris-Nord I, sur le territoire de la commune d'Aulnay-sous-Bois ;

Considérant [...] que la demande présentée en mars 1981 par la société anonyme des automobiles Citroën au tribunal administratif de Paris tendait au seul remboursement des sommes mises à sa charge, lesquelles étaient destinées au financement de travaux publics ; qu'elle avait, par suite, le caractère d'une demande présentée en matière de travaux publics et pouvait, par application de l'article 1er du décret du 11 janvier 1965, être formée sans condition de délai ni réclamation préalable à l'administration...

[**2**] Considérant que la note de service attaquée qui fixe les critères d'attribution de l'échelon exceptionnel du grade de colonel en décidant que cet échelon serait, à partir de 1987, attribué uniquement en fonction de l'ancienneté dans le grade présente un caractère réglementaire ; que, par suite, le délai de recours à son encontre ne courait qu'à compter de sa publication ; qu'il ne ressort pas des pièces du dossier qu'une telle publication ait eu lieu ; qu'ainsi, et nonobstant la circonstance que M. Nainfa ait reçu notification de cette note plus de deux mois avant l'introduction de sa requête, les conclusions de l'intéressé tendant à son annulation n'étaient pas tardives...

[**3**] Considérant qu'en application des dispositions ci-dessus rappelées du Code de l'urbanisme, le délai de recours contre le permis de construire délivré à M. Ohanian courait à l'égard des tiers,

dont faisaient partie les demandeurs, du seul fait de l'exécution des mesures de publicité fixées par ces dispositions ; que, dès lors, la circonstance que ni le permis, ni la décision rejetant le recours gracieux formé contre lui par M. Moulin n'auraient mentionné le délai de recours, n'était pas de nature à empêcher ce délai de courir à l'encontre des demandeurs ; qu'ainsi, à la date à laquelle ils ont saisi le tribunal administratif de Lyon, la demande présentée par MM. Moulin, Malinvaud et Simonetti était tardive et de ce fait irrecevable...

[**4**] Considérant qu'en admettant même qu'une mention du permis de construire litigieux ait été affichée sur le terrain, il n'est pas établi qu'un extrait dudit permis ait été publié par voie d'affichage à la mairie de Sausset-les-Pins ; que, si la demande d'annulation présentée par l'Association « Les Verts 13 » et enregistrée le 29 septembre 1989 au greffe du tribunal administratif de Marseille était accompagnée d'une copie du permis de construire litigieux, cette circonstance n'était pas de nature à faire courir le délai de recours contentieux, dont la formalité de l'affichage constitue seule le point de départ à l'égard des tiers ; qu'ainsi, le délai de recours contentieux n'a pu courir en l'espèce ; que, par suite, alors même que l'Association « Les Verts 13 » n'a exposé des faits et moyens à l'appui de sa demande d'annulation que dans un mémoire complémentaire enregistré le 12 décembre 1989 au greffe du tribunal, ladite demande n'était pas tardive...

[**5**] Considérant que les époux Desboist ont saisi à la date du 30 juillet 1990 le tribunal administratif de Dijon d'une requête en annulation de l'arrêté en date du 19 juin 1990 par lequel le maire de Sormery a accordé à M. Jeandarme un permis de construire un bâtiment destiné à abriter du matériel agricole ; que les époux Desboist doivent donc être regardés comme ayant eu connaissance de ladite décision au plus tard à la date du 30 juillet 1990, qui a marqué le point de départ du délai de recours contentieux contre le permis de construire ; que par suite, les intéressés qui ont saisi le tribunal administratif avant toute mesure de publicité ne peuvent se prévaloir des dispositions de l'article R. 490-7 du Code de l'urbanisme qui prévoient que le délai de recours contentieux à l'encontre d'un permis de construire court à l'égard des tiers à compter de la plus tardive des deux dates d'affichage sur le terrain ou en mairie ; qu'ainsi, la nouvelle demande d'annulation enregistrée le 18 octobre 1990 au greffe du tribunal administratif et dirigée contre l'arrêté susmentionné du 19 juin 1990 était tardive...

[**6**] Considérant que si le ministre indique que le requérant avait connaissance de cette instruction, non publiée, au plus tard le 22 mars 1983, date de l'enregistrement de son recours n° 49221 invoquant l'illégalité de cette décision, cette circonstance n'est pas de nature à faire courir le délai de recours contentieux ouvert à M. Coz contre cet acte ; que, par suite, ses conclusions tendant à son annulation sont recevables...

[**7**] Considérant que si M. Joao Almeida Brito Moreira soutient que la notification de l'arrêté du 23 janvier 1992, qui ne mentionnait pas l'existence des recours gracieux et hiérarchique et le délai imparti pour les présenter, contrevenait aux dispositions du dernier alinéa de l'article 1er du décret du 11 janvier 1965 modifié par le décret du 28 novembre 1983, il ne saurait utilement invoquer ces dispositions qui n'obligent l'administration à faire figurer dans la notification des décisions que les délais et voies de recours contentieux, ainsi que les délais de recours administratifs préalables obligatoires...

[**8**] Considérant que la circonstance que l'exigence de ce recours préalable n'a pas été indiquée dans la notification de la décision attaquée, si elle empêchait que cette notification fasse courir le délai du recours administratif préalable à l'égard de M. Blancard, est sans incidence sur l'irrecevabilité de la demande directement présentée devant le tribunal administratif de Saint-Denis de la Réunion...

[**9**] Considérant [...] que le ministre soulève la tardiveté de la requête de Mme Mauline, en faisant valoir que cette dernière doit être regardée comme ayant eu connaissance de la décision du 2 mai 1989 au plus tard le 29 juin 1989, date à laquelle elle a formé à son encontre un recours administratif ; que, si cette fin de non-recevoir était fondée, l'article R. 83 du Code des tribunaux administratifs et des cours administratives d'appel donnerait compétence au Conseil d'État pour rejeter lui-même cette requête ;
Mais considérant que si la formation d'un recours administratif contre une décision établit que l'auteur de ce recours administratif a eu connaissance de la décision qu'il a contestée au plus tard à la date à laquelle il a formé ce recours, une telle circonstance est par elle-même sans incidence sur l'application des dispositions de l'article R. 104 du Code des tribunaux administratifs et des cours administratives d'appel, selon lesquelles : « Les délais de recours contentieux contre une décision déférée au tribunal ne sont opposables qu'à la condition d'avoir été mentionnés, ainsi que les voies de recours, dans la notification de la décision. » ;
Considérant qu'en l'espèce, ni la décision initiale du 2 mai 1989 ni les décisions des 19 avril et 26 juillet 1990 par lesquelles le ministre a rejeté les recours administratifs formés par Mme Mauline contre la décision du 2 mai 1989 ne mentionnaient les délais et voies de recours ; que le délai de recours contentieux n'ayant ainsi pas commencé à courir, la requête de Mme Mauline, enregistrée le 26 septembre 1990, n'est pas tardive...

[**10**] Considérant que si les délais de recours contentieux ne sont opposables qu'à la condition d'avoir été mentionnés, ainsi que les voies de recours, dans la notification de la décision, il ressort des pièces du dossier que la notification à l'ANRS de l'arrêté attaqué du 27 août 1987 comportait lesdites mentions et que par suite, et alors même que la notification de la décision rejetant explicitement le recours gracieux de l'ANRS ne les comportait pas à nouveau, les délais de recours contentieux ont couru à l'encontre de l'association requérante ; qu'ainsi ses conclusions sont tardives et, par suite, irrecevables...

[**11**] Considérant que la demande présentée par Mlle Moreau devant le tribunal administratif de Marseille tendait à l'annulation d'un arrêté du maire de Gignac (Bouches-du-Rhône) en date du 28 juillet 1986 qui l'a licenciée de son emploi de bureau pour un motif disciplinaire ;
Considérant qu'il est constant que les mentions prescrites par la disposition ci-dessus rappelée au 7e alinéa de l'article 1er du décret du 11 janvier 1965, que le maire de Gignac devait respecter pour rendre les délais de recours contentieux opposables à Mlle Moreau, n'ont été portées ni dans la notification de l'arrêté de licenciement que Mlle Moreau a reçue le 5 août 1986, ni dans la notification de la décision du 7 octobre 1986 par laquelle le maire a rejeté le recours gracieux que le mandataire de Mlle Moreau lui avait adressé le 3 août 1986 ; qu'il suit de là qu'à la date du 3 avril 1987 à laquelle Mlle Moreau a déposé son recours pour excès de pouvoir devant le tribunal administratif, aucune forclusion ne pouvait être opposée à ce recours...

[**12**] Considérant qu'aux termes du quatrième alinéa de l'article L. 279 du Livre des procédures fiscales relatif au référé : « dans les huit jours suivant la décision du juge ou l'expiration du délai laissé à ce dernier pour statuer, le redevable ou le comptable peuvent, par simple demande écrite, faire appel devant le tribunal administratif » ; que ces dispositions doivent être regardées comme ouvrant un délai franc de huit jours pour faire appel ;

Considérant qu'il ressort du dossier soumis aux juges du fond que M. Perochon a reçu le 18 avril 1990 notification de l'ordonnance du juge des référés ; que, dès lors, sa demande enregistrée au greffe du tribunal administratif le 27 avril 1990 était encore recevable à cette date ; qu'il est par suite fondé à soutenir que c'est à tort que le tribunal a jugé ce pourvoi tardif, et à demander pour ce motif de droit l'annulation du jugement attaqué...

[**13**] Considérant que pour rejeter comme tardive, par l'arrêt attaqué, la requête formée par la Société anonyme Bigand, la cour administrative d'appel de Nantes ne pouvait se fonder exclusivement sur le fait que ladite requête avait été enregistrée au greffe après l'expiration du délai d'appel, en se refusant à examiner le moyen tiré par la requérante, pour échapper à cette forclusion, de la date à laquelle sa requête avait été postée ; que la Société anonyme Bigand est dès lors fondée à demander l'annulation de l'arrêt attaqué...

□ ***Bibliographie***

– R. Chapus, Droit du contentieux administratif, Montchrestien
– D. Chabanol, la Pratique du contentieux administratif, Litec.

Le délai de trois mois à Mamoudzou, Papeete et en Nouvelle-Calédonie

Art. R. 421-6 Devant les tribunaux administratifs de Mamoudzou, de Papeete et de Nouvelle-Calédonie le délai de recours de deux mois prévu à l'article R. 421-1 est porté à trois mois.

■ Textes sources

– Code des TA et des CAA, article R. 103.

■ Commentaires

Ce délai spécial est majoré d'un mois par l'article R. 421-7 pour les personnes qui ne résident pas sur le territoire. À l'inverse de ce qui est décidé à propos des délais de distance, cette majoration vaut même si l'intéressé se trouve sur le territoire le jour de la publication du texte attaqué (CE 25 novembre 1994, Président du gouvernement de la Polynésie française c/ Dubouch).

LES DÉLAIS SUPPLÉMENTAIRES DE DISTANCE

Art. R. 421-7 Les délais supplémentaires de distance prévus aux articles 643 et 644 du nouveau Code de procédure civile s'ajoutent au délai de deux mois prévu à l'article R. 421-1.

Toutefois, ne bénéficient pas de ces délais supplémentaires les requérants qui usent de la faculté prévue par les lois spéciales de déposer leurs requêtes à la préfecture ou à la sous-préfecture.

Lorsque la demande est présentée devant les tribunaux administratifs de Mamoudzou, de Papeete et de Nouvelle-Calédonie, les délais de recours sont augmentés d'un mois pour les personnes qui ne demeurent pas dans le territoire.

■ Textes sources

– Code des TA et des CAA, article R. 105.
– Ordonnance n° 45-1708 du 31 juillet 1945, article 50.

■ Commentaires

Les articles du Nouveau Code de procédure civile auxquels il est ici renvoyé majorent de un mois le délai pour les personnes demeurant dans un département ou un territoire d'outre-mer, lorsque la juridiction a son siège en métropole (ce texte peut profiter aux requérants demeurant à Saint-Pierre-et-Miquelon : CE 29 novembre 1993, Union départementale des syndicats Force ouvrière, solution implicite), et de deux mois pour ceux qui demeurent à l'étranger. De même est majoré de un mois le délai pour saisir une juridiction ayant son siège dans un département d'outre-mer pour les personnes n'y résidant pas.

Pour l'application de ce texte, seule en principe doit compter la situation de fait du requérant à la date de l'événement qui fait courir le délai (CE 23 mai 1936, Fays, *Lebon* p. 591 [**1**]), peu important sa résidence lorsqu'il est répondu à son recours formé contre la décision initiale (CE 14 juin 2000, Kurtzmann). Mais cette attitude a souffert quelques infléchissements. Si le Conseil d'État a refusé, le 24 janvier 1994, de faire bénéficier des délais de distance un étranger extradé, sans qu'on sache combien de temps il était resté en France après la notification du décret d'extradition (CE 24 janvier 1994, Wyrwa), il en a en revanche fait bénéficier un étranger expulsé dans les vingt-quatre heures suivant la notification de l'arrêté d'expulsion (CE 17 mai 1993, Khenfar [**2**]). Et, par décision du 25 novembre 1994 (CE 25 novembre 1994, Président du gouvernement de la Polynésie française [**3**]), il a refusé d'opposer à un requérant sa présence sur le territoire de Polynésie le jour de la parution au *Journal officiel* de ce territoire de l'arrêté attaqué, revenant ainsi sur la jurisprudence de 1936.

On notera que cette prolongation de délai ne concerne que le délai de recours contentieux, et non les délais impartis pour former des recours administratifs, même dans les cas où ces derniers, lorsqu'ils sont formés régulièrement, sont interruptifs du délai de recours contentieux (CE 28 février 1997, Martin, s'agissant du délai pour saisir la commission des recours du Conseil supérieur de la fonction publique en cas de prononcé d'une sanction disciplinaire).

□ ***Jurisprudence***

[**1**] Considérant que l'article 13 du décret du 22 juillet 1806 ne fait bénéficier d'une prolongation du délai de recours au Conseil d'État, limité à deux mois par l'article 24 de la loi du 13 avril 1900, que « ceux qui demeurent hors de la France continentale » ; que le ministre des Colonies est fondé à soutenir que, pour l'application de ce texte, il y a lieu de rechercher si le requérant se trouvait, ou non, résider en France, à la date où la publication au *Journal officiel* de l'Indochine, des actes réglementaires qu'il attaque, a pu toucher le requérant...

[**2**] Considérant qu'aux termes de l'article R. 105 du Code des tribunaux administratifs et des cours administratives d'appel : « Les délais supplémentaires de distance prévus aux articles 643 et 644 du Nouveau Code de procédure civile s'ajoutent au délai de deux mois prévu à l'article R. 102 » et qu'aux termes de l'article 643 du Nouveau Code de procédure civile : « Lorsque la demande est portée devant une juridiction qui a son siège en France métropolitaine, les délais [...] sont augmentés de [...] – Deux mois pour celles qui demeurent à l'étranger » ;
Considérant que si l'arrêté d'expulsion enjoignant à M. Ammar Khenfar de quitter le territoire lui a été notifié le 31 juillet 1984, alors qu'il résidait en France, cette notification a été suivie d'une exécution forcée immédiate dudit arrêté qui a eu pour effet de priver M. Khenfar de sa résidence en France dans les 24 heures qui ont suivi la notification ; que résidant dès lors en Algérie, M. Khenfar est fondé à soutenir que sa demande, enregistrée au greffe du tribunal administratif de Grenoble le 5 octobre 1984, moins de quatre mois après la notification de l'arrêté d'expulsion pris à son encontre, était présentée dans les délais du recours contentieux ; que, dès lors, M. Khenfar est fondé à soutenir que c'est à tort que le tribunal administratif de Grenoble a, par le jugement attaqué, rejeté sa demande comme tardive...

[**3**] Considérant que le délai de recours de droit commun pour se pourvoir devant le tribunal administratif de Papeete est, en vertu de l'article R. 103 du Code des tribunaux administratifs et des cours administratives d'appel, de trois mois ; que l'article R. 105 dudit code ajoute à ce délai un délai supplémentaire de un mois au bénéfice des personnes « qui ne demeurent pas dans le territoire » ; qu'il résulte de l'instruction que M. Graillet ne demeurait pas dans le territoire de la Polynésie française ; que la circonstance, au surplus non établie, qu'il se serait trouvé occasionnellement présent en Polynésie française le jour où l'arrêté a été publié le 12 juillet 1991 au *Journal officiel* de ce territoire ne saurait le priver du bénéfice du délai supplémentaire prévu par l'article R. 105 du code ; que la demande qu'il a présentée le 26 octobre 1991 devant le tribunal administratif de Papeete n'était donc pas tardive ; que les requérants ne sont donc pas fondés à soutenir que c'est à tort que par le jugement attaqué le tribunal administratif en a admis la recevabilité...

TITRE III La représentation des parties

Le présent titre ne comprend pas de dispositions législatives.

CHAPITRE 1 La représentation des parties devant le tribunal administratif

LA NOTIFICATION DES ACTES DE PROCÉDURE AU SEUL MANDATAIRE

Art. R. 431-1 Lorsqu'une partie est représentée devant le tribunal administratif par un des mandataires mentionnés à l'article R. 431-2, les actes de procédure, à l'exception de la notification de la décision prévue aux articles R. 751-3 et suivants, ne sont accomplis qu'à l'égard de ce mandataire.

■ **Textes sources**

– Code des TA et des CAA, article R. 107.

■ **Commentaires**

Cet article reprend, de façon plus rigoureuse s'agissant des mandataires prévus à l'article R. 431-2, les dispositions de l'article R. 411-6 : non seulement, comme prescrit à ce dernier article, les actes de procédure sont valablement accomplis à leur égard, mais ils ne peuvent valablement l'être qu'à leur égard : ce texte interdit donc à la juridiction de conduire la procédure avec un autre que le mandataire constitué, et l'on peut estimer que serait irrégulier un jugement rendu en méconnaissance de cette interdiction.

Si cette prescription fait obstacle à ce que la juridiction émette des actes de procédure en direction d'autres que les mandataires constitués, on peut penser qu'elle fait corrélativement obstacle à ce qu'elle prenne en considération les pièces ou mémoires transmis directement par une partie, et non par son mandataire. En semblable hypothèse, le respect du texte voudrait que la juridiction invite le mandataire à régulariser cette production par l'apposition de sa signature, s'il le juge bon.

L'unicité du mandataire se trouve ici réaffirmée (voir art. R. 411-6). Il appartient à la juridiction, en cas de doute, et notamment si plusieurs mandataires d'une même partie se succèdent au cours de la même instance, d'inviter les mandataires à désigner le mandataire unique (CE 24 février 1999, SCP d'avocats André Cellard et Françoise Choisel de Monti, cité sous l'article R. 411-6 – CE 21 février 2000, Ville d'Annecy).

L'OBLIGATION DE MANDATAIRE DEVANT LA JURIDICTION ADMINISTRATIVE

Art. R. 431-2 Les requêtes et les mémoires doivent, à peine d'irrecevabilité, être présentés soit par un avocat, soit par un avocat au Conseil d'État et à la Cour de cassation, soit par un avoué en exercice dans le ressort du tribunal administratif intéressé, lorsque les conclusions de la demande tendent au paiement d'une somme d'argent, à la décharge ou à la réduction de sommes dont le paiement est réclamé au requérant ou à la solution d'un litige né d'un contrat.

La signature des requêtes et mémoires par l'un de ces mandataires vaut constitution et élection de domicile chez lui.

■ Textes sources

– Code des TA et des CAA, article R. 108.

■ Commentaires

La signature apposée sur les requêtes et mémoires doit émaner d'un « mandataire », ce qui pourrait faire douter de la capacité d'un avocat ou d'un avoué à se représenter lui-même dans les affaires énumérées à l'article R. 431-2 : la notion de mandataire suppose en effet un mandant et donc l'existence de deux personnes distinctes. Les usages des barreaux vont d'ailleurs en ce sens et la question, dans les faits, ne se pose que très rarement.

Les difficultés pour un requérant d'obtenir l'aide juridictionnelle sont sans influence sur la régularité de la procédure suivie devant la juridiction. Est donc inopérant le moyen tiré de ce que le texte en application duquel a été refusé le bénéfice de cette aide serait contraire à une convention internationale (CE 15 mai 2000, Abd Le Hameid [**1**]).

La méconnaissance par l'avocat d'une règle statutaire s'imposant à lui (telle que l'interdiction pour un membre de l'enseignement autorisé à exercer la profession d'avocat de plaider contre l'État) n'affecte pas la régularité de la requête qu'il a signée (CE 6 novembre 1992, Ministre de l'Économie c/ SCI Les Hameaux de Perrin [**2**] – CE 22 octobre 1999, Société Arrow).

Un avocat peut être désavoué par la partie qu'il représente (voir art. R. 635-1). L'action en désaveu, admise devant toute juridiction administrative (Commission spéciale de cassation des pensions, 17 décembre 1976, Menuguie), peut viser tout avocat et n'est donc pas limitée aux seuls avocats aux Conseils. Il en

a été jugé ainsi le 5 juin 1992 (CE sect. 5 juin 1992, OPAC de la Seine-Maritime [**3**] – CE 30 décembre 1998, Syndicat national des ingénieurs du génie rural).
La position réaffirmée en 1992, il faut le noter, se différencie de la procédure civile, laquelle n'accepte l'action en désaveu que devant la Cour de cassation et contre les seuls avocats aux Conseils et les huissiers (art. 417 du Nouveau Code de procédure civile et titre IX du règlement de 1738 demeuré en vigueur pour la Cour de cassation).
Lorsqu'elle est admise, l'action en désaveu aboutit à la déclaration de nullité de la procédure administrative.
Le mandataire choisi pour une instance conserve son mandat sauf intention contraire expresse du mandant, lorsque, après cassation, l'affaire est renvoyée devant les juges du fond, et ce, même si un autre mandataire a occupé devant le juge de cassation (CE 14 février 2001, SA Hôtel Le National).

□ ***Jurisprudence***

[**1**] Considérant que la procédure au terme de laquelle il est statué sur la demande d'aide juridictionnelle en vue de soumettre un litige à une juridiction est distincte de la procédure suivie devant cette juridiction et obéit à des règles qui lui sont propres ; que par suite les moyens tirés, contre la décision de cette juridiction, de ce que la décision ayant rejeté la demande d'aide juridictionnelle serait irrégulière, notamment parce qu'elle serait intervenue au vu de textes qui seraient incompatibles avec des engagements internationaux de la France, sont inopérants...

[**2**] Considérant [...] qu'un membre de l'enseignement, qui, en raison de ses fonctions, est autorisé à exercer la profession d'avocat, ne peut représenter en justice un contribuable dans un litige qui oppose celui-ci à l'administration des impôts ; que, toutefois, si la méconnaissance de cette interdiction fait notamment encourir à son auteur les sanctions prévues par l'article 6 précité du décret du 29 octobre 1936, elle n'affecte pas la validité de l'action qu'il a engagée pour son client...

[**3**] Sur l'action en désaveu formée devant le tribunal administratif par l'Office public d'aménagement et de construction de la Seine-Maritime :
Considérant qu'il résulte de l'instruction que Me Vallet, avocat au barreau de Rouen, a introduit, au nom de l'Office public d'aménagement et de construction de la Seine-Maritime, deux demandes devant le tribunal administratif de Rouen, l'une relative à des désordres affectant les façades d'un groupe d'immeubles sis à Harfleur-Caucriauville, l'autre relative à des désordres affectant l'étanchéité des terrasses du même groupe d'immeubles ; que, par lettre du 20 août 1980, l'office a demandé à Me Vallet de se désister de la demande relative aux désordres affectant l'étanchéité des terrasses ; que l'office a donné son accord à un projet de désistement établi par Me Vallet par une lettre du 30 septembre 1980 qui se réfère expressément et exclusivement au litige relatif aux désordres affectant l'étanchéité des terrasses et ne saurait être regardée comme donnant à cet avocat mandat de se désister de la requête relative aux désordres affectant les façades ; que le désistement de cette requête a toutefois été présenté par acte enregistré le 7 octobre 1980 ; qu'à la suite du dépôt de ce désistement, l'office public a formé devant le tribunal administratif une action en désaveu contre son avocat ;

Considérant que, d'une part, l'action en désaveu peut être formée devant toute juridiction administrative ; que, d'autre part, il résulte de ce qui été dit plus haut que le désistement du 7 octobre 1980 a été présenté sans mandat ; que, dans ces conditions, et contrairement à ce qui est soutenu par la société Quillery-Saint-Maur, la société de dragage et de travaux publics, MM. Blanchard, Lagrange, Neuville et autres, c'est à bon droit que, par le jugement attaqué, le tribunal administratif de Rouen a accueilli l'action en désaveu formée par l'Office public d'aménagement et de construction du département de la Seine-Maritime et déclaré nul, alors même qu'il avait été accepté par les défendeurs, le désistement présenté le 7 octobre 1980...

LES EXCEPTIONS À L'OBLIGATION DE RECOURIR À UN AVOCAT OU AVOUÉ

Art. R. 431-3 Toutefois, les dispositions du 1er alinéa de l'article R. 431-2 ne sont pas applicables :

1° Aux litiges en matière de travaux publics, de contrats relatifs au domaine public, de contravention de grande voirie ;

2° Aux litiges en matière de contributions directes, de taxes sur le chiffre d'affaires et de taxes assimilées ;

3° Aux litiges d'ordre individuel concernant les agents publics ;

4° Aux litiges en matière de pensions, d'aide sociale, d'aide personnalisée au logement, d'emplois réservés et d'indemnisation des rapatriés ;

5° Aux litiges dans lesquels le défendeur est une collectivité territoriale ou un établissement public en relevant ;

6° Aux demandes d'exécution d'un jugement définitif.

■ Textes sources

– Code des TA et des CAA, article R. 109.
– Décret n° 2001-710 du 31 juillet 2001, article 5-I.

■ Commentaires

Les articles R. 421-2 et R. 421-3 fournissent une définition précise des cas où le ministère d'avocat est obligatoire ou non devant le tribunal administratif. Le pouvoir réglementaire a compétence pour dispenser les justiciables de recourir à un tel ministère (CE 19 mars 1993, Confédération syndicale des avocats). À l'inverse, l'exigence d'avocat n'est pas contraire à l'article 6-3 de la Convention européenne de sauvegarde des droits de l'homme et des libertés fondamentales selon lequel « tout accusé a droit [...] à se défendre lui-même », ces dispositions, comme celles de la même convention concernant le droit de se faire assister gratuitement d'un interprète, n'étant applicables qu'en matière pénale (CE 27 septembre 1985, Avakian, *Lebon* p. 259 – CE 11 octobre 1989, Melin – CE 7 novembre 1990, Serwaah), observation faite que le contentieux répressif des contraventions de grande voirie est précisément dispensé d'avocat. Même d'ailleurs en tenant compte de l'extension de la notion d'« accusation en matière pénale » et de celle d'« obligation civile », qui déterminent le champ d'application de l'article 6 de cette convention, on observe que le recours pour excès de pouvoir, comme les recours fiscaux, sont dispensés du ministère d'avocat.

La détermination des cas dans lesquels il doit être recouru au ministère d'avocat s'opère en deux temps.

De l'article R. 421-2 se déduit un premier ensemble : il couvre pratiquement tout le plein contentieux, compte tenu de la jurisprudence qui y range les recours dirigés contre les états exécutoires (CE sect. 27 avril 1988, Mbakam, *Lebon* p. 173) ou contre les ordres de versement (CE sect. 23 décembre 1988, Cadilhac, *AJDA* 1989, p. 254), étant observé qu'un recours formé par une collectivité contre un arrêté préfectoral opérant le mandatement d'office d'une dépense relève de l'excès de pouvoir (CE 16 octobre 1996, Département de la Loire).

De cet ensemble sont retirés les sous-ensembles énumérés à l'article R. 421-3, qui, grosso modo (et à l'exception du 6°), reprennent les anciens cas de dispense (dont il faut souligner, parce qu'une réponse ministérielle a dit le contraire – rép. min. Montel, *JO* 6 août 1955 – qu'ils englobent les recours de plein contentieux formés par les agents publics devant le tribunal administratif : CE 22 novembre 1989, Ministre de l'Intérieur c/ Letquimounin [**1**]).

Le décret du 14 novembre 1984, dispensant du ministère d'avocat les litiges portés devant les tribunaux administratifs de Papeete et Nouméa, a été abrogé par le décret du 7 septembre 1989 portant Code des tribunaux administratifs et des cours administratives d'appel ; ces contentieux suivent donc la règle commune (CE sect. avis contentieux 25 février 1994, Peters).

Les contentieux annexes suivent le sort du contentieux principal au regard de l'obligation d'avocat. Ainsi jugé en ce qui concerne l'opposition à la taxation des frais d'expertise (CE 12 mars 1990, Association pour la défense des intérêts de l'Agenois). Mais on notera que la demande d'exécution d'une décision juridictionnelle, présentée dans le cadre de l'article L. 911-4 du code, n'est pas considérée comme accessoire, puisqu'elle est dispensée d'avocat quel que soit le litige (6° de l'article R. 421-3).

Étant rappelé que l'obligation ou la dispense d'avocat vaut pour le demandeur comme pour le défendeur (sauf l'État : voir art. R. 431-7), on doit souligner que le juge a l'obligation de faire régulariser un défaut constaté en ce domaine (voir art. R. 612-1, confirmant CE sect. 27 janvier 1989, Hai Chrun, *AJDA* 1989, p. 318 [**2**], plus net que CE 28 février 1973, Rochois, *Lebon* p. 177), cette régularisation pouvant intervenir à tout moment de la procédure devant le même juge, comme tout ce qui touche à la représentation des parties (CE 31 janvier 1964, Bourgon, *Lebon* p. 74), mais sous la réserve rigoureuse de l'article R. 612-2.

L'obligation ainsi mise à la charge du juge ne lui impose toutefois d'effectuer lui-même la démarche, que s'il n'a pas eu l'occasion de notifier à l'intéressé des observations de l'adversaire soulignant l'irrégularité de sa requête et en tirant une fin de non-recevoir. Cette règle, selon laquelle une telle notification vaut donc invitation à régulariser, a été posée par arrêts des 23 avril 1997 (CE 23 avril 1997, Syndicat national des techniciens et travailleurs de la production cinématographique) et 28 avril 1997 (CE 28 avril 1997, Association des commerçants non sédentaires de Corbeil-Essonnes [**3**]), adoptant la position de la cour administrative d'appel de Nantes (CAA Nantes, 22 juin 1994, Comité de défense du site de Kervoazou) et revenant sur une décision du 25 février 1987 (CE 25 février 1987, Mortet, *Lebon* p. 880) et se trouve réaffirmée par la rédaction de l'article R. 612-1.

Il arrive assez souvent que le tribunal ne juge pas opportun de faire régulariser devant lui, par le recours à un avocat, une demande qui n'en est pas dispensée, toutes les fois notamment qu'il estime pouvoir rejeter cette demande pour une autre raison que le défaut d'avocat (à quoi bon obliger le demandeur à constituer avocat si le rejet de la demande est certain ?). La question se pose alors de savoir si, devant le juge d'appel saisi du jugement de rejet, pourra être utilement soulevée (d'office ou dans des observations en défense) l'irrecevabilité qui entachait la demande. Par un arrêt de 1990, il a été jugé que le juge d'appel ne pouvait faire droit à la fin de non-recevoir soulevée devant lui, tirée de l'absence d'avocat en première instance, puisque le tribunal n'aurait pu l'opposer sans avoir préalablement invité le demandeur à régulariser sa procédure, ce qu'il n'avait pas fait (CE 21 septembre 1990, Société de concours techniques, *Lebon* p. 249 [**4**]). Naturellement, et compte tenu de la règle selon laquelle la notification d'un mémoire vaut invitation à régulariser, une telle attitude ne peut être envisagée que si la fin de non-recevoir n'a pas été soulevée en première instance, puisque dans l'hypothèse inverse la procédure est, sur cette question, rendue régulière par la notification du mémoire contenant la fin de non-recevoir.

On doit se demander si cette jurisprudence sera maintenue. Une décision rendue le 29 décembre 2000 (CE sect., 29 décembre 2000, CPAM de Grenoble et autres [**5**]) soulève en effet l'interrogation. Il y est admis que, dans une hypothèse voisine dans laquelle le premier juge n'avait ni opposé de fin de non-recevoir ni invité l'auteur de la demande à régulariser cette dernière, le juge d'appel puisse accueillir une telle fin de non-recevoir concernant la demande de première instance, relevée d'office par lui, à condition d'avoir au préalable invité l'auteur de la demande à la régulariser. Dans l'espèce, la fin de non-recevoir était tirée de l'absence d'habilitation pour agir de la personne ayant signé la demande pour le compte d'une personne morale.

L'extension de cette jurisprudence au cas de l'obligation de recourir à un avocat ne va pas de soi : s'il est en effet concevable que l'absence de production d'une habilitation puisse se corriger même après le jugement rendu (ce qu'implique la décision du 29 décembre 2000), on voit mal comment, invité à régulariser une demande présentée sans avocat, le demandeur pourrait y procéder alors que l'instance concernée est terminée... En présence de cette impossibilité, et compte tenu de la force du principe qui interdit d'opposer un vice de forme régularisable sans avoir au préalable invité l'intéressé à procéder à la régularisation, il nous semble que la solution retenue dans l'affaire Société des concours techniques devrait être maintenue.

☐ ***Jurisprudence***

[**1**] Considérant, d'une part, que l'article R. 79 du Code des tribunaux administratifs dispense du ministère d'avocat : 4° les litiges d'ordre individuel concernant les fonctionnaires [...] ; que cette disposition s'applique aux litiges de plein contentieux présentés par les fonctionnaires ; que la circonstance que la demande de M. Letquimounin ait été présentée sans ministère d'avocat n'avait donc pas pour effet de la rendre irrecevable...

[**2**] Considérant que l'irrecevabilité tirée de leur présentation sans le ministère d'un avocat ne peut être opposée à des conclusions soumises à cette obligation – sous réserve de l'application aux pourvois en cassation devant le Conseil d'État des dispositions de l'article 57-10 ajouté par le décret n° 88-905 du 2 septembre 1988 au décret du 30 juillet 1963 modifié – que si le requérant, d'abord invité à régulariser son pourvoi par le recours au ministère d'un avocat, s'est abstenu de donner suite à cette invitation...

[**3**] Considérant que pour rejeter comme irrecevables ces autres conclusions, le tribunal administratif a relevé qu'alors qu'aucune disposition des statuts de l'Association des commerçants non sédentaires de Corbeil-Essonnes ne conférait au président, au bureau ou au conseil d'administration le pouvoir de décider d'agir en justice, l'avocat signataire de la demande de l'association l'a présentée devant le tribunal administratif sans justifier d'aucune délibération de l'assemblée générale décidant d'engager l'action ; que, par suite, la demande n'était pas recevable ; que, dès lors que cette irrecevabilité avait été expressément invoquée en défense par la « société anonyme Les fils de Mme Géraud », dans un mémoire qui a été communiqué à l'association, le tribunal administratif n'était pas tenu d'inviter l'association à régulariser sa demande ; qu'il résulte de ce qui précède que l'Association des commerçants non sédentaires de Corbeil-Essonnes n'est pas fondée à soutenir que c'est à tort que, par le jugement attaqué, le tribunal administratif de Versailles a rejeté ces conclusions comme irrecevables ;

[**4**] Considérant que l'état exécutoire d'un montant de 110 250 F, décerné à l'encontre de la Société de concours techniques a été remis aux fins de recouvrement par le ministre du Travail et de la Participation à l'agent judiciaire du Trésor, dans les conditions prévues par les articles 85 (1°) et 86 du décret du 29 décembre 1962 ; qu'aux termes de l'article 89 de ce même décret : « le recouvrement des états exécutoires visés à l'article 85 (1°) est poursuivi jusqu'à opposition du débiteur devant la juridiction compétente » ; que, dans ces conditions, la société n'avait pas à faire précéder sa demande au tribunal administratif de Paris d'un recours administratif préalable ; que, par suite, c'est à tort que le tribunal a déclaré irrecevable la demande dont il était saisi ; que son jugement en date du 12 mai 1982 doit, dès lors, être annulé ;
Considérant que, dans les circonstances de l'espèce, il y a lieu d'évoquer et de statuer immédiate-

ment sur la demande présentée par la société de concours techniques devant le tribunal administratif de Paris ;
Sur la fin de non-recevoir opposée par le ministre du Travail et de la Participation :
Considérant que la demande de la Société de concours techniques contestant le bien-fondé de la créance pour le recouvrement de laquelle a été émis l'état exécutoire allégué, qui n'entre dans aucun des cas où une demande peut être formée devant un tribunal administratif sans le ministère d'un avocat, a été présentée sans qu'il ait été recouru à ce ministère ; que, toutefois, la fin de non-recevoir tirée du défaut d'avocat en première instance ne saurait être utilement opposée en appel, dès lors que le tribunal administratif n'aurait pu l'opposer à la demande sans avoir préalablement invité la société à régulariser sa demande en recourant au ministère d'un avocat...

[**5**] Considérant que la Caisse primaire centrale d'assurance maladie de Lyon a saisi la section des assurances sociales du conseil régional de l'Ordre des médecins de Rhône-Alpes d'une plainte formée contre M. Robin ; que par une décision en date du 21 décembre 1994 cette juridiction a accueilli cette plainte et infligé à M. Robin la sanction de l'interdiction de donner ses soins aux assurés sociaux pendant six mois ; que, par la décision attaquée, la section des assurances sociales du Conseil national de l'Ordre des médecins, saisie de l'appel formé par M. Robin, a relevé d'office l'irrecevabilité de la plainte signée du directeur de la Caisse primaire centrale d'assurance maladie de Lyon, qui ne justifiait d'aucune délibération du conseil d'administration de cet organisme décidant d'engager ces poursuites, et, sans inviter la caisse à régulariser sa plainte, a annulé pour ce motif la décision de la section des assurances sociales du conseil régional en ce qu'elle l'avait accueillie ;
Considérant que s'il appartient au juge d'appel de relever d'office l'irrecevabilité d'une demande accueillie par les premiers juges mais dont le signataire ne justifie pas de sa qualité pour agir, il ne saurait, sans méconnaître l'étendue de ses pouvoirs, annuler pour ce motif la décision du juge de premier ressort et rejeter la demande dont celui-ci avait été saisi sans avoir, au préalable, invité l'auteur de cette demande à la régulariser, et ce alors même que l'irrégularité de la procédure de première instance résultant de l'absence d'invitation à régulariser la demande n'aurait pas été invoquée en appel ; que par suite la Caisse primaire centrale d'assurance maladie de Lyon est fondée à soutenir que faute de l'avoir invitée à régulariser la plainte signée de son directeur, la section des assurances sociales du Conseil national de l'Ordre des médecins a entaché d'irrégularité sa décision...

LA SIGNATURE DES REQUÊTES OU MÉMOIRES

Art. R. 431-4 Dans les affaires où ne s'appliquent pas les dispositions de l'article R. 431-2, les requêtes et les mémoires doivent être signés par leur auteur et, dans le cas d'une personne morale, par une personne justifiant de sa qualité pour agir.

■ **Textes sources**

– Code des TA et des CAA, article R. 110, § 1.

■ **Commentaires**

Voir article R. 431-5.

LA REPRÉSENTATION DES PARTIES

Art. R. 431-5 Les parties peuvent également se faire représenter :

1° Par l'un des mandataires mentionnés à l'article R. 431-2 ;

2° Par une association agréée au titre de l'article L. 252-1 du Code rural, dès lors que les conditions prévues à l'article L. 252-5 dudit code sont réunies et selon les modalités prévues par les articles R. 252-21 à R. 252-29 dudit code.

■ **Textes sources**

– Code des TA et des CAA, article R. 110, § 2.

■ **Commentaires**

Cet article doit être lu de façon nuancée.

En matière fiscale, en effet, le Livre des procédures fiscales autorise les parties à se faire représenter devant le tribunal administratif par un mandataire de leur choix (art. R. 200-2 du Livre des procédures fiscales, repris à l'article R. 431-6), ce dispositif jouant également en appel depuis le décret du 22 décembre 1989 (art. R. 200-17 nouveau du Livre des procédures fiscales). Il va de soi qu'en ce cas le mandat doit être exprès et désigner précisément le mandataire (voir à propos du mandat pouvant être donné à un avocat pour agir au Conseil d'État lorsque les textes n'imposent pas le recours à un avocat aux Conseils, CE 12 février 1993, Association groupement de défense du tracé du TGV Nord, écartant un mandat à « tout autre cabinet d'avocats »).

L'action d'une personne physique ne peut donc être introduite que par elle ou par un des mandataires mentionnés à l'article R. 431-2, même lorsque les règles du Code civil permettraient de déterminer un autre mandataire (par exemple s'agissant du mandat tacite entre époux, CE sect. 27 juillet 1990, Ministre de l'Agriculture c/ Beaufils, *Lebon* p. 240). Une seule exception paraît devoir être admise, et concerne les majeurs placés sous tutelle, dotés d'un mandataire par le juge des tutelles. Encore dans ce cas faut-il que le mandat ainsi confié englobe les actions en justice (CE 12 mars 1993, Gadon).

Le 2° de l'article R. 431-5 provient d'un décret d'application de l'article L. 252-5 du Code rural. Il fait des associations agréées de protection de l'environnement les mandataires possibles de personnes physiques ayant subi, dans les domaines mentionnés à l'article L. 252-3 du Code rural, des préjudices causés par une même personne et qui ont une origine commune. Les modalités procédurales précises de l'exercice de ce mandat figurent aux articles R. 252-21 à R. 252-29 du Code rural. Sans qu'il y ait lieu ici de discuter le principe du mandat en cause, on peut observer que, quitte à inclure dans le Code de justice administrative des dispositions particulières à certains contentieux, on aurait pu étendre cette inclusion au mandat pouvant être confié à des associations de consommateurs ou d'investisseurs en application des articles 8-1 ou 13 de la loi du 5 janvier 1988.

La combinaison des règles contenues dans les articles R. 431-4 et R. 431-5 a suscité une interrogation : la présence d'un mandataire (prévue à R. 431-5) valait-elle dispense de justification de la qualité de la personne déclarant agir pour la personne morale (exigée par R. 431-4) ? Saisi de cette question par un tribunal administratif, le Conseil d'État a, par avis contentieux du 29 novembre 1991 (CE avis 29 novembre 1991, Syndicat des commerçants non sédentaires de la Savoie, *AJDA* 1992, p. 237 [**1**]), clairement posé en principe que la présence d'un avocat, qui n'a pas à justifier de son mandat de représentation, ne dispense pas le tribunal de s'assurer que le représentant de la personne morale, qui a saisi l'avocat, justifie de sa qualité et pour la représenter et pour intenter l'action (CE 17 janvier 1992, Association des résidents du plateau de Plaisir [**2**], pour l'appel).

Le juge doit donc inviter les personnes qui signent une requête au nom d'une personne morale à justifier de leur qualité, et soumettre au débat contradictoire les éléments qu'il recevra à la suite de cette démarche (CE 21 octobre 1994, Commune de Roissy-en-Brie). Cette qualité sera vérifiée au regard des règles statutaires. Une évolution notable de la jurisprudence a toutefois assoupli les effets de ces exigences. Jusqu'en 1998, il était jugé avec constance que, dans le silence des textes statutaires, seule l'assemblée générale des membres d'une association avait qualité pour décider d'introduire une action en justice et mandater à cette fin son président, lors même que ce dernier était habilité à représenter l'association en justice (CE février 1989, Comité de défense du chemin de ronde de Damgan [**3**] – CE 27 janvier 1995, Comité de défense intercommunal Maisons-Mesnil-Le Pecq [**4**]). Par arrêt du 3 avril 1998 (CE sect, 3 avril 1998, Fédération de la Plasturgie [**5**]), cette perspective a été renversée : la personne habilitée à représenter l'association en justice est, par là même, regardée comme titulaire du mandat de déclencher une action en justice sur un objet déterminé (voir également, pour une application négative de la règle nouvelle, CE 22 mars 1999, Union syndicale de défense des Français repliés d'Algérie [**6**]). Encore faut-il que les statuts désignent une personne comme ayant le pouvoir de représentation en justice. Sinon, seule l'assemblée générale peut engager l'action (CE 16 février 2001, APECE).

Cette attitude cède évidemment lorsqu'un texte, législatif ou réglementaire, organise au sein des organes de la personne morale, la répartition des compétences. Ainsi est-ce le cas des sociétés commerciales. Ainsi le président d'une mutuelle tire de plein droit de l'article L. 125-11 du Code de la mutualité la qualité pour agir en justice au nom de celle-ci (CE 10 juillet 1996, Mutuelle du ministère de la Justice). Ainsi, compte tenu des termes de l'article L. 121-1 du Code de la Sécurité sociale, selon lequel « le conseil d'administration règle par ses délibérations les affaires de l'organisme », l'article R. 121-2 du même code prévoyant que le président représente de plein droit l'organisme, et peut déléguer ses pouvoirs au directeur, n'a pu « avoir légalement pour effet soit d'autoriser le président du conseil d'administration, en l'absence d'habilitation émanant dudit conseil, à décider d'intenter une action pour le compte de la caisse, soit de déléguer une telle prérogative au directeur » (CE sect. 29 décembre 2000, CPAM de Grenoble et autres).

On note que, pour l'application de cette jurisprudence, même en l'absence de toute clause statutaire, le président est regardé comme le représentant normal de l'association (CE 21 octobre 1994, Commune de Roissy-en-Brie).

Ainsi qu'il a été exposé sous l'article R. 421-3, le juge ne doit effectuer la démarche invitant à une régularisation de la requête présentée au nom d'une personne morale que si le défendeur n'a pas opposé, dans un mémoire communiqué à son adversaire, une fin de non-recevoir tirée du défaut de qualité pour agir (CE 23 avril 1997, Syndicat national des techniciens et travailleurs de la production cinématographique). Faute pour le premier juge d'avoir satisfait à cette obligation lorsqu'elle existe, le juge d'appel ne pouvait remettre en cause la qualité de représentant habilité, ainsi implicitement et définitivement établie (CE 30 novembre 1994, Commune de Poligny [**7**]), non plus que la recevabilité d'une demande au premier juge non assortie de la production de la décision attaquée (CE 12 avril 1995, Commune d'Avignon).

Cette jurisprudence n'a pas été constante. On remarque ainsi que, dans un arrêt Ministre de l'Agriculture c/ Beaufils (CE sect. 27 juillet 1990, *Lebon* p. 240), le Conseil d'État a annulé le jugement ayant accueilli une demande, motif pris de l'irrecevabilité pourtant régularisable qui l'affectait (l'action introduite par Monsieur aurait dû l'être par son épouse), alors même que le tribunal n'avait pas invité l'intéressé à régulariser sa procédure sur ce point soulevé d'office. On a même vu le Conseil d'État effectuer lui-même les mesures de régularisation non effectuées par le tribunal administratif (CE ass. 10 juin 1992, Société Montalev, s'agissant de savoir si le signataire d'une demande présentée pour une personne morale y était habilité).

L'hésitation ne devrait désormais plus avoir cours : par arrêt du 29 décembre 2000 (CE sect. 29 décembre 2000, CPAM de Grenoble et autres), le Conseil d'État a posé en principe que le juge d'appel pouvait relever d'office cette irrecevabilité, mais à condition, si le tribunal n'avait pas accompli cette formalité, d'inviter le demandeur à procéder à la régularisation nécessaire (voir texte de cette décision sous l'article R. 431-3, nº 5).

Dans cette recherche de la qualité d'une personne physique pour agir au nom d'une personne morale, le juge s'interdit toutefois de pénétrer dans la vie des personnes morales, et notamment de vérifier que les statuts ou délibérations qui lui sont présentés sont eux-mêmes valides, au regard des règles légales ou statutaires, ou que le président signataire de la requête a été régulièrement élu (CE sect. 5 novembre 1993, SA Immobilière de construction La Gauloise).

On notera que l'habilitation, si elle demeure nécessaire compte tenu de la jurisprudence Fédération de la plasturgie, peut être donnée rétroactivement, postérieurement à l'acte qu'elle autorise à effectuer (CE 30 novembre 1994, Institut universitaire de formation des maîtres de Bourgogne, à propos d'un appel – CE 30 juillet 1997, Commune de La Ferté-Bernard), ce qui fait de l'irrecevabilité tenant à un défaut de mandat un vice régularisable, insusceptible de relever de l'article R. 222-1 (CE 14 novembre 1997, Association libre du camp Ferrat). L'arrêt CPAM de Grenoble implique que, dans l'hypothèse qu'il tranche (absence d'invitation à régulariser émanant du tribunal), elle puisse être donnée après l'intervention du jugement rendu sur la demande. Mais, sauf cette hypothèse particulière, il n'est en principe pas possible de régulariser, pendant l'appel, une procédure dont l'irrégularité de ce chef a été sanctionnée par les premiers juges (CE 17 décembre 1993, Itier et autres – CAA Nantes, 22 juin 1994, Comité de défense du site de Kervoazou). Non seulement est alors inopérante la production en appel d'une habilitation intervenue postérieurement au jugement (CE 7 juillet 1997, Chambre syndicale de l'ameublement de la Moselle), mais il en va de même de la production, pour la première fois en appel, d'une habilitation pourtant établie avant le jugement qui a sanctionné le défaut de qualité (CE 11 octobre 1995, Syndicat national des psychologues – CE 4 juillet 1997, Association Lei Ravilhe Pastre [**8**]). Il est à cette règle une exception : si le juge d'appel est conduit, après avoir annulé le jugement, à évoquer l'affaire, l'habilitation à introduire la première instance, même postérieure au jugement, valide l'ensemble de la procédure, ce qui est normal, le juge d'appel poursuivant, par l'évocation, la procédure de première instance (CE 27 janvier 1995, SCI du domaine de Tournon et Commune d'Aix-en-Provence). Une solution analogue est apportée en matière de régularisation du défaut de ministère d'avocat (CE 10 février 1984, Dufour, *Lebon* p. 59).

Il est à noter que les personnes publiques ne sont pas à l'abri des exigences du juge administratif :

– sauf texte statutaire contraire, le président d'un établissement public, même habilité à le représenter en justice, ne peut agir qu'en vertu d'une délibération du conseil d'administration de l'établissement. Ainsi pour une université (CE 10 mai 1995, Université de Valenciennes et du Hainaut-Cambrésis), pour l'Office national de la chasse (CE 2 juin 1995, Office national de la chasse), ou pour un centre hospitalier (CE 12 janvier 1996, Hôpital général d'Uzès). On ne sait encore si ces jurisprudences seront maintenues compte tenu de la décision Fédération de la plasturgie.

– un maire ne peut normalement agir en justice sans y être habilité par son conseil municipal. Et l'habilitation qui lui est donnée par le conseil municipal (laquelle peut être donnée après l'introduction de la requête : CE 23 janvier 1959, Commune d'Huez, *Lebon* p. 67 – CE 21 septembre 1992, Pennelle, et même si le conseil municipal a été renouvelé entre la date d'introduction de la requête et l'habilitation : CE 29 novembre 2000, Commune des Ulis) peut être permanente et générale, pendant toute la durée du mandat (CE 21 octobre 1994, Commune de Roissy-en-Brie [**9**] – CE 29 décembre 1995, Association Maison des jeunes et de la culture de Courbevoie). Il dispose toutefois du droit d'intenter une instance de référé sans cette habilitation (CE sect. 28 novembre 1980, Ville de Paris c/ Établissements Roth, *Lebon* p. 446, voir le texte de cet arrêt sous l'article R. 532-1).

La question peut se poser des requêtes introduites par un « mauvais » mandataire, indépendamment de la question de la représentation des personnes morales : on songe à la requête introduite pour un salarié par son délégué syndical, ou par une association pour ses membres. Le Conseil d'État a, en matière fiscale, eu l'occasion de juger qu'une réclamation signée d'un mandataire non autorisé devait être regardée comme non signée, et commandait ainsi l'invitation à régulariser prévue à l'article R. 200-2 du Livre des procédures fiscales (CE 1er mars 1989, Société voyages Wasteels, *RJF* 1989, n° 626 – CE 3 mai 1989, SA Quadriaga, *RJF* 1989, n° 751 [**10**]). La cour administrative d'appel de Lyon a agi de même en contentieux général, et invité en semblable hypothèse le mandant soit à signer lui-même sa requête, soit à faire choix d'un des mandataires prévus à l'article R. 431-2 (CAA Lyon, 3 novembre 1992, Adiprovar [**11**]). Tel ne fut pas, dans une autre affaire, le comportement du Conseil d'État, qui, sur une requête présentée par une personne agissant en qualité de mandataire d'autres personnes, sans être avocat, a jugé que la cour avait à bon droit rejeté comme irrecevable cette requête sans être tenue d'inviter les requérants à régulariser leur requête (CE 28 juillet 1993, Salvetat et autres). On ne partage pas cette façon de voir.

On signale pour finir l'hypothèse spéciale des contribuables communaux autorisés à intenter une action en justice pour le compte des communes (art. L. 316-5 et s. du Code des communes), et donc à les représenter en justice. L'autorisation leur en est donnée par le tribunal administratif siégeant en formation administrative (voir art. R. 222-2).

□ ***Jurisprudence***

[**1**] Dans leur rédaction résultant du décret n° 89-641 du 7 septembre 1989, l'article R. 108 du Code des tribunaux administratifs et des cours administratives d'appel confie le monopole de la représentation des parties aux avocats à la cour, aux avocats au Conseil d'État et à la Cour de cassation et aux avoués en exercice dans le ressort du tribunal lorsque les conclusions de la demande tendent au paiement d'une somme d'argent, à la décharge ou à la réduction de sommes

dont le paiement est réclamé au requérant ou à la solution d'un litige né d'un contrat, et l'article R. 110 dispose : « Dans les affaires où ne s'appliquent pas les dispositions de l'article R. 108, les requêtes et les mémoires doivent être signés par leur auteur et, dans le cas d'une personne morale, par une personne justifiant de sa qualité pour engager cette dernière. Les parties peuvent également se faire représenter par l'un des mandataires mentionnés à l'article R. 108. »

Il résulte de ces dispositions et de l'ensemble des textes les régissant que les avocats à la cour, les avocats au Conseil d'État et à la Cour de cassation et les avoués ont qualité, devant les tribunaux administratifs et les cours administratives d'appel, pour représenter les parties et signer en leur nom les requêtes et les mémoires sans avoir à justifier du mandat par lequel ils ont été saisis par leur client ; en revanche, la présentation d'une action par un avocat à la cour, un avocat aux Conseils ou un avoué ne dispense pas le tribunal administratif de s'assurer, le cas échéant, lorsque la partie en cause est une personne morale, que le représentant de cette personne morale justifie de sa qualité pour engager cette action...

[**2**] Considérant que les statuts de l'Association des résidents du plateau de Plaisir ne comportaient aucune disposition concernant les modalités d'une action en justice ; que seule une délibération de l'assemblée générale pouvait autoriser son président à interjeter appel du jugement du tribunal administratif de Versailles ; que le président de l'association ne justifie d'aucune délibération de l'assemblée générale l'autorisant à agir devant le Conseil d'État ; que dès lors il ne pouvait légalement habiliter Me Fabre-Luce, avocat à la cour, à représenter l'association devant le Conseil d'État ; que, par suite, la requête que Me Fabre-Luce a présentée au nom de l'Association des résidents du plateau de Plaisir n'est pas recevable...

[**3**] Considérant que, si le bureau du conseil d'administration du Comité de défense du chemin de ronde de Damgan a autorisé le président dudit comité à faire appel du jugement attaqué, aucune disposition des statuts de cette association ne confère, ni au bureau ni au président du conseil d'administration, le pouvoir de décider d'agir en justice au nom de ladite association ; que le président du comité requérant, devenu par la suite « Association de sauvegarde du littoral et environnement de Damgan », n'a justifié d'aucune délibération de l'assemblée générale de l'association l'autorisant à agir devant le Conseil d'État ; que, par suite, la requête qu'il a présentée au nom de ladite association n'est pas recevable...

[**4**] Considérant que, s'il résulte des statuts du Comité de défense intercommunal Maisons-Mesnil-Le Pecq contre les déviations de la RN 308 et du CD 157 que le président représente l'association en justice, aucune de leurs stipulations ne confie à l'un des organes dirigeants de l'association le pouvoir de décider d'agir en justice au nom de celle-ci ; qu'il en résulte que seule une délibération de l'assemblée générale pouvait autoriser le président à agir en justice ; que, par suite, la requête du Comité de défense intercommunal Maisons-Mesnil-Le Pecq contre les déviations de la RN 308 et du CD 157, signée par le président qui ne justifie pas d'une autorisation à agir émanant de l'assemblée générale, est irrecevable...

[**5**] Considérant qu'en l'absence, dans les statuts d'une association ou d'un syndicat, de stipulation réservant expressément à un autre organe la capacité de décider de former une action devant le juge administratif, celle-ci est régulièrement engagée par l'organe tenant des mêmes statuts le pouvoir de représenter en justice cette association ou ce syndicat ;

Considérant qu'aux termes de l'article 26 des statuts de la fédération requérante : « Le président [...] dispose des plus larges pouvoirs de représentation de la fédération » ; qu'aucune autre stipulation ne réserve à un autre organe le pouvoir de décider d'engager une action en justice au nom de la fédération ; qu'ainsi, le président de la Fédération de la plasturgie avait qualité pour former, au nom de cette organisation, un recours pour excès de pouvoir contre les arrêtés du 30 novembre 1995, du 15 avril 1996 et du 12 août 1996 portant extension d'accords conclus dans le cadre de la convention collective nationale de la transformation des matières plastiques...

[**6**] Considérant qu'en l'absence, dans les statuts d'une association ou d'un syndicat, de stipulation réservant expressément à un autre organe la capacité de décider de former une action devant le juge administratif, celle-ci est régulièrement engagée par l'organe tenant des mêmes statuts le pouvoir de représenter en justice cette association ou ce syndicat ;
Considérant qu'aux termes de l'article 10 des statuts de l'Union syndicale de défense des Français repliés d'Algérie (USDIFRA) : « Le conseil d'administration jouit [...] des pouvoirs les plus étendus pour agir au nom de l'Union syndicale de défense des Français repliés d'Algérie et autorise tous les actes relatifs a son objet qui ne sont pas de la compétence de l'assemblée générale extraordinaire. » ; qu'aucune autre stipulation ne réserve à un autre organe le pouvoir de décider d'engager une action en justice au nom de l'association ; que si le vice-président de l'association a produit une attestation selon laquelle une décision du « comité national » l'habilite à agir devant le juge administratif, il n'a justifié, en dépit de la demande de régularisation qui lui a été adressée, d'aucune décision du conseil d'administration l'autorisant à agir devant le juge administratif dans la présente instance ; que, par suite, la requête qu'il a présentée au nom de ladite association est irrecevable...

[**7**] Considérant, en second lieu, que si la commune de Poligny fait valoir en appel que les représentants des deux associations ayant introduit la demande en première instance n'avaient pas justifié de leur qualité pour agir au nom de ces associations, cette fin de non-recevoir ne peut être utilement opposée en appel, dès lors que le tribunal administratif n'aurait pu la retenir sans avoir préalablement invité les associations demanderesses à régulariser leur demande sur ce point...

[**8**] Considérant que, pour rejeter comme irrecevable la demande de l'Association « Lei Ravilhe Pastre », le tribunal administratif de Nice s'est fondé sur ce que le président de ladite association n'avait justifié, en dépit de la demande qui lui en avait été faite, d'aucune habilitation de l'assemblée générale de l'association, laquelle, dans le silence des statuts de l'association, pouvait seule l'autoriser à la représenter devant le tribunal ; que la production par l'association, devant le Conseil d'État, de la délibération qui lui avait été demandée par le tribunal n'est pas de nature, alors même que cette délibération est antérieure au jugement attaqué, à régulariser la demande de première instance et à entacher d'irrégularité le jugement attaqué...

[**9**] Considérant qu'aux termes de l'article L. 316-1 du Code des communes, dans la rédaction que lui a donnée la loi n° 85-97 du 25 janvier 1985 : « Sous réserve des dispositions du 16° de l'article L. 122-20, le conseil municipal délibère sur les actions à intenter au nom de la commune » ; qu'aux termes de l'article L. 122-20 du même code : « Le maire peut, en outre, par délégation du conseil municipal, être chargé, en tout ou en partie, et pour la durée de son mandat : [...] 16°. d'intenter au nom de la commune les actions en justice ou de défendre la commune dans les actions intentées

contre elle, dans les cas définis par le conseil municipal » ; qu'il résulte de ces dispositions que le conseil municipal peut légalement donner au maire une délégation générale pour ester en justice au nom de la commune pendant la durée de son mandat ;
Considérant qu'il résulte de ce qui précède que, nonobstant son caractère permanent et général, la délibération du 18 janvier 1992 par laquelle le conseil municipal de Roissy-en-Brie a autorisé le maire à intenter en son nom les actions en justice constitue une habilitation permettant à celui-ci d'introduire la présente requête...

[**10**] Considérant qu'aux termes de l'article 1934 du Code général des impôts applicable à la date de la réclamation et codifié depuis à l'article R. 193-4 du Livre des procédures fiscales : « 1. Toute personne qui introduit ou soutient une réclamation pour autrui doit justifier d'un mandat régulier [...] Toutefois, il n'est pas exigé de mandat des avocats inscrits au barreau ni des personnes qui, en raison de leurs fonctions ou de leur qualité, ont le droit d'agir au nom du contribuable [...] » ; qu'il résulte de l'instruction que la réclamation adressée à l'administration le 28 septembre 1979 en vue d'obtenir la décharge des impositions en litige, si elle a été établie sur un papier à en-tête du cabinet de maître Tomasi, avocat à la cour de Paris auquel, en sa qualité de représentant à l'égard de l'administration des impôts de la société anonyme Quadriaga dont le siège social est à Zoug (Suisse), avait été adressée la notification de redressements du 24 avril 1979, portait la seule signature de M. Henri Perreau signant « pour maître Tomasi » mais non inscrit au barreau ; qu'ainsi ladite réclamation n'avait pas été régulièrement signée ;
Considérant toutefois qu'aux termes du dernier alinéa de l'article R. 200-2 du Livre des procédures fiscales, dans la rédaction qu'il tient de l'article 1er-II du décret susvisé du 26 septembre 1985 en vigueur à la date du jugement attaqué, « les vices de forme prévus à l'article R. 193-3 a, b et d peuvent [...] être utilement couverts dans la demande adressée au tribunal administratif. Il en est de même pour le défaut de signature de la réclamation lorsque l'administration a omis d'en demander la régularisation dans les conditions prévues à l'article R. 197-3 c » ; que la demande présentée par la société anonyme Quadriaga devant le tribunal administratif a été signée d'un avocat à la cour ; qu'ainsi le vice de forme entachant la réclamation de la société était couvert par la demande adressée au tribunal, à la date à laquelle celui-ci a statué...

[**11**] Considérant que l'irrecevabilité tirée de sa présentation par un mandataire autre que l'un de ceux mentionnés par l'article R. 108 précité du Code des tribunaux administratifs et des cours administratives d'appel ne peut être opposée à une demande que si le requérant, d'abord invité par le tribunal à régulariser ladite demande soit par le recours au ministère d'un avocat si ce ministère est obligatoire, soit en signant lui-même ses écritures ou en ayant recours à un avocat dans les litiges énumérés par l'article R. 109 du même code, s'est abstenu de donner suite à cette invitation ; [...] que, par suite, c'est à tort que le tribunal, par le jugement attaqué, a retenu cette irrecevabilité sans que les requérants aient été préalablement invités à régulariser la demande irrégulièrement introduite en leur nom par l'Adiprovar...

LA REPRÉSENTATION DU CONTRIBUABLE EN MATIÈRE FISCALE

Art. R. 431-6 En matière fiscale, la représentation du contribuable est régie par les dispositions de l'article R.* 200-2 du Livre des procédures fiscales ci-après reproduites :

Art. R.* 200-2 alinéa 1 — Par dérogation aux dispositions des articles R. 431-4 et R. 431-5 du Code de justice administrative, les requêtes au tribunal peuvent être signées d'un mandataire autre que ceux qui sont mentionnés à l'article R. 431-2 du même code. En ce cas, les dispositions de l'article R.* 197-4 du présent livre sont applicables.

■ **Textes sources**
- LPF, article R.* 200-2, §1.
- Décret n° 2000-389 du 4 mai 2000, article 1er.

LA DISPENSE DU MINISTÈRE D'AVOCAT OU D'AVOUÉ POUR L'ÉTAT

Art. R. 431-7 L'État est dispensé du ministère d'avocat ou d'avoué soit en demande, soit en défense, soit en intervention.

■ **Textes sources**
- Code des TA et des CAA, article R. 111.

■ **Commentaires**
Cette dispense n'interdit pas à l'État de se faire représenter par avocat, et certains ministères recourent souvent à cette possibilité.

L'ÉLECTION DE DOMICILE DEVANT LE TRIBUNAL ADMINISTRATIF

Art. R. 431-8 Les parties non représentées devant un tribunal administratif qui ont leur résidence hors du territoire de la République doivent faire élection de domicile dans le ressort de ce tribunal.

■ **Textes sources**
- Code des TA et des CAA, article R. 113.

Commentaires

L'obligation d'élection de domicile (qui ne s'applique pas devant les cours administratives d'appel) est passablement désuète, la procédure étant écrite. Bien qu'on constate çà et là quelques rejets fondés sur la méconnaissance de cette obligation (par exemple, CE 12 février 1997, Sid Layachi), force est de constater qu'elle est largement perdue de vue par les greffes des juridictions.

Le tribunal doit inviter l'intéressé à faire élection de domicile (CE 28 septembre 1992, Vromant). Faute pour le requérant de déférer à cette invitation, sa demande est irrecevable (même arrêt).

Le plus souvent cette élection s'effectue dans un cabinet d'avocat. Si elle a été effectuée antérieurement à l'acte qui déclenche un délai, elle a alors pour effet de faire perdre au requérant le bénéfice des délais de distance liés à son domicile propre (CE 26 février 1985, SA Secrétariat général intérimaire Rhône-Alpes, *Lebon* p. 567). Mais tel n'est pas le cas si la personne étrangère dispose en France d'un mandataire général (CE 6 juillet 1990, The Prudential Insurance Company, *RJF* 1990, n° 1170).

L'unification du régime de l'outre-mer et de la métropole a pour objet, notamment, d'éviter que des fonctionnaires, affectés outre-mer et alors en litige avec leur administration, ne doivent faire élection de domicile dans le ressort du tribunal d'outre-mer s'ils sont mutés en métropole avant d'avoir introduit leur requête ; l'ancienne version du texte obligeait, en effet, à élection de domicile devant un tribunal d'outre-mer les parties qui n'avaient pas leur résidence dans le ressort de ce tribunal.

La représentation de l'État par le ministre intéressé

Art. R. 431-9 Sous réserve des dispositions de l'article R. 431-10 et des dispositions spéciales attribuant compétence à une autre autorité, les recours, les mémoires en défense et les mémoires en intervention présentés au nom de l'Étatsont signés par le ministre intéressé.

Les ministres peuvent déléguer leur signature dans les conditions prévues par la réglementation en vigueur.

En outre, la compétence des ministres peut être déléguée par décret :

1° Aux chefs des services déconcentrés des administrations civiles de l'État dans les matières énumérées à l'article 7 du décret n° 82-389 du 10 mai 1982 et à l'article 6 du décret n° 82-390 du 10 mai 1982 ;

2° Au préfet ou au préfet de région dans les autres cas.

Textes sources

– Code des TA et des CAA, article R. 114.

■ Commentaires

Outre ce qui sera précisé sous l'article suivant, il convient de souligner que, au moins dans le contentieux de la légalité (et, peut-on penser, dans le contentieux de l'impôt), le défaut de qualité du signataire des observations en défense ne saurait influencer le sort du litige (CE 15 juin 1990, Ruiz [**1**]). Voir le commentaires sous l'article R. 432-4.

□ ***Jurisprudence***

[**1**] Considérant enfin que la circonstance que le signataire des observations présentées au nom de l'État devant le Conseil d'État n'aurait pas disposé d'une délégation de signature régulière serait, à la supposer établie, sans incidence sur la légalité de la décision attaquée, dont Mme Ruiz n'est, dès lors, pas fondée à demander l'annulation...

LA REPRÉSENTATION DE L'ÉTAT PAR UNE AUTORITÉ AUTRE QUE LE MINISTRE INTÉRESSÉ

Art. R. 431-10 L'État est représenté en défense par le préfet ou le préfet de région lorsque le litige, quelle que soit sa nature, est né de l'activité des administrations civiles de l'État dans le département ou la région, à l'exception toutefois des actions et missions mentionnées à l'article 7 du décret n° 82-389 du 10 mai 1982 et à l'article 6 du décret n° 82-390 du 10 mai 1982.

Devant les tribunaux administratifs de Papeete et de Nouvelle-Calédonie, les recours, les mémoires en défense et les mémoires en intervention présentés au nom de l'État sont signés soit par le ministre chargé des territoires d'outre-mer ou son délégué, soit par le haut-commissaire ou son délégué.

Devant le tribunal administratif de Mamoudzou, les recours, les mémoires en défense et les mémoires en intervention présentés au nom de l'État sont signés soit par le ministre chargé de l'outre-mer ou son délégué, soit par le représentant du Gouvernement ou son délégué.

■ Textes sources

– Code des TA et des CAA, article R. 115.

■ Commentaires

La représentation de l'État devant les tribunaux administratifs (art. R. 431-9 et R. 431-10), telle qu'elle résulte du décret du 23 septembre 1987, n'a pu échapper à un minimum de complication.

S'agissant de l'activité des administrations civiles de l'État dans la région ou le département, le préfet assure cette représentation, sauf en ce qui concerne les matières exclues de son champ de compétence en vertu des décrets du 10 mai 1982, soit essentiellement :

- missions relatives au contenu et à l'organisation de l'action éducative, et à la gestion des personnels et établissements qui y concourent ;
- actions d'inspection de la législation du travail ;
- paiement des dépenses publiques ;
- détermination de l'assiette et recouvrement des impôts et recettes publiques ;
- modalités d'établissement des statistiques.

On doit, bien que le texte de l'article R. 431-10 n'en fasse pas expressément état, ajouter à la liste de ces exclusions les missions à caractère juridictionnel (qui ne sont pas exercées par une « administration » au sens strict du terme), et sans doute celles assurées par les services, même administratifs, relevant du ministère de la Justice.

Pour toutes les actions dans lesquelles est impliqué l'État et qui n'entrent pas dans le champ de la représentation par un préfet, c'est le ministre intéressé (ou celui qui a reçu délégation de sa signature, dans les conditions du droit commun, c'est-à-dire celles qui résultent du décret n° 87-390 du 15 juin 1987) qui doit représenter l'État, sauf à des décrets à avoir transféré cette compétence aux chefs de services extérieurs dans les matières énumérées ci-dessus, ou aux préfets dans les autres cas.

Ont été ainsi déconcentrés les contentieux suivants :

- le contentieux de l'assiette de l'impôt, pour lequel l'État est représenté devant le tribunal administratif par la « direction des impôts qui a suivi l'affaire » (art. R. 200-4 du Livre des procédures fiscales), sauf en ce qui concerne la taxe locale d'équipement pour laquelle c'est l'« administration de l'équipement » qui produit les observations en défense (art. 1723 *sexies* du Code général des impôts) ;
- le contentieux du recouvrement, qui se déroule en présence du comptable chargé de ce recouvrement (art. R. 281-4 du Livre des procédures fiscales) ;
- le contentieux des décisions du recteur d'académie et celui qui concerne les personnels de l'Éducation nationale (décret du 23 septembre 1987) ;
- le contentieux des décisions du directeur régional des impôts refusant ou retirant un agrément auquel est subordonné l'octroi d'un avantage fiscal : la défense aux recours pour excès de pouvoir (mais non aux recours de plein contentieux) est attribuée à ce directeur (décret du 24 décembre 1987) ;
- le contentieux des décisions intervenues dans les domaines relevant de l'inspection de la législation du travail, qui est confié aux directeurs régionaux du travail, s'il s'agit de recours pour excès de pouvoir, et si le ministre n'a pas été saisi d'un recours hiérarchique (décret du 24 décembre 1987) ;
- une partie du contentieux des Postes et Télécommunications (assiette des recettes publiques propres au budget annexe des Postes et Télécommunica-

tions perçues en application des tarifs réglementaires), par décret du 12 octobre 1989. Mais le transfert à la juridiction judiciaire des litiges intéressant la Poste ou France Télécom (loi du 2 juillet 1990) ôte son objet à ce texte ;
- le contentieux du domaine, qui est en principe assuré par le service des domaines (art. R. 158 à R. 163 du Code du domaine de l'État), sauf en ce qui concerne les contraventions de grande voirie (voir observations sous les articles L. 774-2, L. 774-7 et L. 774-8).

On ne saurait enfin oublier que, dans le contentieux de la décentralisation, c'est le préfet qui représente l'État devant le tribunal administratif.

CHAPITRE 2 La représentation des parties devant le Conseil d'État

La signature des requêtes et mémoires présentés devant le Conseil d'État par un avocat au Conseil d'État

Art. R. 432-1 La requête et les mémoires des parties doivent, à peine d'irrecevabilité, être présentés par un avocat au Conseil d'État.
Leur signature par l'avocat vaut constitution et élection de domicile chez lui.

■ **Textes sources**
– Ordonnance nº 45-1708 du 31 juillet 1945, article 41.

■ **Commentaires**
Outre le monopole reconnu aux avocats aux conseils, le texte relatif au Conseil d'État entraîne élection automatique de domicile dans le cabinet de l'avocat choisi, règle qui aurait pu avantageusement figurer également dans l'article R. 431-8...

Les exceptions à l'intervention d'un avocat au Conseil d'État

Art. R. 432-2 Toutefois, les dispositions de l'article R. 432-1 ne sont pas applicables :
1° Aux recours pour excès de pouvoir contre les actes des diverses autorités administratives ;
2° Aux recours en appréciation de légalité ;
3° Aux litiges en matière électorale ;
4° Aux litiges concernant la concession ou le refus de pension.
Dans ces cas, la requête doit être signée par la partie intéressée ou son mandataire.

■ **Textes sources**
– Ordonnance nº 45-1708 du 31 juillet 1945, article 42.

LA DISPENSE D'AVOCAT AU CONSEIL D'ÉTAT POUR CERTAINS RECOURS CONCERNANT LA NOUVELLE-CALÉDONIE

Art. R. 432-3 Les recours prévus aux articles 113, 116, 130 et 197 de la loi organique n° 99-209 du 19 mars 1999 relative à la Nouvelle-Calédonie peuvent être formés sans l'intervention d'un avocat au Conseil d'État et à la Cour de cassation.

■ Textes sources

– Décret n° 99-1068 du 14 décembre 1999, article 2.

LA DISPENSE D'AVOCAT POUR L'ÉTAT DEVANT LE CONSEIL D'ÉTAT

Art. R. 432-4 L'État est dispensé du ministère d'avocat au Conseil d'État soit en demande, soit en défense, soit en intervention.

Les recours et les mémoires, lorsqu'ils ne sont pas présentés par le ministère d'un avocat au Conseil d'État, doivent être signés par le ministre intéressé ou par le fonctionnaire ayant reçu délégation à cet effet.

■ Textes sources

– Ordonnance n° 45-1708 du 31 juillet 1945, article 43.

■ Commentaires

On rappelle que la question de savoir si un mémoire en défense est signé ou non par une personne habilitée à le faire au nom du ministre est normalement sans effet sur la légalité de l'acte attaqué (CE 15 juin 1990, Ruiz, voir art. R. 431-9). Demeure entière la question de savoir si la même règle vaut pour les demandes, présentées en défense, d'allocation de frais irrépétibles. À notre avis, la réponse devrait être négative.

TITRE IV L'aide juridictionnelle

Le présent titre ne comprend pas de dispositions législatives.

L'AIDE JURIDICTIONNELLE

Art. R. 441-1 Les parties peuvent, le cas échéant, réclamer le bénéfice de l'aide juridictionnelle prévue par la loi n° 91-647 du 10 juillet 1991 relative à l'aide juridique.

■ Textes sources

– Code des TA et des CAA, article R. 112.

■ Commentaires

Depuis la loi du 10 juillet 1991 et son décret d'application du 19 décembre 1991, l'aide judiciaire est devenue « aide juridictionnelle ». Comme on l'a dit (voir art. R. 421-5), la demande d'une telle aide interrompt le délai de recours contentieux, comme d'ailleurs le délai d'appel, pourvu qu'elle ait été formée dans ce délai, lequel ne peut plus ensuite être interrompu par un recours administratif (CE 26 septembre 1986, Saadi, *Lebon* p. 669 [1]), interruption de délai qui dure jusqu'à décision définitive du bureau d'aide juridictionnelle ou, si un avocat est désigné, jusqu'à cette désignation. On rappelle que, pour que les délais de recours ainsi interrompus repartent après la décision du bureau d'aide juridictionnelle, il est nécessaire que cette décision indique dans quelles conditions repart ce délai, et notamment que l'exercice d'un recours contre le refus d'aide juridictionnelle n'est plus interruptif : faute de cette indication, le démarrage du délai de recours méconnaîtrait « le principe à valeur constitutionnelle du droit d'exercer un recours juridictionnel » (CE sect., 28 juillet 2000, M. E. A.).

Mais les difficultés pour un requérant d'obtenir l'aide juridictionnelle sont sans influence sur la régularité de la procédure suivie devant la juridiction. Est donc inopérant le moyen tiré de ce que le texte en application duquel a été refusé le bénéfice de cette aide serait contraire à une convention internationale (CE 15 mai 2000, Abd Le Hameid, cité sous l'article R. 431-2).

Il est à souligner que si l'aide a été accordée pour un litige présenté devant une juridiction incompétente, une nouvelle demande d'aide juridictionnelle, inutile, n'interromprait pas à nouveau ce délai (CE 19 mars 1993, Taugourdeau [**2**]).

L'existence d'une demande d'aide juridictionnelle formée avant la clôture de l'instruction, et sur laquelle le bureau ne s'est pas prononcé, interdit en principe à la juridiction de statuer sur le litige (CE 26 avril 1978, Rivière, *Lebon* p. 191 [**3**]), et le jugement rendu en méconnaissance de cette règle sera irrégulier même si la juridiction n'a pas été avisée de l'existence de cette demande (CE 4 mars 1994, Murugiah). Il n'en va autrement que si la requête est entachée d'une irrégularité insusceptible d'être couverte en cours d'instance (CE 5 novembre 1982, Roturier [**4**]), circonstance à laquelle on peut sans doute ajouter les cas dans lesquels l'issue du litige est certaine, et non susceptible d'être modifiée par l'intervention d'un avocat, si qualifié soit-il (par exemple incompétence de la juridiction administrative).

Une fois formée et acceptée une demande d'aide juridictionnelle, le juge doit laisser à l'avocat désigné un délai raisonnable avant d'audiencer l'affaire ou de clore l'instruction (CAA Lyon, 8 janvier 1991, Roche [**5**]).

On rappelle que l'aide juridictionnelle dispense celui qui en bénéficie du paiement du droit de timbre (voir art. R. 411-2).

La loi du 10 juillet 1991 appelle, sur le plan financier, des réactions spontanées du juge, qui doit donc les examiner d'office. Ainsi son article 43 prévoit-il que le juge peut dispenser, pour des considérations tirées de l'équité ou de la situation économique de cette partie, la partie perdante de l'obligation de rembourser au Trésor public tout ou partie des sommes exposées par l'État au titre de l'aide juridictionnelle apportée à la partie gagnante (voir les commentaires sous l'article L. 761-1). Et son article 46 prévoit à l'inverse que « lorsque le juge estime que la procédure engagée par le demandeur bénéficiant de l'aide juridictionnelle est dilatoire ou abusive, il peut le condamner à rembourser en tout ou partie les sommes exposées par l'État au titre de l'aide juridictionnelle ».

☐ ***Jurisprudence***

[**1**] Considérant qu'il n'est pas contesté que, pour attaquer la décision en date du 15 février 1982 du préfet de police de Paris, M. Mohamed Saadi a d'abord présenté, le 3 mars 1982, une demande d'aide judiciaire ; qu'à la suite de la décision accordant à l'intéressé le bénéfice de cette aide, notifiée le 27 mai 1982, la requête de M. Mohamed Saadi devant le tribunal administratif de Paris n'a été enregistrée que le 13 décembre 1982 ; que le recours gracieux introduit le 20 juillet auprès du préfet de police de Paris ne pouvait avoir pour effet de conserver le délai du recours contentieux qui avait commencé à courir le 27 mai 1982 ; que, par suite, la demande présentée au tribunal administratif de Paris était tardive et, par conséquent, irrecevable...

[**2**] Considérant qu'il ressort des pièces du dossier qu'à la suite de l'arrêt de la cour d'appel d'Angers se déclarant incompétente pour connaître du litige l'opposant à l'administration des télécommunications, notifié au plus tard le 28 juin 1984, M. Taugourdeau, qui bénéficiait de l'aide

judiciaire totale, a saisi le tribunal administratif de Nantes le 15 mai 1985, soit plus de deux mois après la notification de l'arrêt de la cour d'appel ; que la nouvelle demande qu'il a présentée au bureau d'aide judiciaire près le tribunal administratif de Nantes n'a pas prorogé à son profit le délai du recours ; qu'il suit de là qu'en jugeant que la demande de première instance de M. Taugourdeau était tardive et, par suite, irrecevable, la cour administrative d'appel de Nantes n'a pas commis d'erreur de droit...

[**3**] Considérant que le tribunal administratif de Grenoble saisi par le sieur Rivière d'une demande tendant à la condamnation de la commune de Reilhanette à la réparation des dommages causés à sa propriété a été avisé après l'envoi à l'intéressé de l'avis d'inscription de son affaire à l'audience mais avant la clôture de l'instruction, que ledit sieur Rivière avait réclamé le bénéfice de l'aide judiciaire ; que, dans ces conditions, ce tribunal ne pouvait, sans méconnaître les règles générales de procédure applicables devant cette juridiction, refuser de différer le jugement de l'affaire jusqu'à ce qu'il ait été statué sur la demande d'aide judiciaire du requérant...

[**4**] Considérant que la demande, enregistrée au greffe du tribunal administratif de Nantes le 14 mars 1978, était tardive et, par suite, non recevable ; que, dans ces conditions, en admettant même que le requérant ait entendu réclamer le bénéfice de l'aide judiciaire dans un mémoire enregistré au greffe du tribunal administratif le 20 juin 1979, ce tribunal a pu, en raison du caractère manifeste de cette tardiveté, statuer sur la requête de M. Roturier sans transmettre sa demande d'aide judiciaire aux instances compétentes...

[**5**] Considérant que, par ordonnance du 11 janvier 1988 prise en application de l'article R. 159 du Code des tribunaux administratifs et des cours administratives d'appel alors applicable, le président du tribunal administratif de Grenoble a décidé que l'instruction serait close le 1er février 1988 ; que par courrier du 17 janvier 1988, enregistré au greffe du tribunal administratif le 21 janvier 1988, M. Roche faisait valoir que, sa demande d'aide judiciaire déposée au mois de septembre 1987 n'ayant pas encore reçu de réponse, aucune clôture d'instruction ne pouvait intervenir tant que le bureau d'aide judiciaire ne s'était pas prononcé ; qu'en ne procédant pas au vu de cette demande à la réouverture de l'instruction pour permettre à M. Roche de présenter des observations par l'intermédiaire d'un avocat, au titre de l'aide judiciaire totale qui lui a été accordée le 12 janvier 1988, le tribunal administratif a méconnu le caractère contradictoire de la procédure ; que son jugement du 10 juin 1988 doit de ce fait être annulé...

Livre V

Le référé

TITRE I Le juge des référés

Le présent titre ne comporte pas de dispositions réglementaires

LA MISSION DU JUGE DES RÉFÉRÉS

Art. L. 511-1 Le juge des référés statue par des mesures qui présentent un caractère provisoire. Il n'est pas saisi du principal et se prononce dans les meilleurs délais.

■ Textes sources

– Ordonnance n° 2000-387 du 4 mai 2000, article 1er.
– Loi n° 2000-597 du 30 juin 2000, article 2.

■ Commentaires

L'intérêt principal de cet article est de souligner que le juge des référés n'est pas saisi du principal. Ce qui devrait lui permettre de siéger lors de l'examen ultérieur de l'affaire de fond à laquelle peut être rattachée la demande de référé. On sait que, pour la Cour de cassation, le juge s'étant prononcé sur une demande de référé-provision ne peut plus siéger lors du jugement de l'affaire au fond. C'est pour éviter semblable incompatibilité que le législateur a retenu la définition du juge des référés administratifs.

Le caractère provisoire des mesures prises a pour effet que ne sont pas applicables aux procédures de référés les stipulations de l'article 6 de la Convention européenne de sauvegarde des droits de l'homme et des libertés fondamentales (CE sect. 5 avril 1996, Syndicat des avocats de France).

C'est cet article qui interdit au juge des référés de prononcer l'annulation d'une décision administrative, lors même que le texte lui permet de prononcer « toutes mesures utiles » en cas d'atteinte grave et manifestement illégale à une liberté fondamentale (CE Juge des référés, 24 janvier 2001, Université Paris-VIII).

LES JUGES DES RÉFÉRÉS

Art. L. 511-2 Sont juges des référés les présidents des tribunaux administratifs et des cours administratives d'appel ainsi que les magistrats qu'ils désignent à cet

effet et qui, sauf absence ou empêchement, ont une ancienneté minimale de deux ans et ont atteint au moins le grade de premier conseiller.
Pour les litiges relevant de la compétence du Conseil d'État, sont juges des référés le président de la section du contentieux ainsi que les conseillers d'État qu'il désigne à cet effet.

■ Textes sources

– Loi n° 2000-597 du 30 juin 2000, article 3.

■ Commentaires

Les juges des référés sont des juges uniques, et non des formations collégiales. Naturellement, et selon un principe constant, le juge des référés peut renvoyer l'affaire à une telle formation, possibilité d'ailleurs expressément prévue à l'article L. 522-1.
En faisant figurer les présidents des cours administratives d'appel au nombre des juges des référés, le législateur a nécessairement admis que les cours puissent avoir à connaître de certains des référés qu'institue la loi.

TITRE II Le juge des référés statuant en urgence

CHAPITRE 1 Pouvoirs

Le présent chapitre ne comporte pas de dispositions réglementaires.

LE RÉFÉRÉ-SUSPENSION

Art. L. 521-1 Quand une décision administrative, même de rejet, fait l'objet d'une requête en annulation ou en réformation, le juge des référés, saisi d'une demande en ce sens, peut ordonner la suspension de l'exécution de cette décision, ou de certains de ses effets, lorsque l'urgence le justifie et qu'il est fait état d'un moyen propre à créer, en l'état de l'instruction, un doute sérieux quant à la légalité de la décision.

Lorsque la suspension est prononcée, il est statué sur la requête en annulation ou en réformation de la décision dans les meilleurs délais. La suspension prend fin au plus tard lorsqu'il est statué sur la requête en annulation ou en réformation de la décision.

■ Textes sources

– Loi nº 2000-597 du 30 juin 2000, article 5.

■ Commentaires

La suspension des actes administratifs prend la place du sursis à exécution. Mais le changement n'est pas que sémantique (outre que ces mesures sont prononcées par un juge unique). La nature même de cette procédure est modifiée, même si elle conserve des traits communs avec sa devancière.

I • Des traits communs

Comme précédemment, le juge n'a pas compétence liée pour accorder la suspension, même lorsque les conditions légales sont réunies : à la jurisprudence concernant le sursis à exécution (CE 13 février 1976, Association de défense du quartier Notre-Dame à Versailles, *Lebon* p. 100) répondent les termes exprès de la loi, selon laquelle le juge des référés « peut ordonner la suspension de l'exécution » d'une décision administrative. Ainsi jugé le 12 février 2001 (CE Juge des référés, 12 février 2001, Association française nature environnement et autres).

Comme précédemment, la demande de suspension doit être « adossée » à une demande d'annulation ou de réformation (ce dernier terme visant clairement à rendre cette procédure applicable aux hypothèses dans lesquelles le juge agit comme juge de plein contentieux, comme c'est par exemple le cas en matière d'installations classées ou en matière fiscale – CE 10 février 1984, Société Venutolo, *Lebon* p. 62). Sera donc irrecevable une demande de suspension d'un acte non attaqué par ailleurs.

Comme précédemment, on pourra estimer que la demande de suspension peut être présentée sans condition de délai (CE 28 juin 1965, Erbland, *Lebon* p. 1 017). Sous l'empire du système du sursis à exécution, la requête au fond devait avoir été formée dans le délai de recours (CE 22 juin 1992, Larcher). En toute logique, et la nature de la mesure de suspension étant inchangée par rapport à l'ancien sursis à exécution, la même règle devrait être retenue, la suspension étant une anticipation de l'annulation, et n'ayant pas de raison d'être dès lors que l'expiration des délais de recours rend impossible cette dernière (CE 11 mai 2001, Commune de Loches).

Identiquement peut-on penser que subsistera la condition logique dégagée par la jurisprudence, selon laquelle la suspension ne peut être ordonnée si la décision est totalement exécutée (CE 16 décembre 1977, Lehodey, *Lebon* p. 508 [**1**] – CE 29 juin 1990, Hablani [**2**] – CE 4 février 1994, Gallenmuller [**3**]) ou si elle n'a pas acquis, au moment du jugement, son caractère exécutoire (CE 1er février 1989, Commune de Briançon, arrêt rendu à propos d'une délibération non encore exécutoire [**4**] – CE 5 mai 1993, Commune de Castries), étant entendu que l'on est recevable à présenter une demande de suspension d'une décision non encore exécutoire à la date de cette demande (CE Commune de Briançon, précité). On précisera notamment qu'est irrecevable la demande de suspension d'une décision dont l'exécution est paralysée par l'exercice du recours principal (CE Juge des référés, 26 janvier 2001, Gunes), tel étant le cas en matière de recouvrement (CE 7 février 1986, Ruble, *Lebon* p. 34 [**5**]).

Il convient de noter à ce propos que si la demande de sursis à exécution d'un titre exécutoire n'est pas recevable en première instance, elle le devenait en appel après rejet par le tribunal de la demande d'annulation de ce titre (CAA Lyon, 18 mai 1992, Duhamel, *AJDA* 1993, p. 150 – CE sect. avis 5 mai 1995, SARL Laiterie Fromarsac [**6**]), contrairement à la position retenue par la cour administrative d'appel de Nantes le 26 septembre 1991 (CAA Nantes, Recteur d'académie de Rennes c/ OPAC d'Ille-et-Vilaine, *Lebon* p. 560). Il n'est pas évident qu'il en aille de même s'agissant de la suspension : une décision Gunes du juge des référés du Conseil d'État (CE 26 janvier 2001, Gunes) donne à penser qu'en pareil cas, il convient de présenter au juge d'appel non une demande de suspension, mais une demande de sursis à l'exécution du jugement, sur le fondement de l'article R. 811-17 (décision rendue à propos d'un contentieux de la reconduite à la frontière).

La question s'est posée de savoir si la demande de suspension pourra être présentée alors même que la décision contestée n'est pas encore attaquable, parce qu'elle doit faire l'objet, avant tout contentieux, d'un recours administratif préalable, et que ce dernier n'a pas encore été traité. L'hypothèse en vérité est rare, le recours administratif obligatoire ayant, le plus souvent, pour effet d'être suspensif. Mais elle n'est pas impensable. En témoigne un avis contentieux rendu par le Conseil d'État (CE 29 décembre 1999, Leboulch), relatif aux sanctions disciplinaires prononcées contre les détenus, lesquelles doivent faire l'objet avant tout contentieux d'un recours non suspensif auprès du directeur régional des services pénitentiaires : le juge, a estimé le Conseil d'État, ne peut prononcer le sursis à exécution de la décision initiale, mais de la seule décision rendue sur le recours... ce qui suppose que cette dernière soit, implicitement ou expressément, intervenue. Cette position n'a pas été maintenue (CE 26 avril 2001, Fondation Lenval), le juge vérifiant toutefois que le recours préalable a bien été formé.

II • Une procédure nouvelle

L'identité devrait s'arrêter là. La loi autorise la mise en œuvre de la suspension des décisions administratives « même de rejet ». Il était jugé, jusqu'à une période très récente, que le sursis à exécution ne pouvait concerner qu'une décision « exécutoire », c'est-à-dire dont l'exécution est susceptible d'entraîner une modification dans une situation de droit ou de fait régulière telle qu'elle préexistait (CE sect. 13 novembre 1987, Ministre de l'Intérieur c/ Tang Kam Keung, *Lebon* p. 367). Cette position conduisait à écarter assez systématiquement le sursis des décisions négatives (CE ass. 23 janvier 1970, Amoros, *Lebon* p. 51). À cette position jurisprudentielle, il était une raison péremptoire : surseoir à l'exécution d'une décision de refus revenait pour le juge à ordonner à l'administration de prendre la décision positive, injonction que le juge refusait d'envisager, fût-ce à titre conservatoire. Le paysage, on le sait, a changé, puisque la loi du 8 février 1995 a doté le juge administratif de pouvoirs d'injonction (voir art. L. 911-1 et s.) Il a même changé, sur le plan jurisprudentiel, quelques jours avant la mise en vigueur de la loi nouvelle (CE sect. 20 décembre 2000, Ouatah [**7**]). Le Conseil d'État, tirant les conséquences de la loi de 1995, a en effet accepté d'examiner une demande de sursis à exécution de décision négative, ce qui l'a conduit à donner un premier mode d'emploi de cette partie de la loi nouvelle : il pourra y avoir suspension d'une décision négative s'il apparaît, en l'état de l'instruction, que le juge du fond sera conduit à adresser une injonction à l'administration. Et le juge de la suspension édictera cette injonction à titre conservatoire. Voir pour l'utilisation de la suspension à propos d'une décision de refus de titre de séjour, CE sect. 14 mars 2001, Ministère de l'Intérieur c/ Ameur.

La suspension peut n'être que partielle. C'est une nouveauté, qui va permettre au juge des référés d'ajuster au mieux la combinaison entre la préservation de l'intérêt public (qui exige que les décisions administratives soient exécutées) et la protection, à titre conservatoire, des libertés individuelles. Le système nouveau sort de la logique binaire du « tout ou rien » pour tendre à une intervention juridictionnelle adaptée au mieux aux circonstances de l'espèce. Cette évolution n'est pas sans rappeler celle qui, en matière de responsabilité, conduit progressivement à l'abandon de la théorie de la « faute lourde », pour lui substituer une appréciation de l'« erreur constitutive d'une faute de nature à engager » la responsabilité (CE 10 avril 1992, Époux V...) : le même souci prévaut de faire que la décision juridictionnelle épouse au mieux les données particulières de chaque affaire, de passer, en quelque sorte, du prêt-à-porter à la fabrication sur mesure.

On en veut une autre manifestation. Le sursis à exécution, une fois prononcé, l'était jusqu'à ce que le juge se prononce au principal. La suspension prend fin « au plus tard » à cette date (second alinéa de l'art. L. 521-1), ce qui implique qu'elle peut prendre fin plus tôt : au juge des référés, ici encore, de déterminer la durée de la suspension qui lui paraîtra, dans les circonstances de l'affaire, la plus opportune.

Et l'on verra, à propos de l'article L. 521-4, que ce qui a été ainsi décidé, en ce qui concerne l'étendue de la suspension ou sa durée, est susceptible d'évoluer ultérieurement.

Les conditions d'ouverture de la procédure ne sont plus un préjudice difficilement réparable et au moins un moyen « sérieux de nature à justifier l'annulation de la décision attaquée ». Elles font place à « l'urgence » et aux moyens « propres à créer, en l'état de l'instruction, un doute sérieux quant à la légalité de la décision ».

On a pu se demander si la notion d'« urgence » était très opérationnelle, ou très nouvelle. Tout en effet est ici relatif, et l'on peut prévoir que l'interprétation qui sera donnée de ce terme reviendra souvent, à l'ancien « préjudice difficilement réparable », même si une certains souplesse du juge est attendue. L'urgence ne saurait en effet être repérée au seul vu de l'impatience du requérant ou de la gène que lui procure l'exécution de la décision. On ne saurait oublier que l'on se trouve dans une procédure dérogeant au principe de l'exécution immédiate des décisions administratives, principe qui commande l'efficacité de l'action administrative, et donc, en définitive, le bon fonctionnement d'une société organisée (il suffit d'imaginer à quel degré de chaos conduirait la systématisation du principe inverse, conférant un caractère suspensif aux recours juridictionnels...). Le dossier devra faire apparaître que les effets de l'exécution de la décision ne pourront raisonnablement être effacés par son annulation, ou sa réformation ultérieures, et qu'à cause de cette sorte d'irréversibilité, il faut suspendre... On ne sera pas très éloigné, en réalité, de la notion de « préjudice difficilement réparable ». La jurisprudence a toutefois dégagé une conception de l'urgence en forme de bilan : « À l'urgence de suspendre s'oppose souvent l'urgence d'exécuter », a pu dire M. Seban, commissaire du gouvernement. C'est donc à une appréciation objective qu'est invité le juge, faisant la balance entre les intérêts du requérant et l'intérêt public (CE

28 février 2001, Préfet des Alpes-Maritimes) : la jurisprudence Association de défense du quartier Notre-Dame à Versailles mentionnée en début de commentaire devrait ainsi être absorbée par l'interrogation sur l'urgence.
C'est en matière financière que la nouvelle formulation aura sans doute le plus d'impact. Il était jugé qu'un préjudice financier n'était difficilement réparable que s'il avait des conséquences distinctes de sa simple existence, à partir de l'idée évidente que la plaie d'argent n'est pas normalement mortelle et qu'elle se répare aisément par un mouvement financier inverse, assorti des intérêts. C'est ainsi qu'il n'y avait préjudice difficilement réparable que si « la ruine était au rendez-vous », comme l'a exposé M. Touvet, commissaire du gouvernement concluant sous l'affaire « Confédération nationale des radios libres » (nécessité de vendre une habitation principale, ou un fonds de commerce pour faire face à la dette). Sous son évidence, ce raisonnement faisait fi d'une autre évidence, économique, selon laquelle un franc dont on est dépossédé un jour n'est pas équivalent avec le même franc restitué plus tard, même avec intérêts : tout dépend de l'intensité de la préférence pour le présent du sujet qui doit débourser ce franc. Si cette intensité est très forte, parce que ce franc est une condition essentielle de sa survie, ou de sa vie décente, alors la privation de ce franc ne peut être compensée par l'allocation, plus tard, d'un autre franc majoré des intérêts. Prendre en compte cette réalité est admettre qu'il peut y avoir urgence à faire cesser un préjudice seulement financier. Et c'est ce qu'a jugé la section du contentieux le 19 janvier 2001 (CE sect. 19 janvier 2001, Confédération nationale des radios libres [**8**]), recherchant si les effets d'une mesure financière préjudicient gravement aux intérêts du requérant, alors même qu'ils pourraient être effacés financièrement par une réparation ultérieure. Il a ainsi été admis qu'en matière fiscale, pouvait être obtenue la suspension de l'exécution du rôle, compte tenu de « la gravité des conséquences que pourraient entraîner, à brève échéance, l'obligation de payer sans délai l'imposition ou les mesures mises en œuvre pour son recouvrement » (CE sect. 25 avril 2001, Ministère de l'Économie c/ Société Janfin).
L'appréciation de l'urgence est laissée au pouvoir souverain des juges du fond (CE 14 mars 2001, Commune de Goutrens), qui doivent toutefois indiquer les éléments qui les ont conduits à considérer qu'il y a ou non urgence (CE sect. 25 avril 2001, Association des habitants du littoral du Morbihan).
Restent les « moyens propres à créer un doute sérieux quant à la légalité de la décision » (moyens qui, s'ils sont d'ordre public et ressortent du dossier, doivent être relevés d'office (CE 16 mai 2001, Duffaut). Dans la formulation, c'est à une sorte d'inversion de la charge de la preuve qu'est invité le juge des référés : dans le système ancien, il y avait lieu à sursis lorsque le juge était convaincu, en l'état de l'instruction, que la décision était illégale et donc serait annulée. Désormais le simple doute, mais il le faudra « sérieux » suffira. C'est un changement culturel notable. Il n'est pas inenvisageable, compte tenu de la modularité, notamment dans le temps, de la décision à prendre. Le système

proposé au juge des référés est le suivant : il a un doute sérieux, en l'état de l'instruction, sans être assuré que la poursuite de l'instruction ne conduira pas à lever ce doute ; en ce cas, il suspend pour une durée limitée, en invitant le défendeur à s'expliquer, dans ce délai, sur la pertinence du moyen « douteux », et le terme venu, réexamine le dossier aux fins de savoir si le doute persiste. Ici encore, le juge des référés est invité à surveiller ses dossiers « en temps réel », à ajuster en permanence les mesures qu'il a ordonnées, en procédant par petites touches...

Vaste programme, dont on doit se demander si les juridictions de première instance seront à même de le traduire dans les faits : il faudra, à terme, que la fonction de juge des référés soit exclusive de toute autre fonction contentieuse, car elle impliquera une surveillance constante des affaires en cours, après le prononcé des premières mesures d'urgence, sans préjudice des interventions commandées par l'article L. 521-4.

On peut estimer que, lorsque la réponse à un moyen supposera question préjudicielle (songeons à une question de nationalité, s'agissant de la mesure d'expulsion frappant un étranger soutenant qu'il est français), ce moyen apparaîtra comme créant un doute sérieux, puisque aussi bien il était en général regardé comme « sérieux » dans l'ancien système (CE 3 février 1956, Pétalas, *Lebon* p. 44 – CE 10 mars 1982, Zerdane – CE 25 mars 1994, Gueye [**9**]), et que d'ailleurs il n'y a question préjudicielle que s'il y a question, c'est-à-dire interrogation « de nature à créer un doute sérieux pour un esprit éclairé ».

La nouvelle formulation, on l'aura noté, ne fait plus état de la probabilité d'annulation de l'acte attaqué, à la différence du système ancien mentionnant un moyen « de nature à justifier l'annulation de la décision attaquée ». D'où l'on pourrait déduire que le doute quant à la légalité de la décision justifie le sursis, même si l'annulation de cette décision ne peut être envisagée, parce que par exemple elle est devenue définitive après expiration des délais de recours. On a dit ci-dessus que l'on ne partageait pas cette façon de voir : il n'est pas dans l'économie de la loi de remettre en cause, par une suspension, une décision insusceptible d'annulation parce que définitive, et l'exigence posée par le texte de l'existence d'une demande d'annulation ou de réformation de cette décision conduit à cette conclusion.

Quant aux moyens, le texte appelle une précision et une interrogation.

Les moyens développés à l'appui de la demande de suspension doivent-ils être également présentés à l'appui des conclusions en annulation ou en réformation ? Ne pouvait être utilement soumis au juge du sursis un moyen non présenté à l'appui des conclusions en annulation (CE 10 juillet 1996, Bayle). Élaborée dans une espèce dans laquelle le sursis était jugé en appel cependant que le fond était pendant devant le tribunal, cette règle devait identiquement jouer lorsque la même juridiction était saisie des deux dossiers. La logique voudrait qu'elle soit transposée aux procédures de suspension, car on concevrait mal qu'une suspension soit ordonnée au vu d'un moyen qui, parce que non soulevé au principal, ne permettrait jamais de prononcer l'annulation de la décision... Il reste que l'article L. 522-1 rend problématique cette transposition de jurisprudence.

L'arrêt Ouatah le précise expressément : le juge de la suspension peut – et sans doute doit – faire état de plusieurs moyens créant un doute, en les mentionnant avec précision. Le principe de l'« économie des moyens » n'a donc pas cours en matière de suspension, ce qui, là encore, est en cohérence avec l'économie générale du système et son caractère évolutif : le défendeur doit être averti de tous les éléments douteux affectant sa décision, de façon à orienter utilement sa défense ultérieure dans le sens de l'évacuation de ces doutes. C'est d'ailleurs une obligation légale en matière d'urbanisme (art. L. 600-4-1 du Code de l'urbanisme).

Une demande de suspension pourra être renouvelée après un rejet (CE 7 juillet 1976, Znaty, *Lebon* p. 350 [**10**]) : un jugement statuant sur une telle demande est en effet dépourvu, quels que soient ses motifs, d'autorité de chose jugée (CE 9 décembre 1983, Ville de Paris, *Lebon* p. 499 [**11**]). Rien ne s'oppose à ce qu'elle soit présentée devant le juge d'appel, devant lequel est pendante l'affaire au principal.

Cette possibilité doit être toutefois combinée avec la possibilité de former un pourvoi en cassation contre la décision ayant rejeté la demande initiale, possibilité d'ailleurs enfermée dans des délais brefs. Il ne saurait être admis que, sous couvert d'un tel renouvellement, une partie qui a négligé, ou refusé de former un tel pourvoi fasse rejuger sa demande. Aussi doit-on estimer que le renouvellement de ce type de demande doit faire état de changements soit dans la situation de fait du demandeur (urgence), soit dans l'instruction de l'affaire (« moyens propres à créer un doute sérieux »).

S'agissant plus généralement de la possibilité de présenter une demande de suspension devant le juge d'appel, on doit s'interroger sur l'hypothèse dans laquelle, après une suspension, le tribunal rejetterait la requête, hypothèse certes rare, mais non totalement improbable : alors en effet que, pour le prononcé de la suspension, le doute conduit à suspendre, seule la certitude permet d'annuler. Rejetant la demande d'annulation, le jugement rendu au fond met automatiquement fin à la suspension. L'appelant peut-il derechef demander – au juge d'appel – le prononcé de la suspension, aux conditions énoncées à l'article L. 521-1, ou doit-il, sur le fondement de l'article R. 811-17, demander le sursis à exécution du jugement en ce que ce dernier, bien que de rejet, a mis fin à la suspension ? La décision Gunes du juge des référés du Conseil d'État (CE 26 janvier 2001, Gunes) pourrait donner à penser que c'est la dernière solution qui est la bonne, mais on ne saurait oublier que cette décision a été rendue à propos du contentieux de la reconduite à la frontière (qui est automatiquement suspensif en première instance). On peut d'ailleurs corser le problème : imaginons que le juge des référés, saisi à cette fin en application de l'article L. 521-4, ait mis fin à la suspension un instant de raison avant que le tribunal ne rejette la demande. Sa décision relève du seul pourvoi en cassation (art. L. 523-1), et non de la cour administrative d'appel, alors que s'il était resté muet, le juge d'appel aurait pu être saisi, en application soit de l'article R. 811-17, soit de l'article L. 521-1... On ne peut qu'attendre avec intérêt les décisions qui interviendront en la matière...

Compte tenu de l'urgence, un maire n'a pas besoin d'être habilité par son conseil municipal pour introduire une action en référé au nom de la commune lors même que la délégation pour agir en justice au nom de la commune lui aurait été retirée par le conseil municipal : le Conseil d'État (CE sect. 19 janvier 2001, Commune de Venelles) reprend ici la solution adoptée pour les référés non urgents (CE sect. 28 novembre 1980, Ville de Paris c/ Établissements Roth, *Lebon* p. 446). Il est à noter que cette solution jurisprudentielle n'est pas dictée par l'article L. 2132-3 du Code général des collectivités territoriales, qui, s'il habilite un maire à effectuer sans autorisation « tous actes conservatoires », est jugé subordonner une telle action à l'intervention d'une autorisation *a posteriori* (CE 11 décembre 1963, Ville de Colombes, *Lebon* p. 612 – CE 10 février 1989, Commune de Dugny c/ Prigent).

□ ***Jurisprudence***

[**1**] Considérant que, par les décisions attaquées du 7 mai 1976, le ministre du Travail a autorisé le licenciement des sieurs Lehodey et Decatheaugrue, respectivement délégué syndical et délégué du personnel à l'usine de Villedieu-les-Poêles de la Société Galac-Claudel-Roustang ; que le licenciement des intéressés est intervenu le 17 mai 1976 ; qu'ainsi, les décisions attaquées étaient entièrement exécutées à la date du 5 juillet 1976 à laquelle le tribunal administratif a été saisi de conclusions tendant à ce qu'il soit sursis à leur exécution ; que ces conclusions étaient sans objet et, par suite, irrecevables...

[**2**] Considérant que par un arrêté en date du 27 mars 1990, le préfet du département du Calvados a décidé la reconduite à la frontière de M. Hablani ; que saisi par ce dernier, le conseiller délégué par le président du tribunal administratif de Caen a rejeté sa demande tendant à l'annulation pour excès de pouvoir dudit arrêté par le jugement susvisé du 30 mars 1990 ; que si M. Hablani a joint à ses conclusions dirigées contre ledit jugement et tendant à l'annulation de l'arrêté préfectoral des conclusions tendant à ce qu'il soit sursis à l'exécution de cet arrêté, il ressort des pièces du dossier que, postérieurement à l'introduction de sa requête au Conseil d'État, M. Hablani a été reconduit à la frontière ; qu'ainsi, l'arrêté susvisé du préfet du département du Calvados en date du 27 mars 1990 a été entièrement exécuté ; que, par suite, les conclusions de M. Hablani tendant à ce qu'il soit sursis à l'exécution de cette mesure sont devenues sans objet...

[**3**] Considérant que, par un arrêté du 22 janvier 1992 pris sur le fondement des dispositions de l'article L. 211-1 du Code de l'urbanisme, le maire d'Artix a exercé le droit de préemption, au profit de la commune, sur un immeuble dont M. et Mme Gallenmuller avaient été déclarés adjudicataires par un jugement du tribunal de grande instance de Pau en date du 20 décembre 1991 ; qu'il ressort des pièces du dossier que, le 30 mars 1992, date à laquelle M. Gallenmuller a introduit

devant le tribunal administratif de Pau une demande tendant à ce qu'il soit sursis à l'exécution de cet arrêté, le transfert de la propriété de l'immeuble avait été prononcé au profit de la commune, qui s'était acquittée de la somme due ; qu'ainsi, la décision attaquée était, à cette date, entièrement exécutée ; que, par suite, la demande présentée par M. Gallenmuller était sans objet ; que, dès lors, celui-ci n'est pas fondé à soutenir que c'est à tort que, par le jugement attaqué, le tribunal administratif a rejeté sa demande comme irrecevable...

[**4**] Considérant qu'aux termes du dernier alinéa de l'article L. 123-4 du Code de l'urbanisme, la délibération du conseil municipal prévoyant l'application anticipée de nouvelles dispositions d'un plan d'occupation des sols « devient exécutoire dans le délai d'un mois suivant sa transmission au représentant de l'État » ;
Considérant qu'à la date du 5 novembre 1987 où le tribunal administratif a statué sur le déféré du commissaire de la République des Hautes-Alpes, la délibération du conseil municipal de Briançon du 5 octobre 1987 prévoyant l'application anticipée du plan d'occupation des sols de cette ville n'était pas encore exécutoire, la transmission de ladite délibération ayant eu lieu le 7 octobre 1987 seulement ; qu'ainsi le jugement du tribunal administratif de Marseille en date du 5 novembre 1987 ordonnant qu'il soit sursis à l'exécution de la délibération du 5 octobre 1987 du conseil municipal de Briançon doit être annulé...

[**5**] Considérant qu'il résulte des pièces du dossier que M. Ruble a fait opposition par une requête enregistrée au greffe du tribunal administratif de Strasbourg le 23 octobre 1984 au commandement de payer émis à son encontre le 19 octobre 1984 par la recette-perception de Bischwiller d'un montant de 117 940,45 F ; que ce titre avait cessé d'être exécutoire dès l'introduction de l'opposition devant le tribunal administratif de Strasbourg ; que dès lors les conclusions de M. Ruble tendant à ce qu'il soit sursis à son exécution étaient sans objet et, par suite, non recevables...

[**6**] L'article 164 du décret du 29 décembre 1962 portant règlement général sur la comptabilité publique qui fixe les conditions dans lesquelles sont recouvrées les créances des établissements publics nationaux à caractère administratif dispose que : « Les créances de l'établissement qui n'ont pu être recouvrées à l'amiable font l'objet d'états rendus exécutoires par l'ordonnateur [...]. Leur recouvrement est poursuivi jusqu'à opposition devant la juridiction compétente ».
Il résulte de cette disposition que si l'opposition formée contre un titre exécutoire devant la juridiction compétente fait obstacle au recouvrement de la créance, l'intervention du jugement rejetant ladite opposition met fin à cet effet suspensif. Conformément aux dispositions de l'article L. 8 du Code des tribunaux administratifs et des cours administratives d'appel aux termes duquel « les jugements des tribunaux administratifs et des cours administratives d'appel sont exécutoires et emportent hypothèque », l'appel présenté contre un tel jugement n'entraîne pas par lui-même la suspension de l'exécution du titre, qui ne pourrait être ordonnée que par le juge d'appel saisi de conclusions à fin de sursis présentées dans les conditions de droit commun...

[**7**] Considérant que le juge administratif, saisi de conclusions en ce sens, peut ordonner qu'il soit sursis à l'exécution d'une décision de rejet d'une demande si, d'une part, cette exécution est de nature à causer un préjudice difficilement réparable, et si, d'autre part, l'un au moins des moyens invoqués paraît, en l'état de l'instruction, de nature à justifier que le juge saisi du principal, non seulement annule cette décision, mais aussi adresse à l'autorité administrative qui l'a prise l'une des

injonctions prévues par les dispositions que la loi du 8 février 1995 a introduites tant à l'article 6-1 de la loi du 16 juillet 1980 qu'aux articles L. 8-2 et L. 8-3 du Code des tribunaux administratifs et des cours administratives d'appel ; que si ces conditions sont remplies, il lui appartient – après avoir mentionné avec précision le ou les moyens qu'il a retenus – d'assortir le prononcé du sursis de l'indication des obligations qui en découleront pour l'administration et qui pourront consister à réexaminer la demande dans un délai déterminé ou, le cas échéant, à prendre toute mesure conservatoire utile prescrite par le juge compte tenu de l'objet du litige, du moyen retenu et de l'urgence...

[**8**] Considérant qu'aux termes du premier alinéa de l'article L. 521-1 du Code de justice administrative : « Quand une décision administrative, même de rejet, fait l'objet d'une requête en annulation ou en réformation, le juge des référés, saisi d'une demande en ce sens, peut ordonner la suspension de l'exécution de cette décision, ou de certains de ses effets, lorsque l'urgence le justifie et s'il est fait état d'un moyen propre à créer, en l'état de l'instruction, un doute sérieux quant à la légalité de la décision » ; que, selon le premier alinéa de l'article R. 522-1 du même code, « la requête visant au prononcé de mesures d'urgence doit contenir l'exposé au moins sommaire des faits et moyens et justifier de l'urgence de l'affaire » ;
Considérant qu'il résulte de ces dispositions, comparées, notamment à celles de l'article 54 du décret du 30 juillet 1963 qu'elles ont remplacées, que la condition d'urgence à laquelle est subordonné le prononcé d'une mesure de suspension doit être regardée comme remplie lorsque la décision administrative contestée préjudicie de manière suffisamment grave et immédiate à un intérêt public, à la situation du requérant ou aux intérêts qu'il entend défendre ; qu'il en va ainsi, alors même que cette décision n'aurait qu'un objet ou des répercussions que purement financiers et que, en cas d'annulation, ses effets pourraient être effacés par une réparation pécuniaire...

[**9**] Considérant que le préjudice qui résulte de l'exécution de la décision attaquée est de nature à justifier l'octroi du sursis ; que le moyen tiré de ce que M. Gueye aurait conservé la nationalité française paraît pouvoir être de nature, en l'état de l'instruction, à justifier l'annulation de la décision attaquée ; qu'il y a lieu, dans les circonstances de l'affaire, d'ordonner le sursis à exécution de la décision en date du 10 novembre 1982...

[**10**] Considérant que les décisions par lesquelles la juridiction administrative compétente rejette les demandes de sursis dont elle est saisie sont rendues en l'état de l'instruction à la date à laquelle elle se prononce ; que, par suite, la circonstance que, par une décision en date du 5 novembre 1975, le Conseil d'État statuant au contentieux a rejeté une requête du sieur Znaty tendant à ce qu'il soit sursis à l'exécution de l'arrêté du 23 janvier 1974 ne fait pas obstacle à l'examen, par le Conseil d'État, des moyens invoqués par le sieur Znaty à l'appui d'une nouvelle requête ayant le même objet...

[**11**] Considérant d'une part que les jugements par lesquels les tribunaux administratifs statuent sur les conclusions tendant à ce qu'il soit sursis à l'exécution des actes administratifs qui leur sont déférés jusqu'au jugement à intervenir sur les demandes tendant à l'annulation de ces actes sont nécessairement rendus en l'état de l'instruction à la date à laquelle ils interviennent, et sans pouvoir préjuger le fond du droit ; que, dès lors, l'autorité de la chose jugée ne s'attache, en aucun cas, à ces jugements ; qu'il suit de là que si le tribunal administratif de Paris, pour rejeter, par jugement du 13 juillet 1977, les conclusions à fin de sursis à exécution dirigées contre les décisions du préfet

de Paris fixant les emplacements de certains mobiliers urbains, s'est fondé sur ce que ces décisions n'étaient pas détachables de l'exécution de la convention passée le 12 juillet 1976 entre la ville de Paris et M. Decaux et ne pouvaient dès lors faire l'objet d'un recours pour excès de pouvoir, cette motivation ne faisait pas obstacle à ce que le même tribunal, statuant sur les demandes d'annulation des mêmes décisions, en admette la recevabilité...

LE RÉFÉRÉ-LIBERTÉ

Art. L. 521-2 Saisi d'une demande en ce sens justifiée par l'urgence, le juge des référés peut ordonner toutes mesures nécessaires à la sauvegarde d'une liberté fondamentale à laquelle une personne morale de droit public ou un organisme de droit privé chargé de la gestion d'un service public aurait porté, dans l'exercice d'un de ses pouvoirs, une atteinte grave et manifestement illégale. Le juge des référés se prononce dans un délai de quarante-huit heures.

■ Textes sources

– Loi nº 2000-597 du 30 juin 2000, article 6.

■ Commentaires

C'est une nouveauté d'importance. Le juge administratif des référés se voit doté des pouvoirs de son homologue judiciaire, qui conféraient à ce dernier, parfois au mépris des règles de compétence, une séduction indiscutable aux yeux des justiciables. La possibilité d'intervenir très rapidement (en quarante-huit heures au plus, prescrit la loi, sans que toutefois la méconnaissance de ce délai soit assortie de sanction), et d'ordonner « toutes mesures nécessaires » complète heureusement la panoplie des instruments faisant du juge administratif le juge des libertés.

En se référant à une atteinte grave et manifestement illégale à une liberté fondamentale portée par l'administration « dans l'exercice d'un de ses pouvoirs », le texte a pris soin de ne pas empiéter sur la notion de voie de fait (laquelle est, on le rappelle, une atteinte à une liberté fondamentale « insusceptible de se rattacher à un pouvoir qui ait été donné à l'administration par la loi »), tout en créant, au bénéfice du juge administratif, une notion symétrique.

La question se pose de la combinaison de cet article et du précédent. Elle est d'importance, puisque les règles procédurales d'utilisation de l'un et de l'autre ne sont pas les mêmes (voir art. L. 523-1), comme au surplus leurs conditions de déclenchement (l'urgence d'un côté, l'atteinte grave et illégale à une liberté fondamentale de l'autre). On pourrait avoir une lecture rigide de cette combinaison : l'article L. 521-1 serait préventif, et l'article L. 521-2 « curatif » en quelque sorte, puisqu'il intervient lorsque l'atteinte à la liberté a été portée, et tend à la faire cesser. Mais force est d'admettre que l'atteinte peut être portée par l'édiction même d'une décision, avant même son exécution (songeons à l'interdiction de faire quelque chose, ou à une abstention). Les deux procédures de suspension et de référé-liberté peuvent alors se cumuler, voire faire double emploi, entendons par là que, si les conditions de l'article L. 521-2 sont réunies, *a fortiori* le seront celles de l'article L. 521-1 (CE 27 mars 2001, Ministre de l'Intérieur c/ Djalout : « L'article L. 521-2 peut être mis en œuvre, quand bien même le demandeur pourrait tout aussi bien engager une action au titre de l'article L. 521-1 »). Mais une même requête ne peut se situer sur les deux terrains de l'article L. 521-1 et de l'article L. 521-2, l'un d'eux fût-il susbsidiaire : il faut former des requêtes distinctes (CE sect. 28 février 2001, Philippart et Lesage).

Il reste que l'article L. 521-2 peut jouer alors même qu'aucune décision n'est en cause (mais un simple agissement), et alors même que, si décision il y a, elle n'a pas fait l'objet d'une requête en annulation ou en réformation.

La jurisprudence dira ce que l'on peut entendre par « toutes mesures nécessaires », lesquelles englobent nécessairement le pouvoir d'injonction, et la possibilité, ici encore, d'ordonner des mesures provisoires, à effet limité dans le temps. Cette grande liberté laissée au juge des référés crée, cela dit, une différence avec le référé-suspension, laquelle n'est pas si fondamentale qu'il apparaît, compte tenu de la façon dont le Conseil d'État envisage les mesures de suspension d'actes négatifs (voir dans le commentaire de l'article ci-dessus l'arrêt du CE 20 décembre 2000, Ouatah). En tous cas, il est exclu que, au titre de cet article, le juge des référés puisse prononcer l'annulation d'une décision administrative (CE Juge des référés, 24 janvier 2001, Université Paris-VIII [1] – CE 10 avril 2001, Merzouk) : une telle mesure n'entre pas dans les compétences du juge des référés telles que définies à l'article L. 511-1.

Enfin il appartiendra de définir ce qu'il convient d'entendre par « liberté fondamentale », tâche pour laquelle il conviendra d'utiliser tant les concepts dégagés par la jurisprudence du Tribunal des conflits (statuant sur des voies de fait supposées), du Conseil d'État que ceux qui résultent de la jurisprudence du Conseil constitutionnel. Le panorama est riche de ces libertés : libertés publiques traditionnelles, auxquelles s'ajoutent celles qui bénéficient d'une garantie constitutionnelle, ainsi que le droit de propriété. Il vient d'être illustré s'agissant des étrangers : si ces derniers ne disposent pas de la liberté d'entrer sur le territoire, ils bénéficient du « droit constitutionnel d'asile », « qui a pour corollaire le droit de solliciter le statut de réfugié, dont l'obtention est déterminante pour l'exercice des libertés... reconnues de façon générale aux ressortissants étrangers » (CE Juge des référés, 12 janvier 2001, Hyacinthe – CE 2 mai 2001, Ministre de l'Intérieur c/ Dziri). Ne heurtent aucune liberté fondamentale ni la décision faisant obstacle au transfert du siège d'un cabinet médical (CE Juge des référés, 9 février 2001, Philippart), ni le refus d'accès à une formation de troisième cycle de l'enseignement supérieur (CE Juge des référés,

24 janvier 2001, Université Paris-VIII), ni le maintien sur le domaine public d'une entreprise dépourvue de titre (CE Juge des référés, 31 janvier 2001, Commune de Saint-Laurent-du-Var) ni le refus d'accorder à un agent un congé de formation (CE 28 mai 2001, Raut).

S'agissant du principe de libre administration des collectivités territoriales, qui figure au nombre de ces libertés publiques, il a été jugé que le refus du maire de convoquer le conseil municipal malgré la demande qui lui en était faite par des conseillers municipaux, ne concernant que les rapports internes au sein de la commune, ne pouvait être regardé comme portant atteinte à ce principe (CE sect. 19 janvier 2001, Commune de Venelles).

Comme pour l'application de l'article L. 521-1, un maire n'a pas besoin d'être habilité par son conseil municipal pour introduire une action sur le fondement de ce texte, lors même que la délégation pour agir en justice au nom de la commune lui aurait été retirée par le conseil municipal (CE sect. 19 janvier 2001, Commune de Venelles).

□ ***Jurisprudence***

[**1**] Considérant que si, en application de l'article L. 521-2 du même Code [de justice administrative], le juge des référés peut ordonner « toutes mesures nécessaires à la sauvegarde d'une liberté fondamentale à laquelle une personne morale de droit public [...] aurait porté une atteinte grave et manifestement illégale », il ne saurait, sans méconnaître l'article L. 511-1 précité et excéder sa compétence, prononcer l'annulation d'une décision administrative...

LES AUTRES RÉFÉRÉS D'URGENCE

Art. L. 521-3 En cas d'urgence et sur simple requête qui sera recevable même en l'absence de décision administrative préalable, le juge des référés peut ordonner toutes autres mesures utiles sans faire obstacle à l'exécution d'aucune décision administrative.

■ Textes sources

– Code des TA et des CAA, article R. 130.
– Loi n° 2000-597 du 30 juin 2000, article 7.

■ Commentaires

Ce référé est la copie législative de ce qui était l'article R. 130 de l'ancien code. On peut se demander s'il était bien de nature législative, puisque aussi bien il ne met en cause aucun principe, ainsi que le rappelle son dernier membre de phrase. Il n'a pas pour vocation de permettre le prononcé d'injonctions contre des personnes publiques dans les cas dans lesquels les articles L. 521-1 ou L. 521-2 y feraient obstacle.

Ce référé d'urgence résiduel concerne quelques rares hypothèses.

Une des plus fréquentes est celle des demandes d'expulsion du domaine public. L'atteinte à ce domaine est en effet regardée comme ne mettant en cause aucune liberté fondamentale justiciable de l'article L. 521-2 (CE Juge des référés, 31 janvier 2001, Commune de Saint-Laurent-du-Var). Il sera satisfait à une demande formée à ce titre si la libération du domaine présente un caractère d'urgence (point sur lequel le juge de cassation exerce le seul contrôle de dénaturation des faits : CE 17 janvier 1996, SARL Le jardin des Pyrénées), et si les prétentions de la collectivité publique ne se heurtent à aucune contestation sérieuse (CE 22 juin 1977, Abadie, *Lebon* p. 288 – CE 28 novembre 1980, Ville de Paris c/ Établissements Roth, *Lebon* p. 446 [**1**] – CE 10 juin 1988, Société d'exploitation du Touring-Club de Paris, *Lebon* p. 237 – CAA Lyon, 20 octobre 1992, Société Snega), étant observé que la circonstance que l'intéressé aurait formé un recours pour excès de pouvoir contre la décision l'ayant privé d'un titre d'occupation du domaine ne constitue pas une contestation sérieuse de la demande d'expulsion (CE 2 mars 1990, Peugnez, *Lebon* p. 59 – CAA Lyon, 30 mai 1990, SECA).

Pourra de même être présentée, au titre de ce référé, une demande tendant à ce que cessent des atteintes portées au domaine public (CE sect. 25 janvier 1980, Sotem et Mariani, *Lebon* p. 49 ; *AJDA* 1980, p. 615 [**2**]). À ce titre, le Conseil d'État a ordonné la suspension de travaux, pourtant autorisés par un permis de construire, effectués sur une parcelle susceptible d'appartenir au domaine public maritime (CE 16 janvier 1985, Codorniu), ou entrepris sans autorisation sur ce domaine (CE 26 mai 1989, Cabrisseau). Et, hypothèse limite, le président du tribunal administratif de Rouen a, sur la demande d'une association, interdit la poursuite de travaux de défrichement autorisés dans un massif forestier (ordonnance 13 mai 1991, Association de défense de la forêt de la Caboche, *JCP* 1992, nº 21781).

Cet article permet, de façon générale, au juge administratif d'intervenir pour que force reste à la loi ou que soit assurée la continuité du service public, dans les hypothèses dans lesquelles aucun texte n'autorise l'administration à intervenir. Cette mission du juge des référés est traditionnelle en matière de marchés de travaux publics, lorsque, par suite de la résiliation du marché, le maître d'ouvrage est privé de tout pouvoir coercitif à l'égard de son ancien contractant, aux fins de lui faire remettre des éléments matériels permettant la poursuite de l'exploitation du marché (CE 13 juillet 1956, OPHLM de la Seine, *Lebon* p. 338 – CE 18 mai 1988, Société des téléphériques du massif du Mont-Blanc). Moins traditionnel, mais aussi constant, est l'usage de ce référé pour fournir à l'administration, lorsqu'elle en est dépourvue, un moyen coercitif à l'encontre de personnes privées : ce fut ainsi le cas pour assurer l'exécution des sanctions pécuniaires prononcées par le Conseil des bourses de valeurs

(CE ass. 4 mars 1991, Société des bourses françaises, *Lebon* p. 78), ou pour ordonner à une personne privée, réalisant des opérations immobilières à l'aide de fonds provenant de la participation des employeurs à l'effort de construction, de communiquer, même en dehors de toute perspective contentieuse, à l'Agence nationale pour la participation des employeurs à l'effort de construction les documents devant permettre à cette dernière d'exercer le contrôle qui lui incombe (CE sect. 9 juillet 1997, Agence nationale pour la participation des employeurs à l'effort de construction).

Le Conseil d'État range également dans le champ d'application de ce référé d'urgence les demandes de communication de documents administratifs si l'urgence ne permet pas de les traiter selon la procédure définie par la loi du 17 juillet 1978 (CE 26 mai 1982, Ministre de l'Intérieur c/ Aboudou Mzé, *Lebon* p. 137 [**3**] – CE 21 juin 1989, Ministre des PTT c/ Société Jet Services [**4**] – CE 28 septembre 1994, Mazeron – 21 juillet 1995, Préfet des Yvelines) Cette procédure n'a pas nécessairement à s'inscrire dans la perspective d'un recours devant le juge administratif (CE sect. 9 juillet 1997, ANPEEC, *Lebon* p. 299). Encore faut-il souligner que la mesure n'est utile que si elle ne relève pas des pouvoirs d'instruction du juge de l'excès de pouvoir. Si ce dernier est donc saisi d'une demande d'annulation, il ne sera pas possible d'obtenir par référé la communication des éléments du dossier ayant abouti à la décision contestée (CE 24 avril 1985, Vacher [**5**] – CE 11 décembre 1985, Casanovas [**6**]). Il convient au surplus de souligner à cet égard que, si le refus de transmission du document constitue une décision faisant grief, et si donc sa portée va au-delà d'une simple absence de communication, il ne sera pas possible de surmonter par voie de référé ce refus, car ce serait faire obstacle à l'exécution d'une décision administrative (CE 10 mars 1995, Ministre de l'Enseignement supérieur et de la Recherche c/ Colasse, à propos du refus de remettre au requérant un dossier d'inscription aux épreuves d'un examen).

Outre la condition d'utilité, qui ne saurait être perdue de vue, le juge des référés ne peut au titre de cet article avoir plus de compétences que la juridiction à laquelle il appartient (CE 28 mai 1984, Delannay, *Lebon* p. 191). S'agissant notamment du référé formé en vue d'obtenir communication de documents administratifs, il doit se rattacher à un litige relevant de la compétence administrative. Ce n'est pas le cas si les documents réclamés le sont en vue de se pourvoir devant le tribunal des affaires sociales (CE 16 février 1996, SARL Bretagne Desosse) ou en vue de contester le refus d'enregistrement d'une déclaration de nationalité (CE 27 novembre 1996, Ratsietison [**7**]). D'autre part, le juge du référé de l'article L. 521-3 ne peut ordonner la suspension d'un acte administratif, encore moins l'annuler (CE 21 février 1986, Compagnie des architectes en chef des monuments historiques, *Lebon* p. 45 [**8**] – CE 16 juin 1989, Jehan Rioult).

Assez généralement, le juge de ce référé tend à donner un sens extensif à la réserve interdisant de faire obstacle à l'exécution d'une décision administrative. A ainsi été refusée une expertise réclamée en référé, parce qu'elle avait pour objet de faire apparaître que le refus d'agrément de certains vins par l'Institut national des appellations d'origine n'était pas fondé, un tel objet ne pouvant que préjudicier au principal (CE 10 mai 1995, Meyer). Il convient toutefois de souligner qu'a disparu la condition que la mesure ne préjudicie pas au principal (CE 6 avril 2001, Ministre de l'Éducation nationale). On ne sera dans cette perspective pas surpris que ce juge ne puisse pas prescrire l'interruption de la procédure d'élaboration d'une décision administrative (CE 2 juin 1995, Revol), interdiction qui se rapprocherait du prononcé d'une sorte de suspension.

La question de savoir si, à l'occasion d'un tel référé, le juge peut assortir son injonction à une personne publique d'une astreinte (cas par exemple d'une demande de communication de document administratif) mérite réexamen. La disparition du principe d'interdiction d'injonction faite au juge administratif – alors que le principe inverse prévalait en matière judiciaire (CE 10 mai 1974, Barre et Honnet *Lebon* p. 276 [**9**]) – autorise, nous semble-t-il, l'utilisation de l'injonction dans le cadre de l'article L. 521-3.

□ ***Jurisprudence***

[**1**] Considérant que la société Établissements Roth était titulaire d'un contrat de concession l'autorisant à occuper jusqu'au 30 juin 1978 deux terrains situés dans les entrepôts de Bercy, 45 et 61, rue de Mâcon et 3, rue de Sauternes ; que ce contrat n'ayant pas été renouvelé, elle occupe sans titre régulier depuis cette date lesdits terrains ; qu'elle n'a pas obtempéré à l'injonction qui lui a été adressée par le maire de libérer les lieux au plus tard le 30 septembre 1978 ;
Considérant que les prétentions de la Ville de Paris ne se heurtent à aucune contestation sérieuse et que la libération des locaux occupés sans droit par la société intimée présente un caractère d'urgence ; que, dès lors, la Ville de Paris est fondée à demander l'expulsion de la société des Établissements Roth des locaux et terrains qu'elle occupe...

[**2**] Considérant qu'aux termes de l'article R. 102 du Code des tribunaux administratifs : « Dans tous les cas d'urgence le président du tribunal administratif ou le magistrat qu'il délègue peut [...] ordonner toutes mesures utiles sans faire préjudice au principal et sans faire obstacle à l'exécution d'aucune décision administrative » ;
Considérant qu'eu égard aux risques graves et immédiats pour le domaine public que pouvait présenter, compte tenu du caractère irrégulier du débit de la Durance, la poursuite des travaux d'extraction opérés par la Sotem, le juge des référés pouvait, à raison de l'urgence, ordonner la cessation provisoire de ces travaux ;
Considérant, en revanche, qu'en prescrivant à la Sotem de procéder à la remise en état des lieux le juge des référés a fait préjudice au principal et que son ordonnance doit, sur ce point, être annulée...

[**3**] Considérant que le président du tribunal administratif ou le magistrat qu'il délègue peut user des pouvoirs qu'il tient de l'article R. 102 du Code des tribunaux administratifs pour inviter l'admi-

nistration, dans tous les cas d'urgence, à mettre les intéressés à même de former un recours pour excès de pouvoir en leur communiquant les décisions qui les concernent et, le cas échéant, le dossier au vu duquel ces décisions ont été prises ; qu'ainsi, M. Aboudou Mzé, à qui un délai de 15 jours avait été imparti verbalement pour sortir du territoire français, était fondé, eu égard à l'urgence, à demander au président du tribunal administratif de Marseille de prescrire la communication de la décision de refus de séjour dont il avait fait l'objet et celle du dossier relatif à son titre de séjour...

[**4**] Considérant qu'en vue de former un recours en indemnité contre l'État en raison des conditions dans lesquelles la société française de messagerie internationale exerce ses activités, la société Jet Services a demandé au juge des référés d'ordonner au ministre des Postes et Télécommunications de lui communiquer divers documents relatifs à des conventions passées par l'administration des postes avec cette société ; qu'en l'absence d'urgence, une telle mesure ne pouvait être prescrite selon la procédure prévue par les dispositions précitées de l'article R. 102...

[**5**] Considérant que si le président du tribunal administratif ou le magistrat qu'il délègue peut user des pouvoirs qu'il tient de l'article R. 102 du Code des tribunaux administratifs pour inviter l'administration, dans tous les cas d'urgence, à mettre les intéressés à même de former un recours pour excès de pouvoir en leur communiquant les documents indispensables, la mesure sollicitée par M. Vacher du juge des référés du tribunal administratif de Paris, par requête du 5 octobre 1984, n'était en l'espèce ni utile ni urgente, dès lors qu'il appartenait au tribunal lui-même, saisi au principal d'un recours en annulation contre le permis de construire délivré à l'intéressé, d'user de ses pouvoirs généraux d'instruction pour provoquer la production des documents qui lui paraîtraient utiles à la solution du litige...

[**6**] Considérant que si le président du tribunal administratif ou le magistrat qu'il délègue peut user des pouvoirs qu'il tient des dispositions précitées pour inviter l'administration, dans tous les cas d'urgence, à mettre les intéressés à même de former un recours en leur communiquant le dossier au vu duquel une décision qui les concerne a été prise, il ressort des pièces du dossier que, avant même d'avoir demandé au juge des référés du tribunal administratif de Marseille d'ordonner la communication du dossier, au vu duquel le commissaire de la République délégué pour la police de Marseille a, par décision du 11 avril 1985, refusé d'agréer sa candidature à un emploi de commissaire de la police nationale, M. Casanovas avait formé devant ce tribunal un recours pour excès de pouvoir contre cette décision ; qu'il appartenait au tribunal, saisi de ce recours, d'ordonner le cas échéant la production du dossier au vu duquel la décision attaquée avait été prise ; que, dès lors, la mesure demandée au juge des référés ne revêtait pas le caractère d'urgence exigé par les dispositions précitées de l'article R. 102 du Code des tribunaux administratifs.. ;

[**7**] Considérant qu'aux termes de l'article R. 130 du Code des tribunaux administratifs et des cours administratives d'appel : « En cas d'urgence, le président du tribunal administratif ou de la cour administrative d'appel ou le magistrat que l'un d'eux délègue, peut, sur simple requête qui, devant le tribunal administratif, sera recevable même en l'absence d'une décision administrative préalable, ordonner toutes mesures utiles sans faire préjudice au principal et sans faire obstacle à l'exécution d'aucune décision administrative » ; que, si ces dispositions permettent au président du tribunal administratif ou au magistrat qu'il délègue d'inviter l'administration, dans tous les cas d'urgence,

à mettre les intéressés en mesure de former un recours en leur communiquant les décisions qui les concernent et, le cas échéant, le dossier au vu duquel ces décisions ont été prises, elles impliquent que ces mesures ne soient pas manifestement insusceptibles de se rattacher à un litige relevant de la compétence administrative...

[**8**] Sur les conclusions à fin de sursis :
Considérant qu'aux termes de l'article R. 102 du Code des tribunaux administratifs : « Dans tous les cas d'urgence, le président du tribunal administratif ou le magistrat qu'il délègue peut, sur simple requête qui sera recevable même en l'absence d'une décision administrative préalable, ordonner toutes mesures utiles sans faire préjudice au principal et sans faire obstacle à l'exécution d'aucune décision administrative » ; qu'il ressort de ces dispositions que le sursis à exécution d'une décision administrative ne peut être ordonné par voie de référé ;
Sur les conclusions à fin d'expertise :
Considérant que le juge des référés, en vertu des dispositions de l'article R. 102 du Code des tribunaux administratifs rappelées ci-dessus, ne peut ordonner qu'une mesure utile et qui n'excède pas les pouvoirs du juge administratif ; que les associations requérantes ont demandé au président du tribunal administratif de Paris, statuant en référé, d'ordonner une expertise portant sur les précautions à prendre en vue du transfert à Lille de la collection du musée des plans-reliefs ; qu'en raison de son objet, cette demande, qui tendait à faire déterminer des mesures que le juge administratif n'a pas le pouvoir d'imposer à l'administration, ne répondait pas aux conditions fixées par l'article R. 102 du code précité et ne pouvait dès lors qu'être rejetée...

[**9**] Considérant que la faculté reconnue aux juges de prononcer une astreinte, en vue de l'exécution tant de leurs décisions que des mesures d'instruction qui en sont le préalable, a le caractère d'un principe général du droit ; que, s'il n'appartient qu'au législateur de déterminer, d'étendre ou de restreindre les limites de cette faculté, le décret attaqué a pu légalement, en l'absence à la date de son intervention de toute disposition législative définissant de manière générale le champ d'application de l'astreinte, faire application du principe général susénoncé en rappelant le pouvoir qui appartient au juge d'assortir d'une astreinte les injonctions qu'il adresse aux parties...

LA MODIFICATION DES MESURES PRISES PAR LE JUGE DES RÉFÉRÉS

Art. L. 521-4 Saisi par toute personne intéressée, le juge des référés peut, à tout moment, au vu d'un élément nouveau, modifier les mesures qu'il avait ordonnées ou y mettre fin.

■ Textes sources

– Loi n° 2000-597 du 30 juin 2000, article 8.

■ Commentaires

Cet article est le complément normal des précédents, et confirme la souplesse du système mis en place, et le souci d'adaptabilité manifesté par le législateur.

Les mesures de référés sont provisoires, donc révisables, dans un sens ou un autre.
Mais la révision prévue par cet article ne joue que si le juge est saisi d'une demande. Laquelle peut émaner de « toute personne intéressée », ce qui ne se limite pas nécessairement aux parties. On peut songer au bénéficiaire d'un permis de construire frappé de suspension.
Et il ne peut y avoir révision des mesures antérieurement ordonnées que s'il y a « élément nouveau ». L'expression, volontairement vague, recouvre, c'est évident, l'évolution des faits et du droit. La question posée, à laquelle les juges devront répondre, est de savoir si l'apport dans le dossier d'une argumentation nouvelle au soutien d'un moyen déjà présenté, ou en défense contre ce moyen constitue un « élément nouveau ». Le souci de statuer rapidement pourra en effet conduire le juge des référés, saisi d'une demande de suspension, à être ébranlé par un moyen, en l'absence de toute défense de l'administration. Cette dernière, constatant, au reçu d'une décision de suspension, qu'elle aurait dû prendre cette procédure au sérieux, s'avise, mais un peu tard, de contester le moyen retenu par le juge. Y aura-t-il élément nouveau de nature à déclencher le jeu de l'article L. 521-4 ? Le réalisme, et, ici encore le souci d'adaptabilité, commandent de répondre affirmativement : la production, même tardive, d'observations constitue une évolution de l'« état de l'instruction » au vu duquel a été prononcée la première mesure.
Cet article confirme ce que l'on pouvait penser au vu de l'article L. 521-1 : un dossier de référé d'urgence vit en permanence, n'est jamais « classé », et exige une attention permanente du juge des référés.

CHAPITRE 2 Procédure

La procédure devant le juge des référés

Art. L. 522-1 Le juge des référés statue au terme d'une procédure contradictoire écrite ou orale.

Lorsqu'il lui est demandé de prononcer les mesures visées aux articles L. 521-1 et L. 521-2, de les modifier ou d'y mettre fin, il informe sans délai les parties de la date et de l'heure de l'audience publique.

Sauf renvoi à une formation collégiale, l'audience se déroule sans conclusions du commissaire du gouvernement.

■ Textes sources

– Loi n° 2000-597 du 30 juin 2000, article 10-I.

■ Commentaires

Il y a nécessairement audience publique lorsque sont appliqués les articles L. 521-1 et L. 521-2, mais absence de commissaire du gouvernement, sauf renvoi à une formation collégiale. On en peut conclure que les mesures prévues à l'article L. 521-3 ne relèvent pas de l'audience publique. Mais toutes ces procédures doivent être contradictoires. Est ainsi annulée une ordonnance prononcée au vu d'une pièce (un arrêté de délégation de signature) dont le demandeur n'a pas eu connaissance au plus tard lors de l'audience (CE 28 mai 2001, Société CODIAM).

Ce texte, qui prévoit expressément le renvoi à une formation collégiale, laisse ouverte la question, non tranchée non plus par les dispositions réglementaires, de savoir si ce « renvoi » peut être décidé avant toute audience du juge des référés, ou seulement après une telle audience. On pourrait estimer, au vu notamment de l'article R. 522-8, que, la clôture de l'instruction n'intervenant qu'à l'issue de l'audience, et donc l'instruction se poursuivant jusqu'au terme de cette audience, et même parfois au-delà, il faut en passer par cette séance pour que le dossier soit réputé instruit, et donc susceptible d'être présenté à une formation collégiale. Une telle exigence ne nous paraît pas découler du texte, est peu opportune, et s'inscrirait en rupture avec les usages de la juridiction administrative.

Que l'instruction d'une affaire puisse se poursuivre après son appel à l'audience est certes inhabituel. Mais ce n'est pas la première fois que l'on admet que des éléments postérieurs à cette séance puissent influer sur le jugement de l'affaire (c'est le cas de toutes les affaires de plein contentieux : CE 19 novembre 1993, Brutus, *Lebon* p. 322). Il est donc possible de soumettre à une formation de jugement une affaire dont on n'est pas certain qu'elle soit totalement instruite. Et c'est bien le cas lorsqu'elle est soumise au juge des référés, qui constitue une formation de jugement. On ne voit donc pas que la rédaction des textes oblige à une succession de séances.

Par ailleurs, les textes généraux (voir, par exemple, article R. 222-19), comme la pratique, laissent ce renvoi à la formation supérieure se produire avant ou après séance de jugement de la formation initialement saisie. Et ce, même lorsque c'est le législateur qui a investi un juge statuant seul d'une compétence particulière : ainsi, en matière de reconduite à la frontière, les appels, relevant du président de la section du contentieux du Conseil d'État ou d'un conseiller d'État désigné par lui, sont soumis aux formations collégiales sans d'abord avoir été examinés en séance par un magistrat jugeant seul.

Enfin, on pourrait s'étonner, dans une procédure marquée par un souci de ne pas perdre de temps, de devoir, si un dossier révèle d'emblée une question épineuse ou lourde de conséquences, y consacrer d'abord une séance du juge des référés – alors que ce dernier sait déjà qu'il fera juger la question par une collégialité – avant de la présenter au jugement de cette collégialité.

Notre sentiment est qu'en l'espèce la plus grande souplesse doit prévaloir. Le seul point important est, évidemment, que la formation collégiale devra, si elle est saisie d'une affaire relevant des articles L. 521-1 ou L. 521-2, se comporter comme le juge des référés qu'elle supplée : l'audience devra donc revêtir les caractéristiques prévues par le texte, et la procédure devenir orale. On peut alors, et parce qu'une audience à juge unique se prête mieux aux débats oraux contradictoires qu'appelle le texte, opter pour la commodité et tenir une telle audience avant l'audience de la formation collégiale, laquelle peut alors se tenir dans les formes ordinaires. Telle est apparemment la pratique suivie devant le Conseil d'État. Ainsi, dans l'affaire Commune de Venelles jugée le 19 janvier 2001 par la formation collégiale représentée par la section du contentieux, les conclusions nous apprennent que le juge des référés a, et dans cet ordre, décidé de renvoyer l'affaire en formation collégiale, puis tenu une audience de cabinet, laquelle n'apparaît plus alors comme une séance de jugement, mais comme une séance d'instruction, de mise en état diraient les habitués de la procédure judiciaire. Le texte aurait été plus clair s'il avait fait expressément apparaître la double fonction de l'audience de cabinet, séance de mise en état et, le cas échéant, séance de jugement.

L'oralité de la procédure fait en effet son apparition dans les usages administratifs. Elle trouvera sa place, évidemment, lorsqu'il y aura audience publique, et donc pour les référés-suspension et les référés-libertés. Comme cette audience est une obligation, le juge ne pourra se dispenser d'entendre les parties présentes, et de tenir compte de ce qu'elles exprimeront par oral. Ce qui est susceptible de poser quelque problème quant aux moyens nouveaux ainsi exposés, qui par définition n'auront pas été présentés par écrit dans la procédure principale (voir les commentaires sous l'article L. 521-1). On peut envisager que le juge des référés, s'il est ébranlé par un tel moyen, use de l'article

R. 522-8 et diffère la clôture de l'instruction jusqu'à production écrite de ce moyen dans l'instance principale, puisque aussi bien il pourra être également opportun de la différer pour mettre le défendeur en mesure de s'expliquer sur un moyen soulevé à la seule audience publique (voir les commentaires sous l'article R. 522-8).

En prévoyant que « les parties » sont informées de la date de l'audience, le texte a implicitement écarté du débat oral les intervenants : si ces derniers sont admis à se manifester dans ces procédures (voir art ; R. 522-5), leur présence ne doit pas alourdir les débats, et encore moins ralentir le jugement de l'affaire (CE Juge des référés, 12 janvier 2001, Hyacinthe, admettant expressément une intervention en demande, mais n'ayant pas convoqué l'intervenant à l'audience).

LA DISPENSE DE TIMBRE

Art. L. 522-2 La demande visant au prononcé de mesures d'urgence est dispensée de l'accomplissement de la formalité prévue à l'article 1089 B du Code général des impôts.

■ Textes sources

– Loi n° 2000-597 du 30 juin 2000, article 11.

■ Commentaires

La formalité en question, dont l'exigence est rappelée par l'article L. 411-1, est celle du timbre. La dispense ne concerne, il faut le noter, que les procédures d'urgence, et non les référés « non urgents » prévus au titre III (constat d'urgence et référé-instruction).

LE REJET PAR ORDONNANCE D'UNE DEMANDE DE RÉFÉRÉ D'URGENCE

Art. L. 522-3 Lorsque la demande ne présente pas un caractère d'urgence ou lorsqu'il apparaît manifeste, au vu de la demande, que celle-ci ne relève pas de la compétence de la juridiction administrative, qu'elle est irrecevable ou qu'elle est mal fondée, le juge des référés peut la rejeter par une ordonnance motivée sans qu'il y ait lieu d'appliquer les deux premiers alinéas de l'article L. 522-1.

■ **Textes sources**

– Loi n° 2000-597 du 30 juin 2000, article 12.

■ **Commentaires**

Le juge des référés dispose d'une procédure expéditive, non contradictoire et sans audience publique, pour rejeter les demandes qui ne peuvent prospérer, quelle que soit la raison de ce rejet (incompétence de la juridiction administrative, irrecevabilité ou mal fondé). Ainsi qu'on le verra à propos de l'article R. 522-10, le moyen du rejet, fût-il relevé d'office, n'a pas à être alors communiqué à la partie concernée. Et il sera normalement relevé d'office, cette procédure étant d'évidence prévue pour jouer avant toute instruction de la demande (la cause du rejet doit être manifeste « au vu de la demande »).

Expéditive, assurément, cette procédure l'est. On peut l'assimiler à un tri des requêtes. Mais c'est sa vertu, puisqu'une demande de suspension peut être renouvelée : il est avantageux pour l'intéressé de savoir très rapidement la raison pour laquelle sa demande ne peut prospérer, ce qui lui permet le cas échéant de la renouveler sur des bases régulières sans perdre de temps.

Malgré la rédaction du texte, le juge peut recourir à la procédure de l'article L. 522-3 après avoir instruit l'affaire (CE 16 février 2001, Breucq).

Il est jugé que le juge d'appel peut utiliser les éléments recueillis par le premier juge dans le cadre de l'instruction qu'il a diligentée pour utiliser, en appel, cet article et rejeter ainsi, par cette procédure expéditive, une requête dirigée contre une ordonnance (CE Juge des référés, 15 janvier 2001, Charlery-Adele).

LE CONTENU DE LA DEMANDE DE RÉFÉRÉ D'URGENCE

Art. R. 522-1 La requête visant au prononcé de mesures d'urgence doit contenir l'exposé au moins sommaire des faits et moyens et justifier de l'urgence de l'affaire.

À peine d'irrecevabilité, les conclusions tendant à la suspension d'une décision administrative ou de certains de ses effets doivent être présentées par requête distincte de la requête à fin d'annulation ou de réformation et accompagnées d'une copie de cette dernière.

■ **Textes sources**

– Décret n° 2000-1115 du 22 novembre 2000, article 1er.

■ **Commentaires**

Contrairement à ce qu'une lecture rapide pourrait laisser croire, toutes les exigences de cet article sont substantielles, et leur méconnaissance se traduit par un rejet.

Cet article est rigoureux, et d'autant plus que les irrecevabilités mentionnées au second alinéa ne donneront pas lieu à invitation à régulariser (art. R. 522-2), et, comme le manquement à l'obligation mentionnée au premier alinéa, conduiront donc immédiatement à l'application de l'article L. 522-3.
On rappelle que, sous le système ancien du sursis à exécution, le défaut de présentation par requête distincte n'était pas une cause d'irrecevabilité (CE 16 janvier 1970, Ministre de l'Équipement c/ Blanc, *Lebon* p. 29 – CE 20 mars 1991, Ville de Montpellier).
Il est admis qu'une demande tendant à « sursis à exécution » présentée alors qu'est en vigueur le nouveau régime soit interprétée comme tendant à la « suspension » (CE 30 mai 2001, Commune de Dieulefit [1]). Mais l'inverse n'a pas été admis.

☐ ***Jurisprudence***

[1] Considérant qu'aux termes de l'article L. 521-1 du Code de justice administrative : « Quand une décision administrative, même de rejet, fait l'objet d'une requête en annulation (...), le juge des référés, saisi d'une demande en ce sens, peut ordonner la suspension de l'exécution de cette décision (...) lorsque l'urgence le justifie et qu'il est fait état d'un moyen propre à créer un doute sérieux quant à la légalité de la décision » ;
Considérant qu'il résulte de l'article 5 du décret du 22 novembre 2000 pris pour l'application de la loi du 30 juin 2000 relative au référé devant les juridictions administratives que les dispositions antérieures à celles de la loi du 30 juin 2000 et du décret du 22 novembre 2000 demeurent seules applicables aux demandes de suspension ou de sursis à exécution se rapportant à des litiges ayant fait l'objet d'une requête enregistrée au greffe d'une juridiction administrative avant la publication de ce décret ;
Considérant que la demande de M. et Mme Benmussa tendant à la suspension des permis de construire accordés par le maire de Dieulefit à la Société pour le développement de l'habitat (SDH) a été introduite devant le juge des référés du tribunal administratif de Grenoble après la publication du décret du 22 novembre 2000 ; qu'il ne ressort d'aucune pièce du dossier soumis aux juges des référés que les permis de construire attaqués aient donné lieu à une requête enregistrée au greffe d'une juridiction administrative avant la publication au *Journal officiel* du décret du 22 novembre 2000 ; que, ni le fait que M. et Mme Benmussa ont présenté leur demande comme tendant au « sursis à exécution » des permis de construire, ni la circonstance que l'article L. 421-9 du Code de l'urbanisme, dont les dispositions sont d'ailleurs en partie reprises par l'article L. 554-10 du Code de justice administrative, fixe certaines règles particulières au jugement des demandes de sursis à exécution des permis de construire, n'ont d'incidence sur la recevabilité et la qualification de la demande que le juge des référés du tribunal administratif de Grenoble a, sans erreur de droit, regardée comme une demande de suspension présentée sur le fondement de l'article L. 521-1 du Code de justice administrative...

L'ABSENCE D'INVITATION À RÉGULARISER

Art. R. 522-2 Les dispositions de l'article R. 612-1 ne sont pas applicables.

■ Textes sources

– Décret nº 2000-1115 du 22 novembre 2000, article 1er.

■ Commentaires

Le juge des référés d'urgence n'a pas à inviter les parties à régulariser les vices dont leurs demandes sont atteintes, fussent-ils régularisables. Il ne lui est certes pas interdit de le faire. Mais il ne commettra pas de faute de procédure en écartant, par application de l'article L. 522-3, la demande atteinte d'un tel vice. C'est la rançon de la nécessité de statuer rapidement.

L'ENVOI DE LA DEMANDE DE RÉFÉRÉ D'URGENCE

Art. R. 522-3 La requête, ainsi que, le cas échéant, l'enveloppe qui la contient porte la mention « référé ». Lorsqu'elle est adressée par voie postale, elle l'est par lettre recommandée.

■ Textes sources

– Décret nº 2000-1115 du 22 novembre 2000, article 1er.

■ Commentaires

Cette disposition n'est pas normative, puisqu'elle n'emporte aucune conséquence juridique. Elle tend à mettre la juridiction à même d'identifier le plus rapidement possible les affaires de référés urgents, pour leur accorder ses soins prioritaires. Dans un système administratif, elle aurait trouvé sa place dans une circulaire.

LA NOTIFICATION DE LA DEMANDE DE RÉFÉRÉ

Art. R. 522-4 Notification de la requête est faite aux défendeurs.

Les délais les plus brefs sont donnés aux parties pour fournir leurs observations. Ils doivent être rigoureusement observés, faute de quoi il est passé outre sans mise en demeure.

■ **Textes sources**

– Décret n° 2000-1115 du 22 novembre 2000, article 1er.

■ **Commentaires**

La procédure est contradictoire, et donc le défendeur doit être en principe invité à défendre sauf évidemment dans les cas d'application de l'article L. 522-3. Mais cela s'arrête là : il n'est pas prévu que les observations en défense doivent être communiquées au demandeur, ce qui est normal si l'on veut aller vite (voir art. R. 522-7). L'audience publique, avec son oralité, permettra de parfaire l'information réciproque des parties.

Les administrations devront acquérir une culture nouvelle. Aucune mise en demeure ne leur rappellera qu'elles doivent répondre dans le délai qu'on leur a prescrit, et l'on peut s'attendre à quelques mauvaises surprises pour celles qui, avec une regrettable constance, considèrent comme de nul effet le délai qui leur est donné pour produire leurs observations...

La dispense du ministère d'avocat pour le référé-liberté

Art. R. 522-5 Les demandes tendant à ce que le juge des référés prescrive une mesure en application de l'article L. 521-2 sont dispensées du ministère d'avocat.

Les autres demandes sont dispensées du ministère d'avocat si elles se rattachent à des litiges dispensés de ce ministère.

Les mêmes règles s'appliquent aux mémoires en défense ou en intervention.

■ **Textes sources**

– Décret n° 2000-1115 du 22 novembre 2000, article 1er.

■ **Commentaires**

La défense des libertés fondamentales ne saurait être subordonnée à l'intervention obligatoire d'un avocat. Une telle intervention ne sera pas pour autant superflue dans ce domaine nouveau.

On note que le dernier alinéa confirme la présence possible d'un intervenant.

La convocation à l'audience

Art. R. 522-6 Lorsque le juge des référés est saisi d'une demande fondée sur les dispositions de l'article L. 521-1 ou de l'article L. 521-2, les parties sont convoquées sans délai et par tous moyens à l'audience.

■ **Textes sources**

– Décret nº 2000-1115 du 22 novembre 2000, article 1er.

■ **Commentaires**

La convocation à l'audience « sans délai et par tous moyens » déroge à la règle posée par l'article R. 711-2. Les voies modernes de transmission (du téléphone à la télécopie) pourront évidemment être utilisées, ce qui a, d'ailleurs, déjà été admis à propos du contentieux de la reconduite à la frontière (voir art. R. 776-10).

Cette convocation n'est donnée qu'aux « parties », ce qui exclut les intervenants (voir art. L. 522-1).

LA POSSIBILITÉ DE JUGER L'AFFAIRE

Art. R. 522-7 L'affaire est réputée en état d'être jugée dès lors qu'a été accomplie la formalité prévue au premier alinéa de l'article R. 522-4 et que les parties ont été régulièrement convoquées à une audience publique pour y présenter leurs observations.

■ **Textes sources**

– Décret nº 2000-1115 du 22 novembre 2000, article 1er.

■ **Commentaires**

Ainsi qu'on l'a dit (voir art. R. 522-4), l'instruction d'un référé n'implique pas de communication des défenses au demandeur.

LA CLÔTURE DE L'INSTRUCTION

Art. R. 522-8 L'instruction est close à l'issue de l'audience, à moins que le juge des référés ne décide de différer la clôture de l'instruction à une date postérieure dont il avise les parties par tous moyens. Dans ce dernier cas, les productions complémentaires déposées après l'audience et avant la clôture de l'instruction peuvent être adressées directement aux autres parties, sous réserve, pour la partie qui y procède, d'apporter au juge la preuve de ses diligences.

L'instruction est rouverte en cas de renvoi à une autre audience.

■ **Textes sources**

– Décret nº 2000-1115 du 22 novembre 2000, article 1er.

■ **Commentaires**

Cet article institue un mode original de clôture de l'instruction, laquelle peut être postérieure à la tenue de l'audience. Le juge des référés peut en effet souhaiter, au terme de l'audience, être éclairé sur un point déterminé (point de fait ou autre), et invitera donc l'une des parties à lui fournir l'élément souhaité, en différant la date de clôture de l'instruction. Pour autant il n'aura pas à rappeler l'affaire à une audience, ainsi que cela ressort du second alinéa. C'est à notre connaissance la première fois que l'on admet que l'instruction puisse se poursuivre après audience publique. Et ce n'est que parce que l'on se trouve dans un contentieux de mesures provisoires que l'on peut regarder ce système comme conforme aux principes habituels.

C'est également la première fois qu'un texte de procédure contentieuse administrative confie à une partie le soin d'assurer la communication d'un élément du procès. Au demeurant, ce n'est qu'une possibilité, qui permettra aux parties de gagner du temps. Si elles ne s'acquittent pas de cette mission, la juridiction y pourvoira selon les règles habituelles.

La communication des moyens d'ordre public

Art. R. 522-9 L'information des parties prévue à l'article R. 611-7 peut être accomplie au cours de l'audience.

■ **Textes sources**

– Décret nº 2000-1115 du 22 novembre 2000, article 1er.

■ **Commentaires**

Il s'agit de la communication des moyens d'ordre public relevés d'office. Normalement cet article ne jouera pas si ce moyen conduit au rejet de la demande, puisqu'alors ce rejet, qui devra être prononcé en application de l'article L. 522-3, n'appelle ni audience ni communication des moyens d'ordre public (voir article suivant). En revanche on peut envisager la communication du moyen d'ordre public, relevé d'office, tiré de l'incompétence du signataire de la décision dont la suspension est demandée.

Les particularités du rejet de la demande de référé par ordonnance

Art. R. 522-10 Lorsqu'il est fait application de l'article L. 522-3, les dispositions des articles R. 522-4, R. 522-6 et R. 611-7 ne sont pas applicables.

■ **Textes sources**
– Décret nº 2000-1115 du 22 novembre 2000, article 1er.

■ **Commentaires**
La demande rejetée en application de l'article L. 522-3 n'aura ni à être instruite ni soumise à audience publique, ni soumise à la règle de communication des moyens d'ordre public. Mais elle peut avoir été instruite (CE 16 février 2001, Breucq).

Les mentions de l'ordonnance de référé

Art. R. 522-11 L'ordonnance du juge des référés porte les mentions définies au chapitre 2 du titre IV du livre VII. Elle indique, le cas échéant, qu'il a été fait application des dispositions de l'article R. 522-8 et R. 522-9, à moins qu'il n'ait été dressé, sous la responsabilité du juge des référés, un procès-verbal de l'audience signé par celui-ci et par l'agent chargé du greffe de l'audience.
En cas de renvoi de l'affaire à une formation collégiale après l'audience, ce procès-verbal doit être établi et versé au dossier.

■ **Textes sources**
– Décret nº 2000-1115 du 22 novembre 2000, article 1er.

■ **Commentaires**
Voir articles R. 742-1 et suivants pour les mentions de l'ordonnance.
Le procès-verbal de l'audience est facultatif, sauf s'il y a renvoi à une formation collégiale après l'audience. L'utilité de ce document est de retracer ce qui s'est dit à l'audience, qui, compte tenu notamment de l'article R. 522-9 et de la possibilité d'une procédure orale, revêt une importance juridique.
Normalement, l'ordonnance comprendra, dans ses visas ou ses motifs, mention de ces faits d'audience, et dispensera de la rédaction, lourde, d'un procès-verbal. Et c'est parce qu'aucune ordonnance ne mettra fin à la procédure que le texte impose l'établissement du procès-verbal en cas de renvoi de l'affaire à une formation collégiale.

LA NOTIFICATION DE L'ORDONNANCE

Art. R. 522-12 L'ordonnance est notifiée sans délai et par tous moyens aux parties.

■ Textes sources

– Décret n° 2000-1115 du 22 novembre 2000, article 1er.

LES EFFETS DE L'ORDONNANCE DE RÉFÉRÉ

Art. R. 522-13 L'ordonnance prend effet à partir du jour où la partie qui doit s'y conformer en reçoit notification.

Toutefois, le juge des référés peut décider qu'elle sera exécutoire aussitôt qu'elle aura été rendue.

En outre, si l'urgence le commande, le dispositif de l'ordonnance, assorti de la formule exécutoire prévue à l'article R. 751-1, est communiqué sur place aux parties, qui en accusent réception.

■ Textes sources

– Décret n° 2000-1115 du 22 novembre 2000, article 1er.

■ Commentaires

Le texte introduit une distinction entre la « prise d'effet » de l'ordonnance, et la date à laquelle elle est « exécutoire ». Ce dernier point peut être utile lorsque l'ordonnance, sans contenir de mesure à laquelle une partie devra se conformer, confère un droit au demandeur.

La communication sur place du dispositif est inspirée de la formule utilisée en matière de reconduite à la frontière (art. R. 776-17).

LA NOTIFICATION D'ORDONNANCES RENDUES EN MATIÈRE DE PERMIS DE CONSTRUIRE D'UNE MESURE DE POLICE, OU DE PIÈCES JUSTIFICATIVES DE PAIEMENT DE DÉPENSES PUBLIQUES

Art. R. 522-14 Copie de l'ordonnance par laquelle le juge des référés ordonne la suspension de l'exécution d'une décision accordant un permis de construire ou d'une mesure de police est transmise sans délai au procureur de la République près le tribunal de grande instance territorialement compétent.

Copie de l'ordonnance par laquelle le juge des référés ordonne la suspension d'un acte constituant une pièce justificative du paiement de dépenses

publiques est transmise sans délai au trésorier-payeur général du département dans lequel a son siège l'autorité qui a pris l'acte en cause.
Les mêmes règles s'appliquent à l'ordonnance qui modifie ou met fin à la suspension.
Il est pareillement transmis copie de la décision par laquelle le Conseil d'État prononce la cassation d'une ordonnance du juge des référés ayant ordonné la suspension d'une décision accordant un permis de construire, d'une mesure de police ou d'un acte constituant une pièce justificative de paiement de dépenses publiques.

■ Textes sources

– Décret n° 63-766 du 30 juillet 1963, article 57-1.
– Décret n° 2000-1115 du 22 novembre 2000, article 1er.

■ Commentaires

On remarquera qu'à la transmission au ministère public des jugements ordonnant une suspension de permis de construire et de mesures de police, le juge pénal devant notamment être informé sans délai de l'inapplicabilité d'une mesure de police dont la violation fonderait des poursuites devant lui (reprise de l'article R. 122 du Code des tribunaux administratifs et des cours administratives d'appel) s'ajoute la transmission au comptable des mesures de suspension d'actes autorisant une dépense publique (voir art. R. 751-10 à R. 751-12 pour les notifications des jugements rendus sur le principal).

CHAPITRE 3 Voies de recours

LES VOIES DE RECOURS CONTRE LES ORDONNANCES DE RÉFÉRÉ D'URGENCE

Art. L. 523-1 Les décisions rendues en application des articles L. 521-1, L. 521-3, L. 521-4 et L. 522-3 sont rendues en dernier ressort.

Les décisions rendues en application de l'article L. 521-2 sont susceptibles d'appel devant le Conseil d'État dans les quinze jours de leur notification. En ce cas, le président de la section du contentieux du Conseil d'État ou un conseiller délégué à cet effet statue dans un délai de quarante-huit heures et exerce le cas échéant les pouvoirs prévus à l'article L. 521-4.

■ Textes sources

– Loi n° 2000-597 du 30 juin 2000, article 10-II.

■ Commentaires

Sauf en ce qui concerne le référé-liberté, toutes les décisions rendues sur une demande de référé en urgence relèvent du seul contrôle de cassation, exercé par le Conseil d'État dans les conditions du droit commun. Le délai de quinze jours est un délai franc (CE 28 mai 2001, Société CODIAM).

Le référé-liberté relève de l'appel, mais devant le Conseil d'État, et plus précisément devant le président de la section du contentieux, sur le modèle retenu en matière de reconduite à la frontière (art. R. 776-19). On notera la brièveté extrême du délai donné à ce dernier pour statuer, et la possibilité pour lui, dès lors que l'affaire est réglée par la voie de l'appel, d'adapter dans le temps la mesure prise, en application de l'article L. 521-4.

Les premières décisions rendues en la matière révèlent que le juge d'appel des référés ainsi désigné se considère également comme « juge des référés » : c'est ainsi qu'il intitule ses décisions (voir par exemple CE Juge des référés, 30 janvier 2001, Tauraatua), et surtout c'est en suivant la procédure prévue pour le juge saisi d'une demande de référé qu'il se prononce (CE Juge des référés, 24 janvier 2001, Université Paris-VIII), notamment pour la rejeter sans instruction en application de l'article L. 522-3 (CE Tauraatua, précité). La question n'allait pas de soi, et la réponse apportée ne s'inscrit pas dans une ligne précédente (on comparera cette réponse à celle apportée en matière de reconduite à la frontière, matière dans laquelle le président de la section du contentieux, également désigné comme juge d'appel, ne se comporte pas suivant la procédure définie pour le premier juge).

S'agissant des autres procédures, le fait que le Conseil d'État soit saisi en cassation ne paraît pas avoir d'influence sur la possibilité pou le premier juge d'user de l'article L. 521-4 pour moduler dans le temps les mesures qu'il a ordonnées.

Et l'on peut penser qu'il en va de même une fois le pourvoi rejeté, ou la décision annulée avec renvoi. Si en revanche le juge de cassation, après annulation, règle l'affaire au fond en application de l'article L. 821-2, c'est en principe à lui d'assurer cette adaptation des mesures qu'il aura prononcées.

La portée de cet article n'allait pas de soi en ce qui concerne les décisions rendues en application de l'article L. 522-3. Selon l'article L. 523-1 (premier alinéa), elles sont rendues en dernier ressort, alors que relèvent de l'appel celles qui sont rendues en matière de référé-liberté (second alinéa). Qu'en est-il alors de l'ordonnance rendue, sur une demande de référé-liberté, mais en application de l'article L. 522-3 (rejet faute d'urgence, ou parce que manifestement non fondée) ? La question était ici de savoir si c'est le choix du juge des référés de recourir à la procédure de l'article L. 522-3 qui va rendre son ordonnance insusceptible d'appel, alors que, sur la même demande, le choix de statuer après audience, selon la procédure contradictoire, ferait relever l'ordonnance rendue de l'appel... Force est de reconnaître que la lettre de la loi va dans ce sens, l'ordonnance de « tri » étant bien rendue « en application de l'article L. 522-3 ». À quoi on aurait pu opposer que cette ordonnance, si elle fait bien application de cet article en ce qui concerne la procédure, est aussi rendue, sur le fond, « en application de l'article L. 521-2 », en tous les cas chaque fois que le juge s'appuie sur le contenu de ce dernier article pour écarter la demande. Observation qui ferait alors entrer cette ordonnance dans les cas prévus au second alinéa.

La jurisprudence a tranché : une ordonnance prononcée au titre de l'article L. 522-3 n'est susceptible que d'un pourvoi en cassation, « sans qu'il y ait lieu de distinguer si la demande a été présentée sur le fondement de l'article L. 521-1 ou de l'article L. 521-2 » (CE sect. 28 février 2001, Casanovas – CE 28 mai 2001, Raut).

La même interrogation naît à propos des ordonnances « rectificatives » prévues à l'article L. 521-4, lesquelles peuvent concerner un référé-liberté. Or le texte du premier alinéa de l'article L. 523-1 les répute rendues en dernier ressort, et donc susceptibles du seul pourvoi en cassation, alors que l'ordonnance initiale peut être frappée d'appel. Ce n'est pas très logique, alors surtout que le mécanisme mis en œuvre implique que, sur une seule demande, se succèdent dans le temps plusieurs décisions juridictionnelles. Comme pour le problème précédent, il faut sans doute estimer que l'ordonnance rectificative, sans doute prise selon la procédure définie à l'article L. 521-4, fait elle aussi, sur le fond, application de l'article L. 521-2, et relève donc de l'appel prévu au second alinéa de l'article L. 523-1.

LE DÉLAI DE POURVOI EN CASSATION

Art. R. 523-1 Le pourvoi en cassation contre les ordonnances rendues par le juge des référés en application des articles L. 521-1, L. 521-3, L. 521-4 et L. 522-3 est présenté dans les quinze jours de la notification qui est faite en application de l'article R. 522-12.

■ **Textes sources**
– Décret n° 2000-1115 du 22 novembre 2000, article 1er.

■ **Commentaires**
Le délai de quinzaine est une constante en matière de mesures d'urgence. Encore faut-il que l'acte de notification n'indique pas par erreur un délai plus important, auquel cas c'est ce dernier qui prévaudra (voir, pour l'appel, CE sect. 26 mars 1993, Bourgeois, *Lebon* p. 86). Et ce délai de quinzaine ne sera opposable que s'il est indiqué dans l'acte de notification (art. R. 821-1).

LE DÉLAI DONNÉ AU CONSEIL D'ÉTAT POUR STATUER EN CASSATION

Art. R. 523-2 Lorsqu'un pourvoi en cassation est exercé contre une ordonnance rendue en application de l'article L. 522-3, le Conseil d'État se prononce dans un délai d'un mois.

■ **Textes sources**
– Décret n° 2000-1115 du 22 novembre 2000, article 1er.

L'APPEL CONTRE DES ORDONNANCES DE RÉFÉRÉ D'URGENCE

Art. R. 523-3 Les appels formés devant le président de la section du contentieux du Conseil d'État contre les ordonnances rendues par le juge des référés en application de l'article L. 521-2 sont dispensés de ministère d'avocat et sont soumis, en tant que de besoin, aux règles de procédure prévues au chapitre II.

■ **Textes sources**
– Décret n° 2000-1115 du 22 novembre 2000, article 1er.

TITRE III Le juge des référés ordonnant un constat ou une mesure d'instruction

Le présent titre ne comprend pas de dispositions législatives

CHAPITRE 1 Le constat

LE CONSTAT

Art. R. 531-1 S'il n'est rien demandé de plus que la constatation de faits, le juge des référés peut, sur simple requête qui peut être présentée sans ministère d'avocat et même en l'absence d'une décision administrative préalable, désigner un expert pour constater sans délai les faits qui seraient susceptibles de donner lieu à un litige devant la juridiction.
Avis en est donné immédiatement aux défendeurs éventuels.
Par dérogation aux dispositions des articles R. 832-2 et R. 832-3, le délai pour former tierce opposition est de quinze jours.

■ Textes sources

– Décret nº 63-766 du 30 juillet 1963, article 27, § 3.
– Code des TA et des CAA, article R. 136.
– Décret nº 2000-1115 du 22 novembre 2000, article 1er.

■ Commentaires

La différence entre constat (qui n'est plus soumis à une condition d'urgence) et référé-instruction est assez ténue et pas toujours très nette. Le constat est, comme son nom l'indique, une pure constatation, sans aucune recherche complémentaire soit de causalité, soit de remèdes. Le constat réclamé suppose, comme le texte le précise, l'intervention d'un « expert ». Il n'est donc pas possible, par cette procédure, de demander au président d'opérer lui-même un constat de l'état des procédures pendantes devant le tribunal, et, par ce biais, de délivrer un certificat non prévu par le code, attestant de l'existence d'une requête non encore jugée (CE 14 juin 1995, M'Hamed El Assioui).
Le demande de constat doit, à l'instar de celle qui est présentée en application de l'article R. 532-1, présenter un caractère utile. Ce ne sera pas le cas s'il peut être procédé aux constations par un huissier de justice, à la diligence du requé-

rant (CE 26 juillet 1982, SA Sous-traitants associés de l'électronique, *Lebon* p. 312, à rapprocher de CE 12 septembre 1994, OPHLM de la Corrèze, rendu en matière de référés et cité sous l'article R. 532-1).

Sur le plan procédural, il est important de noter que, si le demandeur est recevable à faire appel soit d'un refus de constat soit d'un constat irrégulièrement prononcé (CE 7 février 1969, M'Barek, *Lebon* p. 87 ; *AJDA* 1969, p. 163 ; voir art. R. 533-1), le défendeur éventuel qui reçoit seulement un « avis » de l'ordonnance n'est pas partie au litige, ce pourquoi la voie de l'appel lui est fermée (CE 23 octobre 1968, Ministre de l'Agriculture c/ Claye, *Lebon* p. 513 [**1**] – CE 25 mai 1990, Congrégation cistercienne de l'Immaculée-Conception). Il en va ainsi même si ce défendeur a été représenté aux opérations de constat (CE 27 mai 1991, Société centrale nucléaire à neutrons rapides).

La question de savoir si en pareille hypothèse il peut user de la tierce opposition prévue aux articles R. 832-1 à R. 832-3 appelle une réponse nuancée : si le constat, comme c'est le cas le plus fréquent, se borne à prescrire l'exécution de simples constatations, la tierce opposition n'est pas recevable, la mesure étant « sans influence possible sur les droits » de ce défendeur éventuel (CE sect. 21 février 1969, Consorts Dospital, *Lebon* p. 116 ; *AJDA* 1969, p. 165 [**2**]). Si, au contraire – et le cas sera assez rare –, l'ordonnance peut être regardée comme préjudiciant à ses droits, ce défendeur éventuel pourra former une tierce opposition : outre l'hypothèse particulière tranchée en ce sens par l'arrêt Ministre de la Défense c/ Époux Maffey (CE 16 mars 1977, *Lebon* p. 152), dans lequel le constat avait consisté à faire vérifier (d'ailleurs par un magistrat) des pièces détenues par l'autorité militaire et se rapportant à un accident de la circulation, le cas se présentera lorsque, méconnaissant les limites du constat, le juge aura prescrit une expertise « sur le fond », laquelle est regardée comme préjudiciant aux droits de qui s'y trouve soumis (CE sect. 18 juin 1982, SA Bureau Veritas, *Lebon* p. 240 [**3**]). De même, la tierce opposition a-t-elle été admise de la part de l'exploitant d'une centrale nucléaire contre l'ordonnance chargeant un expert de constater l'existence d'un rapport de sûreté et l'exécution de certains travaux (CE 27 mai 1991, Société centrale nucléaire à neutrons rapides).

Pour limitée qu'elle soit dans ses effets, la demande de constat peut, si elle concerne des faits dont l'existence peut fonder une réclamation financière, interrompre le cours de la prescription quadriennale en tant que « recours relatif au fait générateur, à l'existence ou au montant » d'une créance au sens de l'article 2 de la loi du 31 décembre 1968 (CE 8 décembre 1995, Société Sogea).

□ ***Jurisprudence***

[**1**] Considérant qu'aux termes de l'article 23 *bis* ajouté à la loi du 22 juillet 1889 par le décret du 10 avril 1959, « dans tous les cas d'urgence, le président du tribunal administratif [...] peut,

sur simple requête présentée avec ou sans ministère d'avocat et qui sera recevable même en l'absence d'une décision administrative préalable, désigner un expert pour constater sans délai des faits survenus dans le ressort de son tribunal, qui seraient susceptibles de donner lieu à un litige devant le tribunal administratif – Avis en est immédiatement donné aux défendeurs éventuels » ;
Considérant qu'en vertu des principes généraux de la procédure, le droit de former appel des décisions de justice n'est pas ouvert aux personnes qui n'ont pas été en cause dans l'instance sur laquelle a statué la décision qu'elles critiquent ; que, si le ministre de l'Agriculture a été avisé de l'ordonnance de constat d'urgence prise par le président du tribunal administratif de Rouen sur la demande des époux Claye (Simon) et Claye (André) et a été représenté aux opérations de constat, il résulte des dispositions sus-rappelées qu'il ne pouvait pas, au cours d'une procédure de constat, être mis en cause devant le tribunal administratif ; que, par suite, le ministre de l'Agriculture est sans qualité pour interjeter appel de l'ordonnance du président du tribunal administratif de Rouen en date du 24 novembre 1967...

[**2**] Sur la recevabilité de la tierce opposition des consorts Dospital :
Considérant que la tierce opposition n'est ouverte qu'à ceux qui se prévalent d'un droit auquel la décision entreprise aurait préjudicié ;
Considérant que l'ordonnance attaquée se bornait, sans faire préjudice au principal, à prescrire d'urgence, en application des dispositions de l'article 7 de la loi du 29 décembre 1892 modifiée par le décret du 12 mars 1965, le constat de l'état des parcelles visées par l'arrêté en date du 23 octobre 1964, qui a autorisé l'occupation temporaire de certains terrains au profit de l'Association d'amélioration rurale de Labenne et d'en dresser procès-verbal ; que la mesure ainsi prescrite était sans influence possible sur les droits des consorts Dospital lesquels, dès lors, ne sont pas fondés à soutenir que c'est à tort que le tribunal administratif a déclaré leur tierce opposition non recevable...

[**3**] Considérant qu'en vertu des principes généraux de la procédure, tels qu'ils sont rappelés à l'article R. 191 du Code des tribunaux administratifs, le droit de former appel des décisions de justice n'est pas ouvert aux personnes qui n'ont pas été mises en cause dans l'instance à l'issue de laquelle a été rendue la décision qu'elles attaquent ; qu'il est constant que la société Bureau Veritas n'a pas été mise en cause dans l'instance dans laquelle le vice-président du tribunal administratif de Paris a ordonné que l'expertise qu'il avait prescrite par des ordonnances de référé antérieures, aux fins de constater et de rechercher les causes des désordres affectant des bâtiments de l'hôpital Avicenne à Bobigny (Seine-Saint-Denis), soit faite en présence de la société Bureau Veritas ; que, par suite, s'il appartient à cette société de former, devant ce tribunal, tierce opposition à une ordonnance qui préjudicie à ses droits dans la mesure où, à la suite de cette expertise, sa responsabilité est, à tort ou à bon droit, susceptible d'être mise en jeu, elle est sans qualité pour interjeter appel de l'ordonnance attaquée...

CHAPITRE 2 Le référé-instruction

LE RÉFÉRÉ-INSTRUCTION

Art. R. 532-1 Le juge des référés peut, sur simple requête et même en l'absence de décision administrative préalable, prescrire toute mesure utile d'expertise ou d'instruction.

Il peut notamment charger un expert de procéder, lors de l'exécution de travaux publics, à toutes constatations relatives à l'état des immeubles susceptibles d'être affectés par des dommages ainsi qu'aux causes et à l'étendue des dommages qui surviendraient effectivement pendant la durée de sa mission.

Les demandes présentées en application du présent chapitre sont dispensées du ministère d'avocat si elles se rattachent à ces litiges dispensés de ce ministère.

■ Textes sources

– Code des TA et des CAA, article R 128.
– Décret n° 2000-1115 du 22 novembre 2000, article 1er.

■ Commentaires

Ce texte peut être invoqué pour la première fois en appel, pourvu que la demande se rattache à un litige pendant devant le juge d'appel.

S'agissant du premier alinéa, concernant « toute mesure utile d'expertise ou d'instruction », qu'elle soit ou non urgente, le juge a, dans un premier temps, estimé que les mesures ainsi visées ne devaient pas préjudicier au principal (CE 6 janvier 1989, Lovera, *AJDA* 1989, p. 94 – CE 29 décembre 1995, Parvez), appliquant ainsi à cette procédure une condition qui paraissait devoir aller de soi. Toutefois, un autre courant jurisprudentiel s'est depuis manifesté, qui s'appuie sur l'interdiction faite au juge de confier à l'expert l'examen de questions de droit, relatives par exemple à la qualification juridique de faits, ou aux conséquences juridiques à tirer de constatations de fait (CE 11 mars 1996, Société civile immobilière du domaine des Figuières). Un arrêt Société Stan (CE 16 décembre 1996 [1]) écarte désormais du jeu de cet article toute référence à la notion de « préjudice au principal », retenant ainsi comme critère exclusif, outre, bien sûr, celui de l'utilité, le point de savoir si la mission expertale doit ou non porter sur des questions de droit. Observons d'ailleurs que ce dernier point n'est le plus souvent qu'une façon différente de faire allusion à ce qui « préjudicie au principal », par quoi les praticiens désignaient les questions de droit...

Quant au critère d'« utilité » des mesures demandées, la jurisprudence en a dégagé une notion très empirique.

En premier lieu, l'utilité s'apprécie en principe au regard d'une perspective contentieuse : le demandeur d'une mesure d'instruction ou d'expertise par référé doit montrer qu'une telle demande se rattache à une action contentieuse envisagée (CAA Lyon, 24 avril 1991, Adorno [**2**]).

En deuxième lieu, n'est « utile » à ordonner par référé qu'une mesure qui ne pourrait pas être obtenue par d'autres moyens (CE 13 décembre 1995, Ville d'Aulnay-sous-Bois [**3**]). Ce caractère subsidiaire du référé conduit donc le juge à rechercher si le demandeur ne dispose pas d'autres voies que le référé pour obtenir ce qu'il recherche. Ainsi le Conseil d'État a-t-il jugé, le 16 juin 1989 (CE 16 juin 1989, Le Bihan) que, dès lors qu'un agent public peut saisir lui-même un médecin agréé en cas de contestation de son état de santé, la désignation d'un tel médecin par voie de référé n'est pas utile, alors qu'un agent peut, par référé, soumettre à un médecin la question de son aptitude à reprendre son service, dès lors que le médecin agréé s'est prononcé (CE 22 juillet 1992, Commune du Rove [**4**]). De même a été regardée, d'ailleurs de façon discutable, comme inutile l'expertise des désordres affectant un immeuble, demandée par un office d'HLM, dès lors qu'il était à même de désigner lui-même un homme de l'art à cette fin (CE 12 septembre 1994, Office public départemental d'HLM de la Corrèze [**5**]). Pour autant, il n'est pas interdit de demander par voie de référé une mesure d'instruction alors même que le juge du fond saisi du litige aurait la possibilité d'y procéder (CAA Lyon, 26 juin 2001, Département de la Côte-d'Or), à la différence de certains référés prévus à l'article L. 521-3 (voir commentaires sous cet article). Il suffira que la mesure demandée soit « utile ».

En troisième lieu, la mesure doit, par sa portée, présenter un intérêt pour le contentieux né ou à venir. On a vu ainsi, à propos des expertises comptables réclamées en référé par des syndicats de salariés confrontés à des projets de licenciements collectifs pour cause économique, le Conseil d'État vérifier, cas par cas, si, compte tenu des dates des ordonnances d'une part, de l'état d'avancement de la procédure d'autorisation des licenciements d'autre part, il était encore utile d'ordonner les expertises (CE ass. 16 janvier 1981, Société Les Câbles de Lyon – CE 21 mai 1982, Société Trindel – CE 26 avril 1985, Comité central d'entreprise de la société Nord-Est alimentation).

S'appuyant sur l'idée d'utilité, le Conseil d'État a admis que, une fois effectuée une première expertise en référé, une seconde puisse être demandée par la même voie, à seule fin de discuter les conclusions de la première (CE 14 mars 1997, Société Sogea Sud-Ouest SNC [**6**]). Mais ce ne sera pas le cas si la demande se prévaut exclusivement des irrégularités ayant entaché le déroulement des opérations d'expertise (CE 20 mars 1998, Société Euro Construction Industries Outre-Rhin).

Si la mission de l'expert le conduit à consulter des pièces à lui remises par l'administration et si ces pièces sont couvertes par un secret protégé par la loi, la remise ne peut avoir lieu sans l'autorisation de la personne dans l'intérêt de laquelle le secret a été édicté, que ces pièces soient détenues par l'administration ou même émanent d'elle (CE 6 avril 2001, Ministère de l'Économie c/ Vannier-Moreau).

Le second alinéa de l'article R. 532-1 introduit le mécanisme dit du « référé préventif ». Il est démarqué de l'article 145 du Nouveau Code de procédure civile aux termes duquel : « S'il existe un motif légitime de conserver ou d'établir avant tout procès la preuve de faits dont pourrait dépendre la solution d'un litige, les mesures d'instruction légalement admissibles peuvent être ordonnées à la demande de tout intéressé, sur requête ou en référé ». L'hypothèse ici introduite, limitée à l'exécution de travaux publics et aux dommages susceptibles d'affecter des immeubles, tend, avant tout litige et avant même tout dommage, à permettre à la fois de constater l'état d'immeubles « susceptibles » d'être affectés par les travaux, et de déterminer les causes des dommages qui pourraient survenir pendant l'expertise. La mission de l'expert consiste donc à constater et analyser des faits non encore survenus...

Ce texte sera notamment fort utile dans les cas de grands travaux de réseaux. Soucieux de ne pas provoquer de débordements, les auteurs du texte nouveau en ont limité le champ d'application aux problèmes immobiliers : on aurait pu songer à expertiser dans les mêmes conditions les éléments mobiliers, et notamment les fonds de commerce. Les auteurs du texte ont, par ailleurs, veillé à ce que l'expert ne puisse pas être investi d'une mission de direction des travaux : il ne saurait y avoir de sa part immixtion dans l'opération de travaux publics, et il ne peut donc se voir confier une mission de « recommandation » à l'intention du maître d'ouvrage ou des entreprises. Par quoi le référé préventif administratif se distingue de son homologue judiciaire.

La compétence du juge des référés est moins rigoureusement encadrée que celle du juge du fond. En effet, le Tribunal des conflits a décidé que le juge des référés doit accepter la demande qui lui est présentée « dès lors que le fond du litige est de nature à relever, fût-ce pour partie, de la compétence du tribunal administratif » (Trib. confl. 17 octobre 1988, SA Entreprise Niay, *Lebon* p. 495 – Trib. confl. 23 janvier 1989, Kuntz, *AJDA* 1989, p. 458, obs. Gilli – Trib. confl. 5 juillet 1999, Préfet de Seine-et-Marne, n° 3162). Cette position autorise, en principe, un maître d'ouvrage à présenter au juge administratif une demande de référé dirigée contre un sous-traitant — ce qui ne se pouvait pas antérieurement —, voire contre une personne qui n'est intervenue dans la construction d'un ouvrage public qu'en exécution de contrats de droit privé (CE 30 octobre 1989, Société Omnium technique d'études et de coordination). Il a même été admis, mais c'est une solution limite, que la demande de référé vise un fournisseur (CAA Lyon, 25 mai 1989, SA Siplast [**7**]) ou l'assureur d'un constructeur (CAA Lyon, 26 mai 1992, Rechtman). Il en va toutefois autrement lorsque, dans une instance en référé déjà engagée, il est ultérieurement demandé au juge des référés d'ordonner une mesure d'instruction qui porte à titre exclusif sur un litige dont la connaissance au fond n'appartient manifestement pas à l'ordre de juridiction auquel il appartient (Trib. confl. 5 juillet 1999, Préfet de la Marne, n° 3154).

Lorsqu'en application de cet article une expertise est prescrite, la désignation de l'expert relève du magistrat chargé du référé, par dérogation à l'article R. 621-2, qui ne concerne que les expertises ordonnées par le juge du fond. En revanche, seul le chef de juridiction est habilité à taxer les frais et honoraires de l'expert, ainsi qu'en dispose l'article R. 621-13. Ce dernier, on le verra, précise d'autre part les modalités de désignation de la partie qui doit payer les frais de l'expertise de référé.

□ ***Jurisprudence***

[**1**] Considérant qu'aux termes de l'article R. 128 du Code des tribunaux administratifs et des cours administratives d'appel : « Le président du tribunal administratif ou de la cour administrative d'appel ou le magistrat que l'un d'eux délègue peut, sur simple requête [...], prescrire toutes mesures utiles d'expertise ou d'instruction » ;

Considérant qu'il ressort des pièces du dossier soumis au juge du fond que les conclusions présentées sur le fondement de ces dispositions par la Société Stan, si elles étaient assorties de considérations d'une part, sur les conditions dans lesquelles la commune de Canet-en-Roussillon avait résilié son marché de traitement et de collecte des ordures ménagères et d'autre part, sur les conséquences qui lui paraissaient pouvoir en être tirées en ce qui concernait la responsabilité de ladite commune, se bornaient à demander qu'une expertise fût ordonnée afin de déterminer le montant des divers préjudices qu'elle estimait avoir subis ; que ces conclusions n'impliquaient pas que fût confiée à l'expert une mission portant sur des questions de droit ;

Considérant que, par l'arrêt attaqué, la cour administrative d'appel de Bordeaux a confirmé le rejet de la demande de la Société Stan aux motifs « qu'une telle mesure qui, pour être utile, impliquerait qu'une appréciation soit portée par le juge des référés ou par l'expert sur les conditions dans lesquelles le contrat a pris fin préjudicie au principal » ; qu'en statuant ainsi, la cour administrative d'appel a fait une inexacte application des dispositions précitées de l'article R. 128 du Code des tribunaux administratifs et des cours administratives d'appel ; que, dès lors, la Société Stan est fondée à demander l'annulation de l'arrêt attaqué...

[**2**] Considérant qu'aux termes de l'article R. 128 du Code des tribunaux administratifs et des cours administratives d'appel, « le président du tribunal administratif ou de la cour administrative d'appel ou le magistrat que l'un d'eux délègue peut, sur simple requête qui, devant le tribunal administratif, sera recevable même en l'absence d'une décision administrative préalable, prescrire toutes mesures utiles d'expertise ou d'instruction » ;

Considérant qu'en se bornant, dans sa demande, à signaler qu'il était atteint d'une affection dermatologique, et à solliciter une mesure d'expertise en vue d'en déterminer la thérapeutique et les effets, M. Adorno, qui ne liait cette demande à aucune action contentieuse éventuelle, ne réclamait pas une mesure utile au sens des dispositions précitées...

[**3**] Considérant qu'en tant qu'elle porte sur le recensement des associations subventionnées, leur statut juridique, leur objet et le montant des subventions accordées, l'expertise ordonnée a pour objet de rassembler des informations dont les requérantes de première instance pouvaient obtenir communication par d'autres procédures ; qu'elle n'a pas, à cet égard, le caractère d'une mesure d'instruction utile au sens des dispositions précitées du Code des tribunaux administratifs et des cours administratives d'appel...

[**4**] Considérant qu'il ressort des pièces du dossier qu'à la suite d'une contre-visite médicale effectuée à sa demande, le maire du Rove a, le 16 juillet 1991, fait connaître à Mme Mechetti, agent de la commune, que son état de santé ne justifiait pas une interruption de travail et qu'il la considérait donc comme étant en position de congé annuel jusqu'à épuisement normal de celui-ci ; que, d'une part, les dispositions précitées de l'article 15 du décret du 30 juillet 1987 ne faisaient pas obstacle à ce que Mme Mechetti présente au juge des référés une demande tendant à ce que soit ordonnée une expertise médicale aux fins de déterminer son état de santé à la date du 16 juillet 1991 et notamment son aptitude à reprendre son service ; que, d'autre part, la saisine du juge des référés n'était pas subordonnée à l'existence d'un litige né et actuel ; que la demande de l'intéressée était donc recevable ;
Considérant que Mme Mechetti soutenait que son état de santé à la date du 16 juillet 1991 justifiait son maintien en position de congé de maladie, contrairement tant aux conclusions du médecin agréé ayant procédé à la contre-visite qu'à la décision du maire du Rove ; que, dans la perspective d'un éventuel litige à ce sujet et compte tenu des éléments fournis par l'intéressée, la mesure sollicitée présentait un caractère utile...

[**5**] Considérant que l'expertise sollicitée par l'Office public départemental d'habitations à loyer modéré de la Corrèze tendait à faire rechercher la nature des désordres qui affectent le logement-foyer « Au Nonzac », à en déterminer l'étendue, l'origine et les moyens d'y remédier ainsi que les préjudices qui en sont résultés ; que cette mesure n'était pas en l'espèce utile dès lors que l'office pouvait lui-même désigner un homme de l'art à ces fins ; que par suite ledit office n'est pas fondé à se plaindre de ce que, par ordonnance en date du 24 juillet 1986, le président du tribunal administratif de Limoges a rejeté sa demande...

[**6**] Considérant qu'il ressort des pièces du dossier soumis au juge du fond que les conclusions présentées sur le fondement de ces dispositions par la Société Sogea Sud-Ouest SNC, si elles étaient assorties de considérations, d'une part, sur les conditions dans lesquelles avaient été menées les opérations d'expertise et notamment de leur caractère contradictoire, d'autre part, sur les responsabilités réciproques dans la cause des désordres constatés, tendaient notamment à demander qu'une expertise complémentaire fût ordonnée afin de prendre en compte les observations présentées par les parties sur le prérapport établi par l'expert dans le cadre d'une expertise initiale ordonnée par le vice-président du tribunal administratif de Montpellier statuant en référé et de préciser le montant de divers préjudices que la Société française des façades estimait avoir subis ; que ces dernières conclusions n'impliquaient pas que fût confiée à l'expert une mission portant sur des questions de droit ;
Considérant que, par l'arrêt attaqué, la cour administrative d'appel de Bordeaux a confirmé le rejet de la demande d'expertise complémentaire présentée par la Société Sogea Sud-Ouest SNC au motif « qu'il n'appartient pas au juge des référés de connaître de telles contestations dont la

pertinence ne peut être appréciée qu'à l'occasion de l'examen du principal par le juge du fond » ; qu'en statuant ainsi, la cour administrative d'appel a fait une inexacte application des dispositions précitées de l'article R. 128 du Code des tribunaux administratifs et des cours administratives d'appel ; que, dès lors, la Société Sogea Sud-Ouest SNC est fondée à demander l'annulation de l'arrêt attaqué...

[7] Considérant que la ville d'Aix-les-Bains a confié à diverses entreprises, dont la SARL Gervais pour le lot d'étanchéité, la construction d'un centre polyvalent à usage de congrès, spectacles et animations ; que le matériau d'étanchéité a été fourni à la société Gervais par la société Siplast ; que la ville d'Aix-les-Bains a saisi le président du tribunal administratif de Grenoble, par la voie du référé, d'une demande d'expertise, en précisant qu'il lui apparaissait d'une bonne administration de la justice que les opérations d'expertise se fassent notamment en la présence de la société Siplast, bien qu'il n'existe aucun lien de droit entre la ville et cette société ;
Considérant que la demande de la ville d'Aix-les-Bains ne tendait qu'à voir ordonner une mesure d'instruction avant tout procès sur le fond du litige ; que, dès lors que le fond du litige était de nature à relever, fût-ce pour partie, de la compétence de la juridiction administrative, il appartenait au juge administratif des référés de statuer sur la demande dont il était saisi, sans tenir compte de ce que le juge du fond pourrait éventuellement être incompétent à l'égard de certaines des parties appelées en la cause principale ; qu'il s'ensuit que l'éventuelle incompétence de la juridiction administrative pour se prononcer sur la responsabilité de la société Siplast dans les désordres invoqués par la ville d'Aix-les-Bains ne faisait pas obstacle à ce que le juge des référés du tribunal administratif de Grenoble ordonnât que l'expertise qu'il prescrivait à la demande de la ville fût effectuée en présence de ladite société...

LA NOTIFICATION DE LA REQUÊTE EN RÉFÉRÉ-INSTRUCTION

Art. R. 532-2 Notification de la requête présentée au juge des référés est immédiatement faite au défendeur éventuel, avec fixation d'un délai de réponse.

■ Textes sources

– Code des TA et des CAA, article R. 131.
– Décret n° 2000-1115 du 22 novembre 2000, article 1er.

■ Commentaires

En ce qu'il autorise le jugement des demandes de référé sans imposer la communication au demandeur des observations produites en défense, cet article ne méconnaît pas le caractère contradictoire de la procédure, et ne porte pas au surplus atteinte au droit à un procès équitable énoncé à l'article 6-1 de la Convention européenne de sauvegarde des droits de l'homme et des libertés fondamentales, s'agissant du prononcé de mesures provisoires (CE sect. 5 avril 1996, Syndicat des avocats de France).

L'instruction de la demande de référé s'effectue selon une procédure d'urgence, mais contradictoire (CE sect. 28 juillet 1989, Ville de Lyon c/ Rives [**1**] – CE 28 janvier 1994, Secrétaire d'État chargé de la Jeunesse et des Sports), ce qui implique en principe que le demandeur soit à même d'identifier le ou les défendeurs éventuels (voir cependant un cas où cette exigence a été abandonnée : CE 15 février 1989, Port autonome de Dunkerque, s'agissant de la demande – alors fondée sur l'article R. 130 du code ancien – d'expulsion du domaine public d'occupants sans titre et non identifiables).

Un maire n'a pas besoin d'être habilité par son conseil municipal pour introduire une action en référé, s'agissant en tout cas du référé ici prévu (CE sect. 28 novembre 1980, Ville de Paris c/ Établissements Roth, *Rec.* p. 446 [**2**]).

Compte tenu de l'urgence qui, même si le texte n'en fait pas état, marque cette procédure, les observations présentées en défense n'ont pas à être communiquées au demandeur (CE 29 mars 1985, Commune de Sisteron, *Lebon* p. 727 [**3**] – CE 19 septembre 1990, Société Impact Publicité – CE 3 mai 1993, Société civile d'exploitation agricole de l'Oze) sauf, doit-on penser, si elles contiennent des conclusions reconventionnelles, aux fins par exemple d'application de l'article L. 761-1. Si elles le sont, elles peuvent l'être in extremis (CE 25 septembre 1989, Le Bihan – CE 13 novembre 1992, Goedefroit).

Le magistrat saisi peut, si la demande présente « des difficultés graves et susceptibles d'une discussion sérieuse », en renvoyer le jugement à une formation collégiale (CE 13 juillet 1956, Secrétaire d'État à la Reconstruction c/ Piéton Guibout, *Lebon* p. 338 ; *AJDA* 1956, II, p. 321 [**4**]), puisqu'il n'est pas regardé comme constituant une juridiction, mais une simple « formation » de la juridiction à laquelle il appartient. Sa décision de renvoyer n'est pas susceptible d'être discutée devant le juge d'appel (même arrêt). La formation collégiale ainsi saisie paraît devoir statuer selon les règles habituelles (audience publique, audition du commissaire du gouvernement), alors que le magistrat statuant seul a la possibilité soit de régler l'affaire dans son cabinet, sans convocation des parties (CE 19 février 1965, Souris, *Lebon* p. 1 017 – CE 25 septembre 1989, Le Bihan), soit d'organiser une audience.

L'ordonnance de référé a une portée juridique encore incertaine. C'est certes une « chose jugée » en ce que ce qu'elle ordonne doit être exécuté, sauf au juge d'appel à en suspendre l'exécution. En l'absence de délais pour présenter une telle demande, on peut estimer qu'il est possible d'en présenter plusieurs à la suite les unes des autres. On doit tempérer cette assertion pour les raisons déjà évoquées à propos du sursis à exécution : le renouvellement d'une demande de référé après rejet d'une précédente ne saurait être un substitut de l'appel. Il devra donc se fonder sur une évolution de la situation ou porter sur un objet différent du précédent.

Il convient également de s'interroger sur la possibilité de demander au juge des référés une modification de l'ordonnance qu'il a rendue. En cas de fait nouveau, cette possibilité est ouverte (CE 24 février 1982, Société Entreprise industrielle et financière pour les travaux publics, *Lebon* p. 87 – CE 29 mars 1985, Commune de Sisteron, *Lebon* p. 727, *a contrario* [**5**]). Encore faut-il que le juge soit saisi d'une demande en ce sens (CE 17 octobre 1986, Ministre des PTT) et qu'il la communique à l'adversaire (CE 29 juillet 1994, Gérard).

En l'absence de fait nouveau, cette possibilité paraît écartée par les arrêts précités qui reviennent ainsi sur la position arrêtée le 23 novembre 1977 (Société française du tunnel routier de Fréjus, *Lebon* p. 462).

On peut s'interroger sur la pertinence d'une telle jurisprudence. Si, certes, on conçoit mal que le défendeur puisse, l'ordonnance rendue, demander au juge des référés d'en restreindre la portée, et si l'on peut admettre que le demandeur dont certaines des prétentions ont été expressément écartées par le juge ne puisse pas, par une nouvelle demande, tenter d'obtenir du juge des référés ce que ce dernier lui a refusé (c'est au juge d'appel de connaître de telles demandes), il devrait être admis qu'un demandeur peut songer, l'ordonnance rendue, qu'il serait opportun que les mesures demandées soient étendues, à d'autres parties ou à d'autres sujets.

Si, par application de la jurisprudence Commune de Sisteron, il lui est interdit de se présenter à nouveau devant son juge, aucune voie ne lui est alors offerte, puisque l'appel – à supposer respectés les brefs délais en la matière – sera vain, l'ordonnance initiale ayant par hypothèse satisfait à toutes ses demandes. La cour administrative d'appel de Lyon a estimé, quant à elle, que, pourvu qu'il ne soit pas porté atteinte à ce que le juge des référés avait expressément jugé, il était possible de lui demander de modifier en l'étendant la portée de son ordonnance initiale (CAA Lyon ass. plén., 31 juillet 1989, Société Montaz-Mautino [**6**]), cette possibilité étant ouverte à toute partie. Il semble que le Conseil d'État ait adopté cette façon de voir puisque, dans un arrêt du 13 mai 1992 (SAERP), il constate à la fois l'absence de circonstance nouvelle et le fait que la seconde demande remet en cause le bien-fondé de l'ordonnance initiale pour conclure que cette seconde demande ne pouvait être accueillie.

On précisera enfin que la procédure de prévention des conflits négatifs issue du décret du 25 juillet 1960 peut jouer sur une demande en référé (Trib. confl. 26 octobre 1987, Junet – Trib. confl. 25 janvier 1988, Bunelier [**7**]).

Selon l'article 2244 du Code civil issu de la loi du 5 juillet 1985, une demande en référé interrompt les délais. La cour administrative d'appel de Lyon (CAA Lyon, 10 décembre 1990, Schiochet, *AJDA* 1991, p. 161) puis le Conseil d'État (CE 22 juillet 1991, Commune de Marcilly-sur-Eure) ont déclaré ce texte applicable au contentieux de la responsabilité décennale des constructeurs. Bien que le Conseil d'État ait précisé que cette loi n'était pas une loi de procédure, la cour administrative d'appel de Lyon l'a même appliqué aux délais de droit commun (CAA Lyon, 30 décembre 1992, Dedenis), position pour l'instant isolée.

□ ***Jurisprudence***

[**1**] Considérant que, par lettre en date du 10 février 1989, le secrétaire-greffier du tribunal administratif de Lyon a communiqué à la ville de Lyon une copie de la requête en référé de Mme Rives et autres en lui impartissant un délai de dix jours pour présenter sa défense : qu'en l'absence de précision quant au point de départ de ce délai, celui-ci commençait à courir à la date à laquelle a été reçue la notification de la lettre susmentionnée ; qu'il ressort des pièces du dossier que la ville de Lyon a reçu notification de cette lettre le 14 février 1989 ; qu'ainsi, en se prononçant le 23 février sur la demande par l'ordonnance attaquée, le président du tribunal administratif de Lyon a statué avant l'expiration du délai dont bénéficiait la ville de Lyon pour produire son mémoire ; que, dès lors, la ville de Lyon est fondée à soutenir que l'ordonnance attaquée a été rendue sur une procédure irrégulière et à en demander l'annulation...

[**2**] Considérant qu'il résulte de la nature même de l'action en référé, qui ne peut être intentée qu'en cas d'urgence et qui ne peut préjudicier au principal, que le maire peut introduire cette action au nom de la commune, nonobstant les dispositions de l'article L. 316-3 du Code des communes, sans autorisation du conseil municipal...

[**3**] Considérant [...] que l'ordonnance de référé est rendue à la suite d'une procédure particulière adaptée à la nature de la demande et à la nécessité d'assurer une décision rapide ; que cette procédure, qui garantit le caractère contradictoire de l'instruction, se suffit à elle-même ; qu'ainsi la commune de Sisteron n'est pas fondée à soutenir, dès lors que l'article R. 102 ne prévoit pas cette communication, que le juge des référés était tenu de lui communiquer, en exécution des dispositions de l'article R. 110 du Code des tribunaux administratifs, les observations présentées par le syndicat intercommunal de la Moyenne Durance et par les commissaires de la République des Alpes-de-Haute-Provence et des Hautes-Alpes en réponse à la notification qui leur avait été faite de la requête...

[**4**] Considérant que la disposition précitée de l'article 24 de la loi du 22 juillet 1889 modifiée par la loi du 28 novembre 1955, en confiant au président du tribunal administratif ou au magistrat qu'il délègue le pouvoir de prendre, en cas d'urgence, toutes mesures utiles, a entendu non pas instituer une juridiction nouvelle distincte du tribunal administratif et dotée d'une compétence propre, mais seulement organiser, dans le cadre de ce tribunal, une procédure particulière dans laquelle, à raison de l'urgence, le président du tribunal administratif ou le magistrat qu'il délègue est habilité à statuer au lieu et place du tribunal ; que cette disposition ne fait donc pas obstacle à ce que le président ou le magistrat qu'il délègue, saisi dans les conditions qu'elle prévoit, renvoie au tribunal administratif le jugement des demandes qui lui paraissent présenter des difficultés graves et susceptibles d'une discussion sérieuse ; que l'appréciation à laquelle se livre le président du tribunal n'est pas de nature à être contestée devant le juge d'appel...

[**5**] Sur les conclusions de la demande de la commune de Sisteron devant le tribunal administratif tendant à la modification de l'ordonnance du 1er février 1984 :
Considérant qu'en l'absence de circonstances nouvelles la commune de Sisteron n'est pas fondée à se plaindre de ce que, par l'ordonnance attaquée, le conseiller délégué par le président du tribunal administratif de Marseille a rejeté sa demande tendant à ce qu'il ordonne que les dispositions de son ordonnance du 1er février 1984 prescrivant une expertise en vue de déterminer le

compte des parties à la convention conclue entre le syndicat intercommunal de la Moyenne Durance et la commune de Sisteron soient déclarées communes et exécutoires à l'égard des directeurs des services fiscaux et des commissaires de la République des départements des Alpes-de-Haute-Provence et des Hautes-Alpes...

[**6**] Considérant que, par une première requête en référé, la commune de Montvalezan-la-Rosière a demandé au juge des référés que soit ordonnée une expertise aux fins de procéder aux recherches nécessaires concernant les massifs d'ancrage des gares du télésiège de Landelières ; que, par une ordonnance du 16 septembre 1988, un expert a été désigné et sa mission précisée ; que, par l'ordonnance attaquée en date du 20 janvier 1989 et rendue sur la demande de la commune une nouvelle mission a été confiée à l'expert, correspondant en fait à une extension des points 4, 5 et 6 de la mission initialement fixée ;

Considérant qu'aucun texte ni aucune règle générale de procédure applicable devant le juge administratif ne fait obstacle à ce que, sur demande nouvelle d'une partie, le juge des référés étende, même sans circonstance nouvelle, une mesure d'instruction antérieurement prescrite par référé, lorsque les limites antérieurement fixées à cette mesure n'ont pas, avant l'intervention de la première ordonnance, fait l'objet d'un débat entre les parties expressément tranché par le juge ; que par suite les requérants ne sont pas fondés à soutenir que la demande nouvelle formée devant le juge des référés du tribunal administratif de Grenoble par la commune de Montvalezan-la-Rosière était irrecevable...

[**7**] Considérant que M. Bunelier, soutenant qu'un préjudice lui aurait été causé lors d'une intervention chirurgicale pratiquée dans un établissement d'hospitalisation dépendant de l'Association paritaire d'action sociale (APAS), a d'abord saisi d'une demande d'expertise le juge judiciaire des référés, lequel s'est déclaré incompétent au profit des tribunaux administratifs ; que, statuant au principal, le tribunal administratif de Paris a décliné sa compétence au motif que le centre chirurgical de l'Association paritaire d'action sociale (APAS) était un établissement privé d'hospitalisation à but non lucratif auquel aucune prérogative de puissance publique n'était confiée, de sorte que, nonobstant la circonstance que l'Association paritaire d'action sociale (APAS) avait été admise à participer au service public hospitalier en application des articles 40 et 41 de la loi n° 70-1318 du 31 décembre 1970, les litiges mettant en jeu sa responsabilité ressortissaient à la compétence des tribunaux de l'ordre judiciaire ;

Considérant que le Tribunal des conflits est valablement saisi dès lors qu'en l'espèce il y a identité de question, ou même litige, au sens des articles 17 et 34 du décret du 26 octobre 1849, nonobstant la circonstance que la juridiction d'un ordre a statué en référé, et la juridiction de l'autre ordre au principal, dès lors que les deux juridictions ont décliné la compétence de leur ordre respectif...

CHAPITRE 3 Voies de recours

L'APPEL CONTRE L'ORDONNANCE DE RÉFÉRÉ-INSTRUCTION

Art. R. 533-1 L'ordonnance rendue en application du présent titre par le président du tribunal administratif ou par son délégué est susceptible d'appel devant la cour administrative d'appel dans la quinzaine de sa notification.

■ Textes sources

– Code des TA et des CAA, article R 132.
– Décret n° 2000-1115 du 22 novembre 2000, article 1er.

■ Commentaires

Les appels formés en matière de référés devraient suivre, en ce qui concerne la compétence, le sort de la demande principale à laquelle ils sont susceptibles de se rattacher. La dévolution aux cours administratives d'appel de la compétence quasi exclusive en appel simplifie à cet égard les choses, puisqu'elles doivent en principe avoir à connaître de tous les appels formés en matière de référés. Le code prend acte de cet état du droit, qui pourrait poser problème dans le cas, à vrai dire des plus improbable, d'un référé se rattachant à un des contentieux électoraux dont l'appel demeure réservé au Conseil d'État, ou le cas, purement hypothétique, d'un référé se rattachant à un litige de reconduite à la frontière.

Voir l'article L. 555-1 sur la compétence du président de la cour administrative d'appel pour statuer seul sur l'appel.

Le délai de quinzaine, qui est un délai franc, doit s'entendre de quinze jours, soit plus que deux semaines (CE 28 mai 1990, Turpin [**1**]).

Contrairement à ce qui avait été jugé (CE 4 février 1994, Commune de Saint-Philippe), ce délai doit désormais être indiqué dans la notification de l'ordonnance, faute de quoi seul le délai de droit commun est applicable (voir art. R. 811-3). Et si la juridiction a, en notifiant l'ordonnance, indiqué un délai erroné, supérieur au délai réglementaire, c'est le délai erroné qui doit être retenu, par application de la jurisprudence Bourgeois (CE sect. 26 mars 1993, Bourgeois – CE 28 février 1996, Société LVM).

L'intervention d'un jugement au fond passé en force de chose jugée rend sans objet l'appel formé contre une ordonnance de référé (CE 3 juillet 1991, Ministre des Transports c/ Champurney [**2**]).

On observera que le texte réglementaire fait état du magistrat « délégué », alors que le juge des référés est, s'il n'est pas le président, un magistrat « désigné » par lui. Ce qui donnerait à penser que les deux termes sont équivalents, ce qui est discutable...

□ ***Jurisprudence***

[**1**] Considérant que si M. Turpin demande, sur le fondement du 4ᵉ alinéa de l'article 24 de la loi du 22 juillet 1889, que soit suspendue l'exécution de l'ordonnance en date du 28 septembre 1989 par laquelle le président du tribunal administratif de Paris lui a ordonné de libérer le logement de fonction qu'il occupe, il ressort des pièces du dossier qu'aucune demande d'annulation de ladite ordonnance n'a été présentée par le requérant dans le délai de quinze jours à compter de la notification de ladite ordonnance qui lui était imparti par l'article R. 103 du Code des tribunaux administratifs et des cours administratives d'appel ; que, par suite, ses conclusions ne peuvent être accueillies...

[**2**] Considérant que, postérieurement à l'introduction de la requête du ministre des Transports et de la Mer tendant à l'annulation de l'ordonnance du 17 mars 1988 par laquelle le président de section délégué par le président du tribunal administratif de Paris, statuant en référé, a désigné un expert en lui donnant mission de décrire l'état de santé de M. Champurney, ce tribunal, par un jugement en date du 24 janvier 1989 devenu définitif, s'est prononcé sur la demande de M. Champurney tendant à l'annulation de la décision en date du 6 janvier 1988 par laquelle le conseil médical de l'aviation civile a rejeté son appel contre la décision du centre d'expertise médicale du personnel navigant de Marseille le déclarant inapte aux fonctions de pilote professionnel d'hélicoptère ; que, par suite, la requête du ministre des Transports est devenue sans objet...

LA SUSPENSION DE L'ORDONNANCE DE RÉFÉRÉ-INSTRUCTION

Art. R. 533-2 Lorsqu'appel a été interjeté d'une ordonnance rendue par le président du tribunal administratif ou son délégué en application de l'article R. 532-1, le président de la cour administrative d'appel, ou le magistrat désigné par lui, peut immédiatement et à titre provisoire suspendre l'exécution de cette ordonnance si celle-ci est de nature à préjudicier gravement à un intérêt public ou aux droits de l'appelant.

■ Textes sources

– Code des TA et des CAA, article R. 135.
– Décret nº 2000-1115 du 22 novembre 2000, article 1ᵉʳ.

■ Commentaires

Le nouveau texte confie au président une compétence antérieurement dévolue à la cour statuant en formation collégiale.

Le texte ne précise pas les modalités de l'instruction d'une telle conclusion. Par arrêt Syndicat des avocats de France (CE sect. 5 avril 1996), le Conseil d'État a interprété cet article (qu'il n'a pas au demeurant jugé illégal) comme n'exigeant pas que la partie bénéficiaire d'une mesure de référé doive être mise à même de discuter contradictoirement du bien-fondé d'une suspension éventuelle de l'exécution de cette mesure.

La demande de suspension provisoire d'une ordonnance de référé n'a pas à être présentée par requête distincte. Les conditions de fond mises au prononcé d'une telle suspension (lesquelles ne touchent pas au sérieux des moyens articulés contre l'ordonnance) sont très strictement interprétées, et les juges donnent toute sa portée à l'adverbe « gravement ».

LE CONSTAT OU LE RÉFÉRÉ-INSTRUCTION DEVANT LA COUR ADMINISTRATIVE D'APPEL

Art. R. 533-3 À l'occasion des litiges dont la cour administrative d'appel est saisie, le président de la cour ou le magistrat désigné par lui dispose des pouvoirs prévus aux articles R. 531-1 et R. 532-1.

L'ordonnance rendue par le président de la cour ou par le magistrat désigné par lui est susceptible de recours en cassation dans la quinzaine de sa notification.

■ Textes sources

– Code des TA et des CAA, articles R. 133 et R. 137.
– Décret n° 2000-1115 du 22 novembre 2000, article 1er.

■ Commentaires

Les cours peuvent être destinataires de référés directs, pourvu qu'ils se rattachent à un litige pendant devant elles.

TITRE IV **Le juge des référés accordant une provision**

Le présent titre ne comprend pas de dispositions législatives

CHAPITRE UNIQUE

LE RÉFÉRÉ-PROVISION

Art. R. 541-1 Le juge des référés peut, même en l'absence d'une demande au fond, accorder une provision au créancier qui l'a saisi lorsque l'existence de l'obligation n'est pas sérieusement contestable. Il peut, même d'office, subordonner le versement de la provision à la constitution d'une garantie.

■ **Textes sources**

– Code des TA et des CAA, article R. 129.
– Décret n° 2000-1115 du 22 novembre 2000, article 1er.

■ **Commentaires**

Ce texte est inspiré de l'article 809, 2e alinéa, du Nouveau Code de procédure civile.

Par « existence » d'une obligation, il faut, c'est le bon sens même, entendre « existence et étendue », la provision demandée étant nécessairement chiffrée.

Le juge d'appel exerce un contrôle sur l'ensemble de la démarche adoptée par le juge de premier degré, y compris sur la décision de ce dernier de ne pas assortir le versement de la provision de la constitution d'une garantie (CAA Lyon, 13 juillet 1989, Centre hospitalier général d'Hyères [1]).

Le juge de cassation estime au contraire que, sauf dénaturation des faits, ou erreur de droit, l'appréciation du caractère contestable ou non d'une obligation relève du pouvoir souverain du juge du fond (CE 29 juillet 1994, Société travaux publics et industriels d'Ile-de-France), sauf dans le cas où la cour déduit l'existence de l'obligation de l'illégalité d'un acte. Mais le juge du fond doit « préciser quels sont les éléments sur lesquels il se fonde pour décider que l'existence de l'obligation n'est pas sérieusement contestable » (CE 27 juin 1997, Centre hospitalier de Lagny). Destinée à permettre au juge de cassation d'exercer son contrôle, cette règle doit à notre sens être généralisée, à l'instar de celle qui imposa au juge accordant antérieurement le sursis à exécution de mentionner le ou les moyens qu'il estimait sérieux.

La question se pose de savoir si la formule « peut » donne ou non au président un pouvoir d'appréciation, les conditions mises par le texte à l'octroi de la provision étant remplies, portant sur l'opportunité d'accorder ou non la provision (par un raisonnement analogue à celui retenu, en matière de sursis à exécution, par le Conseil d'État dans l'arrêt Association de sauvegarde du quartier Notre-Dame à Versailles, 13 février 1976, *Lebon* p. 100). La cour administrative d'appel de Lyon a estimé que ce pouvoir d'appréciation se déduisait du texte (CAA Lyon ass. plén., 16 novembre 1989, Compagnie d'assurances La France [**2**], *Lebon* p. 348 ; *AJDA* 1989, p. 806).

La condamnation peut atteindre la totalité des sommes en litige (CE 20 mars 2000, Département des Hauts-de-Seine). Elle peut être prononcée à la charge solidaire des défendeurs (CAA Lyon, 10 mars 1992, Commune de Port-de-Bouc, *Lebon* p. 1 215 – CE 19 novembre 1993, Port autonome de Marseille, *Lebon* p. 324), la seule circonstance que l'on n'ait pas de certitude quant à la répartition finale de la charge indemnitaire ne rendant pas contestable l'obligation solidaire (CE Port autonome de Marseille, précité). La question de savoir si des appels en garantie entre condamnés solidaires ont leur place dans cette procédure n'est à notre connaissance pas tranchée.

S'agissant des intérêts, il a été jugé, d'une part, que l'on ne peut réclamer une provision sur intérêts courus (car ils ne seront exigibles que lors de la liquidation de la créance principale), d'autre part, que la provision ne peut ouvrir droit à intérêts ni à compter de la demande qui en est faite ni à compter de la condamnation prononcée, même si l'inexécution de cette dernière entraîne la majoration de cinq points du taux de l'intérêt sur les sommes ainsi dues (CAA Lyon, 19 novembre 1991, Société des téléphériques du massif du Mont-Blanc [**3**]). De même le juge du référé-provision doit-il réserver la question de la charge des frais d'expertise (CAA Nantes, 30 avril 1992, OPHLM de Nantes). C'est également la position retenue par la cour administrative d'appel de Lyon, que l'expertise ait été ordonnée par le juge du fond ou qu'elle procède d'une demande de référé (CAA Lyon ass. plén., 27 décembre 2000, Ponceblanc).

La procédure à respecter par le juge a dû être définie de façon à combiner l'exigence du contradictoire et la nécessité de statuer rapidement. S'écartant des règles en usage en matière de référé ordinaire, des cours administratives d'appel ont, pour le référé-provision, exigé un minimum de contradictoire (CAA Bordeaux, 28 mai 1991, Utec – CAA Lyon, 9 avril 1991, SCI Avenue de la Lanterne). Il est permis de se demander si, dès lors qu'en cas de rejet de la demande de provision, le demandeur peut présenter une nouvelle demande, en se prévalant de circonstances nouvelles, une telle position s'impose, et s'il n'est pas plus souhaitable de donner priorité à l'exigence de rapidité. C'est cette dernière position qu'a retenue le Conseil d'État (CE 22 mars 1999, Soudain [**4**]). On observera d'ailleurs que, se fondant précisément sur la possibilité de réitérer une demande de provision, la cour administrative d'appel de Lyon a jugé que le juge du référé-provision était en droit de rejeter comme irrecevable une demande sans avoir à inviter le demandeur à régulariser sa procédure (CAA Lyon, 2 novembre 1995, Société Labor Métal). On notera surtout que, par arrêt du 5 avril 1996 (CE 5 avril 1996, Syndicat des avocats de France), le Conseil d'État a jugé que toutes les procédures de référé pouvaient, sans atteinte au caractère contradictoire de la procédure, être menées sans que les mémoires en défense doivent être communiqués au demandeur, l'ensemble de ces procédures, de caractère provisoire, échappant au domaine d'application de l'article 6 de la Convention européenne de sauvegarde des droits de l'homme et des libertés fondamentales (CE 20 mars 2000, Département des Hauts-de-Seine, jugeant également que la tenue d'une audience n'est pas obligatoire).

Les frais irrépétibles peuvent être alloués dans une instance de référé-provision sans qu'il soit nécessaire d'attendre l'issue de la procédure au fond. Et leur allocation, même lorsque la provision est accordée, n'est pas prononcée « à titre provisionnel » (CE 10 février 1997, Société d'économie mixte d'équipement et d'aménagement de l'Aude ; voir art. L. 761-1).

Lorsque le juge du fond s'est prononcé, la question se pose du sort à réserver aux instances encore pendantes, consacrées à la demande de provision. Tant que le jugement du tribunal emportant condamnation n'est pas définitif, il y a lieu d'examiner les instances, en appel ou en cassation, consacrées aux ordonnances rendues en matière de provision (CE 19 novembre 1993, Port autonome de Marseille, *Lebon* p. 324 – CE 23 octobre 1998, Elmira). Inversement la solution du non-lieu est retenue si la décision du juge du fond est passée en force de chose jugée, soit qu'il s'agisse d'un jugement devenu définitif, soit d'un arrêt, même frappé d'un pourvoi en cassation (CE 13 novembre 1996, Centre hospitalier régional universitaire de Rennes [**5**], revenant sur CE sect. 10 avril 1992, Centre hospitalier général d'Hyères, *Lebon* p. 169). Cette position tire, s'agissant des arrêts frappés d'un pourvoi en cassation, les conséquences de l'arrêt du 27 octobre 1995 (CE ass. 27 octobre 1995, Ministre du Logement c/ Mattio) réputant de tels arrêts « passés en force de chose jugée ».

On note toutefois que, s'agissant du recours à l'astreinte en vue d'assurer l'exécution d'une décision portant condamnation au versement d'une provision, le Conseil d'État considère qu'un tel recours est devenu sans objet dès lors qu'est intervenu un jugement au fond, « ce jugement étant seul susceptible d'exécution », qu'il soit ou non frappé d'appel, et même si la condamnation au fond est d'un montant inférieur à celui de la provision (CE 4 novembre 1996, Dubois).

L'article R. 541-1 ne peut être utilisé pour faire échec à l'effet suspensif d'une demande dirigée contre un titre de paiement : il s'agit dans cette hypothèse d'une demande de provision formée par l'émetteur du titre de perception, défendeur à la demande principale, contre le requérant qui, grâce à cet effet suspensif, échappe au caractère obligatoire de son obligation de payer. Une telle demande de provision est irrecevable (CE 1er octobre 1993, Office national interprofessionnel du lait et des produits laitiers).

Voir article R. 541-6 en ce qui concerne le sursis à exécution des ordonnances rendues en matière de référé-provision.

□ ***Jurisprudence***

[**1**] Considérant [...] que les circonstances de fait à l'origine du dommage invoqué par Mme Blanc telles qu'elles résultent des pièces du dossier et notamment d'un jugement devenu définitif du tribunal correctionnel de Toulon font ressortir l'existence, en l'état de l'instruction, d'une obligation non sérieusement contestable du centre hospitalier général d'Hyères à l'égard de M. Philippe Blanc ; que ce centre n'est donc pas fondé à soutenir que c'est à tort que, par l'ordonnance attaquée, qui est suffisamment motivée, le président du tribunal administratif de Nice statuant par voie de référé a fait droit à la demande de provision présentée par Mme Blanc au nom de son fils Philippe ;
Considérant enfin que le président du tribunal administratif de Nice, qui n'était pas tenu de subordonner le versement de la provision dont s'agit à la constitution d'une garantie, a pu à bon droit, dans les circonstances en l'espèce, s'abstenir de prescrire la constitution d'une telle garantie...

[**2**] Considérant qu'aux termes de l'article R. 102-1 du Code des tribunaux administratifs et des cours administratives d'appel, « le président du tribunal administratif ou de la cour administrative d'appel ou le magistrat que l'un d'eux délègue peut accorder une provision au créancier qui a saisi le tribunal ou la cour d'une demande au fond lorsque l'existence de l'obligation n'est pas sérieusement contestable » ; qu'il résulte de ces dispositions que, même lorsque les conditions fixées par elles sont remplies, il appartient au juge des référés d'apprécier dans chacun des cas qui lui sont soumis s'il y a lieu d'accorder la provision demandée...

[**3**] Considérant, en second lieu, que les intérêts d'une créance ne sont exigibles que lorsque cette créance est liquidée ; que, dès lors, les intérêts dont peut être assortie une créance ne peuvent faire l'objet d'une demande de provision ;
Considérant enfin que, d'une part, la nature de la demande de provision fait obstacle à ce qu'elle ouvre droit à intérêts ; que, d'autre part, si l'inexécution pendant plus de deux mois de l'ordonnance accordant la provision est susceptible, lors du décompte final des intérêts, d'entraîner la majoration de cinq points du taux de l'intérêt légal prévu à l'article 3 de la loi susvisée du 11 juillet 1975, la condamnation à provision ne fait pas courir par elle-même intérêts ; que, par suite, les conclusions tendant à ce que la provision allouée porte intérêts ne peuvent qu'être rejetées...

[**4**] Considérant qu'aux termes de l'article R. 129 du Code des tribunaux administratifs et des cours administratives d'appel : « Le président du tribunal administratif ou de la cour administrative d'appel ou le magistrat que l'un d'eux délègue peut accorder une provision au créancier qui a saisi le tribunal ou la cour d'une demande au fond lorsque l'existence de l'obligation n'est pas sérieusement contestable [...] » ; qu'aux termes de l'article R. 131 du même code : « Notification de la requête présentée au juge des référés est immédiatement faite au défendeur éventuel, avec fixation d'un délai de réponse » ; qu'aux termes de l'article R. 132 du même code : « La décision du président du tribunal administratif, qui est exécutoire par provision, est susceptible d'appel devant la cour administrative d'appel dans la quinzaine de sa notification [...] » ; qu'aux termes de l'article R. 133 du même code : « La décision du président de la cour administrative d'appel, qui est exécutoire

par provision, est susceptible de recours en cassation devant le Conseil d'État dans la quinzaine de sa notification » ;
Considérant qu'il résulte des dispositions précitées que l'ordonnance de référé étant rendue à la suite d'une procédure particulière, adaptée à la nature de la demande et à la nécessité d'une décision rapide, le juge des référés ne méconnaît pas le principe du caractère contradictoire de l'instruction en ne communiquant pas au demandeur les observations présentées par la partie adverse en réponse à la notification qui lui est faite du pourvoi ; qu'il s'ensuit que lorsque le juge des référés communique au demandeur un mémoire en défense, bien qu'il n'y soit pas tenu, la brièveté du délai dont ce demandeur peut éventuellement disposer pour y répondre est sans influence sur la régularité de la procédure ; que, par suite, le moyen invoqué par M. Soudain devant la cour administrative d'appel, selon lequel le juge des référés ne lui aurait laissé qu'un délai trop bref pour répondre au mémoire en défense présenté au nom de l'État, était inopérant ; que, dès lors, la cour administrative d'appel de Paris, en s'abstenant d'y répondre, n'a pas entaché d'irrégularité l'arrêt attaqué...

[**5**] Considérant qu'il résulte des termes mêmes de l'article R. 129 précité que l'ordonnance accordant une provision ne peut produire d'effet juridique que tant que la demande au fond est pendante ; qu'elle devient, par suite, caduque dès lors que le juge du fond s'est prononcé par une décision passée en force de chose jugée ;
Considérant que par un jugement en date du 4 juillet 1991, le tribunal administratif de Rennes s'est prononcé sur la demande au fond présentée par les parents de M. Rémy Alix et tendant à la condamnation du Centre hospitalier régional et universitaire de Rennes à réparer le préjudice subi par leur fils et a d'ailleurs condamné le Centre hospitalier régional et universitaire de Rennes à verser à la Caisse primaire d'assurance maladie d'Ille-et-Vilaine une somme incluant le montant de la provision fixé par l'ordonnance susmentionnée du 13 janvier 1991 ; que ce jugement a été confirmé sur ce point par un arrêt de la cour administrative d'appel de Nantes en date du 10 février 1994 passé en force de chose jugée alors même qu'il est frappé d'un recours en cassation ; que, dès lors, les conclusions du Centre hospitalier régional et universitaire de Rennes tendant à l'annulation de l'arrêt de la cour administrative d'appel du 13 juin 1991 rejetant sa requête dirigée contre l'ordonnance du président du tribunal administratif de Rennes statuant en référé le 18 janvier 1991, sont devenues sans objet...

LA NOTIFICATION DE LA DEMANDE DE PROVISION

Art. R. 541-2 Notification de la requête présentée au juge des référés est immédiatement faite au défendeur éventuel, avec fixation d'un délai de réponse.

■ Textes sources

– Code des TA et des CAA, article R. 131.
– Décret n° 2000-1115 du 22 novembre 2000, article 1er.

■ **Commentaires**

Il est clair que la procédure d'instruction d'une demande de référé-provision est identique à celle du référé-instruction.

L'APPEL DE L'ORDONNANCE DE RÉFÉRÉ-PROVISION

Art. R. 541-3 **L'ordonnance rendue par le président du tribunal administratif ou par son délégué est susceptible d'appel devant la cour administrative d'appel dans la quinzaine de sa notification.**

■ **Textes sources**

- Code des TA et des CAA, article R. 132.
- Décret n° 2000-1115 du 22 novembre 2000, article 1er.

■ **Commentaires**

Voir l'article L. 555-1 sur la compétence du président de la cour administrative d'appel pour statuer seul sur cet appel.

LA POSSIBILITÉ POUR LA PERSONNE CONDAMNÉE DE FAIRE TRANCHER LE FOND DU LITIGE

Art. R. 541-4 **Si le créancier n'a pas introduit de demande au fond dans les conditions de droit commun, la personne condamnée au paiement d'une provision peut saisir le juge du fond d'une requête tendant à la fixation définitive du montant de sa dette, dans un délai de deux mois à partir de la notification de la décision de provision rendue en première instance ou en appel.**

■ **Textes sources**

- Décret n° 2000-1115 du 22 novembre 2000, article 1er.

■ **Commentaires**

Cet article nouveau répond à la suppression, dans le nouveau texte, de l'exigence, pour le demandeur d'une provision, d'avoir présenté parallèlement une demande au fond. Cette exigence, qui avait pour effet d'obliger la juridiction à se prononcer sur une affaire au fond alors même que les parties se satisfaisaient de la provision ordonnée, ne permettait pas de profiter, en ce qui concerne l'activité des juridictions, de tous les avantages de la procédure de référé-provision. Elle se justifiait pourtant, dès lors que, si une collectivité publique condamnée à verser une provision estimait ne pas avoir à supporter, en définitive cette charge, la jurisprudence ne lui permettait pas d'introduire devant le juge administratif une requête tendant à la condamnation de son adversaire à lui rembourser ladite provision (CE 13 mai 1913, Préfet de l'Eure, *Lebon* p. 583). Le nouveau texte a pour effet de rendre possible cette action.

LE RÉFÉRÉ-PROVISION DEVANT LA COUR ADMINISTRATIVE D'APPEL

Art. R. 541-5 À l'occasion des litiges dont la cour administrative d'appel est saisie, le président de la cour ou le magistrat désigné par lui dispose des pouvoirs prévus à l'article R. 541-1.

L'ordonnance rendue par le président de la cour ou par le magistrat désigné par lui est susceptible de recours en cassation dans la quinzaine de sa notification.

■ Textes sources

- Code des TA et des CAA, article R. 133.
- Décret n° 2000-1115 du 22 novembre 2000, article 1er.

■ Commentaires

À la différence du référé-provision devant le tribunal administratif, le référé-provision devant la cour administrative d'appel ne peut être formé qu'à l'occasion de litiges dont cette dernière est saisie.

LE SURSIS À EXÉCUTION DE L'ORDONNANCE DE RÉFÉRÉ-PROVISION

Art. R. 541-6 Le sursis à l'exécution d'une ordonnance du juge des référés accordant une provision peut être prononcé par le juge d'appel ou par le juge de cassation si l'exécution de cette ordonnance risque d'entraîner des conséquences difficilement réparables et si les moyens énoncés à son encontre paraissent, en l'état de l'instruction, sérieux et de nature à justifier son annulation et le rejet de la demande.

■ Textes sources

- Code des TA et des CAA, article R. 134.
- Décret n° 2000-1115 du 22 novembre 2000, article 1er.

■ **Commentaires**

Cet article est en réalité restrictif. Il a pour objet d'empêcher le défendeur, condamné par voie de référé à verser une provision, d'obtenir le sursis à exécution de cette condamnation en se prévalant du seul risque de perte définitive de la somme en cause (art. R. 811-16), possibilité qui eût vidé de toute portée l'institution du référé-provision. La nécessité d'articuler des moyens sérieux écarte ce risque.

Pour un exemple d'application de cet article, voir CE 21 juin 1996, Ville de Marseille, s'agissant d'une provision de 800 000 F, à valoir sur le préjudice causé par une mise à la retraite d'office dont l'annulation a été prononcée pour défaut de motivation.

TITRE V **Dispositions particulières à certains contentieux**

CHAPITRE 1 Le référé en matière de passation de contrats et marchés

LE RÉFÉRÉ PRÉCONTRACTUEL

Art. L. 551-1 Le président du tribunal administratif, ou le magistrat qu'il délègue, peut être saisi en cas de manquement aux obligations de publicité et de mise en concurrence auxquelles est soumise la passation des marchés publics et des conventions de délégation de service public.

Les personnes habilitées à agir sont celles qui ont un intérêt à conclure le contrat et qui sont susceptibles d'être lésées par ce manquement, ainsi que le représentant de l'État dans le département dans le cas où le contrat est conclu ou doit être conclu par une collectivité territoriale ou un établissement public local.

Le président du tribunal administratif peut être saisi avant la conclusion du contrat. Il peut ordonner à l'auteur du manquement de se conformer à ses obligations et suspendre la passation du contrat ou l'exécution de toute décision qui s'y rapporte. Il peut également annuler ces décisions et supprimer les clauses ou prescriptions destinées à figurer dans le contrat et qui méconnaissent lesdites obligations. Dès qu'il est saisi, il peut enjoindre de différer la signature du contrat jusqu'au terme de la procédure et pour une durée maximum de vingt jours.

Sauf si la demande porte sur des marchés ou contrats passés par l'État, elle peut également être présentée par celui-ci lorsque la Commission des communautés européennes lui a notifié les raisons pour lesquelles elle estime qu'une violation claire et manifeste des obligations de publicité et de mise en concurrence d'origine communautaire ou résultant de l'accord sur l'Espace économique européen, a été commise.

Le président du tribunal administratif ou son délégué statue en premier et dernier ressort en la forme des référés.

Textes sources

– Code des TA et des CAA, article L. 22.
– Loi n° 2000-597 du 30 juin 2000, articles 13-III-1 et 14.
– Décret n° 2000-1115 du 22 novembre 2000, article 1er.

Commentaires

Ces dispositions ont eu une existence heurtée. Primitivement destinées à transposer en droit interne la directive communautaire du 21 décembre 1989, dite « directive recours », qui elle-même faisait suite à la directive du 18 juillet 1989, dite « directive travaux », transposée en droit interne par le décret du 18 septembre 1990 et la loi du 3 janvier 1991, elles ne gardent plus de leur origine communautaire que les quelques lignes finales du pénultième alinéa de l'article L. 551-1. La loi du 29 janvier 1993 a en effet étendu à tous les marchés publics le mécanisme issu de la loi du 4 janvier 1992, institué pour les seuls marchés concernés par la « directive travaux ». Tous les marchés publics, ainsi que les délégations de services publics visées à l'article 38 de la loi du 29 janvier 1993, sont ainsi soumis en principe à cette procédure de référé. Une nuance semble toutefois devoir être apportée à cette affirmation s'agissant des marchés publics. Le champ d'application de l'article L. 551-1 résulte en effet du croisement de deux notions.

En premier lieu, cet article tire de son origine communautaire un champ d'application directement calqué sur celui de la directive « travaux » : il s'agit des marchés de travaux dont le montant hors TVA est supérieur ou égal à cinq millions d'euros, intervenant hors des secteurs de l'eau, de l'énergie, des transports et des télécommunications, dits secteurs exclus, l'expression de « marché » devant alors s'entendre de toute opération ayant pour objet la réalisation, par quelque moyen que ce soit, de travaux ou bâtiments répondant aux besoins de l'État, des collectivités locales ou de leurs établissements publics autres qu'industriels et commerciaux (hors les secteurs exclus). À ce titre, relèvent de l'article L. 551-1 des opérations non regardées comme des marchés de travaux ou de prestations de services au sens du droit interne, tel étant par exemple le cas du crédit-bail immobilier, de la vente en l'état futur d'achèvement parfois (CE 8 février 1991, Région Midi-Pyrénées, *Lebon* p. 41) ou de l'utilisation à des fins de préfinancement du bail emphytéotique sur domaine privé ou public (CE sect. 25 février 1994, SOFAP Marignan Immobilier – CE ass. 10 juin 1994, Commune de Cabourg), ou encore des marchés passés entre collectivités publiques avant la mise en application du nouveau Code des marchés publics issu du décret du 7 mars 2001 (CE sect. 30 juin 1999, Communauté de communes du Piémont-de-Barr).

En deuxième lieu, et parce qu'il a également pour objet, s'agissant de marchés relevant du contrôle du juge administratif, de garantir le respect des règles internes de publicité et mise en concurrence, inscrites dans le Code des marchés publics, cet article a un champ d'application correspondant à ce code et défini aux articles 1 à 3 dudit code.

Cet article est, on y insistera peu, des plus novateurs en ce qui concerne les pouvoirs du juge, qui se voit doté d'un pouvoir d'injonction, voire habilité à refaire un acte irrégulier, et plus encore en matière contractuelle.

Ne peuvent saisir le juge, outre le préfet dans le cas de contrats passés par des collectivités locales, que « les personnes qui ont un intérêt à conclure le contrat et qui sont susceptibles d'être lésées par le manquement » invoqué. La voie n'est donc pas ouverte aux tiers (associations ou citoyens), mais réservée aux candidats à la signature du contrat, et, parmi eux, à ceux qui peuvent justifier que le manquement invoqué les a privés d'une chance sérieuse d'obtenir le marché. On notera à cet égard que les personnes morales chargées, fût-ce par la loi, de défendre les intérêts d'une profession, n'ont pas accès au juge de l'article L. 551-1 : ainsi des conseils régionaux de l'Ordre des architectes (CE 16 décembre 1996, Conseil régional de l'Ordre des architectes de la Martinique [**1**]).

De la loi (« le président [...] peut être saisi avant la conclusion du contrat ») on doit tirer la conclusion qu'une saisine postérieure à cette date serait dépourvue d'objet, puisque les pouvoirs du juge sont manifestement destinés à lui permettre d'agir avant conclusion du contrat (il faut tenir pour une maladresse de rédaction le passage du deuxième alinéa faisant état du contrat qui « est conclu » par une collectivité territoriale). La signature du contrat fait basculer le contentieux dans le monde, plus classique, du seul recours en indemnité (ou en annulation des actes détachables) relevant du juge de droit commun. C'est la position arrêtée par la section du contentieux le 3 novembre 1995 (CE sect. 3 novembre 1995, Société Stentofon Communications, Chambre de commerce et d'industrie de Tarbes, *Lebon* p. 394 [**2**]), position d'où il résulte que, si la conclusion du contrat intervient après saisine du juge, ce dernier se borne à constater le non-lieu à statuer. Non-lieu qui peut d'ailleurs survenir en cassation en cas de pourvoi formé contre l'ordonnance refusant de faire droit à la demande (CE 3 novembre 1995, Société Stentofon Communications, précité [**3**]). Pour l'application de cette jurisprudence, la « conclusion du contrat » doit s'entendre de la date à laquelle il est signé par la personne publique, indépendamment de sa notification ou de son éventuelle approbation (CE 3 novembre 1995, Chambre de commerce et d'industrie de Tarbes, précité). Le non-lieu peut au demeurant être prononcé en application de l'article R. 222-1 (CE 30 juin 1999, SA Groupe Partouche).

Compte tenu de certains comportements, qui consistaient à précipiter la signature des contrats menacés du recours mentionné à cet article (recours dont l'imminence était annoncée du fait de l'exigence, à l'époque, d'une réclamation préalable), à seule fin d'éviter la sanction du juge, l'article nouveau a ajouté aux pouvoirs de ce dernier en lui donnant la possibilité d'enjoindre de différer, pendant vingt jours au plus, la signature du contrat. Cette nouveauté, jointe à la disparition de l'exigence de réclamation préalable (voir art. R. 551-1 et suivants), devrait renforcer l'efficacité du contrôle ainsi organisé. La question se pose de savoir quelle forme doit revêtir la décision nouvelle portant injonction de différer la signature du contrat. Et notamment si cet acte doit être motivé. On a peu de doute quant à la nature juridictionnelle de cette décision, qui s'incorpore dans la batterie de mesures relevant du juge. Il s'ensuit qu'elle doit être motivée, comme toute décision juridictionnelle. Mais on voit mal quels motifs lui donner, ce pouvoir n'étant absolument pas encadré par la loi. S'agissant d'une mesure conservatoire – et d'ailleurs de durée très limitée –, il nous paraît que la motivation ne peut être que générale, et bien sûr s'inscrire dans l'objet du texte. On peut à cet égard s'inspirer du régime de la suspension, et rattacher cette mesure à l'existence d'un doute sérieux pesant sur la régularité des opérations de passation du marché, au vu de la requête.

Enfin l'objet même de la mesure paraît exclure, par sa nature même, qu'elle procède d'une instruction contradictoire, comme d'une audience. Et l'article R. 551-2 fait obstacle à ce qu'elle fasse l'objet d'un pourvoi en cassation spécifique : la mesure ne pourra être constestée qu'à l'occasion d'un pourvoi dirigé contre la décision prise sur la demande. Ce qui laisse rêveur : à cette date en effet, la mesure provisoire aura perdu tout effet, et, s'il est satisfait à la demande, aura été « absorbée » par la décision rendue. On voit dès lors mal quelle portée pourra avoir la contestation de la mesure provisoire, et si même elle conservera un objet...

Quant aux moyens des recours de l'article L. 551-1, ils doivent se fonder sur un manquement aux obligations de publicité et de mise en concurrence, et seulement sur un tel manquement. On peut donc estimer qu'est inopérant au regard de cette procédure un moyen tiré de l'incompétence de l'autorité qui se dispose à signer le contrat (maire non habilité par son conseil municipal par exemple), comme l'est le moyen tiré de ce que le contrat concerne une matière échappant à la compétence de la personne publique qui se dispose à le passer (CE 30 juin 1999, SA Demathiere et Bard – CE 21 juin 2000, Syndicat intercommunal de la Côte-d'Amour et de la presqu'île guérandaise), ou encore celui tiré, à l'encontre d'une décision de non-lieu, de ce que l'un des signataires du contrat était dépourvu de la compétence nécessaire à cette fin (CE 8 février 1999, Société Campenon Bernard). On peut à cet égard se demander si les irrégularités, notamment formelles, qui ont pu affecter tel ou tel acte concourant à la mise en œuvre des mesures de publicité ou de mise en concurrence, peuvent déclencher la procédure de l'article L. 551-1 (par exemple, qu'en est-il du vice affectant la délibération du conseil municipal qui a désigné les membres de la commission d'appel d'offres sans recourir au scrutin secret prévu à l'art. L. 2121-21 du Code général des collectivités territoriales ?). C'est soulever le problème de l'admission, dans cette procédure, de l'exception d'illégalité. Non sans hésitation, nous pencherions vers une réponse *a priori* négative : ce contentieux n'est pas un contentieux de l'excès de pouvoir, et son objet est seulement de garantir, rapidement donc efficacement, le respect de certaines obligations, dont il devrait suffire au juge saisi de constater qu'elles ont été remplies ou non, par une appréciation qui relève du contentieux de pleine juridiction, sans avoir à rechercher si le cheminement administratif antérieur à la procédure de passation du contrat a été régulier. Encore appartient-il à ce juge, saisi d'une telle irrégularité, de rechercher si elle a été de nature à porter atteinte aux obligations de publicité et de mise en concurrence. Ce qui pourrait justifier, dans certaines espèces, qu'une irrégularité « en amont » soit retenue à ce titre.

Le juge est le président du tribunal ou son délégué (qui n'aura pas à mentionner la date de la décision de délégation : CE 12 octobre 1994, Kitoko Luzaya). À la différence du juge des référés, ce dernier n'a pas à répondre à des conditions de grade ou d'ancienneté. Il dispose de vingt jours pour se prononcer (voir art. R. 551-1). Ce délai n'est pas impératif (CE sect. 3 novembre 1995, District de l'agglomération nancéienne, solution implicite), mais on a vu que les pouvoirs dudit président s'éteignent automatiquement avec la signature du contrat, ce qui ne peut que l'inciter à agir rapidement. C'est d'ailleurs pendant cette seule durée qu'il pourra enjoindre de différer la signature du contrat. La décision, rendue « en dernier ressort », n'est susceptible que d'un recours en cassation dans la quinzaine de sa notification (voir art. R. 551-4).

La décision est prise « en la forme des référés », mais le Conseil d'État a décidé qu'eu égard aux pouvoirs conférés au juge, elle ne pouvait intervenir qu'après audience publique permettant aux parties de présenter leurs observations orales (CE ass. 10 juin 1994, Commune de Cabourg, *Lebon* p. 300 [**4**]), raisonnement qu'il a ultérieurement étendu aux ordonnances prises par le président de la section du contentieux dans le cadre de la loi du 30 septembre 1986 pour sanctionner les opérateurs de radiotélévision méconnaissant leurs obligations (CE 25 novembre 1994, Société La Cinq). Et la décision doit expressément mentionner qu'elle a été rendue à l'issue d'une séance publique, mention à l'absence de laquelle il n'est pas suppléé par la mention de la convocation et de l'audition des avocats (CE 13 décembre 1996, Syndicat intercommunal pour la revalorisation des déchets du secteur Cannes-Grasse [**5**]). Au référé toutefois la procédure emprunte la règle selon laquelle le juge n'a pas à communiquer au demandeur les observations présentées par le défendeur (CE 8 mars 1996, Société CGC Entreprise [**6**]). Mais le juge de l'article L. 551-1 est soumis aux prescriptions de l'article R. 611-7 du code, et doit donc avertir les parties de ce qu'il se dispose à fonder son ordonnance sur un moyen d'ordre public relevé d'office, aucune disposition législative ou réglementaire ne faisant en l'espèce obstacle à l'application de ces dispositions (CE sect. 2 octobre 1996, SARL Entreprise générale d'électricité Noël Béranger, *Lebon* p 379).

Enfin, c'est sans surprise que l'on découvre que le juge de l'article L. 551-1, qui ne constitue pas une juridiction spéciale distincte du tribunal, peut renvoyer au tribunal administratif le jugement des demandes dont il est saisi, sans qu'il soit au surplus nécessaire que le jugement alors rendu vise la décision par laquelle ce renvoi a été opéré (CE 19 mars 1997, SA Entreprise générale de terrassements et de travaux publics).

Un rejet par ordonnance, en application de l'article R. 222-1, est régulier (CE 30 juin 1999, SA Partouche).

La question se pose de l'articulation de cet article avec des procédures de droit commun. Un acte détachable lié à la passation d'un marché peut, on le sait, faire l'objet d'un recours pour excès de pouvoir de la part du candidat exclu, qui peut également saisir le juge de l'article L. 551-1. De même le préfet dispose-t-il, grâce au déféré, de la possibilité de demander au juge de l'excès de pouvoir l'annulation d'un acte conduisant à un contrat (délibération notamment). On pourrait songer que, le juge de l'article L. 551-1 ayant des pouvoirs au moins égaux, et même supérieurs, à ceux dont dispose le juge de l'excès de pouvoir, l'exception de recours parallèle conduit à interdire d'utiliser cette dernière voie. Mais il faut tenir compte de ce que le juge de l'article L. 551-1 statue en urgence, sans appel, et surtout de ce que ses pouvoirs s'éteignent avec la signature du contrat. Sur ces points, le juge de l'excès de pouvoir offre des possibilités supérieures à celles du juge de l'article L. 551-1. De telle sorte que nous estimons que les intéressés ont le choix d'utiliser l'une ou l'autre des procédures, voire les deux, le rejet opposé au surplus par le juge de l'article L. 551-1 ne nous paraissant pas avoir l'autorité de chose jugée pour le juge de l'excès de pouvoir, n'étant pas intervenu dans un litige de même nature. De cette dualité de contentieux possible, on veut une preuve supplémentaire dans l'article 27 de la loi du 4 février 1995 prévoyant que la demande de sursis à exécution formée par le préfet contre l'acte d'une collectivité territoriale relatif à l'urbanisme, aux marchés ou aux délégations de service public, a un effet suspensif automatique si elle est formée dans les dix jours de sa réception (voir art. L. 554-2), et ce pendant un mois à compter de cette réception. C'est semble-t-il admettre que ce préfet peut agir devant le tribunal administratif sans invoquer l'article L. 551-1.

La question doit également être posée de la concurrence possible entre la procédure de l'article L. 551-1 et la procédure de suspension de droit commun résultant de l'article L. 521-1. Les moyens invocables dans l'une et l'autre ne sont pas les mêmes, non plus que les pouvoirs du juge, de telle sorte qu'il paraît difficile d'envisager une irrecevabilité tirée de l'exception de recours parallèles. Il reste que le cumul possible de ces procédures demeure problématique.

□ ***Jurisprudence***

[**1**] Considérant que pour rejeter la demande du conseil régional de l'Ordre des architectes de la Martinique tendant à ce qu'il se prononce, sur le fondement de l'article L. 22 du Code des tribunaux administratifs et des cours administratives d'appel, sur la régularité de l'avis d'appel à la concur-

rence lancé par l'université des Antilles et de la Guyane pour la conception et la réalisation d'un amphithéâtre, le président du tribunal administratif de Fort-de-France a retenu que « le conseil régional, qui n'a pas vocation à conclure le contrat, n'a pas qualité pour saisir le président du tribunal administratif d'une demande dans le cadre de l'article L. 22 précité » ; qu'en statuant ainsi, et quels que soient les pouvoirs que l'article 26 de la loi du 3 janvier 1977 confère à l'Ordre des architectes pour défendre les intérêts collectifs de ses membres, le président du tribunal administratif a fait une exacte application des dispositions précitées de l'article L. 22 du Code des tribunaux administratifs et des cours administratives d'appel...

[**2**] Considérant qu'il résulte des dispositions qui précèdent que les pouvoirs conférés au juge administratif, en vertu de la procédure spéciale instituée par l'article L. 22 précité du Code des tribunaux administratifs et des cours administratives d'appel, ne peuvent plus être exercés après la conclusion du contrat ;

Considérant qu'il résulte de l'instruction que l'acte d'engagement relatif au contrat de concepteur liant le groupement d'architectes dirigé par M. Saint-Laurent, retenu comme lauréat à l'issue du concours contesté, à la chambre de commerce et d'industrie de Tarbes et des Hautes-Pyrénées, a été signé par le président de cette compagnie consulaire le 17 janvier 1994 ; qu'à dater de l'accomplissement, conforme à l'article 44 du Code des marchés publics qui lui est applicable, de cette formalité, qui a constitué la « conclusion du contrat » au sens de l'article L. 22 précité, la procédure instituée par cet article ne pouvait plus être mise en jeu ; que, par suite, la demande introduite le 18 février 1994 devant le président du tribunal administratif de Pau, en vertu de l'article L. 22, par M. Schmeltz, candidat non retenu au concours, tendant à ce qu'il soit sursis à l'exécution du contrat correspondant, était irrecevable...

[**3**] Considérant qu'en vertu de ces dispositions, la société Stentofon Communications a demandé le 7 septembre 1993 au président du tribunal administratif de Toulouse de suspendre et de rectifier la procédure de passation du marché relatif à l'équipement radiotéléphonique du service d'aide médicale d'urgence du centre hospitalier universitaire de Toulouse ; que le délégué du président du tribunal administratif de Toulouse a rejeté cette demande par une ordonnance en date du 27 septembre 1993, dont la société Stentofon Communications demande l'annulation par un pourvoi en cassation enregistré le 11 octobre 1993 ;

Mais considérant qu'après le rejet de la demande présentée au juge des référés par la société requérante le centre hospitalier universitaire de Toulouse a achevé la procédure de passation du marché ; qu'il ressort des pièces du dossier que le contrat a été conclu au plus tard le 3 février 1994 ; qu'il suit de là que les conclusions de la société Stentofon Communications tendant à ce que le Conseil d'État annule l'ordonnance contestée du délégué du président du tribunal administratif de Toulouse, et décide lui-même des mesures tendant à la suspension et à la rectification de la procédure de passation du marché litigieux, sont devenues sans objet...

[**4**] Considérant qu'en vertu de l'article L. 22 du Code des tribunaux administratifs et des cours administratives d'appel, dans sa rédaction en vigueur à la date de l'ordonnance attaquée, le juge saisi, qui statue en la forme des référés, peut ordonner à l'auteur d'un manquement aux dispositions auxquelles ce texte se réfère de se conformer à ses obligations, suspendre la passation du contrat ou l'exécution de toute décision qui s'y rapporte, annuler ces décisions et supprimer des clauses ou des prescriptions destinées à figurer dans le contrat ; qu'eu égard aux pouvoirs ainsi conférés

au juge par la loi, qui lui permettent notamment de faire obstacle à la passation d'un contrat, et à la circonstance que l'ordonnance rendue par le juge n'est pas susceptible d'appel, les parties doivent être mises à même de présenter au cours d'une audience publique des observations orales à l'appui de leurs observations écrites...

[**5**] Considérant qu'eu égard aux pouvoirs qui sont conférés au juge statuant sur le fondement de l'article L. 22 du Code des tribunaux administratifs et des cours administratives d'appel et à la circonstance que l'ordonnance qu'il rend n'est pas susceptible d'appel, les parties doivent être mises à même de présenter au cours d'une séance publique des observations orales à l'appui de leurs observations écrites ; que la décision qu'il prend ne peut être regardée comme ayant été rendue à l'issue d'une séance publique si elle ne comporte pas la mention correspondante ; que l'ordonnance du magistrat délégué par le président du tribunal administratif de Nice en date du 13 avril 1995 ne comporte pas une telle mention ; que dès lors, et alors même qu'elle fait mention de la convocation et de l'audition des avocats des parties à l'audience, cette ordonnance a été rendue à l'issue d'une procédure irrégulière...

[**6**] Considérant que l'ordonnance en la forme des référés est rendue à la suite d'une procédure particulière adaptée à la nature de la demande et à la nécessité d'assurer une décision rapide ; qu'eu égard au délai imparti par l'article R. 241-21 du Code des tribunaux administratifs et des cours administratives d'appel au juge des référés statuant sur une demande présentée sur le fondement de l'article L. 22 du même code et à la circonstance que les parties ont été mises à même de présenter au cours d'une audience publique des observations orales à l'appui de leurs observations écrites, le juge des référés n'était pas tenu, nonobstant les dispositions de l'article R. 138 du même code, de communiquer à la société CGC Entreprise les observations présentées par la chambre de commerce et d'industrie de Pointe-à-Pitre en réponse à la notification qui lui a été faite de la demande...

LE RÉFÉRÉ CONCERNANT LES MARCHÉS ET DÉLÉGATIONS DANS LES SECTEURS DE L'EAU, DE L'ÉNERGIE, DES TRANSPORTS ET DES TÉLÉCOMMUNICATIONS

Art. L. 551-2 Le président du tribunal administratif, ou le magistrat qu'il délègue, peut être saisi en cas de manquement aux obligations de publicité ou de mise en concurrence auxquelles sont soumis les contrats visés à l'article 7-2 de la loi n° 92-1282 du 11 décembre 1992 relative aux procédures de passation de certains contrats dans les secteurs de l'eau, de l'énergie, des transports et des télécommunications. Le juge ne peut statuer, avant la conclusion du contrat, que dans les conditions définies ci-après.

Les personnes habilitées à agir sont celles qui ont un intérêt à conclure le contrat et qui sont susceptibles d'être lésées par ce manquement.

Le président du tribunal administratif, ou le magistrat qu'il délègue, peut ordonner à l'auteur du manquement de se conformer à ses obligations. Il détermine les délais dans lesquels l'auteur du manquement doit s'exécuter. Il peut aussi prononcer une astreinte provisoire courant à l'expiration des délais impartis. Il peut toutefois prendre en considération les conséquences probables de cette dernière mesure pour tous les intérêts susceptibles d'être atteints, notamment l'intérêt public, et décider de ne pas l'accorder lorsque ses conséquences négatives pourraient dépasser ses avantages. Dès qu'il est saisi, il peut enjoindre de différer la signature du contrat jusqu'au terme de la procédure et pour une durée maximum de vingt jours.

Le montant de l'astreinte provisoire est liquidé en tenant compte du comportement de celui à qui l'injonction a été adressée et des difficultés qu'il a rencontrées pour l'exécuter.

Sauf si la demande porte sur des marchés ou contrats passés par l'État, elle peut également être présentée par celui-ci lorsque la Commission des communautés européennes lui a notifié les raisons pour lesquelles elle estime qu'une violation claire et manifeste des obligations mentionnées ci-dessus a été commise.

Le président du tribunal administratif, ou le magistrat qu'il délègue, statue en premier et dernier ressort en la forme des référés.

Si, à la liquidation de l'astreinte provisoire, le manquement constaté n'a pas été corrigé, le juge peut prononcer une astreinte définitive. Dans ce cas, il statue en la forme des référés, appel pouvant être fait comme en matière de référé.

L'astreinte, qu'elle soit provisoire ou définitive, est indépendante des dommages-intérêts. L'astreinte provisoire ou définitive est supprimée en tout ou partie s'il est établi que l'inexécution ou le retard dans l'exécution de l'injonction du juge provient, en tout ou partie, d'une cause étrangère.

■ Textes sources

- Code des TA et des CAA, article L. 23.
- Loi n° 2000-597 du 30 juin 2000, articles 13-III-1 et 14.

■ Commentaires

On précisera que le champ d'application de cet article ne recoupe pas celui de l'article L. 551-1 : il se réfère aux seuls marchés (de droit public) visés par l'article 7-2 de la loi du 11 décembre 1992 (issu de la loi du 20 décembre 1993), c'est-à-dire aux marchés qui, intervenus dans les secteurs exclus (industries de réseaux, à savoir eau, énergie, transports, télécommunications), et d'un montant de plus de cinq millions d'euros, sont passés par les établissements publics industriels et commerciaux de l'État ou par des exploitants publics, tous marchés qui échappent tant au Code des marchés publics qu'à la directive recours générale, et donc sont en dehors du champ d'application de l'article L. 551-1.

Le lecteur aura remarqué que les pouvoirs du juge de l'article L. 551-2 sont plus limités que ceux du juge de l'article L. 551-1, puisqu'il ne peut que se borner à ordonner à l'auteur du manquement de se conformer à ses obligations, sous astreinte provisoire, sans disposer du pouvoir d'annulation ou de suspension dont il dispose dans le cadre de l'article L. 551-1. Cette différence a une raison clairement établie par les travaux préparatoires : on n'a pas voulu que les maîtres d'ouvrage français dans les secteurs exclus soient plus soumis au juge que leurs homologues étrangers, et clairement opté pour un système autorisant, pourvu qu'on paye l'astreinte, la méconnaissance des obligations communautaires. Est-il naïf de s'étonner du traitement ainsi fait aux opérateurs des secteurs de l'eau, de l'énergie, des transports ou des télécommunications ? Par transposition de la jurisprudence Commune de Cabourg citée sous l'article L. 551-1, il a été décidé que cet article était immédiatement applicable (CE 22 janvier 1997, SA Biwater, *Lebon* p. 24, solution implicite), et que la formule selon laquelle le président « statue en dernier ressort » rendait son ordonnance passible du seul recours en cassation (même arrêt), en une époque où cet article était dépourvu de décret d'application (voir désormais ces mesures d'application aux articles R. 551-1 et s.). À cette procédure doit être transposée la règle jurisprudentielle dégagée à propos de l'article L. 551-1, selon laquelle les pouvoirs du juge cessent avec la conclusion du marché (CE 22 janvier 1997, SA Biwater, précité), étant ici précisé que cela résulte du texte même de l'article L. 551-2.

Le délai pour statuer sur les demandes de référé précontractuel

Art. R. 551-1 Le président du tribunal administratif ou le magistrat qu'il délègue statue dans un délai de vingt jours sur les demandes qui lui sont présentées en vertu des articles L. 551-1 et L. 551-2.

L'injonction de différer la signature du contrat, si elle a été prononcée à titre conservatoire en application du troisième alinéa de l'article L. 551-1 et du troisième alinéa de l'article L. 551-2, prend fin à la date à laquelle le président du tribunal administratif ou le magistrat qu'il délègue se prononce sur la demande ou, au plus tard, à l'expiration de ce délai de vingt jours.

■ Textes sources

– Décret n° 2000-389 du 4 mai 2000, article 1er.
– Décret n° 2000-1115 du 22 novembre 2000, article 1er.

■ Commentaires

Voir article R. 551-4.

LES VOIES DE RECOURS CONTRE LES MESURES PROVISOIRES

Art. R. 551-2 Les mesures provisoires ordonnées en application du présent chapitre ne peuvent être contestées qu'à l'occasion du pourvoi en cassation dirigé contre la décision par laquelle il est finalement statué sur la demande.

■ **Textes sources**

– Décret n° 2000-389 du 4 mai 2000, article 1er.
– Décret n° 2000-1115 du 22 novembre 2000, article 1er.

■ **Commentaires**

Ainsi qu'on l'a vu (art. L. 551-1), cette contestation, qui ne peut être formée qu'après intervention de la décision par laquelle il est statué sur la demande, sera platonique, et l'on peut se demander si, dépourvue de portée, elle conservera alors un objet.

LA REPRÉSENTATION DE L'ÉTAT EN MATIÈRE DE RÉFÉRÉ PRÉCONTRACTUEL

Art. R. 551-3 Dans le cas prévu au quatrième alinéa de l'article L. 551-1 et au cinquième alinéa de l'article L. 551-2, l'État est représenté par le ministre de tutelle lorsqu'il s'agit d'un contrat passé par un établissement public de l'État ayant un caractère autre qu'industriel et commercial ou par le préfet lorsqu'il s'agit d'un contrat passé par une collectivité territoriale ou un établissement public local ayant un caractère autre qu'industriel et commercial. Lorsqu'il s'agit d'un contrat passé par une personne morale de droit privé pour le compte de l'État, d'une collectivité territoriale ou d'un établissement public ayant un caractère autre qu'industriel et commercial et relevant de l'État ou d'une collectivité territoriale, l'État est représenté, selon le cas, par le ministre ou le préfet intéressé.

■ **Textes sources**

– Code des TA et des CAA, article R. 241-23.
– Décret n° 2000-1115 du 22 novembre 2000, article 1er.

Le recours en cassation contre l'ordonnance de référé précontractuel

Art. R. 551-4 La décision du président du tribunal administratif ou du magistrat qu'il délègue est susceptible de recours en cassation devant le Conseil d'État, dans la quinzaine de sa notification.

■ Textes sources

– Code des TA et des CAA, article R. 241-24.
– Décret n° 2000-1115 du 22 novembre 2000, article 1er.

■ Commentaires

On notera que ces mesures réglementaires suppriment la nécessité d'un recours administratif préalable.

Le président du tribunal administratif doit se prononcer dans les vingt jours, sans que ce délai emporte de conséquences procédurales. On peut redouter qu'il soit parfois difficile à respecter, compte tenu de la difficulté des questions liées à la passation des marchés. Cette difficulté autorise au surplus le président, qui agit en référé, à renvoyer à la formation collégiale le jugement d'une affaire délicate (CE 13 juillet 1956, Secrétaire d'État à la Reconstruction c/ Pieton Guibout, *Lebon* p. 338).

La décision du président, qui prend la forme d'une ordonnance, est, comme le prévoit l'article L. 11, exécutoire, le recours en cassation n'étant pas suspensif. Sa notification doit comporter la mention de la nécessité pour le pourvoi en cassation d'être présenté par un avocat aux Conseils.

CHAPITRE 2 Le référé en matière fiscale

Le présent chapitre ne comprend pas de dispositions réglementaires.

LE RÉFÉRÉ FISCAL

Art. L. 552-1 Le référé en matière d'impôts directs et de taxes sur le chiffre d'affaires obéit aux règles définies par l'article L. 279 du livre des procédures fiscales ci-après reproduit :

Art. L. 279 — En matière d'impôts directs et de taxes sur le chiffre d'affaires, lorsque les garanties offertes par le contribuable ont été refusées, celui-ci peut, dans les quinze jours de la réception de la lettre recommandée qui lui a été adressée par le comptable, porter la contestation, par simple demande écrite, devant le juge du référé administratif, qui est un membre du tribunal administratif désigné par le président de ce tribunal.

Cette demande n'est recevable que si le redevable a consigné auprès du comptable, à un compte d'attente, une somme égale au dixième des impôts contestés. Une caution bancaire ou la remise de valeurs mobilières cotées en bourse peut tenir lieu de consignation.

Le juge du référé décide dans le délai d'un mois si les garanties offertes répondent aux conditions prévues à l'article L. 277 et si, de ce fait, elles doivent être ou non acceptées par le comptable. Il peut également, dans le même délai, décider de dispenser le redevable de garanties autres que celles déjà constituées.

Dans les huit jours suivant la décision du juge ou l'expiration du délai laissé à ce dernier pour statuer, le redevable et le comptable peuvent, par simple demande écrite, faire appel devant le tribunal administratif. Celui-ci, dans le délai d'un mois, décide si les garanties doivent être acceptées, comme répondant aux conditions de l'article L. 277 ; à défaut de décision dans ce délai, la décision intervenue au premier degré est réputée confirmée.

Pendant la durée de la procédure de référé, le comptable ne peut exercer sur les biens du redevable aucune action autre que les mesures conservatoires prévues à l'article L. 277.

Lorsque le juge du référé estime suffisantes les garanties initialement offertes, les sommes consignées sont restituées. Dans le cas contraire, les garanties supplémentaires à présenter sont diminuées à due concurrence.

■ **Textes sources**

– LPF, article L. 279.
– Ordonnance n° 2000-387 du 4 mai 2000, article 1er.
– Loi n° 2000-597 du 30 juin 2000, article 13-III-2.

LE RÉFÉRÉ À L'ÉGARD DES MESURES CONSERVATOIRES PRISES PAR LES COMPTABLES

Art. L. 552-2 Le référé à l'égard des mesures conservatoires prises par le comptable à défaut de constitution par le contribuable de garanties suffisantes obéit aux règles définies par le 4e alinéa de l'article L. 277 du Livre des procédures fiscales ci-après reproduit :

Art. L. 277 alinéa 4 — Lorsque le comptable a notifié un avis à un tiers détenteur ou a fait procéder à une saisie en application de l'alinéa précédent, le contribuable peut demander au juge du référé prévu, selon le cas, aux articles L. 279 et L. 279 A, de prononcer la limitation ou l'abandon de ces mesures si elles comportent des conséquences difficilement réparables. Les dispositions des troisième et quatrième alinéas de l'article L. 279 sont applicables à cette procédure, le tribunal d'appel étant, selon le cas, le tribunal administratif ou le tribunal de grande instance.

■ **Textes sources**

– LPF, article L. 277, alinéa 4.
– Ordonnance n° 2000-387 du 4 mai 2000, article 1er.
– Loi n° 2000-597 du 30 juin 2000, article 13-III-2.

CHAPITRE 3

Le référé en matière de communication audiovisuelle

Le présent chapitre ne comprend pas de dispositions réglementaires.

LE RÉFÉRÉ EN MATIÈRE DE COMMUNICATION AUDIOVISUELLE

Art. L. 553-1 Le référé en matière de communication audiovisuelle obéit aux règles définies par l'article 42-10 de la loi nº 86-1067 du 30 septembre 1986 ci-après reproduit :

Art. 42-10 — En cas de manquement aux obligations résultant des dispositions de la présente loi et pour l'exécution des missions du Conseil supérieur de l'audiovisuel, son président peut demander en justice qu'il soit ordonné à la personne qui en est responsable de se conformer à ces dispositions, de mettre fin à l'irrégularité ou d'en supprimer les effets.
La demande est portée devant le président de la section du contentieux du Conseil d'État qui statue en référé et dont la décision est immédiatement exécutoire. Il peut prendre, même d'office, toute mesure conservatoire et prononcer une astreinte pour l'exécution de son ordonnance.
Toute personne qui y a intérêt peut intervenir à l'action introduite par le président du Conseil supérieur de l'audiovisuel.

■ Textes sources

- Loi nº 86-1067 du 30 septembre 1986, article 42-10.
- Ordonnance nº 2000-387 du 4 mai 2000, article 1er.
- Loi nº 2000-597 du 30 juin 2000, article 13-III-3.

CHAPITRE 4 Les régimes spéciaux

SECTION 1 *La suspension sur déféré*

La suspension sur déféré préfectoral

Art. L. 554-1 Les demandes de suspension assortissant les requêtes du représentant de l'État dirigées contre les actes des communes sont régies par le 3e alinéa de l'article L. 2131-6 du Code général des collectivités territoriales ci-après reproduit :

Art. L. 2131-6 alinéa 3 – Le représentant de l'État dans le département peut assortir son recours d'une demande de suspension. Il est fait droit à cette demande si l'un des moyens invoqués paraît, en l'état de l'instruction, propre à créer un doute sérieux quant à la légalité de l'acte attaqué. Il est statué dans le délai d'un mois.

Les demandes de suspension assortissant les requêtes du représentant de l'État dirigées contre les actes d'autres collectivités ou établissements suivent, de même, les règles fixées par les articles L. 2541-22, L. 2561-1, L. 3132-1, L. 4142-1, L. 4411-1, L. 4421-1, L. 4431-1, L. 5211-3, L. 5331-3, L. 5332-1, L. 5421-2, L. 5711-1 et L. 5721-4 du Code général des collectivités territoriales.

Il en va de même pour les requêtes visées à l'article 2 de la loi no 96-313 du 12 avril 1996 complétant le statut d'autonomie de la Polynésie française, à l'article 204 de la loi organique no 99-209 du 19 mars 1999 relative à la Nouvelle-Calédonie et à l'article L. 121-39-2 du Code des communes de la Nouvelle-Calédonie.

■ **Textes sources**

- CGCT, article L. 2131-6, alinéa 3.
- Loi no 2000-597 du 30 juin 2000, article 13-III-4-a et 16-1.

Le délai d'appel des décisions de suspension sur déféré

Art. R. 554-1 L'appel ouvert contre les décisions du juge des référés prises en application des dispositions mentionnées à l'article L. 554-1 est présenté dans la quinzaine de leur notification.

■ **Textes sources**

– Décret n° 2001-710 du 31 juillet 2001, article 6.

■ **Commentaires**

L'appel relève de la cour administrative d'appel (CE 1er mars 2001, Centre de gestion de la fonction publique territoriale du Vaucluse).

LA SUSPENSION SUR DÉFÉRÉ PRÉFECTORAL CONCERNANT L'URBANISME, LES MARCHÉS OU LES DÉLÉGATIONS DE SERVICE PUBLIC

Art. L. 554-2 Les actes pris par les communes en matière d'urbanisme, de marchés et de délégation de service public déférés par le représentant de l'État en application des articles L. 2131-6 du Code général des collectivités territoriales sont suspendus dans les conditions prévues par l'alinéa 4 de l'article 2131-6 du même code ci-après reproduit :

Art. L. 2131-6 alinéa 4 — Jusqu'à ce que le président du tribunal administratif ou le magistrat délégué par lui ait statué, la demande de suspension en matière d'urbanisme, de marchés et de délégation de service public formulée par le représentant de l'État dans le département dans les dix jours à compter de la réception de l'acte entraîne la suspension de celui-ci. Au terme d'un délai d'un mois à compter de la réception, si le juge des référés n'a pas statué, l'acte redevient exécutoire.

Il en va de même pour les actes des collectivités visés aux articles L. 3132-1 et L. 4142-1 du Code général des collectivités territoriales.

■ **Textes sources**

– CGCT, article L. 2131-6, § 4.
– Loi n° 2000-597 du 30 juin 2000, article 13-III-4-a.

■ **Commentaires**

L'appel relève de la cour administrative d'appel.

LA SUSPENSION SUR DÉFÉRÉ PRÉFECTORAL EN MATIERE DE LIBERTÉ PUBLIQUE

Art. L. 554-3 La demande de suspension présentée par le représentant de l'État à l'encontre d'un acte d'une commune, d'un département ou d'une région, de nature à compromettre l'exercice d'une liberté publique ou individuelle obéit aux règles définies par les cinquième et sixième alinéas de l'article L. 2131-6, les sixième et septième alinéas de l'article L. 3132-1 ainsi que les cinquième et sixième alinéas de l'article L. 4142-1 du Code général des collectivités territoriales reproduits ci-après :

Art. L. 2131-6 alinéas 5 et 6, L. 3132-1 alinéas 6 et 7 et L. 4142-1 alinéas 5 et 6 — Lorsque l'acte attaqué est de nature à compromettre l'exercice d'une liberté publique ou individuelle, le président du tribunal administratif ou la magistrat délégué à cet effet en prononce la suspension dans les quarante-huit heures. La décision relative à la suspension est susceptible d'appel devant le Conseil d'État dans la quinzaine de sa notification. En ce cas, le président de la section du contentieux du Conseil d'État ou un conseiller d'État délégué à cet effet statue dans un délai de quarante-huit heures.
L'appel des jugements du tribunal administratif ainsi que des décisions relatives aux demandes de suspension prévues aux alinéas précédents, rendus sur recours du représentant de l'État, est présenté par celui-ci.

Il en va de même pour les actes des collectivités visés aux articles L. 3132-1, et L. 4142-1 du Code général des collectivités territoriales.

■ Textes sources

- Code des TA et des CAA, article L. 27.
- CGCT, article L. 2131-6, § 5.
- Loi nº 2000-597 du 30 juin 2000, articles 13-III-4-a et 17-II.

■ Commentaires

Seul le représentant de l'État peut user de cette procédure (CE 8 juin 1995, Hoarau, *Lebon* p. 232 [1]).
Le magistrat compétent est, outre le président, « le magistrat délégué à cet effet », sans que cette délégation soit assortie de conditions de grade ou d'ancienneté. Faisant état d'une « délégation à cet effet », le texte paraît impliquer que la « désignation » du juge des référés, organisée par l'article L. 511-2 (soumise à de telles conditions) ne vaut pas pour l'application de l'article L. 2131-6 de Code général des collectivités territoriales, pour laquelle doit donc être prise une délégation spécifique (mais qui peut être multiple et permanente).
On ne sera pas étonné de la parenté existant entre le déféré de l'article L. 554-3 et le référé-liberté de l'article L. 521-2, dont on peut raisonnablement inférer que la procédure devra être transposée, en ce qui concerne notamment le rôle de l'audience et de la procédure orale. En revanche il ne devrait par être possible d'étendre la dispense de timbre prévue à l'article L. 522-2, non plus, doit-on penser, que la procédure de tri organisée par l'article L. 522-3.

Et les décisions rendues en matière de déféré préfectoral, sauf en ce qui concerne le déféré de l'article L. 554-3, sont soumises à la procédure d'appel dans les conditions de droit commun, à savoir devant la cour administrative d'appel. Ce qui peut soulever de délicats problèmes lorsqu'un même acte fait simultanément l'objet d'une demande de suspension formée par un administré, et de la même demande formée par le préfet...

□ ***Jurisprudence***

[**1**] Considérant qu'il résulte des dispositions de la loi susvisée du 8 février 1995 éclairée par les travaux préparatoires, que le législateur, en insérant dans le Code des tribunaux administratifs et des cours administratives d'appel un article L. 27 qui reproduit la première phrase du 4ᵉ alinéa de l'article 3 de la loi du 2 mars 1982, n'a entendu modifier ni le sens ni la portée des dispositions précitées dudit article ; que la procédure prévue par ces dispositions et notamment par celles du 4ᵉ alinéa qui permettent au président du tribunal administratif ou à son délégué de prononcer le sursis par ordonnance dans un délai de quarante-huit heures lorsque l'acte attaqué est de nature à compromettre l'exercice d'une liberté publique ou individuelle, n'est applicable qu'aux demandes présentées par le représentant de l'État dans le département ; que par suite, saisi par M. Hoarau, le conseiller délégué par le président du tribunal administratif de Saint-Denis ne tenait pas des dispositions précitées le pouvoir de prononcer le sursis à l'exécution de la décision attaquée du maire de Saint-Louis ; que M. Hoarau n'est donc pas fondé à se plaindre du rejet de sa demande...

LA SUSPENSION EN MATIÈRE DE DÉFENSE NATIONALE

Art. L. 554-4 La décision de suspension en matière de défense nationale obéit aux règles définies par les alinéas 4 et 5 de l'article L. 1111-7 du Code général des collectivités territoriales ci-après reproduits :

Art. L. 1111-7 alinéas 4 et 5 — Si le représentant de l'État estime qu'un acte pris par les autorités communales, départementales et régionales, soumis ou non à l'obligation de transmission, est de nature à compromettre de manière grave le fonctionnement ou l'intégrité d'une installation ou d'un ouvrage intéressant la défense, il peut en demander l'annulation par la juridiction administrative pour ce seul motif.
Le représentant de l'État dans le département ou dans la région défère l'acte en cause, dans les deux mois suivant sa transmission ou sa publication, à la section du contentieux du Conseil d'État, compétente en premier et dernier ressort. Il assortit si nécessaire son recours d'une demande de suspension ; le président de la section du contentieux du Conseil d'État, ou un conseiller d'État délégué à cet effet, statue dans un délai de quarante-huit heures.

■ **Textes sources**
– CGCT, article L. 1111-7, § 4 et 5.
– Loi nº 2000-597 du 30 juin 2000, article 13-III-4-a.

La suspension en matière de marchés des établissements publics de santé

Art. L. 554-5 La décision de suspension en matière de marchés des établissements publics de santé obéit aux règles définies à l'article L. 6145-6 du Code de la santé publique ci-après reproduit :

Art. L. 6145-6 — Les marchés des établissements publics de santé sont exécutoires dès leur réception par le représentant de l'État. Celui-ci défère au tribunal administratif, dans les deux mois suivant cette réception, les décisions qu'il estime illégales. Il informe sans délai le président du conseil d'administration et lui communique toute précision sur les illégalités invoquées. Il peut assortir son recours d'une demande de suspension. Il est fait droit à cette demande si l'un des moyens invoqués paraît, en l'état de l'instruction, propre à créer un doute sérieux quant à la légalité de l'acte attaqué.

■ **Textes sources**
– C. santé publique, article L. 6145-6.
– Ordonnance nº 2000-548 du 15 juin 2000, article 3.
– Loi nº 2000-597 du 30 juin 2000, article 13-III-4-a.

■ **Commentaires**
L'appel relève de la cour administrative d'appel.

La suspension des délibérations des établissements publics de santé

Art. L. 554-6 La décision de suspension des délibérations des conseils d'administration des établissements publics de santé obéit aux règles définies au 3e alinéa du 1° de l'article L. 6143-4 du Code de la santé publique, ci-après reproduit :

Art. L. 6143-4-1° alinéa 3 — Le directeur de l'agence régionale de l'hospitalisation défère au tribunal administratif les délibérations portant sur ces matières qu'il estime illégales dans les deux mois suivant leur réception. Il informe sans délai l'établissement et lui communique toute précision sur les illégalité invoquées. Il peut assortir son recours d'une demande de sursis à exécution.

Il est fait droit à cette demande si l'un des moyens invoqués paraît sérieux et de nature à justifier l'annulation de la délibération attaquée.

Il en va de même pour les actes visés à l'article L. 6414-5 du Code de la santé publique.

■ Textes sources

– C. santé publique, article L. 6143-4-1, § 3.
– Ordonnance nº 2000-548 du 15 juin 2000, article 3.
– Loi nº 2000-597 du 30 juin 2000, article 13-III-4-a.

■ Commentaires

On notera l'omission, par la loi du 30 juin 2000, de la rectification de l'article L. 714-5 du Code de la santé publique devenu L. 6143-4, omission qui laisse étrangement subsister un régime de sursis à exécution, et la notion de « moyen sérieux »...L'appel est formé devant la cour administrative d'appel.

LA SUSPENSION DE CERTAINS ACTES DES CHEFS D'ÉTABLISSEMENT D'ENSEIGNEMENT

Art. L. 554-7 La décision de suspension des actes des chefs d'établissement d'enseignement pris pour la passation ou l'exécution de conventions, et notamment de marchés, exécutoires quinze jours après leur transmission au représentant de l'État, à la collectivité de rattachement et à l'autorité académique, obéit aux règles définies à l'alinéa 2 de l'article 15-12-II de la loi du 22 juillet 1983 ci-après reproduit :

Art. 15-12-II alinéa 2 — Pour ces actes, dans le délai prévu à l'alinéa précédent, et sans préjudice des dispositions prévues par le Code général des collectivités territoriales pour le contrôle de légalité du représentant de l'État, la collectivité de rattachement ou l'autorité académique peut assortir son recours d'une demande de suspension soumise aux dispositions du troisième alinéa de l'article L. 2131-6 du Code général des collectivités territoriales.

■ Textes sources

– Loi nº 83-610 du 22 juillet 1983, article15-12-II, § 2.
– Loi nº 2000-597 du 30 juin 2000, article 13-III-4-a.

■ **Commentaires**

L'appel relève de la cour administrative d'appel.

LA SUSPENSION EN MATIÈRE SPORTIVE

Art. L. 554-8 La décision de suspension des actes pris en vertu de la délégation mentionnée à l'article 17 de la loi nº 84-610 du 16 juillet 1984 obéit aux règles définies à l'alinéa 1 de l'article 17-1 de la même loi ci-après reproduit :

Art. 17-1 alinéa 1 — Lorsque le ministre chargé des sports défère aux juridictions administratives compétentes les actes pris en vertu de la délégation mentionnée à l'article 17 qu'il estime contraires à la légalité, il peut assortir son recours d'une demande de suspension. Il est fait droit à cette demande si l'un des moyens invoqués paraît, en l'état de l'instruction, propre à créer un doute sérieux quant à la légalité de l'acte attaqué. Il est statué sur cette demande dans le délai d'un mois.

■ **Textes sources**

– Loi nº 84-610 du 16 juillet 1984, article17-1, § 1.
– Loi nº 2000-597 du 30 juin 2000, article 13-III-4-a.

LA SUSPENSION DE DÉLIBÉRATIONS DES CONSEILS D'ARRONDISSEMENT DE PARIS, MARSEILLE OU LYON

Art. L. 554-9 La contestation par le maire des villes de Paris, Marseille et Lyon des délibérations des conseils d'arrondissement, à l'exclusion de celles prises en application des articles L. 2511-36 à L. 2511-45 du Code général des collectivités territoriales, obéit aux règles définies par le dernier alinéa de l'article L. 2511-23 du Code général des collectivités territoriales ci-après reproduit :

Art. L. 2511-23 dernier alinéa — Sans préjudice du recours dont dispose le représentant de l'État, le maire de la commune peut déférer au tribunal administratif une délibération ayant donné lieu à une seconde lecture en application du troisième alinéa, dans un délai de deux mois à compter de la date à laquelle il a reçu cette délibération. Si ce recours est assorti d'une demande de suspension et si l'un des moyens invoqués à son appui paraît, en l'état de l'instruction, propre à créer un doute sérieux quant à la légalité de la délibération attaquée, le président du tribunal administratif ou un magistrat délégué par lui prononce la suspension dans les quarante-huit heures. La décision relative à la suspension est susceptible d'appel devant le Conseil d'État dans la quinzaine de sa notification. En ce cas, le président de la section du contentieux du Conseil d'État ou un conseiller d'État délégué à cet effet statue dans un délai de quarante-huit heures.

■ **Textes sources**
– Code des TA et des CAA, article L. 26.
– Loi n° 2000-597 du 30 juin 2000, articles 13-III-4-a.

SECTION 2

La suspension en matière d'urbanisme et de protection de la nature et de l'environnement

LA SUSPENSION EN MATIÈRE D'URBANISME

Art. L. 554-10 La décision de suspension d'un permis de construire dont la demande est présentée par l'État, la commune ou l'établissement public de coopération intercommunale devant le tribunal administratif obéit aux règles définies par le premier alinéa de l'article L. 421-9 du Code de l'urbanisme ci-après reproduit :

Art. L. 421-9 alinéa 1 — L'État, la commune ou l'établissement public de coopération intercommunale, lorsqu'ils défèrent à un tribunal administratif une décision relative à un permis de construire et assortissent leur recours d'une demande de suspension, peuvent demander qu'il soit fait application des dispositions prévues aux troisième et quatrième alinéas de l'article L. 2131-6 du Code général des collectivités territoriales.

■ **Textes sources**
– Code des TA et des CAA, article L. 24.
– Loi n° 2000-597 du 30 juin 2000, article 13-III-4-b.

■ **Commentaires**
L'appel relève de la cour administrative d'appel.

LA SUSPENSION EN CAS D'ABSENCE D'ÉTUDE D'IMPACT

Art. L. 554-11 La décision de suspension d'une autorisation ou d'une décision d'approbation d'un projet d'aménagement entrepris par une collectivité publique obéit aux règles définies par l'article L. 122-2 du Code de l'Environnement ci-après reproduit :

Art. L. 122-2 – Si une requête déposée devant la juridiction administrative contre une autorisation ou une décision d'approbation d'un projet visé au second alinéa de l'article L. 122-1 est fondée sur l'absence d'étude d'impact, le juge des référés, saisi d'une demande de suspension de la décision attaquée, y fait droit dès que cette absence est constatée.

■ Textes sources

- C. environ., article L. 122-2.
- Loi n° 2000-597 du 30 juin 2000, article 13-III-4-b.
- Ordonnance n° 2000-914 du 18 septembre 2000, article 2.

■ Commentaires

La procédure définie à l'article L. 522-3 est applicable à ces demandes (CE 14 mars 2001, Commune de Goutrens). Seul est envisageable un pourvoi en cassation (même arrêt).

LA SUSPENSION EN CAS DE CONCLUSIONS DÉFAVORABLES DU COMMISSAIRE ENQUÊTEUR

Art. L. 554-12 La décision de suspension d'une décision d'aménagement soumise à une enquête publique préalable obéit aux règles définies par les alinéas 1 et 2 de l'article L. 123-12 du Code de l'Environnement ci-après reproduits :

Art. L. 123-12 alinéas 1 et 2 – Le juge administratif des référés, saisi d'une demande de suspension d'une décision prise après des conclusions défavorables du commissaire enquêteur ou de la commission d'enquête fait droit à cette demande si elle comporte un moyen propre à créer, en l'état de l'instruction, un doute sérieux quant à la légalité de celle-ci.
Les dispositions de l'alinéa précédent s'appliquent également lorsqu'une décision a été prise sans que l'enquête requise par la présente loi ait eu lieu.

■ **Textes sources**

– C. environ., article L. 123-12.

– Loi n° 2000-597 du 30 juin 2000, article 13-III-4-b.

– Ordonnance n° 2000-914 du 18 septembre 2000, article 2.

■ **Commentaires**

Seul est envisageable un pourvoi en cassation devant le Conseil d'État, par application de l'article L. 523-1 (CE 14 mars 2001, Commune de Goutrens).

CHAPITRE 5 Dispositions diverses

Le présent chapitre ne comprend pas de dispositions réglementaires.

La compétence pour statuer sur les appels formés devant la cour administrative d'appel contre les décisions rendues par le juge des référés

Art. L. 555-1 Sans préjudice des dispositions du titre II du livre V du présent code, le président de la cour administrative d'appel ou le magistrat qu'il désigne à cet effet est compétent pour statuer sur les appels formés devant les cours administratives d'appel contre les décisions rendues par le juge des référés.

■ Textes sources

– Loi n° 2000-597 du 30 juin 2000, article 22.

■ Commentaires

Cet article nouveau opère, dans les cours administratives d'appel, un abandon de la collégialité en ce qui concerne les appels formés contre les décisions rendues par le juge des référés... dans la mesure où ces cours sont compétentes en appel : ce qu'exprime la réserve du titre II, qui concerne les référés d'urgence, dont on a vu que soit ils ne relèvent pas d'une procédure d'appel (référé-suspension de l'article L. 521-1 ou référé de l'article L. 521-3), soit ils relèvent de l'appel, mais devant le Conseil d'État (référé liberté de l'article L. 521-2). On aurait pu ajouter la réserve des référés concernant la passation des contrats et marchés (art. L. 551-1 et suivants), ne relevant pas d'une procédure d'appel, et des référés fiscaux (appel devant le tribunal administratif). Il est vrai que les mesures juridictionnelles intervenues en première instance n'émanent alors pas du « juge des référés ».

Quant aux appels présentés à la cour à la suite d'une demande de suspension sur déféré (voir art. L. 554-1 et suivants), ils ne semblent pas relever de l'article L. 555-1, qui concerne les seules « décisions rendues par le juge des référés », qui n'est précisément pas mentionné aux articles relatifs aux suspensions sur déféré.

Le texte est muet sur la procédure à suivre par ce juge d'appel unique, et n'est pas assorti de mesures réglementaires d'application. On doit estimer dans ces conditions que, en application des articles L. 6 et L. 7 auxquels il n'est pas dérogé, ce juge statuant seul se prononce après audience publique et audition d'un commissaire du gouvernement. On dispose à cet égard d'un exemple : le juge d'appel des jugements rendus en matière de reconduite à la frontière est le président de la section du contentieux ou le conseiller d'État qu'il délègue ; l'un ou l'autre se prononce en séance publique, et après audition des conclusions d'un commissaire du gouvernement. Comme on peut estimer que, le président de la cour agissant ici « en matière de référés », il opère selon les règles générales de procédure régissant, sauf texte spécifique, cette matière, à savoir sans l'apport d'un commissaire du gouvernement et sans audience publique. C'est l'interprétation qui nous paraît devoir prévaloir et qui, en tout cas, a prévalu dans la pratique.

LIVRE VI

L'instruction

TITRE I La procédure ordinaire

CHAPITRE 1 La communication des requêtes et des mémoires

Le présent chapitre ne comprend pas de dispositions législatives.

SECTION 1 Dispositions générales

LA COMMUNICATION DE LA REQUÊTE ET DES MÉMOIRES ET PIÈCES

Art. R. 611-1 La requête et les mémoires, ainsi que les pièces produites par les parties, sont déposés ou adressés au greffe.

La requête, le mémoire complémentaire annoncé dans la requête et le premier mémoire de chaque défendeur sont communiqués aux parties avec les pièces jointes dans les conditions prévues aux articles R. 611-3, R. 611-5 et R. 611-6.

Les répliques, autres mémoires et pièces sont communiqués s'ils contiennent des éléments nouveaux.

■ **Textes sources**

– Code des TA et des CAA, article R. 138.

■ **Commentaires**

Cet article organise la procédure contradictoire. Il formalise l'état de la jurisprudence, laquelle avait, non sans quelques hésitations (voir par exemple en ce qui concerne l'obligation de communiquer les pièces, CE 18 octobre 1993, Zirah), admis que le juge pouvait sans irrégularité ne pas communiquer les pièces sur lesquelles il ne se fondait pas (CE 13 juin 1994, Commune de Saint-Maurice s/ Dargoire – CE 5 décembre 1994, Ville de Toulouse – CE 25 mars 1996, Carassus), ou les mémoires n'apportant pas d'élément nouveau (CE 5 janvier 1973, Paisnel, *Lebon* p. 1079 –CE 21 juin 1995, SA Sofige – CE 20 mars 1996, Société Causse Walon), ou dans le cas où le jugement ne se fonde « sur aucun élément de ce mémoire dont la partie n'aurait eu déjà connaissance par les motifs des décisions attaquées » (CE 13 octobre 1989,

Société Wulfram Puget), ou *a fortiori* les mémoires sur lesquels le juge ne se fonde pas (CE 19 décembre 1990, Dutilleul-Francœur).

Il devient désormais clair que la requête et son ampliatif, ainsi que les premières observations de chaque défendeur, doivent, quel que soit leur contenu, être communiqués avec les pièces qui y sont jointes (CE 9 juillet 1997, Holley, annulant un arrêt pour non-communication du mémoire en défense, sans égard pour le contenu dudit mémoire) cependant que toutes les autres productions des parties relèvent de l'appréciation du juge quant à la présence d'« éléments nouveaux ».

Naturellement, la communication des mémoires, lorsqu'elle est requise, doit laisser au destinataire un délai suffisant pour y répondre (CE 7 avril 1993, Société Terconseil, irrégularité d'une communication faite trois jours seulement avant l'audience).

La communication des mémoires et pièces doit normalement se faire au moyen des copies, sous réserve des dispositions des articles R. 611-5 et R. 611-6. Précaution utile, car il arrive que le défendeur égare les documents qui lui sont ainsi transmis, ce qui conduit la juridiction à prononcer sur l'affaire un peu glorieux non-lieu en l'état (voir par exemple CE 22 février 1995, Tebbi, constatant la perte par le ministre du Travail de la demande de première instance, et de la requête d'appel...).

Compte tenu de l'article R. 611-7, il convient de tenir pour périmées les décisions dispensant le juge de communiquer un mémoire soulevant un moyen d'ordre public (CE 20 janvier 1988, Brunaud).

On notera que, lorsque le juge procède à une jonction d'affaires, il n'est pas tenu de communiquer à chacune des parties tous les mémoires et pièces déposées par les autres, l'essentiel étant qu'il ne se prononce pas, s'agissant du sort de chacune des parties, sur un élément qui n'aurait pas été communiqué à cette dernière (CE 22 mai 1996, Colosiez, *Lebon* p. 1 094).

Une exception au devoir de communication des pièces a été créée par voie jurisprudentielle : lorsque le litige porte sur le refus de communication d'un document, le juge peut se faire communiquer ce document, sans en donner connaissance aux parties, aux fins de vérifier si, compte tenu de son contenu, il est communicable (CE sect. 23 décembre 1988, Banque de France c/ Huberschwiller, *AJDA* 1989, p. 99 [1] – CE 30 juin 1989, David, *AJDA* 1990, p. 47).

Le respect du principe du contradictoire doit se combiner avec l'obligation, pour le juge du plein contentieux, de se prononcer d'après les circonstances de droit ou de fait applicables à la date de sa décision. Si donc, postérieurement à l'audience, mais avant lecture de la décision, il survient de tels faits qui servent de fondement à la décision, et les parties ne pouvant plus, après l'audience, présenter de nouvelles observations orales, il appartient au juge de plein contentieux de rayer l'affaire du rôle et de rouvrir l'instruction contradictoire (CE sect. 19 novembre 1993, Brutus).

□ ***Jurisprudence***

[1] Considérant, d'une part, qu'il appartient au juge administratif de requérir des administrations compétentes la production de tous les documents nécessaires à la solution des litiges qui lui sont soumis à la seule exception de ceux qui sont couverts par un secret garanti par la loi ; que, d'autre part, si le caractère contradictoire de la procédure exige la communication à chacune des parties de toutes les pièces produites au cours de l'instance, cette exigence est nécessairement exclue en ce qui concerne les documents dont le refus de communication constitue l'objet même du litige...

LE REPRÉSENTANT UNIQUE DES DÉFENDEURS

Art. R. 611-2 Sauf s'il est signé par l'un des mandataires mentionnés à l'article R. 431-2, le mémoire en défense ou en intervention présenté par plusieurs personnes physiques ou morales doit comporter, parmi les signataires, la désignation d'un représentant unique.

À défaut, le premier dénommé est avisé par le greffe qu'il est considéré comme le représentant mentionné à l'alinéa précédent, sauf à provoquer de la part des autres signataires, qui en informent la juridiction, la désignation d'un autre représentant unique choisi parmi eux.

À l'exception de la notification de la décision prévue aux articles R. 751-1 à R. 751-4, les actes de procédure sont accomplis à l'égard du représentant unique.

■ **Textes sources**

– Code des TA et des CAA, article R. 138-1.

■ **Commentaires**

Cet article opère une extension opportune aux défendeurs multiples de l'obligation de représentant unique, posée pour les demandeurs par l'article R. 411-5.

LES MODALITÉS DE NOTIFICATION

Art. R. 611-3 Les décisions prises pour l'instruction des affaires sont notifiées aux parties, en même temps que les copies, produites en exécution des articles R. 411-3 et suivants et de l'article R. 412-2, des requêtes, mémoires et pièces déposés au greffe. La notification peut être effectuée au moyen de lettres simples.

Toutefois, les notifications de la requête, du mémoire en défense, des demandes de régularisation, des mises en demeure, des ordonnances de clôture, des avis d'audience, des mesures d'instruction prises en application des articles R. 621-1 à R. 626-3 ainsi que l'information prévue à l'article R. 611-7 sont obligatoirement effectuées au moyen de lettres recommandées avec demande d'avis de réception.

Les notifications des requêtes et mémoires mentionnent qu'en cas d'inobservation du délai imparti pour produire en application de l'article R. 611-10 ou de l'article R. 611-17, l'instruction pourra, sans mise en demeure préalable, être close dans les conditions prévues aux articles R. 613-1 et R. 613-2.

■ Textes sources

- Code des TA et des CAA, article R. 139.
- Décret n° 2001-710 du 31 juillet 2001, article 7-II.

■ Commentaires

Le texte tente de distinguer les notifications qui doivent nécessairement être faites par voie de lettre recommandée avec accusé de réception de celles qui peuvent l'être par lettre simple. La télécopie n'a pas encore trouvé place dans le code même si la jurisprudence a eu l'occasion de l'accepter (voir commentaires sous l'article R. 411-1 pour le dépôt de la requête et sous l'article R. 711-2 en ce qui concerne la notification de l'avis d'audience).

Le dernier alinéa, nouveau, se réfère à l'utilisation de l'ordonnance de clôture aux fins de faire produire sa défense par un défendeur négligent. Ce dernier doit désormais savoir que, s'il ne respecte pas le délai de réponse qui lui est imparti, il pourra, sans autre détour de procédure, et notamment sans mise en demeure, se heurter à une ordonnance de clôture de l'instruction au terme de laquelle ses productions deviendront irrecevables. C'est du même coup donner plus de poids au délai indiqué dans la notification.

La notification par voie administrative

Art. R. 611-4 La notification peut également être effectuée dans la forme administrative. Il est donné récépissé de cette notification et, à défaut de récépissé, il est dressé procès-verbal de la notification par l'agent qui l'a faite. Le récépissé ou le procès-verbal est transmis immédiatement au greffe.

■ Textes sources

- Code des TA et des CAA, article R. 140.

■ **Commentaires**

La notification par voie postale, recommandée ou non, est de droit commun, la voie administrative apparaissant exceptionnelle. L'article R. 611-4 implique d'évidence que le responsable de la notification puisse donner des instructions à des agents administratifs ayant la capacité de procéder à la notification administrative. L'ancien texte en disposait expressément, qui prévoyait que le magistrat instructeur « désigne l'agent chargé de la notification ». La portée, devenue implicite, du texte nouveau ne nous paraît à cet égard pas différente. Il reste que les agents concernés (ou leurs supérieurs) méconnaissent parfois cette prérogative du magistrat...

La notification des copies et pièces

Art. R. 611-5 Les copies, produites en exécution de l'article R. 412-2, des pièces jointes à l'appui des requêtes et mémoires sont notifiées aux parties dans les mêmes conditions que les requêtes et mémoires. Lorsque le nombre, le volume ou les caractéristiques des pièces jointes font obstacle à la production de copies, l'inventaire détaillé de ces pièces est notifié aux parties qui sont informées qu'elles-mêmes ou leurs mandataires peuvent en prendre connaissance au greffe et en prendre copie à leurs frais.

■ **Textes sources**

– Code des TA et des CAA, article R. 141, § 1.

■ **Commentaires**

Voir article R. 611-6.

Le déplacement des pièces

Art. R. 611-6 Le président de la juridiction ou, au Conseil d'État, le président de la sous-section chargée de l'instruction peut autoriser le déplacement des pièces, pendant un délai qu'il détermine, dans une préfecture ou une sous-préfecture, ou au greffe d'une autre juridiction administrative.

En cas de nécessité reconnue, il peut également autoriser la remise momentanée de ces pièces, pendant un délai qu'il fixe, entre les mains des avocats ou avoués des parties ou des représentants des administrations.

■ **Textes sources**

– Code des TA et des CAA, article R. 141, § 2 et 3.

■ **Commentaires**

Lorsque le volume, le nombre ou les caractéristiques des pièces justifient qu'elles ne soient pas communiquées par envoi de copies, chaque partie doit impérativement être avisée par la juridiction des différentes productions versées au dossier (CE 23 mai 1990, Lodde [**1**] – CE 16 juin 1995, Commune de Savigny-le-Temple).

Les pièces de procédure n'étant pas assimilées à des documents administratifs visés par la loi du 17 juillet 1978, la question se posera de savoir comment se détermineront les « frais » des copies (voir également article R. 751-7).

L'accès aux pièces du dossier, et plus généralement au dossier (que les copies des pièces aient ou non été adressées aux parties) est évidemment un élément fondamental du caractère contradictoire de la procédure. Mais il convient de ne pas en abuser : le droit d'accès au dossier ne saurait retarder le jugement de l'affaire (CE 14 février 1990, Élections municipales de Misy-sur-Yonne [**2**]).

□ ***Jurisprudence***

[**1**] Considérant qu'en vertu des dispositions des articles R. 85, R. 105 et R. 110 du Code des tribunaux administratifs applicable à la date du jugement attaqué, les requêtes introductives d'instance, les mémoires en défense et les répliques sont communiqués aux parties ; qu'en revanche, en ce qui concerne les autres pièces de la procédure, l'article R. 109 du même code prévoit que les parties ou leurs mandataires peuvent en prendre connaissance au bureau central du greffe, sans déplacement ; que cette dernière prescription ne peut produire son entier effet et donner à la procédure un caractère pleinement contradictoire que si chaque partie est avisée par le tribunal administratif des différentes productions versées au dossier...

[**2**] Considérant que M. Chereau ayant sollicité l'accès au dossier alors que le début de l'audience au rôle de laquelle l'affaire était inscrite était imminent, le greffe du tribunal administratif a pu, dans les circonstances de l'espèce, refuser sa demande de communication sans commettre d'irrégularité...

LA COMMUNICATION DES MOYENS D'ORDRE PUBLIC

Art. R. 611-7 Lorsque la décision lui paraît susceptible d'être fondée sur un moyen relevé d'office, le président de la formation de jugement ou, au Conseil d'État, la sous-section chargée de l'instruction en informe les parties avant la séance de jugement et fixe le délai dans lequel elles peuvent, sans qu'y fasse obstacle la clôture éventuelle de l'instruction, présenter leurs observations sur le moyen communiqué.

Les dispositions du présent article ne sont pas applicables lorsqu'il est fait application des dispositions des articles R. 122-12, R. 222-1, R. 611-8 ou L. 822-1.

■ Textes sources

– Décret n° 63-766 du 30 juillet 1963, article 54-1.
– Code des TA et des CAA, article R. 153-1.

■ Commentaires

Cette disposition n'est pas la transcription d'un principe qui lui serait supérieur : le principe du caractère contradictoire de la procédure, a-t-il été toujours jugé, ne trouvait pas application lorsque le juge administratif se prononçait sur les moyens qu'il devait examiner d'office (CE 22 juillet 1992, Demange – CE, Section, 5 avril 1996, Syndicat des avocats de France). Au demeurant, sa méconnaissance par la juridiction ne constitue pas un moyen d'ordre public que le juge d'appel ou de cassation relève d'office (CE 28 juillet 2000, Commune de Port-Vendres).

Le texte de l'article R. 611-7 s'inspire assez étroitement de l'article 16 du Nouveau Code de procédure civile dans sa rédaction résultant du décret du 12 mai 1981 (le juge « ne peut fonder sa décision sur les moyens de droit qu'il a relevés d'office sans avoir au préalable invité les parties à présenter leurs observations »).

Le second alinéa pose, plus précisément que ce n'était le cas dans l'ancien texte, une règle d'exception lorsqu'il est effectivement fait application soit des articles R. 122-12 ou R. 222-1 (rejet par ordonnance), soit de l'article R. 611-8 (dispense d'instruction) ou de l'article L. 822-1 (rejet d'un pourvoi en cassation par la procédure d'admission des pourvois). L'ancien texte faisait état des cas « mentionnés » aux articles correspondants, de telle sorte que l'on pouvait se demander si l'exception pourrait jouer si les conditions de jeu de ces articles étaient réunies, sans que pour autant il en ait été fait application. La question avait été tranchée, au moins implicitement, dans le sens du texte actuel par diverses décisions. Par arrêt du 3 mars 1993 (CE ass. 3 mars 1993, Ministre de l'Équipement c/ Commune de Saint-Germain-en-Laye, *Lebon* p. 60), un jugement a été annulé pour avoir méconnu les obligations de cet article, alors qu'il s'était fondé sur une irrecevabilité insusceptible d'être couverte (en l'espèce le caractère préparatoire de la décision attaquée), élément qui aurait autorisé le recours à une ordonnance, qui n'avait pas été choisi. Par décision du 3 décembre 1993 (CE 3 décembre 1993, Département de l'Eure), a été annulé un jugement ayant prononcé un non-lieu sans avoir averti préalablement les parties ; là encore le président aurait pu procéder par ordonnance, mais ne l'avait pas fait. Enfin, par décision du 21 décembre 1994 (CE 21 décembre 1994, SARL La Flotte française) était expressément confirmée la régularité d'un arrêt sanctionnant une tardiveté après avoir respecté les exigences de cet article, alors que, là encore, étaient réunies les conditions du recours à l'ordonnance.

Quatre situations, par ailleurs – outre les rejets des demandes de référés d'urgence prononcés en application de l'article L. 522-3 : voir art. R. 522-10 –, échappent à l'obligation définie à l'article R. 611-7 :

- Compte tenu de la brièveté des délais tant de recours que de jugement, les recours dirigés contre les arrêtés préfectoraux de reconduite des étrangers à la frontière « doivent être regardés comme exclus du champ d'application des dispositions de l'article R. 153-1 [devenu R. 611-7] » (CE 6 juillet 1994, Préfet du Pas-de-Calais – 1er février 1995, Serhoual). Mais ce n'est pas le cas des procédures d'appel concernant ces recours.
- On note à l'inverse que les procédures de référé fondées sur l'article L. 551-1 (et, doit-on penser, L. 551-2) [référés précontractuels] sont soumises à cet article (CE sect. 2 octobre 1996, SARL Entreprise générale d'électricité Noël Béranger, *Lebon* p. 379).
- Une intervention peut être rejetée comme irrecevable sans information préalable, l'intervenant n'étant pas une « partie », et ce rejet étant dépourvu d'influence sur la solution du litige opposant les parties (CE 22 juin 1992, Commune de Rothau – CE 25 mai 1994, G...).
- Le constat de l'incompétence du juge saisi au sein de la juridiction administrative, et la transmission du dossier au Conseil d'État ou au président de la section du contentieux en vue de son aiguillage sur la bonne juridiction, même lorsqu'ils ne s'opèrent pas par ordonnance, sont regardés comme ne statuant pas sur le litige, et n'appellent donc pas d'avertissement des parties, bien que le moyen tiré de cette incompétence soit d'ordre public (CE 16 octobre 1992, Établissement Feugas-Petriat, *Lebon* p. 1 222).
- Une amende (voir art. R.741-12) peut être prononcée sans avertissement préalable, son infliction ne constituant pas l'application d'un moyen d'ordre public soulevé d'office (CE 11 mai 1994, Bertin).
- L'article R. 612-1 enfin précise, ce qui avait été implicitement jugé (CE 16 février 1994, Territoire de la Nouvelle-Calédonie), que l'envoi de l'invitation à régulariser tient lieu de l'information prévue à l'article R. 611-7, précision utile dès lors que cette invitation ne doit être adressée que si l'irrégularité est relevée d'office.

Lorsqu'il y a matière à communication, elle doit être donnée à toutes les parties, y compris donc à celle susceptible de bénéficier du moyen d'ordre public (CE 27 avril 1994, Koenig). Cet avertissement n'appelle pas de la part de son auteur qu'il « explicite les motifs, de fait ou de droit, qui sont susceptibles de conduire la formation de jugement à fonder sa décision sur un moyen relevé d'office » (CE 21 décembre 1994, SARL La Flotte française, *Lebon* p. 1119). A ainsi été jugée suffisante la formule suivante décrivant un moyen : « application des dispositions de l'article R. 229 alinéa 1 du Code des tribunaux administratifs et des cours administratives d'appel [devenu R. 811-2] » (même arrêt). Mais l'avertissement doit être suffisamment précis pour informer valablement les parties. Ont été jugées insuffisantes les expressions de « moyen relevé d'office tiré du champ d'application de la loi » (CE 25 octobre 1996, Préfet du Morbihan, *Lebon* p. 413) ou de « moyen d'ordre public tiré de l'irrecevabilité des conclusions de la requête » (CE 25 septembre 1995, Association des licenciés [...], *Lebon* p. 976). L'avertissement d'autre part doit porter invitation au dialogue, son auteur devant impérativement (CE 25 septembre 1995, Association des licenciés [...]) fixer un délai dans lequel les parties peuvent présenter leurs observations (délai devant, selon la formule consacrée, être « raisonnable », de l'ordre de huit jours au moins). Telle est bien la lecture faite par le Conseil d'État (CE sect. 30 octobre 1992, Ministre des Affaires étrangères c/ Association de sauvegarde du site Alma-Champ-de-Mars [**1**], *Lebon* p. 384) : de telles dispositions « sont destinées à provoquer un débat contradictoire sur les moyens que le juge doit relever de sa propre initiative », ce pourquoi il doit, le cas échéant, radier l'affaire du rôle s'il s'avise trop tard de ces moyens. Il en ira de même si le moyen d'ordre public apparaît après clôture de l'instruction, tel étant le cas de la promulgation d'une loi de validation, postérieure à cette clôture, cette loi conduisant à écarter un moyen (CE 29 novembre 2000, Arvanitakis). Naturellement, si, finalement, la décision juridictionnelle ne se fonde pas sur le moyen dont communication a été donnée aux parties, il est inopérant de discuter des conditions dans lesquelles cet avertissement a été donné (CAA Nancy, 1er juin 1994, Cuignet).

En matière de référés d'urgence, l'obligation pesant sur la juridiction a été adaptée à la nécessité d'aller vite : ainsi l'article R. 522-9 prévoit-il que « l'information des parties prévue à l'article R. 611-7 peut être accomplie à l'audience ».

Plusieurs incertitudes demeurent.

En premier lieu, on ne dispose pas d'une définition précise de ce qu'est un « moyen relevé d'office ». Il ne faut pas le confondre avec un moyen d'ordre public. Méconnaît ainsi l'article R. 611-7 le tribunal qui, soulevant d'office un moyen qui n'était pas d'ordre public, n'en a pas prévenu les parties (CE 2 octobre 1996, Département des Yvelines c/ Keromnès).

Il convient d'autre part de départager avec soin les moyens des questions. Ainsi la détermination de la charge de la preuve est une question, que le juge (notamment fiscal) doit trancher d'office. Ce n'est pas pour autant un moyen, et il ne paraît pas qu'il faille appliquer l'article R. 611-7 à ce sujet. Il en va de même des cas dans lesquels le juge, d'office, refuse de faire bénéficier une partie du texte qu'elle invoque, expressément ou implicitement, parce que les conditions prévues par celle-ci ne sont pas remplies (CE 15 octobre 1999, Wolff). Et le fait pour le juge d'opérer une substitution de base légale n'appelle pas la mise en œuvre de l'article R. 611-7 (CE sect. 5 mai 1995, Burruchaga). Ou encore le refus de prescrire la capitalisation des intérêts faute pour eux d'avoir couru pendant un an. Ou encore le fait de reconnaître un caractère éventuel à un préjudice (CE 6 octobre 1999, SARL CMED).

À l'inverse, le fait pour le juge d'écarter d'office un moyen comme irrecevable a été regardé comme soumis à l'article R. 611-7, alors pourtant que ce faisant le juge pourrait ne pas être considéré comme « relevant d'office » un moyen (CE 14 février 1997, Chartier) encore qu'une décision Siano, du 8 février 1999, adopte une position inverse. Identiquement, le juge ne peut prononcer une subrogation d'office, pour éviter un enrichissement de la victime, sans procéder à l'information requise par cet article (CE 28 juillet 1999, Fonds d'indemnisation des transfusés et hémophiles).

Plus généralement, lorsque le juge se borne à exercer son office, et à faire ce qu'impose sa saisine, il n'a pas à prévenir les parties de ses démarches, ne soulevant ainsi d'office aucun moyen. Ainsi le juge électoral, saisi par la contestation de quelques bulletins, de la question de la validité de l'ensemble des bulletins joints au dossier, n'a-t-il pas à prévenir les parties de ce qu'il va les examiner (CE 5 juin 1996, Élections de Jouy-le-Potier). Encore faut-il que cet office ne soit pas déterminé par un texte spécifique, tel étant le cas d'une loi de validation dont le juge doit d'office tirer les conséquences (CE 29 novembre 2000, Arvanitakis).

En second lieu, il paraît normal que toutes les parties reçoivent communication des observations de l'une d'elles après le déclenchement de la procédure prévue à l'article R. 611-7 (telle étant la portée de l'expression « débat contradictoire »). Mais alors, doit-on penser que le moyen relevé d'office ne l'est plus parce que l'une des parties, informée de son existence, le reprend d'autant plus bruyamment à son compte qu'elle n'y avait point songé ? Et si d'aventure le juge décide finalement de ne pas retenir ce moyen, peut-il le passer sous silence (comme c'est son devoir s'agissant d'un moyen relevé d'office et non fondé) ou doit-il, parce qu'une des parties s'en est emparée sur son invitation, expliquer pourquoi il ne le retient pas ? C'est la seconde solution qui a prévalu (CE 16 février 2001, Carrasco).

Le texte a été coordonné avec les dispositions relatives à la clôture de l'instruction figurant à l'article R. 613-1. L'invitation faite aux parties en application de l'article R. 611-7 a pour effet de rouvrir une instruction qui aurait pu être close auparavant, mais uniquement en ce qui concerne le moyen communiqué. Plus rigoureuse, la cour administrative d'appel de Lyon avait jugé qu'il appartenait au président d'apprécier si, compte tenu de la nature des réponses obtenues, il convenait ou non de rouvrir l'instruction (CAA Lyon, 9 juillet 1992, Ministre de l'Éducation nationale c/ Rocagel [**2**]), selon la procédure normale prévue à l'article R. 613-4.

□ ***Jurisprudence***

[**1**] Considérant qu'aux termes de l'article R. 153-1 du Code des tribunaux administratifs et des cours administratives d'appel, dans sa rédaction issue du décret susvisé du 22 janvier 1992 :

« Sauf dans les cas mentionnés au premier alinéa de l'article L. 9 et à l'article R. 149, lorsque la décision lui paraît susceptible d'être fondée sur un moyen relevé d'office, le président de la formation du jugement en informe les parties avant la séance de jugement et fixe le délai dans lequel elles peuvent présenter leurs observations » ;

Considérant que les dispositions sus-énoncées, qui sont destinées à provoquer un débat contradictoire sur les moyens que le juge doit relever de sa propre initiative, font obligation à la formation de jugement, lorsqu'elle entend soulever d'office un moyen qui n'a pas été invoqué par les parties ni relevé par son président avant la séance du jugement, de rayer l'affaire du rôle de ladite séance et de communiquer le moyen aux parties...

[**2**] Sur les conclusions de M. Rocagel tendant au versement d'intérêts et à la capitalisation desdits intérêts :

Considérant que ces conclusions ont été présentées après la clôture de l'instruction fixée au 15 janvier 1992 par ordonnance du 18 décembre 1991 ; que l'invitation faite aux parties le 10 avril 1992 en application de l'article R. 153-1 du Code des tribunaux administratifs et des cours administratives d'appel de formuler leurs observations sur un moyen d'ordre public qui paraissait susceptible d'être relevé d'office ne mettait pas fin par elle-même aux effets de la clôture de l'instruction ; que, dans les circonstances de l'espèce, il n'y a pas lieu de rouvrir l'instruction ; que, dès lors, ces conclusions doivent être rejetées comme irrecevables...

LA DISPENSE D'INSTRUCTION

Art. R. 611-8 Lorsqu'il apparaît au vu de la requête que la solution de l'affaire est d'ores et déjà certaine, le président du tribunal administratif ou le président de la formation de jugement ou, à la cour administrative d'appel, le président de la chambre ou, au Conseil d'État, le président de la sous-section peut décider qu'il n'y a pas lieu à instruction.

■ Textes sources

– Ordonnance nº 45-1708 du 31 juillet 1945, article 52.
– Code des TA et des CAA, article R 149.

■ Commentaires

La « solution d'ores et déjà certaine » ne peut normalement tenir à une circonstance susceptible d'évoluer au cours de l'instruction. On pense notamment aux irrecevabilités régularisables, qui ne peuvent d'ailleurs conduire à jugement sans invitation préalable à régulariser (art. R. 612-1). Toutefois la combinaison des articles R. 612-1, R. 612-2 et R. 222-1 devrait, pour la majorité d'entre elles, conduire à une solution encore plus expédiente que celle qu'autorise l'article R. 611-8 (rejet par ordonnance de l'article R. 222-1, sans transmission au commissaire du gouvernement).

Ce texte a parfois été utilisé dans un sens favorable au demandeur (CE 12 mars 1980, Centre hospitalier spécialisé de Sarreguemines, *Lebon* p. 141 – CE sect. 26 avril 1985, Commune de Larrau, *Lebon* p. 128 – CE 8 mars 1996, Centre hospitalier général Guy-Thomas de Riom). Une telle pratique est désormais bannie, la section du contentieux ayant décidé, par arrêt du 5 avril 1996 (CE sect. 5 avril 1996, Syndicat des avocats de France, *Lebon* p. 118) que cet article ne pouvait jouer que lorsque la décision à intervenir n'est pas susceptible de porter préjudice aux défendeurs (CE 23 février 1998, CPAM des Hautes-Alpes). Il a toutefois été jugé qu'il était possible, en appel, de prononcer sans instruction l'annulation d'un jugement, pourvu que soit maintenu le rejet – prononcé par le premier juge – des conclusions de première instance (CE 10 juillet 1970, Barentin, *Lebon* p. 1 150). La question reste posée d'une extension de cette jurisprudence à tous les cas dans lesquels le juge d'appel, annulant le jugement pour irrégularité, est assuré, en l'état du dossier, qu'il confirmera au fond la solution du premier juge.

L'intervention de la décision de dispense d'instruction doit apparemment résulter du dossier (CE 22 novembre 1991, Ministre du Budget c/ Moreau), même si aucun formalisme n'est requis à cet effet (CE 29 décembre 1995, Gendre, *Lebon* p. 974). Cette décision n'a pas à être communiquée au requérant (CE 29 juillet 1983, Meallier, *Lebon* p. 823 [**1**]). Il peut naturellement être décidé à tout instant de la procédure de revenir dessus, en instruisant la requête. Notamment la formation de jugement nous paraît être en droit de « déjuger » l'autorité qui a décidé de mettre en œuvre cet article.

Lorsque la demande tend, en première instance, à obtenir une condamnation et si elle paraît susceptible d'encourir la prescription quadriennale, son rejet sans instruction (pour une autre raison que cette prescription, évidemment, laquelle au surplus, n'étant pas d'ordre public, ne pourrait se révéler que par l'instruction) est périlleux puisque la dispense d'instruction en première instance ne mettra pas l'administration à même d'opposer cette prescription devant le juge de premier degré, cependant que l'article 7 de la loi du 31 décembre 1968 interdit de l'invoquer pour la première fois en appel. Le Conseil d'État a eu pour cette raison l'occasion d'annuler un jugement rendu sans instruction, l'affaire étant renvoyée au tribunal (CE 1er décembre 1982 Ministre du Budget c/ Autret – CE 29 décembre 1997, Ministre du Budget c/ Mialon, *Lebon* p. 1 005). Cette jurisprudence a toutefois été assouplie : le jugement n'est plus annulé, mais le juge d'appel accepte l'exception de prescription présentée devant lui pour la première fois (CE 15 mars 1999, Voyer).

Le texte faisant état de la transmission du dossier au commissaire du gouvernement, il pourrait être soutenu que la dispense d'instruction n'est pas possible dans les affaires jugées sans commissaire du gouvernement (et notamment en matière de référé). Conclusion paradoxale, qui assujettirait cette procédure marquée par l'urgence, instruite sommairement, aux lourdeurs de l'instruction même lorsque la solution de l'affaire est certaine. Nous estimons qu'il convient de faire une lecture pratique de ce texte et l'appliquer également dans les procédures dispensées de commissaire du gouvernement.

Le juge d'appel exerce son contrôle sur la décision de dispense d'instruction (CE 3 juillet 1987, Bertin, *Lebon* p. 883 – CE 28 juin 1993, Vincent [**2**]).

Il est possible, en appel, de dispenser une affaire d'instruction au vu des éléments que l'instruction devant le premier juge a apportés au dossier (CE 10 juillet 1970, Barentin, *Lebon* p. 1 150 – CE 8 novembre 2000, Morel [**3**])

Le prononcé d'une dispense d'instruction exclut que le juge ait à respecter la procédure instituée par l'article R. 611-7 (CE 29 décembre 1995, Gendre, précité).

□ ***Jurisprudence***

[**1**] Considérant, d'une part, qu'aucune disposition n'exige que la décision de dispense d'instruction prise par le président du tribunal administratif, en vertu de l'article R. 114 du Code des tribunaux administratifs, soit notifiée au requérant ; que, dès lors, M. Méallier n'est pas fondé à soutenir qu'en l'absence de notification de la décision de dispense d'instruction prise par le président du tribunal administratif de Lyon, le jugement attaqué, en date du 3 juin 1982, rendu sans instruction, est intervenu sur une procédure irrégulière...

[**2**] Considérant, en deuxième lieu, que, eu égard au contenu de la demande qui lui était soumise, le président du tribunal administratif a régulièrement usé des pouvoirs que lui confère l'article R. 149 du code précité en décidant qu'il n'y avait pas lieu à procéder à l'instruction de celle-ci...

[**3**] Considérant que le litige opposant le requérant à l'administration fiscale porte sur la question de savoir si... ; que cette question a été débattue par les parties dans les mémoires échangés devant le tribunal administratif ; que le jugement frappé d'appel devant la cour administrative d'appel se fondait, pour rejeter les conclusions de M. Morel, sur le motif qu'il résultait de l'instruction que les activités exercées par ce dernier en Italie pendant la période en cause n'entraient pas dans le champ d'application des dispositions précitées ; qu'eu égard à l'argumentation de la requête d'appel et aux autres pièces du dossier soumis à l'examen de la cour, le président de la première chambre n'a pas fait une inexacte application des dispositions précitées de l'article R. 149 du Code des tribunaux administratifs et des cours administratives d'appel en décidant qu'il n'y avait pas lieu de communiquer la requête à l'administration fiscale et en transmettant directement le dossier au commissaire du gouvernement...

SECTION 2

Dispositions applicables devant les tribunaux administratifs

La désignation du rapporteur au tribunal administratif

Art. R. 611-9 Immédiatement après l'enregistrement de la requête introductive d'instance au greffe, le président du tribunal ou, à Paris, le président de la section à laquelle cette requête a été transmise désigne un rapporteur.

Le rapporteur désigné ne peut être dessaisi d'un dossier que sur sa demande et avec l'accord du président du tribunal administratif ou par décision du président du tribunal administratif.

■ **Textes sources**

– Code des TA et des CAA, article R. 142, § 1.

– Loi n° 86-14 du 6 janvier 1986, article 19.

■ **Commentaires**

Voir article R. 611-11.

Le rôle du rapporteur

Art. R. 611-10 Sous l'autorité du président de la formation de jugement à laquelle il appartient, le rapporteur fixe, eu égard aux circonstances de l'affaire, le délai accordé aux parties pour produire leurs mémoires. Il peut demander aux parties, pour être jointes à la procédure contradictoire, toutes pièces ou tous documents utiles à la solution du litige.

■ **Textes sources**

– Code des TA et des CAA, article R. 142, § 2.

■ **Commentaires**

Voir article R. 611-11.

La fixation de la clôture de l'instruction dès l'enregistrement de la requête

Art. R. 611-11 Lorsque les circonstances de l'affaire le justifient, le président de la formation de jugement peut, dès l'enregistrement de la requête, faire usage du pouvoir prévu au premier alinéa de l'article R. 613-1 de fixer la date à laquelle l'instruction sera close. Lors de la notification de cette ordonnance aux parties, celles-ci sont informées de la date prévue pour l'audience. Cette information ne tient pas lieu de l'avertissement prévu à l'article R. 711-2.

■ Textes sources

– Code des TA et des CAA, article R. 142, § 3.
– Décret n° 2000-1115 du 22 novembre 2000, article 2-IV.

■ Commentaires

La désignation immédiate du rapporteur était une exigence législative (art. 19 de la loi du 6 janvier 1986), comme est tirée de la loi la disposition, à vrai dire sans portée, selon laquelle le rapporteur du dossier ne peut être dessaisi d'un dossier que sur sa demande ou sur décision du président du tribunal.

Le rapporteur conduit l'instruction en liaison avec le président de la formation de jugement. Le juge unique de l'article R. 222-13 instruira en toute autonomie (voir art. R. 222-16).

La désignation des « parties » qui seront invitées à produire obéit à des règles variables. En excès de pouvoir, c'est à la juridiction qu'il incombe de faire choix du ou des défendeurs, le procès y étant fait à un acte. C'est ainsi que si la décision attaquée a été prise par un maire au nom de l'État, c'est normalement le préfet qui sera invité à produire ses observations. Il en va de même dans les affaires de plein contentieux autres que le contentieux indemnitaire (contentieux fiscal, contentieux des installations classées...). En revanche, dans le contentieux indemnitaire, la juridiction est liée par la désignation de l'adversaire effectuée par le demandeur, quelque erronée qu'elle soit. Ainsi, l'État ne sera pas invité à produire ses observations sur le recours indemnitaire formé en raison de la décision prise par un maire au nom de l'État si l'intéressé n'a demandé que la condamnation de la commune. Certains textes enfin imposent à la juridiction de désigner d'office certaines « parties » : outre le Code de la Sécurité sociale pour la mise en cause des caisses dans les litiges tendant à la réparation du préjudice corporel subi par un assuré social, on peut citer à cet égard le Code des pensions dont l'article R. 66 fait obligation au juge saisi d'un litige en matière de pension ou assimilée d'appeler le ministre chargé des finances à produire ses observations (CE 21 juin 1996, Ministre de l'Intérieur c/ Ravaux).

Naturellement, les délais donnés pour produire doivent être suffisants, et le juge d'appel vérifie qu'il en a bien été ainsi (CE 4 décembre 1995, Commune de Salses-le-Château). Le caractère inquisitorial de la procédure administrative contentieuse est ici affirmé, qui repose sur le principe selon lequel l'administration a le devoir de permettre au juge administratif de statuer en toute connaissance de cause (CE sect. 5 décembre 1975, Murawa, *Lebon* p. 634). On observe d'ailleurs que le fait pour l'administration d'avoir « retenu » une pièce décisive est un des cas d'ouverture du recours en révision devant le Conseil d'État (voir art. R. 834-1), cas étendu à l'hypothèse dans laquelle l'administré retrouve, par ses propres moyens, une pièce décisive que l'administration, à qui il incombait de la conserver, a prétendu ne plus détenir (CE sect. 5 avril 1996, Treiber).

Ce caractère inquisitorial autorise, c'est connu, la juridiction administrative à exiger, notamment de l'administration, la production de tous documents susceptibles de fonder sa conviction et de permettre la vérification des allégations des requérants. Depuis l'arrêt Barel (CE ass. 28 mai 1954, *Lebon* p. 308), ces pouvoirs sont régulièrement utilisés (sur leur « télescopage » avec les nécessités de la défense nationale, CE ass. 11 mars 1955, Secrétaire d'État à la Défense c/ Coulon, *Lebon* p. 150 ; sur leur combinaison avec le secret médical, CE sect. 24 octobre 1969, Ministre de l'Équipement c/ Gougeon, *Lebon* p. 457 – CE 25 mai 1994, G...[**1**]), par exemple en matière économique (CE 26 janvier 1968, Société Maison Genestal, *Lebon* p. 62). Et le juge tire toutes conséquences de la réponse, ou de l'absence de réponse aux questions qu'il pose, ces conclusions n'allant pas toujours dans le sens des requérants (CE 29 mars 1993, Lemaire [**2**]). Mais ce pouvoir inquisitorial ne doit pas modifier le champ du litige tel que les parties l'ont défini. Il est ainsi interdit au rapporteur, comme d'ailleurs à la juridiction, de diligenter auprès des parties des investigations aux fins de découvrir le bien-fondé d'un moyen d'ordre public soulevé d'office (CE 21 octobre 1959, Korsec, *Lebon* p. 533) : les requêtes notamment bénéficient d'une sorte de présomption de recevabilité, et, sauf si cette recevabilité est discutée par l'adversaire, le juge ne doit pas s'attacher à combattre cette présomption, sauf lorsqu'elle est détruite par le dossier même qui lui est soumis (CE 29 décembre 1993, SA Nouvelle Cartor [**3**]). Cette interdiction ne cède que s'il s'agit de contrôler la véracité d'éléments du dossier qui pourraient conduire à estimer fondé un moyen d'ordre public (autrement dit non de chercher à démontrer le bien-fondé d'un tel moyen mais de vérifier que, conformément aux apparences issues du dossier, ce moyen est effectivement fondé : CE 13 février 1987, Morel, *Lebon* p. 883 [**4**]).

La juridiction n'est pas tenue de réclamer le mémoire complémentaire annoncé (CE 10 octobre 1990, Roussel [**5**]). Ce point a son importance, compte tenu des effets de l'absence de réponse à la mise en demeure qui suivra (désistement d'office ; voir art. R. 612-5). La mise en demeure ne doit donc être envoyée que si la requête sommaire ne se suffit pas à elle-même. Le système est ainsi fondamentalement différent de celui qui est en vigueur au Conseil d'État (voir art. R. 611-22) dans lequel la simple annonce d'un mémoire complémentaire déclenche automatiquement, et sans mise en demeure, un mécanisme pouvant conduire au désistement.

On notera la règle énoncée à l'article R. 611-11. Elle permet notamment au tribunal, pour les affaires urgentes (et à l'instar de ce qui est prévu pour les référés d'urgence), de mettre sur pied, dès les premières notifications, une sorte de calendrier d'instruction, incorporant la date – décidée – de clôture de l'instruction et la date – prévue – d'audiencement. Une telle programmation doit permettre de maîtriser la durée de l'instruction.

On rappelle (voir art. R.611-1) que toutes les pièces demandées par le rapporteur n'ont pas à être « jointes à la procédure contradictoire », l'arrêt Huberschwiller du 23 décembre 1988 soustrayant en outre à cette obligation les pièces dont la communication constitue l'objet même du litige.

□ ***Jurisprudence***

[**1**] Considérant que pour rejeter les conclusions de M. G... dirigées contre l'arrêté du préfet de la Creuse du 13 juin 1991 ordonnant son hospitalisation d'office au centre hospitalier spécialisé La Valette à Saint-Vaury, le tribunal administratif de Limoges s'est expressément référé au contenu de pièces médicales que l'administration, à sa demande, lui avait communiquées ; qu'il ressort des pièces du dossier que le tribunal a pris connaissance de ces documents, sans avoir invité le requérant à désigner un médecin par l'intermédiaire duquel ils auraient pu être mis à sa disposition, et sans d'ailleurs y avoir été autorisé par l'intéressé ; qu'il a ainsi, notamment, méconnu le caractère contradictoire de la procédure...

[**2**] Considérant que les époux Lemaire soutiennent que les permis attaqués méconnaîtraient le règlement du lotissement dit de la Mare Rouge, approuvé par arrêté préfectoral du 20 décembre 1924 ; que, si le tribunal administratif de Rouen, qui n'y était pas tenu, n'a procédé à aucun supplément d'instruction quant à l'existence et à la délimitation dudit lotissement, la 10e sous-section de la section du contentieux, chargée de l'instruction de la requête, usant du pouvoir qui appartient au Conseil d'État d'exiger de l'administration compétente la production de tous documents susceptibles d'établir la conviction du juge et de permettre la vérification des allégations des requérants, a demandé au maire du Havre la communication de l'arrêté préfectoral du 20 décembre 1924 précité, accompagné de tous les documents annexés ;
Considérant qu'en dépit de recherches approfondies, ces documents n'ont pu être retrouvés ni dans les archives de la ville du Havre, ni dans celles des services de l'État ; qu'en l'absence de ces documents, il ne peut être regardé comme établi que les terrains concernés par les permis attaqués soient compris dans le lotissement approuvé par l'arrêté du 20 décembre 1924 ; que, par suite, les moyens tirés de la méconnaissance tant de l'article L. 315-3 du Code de l'urbanisme que du règlement du lotissement ne peuvent être accueillis...

[**3**] Considérant que la SARL Nouvelle Cartor a fait l'objet d'un redressement en matière d'impôt sur les sociétés au titre de l'exercice 1982 contre lequel elle a formé réclamation ; que la demande présentée devant le tribunal administratif de Caen et dirigée contre le rejet de cette réclamation et

la requête formée devant la cour administrative d'appel de Nantes contre le jugement rendu par le tribunal administratif ont été présentées par la société anonyme Nouvelle Cartor ; que, par l'arrêt attaqué, la cour administrative d'appel a rejeté ladite requête faute pour la société anonyme Nouvelle Cartor d'avoir justifié d'un mandat ou d'un autre titre l'habilitant à agir aux lieu et place de la SARL Nouvelle Cartor ;

Considérant qu'il résulte du dossier soumis aux juges du fond que la société anonyme Nouvelle Cartor, qui avait le même dirigeant et le même siège que la SARL Nouvelle Cartor, avait fait dans sa demande au tribunal administratif état du rejet de sa réclamation par le directeur des services fiscaux ; qu'elle se présentait ainsi comme venant aux droits de la SARL Nouvelle Cartor ; qu'en l'absence de toute contestation de la recevabilité de la requête qu'aucune pièce du dossier ne démentait, et alors que, selon les dispositions de l'article 5 de la loi susvisée du 24 juillet 1966 sur les sociétés commerciales : « La transformation régulière d'une société n'entraîne pas la création d'une personne morale nouvelle », la cour ne pouvait sans erreur de droit ni regarder la société anonyme Nouvelle Cartor comme agissant pour le compte de la SARL Nouvelle Cartor, ni refuser de lui reconnaître la qualité pour agir à l'encontre de l'imposition en cause...

[**4**] Considérant qu'il résulte des termes de la lettre du 27 janvier 1981 adressée par le secrétaire de la commission départementale de réorganisation foncière et de remembrement du Calvados à M. Morel et produite par celui-ci devant les premiers juges à l'appui de sa demande, que la décision de cette commission en date du 14 novembre 1979 qu'il a déférée au tribunal administratif de Caen, lui a été notifiée le 23 février 1980 et que l'administration postale a présenté, le 3 mars 1980, le pli contenant cette notification au domicile de M. Morel ; que les pièces du dossier faisant ainsi apparaître que la demande de M. Morel, enregistrée au greffe du tribunal administratif le 5 mars 1981 était tardive si les mentions de la lettre du 27 janvier 1981 étaient exactes, le tribunal administratif pouvait, sans entacher la procédure d'irrégularité, prescrire une mesure d'instruction auprès de l'administration postale, à l'effet de vérifier la véracité de ces indications, alors même qu'aucune fin de non-recevoir n'était soulevée et pouvait, au cas où ce supplément d'instruction confirmait que la requête était effectivement tardive, soulever d'office cette irrecevabilité...

[**5**] Considérant, d'une part, que ces dispositions n'imposent au tribunal administratif ni de fixer un délai pour la production d'un mémoire complémentaire ni d'adresser une mise en demeure d'avoir à produire un tel mémoire ; qu'ainsi le tribunal administratif de Lille a pu légalement clore l'instruction et fixer la date de son audience, l'affaire étant en état d'être jugée...

LES COMMUNICATIONS À L'ÉTAT

Art. R. 611-12 Les communications à l'État des demandes et des différents actes de procédure sont faites à l'autorité compétente pour représenter l'État devant le tribunal.

■ **Textes sources**

– Code des TA et des CAA, article R. 143.

■ **Commentaires**

Voir les articles R. 431-9 et R. 431-10 pour la détermination du représentant de l'État.

LA TRANSMISSION DU DOSSIER AU COMMISSAIRE DU GOUVERNEMENT

Art. R. 611-13 Lorsque, après étude par le rapporteur, l'affaire est en état d'être portée à l'audience, le dossier est transmis au commissaire du gouvernement.

■ **Textes sources**

– Code des TA et des CAA, article R. 145.

■ **Commentaires**

« L'étude par le rapporteur » appelle en principe la rédaction d'une note et d'un projet de jugement.

LA COMMUNICATION AU HAUT-COMMISSAIRE DE CERTAINES REQUÊTES, À PAPEETE ET EN NOUVELLE-CALÉDONIE

Art. R. 611-14 Devant les tribunaux administratifs de Papeete et de Nouvelle-Calédonie, les demandes présentées contre une décision prise au nom ou pour le compte de l'État et les demandes présentées contre l'État et mettant en cause sa responsabilité ainsi que toutes les demandes présentées contre les délibérations ou actes des autorités locales sont communiquées par le tribunal administratif au haut-commissaire.

Les demandes présentées contre une délibération de l'assemblée de la Polynésie française ou du congrès de la Nouvelle-Calédonie sont communiquées au président de l'assemblée concernée.

■ **Textes sources**

– Code des TA et des CAA, article R 144, § 1 et 2.

LA COMMUNICATION AU REPRÉSENTANT DU GOUVERNEMENT DE CERTAINES REQUÊTES, À MAMOUDZOU

Art. R. 611-15 Devant le tribunal administratif de Mamoudzou, les demandes présentées contre une décision ou une délibération prise au nom ou pour le compte de l'État ou de la collectivité territoriale, et les demandes présentées contre l'État ou la collectivité territoriale et mettant en cause leur responsabilité, sont communiquées par le tribunal administratif au représentant du Gouvernement.

■ **Textes sources**
– Code des TA et des CAA, article R. 144, § 3.

SECTION 3 *Dispositions applicables devant les cours administratives d'appel*

LA DÉSIGNATION DU RAPPORTEUR À LA COUR ADMINISTRATIVE D'APPEL

Art. R. 611-16 Après l'enregistrement des requêtes, le président de la cour administrative d'appel les répartit entre les chambres et attribue les dossiers aux rapporteurs.
Le rapporteur désigné ne peut être dessaisi d'un dossier que sur sa demande et avec l'accord du président de la cour administrative d'appel ou par décision du président de la cour administrative d'appel.

■ **Textes sources**
– Code des TA et des CAA, articles R 146 et R. 147, § 1.
– Loi n° 86-14 du 6 janvier 1986, article 19.

LE RÔLE DU RAPPORTEUR À LA COUR ADMINISTRATIVE D'APPEL

Art. R. 611-17 Le rapporteur règle, sous l'autorité du président de la chambre, la communication de la requête. Il fixe, eu égard aux circonstances de l'affaire, le délai accordé aux parties pour produire leurs mémoires. Il peut demander aux parties, pour être jointes à la procédure contradictoire, toutes pièces ou tous documents utiles à la solution du litige.

■ **Textes sources**
– Code des TA et des CAA, article R. 147, § 1.

LA FIXATION DE LA CLÔTURE DE L'INSTRUCTION DÈS L'ENREGISTREMENT DE LA REQUÊTE

Art. R. 611-18 Les dispositions de l'article R. 611-11 sont applicables. Le président de chambre exerce les pouvoirs prévus audit article.

■ **Textes sources**
– Code des TA et des CAA, article R. 147, § 2.

■ **Commentaires**
La similitude avec les règles en vigueur devant le tribunal administratif est évidente. On peut se demander quelle est la portée réelle du premier alinéa de l'article R. 611-16, en ce qui concerne la répartition des affaires entre les chambres, ou à tout le moins s'il était nécessaire de l'écrire : désignant le rapporteur, le président attribue nécessairement l'affaire à une chambre, puisqu'il a réparti les rapporteurs entre les chambres (art. R. 222-8).

LA SÉANCE D'INSTRUCTION

Art. R. 611-19 Chaque chambre assure l'instruction des affaires qui lui sont confiées. Elle tient, si son président le juge utile, une séance d'instruction avant la transmission du dossier au commissaire du gouvernement. Celui-ci assiste à la séance d'instruction. La chambre siège, en formation d'instruction, sous la présidence de son président, entouré d'un magistrat, désigné en suivant l'ordre du tableau parmi les magistrats présents, et du magistrat-rapporteur. En cas d'absence ou d'empêchement, le président est remplacé selon les modalités définies à l'article R. 222-26.

■ **Textes sources**
– Code des TA et des CAA, article R. 148.

■ **Commentaires**
La séance d'instruction est facultative. Inspirée des méthodes en usage au Conseil d'État, cette séance suppose une formation dont la composition est très précisément définie. Il ne faut toutefois voir dans ces règles de composition

qu'une sorte de règlement intérieur des cours administratives d'appel, et non un texte de procédure.

SECTION 4 Dispositions applicables devant le Conseil d'État

La désignation du rapporteur au Conseil d'État

Art. R. 611-20 Le président de la section du contentieux répartit les affaires entre les sous-sections. Il peut décider que l'instruction d'une affaire sera confiée à la section du contentieux. Dans ce cas, il lui appartient de désigner le rapporteur et d'exercer les pouvoirs dévolus par le présent code à la sous-section chargée de l'instruction.

Avant la répartition des affaires entre les sous-sections, le président de la section du contentieux peut accomplir les actes d'instruction nécessaires à la mise en état des affaires.

Chaque sous-section est chargée de l'instruction des affaires qui lui ont été attribuées. Le rapporteur est désigné pour chaque affaire par le président de la sous-section.

■ **Textes sources**

– Décret n° 63-766 du 30 juillet 1963, article 36.
– Décret n° 2000-1115 du 22 novembre 2000, article 2-V.

L'engagement de la procédure d'instruction au Conseil d'État

Art. R. 611-21 Devant le Conseil d'État, lorsque la requête ou le recours ne mentionne pas l'intention du requérant ou du ministre de présenter un mémoire complémentaire dans lequel seront précisés ou complétés les moyens énoncés ou à l'appui desquels de nouveaux documents ou éléments probants seront produits, la procédure d'instruction est immédiatement engagée.

■ **Textes sources**

– Décret n° 63-766 du 30 juillet 1963, article 53-3, § 1.

LA PRODUCTION DE L'AMPLIATIF ET LE DÉSISTEMENT D'OFFICE DEVANT LE CONSEIL D'ÉTAT

Art. R. 611-22 Lorsque la requête ou le recours mentionne l'intention du requérant ou du ministre de présenter un mémoire complémentaire, la production annoncée doit parvenir au secrétariat du contentieux du Conseil d'État dans un délai de quatre mois à compter de la date à laquelle la requête a été enregistrée.

Si ce délai n'est pas respecté, le requérant ou le ministre est réputé s'être désisté à la date d'expiration de ce délai, même si le mémoire complémentaire a été ultérieurement produit. Le Conseil d'État donne acte de ce désistement.

■ Textes sources

– Décret n° 63-766 du 30 juillet 1963, article 53-3, § 2.

■ Commentaires

Le mécanisme du désistement d'office n'est pas incompatible avec l'article 6 de la Convention européenne de sauvegarde des droits de l'homme (CE 10 octobre 1997, Comité de sauvegarde [...] de Simandres, *Lebon* p. 345).

Il est admis désormais que le requérant, ayant annoncé un mémoire complémentaire, puisse y renoncer (CE sect. 26 juillet 1996, Société Entrepositaire parisienne, *Lebon* p. 312, revenant sur CE 17 mai 1985, Société Anastasia diffusion, *Lebon* p. 156).

À la différence de ce qui est prévu pour les tribunaux administratifs et cours administratives d'appel (voir art. R. 612-5), aucune invitation à produire le mémoire complémentaire ne doit être adressée au requérant, encore moins une mise en demeure.

Le délai de quatre mois doit se calculer comme un délai franc (CE 25 janvier 1985, Kanda, *Lebon* p. 733 – CE 3 novembre 1989, William, *Lebon* p. 855 – CE 23 mars 2000, L'Hermite). Il est interrompu par une demande d'aide juridictionnelle (CE 19 mars 1986, Roberge, *Lebon* p. 665). Il ne peut être majoré du délai de distance (CE 13 janvier 1984, Conseil de l'Ordre des avocats de la Polynésie française, *Lebon* p. 709). Si une demande de régularisation a été adressée au requérant concernant un autre point de procédure, le délai de quatre mois ne part que de la date à laquelle il a été procédé à cette régularisation (CE 22 juillet 1994, Commune de Palaiseau, *Lebon* p. 1122).

Il est impératif et d'ordre public : un mémoire complémentaire parvenu après qu'il est expiré, même avant clôture de l'instruction, est sans influence sur l'intervention du désistement (CE sect. 19 novembre 1993, Société Le Noroît [**1**]), et le requérant ne peut obtenir qu'il soit prorogé.

Le document produit avant le terme du délai fera obstacle au désistement d'office, même si son contenu est identique à celui de la requête (CE 9 juillet 1997, Société Simecsol, revenant sur des jurisprudences antérieures contraires). S'il est acquis, le désistement d'office est un désistement d'action, et non d'instance (CAA Nancy, 24 octobre 1991, Poussin, *Lebon* p. 1132 ; *RJF* 1992, n° 148, confirmé par CE 10 février 1995, Poussin, *Lebon* p. 977 ; *RJF* 1995, n° 406, p. 232 – CAA Nantes, 14 avril 1994, SA Le Noroît, *Lebon* p. 1121 – CE 21 décembre 1994, Lejeune – CE 16 octobre 1995, Violette), solution qui accroît la sévérité du système. Ce désistement, qui n'est pas rétractable, prime au surplus sur le désistement volontaire qui pourrait ensuite être produit, lequel est sans effet, et qu'il est donc inutile de contester (CE 27 avril 1994, Vulic).

Les transmissions d'affaires entre le Conseil d'État et les autres juridictions, dans le cadre du règlement des questions de compétence, introduisent, compte tenu des différences des textes applicables, un mécanisme dissymétrique. Une requête présentée par erreur au Conseil d'État et annonçant un mémoire complémentaire aboutira automatiquement, sans rappel ni mise en demeure, à un désistement si au bout de quatre mois ce mémoire n'a pas été déposé, même si elle relève soit d'un tribunal administratif soit d'une cour administrative d'appel (CE sect. 28 janvier 1994, Ministre des Départements et Territoires d'outre-mer, *Lebon* p. 43) ; on remarquera qu'il n'en irait pas de même si, avant le terme de ce délai, l'affaire était renvoyée au juge compétent, devant qui le désistement d'office n'est envisageable que si une mise en demeure a été envoyée... Inversement une requête, annonçant le même mémoire complémentaire, présentée devant un tribunal administratif ou une cour administrative d'appel, et relevant du Conseil d'État, verra se déclencher le délai de quatre mois de rigueur au Conseil d'État dès que l'intéressé se sera vu notifier l'ordonnance de transfert, sans plus de mise en demeure ni d'avertissement (CE 22 juillet 1994, Commune de Palaiseau, précité, où le désistement a été prononcé malgré une lettre, adressée à la cour, avant le transfert, renonçant à la production du mémoire complémentaire, décision antérieure à la jurisprudence Société Entrepositaire parisienne).

S'agissant des frais non compris dans les dépens (art. L. 761-1), le désistement d'office ne peut, c'est l'évidence, normalement donner lieu à leur versement au bénéfice de la partie dont la carence est ainsi constatée. Il est en revanche concevable que son adversaire, prévenu de l'instance avant survenance du désistement, en réclame et en obtienne, pourvu, et la condition est ici identique à celle qui prévaut en matière de désistement ordinaire, que la demande ainsi formée le soit avant survenance de la date à laquelle ce désistement d'office est acquis (CE 24 mai 1995, SCPI France Pierre).

□ ***Jurisprudence***

[**1**] Considérant qu'aux termes de l'article R. 147 du Code des tribunaux administratifs et des cours administratives d'appel : « Le président de la cour attribue le dossier à un rapporteur. Celui-ci [...]

fixe, eu égard aux circonstances de l'affaire, le délai accordé, s'il y a lieu, aux parties pour produire mémoire complémentaire, observations, défense ou réplique [...] » et qu'aux termes de l'article R. 150 du même code : « Lorsque l'une des parties n'a pas observé le délai qui lui a été imparti en exécution des articles R. 142 et R. 147 du présent code, le président de la formation de jugement lui adresse une mise en demeure [...] » ; que l'article R. 152 du code dispose que « si malgré la mise en demeure qui lui a été adressée, le demandeur n'a pas produit le mémoire complémentaire dont il avait expressément annoncé l'envoi [...], il est réputé s'être désisté » ; qu'il résulte de ces dispositions que, faute de production du mémoire complémentaire annoncé dans le délai imparti par la mise en demeure, le demandeur doit être réputé s'être désisté, alors même que ce mémoire a été produit avant la clôture de l'instruction...

LE DÉLAI RACCOURCI POUR PRODUIRE L'AMPLIATIF

Art. R. 611-23 Le délai prévu à l'article précédent est d'un mois en matière électorale et en ce qui concerne les conclusions tendant au sursis à l'exécution de la décision juridictionnelle attaquée.

Il est de quinze jours lorsque le pourvoi en cassation est dirigé contre une décision prise par le juge des référés en application du livre V, sauf s'il s'agit des procédures visées aux articles L. 552-1 ou L. 552-2.

Il est de deux mois lorsqu'il est fait appel d'un jugement rendu en application des articles 22 *bis* et 27 *ter* de l'ordonnance n° 45-2658 du 2 novembre 1945 modifiée relative aux conditions d'entrée et de séjour des étrangers en France.

■ Textes sources

– Décret n° 63-766 du 30 juillet 1963, article 53-3, § 3.
– Décret n° 2000-1115 du 22 novembre 2000, article 2-VI.

■ Commentaires

S'agissant du contentieux électoral, le délai (réduit à un mois) ne court qu'à compter de l'enregistrement de la requête devant le Conseil d'État, alors que cette requête peut être déposée à la préfecture (CE 22 janvier 1989, Élections de Cannes, *Lebon* p. 269).

LA RÉDUCTION DU DÉLAI POUR PRODUIRE L'AMPLIATIF, EN CAS D'URGENCE

Art. R. 611-24 Les délais prévus aux deux articles précédents peuvent, en outre, être réduits par décision du président de la sous-section en raison de l'urgence.

Dans ce cas, la décision est notifiée au signataire de la requête. Le délai court du jour de la réception de cette notification.
S'il n'est pas respecté, le requérant est réputé s'être désisté à la date d'expiration de ce délai. Le Conseil d'État donne acte de ce désistement.

■ **Textes sources**
– Décret nº 63-766 du 30 juillet 1963, article 53-3, § 4.

LE DÉFAUT DE RÉTABLISSEMENT DU DOSSIER

Art. R. 611-25 Si le requérant ou le ministre à qui le dossier a été communiqué en vue de la production d'un nouveau mémoire ne le rétablit pas dans le délai qui, lors de la communication, lui a été imparti, il est réputé s'être désisté à la date d'expiration de ce délai, même si le dossier est ultérieurement rétabli. Le Conseil d'État donne acte de ce désistement.

■ **Textes sources**
– Décret nº 63-766 du 30 juillet 1963, article 53-3, § 4.

LA FIXATION DU DÉLAI DE PRODUCTION DES MÉMOIRES

Art. R. 611-26 Sauf lorsqu'il est fait application de l'article R. 611-8, la section ou la sous-section fixe le délai dans lequel les mémoires doivent être produits.

■ **Textes sources**
– Ordonnance nº 45-1708 du 31 juillet 1945, article 53.

LA COMMUNICATION DES REQUÊTES

Art. R. 611-27 La communication des requêtes et recours aux parties intéressées et aux ministres et, s'il y a lieu, les mises en cause, les demandes de pièces et tous autres actes d'instruction sont, avec la fixation des délais dans lesquels les réponses doivent être produites, ordonnés par les sous-sections.
Les recours pour excès de pouvoir contre les décrets sont en outre communiqués au Premier ministre.

■ **Textes sources**

– Décret nº 63-766 du 30 juillet 1963, article 37.

■ **Commentaires**

Comme devant les autres juridictions, l'organe d'instruction est à même de demander des pièces à telle ou telle partie. C'est en application de ce texte que, s'il est soutenu devant le Conseil d'État que le texte d'un décret attaqué différerait et de la version soumise par le gouvernement au Conseil d'État, et du projet adopté par ce dernier, il est demandé au Premier ministre de verser au dossier ces versions, le Conseil d'État ne pouvant de lui-même le faire compte tenu du caractère secret de la procédure devant les sections administratives (CE 7 juillet 2000, Confédération des syndicats médicaux français).

LA PROCÉDURE DE SOIT-COMMUNIQUÉ

Art. R. 611-28 Dans les affaires concernant les particuliers ou les personnes morales autres que l'État et nécessitant le ministère d'un avocat au Conseil d'État, le président de la sous-section fait connaître à celui-ci, par ordonnance, les personnes à qui la requête doit être communiquée ainsi que le délai qui leur est imparti pour produire leurs observations ; l'avocat notifie aussitôt soit par lettre recommandée avec demande d'avis de réception, soit par exploit d'huissier, cette ordonnance ainsi que la requête aux personnes ainsi désignées.

Il en est de même pour les communications d'avocat à avocat.

L'avocat est réputé s'être désisté purement et simplement de la requête s'il ne justifie pas avoir fait toutes diligences dans le délai qui lui est imparti par l'ordonnance du président de la sous-section. Si l'avocat ne peut atteindre les personnes désignées dans cette ordonnance, il le fait connaître au président de la sous-section qui prend toutes mesures nécessaires au vu des justifications produites.

■ **Textes sources**

– Décret nº 63-766 du 30 juillet 1963, article 53-1.

■ **Commentaires**

La procédure devant le Conseil d'État appelle de la part de l'avocat aux Conseils – lorsque sa présence est obligatoire – un rôle actif, en tout cas lorsque l'État n'est pas en cause. C'est en effet à lui, sous peine de désistement, d'effectuer les communications que prescrit la sous-section.

Les conditions de la communication des mémoires

Art. R. 611-29 Dans les cas autres que ceux qui sont mentionnés à l'article R. 611-28, la communication des requêtes, mémoires et autres actes est faite dans les conditions prévues aux articles R. 611-1 à R. 611-6.

■ **Textes sources**
– Décret n° 63-766 du 30 juillet 1963, article 53-2.

L'attribution des affaires à un rapporteur

Art. R. 611-30 Après accomplissement des mesures d'instruction prévues à l'article R. 611-27, les affaires en état d'être jugées sont attribuées à un rapporteur par décision du président de la sous-section à laquelle l'affaire a été confiée.

■ **Textes sources**
– Décret n° 63-766 du 30 juillet 1963, article 38, § 1.

CHAPITRE 2
La demande de régularisation et la mise en demeure

Le présent chapitre ne comprend pas de dispositions législatives.

L'OBLIGATION DE FAIRE RÉGULARISER LES IRRECEVABILITÉS SUSCEPTIBLES DE RÉGULARISATION

Art. R. 612-1 Lorsque des conclusions sont entachées d'une irrecevabilité susceptible d'être couverte après l'expiration du délai de recours, la juridiction ne peut les rejeter en relevant d'office cette irrecevabilité qu'après avoir invité leur auteur à les régulariser.

La demande de régularisation mentionne qu'à défaut de régularisation, les conclusions pourront être rejetées comme irrecevables dès l'expiration du délai imparti qui, sauf urgence, ne peut être inférieur à quinze jours. La demande de régularisation tient lieu de l'information prévue à l'article R. 611-7.

■ Textes sources

– Code des TA et des CAA, article R. 149-1, § 1 et 2.

■ Commentaires

Voir article R. 612-2.

LA MISE EN DEMEURE DE RÉGULARISER ET SES EFFETS

Art. R. 612-2 S'agissant des irrecevabilités prévues aux articles R. 411-2, R. 411-3, R. 412-1, R. 431-2, R. 432-1, R. 811-7 et R. 821-3, la demande de régularisation peut prendre la forme de la mise en demeure.

À l'expiration du délai, qui ne peut être inférieur à un mois, fixé dans une mise en demeure par le président de la formation de jugement ou, au Conseil d'État, par le président de la sous-section chargée de l'instruction, les irrecevabilités prévues aux articles R. 411-2, R. 411-3, R. 412-1, R. 431-2, R. 432-1, R. 811-7 et R. 821-3 ne sont plus susceptibles d'être couvertes en cours d'instance. La mise en demeure le mentionne.

Dans les cas prévus aux articles R. 411-2, R. 431-2, R. 432-1, R. 811-7 et R. 821-3, le délai prévu à l'alinéa précédent est interrompu par une demande d'aide juridictionnelle.

■ **Textes sources**

– Code des TA et des CAA, articles R. 149-1, § 3 et R. 149-2.

– Décret n° 2001-562 du 29 juin 2001, article 3.

■ **Commentaires**

Les deux articles précédents ont pour objet de préciser l'étendue des obligations respectives de la juridiction et du requérant en ce qui concerne les irrecevabilités susceptibles de régularisation. La juridiction voit énoncé clairement son devoir d'inviter à régulariser, et le requérant peut se voir opposer des délais de régularisation impératifs, selon des modes procéduraux assurant des garanties.

Le devoir de la juridiction d'inviter les requérants à régulariser les irrecevabilités régularisables (ce qui n'est pas le cas, on le rappelle, du défaut de motivation d'une requête : voir art. R. 411-1) avait été affirmé par la jurisprudence. Il est désormais inscrit dans l'article R. 612-1. Il ne joue que si l'existence de cette irrecevabilité est relevée d'office par le juge. Le texte s'ajuste sur ce point à la jurisprudence la plus récente (CE 23 avril 1997, Syndicat national des techniciens et travailleurs de la production cinématographique – CE 28 avril 1997, Association des commerçants non sédentaires de Corbeil-Essonnes, cité sous l'article R. 431-3), adoptant la position de la cour administrative d'appel de Nantes (CAA Nantes, 22 juin 1994, Comité de défense du site de Kervoazou). La jurisprudence antérieure, aujourd'hui abandonnée, exigeait que le juge invite à régulariser même lorsque le défendeur avait excipé de l'irrecevabilité de la requête dans ses observations communiquées au requérant (CE 25 février 1987, Mortet, *Lebon* p. 880).

Cette invitation à régulariser peut, dans tous les cas, prendre une forme dépourvue de sanction rigoureuse si ce n'est si elle concerne le défaut d'avocat, puisque alors elle ouvre la voie, sans autre avertissement, à un rejet par ordonnance. C'est la demande mentionnée à l'article R. 612-1, qui pourra émaner du greffe, et est assortie d'un délai (quinze jours au moins) dont la méconnaissance a pour seul effet de permettre à la juridiction de juger l'affaire, selon la procédure ordinaire (et donc avec audience). Notamment l'irrecevabilité pourra dans cette hypothèse être régularisée jusqu'à l'audience, et même après clôture de l'instruction (CE avis 28 juillet 1995, Tourteaux, *Lebon* p. 334).

Pour certaines irrecevabilités, mentionnées à l'article R. 611-2 (et qui sont liées soit à l'absence du timbre fiscal, soit à l'absence de production de la décision attaquée, soit à l'absence des copies, soit enfin au défaut d'avocat), l'avertissement précédent peut soit prendre la forme d'une mise en demeure, soit être suivi d'une telle mise en demeure. Ces irrecevabilités relèvent d'un constat objectif et n'appellent pas normalement d'hésitation non plus que d'appréciation de situations de droit (à la différence par exemple de celle, également régularisable, tenant au défaut de qualité d'un responsable d'association pour agir au nom de cette dernière).

La mise en demeure, qui émane du président de la formation de jugement et non plus du greffe, est assortie d'un délai d'une durée minimum d'un mois, et la méconnaissance de ce dernier aura pour effet que l'irrecevabilité ne pourra plus être régularisée. Non seulement le sort de la requête sera ainsi scellé, mais, l'irrecevabilité n'étant plus susceptible d'être couverte, l'affaire pourra être réglée selon la procédure simple de l'ordonnance de l'article R. 222-1, ou, au Conseil d'État, de l'article R. 122-12. Il convient toutefois de noter que le défaut d'avocat peut donner lieu à rejet par ordonnance en l'absence même de mise en demeure (voir art. R. 122-12 et R. 222-1) et donc alors même que l'irrecevabilité est régularisable.

Naturellement, le délai de la mise en demeure est interrompu par une demande d'aide juridictionnelle lorsque l'issue de cette dernière aurait un effet sur l'irrégularité relevée (défaut d'avocat ou défaut de timbre).

Le texte précise, ce qui est la règle en matière de mise en demeure (CE 22 juin 1992, Caisse régionale d'assurance maladie du Nord-Est), qu'elle doit comporter l'indication de la sanction qui lui est attachée.

Enfin l'article R. 612-1 précise, ce qui avait été implicitement jugé (CE 16 février 1994, Territoire de la Nouvelle-Calédonie), que l'envoi de l'invitation à régulariser tient lieu de l'information prévue à l'article R. 611-7, précision utile dès lors que cette invitation ne doit être adressée que si l'irrégularité est relevée d'office.

LA MISE EN DEMEURE DE PRODUIRE UN MÉMOIRE

Art. R. 612-3 Lorsqu'une des parties appelée à produire un mémoire n'a pas respecté le délai qui lui a été imparti en exécution des articles R. 611-10, R. 611-17 et R. 611-26, le président de la formation de jugement ou, au Conseil d'État, le président de la sous-section chargée de l'instruction peut lui adresser une mise en demeure.

En cas de force majeure, un nouveau et dernier délai peut être accordé.

■ Textes sources

– Code des TA et des CAA, article R. 150.
– Décret n° 2001-710 du 31 juillet 2001, article 7-II.

■ Commentaires

La mise en demeure, dont l'envoi incombe au président de la formation de jugement (ou au juge unique de l'art. R 222-13) est désormais facultative : elle n'est nécessaire que si la juridiction entend tirer les conséquences de la méconnaissance par une partie de l'invitation qui lui a été faite à l'occasion de l'instruction (CE ass. 8 avril 1987, Ministre de la Santé c/ Tête, *Lebon* p. 144

[1] – CE 10 octobre 1990, Roussel – CE 5 juillet 1995, Le Haziff) et sauf dans les hypothèses dans lesquelles elle est expressément déclarée superflue (voir art. R. 611-3 dernier alinéa).

Le délai indiqué dans la mise en demeure a longtemps été regardé comme purement indicatif, étant admis que la formalité demandée par cette mise en demeure pouvait être accomplie jusqu'à clôture de l'instruction (CE 15 octobre 1957, Commune de Challes-les-Eaux, *Lebon* p. 537). Ce n'est plus exact en ce qui concerne le désistement d'office (voir art. R. 612-5), depuis une décision Société Le Noroît (CE sect. 19 novembre 1993, Société Le Noroît, *Lebon* p. 326). Il reste à se demander si cette jurisprudence sera étendue au point de rendre irrecevable un mémoire réclamé, mais produit après ce délai, qui en aucune façon n'équivaut à une clôture de l'instruction. Bien plus, la rédaction du dernier alinéa de l'article R. 611-3 a pour effet de découpler totalement clôture de l'instruction et mise en demeure.

Naturellement, comme c'est la règle en matière de mise en demeure, cet acte ne peut porter effet (et notamment désistement d'office) que s'il comporte l'indication de la sanction qui lui est attachée (CE 22 juin 1992, Caisse régionale d'assurance maladie du Nord-Est [**2**]).

Si la cour administrative d'appel se prononce, sur mise en demeure, en l'absence de défense, elle s'expose à une opposition de la part du défendeur (voir art. R. 831-1) ; ce n'est pas le cas du tribunal administratif (voir art. R. 831-6).

□ ***Jurisprudence***

[**1**] Considérant qu'aux termes de l'article R. 111 du Code des tribunaux administratifs : « Le président du tribunal administratif adresse une mise en demeure à l'administration ou à la partie qui n'a pas observé le délai qui lui a été imparti en exécution des articles R. 105 et R. 110 [...] » ; que, selon l'article R. 112, si la mise en demeure reste sans effet ou si le dernier délai assigné n'est pas observé, le tribunal statue ; que l'article R. 113 dispose : « Si avant la clôture de l'instruction et malgré une mise en demeure la partie défenderesse n'a produit aucun mémoire, elle est réputée avoir acquiescé aux faits exposés dans la requête » ; que pour annuler la décision du 26 novembre 1981 du directeur des affaires sanitaires et sociales des Alpes-Maritimes, le tribunal administratif de Nice ne s'est pas fondé sur le motif que le ministre de la Santé était, faute d'avoir présenté des observations en défense, réputé avoir acquiescé aux faits exposés dans la requête de M. Tête ; qu'il a pu légalement, dès lors qu'il estimait l'affaire en l'état, statuer sans être tenu de mettre le ministre en demeure de présenter sa défense ; que le ministre de la Santé n'est, dès lors, pas fondé à soutenir que, faute d'avoir été précédé d'une telle mise en demeure, le jugement serait intervenu sur une procédure irrégulière...

[**2**] Considérant que si le président du tribunal administratif de Nancy a, par une mise en demeure reçue par les conseils de M. Desrumaux le 30 janvier 1990, imparti à ces derniers un délai de huit jours pour produire le mémoire ampliatif annoncé, cette mise en demeure, faute d'avoir comporté l'indication de la sanction qui y était attachée, n'a pu faire encourir à M. Desrumaux la procédure de désistement d'office...

Le destinataire de la mise en demeure

Art. R. 612-4 Lorsqu'elle concerne une administration de l'État, la mise en demeure est adressée à l'autorité compétente pour représenter l'État ; dans les autres cas, elle est adressée à la partie ou à son mandataire, s'il a été constitué.

Devant les tribunaux administratifs de Papeete et de Nouvelle-Calédonie, la mise en demeure est adressée par le président du tribunal administratif au haut-commissaire si elle concerne une administration de l'État.

Devant le tribunal administratif de Mamoudzou, la mise en demeure est adressée par le président du tribunal administratif au représentant du Gouvernement si elle concerne une administration de l'État ou de la collectivité territoriale.

■ **Textes sources**

– Code des TA et des CAA, article R. 151.

Le désistement d'office devant les tribunaux administratifs et les cours administratives d'appel

Art. R. 612-5 Devant les tribunaux administratifs et les cours administratives d'appel, si le demandeur, malgré la mise en demeure qui lui a été adressée, n'a pas produit le mémoire complémentaire dont il avait expressément annoncé l'envoi ou, dans les cas mentionnés au second alinéa de l'article R. 611-6, n'a pas rétabli le dossier, il est réputé s'être désisté.

■ **Textes sources**

– Code des TA et des CAA, article R. 152.

■ **Commentaires**

On rappelle que la juridiction n'est jamais tenue ni de réclamer le mémoire complémentaire annoncé, ni d'adresser la mise en demeure (CE 10 octobre 1990, Roussel, cité sous l'article R. 611-11). Sur le mécanisme du désistement d'office, voir commentaires sous l'article R. 611-22, étant signalé que, si ce mécanisme est automatique devant le Conseil d'État, il suppose, devant les cours et tribunaux administratifs, l'envoi d'une mise en demeure de produire.

L'ACQUIESCEMENT AUX FAITS

Art. R. 612-6 Si, malgré une mise en demeure, la partie défenderesse n'a produit aucun mémoire, elle est réputée avoir acquiescé aux faits exposés dans les mémoires du requérant.

■ Textes sources

– Décret n° 63-766 du 30 juillet 1963, article 53-4.
– Code des TA et des CAA, article R. 153.

■ Commentaires

L'acquiescement aux faits n'est évidemment pas un acquiescement au droit. Il ne dispense pas, de toute façon, la juridiction de l'examen du dossier, dont le contenu peut démentir les faits auxquels il est ainsi acquiescé (CE 15 octobre 1957, Commune de Challes-les-Eaux, *Lebon* p. 537 – CE 26 mai 1989, Société La Licorne – CE 11 juillet 1991, Sustandal – CE 21 avril 1997, Conan [**1**]). La juridiction ne peut par exemple tenir pour acquis des faits contestés par un « intervenant », même si le défendeur, après mise en demeure, est réputé y avoir acquiescé (CE 31 octobre 1986, Ministre des Affaires sociales c/ Barthes [**2**]).

Ce mécanisme ne peut enfin être utilisé dès que le défendeur a produit des observations en défense (CE 19 octobre 1962, Demoncheaux, *Lebon* p. 557), ces observations fussent-elles incomplètes (CE 11 mars 1970, Gayrard, *Lebon* p. 181).

Il est par ailleurs constant que celui qui, en première instance a ainsi acquiescé aux faits est recevable, en appel, à en discuter. D'où il résulte que cet acquiescement sera plus périlleux devant le Conseil d'État statuant en premier et dernier ressort que devant le tribunal administratif (pour un exemple d'acquiescement du ministre devant le Conseil d'État, CE 17 mars 1999, Chauvois – CE 11 octobre 1999, Syndicat national des techniciens forestiers).

Si la juridiction n'a pas tiré de conséquences de l'absence de réponse à la mise en demeure, et ne s'est donc fondée que de façon surabondante sur l'acquiescement aux faits, il importe peu que cette mise en demeure n'ait pas atteint son destinataire (CE 4 décembre 1995, Commune des Alleuds).

□ *Jurisprudence*

[**1**] Considérant que si la commune de Telgruc-sur-Mer, qui n'a pas produit d'observations en défense, doit être réputée avoir acquiescé aux faits exposés dans la requête, cette circonstance ne dispense pas le Conseil d'État, d'une part, de vérifier que les faits allégués par les requérants ne sont pas contredits par les autres pièces versées au dossier, d'autre part, de se prononcer sur les moyens de droit que soulève l'examen de l'affaire...

[**2**] Considérant que si, malgré la mise en demeure qui lui a été adressée par le tribunal administratif le 10 décembre 1984, le ministre de la Santé n'a produit aucun mémoire et devait être, en vertu des dispositions sus-rappelées, réputé avoir acquiescé aux faits exposés dans la requête, il ressort des pièces du dossier que M. Schmitt, bénéficiaire de la décision attaquée, auquel le tribunal administratif avait communiqué la requête de Mmes Barthes, Descamps et Cousseran, a produit en défense ; que dès lors les faits exposés par les requérantes ne pouvaient être regardés comme établis sur le seul fondement des dispositions de l'article R. 113, alinéa 2, précité...

CHAPITRE 3 La clôture de l'instruction

Le présent chapitre ne comprend pas de dispositions législatives.

SECTION 1 Dispositions applicables aux tribunaux administratifs et aux cours administratives d'appel

LA CLÔTURE DE L'INSTRUCTION PAR ORDONNANCE

Art. R. 613-1 Le président de la formation de jugement peut, par une ordonnance, fixer la date à partir de laquelle l'instruction sera close. Cette ordonnance n'est pas motivée et ne peut faire l'objet d'aucun recours.

Les lettres recommandées avec demande d'avis de réception portant notification de cette ordonnance sont envoyées à toutes les parties en cause quinze jours au moins avant la date de la clôture fixée par l'ordonnance.

Devant les tribunaux administratifs de Mamoudzou, de Papeete et de Nouvelle-Calédonie le délai de notification est porté à un mois et l'ordonnance peut être notifiée par voie administrative.

■ **Textes sources**

– Code des TA et des CAA, article R. 154.

■ **Commentaires**

En supprimant toute liaison entre l'état de l'affaire et la mesure de clôture de l'instruction, le texte a validé la position prise par les présidents de formation consistant à utiliser la clôture non point pour figer un dossier dans lequel il apparaît que tout a été dit, mais au contraire pour inciter un défendeur récalcitrant ou souhaitant gagner du temps à produire ses observations. Le fait que cette clôture peut intervenir dès l'expiration du délai donné pour produire, sans mise en demeure (voir art. R. 611-3) va dans le même sens.

La date de la clôture mentionnée à cet article est celle « à partir de laquelle » l'instruction est close. C'est dire que cette date est, sauf mention horaire contraire, entièrement comprise dans la période de clôture, un mémoire déposé à cette date étant irrecevable (CE 10 juillet 1996, Association Comité cinq cantons, Barre).

La clôture ici envisagée est à effet différé de quinze jours au moins. Ce délai est suffisamment long pour que l'ordonnance de clôture ait un effet incitatif

même lorsqu'elle est utilisée conformément à son appellation (c'est-à-dire lorsqu'elle constate que tout a été dit dans le dossier). C'est dire, et c'est un effet paradoxal, qu'elle porte souvent en elle la nécessité d'une réouverture, si les mémoires qu'elle suscite doivent être communiqués. Et ce alors surtout que la date de clôture doit être la même pour toutes les parties, et ne peut donc être étagée selon les phases du dialogue entre les parties.
La Cour européenne des droits de l'homme a eu l'occasion de décider que la possibilité ouverte au juge de clôturer l'instruction ne permet pas à l'État de trouver dans la multiplication des mémoires des parties une excuse au délai « non raisonnable » mis à juger (CEDH 19 juin 2001, Mahieu c/ France).

LA CLÔTURE DE L'INSTRUCTION PAR L'AVIS D'AUDIENCE

Art. R. 613-2 Si le président de la formation de jugement n'a pas pris une ordonnance de clôture, l'instruction est close trois jours francs avant la date de l'audience indiquée dans l'avis d'audience prévu à l'article R. 711-2. Cet avis le mentionne.
Toutefois, dans le cas prévu à l'article R. 711-2 où, en raison de l'urgence, une décision expresse du président de la formation de jugement a réduit à deux jours le délai de convocation à l'audience, l'instruction est close soit après que les parties ou leurs mandataires ont formulé leurs observations orales, soit, si ces parties sont absentes ou ne sont pas représentées, après appel de leur affaire à l'audience.

■ Textes sources

– Code des TA et des CAA, article R. 155.

■ Commentaires

Cet article codifie en son second alinéa la jurisprudence intervenue en la matière (CE 15 octobre 1957, Commune de Challes-les-Eaux, *Lebon* p. 537), dont on retrouve l'expression à l'article R. 613-5. Sur son fondement sont irrecevables notamment les « notes en délibéré », qui ne sont accueillies que par courtoisie envers leurs auteurs, et ne sauraient être prises en considération sans réouverture de l'instruction contradictoire. Cette position traditionnelle et rigoureuse devra sans doute évoluer compte tenu de l'arrêt Kress c/ France rendu par la Cour européenne des droits de l'homme le 7 juin 2001. Cette décision se fonde en effet sur la possibilité de répliquer, par une note en délibéré, aux conclusions du commissaire du gouvernement, pour écarter un grief tiré du caractère non contradictoire de la procédure. Il doit désormais être officiellement admis que les notes en délibéré sont lues au délibéré (ce qui est la pratique courante des juridictions).

La question se pose notamment en matière de plein contentieux, la décision Brutus (CE sect. 19 novembre 1993) rappelant que le juge de plein contentieux, qui se prononce d'après les circonstances de fait et de droit applicables à la date de lecture de sa décision, doit, lorsque se produisent, après l'audience mais avant lecture, des changements dans les circonstances qui servent de fondement à sa décision, rayer l'affaire du rôle et rouvrir l'instruction contradictoire. Rendue à propos de la Commission des réfugiés, cette jurisprudence n'a pas de raison de ne pas s'appliquer aux autres juridictions statuant en plein contentieux, et par exemple au contentieux des installations classées.

Le premier alinéa s'efforce de corriger les effets de la règle jurisprudentielle reprise au second. La clôture au moment de l'audience présente en effet le défaut d'autoriser le dépôt de mémoires jusqu'au début de cette dernière, facteurs de perturbation considérable pour l'organisation du travail. Désormais, l'avis d'audience – qui doit parvenir aux parties sept jours au moins avant cette dernière : art. R. 711-2 – vaut clôture de l'instruction trois jours francs avant la date de l'audience. Cet effet, prescrit l'article R. 613-2, est mentionné sur l'avis ; d'où l'on doit déduire qu'en cas d'omission de cette formalité, c'est la règle générale rappelée au second alinéa qui joue.

La computation du délai de trois jours francs a posé quelques problèmes, dont l'essentiel a été réglé par CE Avis 9 avril 1999, Creton [1] : d'une part, et à la différence des délais habituels (qui se déroulent dans le même sens que le temps), celui-ci doit se calculer en remontant le temps par rapport à son point de départ. D'autre part, et c'est une autre différence avec les délais habituels, la garantie des justiciables est que ce délai ne soit pas allongé, et non point qu'il ne soit pas raccourci. Comment, en particulier, computer le délai lorsque la date de clôture découlant du texte renvoie, comme dernier jour du délai utile pour produire, à un samedi, un dimanche ou autre jour férié (cas par exemple des audiences se tenant les jeudis) ? À ces diverses questions, l'avis Creton a répondu de façon sans nuance : les trois jours francs se calculent comme d'habitude, et leur computation doit s'opérer sans tenir compte de ce que un ou plusieurs jours fériés (samedi, dimanche ou autre) sont compris dans ces trois jours, ou de ce que le dernier jour précédant la clôture serait précédé d'un tel jour férié. Ainsi, précise le Conseil d'État, pour une audience prévue un jeudi, la clôture est effective dès le lundi à zéro heure, et un mémoire parvenu ce jour est irrecevable, même s'il n'était pas possible de le déposer la veille (CE 17 novembre 2000, SA d'HLM Notre Logis). La règle devient ainsi simple : de la date de l'audience on déduit trois jours entiers en remontant le temps (ce qui, pour une audience du lundi renvoie au vendredi précédent, ou pour une audience prévue le jeudi renvoie au lundi précédent) : la date à laquelle on parvient est alors celle avant laquelle le mémoire doit être déposé, quelle que soit la nature, fériée ou non, du jour précédant immédiatement cette date butoir.

□ ***Jurisprudence***

[1] Aux termes du premier alinéa de l'article R. 155 du Code des tribunaux administratifs et des cours administratives d'appel : « Si le président de la formation de jugement n'a pas pris une ordonnance de clôture, l'instruction est close trois jours francs avant la date de l'audience indiquée dans l'avis d'audience prévu à l'article R. 193. Cet avis le mentionne ». Aux termes de l'article R. 193 du même code : « Toute partie doit être avertie, par une notification faite conformément aux articles R. 139 ou R. 140, du jour où l'affaire sera appelée à l'audience. Dans les deux cas, l'avertissement est donné sept jours au moins avant l'audience... ».
Les dispositions précitées du premier alinéa de l'article R. 155, sont issues de l'article 10 du décret n° 97-563 du 29 mai 1997, qui, dans l'intérêt d'un bon fonctionnement de la justice, a prévu qu'en l'absence d'ordonnance de clôture de l'instruction prise dans les conditions fixées à l'article R. 184 du code, la clôture de l'instruction, qui intervenait auparavant à l'audience, serait avancée et interviendrait désormais trois jours francs avant la date de l'audience, dont les parties sont averties au moins sept jours francs avant cette date. Compte tenu de sa nature et de l'objectif dans lequel il a été institué, le délai de trois jours francs mentionné au premier alinéa de l'article R. 155 doit être dans tous les cas computé sans qu'il y ait lieu de distinguer selon qu'il comporte ou non un samedi, un dimanche ou un jour férié ou selon qu'il est ou non précédé d'un tel jour. Ainsi, un mémoire enregistré le lundi pour une audience prévue le jeudi serait parvenu après la clôture de l'instruction...

Les mémoires produits après clôture de l'instruction

Art. R. 613-3 Les mémoires produits après la clôture de l'instruction ne donnent pas lieu à communication et ne sont pas examinés par la juridiction.
Si les parties présentent avant la clôture de l'instruction des conclusions nouvelles ou des moyens nouveaux, la juridiction ne peut les adopter sans ordonner un supplément d'instruction.

■ Textes sources

– Code des TA et des CAA, article R. 156.

■ Commentaires

Le premier alinéa est rigoureux, plus que l'article 783 du Nouveau Code de procédure civile, qui déclare recevables après clôture « les demandes en intervention volontaire » : bien qu'aucun délai ne soit prescrit pour former une intervention (voir art. R. 632-1), elle n'est pas recevable si elle est formée après la date de clôture (TA Clermont-Ferrand, 14 septembre 1989, Arnaud, *Lebon* p. 854 – CE sect. 16 décembre 1994, Fédération départementale des chasseurs de la Creuse), et même, elle n'existe pas, puisque le mémoire la contenant n'est « pas examiné » (même arrêt). Aussi bien n'y a-t-il pas d'omission à statuer à ne pas se prononcer sur les conclusions ou moyens contenus dans un mémoire produit après clôture (CAA Lyon, 26 septembre 1991, Syndicat intercommunal de construction et de gestion du CES de Beaurepaire – CE 16 décembre 1994, précité), mémoire qui n'a ni à être communiqué (CE 13 juin 1958, Barbier, *Lebon* p. 349), ni à être visé (CE sect. 5 janvier 1966, Hawezack, *Lebon* p. 6). Si en revanche un mémoire produit après clôture est visé, il est réputé avoir été examiné par la juridiction, et le jugement est dès lors irrégulier faute de réouverture de l'instruction (CE 10 janvier 2000, Fremiot).

En revanche, la juridiction refuse valablement de réouvrir l'instruction pour permettre aux parties de s'expliquer sur les mérites d'un mémoire produit avant clôture, mais ne contenant aucun élément nouveau (CE 20 mars 1995, Société Causse Walon).

Ne s'appliquant à la lettre qu'aux « mémoires », cet alinéa ne paraît pas s'opposer à la production d'une pièce non assortie d'un mémoire (on peut songer par exemple à la production d'une délibération habilitant le signataire de la requête à agir). C'est la réception des commentaires provoqués chez l'adversaire par cette pièce qui conduira à s'interroger sur l'opportunité de rouvrir l'instruction. La question a été tranchée expressément en ce sens, à propos de la production du timbre exigé des requêtes (voir commentaire sous l'article R. 411-2), par avis contentieux du 28 juillet 1995 (CE 28 juillet 1995, Tourteaux), et la réponse ainsi apportée doit, selon nous, être étendue à toutes les productions ayant pour objet de corriger un vice de la requête, lorsque ce vice est régularisable, que l'expiration des délais de recours contentieux ne s'y oppose pas et que l'article R. 612-2 n'a pas été mis en œuvre.

Car la rigueur du premier alinéa est tempérée par l'article R. 613-4 qui autorise une réouverture de l'instruction : aussi bien est-il clair que si les mémoires survenus après clôture « ne sont pas examinés », ils doivent faire l'objet d'une lecture de la part du magistrat instructeur aux fins pour ce dernier de proposer éventuellement une réouverture de l'instruction, par exemple si ce mémoire ne fait que répondre à un mémoire parvenu immédiatement avant clôture (CE sect. 22 mai 1981, Bloch, *Lebon* p. 236 – CE 29 juin 1990, Chambran [**1**]). Mais, quelque étonnant que cela paraisse, une telle réouverture n'est pas obligatoire (CE 22 juin 1994, Daneels [**2**]), fût-ce pour tenir compte d'un désistement parvenu après clôture (CE 5 avril 1996, Nouveau syndicat intercommunal pour l'aménagement de la vallée de l'Orge).

On peut d'ailleurs se demander si, dans sa généralité, cette rigueur est légale. Il a par exemple été jugé qu'était irrecevable parce que produit après clôture un mémoire ayant pour objet de demander la capitalisation des intérêts (CE 25 juin 1982, Société auxiliaire d'entreprise [**3**]). Or cette capitalisation ne peut être utilement demandée qu'après qu'un an d'intérêts a couru soit depuis le point de départ de ces intérêts, soit depuis la dernière capitalisation, aucune possibilité n'étant donnée aux parties de la demander par avance (CE sect. 19 décembre 1984, Boehrer, *Lebon* p. 433 [**4**]). Si cette échéance annuelle se situe après la date de clôture, l'article R. 613-3, 1er alinéa, prive, dans sa

rigueur, la partie concernée du bénéfice de l'avantage que lui ouvre l'article 1154 du Code civil, lequel est de nature législative : ou bien cet article alors n'est pas légal en ce qu'il ne réserve pas cette hypothèse, ou bien il faut estimer qu'en pareil cas s'impose une obligation de rouvrir l'instruction. D'ailleurs le Conseil d'État semble avoir admis qu'une demande de capitalisation d'intérêts échus échappait à la règle de la clôture, dans une affaire dans laquelle la clôture résultait de l'acte de transfert du dossier à la cour, valant « ordonnance de clôture » en application de l'article 18 du décret du 2 septembre 1988 (CE 11 juin 1993, Auzelle [**5**]).
Et l'on doit de même estimer que, la juridiction devant elle-même respecter ses propres décisions, une réouverture de l'instruction devra être prononcée si le rapporteur, agissant dans le cadre des articles R. 611-10 (tribunal administratif) ou R. 611-17 (cour administrative d'appel) demande à l'une des parties de produire tel ou tel document. Voir observations sous l'article R. 611-7 pour la combinaison de cet article et des effets de la clôture.
Le second alinéa ne fait que rappeler que la juridiction administrative est soumise à la règle du contradictoire.

□ ***Jurisprudence***

[**1**] Considérant qu'alors que le président du tribunal administratif de Nancy avait fixé au 10 février 1985 la date de la clôture de l'instruction, un mémoire en défense présenté par M. Brugière a été enregistré au greffe le 8 février 1985, et que M. Chambran n'a pas disposé du temps nécessaire pour y répliquer avant la date de clôture ; que ce mémoire contenait des éléments nouveaux qui ont eu une incidence sur la solution adoptée par les premiers juges ; que le requérant est donc fondé à soutenir que le caractère contradictoire de la procédure a été méconnu ; qu'il y a donc lieu d'annuler le jugement du 31 octobre 1985 du tribunal administratif de Nancy...

[**2**] Considérant que, par ordonnance du 3 juin 1987, le président du tribunal administratif a fixé la date de clôture de l'instruction de l'affaire au 24 juin 1987 ; que cette ordonnance a été notifiée aux parties ; qu'à la suite de la production par la chambre de commerce et d'industrie interdépartementale du Val-d'Oise et des Yvelines d'un mémoire en défense enregistré au greffe du tribunal le 22 juin 1987, le président n'était pas tenu de rouvrir l'instruction afin de permettre à Mme Daneels de produire à son tour un mémoire en réplique ; que, par suite, Mme Daneels n'est pas fondée à soutenir que le jugement attaqué serait intervenu en méconnaissance du caractère contradictoire de la procédure...

[**3**] Considérant que, par une ordonnance du 17 janvier 1980, prise en application de l'article R. 159 du Code des tribunaux administratifs, le président du tribunal administratif de Strasbourg a décidé que l'instruction sera close le 20 février 1980 ; que les conclusions du département du Haut-Rhin tendant à ce que les sommes que la Société auxiliaire d'entreprise sera condamnée à lui verser portent intérêts au taux légal ont été présentées par un mémoire enregistré le 29 janvier 1980 au greffe de ce tribunal, avant la date d'effet de l'ordonnance de clôture de l'instruction et étaient donc recevables ; qu'en revanche, les conclusions tendant à ce que les intérêts des sommes

dues soient capitalisés pour produire eux-mêmes des intérêts ont été présentées par un mémoire enregistré le 26 mars 1980, après la clôture de l'instruction ; qu'ainsi ces conclusions étaient irrecevables...

[**4**] Considérant que la capitalisation des intérêts a été demandée le 22 décembre 1980 et le 2 juillet 1982 ; qu'à chacune de ces dates il était dû au moins une année d'intérêts ; que dès lors, conformément aux dispositions de l'article 1154 du Code civil, il y a lieu de faire droit à ces demandes ; que la capitalisation des intérêts a été à nouveau demandée le 5 mai 1983 ; qu'à cette date il n'était pas dû une année d'intérêts ; qu'ainsi, en dépit du fait que cette demande n'ait été présentée que pour valoir à compter du 2 juillet 1983, il y a lieu de la rejeter...

[**5**] Considérant en deuxième lieu que les dispositions susrappelées de l'article 18 du décret du 9 mai 1988 ne font pas obstacle à ce qu'une demande de capitalisation des intérêts échus, présentée sur le fondement de l'article 1154 du Code civil, soit présentée postérieurement à l'ordonnance de transfert ; que le moyen tiré de ce que la cour administrative d'appel ne pouvait faire droit, alors que l'instruction était close, à la demande de capitalisation des intérêts présentée le 6 février 1989 par le syndicat intercommunal du cimetière de Joncherolles, doit dès lors être écarté...

LA RÉOUVERTURE DE L'INSTRUCTION

Art. R. 613-4 Le président de la formation de jugement peut rouvrir l'instruction par une décision qui n'est pas motivée et ne peut faire l'objet d'aucun recours. Cette décision est notifiée dans les mêmes formes que l'ordonnance de clôture.

La réouverture de l'instruction peut également résulter d'un jugement ou d'une mesure d'investigation ordonnant un supplément d'instruction.

Les mémoires qui auraient été produits pendant la période comprise entre la clôture et la réouverture de l'instruction sont communiqués aux parties.

■ Textes sources

– Code des TA et des CAA, article R. 157.

■ Commentaires

Si, comme nous l'estimons (voir art. R. 613-3), il est des cas dans lesquels le président de la formation de jugement est tenu de rouvrir l'instruction, le juge d'appel, ou de cassation, sera amené à exercer un contrôle sur le refus, le plus souvent implicite, d'y procéder.

En dehors des hypothèses où la réouverture est à notre sens nécessaire, le pouvoir du président de formation nous paraît devoir s'exercer dans le respect de ce que commande la bonne administration de la justice. La procédure n'étant qu'un moyen de rendre cette justice selon des règles objectives et impartiales, c'est évidemment le souci de correctement régler le litige qui doit guider le président de formation dans l'usage qu'il fait de cet article. Un refus de prendre en considération, parce que déposé après clôture, un mémoire dont le contenu serait déterminant pour l'issue du litige, témoignerait (bien que conforme à la lettre des articles R. 613-3 et R. 613-4) d'une erreur de perspective et d'appréciation de ce à quoi doit servir la procédure, qui ne saurait être une fin en soi.

Il convient de souligner que, selon la jurisprudence Brutus (CE sect. 19 novembre 1993, *Lebon* p. 321), le juge de plein contentieux, qui doit se prononcer (donc lire sa décision) en fonction des circonstances de fait ou de droit applicables à la date de cette lecture, doit radier une affaire venue au rôle et rouvrir l'instruction contradictoire si, après l'audience et avant lecture, se sont produits des changements dans les circonstances qui servent de fondement à sa décision. *A fortiori* sera-ce nécessaire si ces changements se sont produits avant l'audience mais après clôture (on songe par exemple, dans le contentieux des installations classées, à la mise en application d'un nouveau plan d'occupation des sols).

En dehors de ces hypothèses, la réouverture de l'instruction est une simple faculté du juge (CE 5 avril 1996, Nouveau syndicat intercommunal pour l'aménagement de la vallée de l'Orge, *Lebon* p. 122).

Le deuxième alinéa a pour objet de mettre fin à une anomalie des textes antérieurs, lesquels, réservant la réouverture de l'instruction au président, impliquaient à la lettre qu'un jugement de supplément d'instruction soit assorti d'une ordonnance de réouverture... Bien qu'une telle pratique n'ait à notre connaissance jamais été suivie (le Conseil d'État ayant au contraire admis la pratique inverse : 22 mai 1991, Guillou ; voir art. R. 636-1), le nouveau texte valide juridiquement l'évidence, résultant du fait que ce qui est délibéré l'emporte toujours sur ce qui est décidé pour l'administration du dossier.

La combinaison des deux premiers alinéas de l'article R. 613-4 conduit à la conclusion que nulle ordonnance formelle n'est exigée pour la réouverture de l'instruction : ainsi jugé dans une espèce où, à la suite d'une note en délibéré, une des parties avait été invitée à produire divers documents, et où une convocation à une nouvelle audience avait été adressée aux parties, ainsi que la communication de cette note et des documents ainsi produits (CE 15 décembre 2000, Arillotta [**1**])

Lorsque le juge de l'article R. 222-13 est compétent, c'est lui qui décide de la réouverture de l'instruction.

□ ***Jurisprudence***

[**1**] Considérant qu'il résulte des termes de l'article R. 157 précité que le président de la formation de jugement, lorsqu'il décide de rouvrir l'instruction, n'est pas tenu de prendre une ordonnance prononçant cette réouverture ; qu'il ressort des pièces du dossier qu'alors que l'affaire soumise à la cour administrative d'appel avait été inscrite à l'audience du 14 novembre 1996, la commune

de Favières a produit, le 19 novembre suivant, une note en délibéré apportant des précisions nouvelles sur le classement au plan d'occupation des sols du terrain de M. Moulin ; qu'à la suite de cette note, le président de la formation de jugement a, par lettre du 21 novembre, enjoint au maire de produire les règlements et documents graphiques du plan d'occupation des sols avant et après l'entrée en vigueur d'une délibération du 26 mai 1993 du conseil municipal ayant supprimé un emplacement réservé portant partiellement sur le terrain de M. Moulin ; que la commune a produit ces documents à l'appui d'un mémoire du 26 novembre 1996 ; que les parties ont été avisées par lettre du greffe en date du 2 décembre suivant que l'affaire serait à nouveau inscrite au rôle d'une prochaine audience publique ; que la date de celle-ci a été régulièrement fixée au 21 janvier 1997 ; qu'il n'est pas contesté que tant la note en délibéré du 19 novembre 1996 que le mémoire du 26 novembre 1996 ont été communiqués aux requérants et que ces derniers ont été invités à prendre connaissance au greffe des documents graphiques déposés par la commune ; qu'ils ne sont par suite pas fondés à soutenir qu'en l'absence d'une ordonnance de réouverture de l'instruction, la cour, en se fondant sur les écritures de la commune postérieures à la clôture de l'instruction, aurait violé les dispositions sus-rappelées de l'article R. 156 du Code des tribunaux administratifs et des cours administratives d'appel...

SECTION 2 *Dispositions applicables au Conseil d'État*

LA CLÔTURE DE L'INSTRUCTION DEVANT LE CONSEIL D'ÉTAT

Art. R. 613-5 Devant le Conseil d'État, l'instruction est close soit après que les avocats au Conseil d'État ont formulé leurs observations orales, soit, en l'absence d'avocat, après appel de l'affaire à l'audience.

■ **Textes sources**

– Décret n° 2000-389 du 4 mai 2000, article 1er.

■ **Commentaires**

Cet article nouveau se borne à prendre acte de la jurisprudence. On remarquera qu'aucun dispositif ne permet, devant le Conseil d'État, de prononcer la clôture de l'instruction.

TITRE II Les différents moyens d'investigation

CHAPITRE 1 L'expertise

Le présent chapitre ne comprend pas de dispositions législatives.

La décision de recourir à une expertise

Art. R. 621-1 La juridiction peut, soit d'office, soit sur la demande des parties ou de l'une d'elles, ordonner, avant dire droit, qu'il soit procédé à une expertise sur les points déterminés par sa décision.

■ **Textes sources**

– Code des TA et des CAA, article R. 158.

■ **Commentaires**

Le recours à l'expertise est une prérogative propre du juge, qui n'est pas lié par les demandes des parties, sauf texte contraire (voir par exemple le Code de la construction et de l'habitation pour ce qui concerne le contentieux des immeubles menaçant ruine). Ce, sauf en matière de référé, le juge étant en la matière tenu d'ordonner l'expertise si les conditions prévues par l'article R. 532-1 sont réunies. Le juge d'appel contrôle l'opportunité de ce recours, qui peut, bien que rarement, porter sur une question sur laquelle le juge n'exerce qu'un contrôle restreint (CE 2 mars 1979, INAO, *Lebon* p. 90) ; il ne sera dans ce cas recouru à cette mesure d'instruction que si le demandeur fournit au juge des éléments de contestation sérieux (CE 28 octobre 1985, Ministre de l'Urbanisme et du Logement c/ PLAS). La décision de recourir ou non à l'expertise relève, quant à son opportunité, du pouvoir souverain des juges du fond, et n'est donc, en tant que telle, pas contrôlée par le juge de cassation (CE 22 mars 1993, Centre hospitalier régional de Brest, *Lebon* p. 79). Cela n'exclut pas toutefois un contrôle d'erreur de droit : une expertise – comme d'ailleurs toute mesure d'instruction – ne peut légalement être ordonnée que s'il est nécessaire d'y recourir, faute de quoi elle est frustratoire. Cela suppose que la juridiction ait auparavant écarté les moyens qui, s'ils étaient fondés, la rendraient inutile, ce qui est notamment le cas de toutes les fins de non-recevoir : ainsi ne doit-on pas ordonner d'expertise si la requête est irrecevable

(CE 30 janvier 1970 Herbe, *Lebon* p. 73 – CE 19 juin 1970, Commune de l'Escarene, *Lebon* p. 428), ou encore si l'administration avait compétence liée pour prendre la décision attaquée, lorsque cette circonstance rend inopérants les moyens dont l'expertise a pour objet de vérifier le bien-fondé (CE 7 mai 1969, Ministre de l'Industrie c/ Spasaro, *Lebon* p. 244). Ne pas se livrer à ce « toilettage » du dossier relève de l'erreur de droit.

Il appartient à la formation de jugement de définir la mission de l'expert : c'est une « chose jugée », que l'expert pas plus que les parties ne peuvent modifier, en plus ou en moins. Cette mission ne doit absolument pas porter sur des questions de droit, étant inclus dans ces questions les problèmes de qualification juridique des faits (CE 17 décembre 1956, Ministre Reconstruction et Logement c/ Dubreuil, *Lebon* p. 484 – CE 24 mai 1978, Dame Camplan, *Lebon* p. 914 – CE 16 décembre 1996, Société STAN, *Lebon* p. 494).

La décision de recourir à l'expertise, chose jugée, va s'imposer en tant que telle même à la juridiction qui l'a prise : cette dernière ne peut, ayant pris cette décision, reprendre l'affaire avant dépôt du rapport, sauf fait nouveau rendant l'expertise inutile (CE 15 novembre 1957, X..., *AJDA* 1958, p. 33 [**1**]).

On signalera enfin que, dans un cas au moins, la décision de ne pas recourir à une expertise ne peut être prise sans que la juridiction soit tenue à une mesure d'instruction spéciale. Lorsqu'un requérant se réserve de chiffrer son préjudice après une expertise qu'il demande à la juridiction d'ordonner (c'est le cas le plus fréquent lorsqu'il y a préjudice corporel), cette dernière ne peut, si elle estime pouvoir se prononcer sur le préjudice sans expertise, statuer sans avoir préalablement invité le requérant à chiffrer le montant de ses prétentions. Le régime antérieur conduisait généralement soit à un rejet de la demande parce que non chiffrée, soit à l'allocation d'une indemnité limitée au montant de la provision demandée (CE 19 décembre 1984, Boehrer, *Lebon* p. 433 – CE 20 novembre 1987, Bagneux [**2**]). Cette règle nouvelle découle d'un arrêt Guerrault (CE sect. 6 janvier 1989, *Lebon* p. 1 [**3**]). La cour administrative d'appel de Lyon a, il faut le noter, étendu à toutes les demandes non chiffrées l'obligation faite au juge d'inviter à une régularisation (CAA Lyon, 26 juillet 1990, Bassanelli). Mais une partie qui a chiffré ses prétentions avant expertise « sauf à les parfaire » n'a pas à être invitée expressément à les revoir après dépôt du rapport (CAA Lyon, 25 avril 1991, Commune de La Garde).

☐ ***Jurisprudence***

[**1**] Considérant que le tribunal administratif, s'il n'est pas tenu de faire droit à une demande d'expertise en matière fiscale, ne peut cependant, au cas où il a cru devoir ordonner cette mesure d'instruction, statuer ultérieurement au fond sans que l'expertise ait été exécutée, si ce n'est en raison de faits nouveaux ayant rendu la mesure manifestement inutile et les parties alors dûment averties...

[**2**] Considérant [...] que M. Gagneux a, dans sa demande introductive d'instance, demandé la réparation du préjudice subi et sollicité une expertise médicale, en concluant, dans l'attente des résultats de cette expertise, à l'attribution d'une indemnité provisionnelle de 30 000 F ; qu'il n'a ultérieurement, ni avant ni après le dépôt du rapport d'expertise, indiqué dans un nouveau mémoire le montant de sa demande ; que, s'il soutient qu'il s'est refusé à présenter des conclusions à fins d'allocation d'une indemnité définitive après le dépôt du rapport d'expertise parce qu'il contestait ce rapport et demandait qu'une nouvelle expertise fût ordonnée, le tribunal administratif n'en est pas moins resté saisi de la demande chiffrée initiale limitée à 30 000 F ; qu'ainsi, après avoir rejeté les conclusions relatives à la désignation d'un nouvel expert, le tribunal pouvait à bon droit statuer sur la demande d'indemnité dans la limite de ce montant ; que, par suite, M. Gagneux n'est pas fondé à soutenir que le tribunal administratif a procédé à une instruction incomplète de l'affaire en ne l'invitant pas à présenter une demande définitive d'indemnité...

[**3**] Considérant que, dans son mémoire introductif d'instance présenté devant le tribunal administratif de Bordeaux, Mlle Guerrault a demandé la condamnation de la communauté urbaine de Bordeaux à réparer les divers dommages résultant de l'accident dont elle a été victime le 19 novembre 1983 et a conclu, en ce qui concerne son préjudice corporel, à l'attribution d'une indemnité provisionnelle de 20 000 F en se réservant de chiffrer définitivement ce chef de préjudice au vu des conclusions de l'expertise qu'elle demandait au tribunal administratif d'ordonner ; que, le 6 novembre 1985, sans modifier la portée de ses conclusions, elle a produit devant le tribunal administratif un rapport dressé par son médecin personnel et par le médecin de son assureur, dans lequel était décrit l'état de la victime et définis les éléments de son préjudice corporel ; que si, en l'état du dossier dont il était ainsi saisi, le tribunal administratif a pu s'estimer suffisamment informé pour évaluer les différents éléments du préjudice corporel dont la réparation était demandée et refuser d'ordonner l'expertise sollicitée, il ne pouvait statuer sans avoir au préalable invité Mlle Guerrault à chiffrer le montant de ses prétentions en ce qui concerne la réparation de ces éléments de préjudice, consistant dans les troubles de toute nature apportés à ses conditions d'existence, les souffrances physiques qu'elle a subies et son préjudice esthétique ; qu'il suit de là que Mlle Guerrault est fondée à soutenir que le jugement attaqué a été pris sur une procédure irrégulière, et à en demander l'annulation...

SECTION 1 *Nombre et désignation des experts*

LA DÉSIGNATION DU OU DES EXPERTS

Art. R. 621-2 Il n'est commis qu'un seul expert à moins que la juridiction n'estime nécessaire d'en désigner plusieurs. Le président du tribunal administratif ou de la cour administrative d'appel, selon le cas, ou, au Conseil d'État, le président de la section du contentieux choisit les experts et fixe le délai dans lequel ils seront tenus de déposer leur rapport au greffe.

Lorsqu'il apparaît à un expert qu'il est nécessaire de faire appel au concours d'un ou plusieurs sapiteurs pour l'éclairer sur un point particulier, il doit préalablement solliciter l'autorisation du président du tribunal administratif ou de la cour administrative d'appel ou, au Conseil d'État, du président de la section du contentieux. La décision est insusceptible de recours.

■ Textes sources

– Code des TA et des CAA, article R. 159.

■ Commentaires

Le premier alinéa partage les rôles entre la formation de jugement – qui décide du nombre des experts – et le président de la juridiction, ou, au Conseil d'État, le président de la section du contentieux – qui les choisit, sauf, doit-on penser, en matière de référé (voir art. R. 532-1). Le texte confie désormais au président, outre la désignation de l'expert, le soin de fixer le délai dans lequel doit se dérouler l'expertise. C'est éviter une lourdeur inutile : dans le système ancien en effet, toute demande de prolongation de délai devait en principe être soumise à la formation de jugement... ce qui ne se faisait jamais.

On note que les parties n'ont point part au choix des experts – lesquels n'ont pas nécessairement à être en nombre impair –, à la différence de ce qui est imposé en matière fiscale, où, lorsqu'il choisit de recourir à trois experts, le juge doit inviter les parties à désigner chacune le sien (art. R. 200-9 du Livre des procédures fiscales), son pouvoir propre de désignation ne réapparaissant, sauf pour le tiers expert, qu'en cas de carence des parties (on signale que, depuis le 1er janvier 1990, la juridiction n'est plus contrainte, en matière fiscale, de choisir entre un et trois experts, non plus que de recourir à ce dernier chiffre si l'une des parties le demande). Pour cette désignation, le président n'est pas lié par le tableau des experts que, sans que ce soit pour lui une obligation, l'article R. 222-5 du code prévoit qu'il établit chaque année « s'il y a lieu ».

L'existence d'une décision de désignation, séparée du jugement ou de l'arrêt prescrivant l'expertise, pose la question de la nature de cette décision, et des voies de recours envisageables contre elle. Il paraît difficile d'y voir une décision administrative, sa portée sur le sort du litige principal étant parfois déterminante. Y voir une décision juridictionnelle soulève la question de savoir si un recours est concevable contre elle, et si par exemple elle doit être motivée. Notre sentiment est que ce type de mesure, juridictionnelle, s'incorpore à la procédure principale et ne peut faire l'objet d'un recours séparé. Réserve doit toutefois être faite du contentieux né de la demande faite au juge de constater l'irrégularité des opérations d'expertise, pour des raisons pouvant tenir, entre autres, à la personne de l'expert désigné : la juridiction saisie d'une telle demande doit y statuer, et sa décision est susceptible d'appel, indépendamment de la procédure de fond (CE 28 juillet 1999, Société Beteralp) : ainsi peut naître un contentieux autonome de la désignation de l'expert.

Il est cependant de tradition que le juge d'appel n'exerce aucun contrôle sur le choix des experts effectué par la juridiction subordonnée (CE 6 février 1981, SA Le Cabinet Trouvin, *Lebon* p. 872 – CE 27 juillet 1984, Ministre du Travail c/ Chauvet, *Lebon* p. 305 – CE 20 mars 1985, Département du Cantal c/ Delmas [**1**] – CE 16 novembre 1991, Specker) encore qu'une décision du 9 février 1962 (Société Les Fonderies modernes, *Lebon* p. 101), à vrai dire isolée, ait paru réserver l'hypothèse d'une erreur manifeste d'appréciation de la compétence de l'expert. Si son caractère juridictionnel est reconnu, cette décision doit alors revêtir la forme d'une ordonnance, et comporter la formule exécutoire prévue à l'article R. 751-1.

Pour autant le président n'est pas totalement libre de son choix, en ce sens que des considérations juridiques l'encadrent, indépendamment des questions de récusation ou d'empêchement mentionnées aux articles R. 621-5 et R. 621-6. En premier lieu ne peut être désignée comme expert une personne frappée d'une incapacité juridique générale. Ainsi des experts tombés en faillite ont été pour cette raison valablement remplacés, car ils n'offraient plus de garanties suffisantes (CE 31 juillet 1948 Payet, *Rec.* p. 380). De même doit-on penser que ne pourrait être désigné un expert qui serait conduit à accomplir des actes que la loi réserve à des personnes habilitées, s'il n'a pas cette habilitation. Ce sera évidemment le cas des expertises médicales, qui ne sauraient être confiées à une personne qui ne serait pas médecin.

Le second alinéa renforce le contrôle des experts par le chef de la juridiction ou, au Conseil d'État, par le président de la section du contentieux. Il met fin à quelques errements qui voyaient, dans certains cas, l'expert désigné s'en remettre à un technicien choisi par lui (le « sapiteur ») du soin de trancher certaines des questions qui lui étaient posées par la juridiction... au risque de ne pouvoir dans ce cas incorporer les honoraires de ce tiers dans ses propres frais (CE 21 avril 1971, Raytchine, *Lebon* p. 297 [**2**]), sauf à pouvoir établir que le recours à ce sapiteur a été « utile à la solution du litige » (CE 21 juin 1985, Espasa, *Lebon* p. 205). Ainsi qu'il ressort de l'article R. 621-5, le sapiteur doit, comme l'expert, faire l'objet d'une « désignation » par le chef de juridiction ou, au Conseil d'État, par le président de la section du contentieux : l'autorisation prévue à l'article R. 621-2 n'est donc pas une autorisation « de principe », mais doit être nominative et communiquée au sapiteur concerné aux fins d'acceptation de sa part (voir art. R. 621-5).

Il conviendra, pour l'application de cet alinéa, de faire le partage entre le « sapiteur », qui effectue une partie de l'expertise et remplace l'expert, sur un ou plusieurs points, et les assistants de l'expert qui peuvent effectuer pour son compte des constatations purement matérielles dont il se réserve de tirer les conclusions (comparer CE 12 janvier 1900, Cossa, *Lebon* p. 31 [**3**] et CE 30 novembre 1938, Kerdraon, *Lebon* p. 895 [**4**]), et qu'il utilise à sa guise.

☐ ***Jurisprudence***

[**1**] Considérant que le département du Cantal conteste que M. Arnaud soit qualifié pour exécuter l'expertise que lui a confiée le président du tribunal administratif de Clermont-Ferrand par l'ordonnance attaquée ;
Considérant qu'il n'appartient pas au juge d'appel de contrôler l'appréciation de la compétence technique de l'expert à laquelle le premier juge, en le désignant, s'est livré...

[**2**] Considérant... que dans le bordereau qu'il a présenté le 20 juillet 1967 au président du tribunal administratif de Caen, le sieur Raytchine a inscrit, au titre de ses débours d'expertise, la somme de 63 115 F représentant le montant des rémunérations versées au sieur Jauson, ingénieur, pour la collaboration qu'il a apportée à ses travaux d'expertise ; que les dispositions de l'article 3 du décret du 28 mars 1921 susvisé, relatives aux dépenses susceptibles d'être incluses dans les débours et frais divers dont les experts peuvent obtenir la taxation, ne permettent pas de faire figurer parmi ces dépenses la rémunération des ingénieurs dont les experts ont demandé à titre personnel le concours ou l'assistance, et qu'il leur appartient de rémunérer sur les honoraires qu'eux-mêmes perçoivent ; que par suite, c'est par une exacte application des dispositions susrappelées des articles 2 et 3 du décret du 28 mars 1921 que le jugement susvisé du tribunal administratif de Caen, en date du 29 octobre 1968, tout en tenant compte, pour déterminer l'étendue du travail personnel ouvrant au requérant droit à des honoraires, du concours que lui a apporté le sieur Jauson, a refusé de taxer, en sus des honoraires du sieur Raytchine, d'autres honoraires que celui-ci aurait réglés au sieur Jauson ;
Considérant qu'il résulte de l'instruction qu'en arrêtant, eu égard à l'importance, à la qualité et à l'utilité de l'ensemble du travail relevant de l'activité du sieur Raytchine, le montant des honoraires dus à ce dernier à la somme de 30 000 F, le jugement attaqué a fait une exacte évaluation de ces honoraires...

[**3**] Considérant qu'il résulte de l'instruction que les experts ont procédé en commun à la visite des lieux et que s'ils ont confié à un surveillant le soin de pratiquer des sondages, et de faire diverses constatations purement matérielles, ils ont examiné ensemble les résultats de ces constatations et ont satisfait ainsi aux prescriptions de l'article 20 de la loi du 22 juillet 1889...

[**4**] Considérant que, par décision avant dire droit du 19 février 1936, la cour régionale avait commis comme expert le médecin-chef de l'hôpital maritime de Brest afin d'examiner le sieur Kerdraon ;
Considérant qu'il est constant qu'en fait le médecin-chef sus-désigné a confié l'examen du requérant à un médecin-chef de clinique de l'hôpital précité et n'a procédé à aucun examen personnel du sieur Kerdraon, se contentant de discuter sous sa responsabilité propre le cas de l'intéressé ;
Considérant que la cour régionale s'étant bornée, pour rejeter la demande du sieur Kerdraon, à entériner dans son arrêt définitif, en date du 6 mai 1936, le rapport d'expertise établi dans les conditions ci-dessus rappelées, le sieur Kerdraon, sans qu'il soit besoin de statuer sur les autres motifs de sa requête, est fondé à demander l'annulation de l'arrêt attaqué...

LE SERMENT DE L'EXPERT

Art. R. 621-3 Le greffier en chef ou, au Conseil d'État, le secrétaire du contentieux notifie dans les dix jours à l'expert ou aux experts la décision qui les commet et fixe l'objet de leur mission. Il annexe à celle-ci la formule du serment que le ou les experts prêteront par écrit et déposeront au greffe dans les trois jours pour être joint au dossier de l'affaire.

■ Textes sources

– Code des TA et des CAA, article R. 160.

■ Commentaires

Il est admis que le renvoi par l'expert de sa prestation de serment signée vaut de sa part acceptation de sa mission. Cette règle devrait valoir également pour le sapiteur.

Les énonciations du rapport ne faisant foi que jusqu'à preuve contraire, le serment n'ajoute guère à la procédure, son absence n'étant d'ailleurs pas un vice rédhibitoire (CE 12 mars 1890, Bureau, *Lebon* p. 279).

Le texte, nouveau en ce qui concerne le Conseil d'État (comme l'ensemble de ce chapitre), reprend les solutions jurisprudentiellement adoptées (CE sect. 2 février 1968, Ville de Lille, *Lebon* p. 89 – CE 6 mai 1983 Ministre de l'Éducation nationale c/ Cidrac).

LE REMPLACEMENT DE L'EXPERT

Art. R. 621-4 Dans le cas où un expert n'accepte pas la mission qui lui a été confiée, il en est désigné un autre à sa place.

L'expert qui, après avoir accepté sa mission, ne la remplit pas et celui qui ne dépose pas son rapport dans le délai fixé par la décision peuvent, après avoir été entendus par le tribunal, être condamnés à tous les frais frustratoires et à des dommages-intérêts. L'expert est en outre remplacé, s'il y a lieu.

■ Textes sources

– Code des TA et des CAA, article R. 161.

■ Commentaires

Il découle de ces dispositions que le juge doit vérifier que la mission est remplie, notamment lorsque le rapport d'expertise est déposé : ce rapport doit contenir les réponses aux questions posées par la mission. Le juge du référé doit notamment effectuer cette vérification et user, le cas échéant, de la possibilité de remplacement (CAA Lyon, 14 janvier 1993, Société Tennis-Eurocourt).

Il faut distinguer le remplacement de l'expert, qui est prononcé d'office par le président de la juridiction – sans doute après mise en demeure –, de sa condamnation « à tous les frais frustratoires et à des dommages-intérêts », laquelle suppose que le juge soit saisi de conclusions à cette fin. On ne concevrait pas en effet que le juge s'autosaisisse, ce qui serait contraire à toute notre tradition juridictionnelle. Une telle condamnation, qui sous-entend que l'expert soit « entendu par le tribunal » (et, faut-il penser, par la cour ou le Conseil d'État), ne peut pour cette raison être prononcée par l'autorité qui procède au remplacement.

Les conclusions aux fins de condamnation doivent être regardées comme ouvrant un nouveau litige entre la partie concernée et l'expert, litige dont on peut d'ailleurs se demander s'il relève du juge administratif, comme le texte l'admet implicitement. La qualité de personne privée de l'expert pourrait en effet conduire à orienter un tel litige vers le juge judiciaire ; mais sa qualité de collaborateur du service public (CE sect. 26 février 1971, Aragon, *Lebon* p. 172 [**1**]) et le caractère accessoire d'un tel litige par rapport à l'affaire pendante devant le juge administratif inclinent à penser que ce dernier est compétent. Les conclusions en cause suivent ainsi le sort des conclusions reconventionnelles qui relèvent en principe du juge compétent sur le litige principal, nonobstant les règles générales de compétence.

On n'a point trouvé de précédent d'une semblable action, qui peut soulever des problèmes redondants de compétence si l'incident se produit en appel sauf, comme on vient de le suggérer, à tenir le litige pour « reconventionnel ».

Il paraît possible de se référer à la solution adoptée en matière d'action en désaveu d'avocat, le Conseil d'État jugeant que l'action en indemnité contre l'avocat relève de la compétence de la juridiction saisie de l'instance à l'occasion de laquelle les fautes alléguées auraient été commises (CE sect. 14 mars 1958, Jolivot, *Lebon* p. 167), et d'adopter le même principe en cas d'action en indemnité dirigée contre l'expert.

On note que l'expert remplacé est irrecevable à discuter ce remplacement (CE 10 janvier 1923, Chervet, *Lebon* p. 19 [**2**]), et a la possibilité d'obtenir des honoraires pour la partie du travail qu'il a accomplie, si elle a été utile (CE Chervet, précité) ; on peut estimer que, lors de leur taxation, le juge tiendra compte du trouble apporté au déroulement de l'instance par le comportement de l'expert qu'il a fallu remplacer.

Le juge d'appel n'apprécie pas l'opportunité du remplacement (CAA Lyon, 25 septembre 1991, Marcuccini [**3**]).

□ ***Jurisprudence***

[**1**] Considérant qu'aux termes du premier alinéa de l'article 62 de la loi du 22 juillet 1889 : « Toute partie qui succombe est condamnée aux dépens » ; que les dépens comprennent, en vertu de l'article 64 de la même loi, notamment les frais d'expertise ; qu'il résulte des termes mêmes de ces dispositions que, sous réserve de l'application par le tribunal administratif, au plus tard dans son jugement mettant fin au litige principal, des dispositions du 2e alinéa de ce même article 62 qui permettent au tribunal de compenser les dépens en tout ou en partie en raison des circonstances de l'affaire, l'expert ne peut obtenir le paiement de ses honoraires que de la partie qui a succombé ; Considérant toutefois, que dans le cas où cette partie est insolvable, l'expert subit, pour avoir participé au fonctionnement du service public de la justice administrative, un préjudice qui résulte de l'impossibilité où il se trouve d'obtenir le paiement de ses honoraires ; que, lorsque l'expert, malgré ses diligences, n'a pu obtenir ce paiement de la partie que le tribunal a condamnée à supporter les dépens, l'État, responsable du fonctionnement du service public de la justice administrative, doit se substituer au débiteur principal des dépens pour le paiement de ces honoraires et supporter à titre subsidiaire la charge de l'insolvabilité de ce débiteur...

[**2**] Considérant que le sieur Chervet, qui avait été chargé de procéder à une expertise sur des réclamations du sieur Ythier relatives au décompte des travaux d'enlèvement des vases, fumiers et détritus provenant des bassins de dégrossissage de l'usine de Clichy et des dérivations de Saint-Ouen, et à qui ce mandat d'expert a été retiré par le conseil de préfecture de la Seine, n'a pas qualité pour discuter cette mesure et demander à rester chargé de l'expertise qui lui avait été confiée ; que, dès lors, sa requête tendant à l'annulation de l'arrêté dudit conseil, en date du 30 juin 1919, rejetant son opposition contre l'arrêté du même conseil, en date du 24 janvier 1919, doit être rejetée comme non recevable ; que la présente décision ne saurait, d'ailleurs, faire obstacle à ce que le conseil de préfecture de la Seine statue ultérieurement, en vertu des dispositions de l'article 23 de la loi du 22 avril 1889, sur la liquidation des honoraires réclamés par le sieur Chervet pour le travail effectué par lui avant son remplacement comme expert du sieur Ythier, tels que lesdits honoraires auraient été taxés par son président...

[**3**] Considérant, en second lieu, qu'aux termes de l'article R. 120 du Code des tribunaux administratifs alors applicable, auquel renvoie l'article R. 200-8 du Livre des procédures fiscales alors en vigueur : « L'expert qui, après avoir accepté sa mission, ne la remplit pas, et celui qui ne dépose pas son rapport dans le délai fixé par le tribunal administratif peuvent être condamnés à tous les frais frustratoires, et même à des dommages-intérêts. L'expert est en outre remplacé s'il y a lieu » ; qu'il n'appartient pas au juge d'appel de se prononcer, à la demande de l'une des parties à l'instance, sur l'opportunité du remplacement de l'expert désigné en première instance ; que, par suite, M. et Mme Marcuccini ne peuvent utilement critiquer la décision prise par le tribunal administratif de procéder, sur le fondement des dispositions précitées, au remplacement de l'expert précédemment désigné...

L'EMPÊCHEMENT DE L'EXPERT

Art. R. 621-5 Les personnes qui ont eu à connaître de l'affaire à un titre quelconque sont tenues, avant d'accepter d'être désignées comme expert ou comme sapiteur, de le faire connaître à la juridiction, qui apprécie s'il y a empêchement.

■ Textes sources

– Code des TA et des CAA, article R. 162.

■ Commentaires

L'incapacité édictée par l'article R. 621-5, qui doit être distinguée de la récusation (CE 12 janvier 1962, Commune de Mauriac, *Lebon* p. 25 [**1**] – CE 13 mars 1987, Grésy, *D.* 1987, somm. p. 438), concerne non plus seulement les fonctionnaires comme le prévoyait l'ancien texte, mais toute personne, extension que le Conseil d'État avait prétoriennement déjà effectuée (CE sect. 2 février 1968, Ville de Lille, *Lebon* p. 89), y voyant une « règle générale de procédure applicable devant les juridictions administratives ». Cette incapacité, si elle est reconnue – ce qui ne nécessite aucune procédure spéciale, à la différence de la récusation –, vicie l'expertise.

On notera qu'un expert précédemment désigné par voie juridictionnelle sur la même affaire n'est pas regardé comme ayant eu à en connaître : il n'est donc ni récusable ni incapable (CE 18 décembre 1908, Le Beschu de Champsavin, *Lebon* p. 1 074 [**2**]).

Le texte introduit, ce qui est nouveau, une obligation pour l'expert ou le sapiteur de faire connaître à la juridiction son empêchement éventuel, voire ses doutes quant à l'existence d'un tel empêchement. On peut estimer qu'un manquement à cette obligation pourrait entraîner les sanctions – y compris pécuniaires – prévues par l'article R. 621-4. Cette obligation, en ce qu'elle s'étend au sapiteur, implique que ce dernier est également « désigné » par le chef de juridiction, ce qui ne ressort pas avec évidence de l'article R. 621-2.

Par ailleurs, le texte paraît réserver à la juridiction (et non à son président) le soin de se prononcer sur l'empêchement, quitte à ce que, en cas de constat d'un tel empêchement, le président soit saisi du dossier aux fins de désignation d'un nouvel expert ou sapiteur, conformément à l'article R. 621-2. On aurait pu souhaiter que le président soit habilité à constater l'empêchement puisque aussi bien, en désignant l'expert, il se prononce implicitement sur la portée des éventuelles causes d'empêchement qui ont pu venir à sa connaissance. Le texte complique, à notre sens inutilement, une procédure qui avait heureusement été simplifiée par la compétence donnée au président en matière de désignation des experts.

La demande d'empêchement, si elle est formée par une partie, peut donner lieu à un litige distinct, tendant à ce que le juge constate l'irrégularité des opérations d'expertise, et ordonne s'il y a lieu une nouvelle expertise, litige qui conserve son objet alors même que le rapport est déposé, et tant que le juge du fond n'a pas statué sur le litige principal par décision passée en force de chose jugée (CE 28 juillet 1999, Société Beteralp).

□ ***Jurisprudence***

[**1**] Considérant qu'aux termes du 1er alinéa de l'article 17 de la loi du 22 juillet 1889, « les fonctionnaires qui ont exprimé une opinion dans l'affaire litigieuse ou qui ont pris part aux travaux qui donnent lieu à une réclamation ne peuvent être désignés comme experts » ; qu'il résulte des termes de cette disposition qu'elle institue une incapacité d'être expert distincte des cas de récusation prévus aux 2e et 3e alinéas dudit article ; que le délai dans lequel doit être proposée la récusation n'est pas applicable aux contestations portant sur ladite incapacité...

[**2**] Considérant que le sieur Besson s'est borné à donner son avis sur la question de fait en litige entre l'administration et le sieur Le Beschu de Champsavin en qualité d'expert nommé par le conseil de préfecture ; que, dès lors, le sieur Besson ne se trouve dans aucun des cas, dans lesquels l'article 283 du Nouveau Code de procédure civile, rendu applicable aux instances portées devant les conseils de préfecture par la loi du 22 juillet 1889, permet de reprocher les experts...

LA RÉCUSATION DE L'EXPERT

Art. R. 621-6 Les experts ou sapiteurs mentionnés à l'article R. 621-2 peuvent être récusés pour les mêmes causes que les juges. S'il s'agit d'une personne morale, la récusation peut viser tant la personne morale elle-même que la ou les personnes physiques qui assurent en son nom l'exécution de la mesure. La partie qui entend récuser l'expert ou le sapiteur doit le faire avant le début des opérations ou dès la révélation de la cause de la récusation. Si l'expert ou le sapiteur s'estime récusable, il doit immédiatement le déclarer au juge qui l'a commis.

■ Textes sources

– Code des TA et des CAA, article R. 163.

■ Commentaires

Les causes de récusation sont celles qui sont traitées aux articles 339, 341 à 347 et 354 du Nouveau Code de procédure civile. La liste en est énonciative, non limitative (CE 18 décembre 1908, Le Beschu de Champsavin, solution implicite). La cause de récusation qui pourrait atteindre le sapiteur qu'a proposé l'expert ne s'étend pas à l'expert lui-même, dès lors que ce sapiteur a renoncé de lui-même à exercer ses fonctions (CAA Nantes, 9 janvier 1991, Port autonome de Nantes, *Lebon* p. 567).

La cause de récusation peut n'être qu'indirecte : ainsi est à bon droit récusé dans un litige opposant une commune à son entrepreneur un architecte ayant dressé les plans, rédigé les devis et le décompte définitif des travaux, car « il peut naître des questions dont la solution aurait pour effet d'engager la responsabilité personnelle de l'architecte envers la commune ou l'entrepreneur » (CE 20 janvier 1865, Moreau, *Lebon* p. 82).

Il n'y a pas de délai pour présenter une demande de récusation, puisque cette dernière peut être présentée « dès la révélation de la cause de la récusation ». Même si le texte ne fixe aucun délai précis à compter de cette révélation, il implique une diligence certaine. Ne répond pas à cette exigence la demande formée vingt-neuf jours après la révélation (CAA Lyon, 26 juillet 1990, Cazacu). Est également tardive la demande de récusation formée trois mois après la révélation de sa cause (CE 28 juillet 1999, Société Beteralp, décision rendue dans une affaire dans laquelle la cause invoquée avait été révélée par le rapport d'expertise lui-même).

C'est devant la juridiction ayant commis l'expert que doit être opposée la récusation, précise le texte, qu'il faut harmoniser avec l'article R. 621-2 qui confie désormais le soin de nommer l'expert au président de la juridiction : peut-on estimer que c'est à cette autorité que doit être présentée une demande de récusation ? Ce n'est pas notre avis, une telle demande soulevant un litige et appelant un arbitrage entre prétentions, qui peuvent être contraires, des parties. C'est donc à notre sens à la juridiction qui a ordonné l'expertise que doit être présentée la demande de récusation, le dossier, si la récusation est prononcée, revenant ensuite au président pour désignation d'un nouvel expert (voir ci-dessus nos observations sous l'art. R. 621-5 concernant les incapacités). C'est ainsi que s'est prononcé le Conseil d'État (CE 28 juillet 1999, Société Beteralp, n° 185390), jugeant que « la décision rendue par la juridiction saisie d'une demande de récusation d'un expert est susceptible d'être contestée devant le juge d'appel », la décision de ce dernier relevant du juge de cassation.

Il est à noter que l'achèvement des opérations d'expertise ne rend pas sans objet la procédure de récusation, qui peut aller jusqu'à son terme, sauf toutefois si la décision rendue au fond au vu du rapport d'expertise est passée en force de chose jugée (même arrêt).

Le texte distingue au surplus avec soin la demande de récusation émanant des parties, qui doit être effectuée « devant la juridiction », de la déclaration de l'expert qui s'estime récusable et qui s'effectue devant « le juge qui l'a commis », c'est-à-dire cette fois le président de la juridiction (ou le juge des référés, ou, devant le Conseil d'État, le président de la section du contentieux). Dans le premier cas, il y a ou il peut y avoir litige, dans le second, il y a, ou peu s'en faut, enregistrement d'une déclaration dont on tire les conséquences. La distinction ainsi apportée souligne de plus fort l'anomalie singulière de l'article R. 621-5 qui réserve à la juridiction le soin d'apprécier, sur déclaration de l'expert, s'il y a empêchement.

En cas de référé, la décision Beteralp précitée du 28 juillet 1999 donne à penser que, même si l'expert a été désigné en référé, c'est à la formation collégiale qu'il appartient de se prononcer sur une demande de récusation. Ce n'est pas dans ce sens que s'était prononcée la cour administrative d'appel de Bordeaux (CAA Bordeaux, 29 juillet 1993, SA Felguera Gruas y Almacenaje).

Du fait que la demande de récusation doit être présentée à la juridiction saisie du principal, il s'ensuit que le moyen tiré de ce que l'expert aurait pu être récusé n'est pas recevable s'il est présenté pour la première fois en appel (CE 10 mai 1957, Sous-secrétaire d'État à la Marine marchande, *Lebon* p. 306, *AJDA* 1957, II, p. 246 [**1**]).

L'expert n'est pas partie au litige né de la demande de récusation et se trouve sans qualité pour faire appel de la décision rendue (solution identique en cas de remplacement, CE 10 janvier 1923, Chervet, *Lebon* p. 19 [**2**]).

Pour la même raison il ne peut ni faire l'objet d'une demande de condamnation aux frais irrépétibles au titre de l'article L. 761-1, ni en obtenir (CAA Nantes, 9 octobre 1991, Port autonome de Nantes-Saint-Nazaire, *Lebon* p. 567).

□ ***Jurisprudence***

[**1**] Considérant que le sous-secrétaire d'État à la Marine marchande, qui n'a pas en première instance exercé le droit de récusation prévu par l'article 17 de la loi du 22 juillet 1889 à l'encontre de l'expert Le Hersant, n'est pas recevable à soutenir devant le Conseil d'État que la désignation dudit expert entacherait d'irrégularité l'ordonnance attaquée...

[**2**] Voir plus haut le texte de cet arrêt, sous article R. 621-4.

SECTION 2 *Opérations d'expertise*

LES OPÉRATIONS D'EXPERTISE

Art. R. 621-7 Les parties sont averties par le ou les experts des jours et heures auxquels il sera procédé à l'expertise ; cet avis leur est adressé quatre jours au moins à l'avance, par lettre recommandée.

Les observations faites par les parties, dans le cours des opérations, sont consignées dans le rapport.

Devant les tribunaux administratifs de Mamoudzou, de Papeete et de Nouvelle-Calédonie, le président du tribunal fixe par ordonnance les délais dans lesquels les parties doivent être averties ainsi que les moyens par lesquels cet avis est porté à leur connaissance.

■ Textes sources

– Code des TA et des CAA, article R. 164.

■ Commentaires

L'expert a la maîtrise de la date de ses opérations. On notera la disparition, en matière fiscale, d'une disposition ancienne qui confiait au président du tribunal administratif le soin d'arrêter le jour et l'heure du début des opérations d'expertise (voir décret du 22 décembre 1989).

Ces dernières doivent être contradictoires, ou plus précisément les parties doivent avoir la possibilité d'y assister, le juge examinant le cas échéant la légitimité des objections faites par une partie à une date de réunion (CE 23 novembre 1908, Manse, *Lebon* p. 950 [**1**]). On note que cette règle ne vaut que pour les expertises juridictionnelles : n'y sont donc pas soumises les expertises ordonnées par les autorités administratives (CE 13 novembre 1996, Lagarde).

Sera régulière l'expertise à laquelle ont assisté les parties, même non convoquées, ou effectuée en l'absence des parties dûment convoquées, ou non valablement excusées, la solidarité de certaines parties autorisant même leur représentation mutuelle (CE sect. 9 janvier 1976, Société Caillol, *Lebon* p. 19 [**2**]).

Encore doit-il être précisé qu'un échange d'informations ultérieur peut couvrir une irrégularité (CE 10 octobre 1975, Privat, *Lebon* p. 1 202). Et l'objection tirée de l'irrégularité touchant au défaut de caractère contradictoire doit avoir été opposée devant les premiers juges ; présentée pour la première fois en appel, elle n'est pas recevable (CE 13 avril 1935, Weil, *Lebon* p. 523 [**3**]).

La façon de combiner secret médical et caractère contradictoire de l'expertise a été fixée par arrêts des 5 juillet 1939 (Commune de Saint-Étienne-de-Lugdares, *Lebon* p. 456) et 13 avril 1945 (Ville de Saint-Étienne, *Lebon* p. 75) : l'examen du patient s'effectue hors présence des parties, sauf si elles sont représentées par un docteur en médecine ; les parties (et notamment la personne examinée) n'ont d'ailleurs pas à être informées de la possibilité de se faire ainsi représenter (CE 28 janvier 1983, Filleul) mais elles doivent être averties du résultat de la consultation et mises à même de présenter leurs observations à l'expert (voir également CE 23 septembre 1988, Lapeyre [**4**]).

S'agissant de l'obligation dans laquelle l'expert se trouve de mentionner les observations des parties, elle ne s'applique pas seulement aux documents écrits, mais s'étend aux observations orales (CE 24 février 1995, Stihle).

Il est enfin bien connu qu'une expertise reconnue irrégulière pour n'avoir pas été contradictoire n'en demeure pas moins une pièce du dossier, soumise à la critique des parties, et utilisable en tant que telle par le juge (CE 18 mars 1988, Adnane [**5**]). Cette règle vaut d'ailleurs pour toutes les irrégularités qui entachent l'accomplissement de la mission d'expertise (CE 29 novembre 2000, Commune des Ulis [**6**]). C'est dire qu'il est sans intérêt pour les justiciables de se prévaloir de l'irrégularité de l'expertise s'ils ne soutiennent pas dans le même temps, arguments à l'appui, que cette irrégularité en a affecté le contenu. Le juge administratif ne fait pas refaire une expertise pour le seul motif qu'elle a été irrégulière.

□ ***Jurisprudence***

[**1**] Considérant qu'il résulte de l'instruction que l'expertise ordonnée sur la demande de la dame Manse avait été fixée au 17 novembre 1906 ; que le sieur Darlat, désigné comme expert par la requérante en remplacement du sieur Gilbert Villard qui avait donné sa démission le 12 novembre, avait prévenu en temps utile l'administration que son état de santé ne lui permettait pas d'être présent au jour désigné pour les opérations d'expertise, et avait produit un certificat médical à l'appui de sa demande de remise ; que, dans ces circonstances, les opérations, auxquelles il a été procédé en l'absence de cet expert, n'ont pas eu le caractère contradictoire exigé par la loi...

[**2**] Considérant qu'en s'engageant dans les termes rappelés ci-dessus, les entreprises cocontractantes étaient censées s'être donné mandat mutuel de se représenter ; qu'ainsi, en introduisant devant le tribunal administratif pour deux ensembles de bâtiments, dans le délai de la garantie décennale, une demande à fins de dommages-intérêts contre l'une des trois entreprises groupées, l'Office interrompait à son profit la prescription décennale contre les autres entreprises contractantes ; que le moyen tiré par les requêtes de la tardiveté de la demande devant le tribunal administratif pour les entreprises citées après l'expiration du délai de la garantie décennale, ne saurait être accueilli ; que, pour les mêmes motifs, les opérations des expertises au vu desquelles a statué le tribunal administratif, quand bien même elles se seraient déroulées en présence de l'une seulement des entreprises de ce groupement étaient opposables à toutes les entreprises du groupement ; que, dès lors, le moyen tiré de ce que les jugements attaqués ont été rendus sur une procédure irrégulière doit être rejeté...

[**3**] Considérant que, s'il n'est pas justifié que les parties aient été convoquées pour assister aux opérations de ladite expertise, il ressort des pièces versées au dossier que les requérants n'ont, ni après la communication qui leur a été faite des rapports, ni à l'audience, déposé des conclusions tendant à l'annulation de cette mesure d'instruction ; que, dès lors, ils ne sont pas recevables à soutenir devant le Conseil d'État que l'expertise dont s'agit n'a pas eu le caractère contradictoire prévu par la loi du 22 juillet 1889 et à demander, pour ce motif, l'annulation des arrêtés attaqués...

[**4**] Considérant que les experts commis en exécution du jugement du tribunal administratif de Toulouse en date du 24 janvier 1984 ayant procédé à l'examen médical de Mme Lapeyre après l'avoir régulièrement convoquée, le rapport qu'ils ont déposé le 23 juillet 1985 avait un caractère contradictoire en tant qu'il décrit l'état de santé de la requérante et conclut qu'à la date de cet examen, celle-ci ne conservait aucune séquelle de l'accident dont elle a été victime le 24 novembre 1978 lors de l'artériographie cérébrale qu'elle a subie au centre hospitalier régional de Toulouse ;

qu'en revanche, les experts ont omis de convoquer Mme Lapeyre ou le médecin de son choix, pour l'examen des pièces médicales de son dossier, auquel ils ont procédé le 25 mai 1985 après réception du dossier produit par l'hôpital et ne lui ont pas communiqué le résultat de leurs investigations ; qu'ainsi cette seconde expertise n'a pas revêtu un caractère contradictoire...

[**5**] Considérant que l'expert chargé par la décision susmentionnée du Conseil d'État en date du 20 juin 1984 d'examiner le jeune Djamel Adnane a procédé à cet examen médical sans que l'établissement national des convalescents de Saint-Maurice-du-Vésinet en ait été préalablement avisé, privant ainsi cet établissement de la faculté de présenter des observations dans le cours des opérations d'expertise ; que, dans ces conditions, ces opérations sont irrégulières ; que, toutefois, cette irrégularité ne fait pas obstacle à ce que le rapport d'expertise soit retenu à titre d'élément d'information et à ce que, l'établissement défendeur, ayant pu présenter ses observations au cours de la procédure écrite qui a suivi le dépôt du rapport d'expertise, et le Conseil d'État disposant maintenant des éléments d'informations nécessaires à la solution du litige, il soit statué au fond sans qu'il soit besoin de recourir à une expertise...

[**6**] Considérant que la circonstance qu'un rapport d'expertise traite de questions dépassant le cadre de la mission impartie à l'expert, si elle est de nature à entacher d'irrégularité l'expertise, ne fait toutefois pas obstacle à ce que ce rapport soit retenu à titre d'information par le juge administratif, dès lors que ce rapport a été versé au dossier et soumis, de ce fait, au débat contradictoire des parties...

LES OPÉRATIONS ET LE RAPPORT D'EXPERTISE EN CAS DE PLURALITÉ D'EXPERTS

Art. R. 621-8 S'il y a plusieurs experts, ils procèdent ensemble aux opérations d'expertise et dressent un seul rapport. S'ils ne peuvent parvenir à la rédaction de conclusions communes, le rapport comporte l'avis motivé de chacun d'eux.

■ Textes sources

– Code des TA et des CAA, article R. 165.

■ Commentaires

Cet article précise qu'en cas de pluralité d'experts, l'unanimité de façade n'est pas l'objectif recherché : les opinions dissidentes doivent être mentionnées.

La formule selon laquelle les experts « procèdent ensemble aux opérations d'expertise » n'exclut pas que certaines tâches soient confiées à l'un d'eux seulement. Mais il importe alors qu'il rende compte à ses confrères du résultat de ses propres investigations, et qu'une discussion commune ait lieu (CE 30 mars 1900, Lachenaud, *Lebon* p. 257 – CE 21 juin 1933, Préfet de la Charente Inférieure, *Lebon* p. 667 – CE 15 mai 1936 Macquart, *Lebon* p. 553).

SECTION 3 *Rapport d'expertise*

LE RAPPORT D'EXPERTISE

Art. R. 621-9 Le rapport est déposé au greffe. Il est accompagné d'un nombre de copies égal à celui des parties en litige ayant un intérêt distinct, augmenté de deux.

Le rapport est notifié, en copie, aux parties intéressées. Elles sont invitées à fournir leurs observations dans le délai d'un mois ; une prorogation de délai peut être accordée.

■ **Textes sources**

– Code des TA et des CAA, article R. 166.

■ **Commentaires**

Si l'on compte bien, le greffe se trouvera détenir trois rapports en sus du nombre des parties.

Le second alinéa révèle clairement que l'instruction ne recommence pas après le dépôt du rapport : aucune mise en demeure de produire des observations n'est prévue par le texte, ni même de rappel. On se souvient toutefois que le tribunal a l'obligation d'inviter le demandeur à chiffrer sa demande après l'expertise, s'il ne l'a pas fait avant (CE sect. 6 janvier 1989, Guerrault, *Lebon* p. 1 ; voir le texte de cet arrêt sous l'article R. 621-1 – CAA Lyon, 26 juillet 1990, Bassanelli).

Toutefois, une partie ayant chiffré son préjudice avant expertise tout en se réservant de parfaire ses conclusions au vu d'un rapport d'expertise à venir n'a pas à être spécialement invitée à les compléter après dépôt du rapport (CAA Lyon, 25 avril 1991, Commune de La Garde).

LA COMPARUTION PERSONNELLE DE L'EXPERT

Art. R. 621-10 La juridiction peut décider que le ou les experts se présenteront devant la formation de jugement ou l'un de ses membres, les parties dûment convoquées, pour fournir toutes explications complémentaires utiles.

■ **Textes sources**

– Code des TA et des CAA, article R. 167.

SECTION 4 Frais d'expertise

Les honoraires de l'expert

Art. R. 621-11 Les experts et sapiteurs mentionnés à l'article R. 621-2 ont droit à des honoraires, sans préjudice du remboursement des frais et débours.

Ils joignent à leur rapport un état de leurs vacations, frais et débours.

Dans les honoraires sont comprises toutes sommes allouées pour étude du dossier, frais de mise au net du rapport, dépôt du rapport et, d'une manière générale, tout travail personnellement fourni par l'expert ou le sapiteur et toute démarche faite par lui en vue de l'accomplissement de sa mission.

Le président de la juridiction, après consultation du président de la formation de jugement, ou, au Conseil d'État, le président de la section du contentieux fixe par ordonnance, conformément aux dispositions de l'article R. 761-4, les honoraires en tenant compte des difficultés des opérations, de l'importance, de l'utilité et de la nature du travail fourni par l'expert ou le sapiteur. Il arrête sur justificatifs le montant des frais et débours qui seront remboursés à l'expert.

■ Textes sources

– Code des TA et des CAA, article R. 168.

■ Commentaires

Le contenu des honoraires et frais a été simplifié : les frais de déplacement, par exemple, ne sont plus calqués sur les barèmes de la fonction publique.

Depuis le 1er janvier 1983, les honoraires sont assujettis à la TVA (art. 13-1 de la loi n° 82-1126 du 29 décembre 1982) : CE 21 juin, 1985 Espasa, *Lebon* p. 205.

L'expert a droit à des intérêts sur sa note d'honoraires, et à leur capitalisation (CE 9 novembre 1910, Parent, *Lebon* p. 756), ces intérêts courant du dépôt de la note d'honoraires (CE 4 juillet 1986, Chabosson [**1**]).

Si une décision Espasa du 21 juin 1985 (*Lebon* p. 205 [**2**]) a retenu pour le départ des intérêts la date de dépôt du rapport au greffe, il est permis de penser que ce fut en raison de la simultanéité du dépôt du rapport et de la note d'honoraires, et qu'en cas de divergence sensible entre ces deux dates, seule devrait être retenue celle du dépôt de la note d'honoraires, elle seule pouvant être regardée comme une « sommation de payer ». Encore faut-il, selon une règle constante, que ces intérêts soient réclamés.

Les honoraires doivent tenir compte « des difficultés des opérations, de l'importance, de l'utilité et de la nature du travail fourni ». Par application de ces règles, ont été rejetés des honoraires correspondant à des développements inutiles ou hors mission (CE 10 décembre 1897, Bellom, *Lebon* p. 776 – CE 24 mars 1989, Hours, *Lebon* p. 862), ou à un travail inutile, lacunaire et imprécis (CE 12 juin 1991, Commune de Blumerey). Il y notamment lieu d'apprécier l'utilité des opérations lorsque l'expert a entaché d'irrégularité certaines de ces opérations, le juge mesurant alors l'utilité des seuls éléments non atteints par cette irrégularité (CAA Lyon, 16 septembre 1996, Zimmerly, *Lebon* p. 603). De même ne sera pas honoré le travail complémentaire rendu nécessaire par les insuffisances du rapport initial (CE 12 décembre 1975, Société Vercelotti, *Lebon* p. 1 202).

On notera que la compétence du président de la juridiction ou du président de la section du contentieux s'exerce désormais après consultation du président de la formation de jugement.

Lorsque l'expertise a été ordonnée dans le cadre d'un référé ou d'un constat d'urgence, le président de la juridiction doit consulter le juge des référés avant de taxer les frais et honoraires de l'expert (voir art. R. 761-4). Son ordonnance obéit d'autre part aux dispositions de l'article R. 621-13.

Le président n'est pas lié par un accord des parties sur le montant des honoraires (CE 11 juillet 1991, Pisseau [**3**]).

L'ordonnance de taxe est un acte administratif, et non juridictionnel (CE sect. 17 juin 1983, Lassallette, *Lebon* p. 260, concl. Verny, solution implicite), qui ne doit donc pas être revêtu de la formule exécutoire, non plus que prononcé « au nom du peuple français ». L'abandon ainsi opéré de la jurisprudence Dieppedale (CE 19 juin 1970, *Lebon* p. 415), abandon dont on précisera certains effets procéduraux lors de l'examen de l'article R. 761-5, doit conduire, en toute logique, à estimer applicables à cette ordonnance les dispositions de l'article R. 421-5 ci-dessus, rendant opposables les seuls délais de recours mentionnés lors de la notification d'une décision administrative (en ce sens, TA Versailles 23 mai 1986, Lahouel, *AJDA* 1986, p. 718 [**4**]).

Cet acte étant administratif, il ne peut faire l'objet de la rectification prévue par l'article R. 741-11 (CE 4 mars 1998, Longo), mais de la seule contestation devant le tribunal prévue à l'article R. 761-5.

De ce que l'ordonnance constitue une mesure administrative il s'ensuit que l'expert ne peut demander au juge administratif de prononcer une astreinte en vue de pourvoir à son exécution (CE 10 avril 1996, Le Nestour [**5**]).

Jugé que l'ordonnance de taxe n'a pas à être motivée, lors même qu'elle fixe les frais et honoraires à un montant inférieur à ce que réclamé par l'expert (CAA Nantes, 10 janvier 1996, Monne) : aucune disposition de la loi du 11 juillet 1979 n'impose en effet cette motivation.

□ ***Jurisprudence***

[**1**] Considérant enfin que M. Chabosson a droit à ce que la somme susmentionnée de 8 634 F TTC porte intérêts à compter du 2 juillet 1984, date à laquelle son mémoire de frais et honoraires

a été enregistré au greffe du tribunal administratif, dans la mesure où il n'a pas encore reçu paiement de ladite somme...

[**2**] Considérant que M. Bonnier a droit aux intérêts au taux légal de ladite somme de 19 000 F, dans la mesure où il n'en a pas encore reçu paiement, à compter du 30 janvier 1981, date du dépôt de son rapport au greffe du tribunal administratif de Nice...

[**3**] Considérant que M. Pisseau a été désigné, par une ordonnance de référé du président du tribunal administratif de Paris en date du 15 juin 1982, en qualité d'expert dans un litige opposant l'Office public d'habitations à loyer modéré de Saint-Ouen à M. Kopp et autres ; que les parties en cause, étant parvenues à un arrangement amiable, se sont mises d'accord pour allouer à M. Pisseau des honoraires et frais s'élevant à la somme de 115 454 F, laquelle a été versée à l'intéressé ; que par ordonnance du 19 septembre 1984, prise en application des dispositions précitées du Code des tribunaux administratifs, le président du tribunal administratif de Paris a ramené cette somme à 89 246,50 F ;
Considérant que le président du tribunal administratif de Paris a pu légalement, nonobstant l'accord des parties sur le montant des honoraires demandés par l'expert, procéder à cette réduction dès lors que les opérations d'expertise avaient excédé la mission assignée par l'ordonnance de référé susvisée...

[**4**] Considérant qu'aux termes de l'article 135 du Code des tribunaux administratifs, « les experts ou les parties peuvent, dans le délai de huit jours à partir de la notification qui leur est faite de l'ordonnance du président, contester la liquidation et la taxe des frais d'expertise devant le tribunal administratif statuant en chambre du conseil » ;
Considérant que M. et Mme Lahouel reconnaissent dans leur mémoire introductif d'instance, enregistré le 27 janvier 1986, avoir reçu le 23 janvier 1986 l'ordonnance contestée de liquidation de taxe, datée du 15 janvier 1986 ; que la notification de cette ordonnance précisait les délais et les modalités de recours propres à ce type de contestation ; qu'ainsi le délai de huit jours imposé par l'article 135 précité a commencé à courir à compter du 23 janvier 1986 et a expiré le 1er février 1986 ; que, si les requérants ont formé opposition à l'ordonnance litigieuse le 27 janvier 1986, ils n'ont formulé aucun moyen de droit à l'appui de leur requête avant leur mémoire enregistré le 4 février 1986 ; qu'ainsi les moyens présentés au soutien de la requête ayant été formés hors du délai de recours contentieux ne peuvent être accueillis...

[**5**] Considérant que par ordonnances des 22 avril 1993 et 12 juillet 1993, le président du tribunal administratif de Papeete a ordonné que les frais et honoraires dus à M. Le Nestour à raison des opérations d'expertise qu'il avait réalisées soient liquidés et taxés à la somme respectivement de 112 658 FCFP et de 138 950 FCFP ;
Considérant, d'une part, que M. Le Nestour a saisi le Conseil d'État pour qu'il prononce des astreintes en vue d'assurer l'exécution de ces deux ordonnances ;
Considérant que seule l'inexécution d'une décision rendue par une juridiction administrative est susceptible de fonder la condamnation de l'État à l'astreinte prévue par l'article 1 de la loi susvisée du 16 juillet 1980 modifiée ; que, par suite, les conclusions aux fins d'astreinte contre une ordonnance d'un président de tribunal administratif liquidant et taxant des frais d'expertise, qui est une décision administrative, ne peuvent qu'être rejetées...

L'ALLOCATION PROVISIONNELLE

Art. R. 621-12 Le président de la juridiction, après consultation du président de la formation de jugement, ou, au Conseil d'État, le président de la section du contentieux peut, soit au début de l'expertise, si la durée ou l'importance des opérations paraît le comporter, soit au cours de l'expertise ou après le dépôt du rapport et jusqu'à l'intervention du jugement sur le fond, accorder aux experts et aux sapiteurs, sur leur demande, une allocation provisionnelle à valoir sur le montant de leurs honoraires et débours.
Il précise la ou les parties qui devront verser ces allocations. Sa décision ne peut faire l'objet d'aucun recours.

■ Textes sources

– Code des TA et des CAA, article R. 169.

■ Commentaires

L'expertise n'est pas soumise, en contentieux administratif, à la procédure de consignation préalable d'une provision, prévue par l'article 269 du Nouveau Code de procédure civile. L'allocation provisionnelle en tient lieu. Mais elle doit être demandée par l'expert, l'existence d'une telle demande étant substantielle (CE 20 janvier 1984, Ministre de l'Urbanisme et du Logement c/ Stribick, *Lebon* p. 11 [**1**]). Cela invalide donc totalement la pratique de certaines juridictions ordonnant, sauf en référé, une expertise « aux frais avancés » par telle ou telle partie. Outre que c'est se passer ainsi de la demande de l'expert, c'est pour le président de la formation empiéter sur la compétence du chef de juridiction.
L'ordonnance prévoyant une allocation provisionnelle, après avoir été regardée comme un acte juridictionnel (CE 24 juin 1977, Ministre de l'Équipement c/ Société du port de pêche de Lorient, *Lebon* p. 296), est, dans la ligne de l'arrêt Lassallette, considérée désormais comme un acte administratif (CE 30 mai 1986, Ministre du Redéploiement industriel c/ Guerret, *Lebon* p. 154, *AJDA* 1986, p. 460 [**2**]), non susceptible de recours juridictionnel (même arrêt – CE 26 octobre 1994, Société civile professionnelle d'architectes Lagneau).
On tiendra donc pour atypique la décision Antoine (CE 14 juin 1989, *RJF* 1989, p. 526, n° 1027) qui se prononce sur le bien-fondé d'une telle ordonnance.
La légalité du dernier alinéa pouvait prêter à discussion, au nom de la jurisprudence Ministre de l'Agriculture c/ Lamotte (CE 17 février 1950, *Lebon* p. 110). Elle a formellement été reconnue par un arrêt du 17 juin 1991 (CE 17 juin 1991, OPHLM de la Ville de Paris [**3**]). Étant administrative, cette décision n'est pas revêtue de la formule exécutoire prévue par l'article R. 751-1, ce qui pose le problème de sa force exécutoire : aucune disposition ne précise ce qui se passera si la partie à la charge de laquelle est mise l'allocation fait preuve de mauvais vouloir et refuse de payer...

Sous l'empire de l'ancienne jurisprudence, qui admettait que l'on formât appel devant le Conseil d'État contre cette ordonnance (CE 24 juin 1977, Ministre de l'Équipement c/ Société du port de pêche de Lorient, précité), la haute assemblée avait eu l'occasion de préciser que cette allocation pouvait être mise à la charge d'une autre partie que celle qui avait demandé l'expertise (CE 20 janvier 1984, Ministre de l'Urbanisme et du Logement c/ Stribick, *Lebon* p. 11 [**4**]). Cette règle n'est pas affectée par la nouvelle jurisprudence.
Est en revanche remise en cause celle qui autorisait le président à renvoyer en cette matière au tribunal le soin de prendre la décision, qui est un acte administratif.
La partie qui, en application de ce texte, a payé l'allocation provisionnelle, mais ne supporte pas en définitive la charge des frais d'expertise, a droit aux intérêts sur la somme ainsi versée, pourvu bien sûr qu'elle les réclame (CE 16 novembre 1984, OPHLM de Lunéville [**5**] – CE 24 janvier 1994, de Labrusse).
Ce texte n'est pas applicable aux expertises de référé ou de constat d'urgence, dont le régime est fixé par l'article R. 621-13 ci-après.

□ ***Jurisprudence***

[**1**] Considérant qu'aux termes de l'article R. 133 du Code des tribunaux administratifs, le président du tribunal administratif peut, soit au début de l'expertise, si la durée ou l'importance des opérations paraît le comporter, soit au cours de l'expertise ou après le dépôt du rapport et jusqu'à l'intervention du jugement sur le fond, accorder aux experts, sur leur demande, une allocation provisionnelle à valoir sur le montant de leurs honoraires et débours. Le président précise la ou les parties qui devront verser ces allocations [...] ; que les ordonnances prises sur le fondement de ces dispositions, qui ne peuvent intervenir que sur demande des experts, doivent comporter la mention de la demande de l'expert par laquelle le président a été saisi ; que l'ordonnance attaquée ne comporte pas une telle mention ; que, dès lors, le ministre de l'Urbanisme et du Logement est fondé à en demander l'annulation en tant qu'elle décide, dans son article 2, que l'État avancera les honoraires et frais de l'expert, taxés par son article 1er à la somme de 293 360 F...

[**2**] Considérant qu'en vertu de l'article R. 133 du Code des tribunaux administratifs, « le président du tribunal administratif peut, soit au début de l'expertise, si la durée ou l'importance des opérations paraît le comporter, soit au cours de l'expertise ou après le dépôt du rapport et jusqu'à l'intervention du jugement sur le fond, accorder aux experts, sur leur demande, une allocation provisionnelle à valoir sur le montant de leurs honoraires et débours. Le président précise la ou les parties qui devront verser ces allocations. La décision ne peut faire l'objet d'aucun recours » ;
Considérant que la décision prise sur le fondement de ces dispositions constitue un acte de nature administrative ; que par suite c'est à tort que le tribunal administratif de Montpellier, saisi d'un recours du ministre du Redéploiement industriel et du Commerce extérieur contre l'ordonnance du président de ce tribunal en date du 14 mars 1985 mettant à la charge de l'État le versement à M. Guerret, expert, et à MM. Soulié et Vallat ses sapiteurs, des sommes respectives de 100 000 F,

25 000 F et 35 000 F à titre de provision, a estimé que cette décision ne pouvait faire l'objet que d'un appel devant le Conseil d'État ;
Considérant qu'il résulte des termes mêmes de l'article R. 133 précité que tout recours est exclu à l'encontre de la décision attribuant une allocation à titre provisionnel aux experts...

[**3**] Considérant que les ordonnances que les présidents des tribunaux administratifs prennent sur le fondement des dispositions sus-reproduites sont des actes d'administration de la justice qui font partie de la procédure d'instruction des demandes ; que de tels actes, alors même qu'ils présentent un caractère provisoire et qu'ils peuvent conduire une partie à supporter momentanément la charge de frais que le juge du fond pourra ultérieurement mettre à la charge d'une autre partie, ne sont pas de la nature de ceux à l'encontre desquels toute voie de recours ne peut être exclue ; que, dès lors, c'est légalement, contrairement à ce que soutient l'Office public d'habitations à loyer modéré de la Ville de Paris par la voie de l'exception d'illégalité, que la dernière disposition sus-reproduite de l'article R. 133 a prévu que les décisions de cette nature ne peuvent faire l'objet d'aucun recours...

[**4**] Considérant que si, en vertu des règles générales de procédure, c'est aux demandeurs qu'il appartient d'avancer les frais des mesures d'instruction réclamées par eux ou ordonnées d'office par le juge, l'article R. 133 précité déroge à ces règles générales en disposant que « le président précise la ou les parties qui devront verser ces allocations » ; que dans les circonstances de l'espèce, et alors même que l'expertise dont il s'agit a été réclamée par la société Stribick et fils, il y a lieu de mettre à la charge de l'État l'avance des frais d'expertise qui ont été taxés par le président du tribunal administratif...

[**5**] Considérant que l'Office public requérant, qui a demandé, devant les premiers juges, que les sommes qui lui sont dues produisent intérêt au taux légal à compter du jugement, et qui a obtenu satisfaction sur ce point, n'est pas recevable à demander en appel que le point de départ des intérêts soit fixé à la date du dépôt du rapport de l'expert ; qu'en revanche il est fondé à demander pour la première fois en appel que les frais et honoraires de l'expert produisent intérêts depuis le jour où ils ont été versés à l'expert par l'Office...

LA FIXATION ET LA CHARGE DES FRAIS D'EXPERTISE EN CAS D'EXPERTISE DE RÉFÉRÉ

Art. R. 621-13 Lorsque l'expertise a été ordonnée sur le fondement du titre III du livre V, le président du tribunal ou de la cour, après consultation, le cas échéant, du magistrat délégué, ou, au Conseil d'État, le président de la section du contentieux en fixe les frais et honoraires par une ordonnance prise conformément aux dispositions des articles R. 621-11 et R. 761-4. Cette ordonnance désigne la ou les parties qui assumeront la charge de ces frais et honoraires. Elle peut faire l'objet, dans le délai d'un mois à compter de sa notification, du recours prévu à l'article R. 761-5.
Dans le cas où les frais d'expertise mentionnés à l'alinéa précédent sont compris dans les dépens d'une instance principale, la formation de juge-

ment statuant sur cette instance peut décider que la charge définitive de ces frais incombe à une partie autre que celle qui a été désignée par l'ordonnance mentionnée à l'alinéa précédent ou par le jugement rendu sur un recours dirigé contre cette ordonnance.
Dans les cas mentionnés au premier alinéa, il peut être fait application des dispositions de l'article R. 621-12.

■ Textes sources

– Code des TA et des CAA, article R. 169-1.
– Décret n° 2000-1115 du 22 novembre 2000, article 2-VII.

■ Commentaires

En matière de référés ou de constats d'urgence, faute, pendant longtemps de toute disposition permettant de déterminer la partie devant supporter les frais d'expertise, la plupart, sinon la totalité, des ordonnances mentionnaient que l'expertise s'effectuait « aux frais avancés par le demandeur », solution expédiente mais non toujours équitable ni efficace : lorsqu'en effet l'expertise se concluait au bénéfice du demandeur, ce dernier était tenu d'engager une instance au fond pour récupérer les frais d'expertise, ce qui n'était au demeurant pas toujours possible. Il suffisait notamment que le défendeur donne, au fond, satisfaction au demandeur avant introduction de la requête pour que cette dernière devienne irrecevable, et avec elle la perspective de récupérer les frais d'expertise [...]. En effet il n'est pas en principe possible d'engager une action au fond ayant pour seul objet de contester la charge des frais d'une expertise de référé, une telle contestation ne pouvant qu'être jointe à une action au fond (CE 26 juillet 1996, Groupement d'intérêt économique Argos).
L'article R. 621-13 reprend une règle mettant fin à ce flou discutable. L'ordonnance de taxe rendue en matière de référé ou de constat d'urgence désigne la partie qui assumera la charge des frais et honoraires, et cette ordonnance est, comme toutes les ordonnances de taxe, susceptible du recours prévu à l'article R. 761-5. Ce dernier pourra donc, dans ce cas, porter non seulement sur le niveau des frais et honoraires taxés, mais sur le choix de la partie appelée à les régler. Naturellement, aussi bien l'ordonnance que le jugement rendu sur le recours contre elle n'ont, en ce qui concerne la charge des frais et honoraires, qu'une valeur provisoire en quelque sorte, puisque la formation de jugement saisie du fond pourra retenir une solution différente, qui primera sur ces décisions : c'est ce qu'exprime le deuxième alinéa.
L'ordonnance, « prise conformément aux dispositions des articles R. 621-11 et R. 761-4 », constitue un acte administratif (voir commentaires sous l'article R. 621-11). Elle devra donc mentionner les voies et délais de recours, et surtout ne pourra être revêtue de la formule exécutoire. Ce qui laisse perplexe quant à sa force contraignante : comme en matière d'allocation provisionnelle (voir

art. R.621-12 ci-dessus), si le débiteur est récalcitrant, l'expert ne pourra, en effet, requérir un huissier, non plus que demander le prononcé d'une astreinte, et devra plaider...

Le mécanisme de l'allocation provisionnelle joue en matière de référés et constats d'urgence, ainsi qu'en dispose le dernier alinéa de l'article. Précision sans doute nécessaire, dès lors qu'en faisant état de la consultation du « président de la formation de jugement », l'article R. 621-11 pouvait être regardé comme non applicable aux procédures de référé ou de constat d'urgence.

Les sommes versées, dans le cadre d'un référé, à titre provisionnel paraissent devoir porter intérêts : si la CAA de Lyon en a douté (CAA Lyon, 20 juin 1991, Entreprise Nicoletti), le Conseil d'État l'a admis (CE 30 juillet 1997, SNC Fimopar [**1**]). Encore faudra-t-il, à notre sens, tenir compte de la plus ou moindre diligence mise par le créancier à saisir le juge du fond.

□ ***Jurisprudence***

[**1**] Considérant que les frais de l'expertise effectuée à la suite des ordonnances du président du tribunal administratif de Paris du 15 mai 1990 et du 4 septembre 1990 ont été chiffrés à la somme de 32 021,11 F par une ordonnance du 29 mars 1993 ; qu'une autre ordonnance du 21 juin 1993 prise sur le fondement de l'article R. 169 du Code des tribunaux administratifs et des cours administratives d'appel a fait supporter ces frais, à titre provisionnel, par M. Waingart ;

Considérant que, dans les circonstances de l'espèce, il y a lieu de faire supporter par la ville de Paris et par la SNC Fimopar, conjointement et solidairement, la charge des frais d'expertise ; que M. Waingart est fondé à soutenir que la somme de 32 021,11 F, qu'il a avancée à ce titre, doit être majorée des intérêts au taux légal à compter du 15 novembre 1993 ; qu'il doit également être fait droit à la demande de capitalisation des intérêts présentée le 20 novembre 1995 dès lors qu'à cette date il était dû une année au moins d'intérêt...

L'INTERDICTION DE PERCEVOIR UNE PROVISION, HORS L'ALLOCATION PROVISIONNELLE

Art. R. 621-14 L'expert ou le sapiteur ne peut, en aucun cas, et sous quelque prétexte que ce soit, réclamer aux parties ou à l'une d'entre elles une somme quelconque en sus des allocations provisionnelles prévues à l'article R. 621-12, des honoraires, frais et débours liquidés par le président du tribunal ou de la cour ou, au Conseil d'État, le président de la section du contentieux.

■ Textes sources

– Code des TA et des CAA, article R. 170.

■ Commentaires

Il est rappelé que, à la différence de la procédure judiciaire, l'expertise s'effectue sans versement d'une provision préalable. Et l'expert ne doit rien demander aux parties qu'un juge ne l'ait autorisé à réclamer.

Le texte doit être regardé comme faisant également état des allocations provisionnelles mentionnées à l'article R. 621-13, dernier alinéa.

CHAPITRE 2 La visite des lieux

Le présent chapitre ne comprend pas de dispositions législatives.

LA VISITE DES LIEUX

Art. R. 622-1 La juridiction peut décider que l'un ou plusieurs de ses membres se transporteront sur les lieux pour y faire les constatations et vérifications déterminées par sa décision.

Ceux-ci peuvent, en outre, dans le cours de la visite, entendre à titre de renseignements les personnes qu'ils désignent et faire faire en leur présence les opérations qu'ils jugent utiles.

Les parties sont averties du jour et de l'heure auxquels la visite des lieux doit se faire.

Il est dressé procès-verbal de l'opération.

La visite des lieux peut également être décidée au cours de l'instruction par le président de la formation de jugement ou, au Conseil d'État, par la sous-section chargée de l'instruction.

■ Textes sources

– Code des TA et des CAA, article R. 171.

■ Commentaires

La souplesse de cette mesure d'instruction a été accrue depuis que, par décret du 29 mai 1997, le président de la formation de jugement dispose de la possibilité d'ordonner une visite des lieux pendant l'instruction.

Cette mesure d'instruction obéit bien entendu au principe du contradictoire : est irrégulier le jugement rendu après une visite des lieux effectuée, après audience, par le tribunal, en présence des parties, mais sans que le procès-verbal établi à cette occasion ait été communiqué aux parties (CE 29 avril 1994, Association des amis de Saint-Martin-de-Peille [**1**]).

Le procès-verbal n'a à transcrire que l'attestation du déroulement de la visite, y compris sans doute les dires des parties, mais non, évidemment, les conclusions qu'en ont tirées les magistrats concernés.

Ainsi que cela se déduit *a fortiori* de la rédaction, les membres du tribunal désignés pour se transporter sur les lieux n'ont pas l'obligation de siéger lors du jugement définitif de l'affaire (CE 9 juillet 1997, Société Colombier Associates).

□ ***Jurisprudence***

[**1**] Considérant qu'aux termes de l'article R. 171 du Code des tribunaux administratifs et des cours administratives d'appel, la visite des lieux constitue une mesure d'instruction ; que le tribunal administratif de Nice a décidé, alors que l'audience publique s'était tenue le 30 janvier 1992, de se rendre sur les lieux avant de vider son délibéré ; qu'il a informé les parties de sa décision par lettre du 30 janvier ; que la visite des lieux s'est effectuée le 10 février suivant en présence des parties ; que le procès-verbal établi à la suite de la visite des lieux devait être communiqué aux parties ; qu'il y avait donc lieu de rouvrir l'instruction ; que faute d'avoir satisfait à ces formalités, le jugement est intervenu selon une procédure irrégulière...

CHAPITRE 3 L'enquête

Le présent chapitre ne comprend pas de dispositions législatives.

SECTION 1 *Procédure de l'enquête*

La prescription d'une enquête

Art. R. 623-1 La juridiction peut, soit sur la demande des parties, soit d'office, prescrire une enquête sur les faits dont la constatation lui paraît utile à l'instruction de l'affaire.

■ **Textes sources**

– Code des TA et des CAA, article R. 172.

■ **Commentaires**

La demande d'enquête ne peut être formée qu'à l'occasion d'un litige, et ne doit donc pas constituer en elle-même sa propre fin, sinon elle est irrecevable (CE 3 juin 1994, Thibaut [1]). De toute façon le recours à l'enquête constitue une prérogative de la formation de jugement, qui n'y est jamais tenue.

□ ***Jurisprudence***

[1] Considérant qu'il ressort des pièces du dossier que la demande dont M. Thibaut avait saisi le tribunal administratif de Versailles tendait à ce que le tribunal ordonne, sur le fondement des dispositions précitées de l'article 139 du Code des tribunaux administratifs, une enquête en vue d'analyser la répartition des services et des lits entre les trois établissements du centre hospitalier de Versailles ; que s'il était mentionné dans cette demande que ni le président du conseil d'administration du centre hospitalier, ni le directeur départemental des affaires sanitaires et sociales n'avait répondu à des demandes que M. Thibaut leur avait adressées le 20 novembre 1987, ses mémoires devant le tribunal ne contenaient pas de conclusions tendant à l'annulation des décisions implicites de rejet opposées à ces demandes ; que le requérant ne soutient pas que sa demande d'enquête aurait été liée à une autre demande qui aurait été pendante devant le tribunal ; que, dans ces conditions, la demande d'enquête dont M. Thibaut avait saisi le tribunal administratif était, en tout état de cause, irrecevable ; qu'il en résulte que le requérant n'est pas fondé à soutenir que c'est à tort que, par le jugement attaqué, le tribunal administratif de Versailles a rejeté sa demande tendant à ce que soit ordonnée une enquête...

Le lieu de l'enquête

Art. R. 623-2 La décision qui prescrit l'enquête indique les faits sur lesquels elle doit porter et précise, suivant le cas, si elle aura lieu soit devant une formation de jugement ou d'instruction, soit devant un de ses membres qui, le cas échéant, se transportera sur les lieux. Elle est notifiée aux parties.

■ **Textes sources**

– Code des TA et des CAA, article R. 173.

■ **Commentaires**

L'enquête devant la formation de jugement a lieu nécessairement à la barre ; devant un membre de la juridiction, elle peut en outre se dérouler sur les lieux. La décision ordonnant l'enquête doit impérativement définir les faits sur lesquels elle doit porter, définition qui lie le magistrat enquêteur.

Cette décision est notifiée aux parties ; ce système simple marque l'abandon de l'ancienne procédure inutilement compliquée qui voulait que les parties soient averties qu'elles pouvaient prendre connaissance de cette décision au greffe.

Les témoins

Art. R. 623-3 Les parties sont invitées à présenter leurs témoins aux jour et lieu fixés par la décision prescrivant l'enquête.

Elles peuvent assigner les témoins, à leurs frais, par acte d'huissier de justice.

La formation de jugement ou d'instruction ou le magistrat qui procède à l'enquête peut d'office convoquer ou entendre toute personne dont l'audition lui paraît utile à la manifestation de la vérité.

■ **Textes sources**

– Code des TA et des CAA, article R. 174.

■ **Commentaires**

La formation de jugement peut convoquer et entendre toute personne de son choix.

L'enquête n'est donc pas enfermée dans la volonté des parties (qui étaient antérieurement seules habilitées à présenter leurs témoins), ce qui devrait être de nature à donner une vie nouvelle à cette procédure inquisitoriale tombée en désuétude.

LES TÉMOIGNAGES

Art. R. 623-4 Lorsque l'enquête est prescrite, la preuve contraire peut être rapportée par témoins sans nouvelle décision.

Chacun peut être entendu comme témoin, à l'exception des personnes qui sont frappées d'une incapacité de témoigner en justice.

Les personnes qui ne peuvent témoigner peuvent cependant être entendues dans les mêmes conditions, mais sans prestation de serment.

Est tenu de déposer quiconque en est légalement requis. Peuvent être dispensées de déposer les personnes qui justifient d'un motif légitime. Peuvent s'y refuser les parents ou alliés en ligne directe de l'une des parties ou son conjoint, même divorcé.

■ Textes sources

– Code des TA et des CAA, article R. 175.

■ Commentaires

Le premier alinéa reproduit l'article 204 du Nouveau Code de procédure civile. Les anciennes dispositions sont allégées : sauf ceux qui sont frappés d'une incapacité – que l'on peut toutefois entendre à titre de renseignement, conformément à une ancienne jurisprudence (CE 5 août 1910, Élections de Noceta, *Lebon* p. 700) –, tous témoins peuvent être entendus (y compris donc les parents et alliés). Surtout est affirmée l'obligation de témoigner, sauf motifs légitimes ; le texte ne précise toutefois pas la sanction d'une telle obligation, à la différence de l'article 207 du Nouveau Code de procédure civile qui institue une amende. Qu'elle soit inscrite dans un texte permettra en tout cas à un agent public de répondre à une telle convocation sans encourir les foudres de sa hiérarchie.

L'AUDITION DES TÉMOINS

Art. R. 623-5 Les témoins sont entendus séparément, les parties présentes ou dûment appelées. Chaque témoin, avant d'être entendu, déclare ses nom, prénoms, profession, âge et demeure, ainsi que, s'il y a lieu, ses liens de parenté ou d'alliance avec les parties, de subordination à leur égard, de collaboration

ou de communauté d'intérêts avec elles. Il fait, à peine de nullité de son témoignage, le serment de dire la vérité.
Les témoins peuvent être entendus de nouveau et confrontés les uns avec les autres.

■ **Textes sources**
– Code des TA et des CAA, article R. 176.

■ **Commentaires**
La procédure d'audition se rapproche de celle qu'instituent les articles 208 et suivants du Nouveau Code de procédure civile. La rédaction nouvelle ne paraît plus rendre possible l'audition des témoins en l'absence des parties, ce qui, sous le texte ancien, était admis (CE 9 mai 1990, Commune de Lavaur).

SECTION 2 *Procès-verbal de l'enquête*

LE PROCÈS-VERBAL DE L'AUDITION DES TÉMOINS

Art. R. 623-6 Si l'enquête a lieu à l'audience, il est dressé procès-verbal de l'audition des témoins. Ce procès-verbal est visé par le président de la formation de jugement et versé au dossier.
Si l'enquête est confiée à l'un des membres de la formation de jugement, celui-ci dresse procès-verbal de l'audition des témoins. Ce procès-verbal est déposé au greffe et versé au dossier.

■ **Textes sources**
– Code des TA et des CAA, article R. 177.

■ **Commentaires**
La rédaction d'un procès-verbal paraît exigée à peine de nullité (CE 23 juillet 1897, Élections de Rouze, *Lebon* p. 577).
Le visa du président est une formalité substantielle, et son défaut, qui peut être relevé d'office par le juge d'appel, vicie le jugement (CE 31 janvier 1990, Élections de Trois-Bassins, *Lebon* p. 925).
Le texte ne détermine pas la personne chargée de dresser le procès-verbal de l'enquête à l'audience, alors que le texte antérieur confiait cette mission au greffier. On en conclut que cette rédaction pourra être effectuée par un magistrat.

LE CONTENU DU PROCÈS-VERBAL

Art. R. 623-7 Dans tous les cas, le procès-verbal de l'audition des témoins comporte l'énoncé des jour, lieu et heure de l'enquête ; la mention de la présence ou de l'absence des parties ; les nom, prénoms, profession et demeure des témoins ; le serment prêté par les témoins ou les causes qui les ont empêchés de le prêter ; leur déposition.

Il est donné lecture à chaque témoin de sa déposition et le témoin la signe ou mention est faite qu'il ne peut ou ne veut pas signer.

Une copie du procès-verbal est notifiée aux parties.

■ **Textes sources**

– Code des TA et des CAA, article R. 178.

SECTION 3 *Frais de l'enquête*

LES INDEMNITÉS DUES AUX TÉMOINS

Art. R. 623-8 Les témoins entendus dans une enquête peuvent demander la liquidation des indemnités qui leur sont dues.

Celles-ci sont fixées selon les dispositions réglementaires en vigueur en matière civile.

La liquidation des indemnités est faite par le président de la juridiction ou, au Conseil d'État, par le président de la section du contentieux.

■ **Textes sources**

– Code des TA et des CAA, article R. 179.

■ **Commentaires**

Le texte codifié est plus lisible que l'ancien, qui faisait état de la « taxe des témoins ».

Sur l'indemnisation des témoins, voir décret du 27 décembre 1920 modifié, chapite IV.

Il est signalé qu'il n'y a pas d'indemnité de témoins en matière électorale (voir art. R. 773-3).

CHAPITRE 4 Les vérifications d'écriture

Le présent chapitre ne comprend pas de dispositions législatives.

La vérification d'écritures

Art. R. 624-1 La juridiction peut décider une vérification d'écritures par un ou plusieurs experts, en présence, le cas échéant, d'un de ses membres.

■ **Textes sources**
– Code des TA et des CAA, article R. 180.

Les honoraires de l'expert en cas de vérification d'écritures

Art. R. 624-2 L'expert a droit à des honoraires et, le cas échéant, au remboursement de ses frais et débours dans les conditions fixées à l'article R. 621-11.

■ **Textes sources**
– Code des TA et des CAA, article R. 181.

■ **Commentaires**
Extrêmement rare, la vérification d'écritures prévue par les articles R. 624-1 et R. 624-2, qui est une forme d'expertise, s'en distingue en ce qu'il peut y être procédé en présence d'un des membres de la juridiction.

CHAPITRE 5 Les autres mesures d'instruction

Le présent chapitre ne comprend pas de dispositions législatives.

LES AUTRES MESURES D'INSTRUCTION

Art. R. 625-1 Le cas échéant, il peut être fait application du titre III du livre V.

■ Textes sources

– Décret n° 2000-389 du 4 mai 2000, article 1er.
– Décret n° 2000-1115 du 22 novembre 2000, article 2-VIII.

■ Commentaires

Il est évident que la juridiction peut, au titre des mesures d'instruction, utiliser les procédures de référé « ordonnant un constat ou une mesure d'instruction ». Mais, à la différence des précédentes mesures, il faut que cela lui soit demandé.

CHAPITRE 6 Dispositions diverses

Le présent chapitre ne comprend pas de dispositions législatives.

La commise d'un membre de la juridiction pour procéder à une mesure d'instruction

Art. R. 626-1 Un membre de la juridiction peut être commis par la formation de jugement ou par son président ou, au Conseil d'État, par la sous-section chargée de l'instruction pour procéder à toutes mesures d'instruction autres que celles qui sont prévues aux chapitres 1 à 4 du présent titre.

■ **Textes sources**

– Code des TA et des CAA, article R. 182.

■ **Commentaires**

Simple et souple, la commise, par la juridiction ou son président, d'un membre de la juridiction peut permettre notamment de constater sur place l'existence et le contenu d'un document original qui ne peut être remis à la juridiction (par exemple la minute d'un décret ou le registre des délibérations d'un conseil municipal).

L'enregistrement sonore, visuel ou audiovisuel d'opérations d'instruction

Art. R. 626-2 Lorsqu'une mesure d'instruction est prescrite, la juridiction peut décider qu'il sera établi un enregistrement sonore, visuel ou audiovisuel de tout ou partie des opérations.

■ **Textes sources**

– Code des TA et des CAA, article R. 183.

■ **Commentaires**

Inspiré de l'article 174 du Nouveau Code de procédure civile, cet article fait pénétrer les moyens modernes d'enregistrement dans la procédure administrative. Ce que l'article ne précise pas, à la différence de l'article 174 du Nouveau Code de procédure civile, c'est si les parties peuvent obtenir copie ou transcription desdits enregistrements... En tout cas, une telle disposition suppose que les greffes des juridictions soient équipés des matériels d'enregistrement, de lecture et de copie correspondants. La question s'est d'ailleurs déjà posée à réception de rapports d'expertise auxquels étaient annexés des films « vidéo », initiative qui désormais pourra être entérinée par la juridiction.

Les commissions rogatoires internes

Art. R. 626-3 Les dispositions des articles 730 à 732 du Nouveau Code de procédure civile relatifs aux commissions rogatoires internes sont applicables.

■ Textes sources

– Code des TA et des CAA, article R. 184.

■ Commentaires

Il s'agit de commissions rogatoires internes, permettant à la juridiction, en cas d'éloignement des parties ou des lieux, de commettre, au besoin d'office, une juridiction de degré égal ou inférieur « qui lui paraît la mieux placée sur le territoire de la République afin de procéder à tous les actes » qu'elle estime nécessaires. Cette disposition, déjà ancienne, n'avait guère trouvé à s'appliquer. La possibilité pour les cours administratives d'appel d'y recourir devrait, compte tenu de leurs ressorts (voir art. R. 221-7), lui donner une nouvelle actualité.

Les notifications liées aux mesures d'instruction

Art. R. 626-4 Les notifications auxquelles donnent lieu les mesures d'instruction ordonnées par la juridiction ou l'un de ses membres, par application des articles R. 621-1 à R. 626-3, sont faites conformément aux dispositions des articles R. 611-3 et R. 611-4.

■ Textes sources

– Code des TA et des CAA, article R. 185.

■ Commentaires

Selon les articles de renvoi, les notifications des mesures d'instruction se font soit par lettre recommandée avec accusé de réception, soit par voie administrative.

TITRE III Les incidents de l'instruction

CHAPITRE 1 La demande incidente

Le présent chapitre ne comprend pas de dispositions législatives.

LES DEMANDES INCIDENTES

Art. R. 631-1 Les demandes incidentes sont introduites et instruites dans les mêmes formes que la requête. Elles sont jointes au principal pour y être statué par la même décision.

■ **Textes sources**

– Ordonnance nº 45-1708 du 31 juillet 1945, articles 58 et 59.

– Code des TA et des CAA, article R. 186.

■ **Commentaires**

La demande incidente (ou reconventionnelle) n'est recevable – sans condition de délai – que si elle ne soulève pas un litige distinct de celui qui fait l'objet de la demande principale. Si cette dernière est irrecevable, la demande incidente l'est également, sauf si elle a été présentée dans des conditions de délai telles qu'elle puisse être regardée comme demande principale. Elle subsiste en cas de désistement de la demande principale, sauf si le demandeur incident accepte ce désistement, acceptation qui vaut désistement de la demande incidente.

Certains contentieux excluent la demande incidente : tel est le cas, en première instance, du contentieux de l'excès de pouvoir (CE sect. 24 novembre 1967, Noble, *Lebon* p. 443), du contentieux des contraventions de grande voirie, et du contentieux électoral. En appel, c'est également le cas pour les deux dernières catégories de contentieux, et pour le contentieux disciplinaire.

L'appel provoqué (d'intimé à intimé) n'est recevable que si l'admission de tout ou partie de l'appel principal (ou d'un appel incident) aggrave la situation de l'auteur de l'appel provoqué, quelle que soit l'importance de cette aggravation (CE ass. 11 juillet 1984, Commune de Saint-Sébastien-sur-Loire, *Lebon* p. 267 – CE 30 décembre 1966, Levasseur).

Les mêmes règles sont applicables en cassation.

Sur la combinaison entre demandes incidentes et désistement, voir commentaires sous l'article R. 636-1.

CHAPITRE 2 L'intervention

Le présent chapitre ne comprend pas de dispositions législatives.

L'INTERVENTION

Art. R. 632-1 L'intervention est formée par mémoire distinct.

Le président de la formation de jugement ou, au Conseil d'État, le président de la sous-section chargée de l'instruction ordonne, s'il y a lieu, que ce mémoire en intervention soit communiqué aux parties et fixe le délai imparti à celles-ci pour y répondre.

Néanmoins, le jugement de l'affaire principale qui est instruite ne peut être retardé par une intervention.

■ Textes sources

– Ordonnance nº 45-1708 du 31 juillet 1945, article 61.
– Code des TA et des CAA, article R. 187.

■ Commentaires

L'exigence de mémoire distinct est prescrite à peine d'irrecevabilité (CE 5 avril 1991, Chabaud), même si elle n'implique pas que la juridiction ouvre un dossier spécifique pour cette intervention. Bien qu'il ne s'agisse pas d'une « requête », elle est soumise à l'exigence de motivation : une intervention non motivée n'est pas recevable (CE sect. 12 juin 1981, Grimbichler, *Lebon* p. 256 – CE 18 novembre 1989, Commune de Replonges – CE 18 février 1994, Comité d'intérêt local de Costebelle – CE 12 mai 1997, Héritiers de M. Guy Grall). Il s'en est déduit que la lettre par laquelle un avocat déclare « s'inscrire comme intervenant » ne constitue pas une intervention (CE sect. 16 décembre 1994, Fédération départementale des chasseurs de la Creuse).

Il a été jugé, sous le régime du sursis à exécution, qu'un intervenant ne peut se manifester à l'occasion d'une demande de sursis à exécution s'il n'est pas intervenu dans le dossier tendant à l'annulation de la décision, puisqu'une demande de sursis doit nécessairement se joindre à une demande au fond (CE 27 mai 1991, Ville de Genève, *Lebon* p. 207 [1] – CE 13 novembre 1995, Poperen). Rien n'interdit *a priori* de penser que la même règle vaudra pour les demandes de suspension.

Formée à l'appui d'une requête qu'il n'appartient pas à la juridiction administrative de connaître, l'intervention n'est pas recevable (CE 1er décembre 1993, Coz), comme d'ailleurs si elle vient à l'appui d'une requête elle-même irrecevable, cependant qu'elle devient sans objet si elle est formée à l'appui d'une requête dont le requérant s'est désisté (CE 29 juin 1973, Belin – CE 17 décembre 1993, Drouvot).

L'intervention n'est pas subordonnée à une condition de délai, mais elle doit être formée avant clôture de l'instruction, faute de quoi elle est réputée ne pas exister (CE sect. 16 décembre 1994, Fédération départementale des chasseurs de la Creuse [**2**]). Cette position implique d'une part que l'ordonnance de clôture n'a pas à être adressée à l'intervenant, bien que la date de la clôture lui soit opposable, d'autre part que la juridiction n'a même pas à statuer sur l'intervention, l'intervenant étant ainsi une « non-partie ».

L'intervenant ne peut normalement être neutre : il doit présenter des conclusions et s'associer ainsi soit au demandeur soit au défendeur, puisqu'il ne peut normalement avoir de conclusions propres (CE 14 juin 1968, Syndicat national des médecins des hôpitaux privés à but non lucratif, *Lebon* p. 362 [**3**] – CE 4 juin 1997, Leduc). C'est en application de cette règle qu'il a été décidé qu'était irrecevable une intervention formée à l'appui de la saisine du juge électoral par la Commission nationale des comptes de campagne et des financements politiques, une telle saisine n'étant pas assortie de conclusions au soutien desquelles pourrait être faite une intervention (CE 6 décembre 1993, de Caumont). Cette association peut n'être que partielle : un intervenant peut ainsi demander l'annulation partielle d'un acte que le requérant principal s'efforce de faire annuler dans sa totalité (CE 30 juillet 1997, Fanartzis).

On note cependant quelques rares hypothèses dans lesquelles l'intervenant est admis à ne pas s'associer aux conclusions d'une partie, à condition que ses propres conclusions « tendent à ce que le tribunal adopte des décisions qu'il est en son pouvoir de prendre indépendamment de conclusions des parties » (CE 6 novembre 1959, Pomar, *Lebon* p. 583 – CE 8 mars 1961, *Lebon* p. 159). C'est en vertu de cette règle que le locataire est admis à intervenir dans le contentieux des immeubles menaçant ruine (CE 4 mars 1955, Kabaklian, *Lebon* p. 125).

L'intervenant peut utilement invoquer des moyens non soulevés par les parties (CE 1er mars 1995, Association Groupe information asiles [**4**]), pourvu, en demande, qu'ils reposent sur la même cause juridique que ceux qui sont soulevés par le requérant (CE 3 novembre 1997, Ministre de l'Intérieur).

Le rejet d'une intervention irrecevable n'a pas à être précédé de l'avertissement aux parties prévu à l'article R. 611-7, puisqu'il est dépourvu d'influence sur la solution du litige opposant les parties (CE 22 juin 1992, Commune de Rothau – CE 25 mai 1994, G...). Également parce que l'intervenant n'est pas une « partie », il n'est pas concerné par l'article L. 761-1 relatif aux frais irrépétibles (CE 28 juillet 1993, Ministre des Affaires sociales c/ Syndicat CGT Enfance inadaptée). La condamnation à des frais irrépétibles ne peut donc être prononcée ni à son profit, ni à son encontre (CE 19 janvier 1994, Portel – CE 30 avril 1997, Association française des banques).

Un intervenant ne peut enfin former appel du jugement rendu contrairement

aux conclusions auxquelles il s'associe que si, à défaut d'intervention de sa part, il aurait été en droit soit de former lui-même la requête, soit de former tierce opposition à ce jugement (CE sect. 9 janvier 1959, de Harenne, *Lebon* p. 23 – CE 30 juin 1993, Dupont Ferrier – CE 16 décembre 1994, Syndicat français des producteurs de spectacles et d'animations). Mais il est recevable à former appel du jugement qui aurait déclaré irrecevable son intervention (CE sect. 9 janvier 1959, de Harenne, précité), comme il peut renouveler son intervention en appel, voire la former pour la première fois en appel (CE 16 octobre 1959, Syndicat des dentistes du département du Nord, *Lebon* p. 520).
La communication de l'intervention n'est pas, à la différence de celle des mémoires, systématique : le président de la formation de jugement dispose d'un pouvoir d'appréciation (« s'il y a lieu »), qui s'exercera en fonction notamment de l'exigence édictée au troisième alinéa (ne pas retarder le jugement de l'affaire), mais également d'une évaluation soit de la recevabilité de l'intervention, soit encore de l'opportunité de recueillir sur cette intervention les observations de l'une ou l'autre des parties. Ainsi une intervention formée alors que l'affaire est en état d'être jugée n'est pas irrecevable de ce seul fait, mais le tribunal est dispensé de la communiquer aux parties, sauf si la solution du litige dépend d'un moyen invoqué par le seul intervenant (CE 1er mars 1995, Association Groupe information asiles, précité). Il n'y aura donc pas nécessairement vice de procédure à se prononcer sur une intervention dont les parties n'ont jamais été avisées.

Les fausses interventions

L'intervention doit être spontanée. Si l'arrivée dans la procédure d'une personne a été provoquée par une initiative de la juridiction, il s'agit d'une « intervention forcée », non d'une intervention.
La mise en cause (formée par le demandeur) comme l'appel en garantie (formé par le défendeur) sont les formes les plus habituelles d'intervention forcée. Plus inhabituel est l'appel en déclaration de jugement commun, consistant à appeler dans la procédure les personnes aux droits desquelles le jugement à rendre pourrait préjudicier (CE 20 janvier 1960, Asso, *Lebon* p. 44). Cet appel, effectué à la demande d'une partie, ne doit être prononcé qu'à l'égard d'un tiers aux droits duquel le jugement pourrait préjudicier dans les conditions lui ouvrant droit à tierce opposition (voir art. R. 832-1), à la condition que ses droits à l'égard des parties en cause puissent donner lieu à un litige que la juridiction saisie soit compétente pour trancher (CE 8 juillet 1992, Commune de Libourne [**5**]). Ainsi une ville condamnée à rembourser à des nus-propriétaires la valeur d'un immeuble détruit, laquelle est fixée sous déduction d'un usufruit dont était grevé cet immeuble, ne peut demander que l'usufruitier soit appelé en déclaration de jugement commun (CE Commune de Libourne, précité).
L'appel en déclaration de jugement commun d'une personne publique dans une affaire de réparation d'un dommage, fût-il formé devant le juge judiciaire,

a pour effet d'interrompre le cours du délai de prescription quadriennale, même s'il ne peut avoir pour objet de la faire condamner (CE sect. 26 janvier 1996, Caisse primaire d'assurance maladie du Havre [**6**]).

L'appel en déclaration de jugement commun n'est pas possible en matière électorale (CE 16 mars 1968, Audinet, *Lebon* p. 968) non plus qu'en matière de recours pour excès de pouvoir (CE 8 décembre 2000, Syndicat SUD-PTT-Pays de Savoie).

Il est une hypothèse dans laquelle le juge a l'obligation de procéder d'office à un appel en déclaration de jugement commun : il s'agit des affaires tendant à la réparation d'un préjudice corporel intéressant un assuré social. Si la demande émane de la victime, il faut mettre en cause la ou les caisses de Sécurité sociale et, inversement, mettre en cause la victime si la caisse de Sécurité sociale a agi la première (CE 11 octobre 1963, Commune de Seichamps, *Lebon* p. 482).

Cette obligation se complique dans le cas de caisses relevant de pays étrangers ayant signé avec la France un accord ouvrant à leurs caisses les mêmes droits procéduraux qu'aux caisses françaises.

Le juge d'appel sanctionne d'office l'omission de mise en cause de la caisse, ou le fait pour un tribunal ayant mis cette caisse en cause d'avoir omis de déclarer son jugement commun à la caisse (CE 18 mars 1960, Ville de Tours, *Lebon* p. 208), une telle exigence se rapportant en fait à la nécessité pour le tribunal de se prononcer sur les conclusions de la caisse, non à la mention, figurant dans le dispositif du jugement, selon laquelle ce dernier est déclaré commun à la caisse, mention que l'on ne retrouve que rarement dans les jugements, et jamais, à notre connaissance, dans les arrêts du Conseil d'État.

□ ***Jurisprudence***

[**1**] Considérant que la commune de La Chaux-de-Fonds se borne à intervenir au soutien des conclusions des requérants à fin de sursis à exécution du décret du 10 janvier 1989 et non des conclusions tendant à l'annulation dudit décret ; que, dès lors, son intervention n'est pas recevable...

[**2**] Considérant qu'il est constant qu'à la date du 15 décembre 1988 à laquelle le président du tribunal administratif de Limoges a fixé la clôture de l'instruction des pourvois tendant à l'annulation de certaines dispositions de l'arrêté du 19 juillet 1988 du préfet de la Creuse fixant les dates d'ouverture et de clôture de la chasse, aucun mémoire émanant de la Fédération départementale des chasseurs de la Creuse n'avait été déposé au greffe du tribunal administratif, et qu'ainsi aucune intervention n'avait été formée pour son compte ; que si l'avocat de la Fédération avait fait connaître au président du tribunal administratif, par lettre enregistrée le 21 novembre 1988 au greffe dudit tribunal, qu'il s'inscrivait en vue de former une telle intervention, cette circonstance ne pouvait à elle seule conférer à la Fédération départementale des chasseurs de la Creuse la qualité de partie à l'instance ni, par conséquent, obliger le président du tribunal administratif de Limoges à lui notifier l'ordonnance de clôture de l'instruction et à la convoquer à l'audience du 5 janvier 1989 ; qu'il résulte des dispositions précitées que les mémoires produits le 5 janvier 1989, c'est-

à-dire après la date de clôture de l'instruction, pour la Fédération départementale des chasseurs de la Creuse n'avaient pas à être visés dans le jugement attaqué et que les conclusions et moyens qu'ils contenaient n'avaient pas à être examinés par le tribunal administratif...

[**3**] Considérant que les intervenants se bornent à s'en remettre à la sagesse du Conseil ; qu'une telle intervention qui ne tend ni à l'annulation ni au maintien de l'arrêté attaqué n'est pas recevable...

[**4**] Considérant que si en vertu du troisième alinéa de l'article R. 187 du Code des tribunaux administratifs et des cours administratives d'appel, le jugement de l'affaire principale qui est instruite « ne pourra être retardé par une intervention », cette disposition ne frappe pas d'irrecevabilité une intervention au motif qu'elle concerne une affaire qui est en état d'être jugée ; qu'elle dispense seulement, en pareille hypothèse, le tribunal administratif de procéder à la communication aux parties d'une intervention qui serait produite à ce stade de la procédure hors le cas où la solution du litige au principal dépendrait d'un moyen invoqué uniquement par l'intervenant...

[**5**] Considérant que seuls peuvent faire l'objet d'une déclaration de jugement commun, devant une juridiction administrative, les tiers dont les droits et obligations à l'égard des parties en cause pourraient donner lieu à un litige dont la juridiction saisie eût été compétente pour connaître et auxquels, d'autre part, pourrait préjudicier ledit jugement, dans des conditions leur ouvrant le droit de former tierce opposition à ce jugement...

[**6**] Considérant qu'aux termes de l'article 2 de la loi du 31 décembre 1968 : « La prescription est interrompue par : [...] Tout recours formé devant une juridiction, relatif au fait générateur, à l'existence, au montant ou au paiement de la créance, quel que soit l'auteur du recours et même si la juridiction saisie est incompétente pour en connaître, et si l'administration qui aura finalement la charge du règlement n'est pas partie à l'instance » ;
Considérant que ces dispositions subordonnent l'interruption du délai de prescription qu'elles prévoient, en cas de recours juridictionnel, à la mise en cause d'une collectivité publique ;
Considérant que, le 15 octobre 1979, la Caisse primaire d'assurance maladie du Havre a intenté un recours devant le tribunal de grande instance de Rouen contre la société d'assurance « Mutuelles Unies » en vue d'obtenir le remboursement des prestations fournies à M. Pourier et qui restaient à sa charge ; que ce recours était assorti de conclusions tendant à ce que le centre hospitalier régional et universitaire de Caen soit appelé en déclaration de jugement commun ; que si ces conclusions n'avaient pas pour objet d'obtenir la condamnation du centre hospitalier régional et universitaire de Caen, dont la responsabilité ne pouvait d'ailleurs être appréciée que par le juge administratif, la caisse primaire, en appelant le centre hospitalier régional et universitaire en déclaration de jugement commun devant le juge judiciaire, a mis en cause cet établissement public et a ainsi interrompu le cours de la prescription quadriennale...

CHAPITRE 3

L'inscription de faux

Le présent chapitre ne comprend pas de dispositions législatives.

L'INSCRIPTION DE FAUX

Art. R. 633-1 Dans le cas d'une demande en inscription de faux contre une pièce produite, la juridiction fixe le délai dans lequel la partie qui l'a produite sera tenue de déclarer si elle entend s'en servir.

Si la partie déclare qu'elle n'entend pas se servir de la pièce, ou ne fait pas de déclaration, la pièce est rejetée. Si la partie déclare qu'elle entend se servir de la pièce, la juridiction peut soit surseoir à statuer sur l'instance principale jusqu'après le jugement du faux rendu par le tribunal compétent, soit statuer au fond, si elle reconnaît que la décision ne dépend pas de la pièce arguée de faux.

■ Textes sources

- Ordonnance n° 45-1708 du 31 juillet 1945, art. 60.
- Code des TA et des CAA, article R. 188.

■ Commentaires

Cette procédure, relativement lourde, issue d'un décret du 22 juillet 1806, est assez peu usitée, en raison des limites dans lesquelles est enfermé son usage.

En premier lieu, le texte lui-même permet d'y échapper, soit que la partie ayant déposé la pièce incriminée renonce, expressément ou tacitement à s'en servir, soit que la juridiction parvienne à se prononcer sans s'appuyer sur ladite pièce.

En second lieu, une telle procédure est sans application s'agissant des actes ou documents administratifs (sauf disposition législative contraire prévoyant qu'un tel acte fait foi jusqu'à inscription de faux : CE 5 juin 1985, Gubry, *D.* 1985, n° 383 – CE ass. 4 mars 1955, Athias, *Lebon* p. 129 [1] – CE 1er avril 1955, Delarue, *Lebon* p. 195, note Waline, *Revue de droit public* 1955, p. 986 – CE 10 mai 1996, Élections de Latour-de-France). C'est alors le juge administratif qui se prononce, comme sur n'importe quel moyen, sur l'argument de faux invoqué contre un tel acte. Autrement dit, il n'y a pas de procédure de faux devant la juridiction administrative et les actes administratifs ne font foi que jusqu'à preuve contraire. Et le Conseil d'État a une acception large de la notion de document administratif : le requérant qui prétend que la signature apposée sous son nom sur un marché passé avec un ministère serait un faux ne présente pas une demande en inscription de faux, la juridiction administrative ayant la charge « de se prononcer sur l'exactitude des inscriptions que comportent les pièces d'un marché public » (CE 2 février 1990, Weber, *Lebon* p. 875 ; *D.*1991, somm. p. 106). Il est à noter que la recherche d'un faux « administratif » ne peut être demandée au juge administratif qu'à l'appui d'autres conclusions (CE 4 avril 1990, Roger [**2**]).

□ ***Jurisprudence***

[**1**] Considérant que ni l'article 60 de l'ordonnance du 31 juillet 1945 ni aucune autre disposition législative n'instituent de procédure de jugement de faux par les juridictions administratives ; que, sauf dans le cas où une loi prévoit expressément que les mentions d'un acte administratif font foi jusqu'à inscription de faux, le principe de la séparation des autorités administratives et judiciaires s'oppose à ce que l'exactitude des mentions contenues dans les actes administratifs ou dans les décisions des juridictions administratives soit appréciée par un tribunal de l'ordre judiciaire conformément aux règles fixées par les articles 214 et suivants du Code de procédure civile en ce qui concerne le faux incident civil...

[**2**] Considérant que la demande de M. Roger tendait uniquement à faire déclarer l'inexactitude matérielle des constatations opérées par l'officier supérieur chargé de l'enquête telles qu'il les a consignées dans son rapport ; qu'il n'appartient qu'à la juridiction administrative saisie de l'instance principale de procéder à cette appréciation ; que les conclusions de la demande en « inscription de faux administratif » telles que présentées par M. Roger, ne sont dirigées contre aucune décision ; que, dès lors, sans qu'il soit besoin de demander à l'administration la production des procès-verbaux d'audition du brigadier Sedjal et du brigadier-chef Fourquié, il résulte de ce qui précède que les conclusions de M. Roger doivent être rejetées comme irrecevables...

CHAPITRE 4

Les reprises d'instance et constitution de nouvel avocat

Le présent chapitre ne comprend pas de dispositions législatives.

LE DÉCÈS D'UNE PARTIE PENDANT L'INSTRUCTION

Art. R. 634-1 Dans les affaires qui ne sont pas en état d'être jugées, la procédure est suspendue par la notification du décès de l'une des parties ou par le seul fait du décès, de la démission, de l'interdiction ou de la destitution de son avocat. Cette suspension dure jusqu'à la mise en demeure pour reprendre l'instance ou constituer avocat.

■ Textes sources

– Ordonnance n° 45-1708 du 31 juillet 1945, article 62.

■ Commentaires

L'usage veut que la juridiction prononce un non-lieu en l'état lorsqu'elle est avisée du décès alors que le dossier n'est pas en état d'être jugé, sauf à ce que les héritiers reprennent l'instance, ce que de toutes façons ils pourront faire après ce non-lieu.

LA RÉVOCATION DE L'AVOCAT DEVANT LE CONSEIL D'ÉTAT

Art. R. 634-2 Devant le Conseil d'État, l'acte de révocation d'un avocat par sa partie est sans effet pour la partie adverse s'il ne contient pas la constitution d'un autre avocat.

■ Textes sources

– Ordonnance n° 45-1708 du 31 juillet 1945, article 63.

■ Commentaires

L'acte de révocation d'avocat (prévu par l'article 418 du Nouveau Code de procédure civile) est très rare. Ainsi qu'il est disposé par l'article R. 634-2, cet acte n'a pas de portée pour la partie adverse s'il n'est pas assorti de la constitution d'un autre avocat. C'est important devant le Conseil d'État, où les notifications s'effectuent d'avocat à avocat (voir art. R. 611-28). Et l'on doit estimer qu'après révocation, l'intéressé se replace dans une situation d'irrecevabilité si l'affaire n'est pas dispensée d'avocat.

CHAPITRE 5 Le désaveu

Le présent chapitre ne comprend pas de dispositions législatives.

Le désaveu de l'avocat

Art. R. 635-1 Une partie peut désavouer les actes ou procédures faits en son nom par son avocat lorsqu'ils peuvent influer sur le sens du jugement.
La demande de désaveu est communiquée aux autres parties.

■ Textes sources

– Décret n° 2000-389 du 4 mai 2000, article 1er.

Le désaveu d'un avocat au Conseil d'État

Art. R. 635-2 Quand la demande intéresse un avocat au Conseil d'État pour des actes ou procédures accomplis devant une autre juridiction que le Conseil d'État, elle est transmise au président de la section du contentieux. Si celui-ci estime qu'elle doit être instruite, il la renvoie devant la juridiction qui statue dans le délai qui lui est imparti.

■ Textes sources

– Ordonnance n° 45-1708 du 31 juillet 1945, article 64.

L'examen de la demande de désaveu devant le Conseil d'État

Art. R. 635-3 Si le désaveu est relatif à des actes ou procédures accomplis devant le Conseil d'État, il est procédé à l'examen de la demande dans les délais fixés par le président de la sous-section saisie.

■ Textes sources

– Ordonnance n° 45-1708 du 31 juillet 1945, article 65.

■ Commentaires

Sur le désaveu, voir les commentaires sous l'article R. 431-2. L'action en désaveu doit être présentée par avocat (CE 30 mai 1962, Goyon, *Lebon* p. 361), et

elle a évidemment plus de chances d'aboutir si l'on peut reprocher à l'avocat d'avoir outrepassé son mandat que si on lui reproche de l'avoir mal exécuté. Le plus souvent, cette action a pour objet de mettre à néant un désistement produit avec légèreté, et dont le juge a donné acte.
L'action en désaveu doit être présentée devant la juridiction qui a instruit la procédure désavouée (CE 6 octobre 1999, Tella Tetakeva).

CHAPITRE 6 Le désistement

Le présent chapitre ne comprend pas de dispositions législatives.

LE DÉSISTEMENT

Art. R. 636-1 Le désistement peut être fait et accepté par des actes signés des parties ou de leurs mandataires et adressés au greffe.
Il est instruit dans les formes prévues pour la requête.

■ Textes sources

– Code des TA et des CAA, article R. 189.

■ Commentaires

On se reportera aux articles R. 611-22 et R. 612-5 pour le désistement d'office.

Les termes utilisés par les parties ne sont pas sacramentels : il est arrivé de requalifier en conclusions aux fins de désistement des conclusions tendant à ce que le juge décide qu'il n'y a plus lieu de statuer sur la requête, lorsqu'elles ne se fondent pas sur une circonstance qui pourrait conduire à non-lieu (CE 30 avril 1993, Soules). Ce comportement, qui se borne à interpréter l'acte, est à distinguer de celui consistant, pour le juge, à constater que, les conditions d'un non-lieu n'étant pas remplies, il convient de transformer en désistement les conclusions tendant à non-lieu (c'est le cas par exemple lorsqu'il constate que, contrairement à ce que croit le requérant, l'acte attaqué n'a pas disparu) : CE sect. 7 avril 1967, Monschein, *Lebon* p. 152 – CE 11 juin 1993, Commune de Clermont-Ferrand, *Lebon* p. 962.

L'acte portant désistement est redoutable dans ses effets, ce qui conduit le juge à l'examiner de près, et à accepter qu'en soit discutée (en tout cas devant les juges du fond) l'authenticité (CE 13 décembre 1993, Tshisuaka), comme il vérifie qu'il s'applique bien au litige (CE 18 mars 1994, Commune d'Aiguebelanche). Une action en désaveu d'avocat peut conduire à faire déclarer nul un désistement, même accepté (CE sect. 5 juin 1992, OPAC de la Seine-Maritime ; voir art ; R. 431-2). Un désistement reposant sur une erreur imputable à l'adversaire ne saurait être validé (CE 7 mars 1962, Levine, *Lebon* p. 1 070 – CE 20 juin 1975, Leverrier, *Lebon* p. 382). Mais la solution inverse prévaut si l'erreur est imputable au seul requérant (CE 2 décembre 1988, Ville de Sedan [1] – CE 21 septembre 1992, Revest). Et, si le désistement est conditionnel, il ne peut en être donné acte sans vérification que la condition est remplie.

Le juge de l'excès de pouvoir exerce sur la décision de se désister prise par une collectivité publique un contrôle limité à l'exactitude des faits, à l'erreur de droit et au détournement de pouvoir, à l'exclusion donc de toute appréciation de la qualification juridique des faits (CE 4 juillet 1997, Merit). Il est permis de se demander quelle serait la portée, dans le litige dans lequel intervient ce désistement, d'une exception d'illégalité de cette décision, soulevée par exemple en appel.

Naturellement, le désistement doit être formé en temps utile pour être effectif, à savoir avant la clôture de l'instruction (CE 5 novembre 1984, Lefèvre, *Lebon* p. 708 [**2**]), sauf à rouvrir l'instruction pour en tenir compte (CE 22 mai 1991, Guillou [**3**]), ce qui n'est pas obligatoire (CE 5 avril 1996, Nouveau syndicat intercommunal pour l'aménagement de la vallée de l'Orge [**4**]).

Sauf indication contraire expresse, le désistement est réputé être un désistement d'action (CE 16 mai 1952, Laveau, *Lebon* p. 801 – CE 13 juillet 1968, Estarague, *Lebon* p. 448 ; *AJDA* 1968, p. 648). Mais il appartient au juge d'interpréter les écrits du demandeur avant de faire jouer cette règle (voir exemple. d'une telle interprétation conduisant au donné acte d'un désistement d'instance : CE 28 juillet 1995, Wirtz). Cette règle s'impose également lorsqu'il y a lieu d'interpréter les décisions juridictionnelles donnant acte des désistements : si le juge, s'étant mépris sur la portée dudit désistement, en a donné acte sans préciser expressément qu'il s'agissait d'un désistement d'instance, il est considéré qu'il s'agit là d'un désistement d'action, malgré les termes contraires de l'acte de désistement, et ce « donné acte » entraînera tous les effets d'un désistement d'action, sauf à l'intéressé à former un appel, ou le cas échéant un pourvoi en cassation pour redonner à son désistement les effets plus limités d'un désistement d'instance (CE 22 juillet 1992, Société nationale de construction – CE 27 avril 1994, Tessier [**5**]).

Le désistement (qui, « instruit dans les formes prévues pour la requête », doit être semble-t-il notifié aux adversaires) n'a pas à être accepté, quel que soit le contentieux dans lequel il intervient (CE 22 novembre 1950, Barbier, *Lebon* p. 640 [**6**]). Les dispositions de l'article 395 du Nouveau Code de procédure civile ne sont donc pas applicables en la matière (CE 29 décembre 1995, Drocchi). Les effets du refus d'acceptation du désistement – sauf s'il est conditionnel, et si le refus a trait à la condition – se limitent au droit pour la partie adverse de faire examiner par le juge des conclusions reconventionnelles (CE 22 novembre 1950, Barbier, précité), ou de préserver la recevabilité de conclusions incidentes, à condition qu'elles aient été présentées avant le désistement (CE sect. 6 mars 1981, Société Bastide, *Lebon* p. 129, concl. Labetoulle [**7**] – CE 25 mai 1992, Grand). Il en ira ainsi par exemple de conclusions aux fins de capitalisation des intérêts (CAA Lyon, 25 mai 1993, Société BP France) ou de conclusions tendant au versement de frais irrépétibles (CE 23 octobre 1992, Commune de La Clusaz – CE 12 janvier 1994, Pictet). On notera qu'en revanche, un désistement, même non accepté, rend automatiquement irrecevable un appel provoqué (CE 6 mars 1981, Société Bastide).

Lorsqu'elle se manifeste, l'acceptation (qui n'a pas à être communiquée à celui qui se désiste) a deux effets juridiques :

– elle interdit, dans le contentieux de pleine juridiction, la rétractation du désistement. Cette rétractation est à l'inverse possible, en excès de pouvoir, jusqu'à ce qu'il soit donné acte du désistement (CE 17 octobre 1997, Commune de Jeancourt, la question de savoir si une telle rétractation peut utilement intervenir après clôture de l'instruction par ordonnance n'est pas tranchée). Elle l'est également, malgré acceptation, en référé (CE 26 octobre 1988, Jeanmaire [**8**]) ;
– elle vaut à son tour abandon, de la part de qui accepte, des conclusions reconventionnelles ou incidentes qu'il a pu formuler (CE 22 mai 1958, Cie centrale de travaux publics et autres, *Lebon* p. 290 [**9**] – CE 5 mars 1971, Ville de Toulouse, *Lebon* p. 196). Après avoir vu dans cette acceptation un désistement des conclusions de l'intimé (CE 22 mai 1958, Cie centrale de travaux publics, précité), le Conseil d'État a prononcé un non-lieu sur de telles conclusions (CE 28 juin 1978, Ministre de l'Équipement c/ Mezin, *Lebon* p. 914), avant de revenir à l'idée de désistement (CE sect. 30 mars 1981, Cie des fours d'incinération – CE 10 novembre 1993, Ministre du budget c/ Changy).

Le désistement, lorsqu'il est parfait, oblige la juridiction à constater la volonté du demandeur de la dessaisir de l'affaire, ce constat intervenant soit en la forme procédurale ordinaire, c'est-à-dire notamment après convocation à l'audience (CE 10 janvier 1986, Lefèvre – CE 15 février 1989, Association pour la rénovation et le développement de Montpeyroux [**10**]), soit par ordonnance de l'article R. 122-12 ou R. 222-1, et ne faisant pas obstacle à l'application de l'article R. 741-12 relatif à l'amende pour recours abusif (CAA Lyon, 25 mai 1993, Société BP France, *Lebon* p. 961 – CE 7 mai 1997, Courtet). La nécessité de donner acte d'un désistement prime sur la compétence, même entre ordres de juridictions, et ce, même lorsqu'on se trouve dans l'hypothèse de conclusions aux fins de non-lieu transformées par le juge en désistement (CE 11 mai 1994, Congrégation des sœurs de Saint-Joseph de Lyon).

Cette obligation dans laquelle se trouve le juge de donner acte d'un désistement existe dans tout litige, même en contravention de grande voirie (CE 12 juin 1989, Ministre des PTT c/ Fassel [**11**], reprenant CE 22 mars 1978, Secrétaire d'État aux Postes c/ Di Léna, *Lebon* p. 914), ou dans le contentieux de la décentralisation (CE 16 juin 1989, Préfet des Bouches-du-Rhône c/ Commune de Belcodène [**12**]), contrairement à ce qui avait été jugé par le tribunal administratif de Lyon le 10 juillet 1984 (Préfet de l'Ardèche c/ Commune de Fons, *AJDA* 1984, p. 570 ; *AJDA* 1985, p. 136).

La conséquence de cette obligation est qu'une partie a intérêt à faire appel du jugement qui a statué sur les conclusions dont elle s'était désistée, même si le jugement y avait fait droit (CE 19 mai 1989, Laugt [**13**]), le juge d'appel réparant d'ailleurs, au besoin d'office, l'erreur commise par les premiers juges en ne donnant pas acte d'un désistement intervenu devant eux (CE 7 avril 1967, Ministre de l'Équipement c/ Monscheim, *Lebon* p. 152 – CE 21 mai 1982, Commune de Compiègne, *Lebon* p. 185).

Les effets du donné acte du désistement d'action sont absolus : est irrecevable toute demande tendant, ultérieurement, à faire juger la même question (CE 27 avril 1994, Tessier, précité), à moins que, le désistement étant intervenu postérieurement à l'introduction de la nouvelle demande, celle-ci perde son objet (CE 14 février 1994, Frichou [**14**]). Ainsi le désistement d'un appel, dont il a été donné acte, interdit-il la présentation de conclusions incidentes lors de l'appel principal formé par l'adversaire (CE 10 mai 1989, Ville de Mâcon). Cette solution a été adoptée en matière de question préjudicielle (CE 21 décembre 1994, Lejeune) : l'intéressé s'étant désisté d'une précédente instance introduite à l'invitation du juge judiciaire et posant à juger la question de la légalité d'un acte administratif, son instance nouvelle, posant à juger la même question, mais sur une autre invitation du juge judiciaire, a été rejetée. Naturellement, les effets d'un désistement ne sont opposables qu'à la personne qui s'est désistée. Malgré l'unicité de l'État, le désistement d'un ministre n'est pas opposable à un autre ministre (CE 22 juin 1994, Ministre délégué chargé du Budget [**15**]).

☐ ***Jurisprudence***

[**1**] Considérant qu'il ressort des pièces du dossier que, par acte du 17 novembre 1983, la ville de Sedan s'est désistée de sa requête n° 6288 enregistrée au greffe annexe de Charleville-Mézières le 22 septembre 1981 et au bureau central du greffe du tribunal administratif de Châlons-sur-Marne le 25 septembre 1981 ; que, si son acte de désistement énonce qu'il est formulé « comme suite à la transaction intervenue au cours des opérations d'expertise » alors qu'en réalité aucune transaction ne serait intervenue, l'erreur ainsi commise serait le fait de la seule requérante ; que, dès lors, le désistement devait être regardé comme pur et simple ; qu'il suit de là que c'est à bon droit que le tribunal administratif de Châlons-sur-Marne en a donné acte...

[**2**] Considérant qu'aux termes du troisième alinéa de l'article R. 159 du Code des tribunaux administratifs : « Les mémoires produits après la clôture de l'instruction ne donnent pas lieu à communication et ne sont pas visés dans le jugement. Les conclusions et moyens qu'ils contiennent ne sont pas examinés par le tribunal administratif » ;
Considérant que l'acte par lequel M. Lefevre s'est désisté purement et simplement des demandes susvisées a été enregistré au greffe du tribunal administratif de Versailles le 16 juin 1983, soit après la date fixée par ordonnance du président de ce tribunal pour la clôture de l'instruction ; que, dès lors, en application des dispositions susmentionnées, il ne pouvait être examiné par le tribunal administratif...

[**3**] Considérant que dans ses productions enregistrées le 28 mai 1986, la société Les Grands Moulins de Paris s'est bornée à se désister purement et simplement des trois requêtes qu'elle avait présentées au tribunal administratif de Paris ; que, la circonstance que l'instruction était close depuis la date du 29 avril 1986 à laquelle les trois recours pour excès de pouvoir de cette société avaient été appelés à l'audience du même jour, n'interdisait pas au tribunal, tant qu'aucun jugement n'avait été rendu par lui sur ces recours, de réinscrire les affaires à un rôle ultérieur pour donner acte

des désistements après en avoir donné communication, comme il l'a fait, aux défendeurs et aux intervenants ; qu'il suit de là que les requérants ne sont pas fondés à demander l'annulation du jugement attaqué...

[**4**] Considérant que le syndicat appelant fait grief au jugement attaqué, lu le 25 mai 1992, d'avoir statué sur les conclusions de la demande présentée par M. Pichon, alors pourtant que, par acte enregistré le 12 mai 1992, jour de l'audience, M. Pichon s'était désisté ;
Mais considérant qu'en vertu d'une décision du 9 janvier 1992, la clôture de l'instruction était régulièrement intervenue le 10 février 1992 ; que s'il était loisible au tribunal administratif de rouvrir l'instruction, en application de l'article R. 157 du Code des tribunaux administratifs et des cours administratives d'appel, pour communiquer le désistement et en donner acte, il n'avait pas, dans un tel cas, l'obligation de faire usage des pouvoirs qu'il tient ainsi de l'article R. 157 ; qu'il n'a ainsi commis aucune irrégularité en statuant en l'état du dossier à la date de clôture de l'instruction et en décidant sur les conclusions de la demande de M. Pichon...

[**5**] Considérant qu'il résulte de l'instruction que, par actes enregistrés respectivement les 30 juin et 29 août 1991, M. Tessier s'est désisté de ses demandes en date respectivement des 1er juin 1990 et 11 mars 1991 tendant à ce que le tribunal administratif de Versailles annule, d'une part, la décision par laquelle le secrétaire général du syndicat interhospitalier de Magny-Aincourt avait refusé de réviser sa notation pour l'année 1989 et, d'autre part, l'arrêté en date du 8 janvier 1991 par lequel ledit secrétaire général l'avait révoqué de ses fonctions ; que, par deux ordonnances en date du 15 mars 1993 devenues définitives, le président de la 2e chambre du tribunal administratif de Versailles a donné acte de ces désistements d'ailleurs acceptés par les défendeurs ; que ces désistements, nonobstant la circonstance que les actes par lesquels M. Tessier déclarait se désister mentionnent un désistement d'instance, doivent être regardés comme des désistements d'action dès lors que les dispositifs desdites ordonnances, lesquelles n'ont fait l'objet d'aucun recours de la part de M. Tessier, ne comportent aucune précision sur la nature du désistement dont elles donnent acte ;
Considérant qu'il résulte de ce qui précède que les conclusions des requêtes susvisées présentées par M. Tessier devant le Conseil d'État, tendant au même objet et fondées sur les mêmes causes que ses demandes présentées devant le tribunal administratif de Versailles, doivent être, en application de l'article R. 83 du Code des tribunaux administratifs et des cours administratives d'appel, rejetées comme manifestement irrecevables...

[**6**] Sur le recours en révision du sieur Barbier :
Considérant que le désistement susvisé du sieur Barbier est pur et simple et que rien ne s'oppose à ce qu'il en soit donné acte ;
En ce qui concerne les conclusions reconventionnelles du Comité de défense du quartier de la Capuche :
Considérant que, le désistement du sieur Barbier n'ayant pas été accepté par le Comité de défense du quartier de la Capuche, il y a lieu de statuer sur les conclusions reconventionnelles présentées par ledit comité ;
Considérant que des conclusions reconventionnelles à fin de dommages-intérêts pour recours abusif amènent nécessairement le juge à apprécier les mérites de l'action principale engagée devant lui, nonobstant le désistement du demandeur...

[**7**] Sur la requête de la société Bastide et compagnie :
Considérant que le désistement susvisé est pur et simple, que rien ne s'oppose à ce qu'il en soit donné acte ;
Sur les conclusions présentées par M. Marconnet :
Considérant qu'ainsi qu'il vient d'être dit, la société Bastide et compagnie s'est désistée de sa requête ; que les obligations résultant pour M. Marconnet du jugement du tribunal administratif d'Orléans ne peuvent donc plus être aggravées du fait de l'appel de la société Bastide et compagnie ; que, par suite, les conclusions de M. Marconnet, dirigées contre l'Office public d'habitations à loyer modéré de Tours et présentées après l'expiration du délai d'appel, ne sont pas recevables ;
Sur les conclusions présentées par l'Office public d'habitations à loyer modéré de Tours :
Considérant que le désistement de la société Bastide et compagnie n'a pas été accepté par l'Office public d'habitations à loyer modéré de Tours ; que, dès lors, il y a lieu de statuer sur les conclusions du recours incident formé par l'office avant ce désistement...

[**8**] Considérant que si, par son mémoire du 14 avril 1987, M. Jeanmaire a entendu se désister de son action en référé, le requérant a retiré ce désistement par un nouveau mémoire enregistré le 15 juillet 1987 ; que le fait que le Commissariat à l'énergie atomique a, le 12 mai 1987, accepté le désistement susmentionné et demandé qu'il en soit donné acte n'a pas été de nature à lui conférer un caractère irrévocable ; que, dès lors, M. Jeanmaire a pu valablement retirer son désistement et qu'il n'y a pas lieu d'en donner acte...

[**9**] Sur les conclusions présentées par la compagnie « La Gresham » et les conclusions dirigées par l'État contre cette compagnie :
Considérant, d'une part, que ladite compagnie s'est désistée purement et simplement, en ce qui la concerne, de la requête n° 25138 ; que le ministre de la Reconstruction a déclaré accepter ledit désistement ; que rien ne s'oppose à ce qu'il en soit donné acte ;
Considérant, d'autre part, que ladite acceptation équivaut au désistement du ministre des conclusions qu'il avait formées contre la compagnie « La Gresham » ; que rien ne s'oppose à ce qu'il soit donné acte de ce désistement...

[**10**] Considérant qu'il ressort des pièces du dossier que ni l'avocat de l'Association pour la rénovation et le développement de Montpeyroux, ni cette association n'ont été avertis de ce que la requête de celle-ci tendant à l'annulation pour excès de pouvoir de la délibération du 13 octobre 1984 du conseil municipal de Montpeyroux serait portée à la séance du 13 août 1985 du tribunal administratif de Clermont-Ferrand ; que l'Association pour la rénovation et le développement de Montpeyroux est fondée à soutenir que le jugement en date du 13 août 1985 par lequel le tribunal administratif de Clermont-Ferrand lui a donné acte de son désistement est intervenu à la suite d'une procédure irrégulière...

[**11**] Considérant que, devant le tribunal administratif de Strasbourg, le préfet commissaire de la République du département du Bas-Rhin a déclaré abandonner les poursuites en répression de la contravention de grande voirie dressée le 28 mars 1986 à l'encontre de M. Fassel à la suite des dommages causés par son véhicule à un poteau téléphonique et aux câbles qui y étaient fixés ; que, dans les termes où ces conclusions sont rédigées, elles constituent un désistement pur et simple portant tant sur la demande de réparation que sur l'action publique aux fins de condamnation à

l'amende qui y était jointe ; que le tribunal administratif était tenu de donner acte de ce désistement, dont la validité n'était pas affectée par le fait que M. Fassel ne l'a pas accepté...

[**12**] Considérant que saisi par le préfet des Bouches-du-Rhône du désistement de son déféré tendant au sursis à l'exécution d'une délibération de la commune de Belcodène, le tribunal administratif de Marseille a statué sans tenir compte dudit désistement ; qu'il y a lieu, par suite, d'annuler le jugement attaqué et de donner acte au préfet des Bouches-du-Rhône du désistement de son déféré...

[**13**] Considérant que M. Laugt et la Société d'expansion hôtelière du Languedoc demandent l'annulation du jugement attaqué en tant qu'il a statué sur des conclusions dont ils soutiennent qu'ils s'étaient désistés avant l'intervention dudit jugement ; qu'ainsi les requêtes contestent le dispositif du jugement attaqué et ne se bornent pas à en critiquer les motifs ; que, d'autre part, les requérants ont intérêt à faire appel d'un jugement qui a statué sur des conclusions dont ils s'étaient désistés, alors même que le jugement a fait droit auxdites conclusions...

[**14**] Considérant que M. Frichou a interjeté appel du jugement attaqué à la fois par une requête présentée devant la cour administrative d'appel de Paris et par la présente requête, formée directement devant le Conseil d'État ; que M. Frichou s'est désisté de sa requête présentée devant la cour administrative d'appel de Paris et qu'il a été donné acte de ce désistement par ordonnance du président de la cour administrative d'appel de Paris en date du 29 octobre 1993 ; que ce donné acte est intervenu postérieurement à la date d'enregistrement de la présente requête ; que, par suite, celle-ci est devenue sans objet ; que, dans ces conditions, il n'y a pas lieu d'y statuer...

[**15**] Considérant que le désistement du ministre délégué auprès du Ministre de l'Éducation nationale, chargé de la recherche et de l'enseignement supérieur est pur et simple ; que rien ne s'oppose à ce qu'il en soit donné acte ; qu'en revanche ce désistement ne saurait être opposé au ministre délégué auprès du ministre de l'Économie, des Finances et de la Privatisation, chargé du budget qui a expressément maintenu les conclusions de son recours...

Livre VII

Le jugement

TITRE I L'inscription au rôle

Le présent titre ne comprend pas de dispositions législatives.

CHAPITRE 1 Dispositions applicables aux tribunaux administratifs et aux cours administratives d'appel

LE RÔLE DE L'AUDIENCE AU TRIBUNAL ADMINISTRATIF ET À LA COUR ADMINISTRATIVE D'APPEL

Art. R. 711-1 Au tribunal administratif, le rôle de chaque audience est arrêté par le président du tribunal et communiqué au commissaire du gouvernement.
À la cour administrative d'appel, le rôle de chaque audience est préparé par le commissaire du gouvernement chargé de présenter ses conclusions et arrêté par le président de la cour.

■ **Textes sources**
– Code des TA et des CAA, article R. 190.

L'AVIS D'AUDIENCE

Art. R. 711-2 Toute partie est avertie, par une notification faite conformément aux articles R. 611-3 ou R. 611-4, du jour où l'affaire sera appelée à l'audience.
Dans les deux cas, l'avertissement est donné sept jours au moins avant l'audience. Toutefois, en cas d'urgence, ce délai peut être réduit à deux jours par une décision expresse du président de la formation de jugement qui est mentionnée sur l'avis d'audience.
Devant les tribunaux administratifs de Mamoudzou, de Papeete et de Nouvelle-Calédonie, le délai de sept jours est porté à dix jours.

■ **Textes sources**
– Code des TA et des CAA, article R. 193.

■ **Commentaires**

Il est rappelé que l'avis d'audience vaut, si l'instruction n'a pas été close antérieurement, clôture trois jours francs avant la date d'audience qui y figure (voir art. R. 613-2).

La formule « dans les deux cas » vise les deux modalités de notification.

Il importe de noter que le texte implique que, dans toutes les affaires, les parties soient averties de l'audience. Ont disparu notamment les dérogations à cette règle, prévues en matière électorale par l'ancien article R. 206 (voir art. R. 773-1 et 773-2) et autrefois en matière fiscale : toutes affaires contentieuses doivent être jugées en audience publique, mis à part les référés-instruction et constats et sauf le cas des ordonnances prévues aux articles R. 122-12, R. 222-1 ou L. 522-3.

La seule exception réside dans l'article R. 721-9 et concerne l'audience au cours de laquelle la juridiction se prononce sur la demande de récusation d'un de ses membres ; mais il s'agit plus du règlement d'un incident de procédure que du jugement du litige.

Le juge d'appel exerce son contrôle sur l'urgence invoquée pour raccourcir le délai de convocation à l'audience (CE 22 février 1989, Ben Larbi Mohamed [**1**]), délai qui est porté de cinq à sept jours dans tous les cas.

On remarquera que si le rôle est arrêté par le président de la juridiction, c'est le président de la formation de jugement qui décide de réduire le délai de convocation.

Ces délais enfin doivent être regardés comme des délais francs (CE 26 mai 1993, Letellier – CE 28 octobre 1998, Hazazel Massieux).

L'omission de la convocation, ou le non-respect du délai de sept jours, entraîne en principe l'irrégularité de la décision (CE 5 mars 1958, Charneau, *Lebon* p. 148, pour l'absence de convocation – CE 7 mars 1994, Barnes – CE 30 novembre 1904, Alarousse, *Lebon* p. 746, pour une convocation tardive). Mais si la partie tardivement convoquée est néanmoins présente à l'audience ou y fait présenter des observations orales, le vice est couvert (CE 9 juin 1893, François, *Lebon* p. 453), ce qui tend à démontrer que le délai de convocation n'a pas pour objet de permettre aux parties de préparer leurs observations (lesquelles ne sont pas des plaidoiries), mais de les mettre à même de se rendre libres le jour de l'audience.

On se reportera à l'article R. 741-2 pour les questions de preuve de la convocation.

Est régulier le jugement intervenu alors que l'avertissement a été adressé au requérant en temps utile pour être reçu sept jours avant l'audience, même si, par suite de grèves postales, il n'est parvenu que l'avant-veille de cette audience (CAA Lyon, 13 avril 1993, Cabanes). Cette position extrême doit cependant être prise avec prudence (CE 21 juin 1996, Ville de Marseille c/ Caroubi, *Lebon* p. 241 – CE 28 octobre 1998, Hazael-Massieux).

Le renvoi aux articles R. 611-3 et R. 611-4 pourrait s'interpréter comme impliquant que seul un envoi par lettre recommandée ou une notification par la voie administrative sont susceptibles d'être utilisés pour l'envoi de l'avis d'audience, ce qui rendrait irrégulière toute autre méthode. Ce n'est point ainsi qu'il convient de lire cet article. Ainsi, par décision du 21 juin 1996 (CE 21 juin 1996, Ville de Marseille, *Lebon* p. 241), le Conseil d'État a-t-il, dans une espèce où l'envoi recommandé n'était pas parvenu à une partie, vérifié que cette dernière n'avait pas été avisée de la date de l'audience « par d'autres moyens » avant de constater l'irrégularité du jugement. Et, dans des instances dans lesquelles l'avis d'audience avait fait l'objet d'un envoi par télécopie, il a de même constaté que la preuve avait été apportée de ce que le fax n'avait pas été reçu avant de tenir la procédure pour irrégulière alors qu'une lecture rigoureuse de l'article R. 193 codifié à l'article R. 711-2 l'aurait dispensé de cette recherche et de ce constat (CE 15 mai 1996, Giraud – CE 6 juin 1997, Commune d'Aubagne).

□ ***Jurisprudence***

[**1**] Considérant qu'aux termes de l'article R. 162 du Code des tribunaux administratifs, « sauf disposition contraire, toute partie doit être avertie, par une notification faite conformément aux articles R. 107 et R. 108, du jour où l'affaire sera portée en séance. Lorsqu'elle est représentée devant le tribunal, la notification est faite à son mandataire. Dans les deux cas, l'avertissement est donné cinq jours au moins avant la séance. Toutefois, en cas d'urgence, ce délai pourra être réduit à deux jours par une décision expresse du président du tribunal administratif qui sera mentionnée sur la convocation » ; que dans le cas d'espèce, il n'y avait pas d'urgence justifiant la réduction du délai minimal de cinq jours...

L'AFFICHAGE DES RÔLES

Art. R. 711-3 Les rôles sont affichés à la porte de la salle d'audience.

■ **Textes sources**

– Code des TA et des CAA, article R. 192.

CHAPITRE 2 Dispositions applicables au Conseil d'État

Le rôle de l'audience devant le Conseil d'État

Art. R. 712-1 Le rôle de chaque séance de jugement est préparé par le commissaire du gouvernement chargé de présenter ses conclusions et arrêté par le président de la formation de jugement.

Lorsqu'une affaire est inscrite au rôle de l'assemblée du contentieux, le Premier ministre en est tenu informé.

Quatre jours au moins avant la séance, les avocats au Conseil d'État et à la Cour de cassation sont avisés que les affaires pour lesquelles ils sont inscrits figurent au rôle. En cas d'urgence, ce délai peut être réduit à deux jours par décision du président de la section du contentieux.

Les parties qui ne sont pas représentées par un avocat au Conseil d'État et à la Cour de cassation sont informées de l'inscription au rôle de leur affaire.

Les rôles sont affichés au secrétariat du contentieux.

■ Textes sources

– Décret n° 63-766 du 30 juillet 1963, article 55.

■ Commentaires

Le texte distingue les avocats aux conseils, qui sont « avisés », dans un délai fixé par le texte, de ce qu'une affaire pour laquelle ils sont inscrits figure au rôle, des autres partenaires de l'acte juridictionnel, qui sont seulement « informés » de cette inscription au rôle, sans qu'un délai soit prévu. La coutume veut que cette information leur soit donnée assez à l'avance pour leur permettre d'assister à l'audience, étant entendu qu'ils n'y peuvent prendre la parole (art. R. 731-4).

TITRE II L'abstention et la récusation

LA RÉCUSATION D'UN MEMBRE DE LA JURIDICTION

Art. L. 721-1 La récusation d'un membre de la juridiction est prononcée, à la demande d'une partie, s'il existe une raison sérieuse de mettre en doute son impartialité.

■ Textes sources

– Code des TA et des CAA, article L. 5.

■ Commentaires

A été heureusement réécrit l'ancien article L. 5 du Code des tribunaux administratifs et des cours administratives d'appel, qui rendait applicables aux juridictions administratives les causes de récusation énoncées à l'article 8-1 de l'ordonnance du 22 décembre 1958, codifié, sous le numéro L. 731-1, au Code de l'organisation judiciaire, et à l'article 341 du Nouveau Code de procédure civile. Plusieurs de ces causes en effet ne pouvaient sans dommage trouver à jouer dans le procès administratif : On notera ainsi que tous les magistrats sont débiteurs d'impôts, et certains sont parfois créanciers de l'État, soit comme contribuables, soit à un tout autre titre (parce que leur conjoint, agent public, a une créance de traitement ou d'indemnité non réglée), et étaient donc récusables en matière fiscale en tant que créancier ou débiteur d'une partie. La même observation pouvait être faite en ce qui concerne l'existence d'un procès passé fait par le magistrat ou son conjoint à l'État son employeur, ou à la commune pour dommage de travaux publics... Plus sagement, le texte se borne à faire état d'une « raison sérieuse de mettre en doute l'impartialité du magistrat », ce qui est respecter l'essentiel, le principe, dont les raisons énumérées par les textes de procédure civile ne sont qu'une déclinaison.

La récusation peut frapper un magistrat « du siège » comme un commissaire du gouvernement (CE 17 juin 1988, Bady, *Lebon* p. 247).

De la récusation, procédure organisée fondant un droit pour les parties, doit être distinguée la pratique, inspirée de l'article 339 du Nouveau Code de procédure civile, des « déports », conduisant un juge, qui s'estime ne pouvoir juger en toute impartialité, ou courir le risque d'être suspecté de partialité, à s'abstenir spontanément de siéger dans une affaire (voir art. R. 721-1). Il ne s'agit plus ici de procédure, mais de l'application du principe d'impartialité, et tout manquement à ce principe est constitutif d'un vice de procédure, même en l'absence de toute demande de récusation.

La récusation, exception qui doit être présentée avant jugement, ne se distingue pas clairement du moyen tiré, en appel ou en cassation, de l'irrégularité de la composition du tribunal ou de la cour. Et pourtant une telle distinction est lourde d'effets : en principe, qui avait la possibilité de demander la récusation d'un juge ne peut se prévaloir en appel ou en cassation de sa présence dans la formation de jugement (CE 9 janvier 1952, Sanisart, *Lebon* p. 21). Inversement, le juge d'appel ne s'interdit pas de sanctionner, au besoin d'office, une juridiction comprenant un magistrat qui aurait dû se déporter de lui-même (CE 26 juillet 1947, Reibel, *Lebon* p. 356 – CE sect. 2 mars 1973, Mlle Arbousset, *Lebon* p. 189 ; *AJDA* 1974, p. 161 – CE 15 octobre 1990, Association pour un développement harmonieux de Saint-Gilles [**1**]). Une décision du 5 juillet 2000 (CE sect., Rochard) a précisé la frontière entre les deux notions de récusation et de régularité de la composition de la juridiction : la récusation concerne les problèmes mettant en cause l'impartialité « subjective » du juge, renvoyant ainsi à son comportement personnel. Est en revanche une question de régularité de la formation de jugement tout ce qui touche à l'impartialité « objective » du juge (qu'elle soit personnelle ou collective), et une telle question est d'ordre public.

S'agissant des problèmes posés par la régularité de la formation de jugement, et ainsi qu'on l'a décrit à l'article R. 222-23, le Conseil d'État a, sous la forme de « règles générales de procédure », introduit dans les pratiques des juridictions des règles implicites de déport : ainsi ne peut participer à un jugement le magistrat qui a présidé la commission dont la décision est contestée (CE 20 mai 1973, Cueille) ou qui a participé à une telle commission (CE sect. 2 mars 1973, Mlle Arbousset, *Lebon* p. 190 [**2**]).

On rappelle qu'un magistrat ayant occupé les fonctions de commissaire du gouvernement lors de l'examen d'une affaire ne peut officier ensuite, pour la même affaire, comme juge du siège, sauf si, lors du prononcé des conclusions, il « n'a pas fait connaître son sentiment sur les questions de droit ou de fait de nature à avoir une influence sur la recevabilité ou le bien-fondé des prétentions des parties » (CE 11 octobre 1989, Arretche). La situation inverse, où un ancien rapporteur ou assesseur vient, sur la même affaire, à occuper les fonctions du « ministère public », n'entraîne aucune incompatibilité.

Ces règles se sont systématisées, notamment du fait de l'entrée en fonctionnement des cours administratives d'appel dont les membres sont pour la plupart issus des tribunaux administratifs : un membre d'une juridiction administrative ne peut pas participer au jugement, en première instance ou en appel, d'un recours dirigé contre une décision administrative ou juridictionnelle dont il est l'auteur ou qui a été prise par une juridiction ou un organisme collégial dont il était membre et aux délibérations desquelles il a pris part (CE 30 novembre 1994, Pinto – CE 24 octobre 1997, El Adj, à propos d'un conseiller ayant siégé dans la commission d'expulsion statuant sur le cas d'un étranger) ; un membre d'une juridiction administrative qui a publiquement exprimé son opinion sur un litige ne peut participer à la formation de jugement statuant sur le recours formé contre une décision statuant sur ce litige, ce qui vise évidemment les commissaires du gouvernement (CE 30 novembre 1994, SARL Étude ravalement constructions). Et la cour administrative d'appel saisie par renvoi après cassation doit siéger dans une formation totalement différente de celle qui avait initialement jugé (CE 17 mai 1999, Giraud).

En revanche, « aucune règle générale de procédure n'interdit à un membre d'une juridiction administrative qui a été membre d'une juridiction de jugement statuant sur un recours pour excès de pouvoir dirigé contre une décision administrative de statuer ultérieurement sur un recours en appréciation de validité formé contre la même décision administrative ou, à l'occasion de ce second litige, de remplir les fonctions de commissaire du gouvernement » (CE 15 décembre 2000, Pierre). C'est dire que, pour le Conseil d'État, la règle d'impartialité doit s'apprécier litige par litige. Ce qui est normal : car il suffirait que l'on ait, à propos d'une affaire déterminée, jugé une question de droit, pour ne plus pouvoir intervenir dans le jugement de toute autre affaire posant la même question de droit...

Lorsque la ou les demandes de récusation visent au total l'ensemble des membres de la juridiction (ou leur quasi totalité : CE 28 juillet 2000, Feldman), elles sont regardées comme constituant une demande de renvoi pour cause de suspicion légitime, laquelle est admise devant la juridiction administrative (CE sect. 3 mai 1957, Nemegyei, *Lebon* p. 279 [**3**] – CE 12 mai 1958, Demaret, *Lebon* p. 271) pourvu :

– que l'intéressé ait saisi la juridiction dont il demande le dessaisissement préalablement à sa demande de renvoi (CE 12 juin 1996, Simard). Il n'y a pas de « renvoi préventif » pour cause de suspicion légitime ;
– qu'elle soit formée avant que la juridiction suspectée ne se soit prononcée (CE 12 mai 1958, Demaret, précité [**4**]) ; si au surplus le juge suspecté s'est prononcé, après formation de la demande de renvoi mais avant que n'ait statué le juge saisi de la demande de renvoi, cette dernière perd son objet (CE 23 mars 1983, Bertin, *Lebon* p. 135 [**5**] – CE 7 juillet 1989, Antonin – CE 25 février 1991, Triout – CE 16 octobre 1995, Maury) ;
– qu'il existe une autre juridiction administrative de même nature, et avec la même compétence que la juridiction suspectée ;
– qu'elle soit présentée devant la juridiction immédiatement supérieure à la juridiction suspectée, donc, quel que soit le litige, devant la cour administrative d'appel si la demande suspecte un tribunal administratif (CE 22 septembre 1993, Benoist – CE 25 avril 1994, Charrue) ;
– qu'elle vise toute la juridiction, et non une formation de celle-ci (CE 11 décembre 1985, Bertin, *Lebon* p. 34) ;
– que l'intéressé justifie les raisons pour lesquelles la juridiction est suspectée de partialité (CE 12 juin 1992, Cheq – CE 29 juillet 1998, Lacolle).

On ne connaît qu'un exemple de renvoi de ce type d'un tribunal administratif à un autre ; c'est l'affaire Olech (CE 27 novembre 1981, *Lebon* p. 872 ; *D.* 1981, n° 427 [**6**]), dans laquelle le Conseil d'État a jugé qu'un tribunal administratif n'était pas habilité à se prononcer sur la légalité d'un permis de construire concernant le bâtiment dans lequel il siégeait, ce litige étant « en relation directe avec les conditions d'installation et de fonctionnement » de ce tribunal.

Le jour où sera admise devant une cour administrative d'appel une demande de renvoi pour cause de suspicion légitime pesant sur un tribunal administratif de son ressort, la question se posera de savoir quels seront les pouvoirs de la cour en ce qui concerne la désignation du tribunal devant connaître de l'affaire. Deux lectures peuvent être faites. Ou bien on estime que la cour est saisie de l'entière question, et dispose donc du pouvoir de désigner le tribunal compétent, dans son ressort ou hors de ce dernier. Ou bien on estime que son pouvoir se limite à se prononcer sur la suspicion, à dessaisir le tribunal suspecté, seul le président de la section du contentieux du Conseil d'État ayant pouvoir de désigner une autre juridiction. Notre sentiment est que, par parallèle avec la jurisprudence Société Fernand Alix (CE 14 mars 1990 ; voir art. R. 322-1), la cour devrait pouvoir renvoyer l'affaire à un tribunal administratif situé dans son ressort. Au surplus, le Conseil d'État a déjà eu l'occasion de dire que le juge de la suspicion avait pouvoir de désigner un nouveau tribunal administratif (CE 6 octobre 1999, Pinault).

De même qu'un magistrat peut s'il s'estime récusable se déporter spontanément, de même une juridiction peut, si ses membres estiment ne pouvoir se prononcer impartialement sur une affaire, et en conséquence décident en conscience de s'abstenir, transmettre elle-même le dossier au juge supérieur aux fins pour ce dernier de procéder comme en matière de renvoi pour cause de suspicion légitime (CE 5 février 1997, Thibault). La décision de renvoi prise par cette dernière est susceptible d'un pourvoi en cassation, auquel le Conseil d'État n'applique pas l'article 360 du Nouveau Code de procédure civile (même arrêt, solution implicite).

On note que la possibilité de dessaisir un tribunal administratif au titre de la suspicion légitime fait échec à la règle énoncée à l'article R. 351-6 interdisant, lorsque ce tribunal a été désigné comme compétent par le président de la section du contentieux, de mettre en cause sa compétence (CE 6 octobre 1999, Pinault).

La prise à partie n'existe pas devant la juridiction administrative, et les conclusions en ce sens sont donc irrecevables (CE 22 septembre 1993, Benoist).

□ ***Jurisprudence***

[**1**] Considérant que, par un jugement en date du 29 janvier 1988, le tribunal administratif de Saint-Denis de la Réunion a ordonné qu'il sera sursis à l'exécution de l'arrêté du préfet de la Réunion, en date du 7 octobre 1987 ; qu'il ressort des pièces du dossier que l'un des juges qui

ont concouru à cette décision avait émis un avis public sur le projet concerné par ledit arrêté ; qu'ainsi la composition du tribunal était irrégulière et que, dès lors, son jugement doit être annulé...

[**2**] Considérant que, lorsqu'elle prend ainsi des décisions juridictionnelles, cette commission est tenue, même en l'absence de texte, d'observer toutes les règles générales de procédure dont l'application n'a pas été écartée par une disposition formelle ou n'est pas inconciliable avec son organisation ; qu'au nombre de ces règles se trouve celle d'après laquelle un membre d'une juridiction administrative ne peut pas participer au jugement d'un recours relatif à une décision administrative dont il est l'auteur ou qui a été prise par un organisme collégial dont il était membre et au cours de délibérations auxquelles il a pris part...

[**3**] Considérant que les conclusions présentées par ou pour le sieur Nemegyei devant la section disciplinaire du Conseil national de l'ordre tendaient à la récusation de l'ensemble des membres dudit Conseil national ; que, dans ces conditions, la prétendue récusation, qui aurait eu pour effet de mettre la section disciplinaire dans l'impossibilité de juger le recours du sieur Nemegyei, constituait, en réalité, une demande de renvoi pour cause de suspicion légitime ; que si tout justiciable est recevable à demander à la juridiction immédiatement supérieure qu'une affaire, dont est saisie la juridiction compétente, soit renvoyée devant une autre juridiction du même ordre, parce que, pour des causes dont il appartient à l'intéressé de justifier, le tribunal compétent est suspect de partialité, cette procédure ne peut toutefois s'exercer que s'il existe une autre juridiction de même nature, à laquelle le requérant puisse, le cas échéant, être renvoyé...

[**4**] Considérant que, si tout justiciable est recevable à demander à la juridiction immédiatement supérieure qu'une affaire dont est saisie la juridiction compétente soit renvoyée devant une autre juridiction du même ordre parce que, pour des causes dont il appartient à l'intéressé de justifier, le tribunal compétent est suspect de partialité, cette demande doit être présentée au plus tard avant que la juridiction compétemment saisie n'ait rendu une décision au fond...

[**5**] Considérant que la demande de renvoi pour cause de suspicion légitime formée par l'association SOS Défense et par M. Bertin a été enregistrée au secrétariat du contentieux du Conseil d'État le 15 mars 1982 ; que le tribunal administratif de Lyon a rendu son jugement le 18 mars 1982, avant que le Conseil d'État, saisi de la demande, ait statué ; que, dès lors, leur demande de renvoi du jugement de l'affaire à un autre tribunal est devenue sans objet...

[**6**] Considérant que M. Olech et Mme Maurin qui ont saisi le tribunal administratif d'Amiens d'une demande tendant au sursis à l'exécution et à l'annulation d'un permis de construire délivré le 23 janvier 1981 par le préfet de la Somme en vue de la surélévation du bâtiment dans lequel siège ce tribunal, demandent que le jugement de ce recours soit renvoyé devant une autre juridiction ; qu'eu égard à l'objet de ce litige qui est en relation directe avec les conditions d'installation et de fonctionnement du tribunal administratif d'Amiens, il y a lieu, pour le Conseil d'État, d'accueillir la requête de M. Olech et de Mme Maurin et de renvoyer le jugement des conclusions de leur demande présentée devant le tribunal administratif d'Amiens au tribunal administratif de Rouen...

L'ABSTENTION SPONTANÉE DU MAGISTRAT

Art. R. 721-1 Le membre de la juridiction qui suppose en sa personne une cause de récusation ou estime en conscience devoir s'abstenir se fait remplacer par un autre membre que désigne le président de la juridiction à laquelle il appartient ou, au Conseil d'État, le président de la section du contentieux.

■ **Textes sources**

– Décret nº 2000-389 du 4 mai 2000, article 1er.

■ **Commentaires**

Cet article nouveau formalise la pratique du « déport », dont on remarque qu'il procède de la seule décision prise « en conscience » par le magistrat concerné, le président n'ayant compétence que pour désigner le remplaçant, s'il y a lieu. Il est en effet des hypothèses dans lesquelles la question peut se régler par simple modulation à la baisse du nombre de membres composant la formation de jugement, comme c'est le cas, au Conseil d'État, pour les sous-sections réunies (voir art. R. 122-16).

LA DEMANDE DE RÉCUSATION

Art. R. 721-2 La partie qui veut récuser un juge doit, à peine d'irrecevabilité, le faire dès qu'elle a connaissance de la cause de la récusation.

En aucun cas la demande de récusation ne peut être formée après la fin de l'audience.

■ **Textes sources**

– Décret nº 2000-389 du 4 mai 2000, article 1er.

■ **Commentaires**

Cet article, nouveau, systématise la jurisprudence, notamment en son second alinéa (CE 9 janvier 1952, Samisart, *Lebon* p. 21), en la renforçant : de la combinaison de ces alinéas, il résulte en effet que, même si la cause de récusation vient à être connue après jugement, la demande de récusation formée devant le juge d'appel est irrecevable (comparer CE 17 juin 1988, Bady [1] et CE sect. 5 juillet 2000, Rochard). Il reste, ainsi qu'on l'a souligné à propos de l'article L. 721-1, à se prévaloir de l'irrégularité du jugement ainsi rendu. La procédure de récusation apparaît ainsi préventive. Inversement, la récusation ne peut être formée avant qu'il ne soit certain que le magistrat suspecté fera partie de la formation de jugement. Il ne saurait y avoir de récusation « conservatoire », « pour le cas où ». En pratique, elle ne pourra être formée qu'au vu du rôle de l'audience.

□ ***Jurisprudence***

[**1**] Considérant [...] qu'aux termes de l'article 342 du Nouveau Code de procédure civile, rendu applicable aux tribunaux administratifs par l'article R. 164 du Code des tribunaux administratifs : « La partie qui veut récuser un juge doit, à peine d'irrecevabilité, le faire dès qu'elle a connaissance de la cause de la récusation. En aucun cas, la demande de récusation ne peut être formée après la clôture des débats » ; qu'il ressort des pièces du dossier que M. Bady n'a saisi le président du tribunal administratif d'Orléans d'une demande tendant à la récusation du commissaire du gouvernement que postérieurement à l'audience où l'affaire a été appelée ; qu'ainsi, cette demande était formée hors délai et n'était, par suite, pas recevable...

L'AUTEUR DE LA DEMANDE DE RÉCUSATION

Art. R. 721-3 La récusation doit être demandée par la partie elle-même ou par son mandataire muni d'un pouvoir spécial.

■ Textes sources

– Décret n° 2000-389 du 4 mai 2000, article 1er.

■ Commentaires

L'exigence d'un pouvoir spécial est là pour éviter des demandes téméraires de récusation, procédure qui ne s'inscrit pas dans la gestion ordinaire d'un litige (au même titre que le désistement, ou l'acte d'appel).

LE CONTENU DE LA DEMANDE DE RÉCUSATION

Art. R. 721-4 La demande de récusation est formée par acte remis au greffe de la juridiction ou par une déclaration qui est consignée par le greffe dans un procès-verbal.

La demande doit, à peine d'irrecevabilité, indiquer avec précision les motifs de la récusation et être accompagnée des pièces propres à la justifier.

Il est délivré récépissé de la demande.

■ **Textes sources**
– Décret nº 2000-389 du 4 mai 2000, article 1er.

■ **Commentaires**
La possibilité d'effectuer une récusation par « déclaration consignée par le greffe dans un procès-verbal » permet d'agir oralement, par exemple en début d'audience, ou avant son terme. Mais le deuxième alinéa détruit ou à tout le moins restreint singulièrement cette facilité, puisque la demande doit à peine d'irrecevabilité être accompagnée des pièces propres à la justifier...

La communication de la demande de récusation au magistrat visé

Art. R. 721-5 Le greffe communique au membre de la juridiction copie de la demande de récusation dont il est l'objet.

■ **Textes sources**
– Décret nº 2000-389 du 4 mai 2000, article 1er.

■ **Commentaires**
À la différence de la procédure civile, ce n'est pas le président qui transmet la demande de récusation au magistrat qu'elle vise.

Les effets de la communication de la demande de récusation

Art. R. 721-6 Dès qu'il a communication de la demande, le membre récusé doit s'abstenir jusqu'à ce qu'il ait été statué sur la récusation.
En cas d'urgence, un autre membre de la juridiction est désigné pour procéder aux opérations nécessaires.

■ **Textes sources**
– Décret nº 2000-389 du 4 mai 2000, article 1er.

■ **Commentaires**
L'abstention immédiate du membre suspecté pourrait poser problème si la demande de récusation est formée en début d'audience. La seule façon d'éviter que l'usage d'une telle demande ne devienne un moyen d'écarter tel ou tel magistrat du jugement d'une affaire, même lorsqu'il n'y a pas lieu à récusation,

est alors de renvoyer l'affaire jusqu'à ce que soit menée à son terme la procédure mentionnée aux articles suivants.

LA RÉPONSE DU MAGISTRAT VISÉ PAR UNE DEMANDE DE RÉCUSATION

Art. R. 721-7 Dans les huit jours de cette communication, le membre récusé fait connaître par écrit soit son acquiescement à la récusation, soit les motifs pour lesquels il s'y oppose.

■ **Textes sources**

– Décret nº 2000-389 du 4 mai 2000, article 1er.

LA VALIDITÉ DES ACTES ACCOMPLIS AVANT LA DEMANDE DE RÉCUSATION

Art. R. 721-8 Les actes accomplis par le membre récusé avant qu'il ait eu connaissance de la demande de récusation ne peuvent être remis en cause.

■ **Textes sources**

– Décret nº 2000-389 du 4 mai 2000, article 1er.

■ **Commentaires**

Cet article laisse perplexe. Car, s'il y avait vraiment matière à récusation, c'est qu'il y avait un doute sérieux sur l'impartialité du magistrat. Rendre incontestables les actes qu'il a accomplis avant qu'il ait connaissance de la demande de récusation peut alors poser problème. On entend certes que le texte vise les mesures d'instruction, et qu'il serait déraisonnable d'envisager de refaire toute une instruction s'ils ont été prescrits par un magistrat récusé. On aurait pu songer à réserver le cas où la cause de la récusation est susceptible d'avoir influé sur l'orientation de l'instruction : on peut imaginer par exemple que, par inimitié, le rapporteur ne fasse pas communiquer à son bénéficiaire un recours pour excès de pouvoir dirigé contre un acte créateur de droits au profit de ce dernier... Mais, par la tierce opposition, les choses pourront rentrer dans l'ordre.

Le parti a été pris de faire de la récusation non un moyen de procédure à effet dilatoire, mais un outil dont l'effet est concentré sur l'acte de juger, et lui seul.

La décision sur la demande de récusation

Art. R. 721-9 Si le membre de la juridiction qui est récusé acquiesce à la demande de récusation, il est aussitôt remplacé.

Dans le cas contraire, la juridiction, par une décision non motivée, se prononce sur la demande. Les parties ne sont averties de la date de l'audience à laquelle cette demande sera examinée que si la partie récusante a demandé avant la fixation du rôle à présenter des observations orales.

La juridiction statue sans la participation de celui de ses membres dont la récusation est demandée. La décision ne peut être contestée devant le juge d'appel ou de cassation qu'avec le jugement ou l'arrêt rendu ultérieurement.

■ Textes sources

– Code des TA et des CAA, article R. 194, § 2 à 4.

■ Commentaires

On peut estimer, avec prudence, au vu du deuxième alinéa, que l'audience à l'occasion de laquelle il est décidé sur une demande de récusation n'est pas publique. D'ailleurs la décision ainsi rendue est-elle véritablement juridictionnelle ? On en peut douter (la décision n'est pas motivée), sans pouvoir affirmer l'inverse (puisque cette décision ne peut être contestée devant un juge de premier degré). C'est à notre sens un acte d'administration de la justice, qui fait partie de la procédure, et se conteste avec le jugement rendu au terme de cette procédure.

TITRE III La tenue de l'audience

Le présent titre ne comprend pas de dispositions législatives.

Les pouvoirs du président de l'audience

Art. R. 731-1 Le président de la formation de jugement veille à l'ordre de l'audience. Tout ce qu'il ordonne pour l'assurer doit être immédiatement exécuté.
Les membres de la juridiction disposent des mêmes pouvoirs sur les lieux où ils exercent les fonctions de leur état.

■ Textes sources

– Décret nº 2000-389 du 4 mai 2000, article 1er.

■ Commentaires

Le texte ne rappelle pas que l'audience est dans tous les cas publique, ce que prescrit l'article L. 6.
Le texte est plus vague que le précédent (art. R. 198 du Code des tribunaux administratifs et des cours administratives d'appel), qui se référait, pour la police de l'audience, aux articles 438, 439 et 441 du Nouveau Code de procédure civile. Mais le contenu, rapproché de celui de l'article R. 731-2, est identique. On note seulement que tout membre de la juridiction dispose du pouvoir de police sur les lieux où il exerce les fonctions de son état, ce qui peut se référer par exemple à des réunions tenues dans le cadre d'une visite individuelle des lieux (art. R. 622-1), d'une enquête (art. R. 623-2), ou de l'accomplissement d'une commission mentionnée à l'article R. 626-1.

Le comportement des personnes assistant à l'audience

Art. R. 731-2 Les personnes qui assistent à l'audience doivent observer une attitude digne et garder le respect dû à la justice. Il leur est interdit de parler sans y avoir été invitées, de donner des signes d'approbation ou de désapprobation, ou de causer quelque désordre que ce soit.
Le président de la formation de jugement peut faire expulser toute personne qui n'obtempère pas à ses injonctions, sans préjudice des poursuites pénales ou disciplinaires qui pourraient être exercées contre elle.

■ **Textes sources**

– Décret n° 2000-389 du 4 mai 2000, article 1er.

■ **Commentaires**

On a ici copié presque littéralement les dispositions en vigueur devant la juridiction judiciaire. On n'a à vrai dire pas d'exemples où il ait fallu les mettre en jeu devant la juridiction administrative, lors même que, ne siégeant pas en « tenue d'audience », ses membres ne participent pas de l'« apparat » qui selon certains devrait marquer la justice...

En vertu de la loi du 11 juillet 1985 et du décret du 13 janvier 1986, le président de juridiction peut faire assurer un enregistrement des débats, dans un but historique, enregistrement qui ne pourra être consulté que vingt ans après, sauf dérogation, et diffusé que cinquante ans après. Hors cette hypothèse, l'usage de tout appareil d'enregistrement est interdit pendant l'audience, et la méconnaissance de cette règle entache la décision d'irrégularité (CE 11 juin 1993, Médecin conseil régional de Paris [**1**]).

□ ***Jurisprudence***

[**1**] Considérant qu'aux termes de l'article 38 *ter* de la loi du 29 juillet 1881 sur la liberté de la presse modifiée : « Dès l'ouverture de l'audience des juridictions administratives ou judiciaires, l'emploi de tout appareil permettant d'enregistrer, de fixer ou de transmettre la parole ou l'image est interdit. Le président fait procéder à la saisine de tout appareil et du support de la parole ou de l'image utilisés en violation de cette interdiction » ;

Considérant qu'il n'est pas contesté qu'au cours de l'audience du 26 février 1987 de la section des assurances sociales du Conseil national de l'ordre des médecins, et malgré les protestations du médecin-conseil régional de Paris, M. Wegmann a fait usage d'un magnétophone pour enregistrer au moins partiellement les débats, en violation des dispositions de la loi du 2 février 1881 précitées ; qu'ainsi le médecin-conseil régional de Paris est fondé à demander l'annulation de la décision attaquée du 26 février 1987...

LE DÉROULEMENT DE L'AUDIENCE DEVANT LE TRIBUNAL ADMINISTRATIF ET LA COUR ADMINISTRATIVE D'APPEL

Art. R. 731-3 Devant les tribunaux administratifs et les cours administratives d'appel, après le rapport qui est fait sur chaque affaire par un membre de la formation de jugement ou par le magistrat mentionné à l'article R. 222-13, les parties peuvent présenter soit en personne, soit par un avocat au Conseil d'État et à la Cour de cassation, soit par un avocat, des observations orales à l'appui de leurs conclusions écrites. Le président a la faculté de leur retirer la parole si elles ne sont pas en mesure de discuter leur cause avec la modération ou la clarté requises.

La formation de jugement peut également entendre les agents de l'administration compétente ou les appeler devant elle pour fournir des explications.

Au tribunal administratif, le président de la formation de jugement peut, au cours de l'audience et à titre exceptionnel, demander des éclaircissements à toute personne présente dont l'une des parties souhaiterait l'audition.

Le commissaire du gouvernement prononce ensuite ses conclusions.

■ Textes sources

– Code des TA et des CAA, articles R. 196 et R. 197.

■ Commentaires

Les avoués, qui peuvent représenter les parties devant la juridiction (voir art. R. 431-2), ne peuvent s'exprimer à l'audience, encore que l'article R. 741-2 prévoyant que la décision fait mention que les « mandataires » ont été entendus, pourrait être interprété comme les habilitant à prendre la parole. La présence des avoués étant rarissime devant la juridiction administrative, la question ne paraît pas se poser en fait. En revanche, elle se présente relativement souvent, en des termes identiques, pour les mandataires non avocats admis en contentieux fiscal ; on peut estimer qu'ils sont en droit de prendre la parole au nom de leur mandant.

A été reprise et modernisée la disposition, tirée de l'article 441 du Nouveau Code de procédure civile, selon laquelle la parole peut être retirée aux parties ainsi qu'à leurs « défenseurs autres qu'avocats ou avoués », « si la passion ou l'inexpérience les empêche de discuter leur cause avec la décence convenable ou la clarté nécessaire » : la « décence » a été remplacée par « la modération »... En interrompant dans ces conditions un requérant, le président ne porte pas atteinte au caractère contradictoire de la procédure (CE 30 novembre 1994, Lassus).

Un fonctionnaire d'État agissant pour une commune en vertu d'une convention de mise à disposition est regardé pour l'application de ce texte comme un « agent de l'administration compétente » et peut donc être entendu en ses observations pour la commune (CE 27 février 1995, Pince).

Le texte donne, devant le tribunal administratif, quelque souplesse à une procédure que la jurisprudence avait rendue très rigide (CE 14 décembre 1984, Société Montague-Burton [**1**] – CE 29 avril 1983, Ministre de la Santé c/ CRAM Rhône-Alpes, *Lebon* p. 827 [**2**]). Encore cet assouplissement demeure-t-il limité à des cas exceptionnels et à l'hypothèse d'une demande de la partie dont on peut estimer qu'elle doit être présente. De toute façon, la réponse à une

« demande d'éclaircissement » ne saurait se transformer en observations orales, réservées aux parties ou à leurs mandataires autorisés. L'usage de cette faculté n'est pas assimilé à une enquête dès lors qu'elle n'a pour objet que de faire préciser le déroulement de faits déjà relatés dans les mémoires. On ne saurait donc imposer au tribunal de respecter les règles des articles R. 623-1 et suivants, et notamment d'établir un procès-verbal d'audition (CE 16 décembre 1996, Élections de Betschdorf). On notera enfin que cette faculté n'autorise pas pour autant le tribunal à entendre, s'exprimant au nom du requérant, un autre mandataire que l'un de ceux que prévoit le texte (CE 25 octobre 1996, Commune d'Olivet).

Même représentée, une partie peut semble-t-il faire des observations orales elle-même.

Selon une règle générale de procédure, les parties doivent êtres traitées sur pied d'égalité (CE 29 décembre 1997, Département de Saône-et-Loire). Toutefois, le défendeur doit pouvoir s'exprimer après le demandeur. Si cet ordre vient à être inversé, il convient de redonner la parole au défendeur pour lui permettre, s'il le souhaite, de répondre au demandeur (CE 1er décembre 1993, Commune de Saint-Cyprien [**3**]).

Les conclusions du commissaire du gouvernement sont prononcées sur toutes les affaires (art. L. 7). Ce principe est toutefois limité par la loi ou la tradition. Y échappent donc les référés et constats d'urgence, par l'effet soit de la loi pour les référés d'urgence (livre V) ou pour le contentieux, en première instance, des arrêtés de reconduite à la frontière, soit de la tradition, pour les autres référés.

Il s'ensuit qu'une décision rendue alors que le commissaire du gouvernement a conclu à la remise de l'affaire, sans autrement se prononcer sur le fond, est irrégulière si elle ne se borne pas à ce supplément d'instruction (CE 14 février 1912, Ministre des Travaux publics c/ Passard, *Lebon* p. 904 [**4**]). Il en va *a fortiori* de même si le commissaire du gouvernement s'est borné à s'en rapporter à la sagesse du tribunal (CE sect. 13 juin 1975, Adrassé, *Lebon* p. 356 [**5**]).

Le juge unique de l'article R. 222-13 doit se prononcer après audition du commissaire du gouvernement.

Il résulte expressément du texte que les parties ne peuvent présenter de nouvelles observations orales après que le commissaire du gouvernement a prononcé ses conclusions (CE 3 juin 1996, Bourgais). Seule leur est ouverte la possibilité de présenter une « note en délibéré », possibilité qui, purement factuelle, a pris désormais une portée juridique depuis l'arrêt Kress c/ France de la Cour européenne des droits de l'homme (CEDH, 7 juin 2001, voir les commentaires sous l'article R. 613-2).

□ ***Jurisprudence***

[**1**] Considérant qu'il résulte de l'instruction que Mme Otal a été assistée dans ses observations présentées à l'audience du tribunal administratif par un délégué syndical qui s'est exprimé orale-

ment en son nom en contravention avec les dispositions de l'article R. 166 du Code des tribunaux administratifs ; qu'il résulte de ce qui précède que la société Montague-Burton est fondée à soutenir que le jugement attaqué a été rendu sur une procédure irrégulière et doit être annulé...

[**2**] Considérant qu'aux termes de l'article R. 166 du Code des tribunaux administratifs, « les parties peuvent présenter soit en personne, soit par un avocat [...] des observations orales à l'appui de leurs conclusions écrites » ; qu'il résulte de ces dispositions que le tribunal administratif doit refuser d'entendre un agent d'une personne morale, autre qu'une administration, qui n'est pas doté d'un pouvoir permanent l'autorisant à agir en justice ; qu'il ressort des pièces du dossier que le tribunal administratif de Lyon a procédé à l'audition, en ses observations orales au nom de la caisse régionale d'assurance maladie de la région Rhône-Alpes, d'un chef de service de ladite caisse qui n'était pas doté d'un tel pouvoir permanent ; que, dès lors, le jugement attaqué, qui a été rendu sur une procédure irrégulière, encourt l'annulation...

[**3**] Considérant, d'une part, que bien que la procédure administrative contentieuse soit essentiellement écrite, les règles qui la régissent impliquent qu'à l'audience au cours de laquelle leur affaire est examinée la partie défenderesse s'exprime après la partie requérante lorsqu'en vertu de l'article R. 196 du Code des tribunaux administratifs et des cours administratives d'appel, elles présentent des observations orales à l'appui de leurs conclusions écrites ; que, dans le cas où le défendeur est entendu avant le demandeur, la méconnaissance de cette règle de procédure n'est cependant pas de nature à vicier la procédure suivie devant le tribunal administratif si le défendeur n'a été privé d'aucun de ses droits et notamment de celui de répondre aux observations présentées par la partie requérante...

[**4**] En ce qui concerne l'arrêté du conseil de préfecture de la Lozère du 6 août 1907 dont le ministre demande l'annulation pour vice de forme :
Considérant qu'aux termes de l'article 46 de la loi susvisée du 22 juillet 1889, « le commissaire du gouvernement donne ses conclusions sur toutes les affaires » ;
Considérant que l'arrêté du 6 août 1907 contient la mention : « Oui M. le commissaire du gouvernement » ;
Mais considérant que le ministre soutient que le commissaire du gouvernement n'a pris la parole que pour demander la remise de l'affaire et n'a pas présenté ses conclusions ; que cette affirmation est reconnue exacte par le défendeur et que, d'autre part, elle n'est pas contraire à la mention précitée de l'arrêté attaqué ; que, dans ces conditions, il n'a pas été satisfait aux dispositions de l'article 46 de la loi du 22 juillet 1889 et que, dès lors, le ministre est fondé à soutenir que l'arrêté dont s'agit doit être annulé pour vice de forme...

[**5**] Considérant qu'aux termes de l'article R. 167 du Code des tribunaux administratifs, « le commissaire du gouvernement donne ses conclusions sur toutes les affaires » ; qu'en se bornant à s'en rapporter à la sagesse du tribunal, lors de l'examen le 13 octobre 1973 par le tribunal administratif de Fort-de-France de la requête du sieur Adrassé, le commissaire du gouvernement, qui n'a pas exprimé d'avis motivé sur l'affaire, n'a pas donné ses conclusions au sens des dispositions sus-reproduites de l'article R. 167 du Code des tribunaux administratifs ; que la circonstance que cette attitude ait été motivée par des relations personnelles que le commissaire du gouverne-

ment aurait eues avec le requérant ne saurait faire disparaître l'irrégularité de celle-ci ; qu'il y a lieu dès lors d'annuler le jugement attaqué, lequel a été rendu sur une procédure irrégulière...

LE DÉROULEMENT DE L'AUDIENCE DEVANT LE CONSEIL D'ÉTAT

Art. R. 731-4 Devant le Conseil d'État, après le rapport, les avocats des parties peuvent présenter leurs observations orales. Le commissaire du gouvernement prononce ensuite ses conclusions.

Textes sources

– Ordonnance n° 45-1708 du 31 juillet 1945, article 67.

Commentaires

Devant le Conseil d'État, seuls les avocats aux Conseils sont habilités à prendre la parole, à l'exclusion des parties elles-mêmes ou de leurs mandataires.

TITRE IV La décision

CHAPITRE 1 Dispositions générales

SECTION 1 *Le prononcé de la décision*

La présente section ne comprend pas de dispositions législatives.

LE PRONONCÉ DE LA DÉCISION APRÈS DÉLIBÉRÉ

Art. R. 741-1 Après délibéré hors la présence des parties, et réserve faite des dispositions applicables aux ordonnances, la décision est prononcée en audience publique.

■ Textes sources

– Ordonnance nº 45-1708 du 31 juillet 1945, article 68, § 1.
– Code des TA et des CAA, article R. 199.

■ Commentaires

Le délibéré est secret, conformément à la tradition française érigée en principe général du droit (CE 17 novembre 1922, Légillon). En présence d'un arrêt ayant fait état de l'audience publique, et mentionné que la décision avait été délibérée « à l'audience », le Conseil d'État a jugé que cette dernière mention devait être lue comme signifiant que le délibéré avait commencé à l'issue de l'audience publique, et que donc les juges n'avaient pas délibéré au cours de cette dernière (CE 20 novembre 2000, Commune de Brou-sur-Chantereine – CE 6 juin 2001, Mosquera). Cette façon de juger révèle que le secret du délibéré est une formalité substantielle : c'est une garantie fondamentale, et la décision est irrégulière s'il y a été porté atteinte (CE 30 décembre 1996, Élections de Chantilly [1]).

Le « prononcé » en audience publique de la décision juridictionnelle correspond assez rarement à une réalité. Il répond pourtant à une exigence substantielle (CE 8 janvier 1982, Serban, *Lebon* p. 8, concl. Genevois).

La mention sur une décision de sa lecture publique a pour seul objet d'indiquer qu'elle a été rendue publique lors de la séance dont elle porte la date (CE 31 juillet 1992, Sunka). Aussi bien les parties n'ont-elles pas à être convoquées à l'audience du prononcé de la décision (CE 15 mai 1896, Saint-Nazaire, *Lebon* p. 394 – CE 2 août 1902, Humbert, *Lebon* p. 737).

L'absence de convocation des parties à l'audience de lecture, qui n'est contraire à aucun principe général du droit, ne méconnaît en particulier ni le principe d'égalité devant la loi, ni l'article 6-1 de la Convention européenne de sauvegarde des droits de l'homme et des libertés fondamentales (CE 5 avril 1996, Syndicat des avocats de France).

Une interprétation de l'arrêt Kress c/ France rendu le 7 juin 2001 par la Cour européenne des droits de l'homme conduit à penser que le commissaire du gouvernement ne doit pas assister au délibéré. En tout cas, au nom du principe de l'apparence, il ne doit pas donner l'impression aux parties qu'il assistera au délibéré. Et, en tout état de cause, il ne peut participer à ce dernier.

□ ***Jurisprudence***

[**1**] Considérant qu'il ressort des mentions du jugement attaqué qu'il a été prononcé en audience publique le 21 décembre 1995 ; que, cependant, par un article de son édition régionale datée du 20 décembre 1995, un quotidien a révélé le sens et les motifs de ce jugement ; qu'une telle publicité, intervenue avant la lecture du jugement, a porté au principe général du secret des délibérations de la formation de jugement une atteinte qui n'a été rendue possible que par une irrégularité de la procédure suivie devant le tribunal administratif, laquelle irrégularité doit, dans les circonstances de l'espèce, entraîner l'annulation du jugement du 21 décembre 1995...

SECTION 2 *Les mentions obligatoires de la décision*

La présente section ne comprend pas de dispositions législatives.

LE CONTENU OBLIGATOIRE DE LA DÉCISION

Art. R. 741-2 La décision mentionne que l'audience a été publique.

Elle contient le nom des parties, l'analyse des conclusions et mémoires ainsi que les visas des dispositions législatives ou réglementaires dont elle fait application.

Mention y est faite que le rapporteur et le commissaire du gouvernement et, s'il y a lieu, les parties, leurs mandataires ou défenseurs ainsi que toute personne entendue sur décision du président en vertu du deuxième alinéa de l'article R. 731-3 ont été entendus.

La décision fait apparaître la date de l'audience et la date à laquelle elle a été prononcée.

■ Textes sources

- Ordonnance n° 45-1708 du 31 juillet 1945, article 68, § 2.
- Code des TA et des CAA, article R. 200, § 1 à 4.

■ Commentaires

Si l'article R. 741-2 ne fait pas état, à l'inverse de l'ancien article R. 200, du nom des juges qui ont rendu la décision, c'est que cette exigence est énoncée à l'article L. 10. Elle est, de plus, fort substantielle, puisqu'il s'agit, en fait, d'un principe général (CE 13 mars 1998, Avakian). La mention de ces noms doit évidemment correspondre à la réalité (CE 7 mars 1994, Association pour le tracé ouest du contournement routier de Carling). Aucune différence ne doit par ailleurs ressortir entre la composition du tribunal à l'audience et la formation qui a délibéré (CE 6 mars 1991, Commune de Roquevaire). Mais la composition de la juridiction à l'audience de lecture n'a pas à apparaître (CE 22 janvier 1992, Géo, *RJF* 1992, n° 356), non plus que la présence du greffier d'audience (CE 29 janvier 1992, Segonzac, *RJF* 1992, n° 366).

Toutes les mentions ici répertoriées sont substantielles, et le jugement fait la preuve par lui-même de leur exactitude, la preuve contraire devant dès lors être apportée par qui la discute (CE 23 juin 1989, Cartaud – CE 4 novembre 1996, Élections de Saint-Mathieu, preuve apportée de l'inexactitude de la mention d'une présence à l'audience). Même le silence du jugement (autrement dit l'absence d'une mention) vaut preuve. Ainsi, si, lorsque les parties se sont exprimées oralement, ce fait doit être mentionné (CE 2 juin 1993, Divol), il appartient à l'intéressé dont l'audition n'est pas mentionnée d'apporter la preuve qu'il a présenté des observations orales (CE 29 juillet 1994, Brizard).

Seul en principe l'original du jugement (sa « minute ») doit, pour l'application de cet article, être vérifié, les expéditions adressées aux parties pouvant contenir des inexactitudes matérielles sans portée juridique (CE 29 décembre 1993, Michel).

Est irrégulier un jugement ou un arrêt ne mentionnant pas que l'audience a été publique (CE 8 novembre 1993, Kluck – CE 29 juillet 1994, David), cette règle valant également pour les décisions du Conseil d'État (CE 10 mai 1995, Paris).

Le terme de « conclusions » ne doit pas être limité à l'« objet » des requêtes, mais s'étend aux moyens qui y sont développés (CE 7 février 1968, Société X..., *Rec.* p. 96 [**1**]).

Les mémoires n'ont à être visés que s'ils contiennent des éléments nouveaux (CE 14 novembre 1994, Medus), la seule référence à des décisions de justice rendues dans des espèces présentées comme identiques ou voisines n'étant pas regardée comme telle (CE 14 novembre 1994, Renard).

On note que le jugement intervenu après un jugement avant dire droit rendu dans la même instance peut se borner, pour tous les éléments de procédure intervenus avant l'intervention de ce dernier, à le viser, si celui-ci contient les visas des conclusions des parties, sauf à devoir évidemment viser les éléments survenus postérieurement au jugement avant dire droit (CE 14 janvier 1994, Maubleau).

S'agissant des visas de textes, il peut être suppléé à leur insuffisance par leur prise en considération dans les motifs de la décision (CE 4 juin 1982, Ministre du Travail, *Lebon* p. 200, *a contrario* [**2**]).

L'ordonnance de clôture, qui devait, ainsi que le cas échéant l'ordonnance de réouverture, être visée (CE 8 novembre 1985, Guilhaume, *Lebon* p. 320 – CE 30 juin 1993, Communauté urbaine de Bordeaux), n'a plus à l'être (CE 23 mars 1994, Société Groupe de recherche et de construction).

La mention de l'audition du commissaire du gouvernement est substantielle (CE 31 mai 1989, Commune du Moule [**3**]), mais ne doit pas donner à penser que ce dernier a pris part au délibéré (CE 3 novembre 1989, Association communale de chasse agréée de Parsac). Cette exigence est renforcée par l'arrêt Kress c/ France rendu le 7 juin 2001 par la Cour européenne des droits de l'homme.

Le texte enfin exige désormais que figurent sur la décision tant la date de l'audience que celle du prononcé, dit encore « lecture ». La jurisprudence l'imposait antérieurement (CE 14 novembre 1962, Wettel, *Lebon* p. 1 072), alors même qu'il est jugé qu'aucune règle de procédure applicable sans texte n'impose la mention d'une date de lecture (CE 7 février 1994, Inthavong). La présence de cette dernière date est fondamentale, puisque c'est à ce jour que la décision est réputée rendue, et que c'est donc à cette date qu'il sera vérifié d'une part que la juridiction était compétente, d'autre part, s'agissant des jugements rendus en plein contentieux, que ces décisions sont conformes à la situation de droit ou de fait (CE sect. 19 novembre 1993, Brutus) : l'affaire est réputée demeurée en délibéré jusqu'à cette date de lecture, qui seule marque le dessaisissement du juge. On notera que la décision juridictionnelle ne s'impose aux parties qu'à compter de sa notification (CE 17 mai 1974, Élections municipales de Camelas, *Lebon* p. 292).

Délicate est la question, au regard de la règle selon laquelle le jugement fait foi de ses mentions jusqu'à preuve contraire, de la convocation des parties à l'audience, car on a pu soutenir que si le jugement peut faire foi de l'envoi des avis d'audience, il ne peut toujours le faire de leur réception, si les signataires du jugement n'ont pu s'en assurer, et d'autre part que cette règle mettait à la charge des contestataires une preuve négative...

Un point doit d'abord être précisé : le texte n'impose pas formellement que le jugement fasse état de l'existence ou de l'envoi des avis d'audience. Et pourtant diverses décisions, il est vrai, rendues en matière de reconduite à la frontière, mais sur le fondement de cet article, énoncent la règle selon laquelle « les jugements doivent mentionner que les parties ont été entendues ou dûment convoquées » (CE 6 juillet 1990, Préfet des Hauts-de-Seine – CE 27 mars 1996, Yapi). On ne peut qu'exprimer une perplexité devant cette position, alors surtout que le Conseil d'État juge que, si tout jugement doit faire la preuve de la régularité de la procédure au terme de laquelle il a été rendu, la mention de ce que les parties ont été convoquées n'est imposée par aucune règle générale de procédure (CE 18 décembre 1996, Centre hospitalier et universitaire de Montpellier) Observons au demeurant que l'habitude des juridictions est de faire état de l'existence de ladite convocation.

S'agissant de la force probante de cette mention, quelques décisions ont en cette matière exigé que le dossier contienne lui-même la preuve de l'exactitude de la mention de la convocation (CE 25 novembre 1983, Domon [**4**] – CE 7 février 1986, Martin – CAA Lyon, 3 décembre 1990, SCI Les Grandes épines bénites).

Mais la tendance actuelle va plutôt en sens inverse. Tour à tour des arrêts Le Crom (CE 27 mars 1991) et Mascarel (CE 17 mai 1991) réaffirment que, comme jugé par exemple le 21 juillet 1989 (CE 21 juillet 1989, Commune de Bondoufle), la mention de la convocation fait foi jusqu'à preuve contraire, généralement non rapportée, ce qui conduira la cour administrative d'appel de Lyon à modifier sa jurisprudence (CAA Lyon, 19 novembre 1991, SARL Maroello Guaita). Il arrive d'ailleurs que la preuve de l'inexactitude soit apportée : par deux fois, il a pu être démontré que des envois en télécopie n'avaient pas atteint leurs destinataires normaux (CE 15 mai 1996, Giraud – CE 6 juin 1997, Commune d'Aubagne). Il semble que ce qui est ici recherché est l'exactitude de l'envoi de l'avis d'audience à la date voulue, peu important sa date de réception, voire sa réception : on lit ainsi dans une décision du 29 novembre 1991 (CE 29 novembre 1991, Zhang) que « la circonstance que la convocation à l'audience adressée à M. Zhang ne lui aurait pas été distribuée par le service des postes est sans influence sur la régularité du jugement », position réaffirmée le 6 septembre 1993 (CE 6 septembre 1993, Cardot [**5**]). Mais on trouve également des jurisprudence tenant compte de ce que, par suite de mouvements sociaux affectant le service des postes, l'avis d'audience n'a pu être distribué qu'avec retard (par exemple, CE 21 juin 1996, Ville de Marseille c/ Caroubi).

□ ***Jurisprudence***

[**1**] Considérant qu'aux termes de l'article 48, paragraphe 2 de la loi du 22 juillet 1889, « les arrêtés pris par le conseil de préfecture contiennent les noms et conclusions des parties, le vu des pièces et des dispositions législatives dont ils font l'application » ;

Considérant que le jugement attaqué, s'il contient l'indication des conclusions présentées par la société X..., ne comporte ni dans ses visas, ni dans ses motifs l'analyse des moyens développés à l'appui de ces conclusions ; qu'ainsi le jugement attaqué est entaché d'un vice de forme ; que la société X... est fondée à en demander l'annulation...

[**2**] Considérant que, d'après l'article R. 172 du Code des tribunaux administratifs, les jugements de ces tribunaux doivent contenir les visas des dispositions législatives ou réglementaires dont ils font application ;
Considérant qu'il ressort des motifs du jugement attaqué que, pour statuer sur les conclusions à fin d'annulation attaqué présentées par le Centre d'études et de promotion du tourisme, le tribunal administratif de Paris a fait application de règlements du Conseil des Communautés européennes prévoyant les modalités de fonctionnement du Fonds spécial européen en se référant à « l'économie du système clairement prévu par les règlements communautaires en vigueur » ; que ceux d'entre les règlements communautaires dont il a entendu faire application ne sont cités ni dans les visas du jugement, ni dans ses motifs ; qu'ainsi le jugement attaqué, en tant qu'il a statué sur ces conclusions, ne satisfait pas aux prescriptions de l'article R. 172 du Code des tribunaux administratifs...

[**3**] Considérant qu'en vertu des dispositions de l'article R. 172 alinéa 4 du Code des tribunaux administratifs et des cours administratives d'appel, les jugements mentionnent, « s'il y a lieu, que les parties, leurs mandataires ou défenseurs et le commissaire du gouvernement ont été entendus » ; que le jugement attaqué du tribunal administratif de Basse-Terre, en date du 30 mai 1986, ne comporte aucune mention relative à l'audition du commissaire du gouvernement ; qu'ainsi ce jugement est entaché d'un vice de forme...

[**4**] Considérant que la société anonyme Domon soutient que ni elle ni son conseil n'ont été convoqués à la séance à laquelle son affaire était inscrite ; qu'aucune pièce du dossier ne permet d'infirmer cette allégation ; que, par suite, nonobstant la circonstance que le jugement attaqué fait mention de ladite convocation, la société Domon est fondée à soutenir que la formalité substantielle prévue à l'article R. 162 précité n'a pas été observée ; que, par suite, le jugement attaqué doit être annulé...

[**5**] Considérant, en second lieu, que la mention portée sur le jugement attaqué selon laquelle la requérante, qui a été entendue à l'audience du 8 novembre 1990, a été dûment avisée de celle-ci, fait foi par elle-même jusqu'à preuve contraire ; que si Mlle Cardot soutient n'avoir jamais reçu la lettre recommandée, en date du 10 octobre 1990, l'avertissant, par application de l'article R. 193, du jour où l'affaire serait appelée à l'audience, il ressort du dossier que cette lettre, portant son nom et son adresse, a été déposée au bureau de poste de Paris-82 le 11 octobre 1990 ; qu'ainsi la circonstance que la requérante n'aurait pas reçu cette lettre ne saurait suffire à établir qu'elle n'a pas été régulièrement avisée de la date de l'audience...

LE DÉBUT DES JUGEMENTS DES TRIBUNAUX ADMINISTRATIFS

Art. R. 741-3 Les jugements des tribunaux administratifs débutent par les mots « Au nom du peuple français » et portent l'une des mentions suivantes :
« Le tribunal administratif de... (nom de la ville où il siège) »

ou
« Le tribunal administratif de... (nom de la ville où il siège) (n^e chambre) » et à Paris « (n^e section) » ou « (n^e section, n^e chambre) ».
Lorsque le jugement est rendu par un magistrat statuant seul, il porte l'une des mentions suivantes :
« Le tribunal administratif de... (nom de la ville où il siège) (le président du tribunal) »
ou
« Le tribunal administratif de... (nom de la ville où il siège) (le magistrat délégué) ».
Pour l'application des alinéas précédents, les jugements du tribunal administratif de Nouvelle-Calédonie portent la mention : « Le tribunal administratif de Nouvelle-Calédonie ».

■ **Textes sources**
– Code des TA et des CAA, article R. 201.

LE DÉBUT DES ARRÊTS DES COURS ADMINISTRATIVES D'APPEL

Art. R. 741-4 Les arrêts des cours administratives d'appel débutent par les mots « Au nom du peuple français » et portent l'une des mentions suivantes :
« La cour administrative d'appel de... (nom de la ville où elle siège) »
ou
« La cour administrative d'appel de... (nom de la ville où elle siège) (n^e chambre) ».

■ **Textes sources**
– Code des TA et des CAA, article R. 202.

■ **Commentaires**
La mention du nom de la ville où siège la juridiction est substantielle (CE 12 décembre 1997, Élections de Saint-Philippe).
On aurait pu songer à compléter ces articles de la mention du « juge des référés », auquel la loi du 30 juin 2000 a donné une existence procédurale (voir livre V).

LE DÉBUT DES DÉCISIONS DU CONSEIL D'ÉTAT

Art. R. 741-5 Les décisions du Conseil d'État débutent par les mots « Au nom du peuple français » et portent l'une des mentions suivantes :
« Le Conseil d'État statuant au contentieux »
ou
« Le Conseil d'État statuant au contentieux (section du contentieux) »
ou
« Le Conseil d'État statuant au contentieux (section du contentieux, n^{e} et n^{e} sous-sections réunies) »
ou
« Le Conseil d'État statuant au contentieux (section du contentieux, n^{e} sous-section) »
ou
« Le président de la section du contentieux du Conseil d'État »
ou
« Le conseiller d'État délégué par le président de la section du contentieux du Conseil d'État ».

■ **Textes sources**
– Décret n° 63-766 du 30 juillet 1963, article 56.

LE DISPOSITIF DES DÉCISIONS

Art. R. 741-6 Le dispositif des décisions est divisé en articles et précédé du mot « décide ».

■ **Textes sources**
– Code des TA et des CAA, article R. 203.

■ **Commentaires**
On rappelle que, l'article L. 9 le précise, avant le dispositif viennent obligatoirement les motifs...

SECTION 3 *La minute de la décision*

La présente section ne comprend pas de dispositions législatives.

LA SIGNATURE DE LA MINUTE DE LA DÉCISION

Art. R. 741-7 Dans les tribunaux administratifs et les cours administratives d'appel, la minute de la décision est signée par le président de la formation de jugement, le rapporteur et le greffier d'audience.

■ **Textes sources**

– Code des TA et des CAA, article R. 204, § 1.

LA SIGNATURE DE LA DÉCISION LORSQUE LE PRÉSIDENT DE LA FORMATION DE JUGEMENT EST RAPPORTEUR

Art. R. 741-8 Dans les tribunaux administratifs, si le président de la formation est rapporteur, la minute est signée, en outre, par l'assesseur le plus ancien dans l'ordre du tableau.

Lorsque l'affaire est jugée par un magistrat statuant seul, la minute du jugement est signée par ce magistrat et par le greffier d'audience.

■ **Textes sources**

– Code des TA et des CAA, article R. 204, § 2 et 3.

■ **Commentaires**

L'apposition des signatures est une formalité substantielle (CE 26 novembre 1993, Cheq).

Les signatures ne valent évidemment pas approbation du contenu, mais certification de l'exactitude des mentions – qui font foi – relatives au déroulement de la procédure, et de ce que la décision est conforme au délibéré. Ces mentions supportent la preuve contraire (par exemple, CE 21 juillet 1989, Commune de Bondoufle [1]).

Avec l'article R. 741-8, on note l'apparition de la règle selon laquelle toute décision doit comporter la signature de deux des magistrats qui y ont concouru, précaution non inutile lorsqu'on sait combien est délicate la rédaction de ces décisions.

□ ***Jurisprudence***

[1] Considérant que la commune de Bondoufle n'établit pas que, contrairement aux mentions du jugement attaqué, elle n'aurait pas, en méconnaissance de l'article R. 162 du Code des tribunaux administratifs, été convoquée à l'audience du 6 juin 1986 du tribunal administratif de Versailles...

La signature de la minute de la décision du Conseil d'État

Art. R. 741-9 Au Conseil d'État, la minute de la décision est signée par le président de la formation de jugement, le rapporteur et le secrétaire.

Lorsque l'affaire est jugée par le président de la section du contentieux ou *[un]* par un conseiller d'État qu'il délègue, la minute est signée par le président de la section du contentieux ou ce conseiller et par le secrétaire.

■ **Textes sources**

– Ordonnance nº 45-1708 du 31 juillet 1945, article 68, § 2.

La conservation de la minute

Art. R. 741-10 La minute des décisions est conservée au greffe de la juridiction pour chaque affaire, avec la correspondance et les pièces relatives à l'instruction.

Les pièces qui appartiennent aux parties leur sont remises sur leur demande contre récépissé, à moins que le président de la juridiction ou, au Conseil d'État, le président de la section du contentieux, n'ait ordonné que quelques-unes de ces pièces resteraient annexées à la décision.

En cas de recours formé contre la décision devant une juridiction autre que celle qui a statué, le dossier de l'affaire lui est transmis.

■ **Textes sources**

– Code des TA et des CAA, article R. 206.

■ **Commentaires**

Le principe est que les pièces restent au dossier, sauf demande des parties soumise au président de la juridiction.

L'article R. 741-10 valide la pratique consistant à transmettre le dossier au juge saisi d'un recours contre la décision juridictionnelle, et en fait désormais une obligation.

Cet article doit être, dans son deuxième alinéa, combiné avec l'article R. 101-1 du Livre des procédures fiscales auquel il ne déroge pas et selon lequel « pendant les quinze jours qui suivent la date à laquelle est rendue une décision, de quelque nature qu'elle soit, par une juridiction civile, administrative, consulaire, prud'homale ou militaire, les pièces restent déposées au greffe où elles sont à la disposition de l'administration des Impôts ». En conséquence, aucune pièce ne devrait normalement quitter la juridiction avant l'expiration de ce délai de quinze jours. Cette disposition est largement perdue de vue, y compris par l'administration des Impôts au profit de laquelle elle est édictée.

SECTION 4

La rectification des erreurs matérielles devant le tribunal administratif

La présente section ne comprend pas de dispositions législatives.

La correction par le président du tribunal administratif des erreurs ou omissions matérielles

Art. R. 741-11 Lorsque le président du tribunal administratif constate que la minute d'un jugement ou d'une ordonnance est entachée d'une erreur ou d'une omission matérielle, il peut y apporter, par ordonnance rendue dans le délai d'un mois à compter de la notification aux parties de ce jugement ou de cette ordonnance, les corrections que la raison commande.

La notification de l'ordonnance rectificative rouvre le délai d'appel contre le jugement ou l'ordonnance ainsi corrigés.

Lorsqu'une partie signale au président du tribunal l'existence d'une erreur ou d'une omission matérielle entachant un jugement ou une ordonnance, et lui demande d'user des pouvoirs définis au premier alinéa, cette demande est, sauf dans le cas mentionné au deuxième alinéa, sans influence sur le cours du délai d'appel ouvert contre ce jugement ou cette ordonnance.

■ **Textes sources**

– Code des TA et des CAA, article R. 205.

■ **Commentaires**

Avant l'intervention des dispositions reprises dans cet article, les tribunaux administratifs ne pouvaient rectifier leurs erreurs matérielles (CE 28 janvier 1959, Guiraud, *Lebon* p. 1 082), cette faculté n'étant ouverte sans texte qu'au bénéfice des juges de dernier ressort. Ce qui obligeait, même dans les cas flagrants, à interjeter appel pour faire rectifier une bévue.

Inspiré de l'article 462 du Nouveau Code de procédure civile, cet article soulève les mêmes difficultés d'application : il convient, et ce n'est pas toujours aisé, de tracer la frontière entre « l'erreur ou l'omission matérielles », relevant de cet article, et les autres erreurs ou omissions qui, du fait du dessaisissement du juge du premier degré, relèvent du contrôle de la juridiction d'appel. À cet égard la rectification d'erreur matérielle déroge au principe, rappelé à l'article 461 du Nouveau Code de procédure civile, selon lequel « la sentence une fois rendue le juge cesse d'être juge ». Le qualificatif « matérielles » doit donc ici être retenu dans son acception la plus étroite, alors surtout qu'il s'agit pour un juge unique de rectifier une décision en principe collégiale.

On peut estimer, comme c'est l'usage en matière de rectification, que seules auront à être rectifiées les erreurs affectant soit l'exécution d'un jugement (donc contenues dans son dispositif), soit sa portée.

Seule peut être rectifiée ainsi une décision juridictionnelle. Ce n'est pas le cas de décisions du président qui ont la qualité d'actes administratifs, telle l'ordonnance portant taxation des frais d'expertise (CE 4 mars 1998, Longo, *Lebon* p. 71).

Le texte définit un pouvoir propre du président, qui est censé agir d'office. D'où il résulte, entre autres, que, si une partie lui a demandé d'opérer une telle rectification, et s'il s'y refuse, il ne doit pas rejeter cette demande, qui n'est pas une « requête », par la voie juridictionnelle (CE sect. 26 juillet 1996, Barrel [**1**]). Cela n'exclut bien évidemment pas que les parties intéressées alertent le président de l'anomalie ou omission matérielle relevée dans un jugement. Ce sera même, dans les faits, par cette voie que le président, qui n'a guère le temps de relire tous les jugements pour y pourchasser les erreurs ou omissions matérielles, sera informé de l'existence d'une telle erreur ou omission. Mais cette information n'a pas valeur de requête. C'est pourquoi il ne convient pas, sans doute, d'estimer, comme le fait la Cour de cassation (Cass. civ. 6 mai 1976, *Bull. civ.* II, p. 115), que si l'erreur est imputable à la partie qui en demande la rectification, cette dernière ne peut être apportée.

Tenant compte toutefois de cette réalité, le texte aménage le délai de rectification de façon à le rendre efficace. La version initiale ouvrait un délai de deux mois « à compter de la lecture » du jugement. Comme la notification du jugement est parfois postérieure de plusieurs semaines à sa date de lecture, il arrivait que, lorsque les parties étaient à même de lire le jugement et d'y découvrir l'erreur, le délai de rectification était expiré. En faisant désormais partir le délai de la notification du jugement, le texte évite cet effet pervers. Corrélativement, le délai est limité à un mois, de façon à se terminer avant le délai d'appel : le silence pendant un mois du président saisi d'une demande de rectification laisse ainsi la possibilité à la partie concernée de saisir le juge d'appel.

Le dernier alinéa précise opportunément, ce que la jurisprudence avait dégagé (décision Parrel précitée), qu'une éventuelle demande de rectification est sans influence sur le délai d'appel, sauf bien sûr lorsqu'il y est fait droit par une ordonnance rectificative. Encore, dans ce dernier cas, le délai d'appel n'est réouvert qu'en ce qui concerne la partie du jugement qui a fait l'objet de rectification (CE 22 février 1999, Ministre de l'Intérieur c/ Kaba).

□ ***Jurisprudence***

[**1**] Considérant que les dispositions précitées ont pour effet d'attribuer au président du tribunal administratif un pouvoir propre de correction du jugement ; que, lorsqu'il lui est demandé de faire usage d'un tel pouvoir, il ne lui appartient pas de prendre une décision juridictionnelle pour écarter une telle demande, qui n'a pas le caractère d'une requête ; qu'il en résulte, d'une part, qu'en statuant, pour écarter la demande de Mme Parrel, par le jugement attaqué, le tribunal administratif de Clermont-Ferrand a excédé les limites de sa compétence et que son jugement en date du 19 janvier 1993 doit, par suite, être annulé et, d'autre part, que la demande présentée par Mme Parrel n'a pu prolonger le délai d'appel contre le jugement du 20 octobre 1992...

SECTION 5 *L'amende pour recours abusif*

La présente section ne comprend pas de dispositions législatives.

L'AMENDE POUR RECOURS ABUSIF

Art. R. 741-12 Le juge peut infliger à l'auteur d'une requête qu'il estime abusive une amende dont le montant ne peut excéder 20 000 F [3 000 euros].

■ **Textes sources**
- Décret n° 63-766 du 30 juillet 1963, article 57-2.
- Code des TA et des CAA, article R. 88.
- Ordonnance n° 2000-916 du 19 septembre 2000, article 3 et annexe I.
- Décret n° 2001-373 du 27 avril 2001, article 1-I.

■ **Commentaires**

L'amende ici prévue ne peut être prononcée qu'à l'occasion d'une procédure juridictionnelle. Si la juridiction n'intervient pas à ce titre (c'est le cas par exemple lorsque le tribunal est saisi de la demande d'un contribuable tendant à être autorisé à exercer une action au nom de la commune), il ne peut prononcer d'amende (CE 13 mai 1994, Levais – CE 10 juin 1994, Chalard [**1**]).
Cette amende a pu valablement être créée par décret (CE 12 octobre 1979, Rassemblement des nouveaux avocats de France, *Lebon* p. 371, pour les amendes civiles – CE ass. 31 octobre 1980, FNUJA, *Lebon* p. 395 [**2**]) et n'est pas contraire à l'article 6-1 de la Convention européenne de sauvegarde des droits de l'homme et des libertés fondamentales (CE 25 juillet 1986, Casanovas, *Lebon* p. 669 [**3**] – CE 2 mars 1994, Boquel). La Commission européenne des droits de l'homme a d'ailleurs écarté « pour irrecevabilité au fond » le

moyen tiré de la contrariété avec l'article 6-1 des sanctions pécuniaires pour recours abusif, de telles sanctions étant hors du champ de cet article (décision du 2 juillet 1991, Société des travaux du Midi, *AJDA* 1991, p. 809). Mais on observe que la cour de Strasbourg a, dans l'affaire Ransborg c/ Suède (23 mars 1993), estimé que le prononcé de sanctions pour « délit d'audience » entrait bien dans le champ de l'article 6-1. Sans être totalement identique à l'amende de l'article R. 88, cette hypothèse pourrait peut-être s'en rapprocher...
L'infliction de l'amende n'appelle pas une motivation spécifique autre que l'affirmation que la requête présente un caractère abusif (CE 17 novembre 1999, Société Sodex). C'est un pouvoir propre du juge (qui peut être le juge unique des articles R. 122-12, R. 222-1, R. 222-13, ou le juge des urgences), soumis au contrôle du juge d'appel (CE 17 février 1997, Gigon – CE 23 septembre 1998, Casagrande). Sont donc irrecevables les conclusions tendant à ce qu'elle soit infligée (CE 2 avril 1971, Ministre de l'Équipement c/ Rousseau, *Lebon* p. 1 158 – CE 13 janvier 1992, Bertin). L'exercice de ce pouvoir ne constitue pas l'application d'un moyen d'ordre public soulevé d'office, dont il conviendrait de prévenir le requérant par application de l'article R. 611-7 (CE 11 mai 1994, Bertin).
L'amende peut être infligée à une collectivité territoriale (CE 26 mars 1971, Département de Seine-et-Marne, *Lebon* p. 261 – CE 27 avril 1984, Commune de Larrau), ou à un établissement public (CE 1er décembre 1989, Caisse des dépôts et consignations, amende infligée par la commission d'admission des pourvois en cassation). Elle ne peut à l'inverse en l'état actuel de la jurisprudence être infligée à l'État (CE ass. 27 avril 1979, Ministre des Finances c/ Lestrade, conclusions contraires Théry, *Lebon* p. 172, solution implicite). Le fondement apparent de cette jurisprudence (condamner l'État à payer une amende revient à le condamner à se payer une somme à lui-même), quoique empreint d'une parfaite logique financière, n'a pas retenu le juge administratif lorsqu'il s'est agi pour lui de condamner l'État à verser des astreintes dont le montant allait pour partie abonder les crédits affectés à un fonds budgétaire (voir article L. 911-8) ou d'exiger de l'État qu'il appose un timbre fiscal de 100 F sur ses propres requêtes. De telle sorte que l'on peut se demander si la jurisprudence Lestrade serait désormais confirmée...
On notera que seul un demandeur peut encourir les foudres de cet article : celui qui, défendeur, effectue un ou des appels en garantie abusifs, échappe à son champ d'application (CE 15 avril 1988, Commune de Lompnieu, *Lebon* p. 964 [**4**]). Et seule une « partie » peut se voir infliger une telle amende : tel n'est pas le cas de celui qui, pourtant cosignataire d'une requête, s'y présente comme « intervenant amiable » (CE 10 mars 1995, Bertin – CE 31 janvier 1996, Tourtin – CE 13 mars 1998, Bertin).
Le caractère abusif d'une requête ne peut, en première instance, être imputé à un requérant obtenant satisfaction (CE 21 octobre 1994, Comité de défense intercommunal de Maisons-Mesnil-Le Pecq [**5**]). En revanche, en appel, on a pu voir un requérant condamné à une amende alors même qu'il avait obtenu,

en raison d'un vice de procédure, l'annulation du jugement attaqué, mais, après évocation, avait vu rejetées les prétentions qu'il avait soumises au tribunal (CE 4 avril 1990, Bert) : on peut faire le parallèle avec la notion de « partie perdante » utilisée pour l'application de l'article L. 761-1 (CE 15 novembre 2000, Association de sauvegarde du site de Courcourt).

Rien ne s'oppose à ce qu'une telle amende soit infligée lorsque le requérant se désiste (CE 7 mai 1997, Courtet).

Le taux de l'amende est laissé à l'appréciation du juge, qui ne doit évidemment pas faire apparaître qu'il se serait prononcé pour une raison entachée d'erreur de droit : c'est la nature et la gravité de l'« abus », et elles seules, qui doivent le guider. Il est relativement rare que le maximum de 20 000 F soit atteint : on en a un exemple dans un arrêt du 4 mai 1998, s'agissant d'une commune ayant fait appel du jugement ayant annulé son plan d'occupation des sols pour détournement de pouvoir (CE 4 mai 1998, Commune de Saint-Sauveur-sur-École).

La contestation, en appel, du jugement infligeant l'amende est soumise, en ce qui concerne le ministère d'avocat, aux règles régissant les conclusions principales, que l'appel en contienne ou non (CE 11 juin 1990, Lesage). Elle ne peut utilement se fonder sur la situation matérielle de celui qui se l'est vue infliger (CE 25 mars 1994, Germain – CE 9 octobre 1995, Dancale).

□ ***Jurisprudence***

[**1**] Considérant que lorsqu'il statue en application des dispositions des articles R. 316-1 à R. 316-4 du Code des communes, le tribunal administratif statue comme autorité administrative et non comme autorité juridictionnelle ; que le tribunal administratif de Clermont-Ferrand ne pouvait, dès lors, faire application des dispositions des articles L. 8-1 et R. 88 du Code des tribunaux administratifs et des cours administratives d'appel et condamner, comme il l'a fait, Mlle Chalard et Mme Fourvel à une amende pour recours abusif...

[**2**] Considérant, d'une part, que ni l'amende civile prévue par l'article 14 du décret attaqué et à laquelle peut être condamné « celui qui agit en justice de manière dilatoire ou abusive », ni les amendes auxquelles le Conseil d'État et les tribunaux administratifs peuvent, en vertu des articles 28 et 29 du même décret, condamner les auteurs de requêtes qu'ils jugent abusives n'ont le caractère d'impôt ni celui de sanction pénale ; qu'ainsi les requérants ne sont pas fondés à soutenir qu'elles relèveraient de la compétence du législateur en vertu de l'article 34 de la Constitution...

[**3**] Considérant, d'une part, qu'aux termes de l'article 6-1 de la Convention européenne de sauvegarde des droits de l'homme et des libertés fondamentales : « Toute personne a droit à ce que sa cause soit entendue équitablement, publiquement et dans un délai raisonnable, par un tribunal indépendant et impartial, établi par la loi [...] » ; que les dispositions de l'article R. 77-1 du Code des tribunaux administratifs qui instituent une amende pour sanctionner les auteurs de requêtes abusives ne restreignent pas le droit reconnu à toute personne de soumettre sa cause à une juridic-

tion ; que, par suite, cet article ne méconnaît pas les dispositions de l'article 6-1 rappelées ci-dessus de la Convention européenne de sauvegarde des droits de l'homme et des libertés fondamentales ; Considérant, d'autre part, que l'amende instituée par l'article R. 77 du Code des tribunaux administratifs n'a pas le caractère d'une mesure pénale ; que, dès lors, cette disposition a légalement pu être prise par voie réglementaire...

[**4**] Sur l'amende de recours abusif :
Considérant qu'aux termes de l'article R. 77-1 du Code des tribunaux administratifs, « dans le cas de requête jugée abusive, son auteur encourt une amende qui ne peut excéder 10 000 F » ; qu'il résulte des termes mêmes de cette disposition que seule l'introduction d'une requête jugée abusive peut donner lieu au prononcé d'une amende ; que, par suite, c'est en méconnaissance de l'article R. 77-1 que le jugement attaqué a infligé une amende à la commune de Lompnieu, qui avait la qualité de défendeur dans les instances qui ont abouti au jugement attaqué, au motif que les appels en garantie formés par elle auraient eu un caractère abusif ; qu'il y a lieu, dès lors, d'annuler l'article 5 du jugement attaqué...

[**5**] Considérant qu'il ressort des termes mêmes du jugement du tribunal administratif de Versailles en date du 10 novembre 1992 que le tribunal a annulé, en faisant droit à la demande du Comité de défense intercommunal de Maisons-Mesnil-Le Pecq, la délibération en date du 25 octobre 1990 du conseil municipal de la commune de Maisons-Laffitte approuvant le plan d'occupation des sols de la ville ; que, dès lors, ledit tribunal ne pouvait, comme il l'a fait, condamner le Comité de défense intercommunal de Maisons-Mesnil-Le Pecq à payer une amende pour recours abusif sur le fondement des dispositions de l'article R. 88 du Code des tribunaux administratifs et des cours administratives d'appel...

SECTION 6 *Dispositions diverses*

La présente section ne comprend pas de dispositions réglementaires.

L'INTERDICTION DE RENDRE COMPTE DES DÉLIBÉRÉS

Art. L. 741-1 Sont applicables les dispositions du quatrième alinéa de l'article 39 de la loi du 29 juillet 1881 sur la liberté de la presse ci-après reproduites :

Art. 39 alinéa 4 — Il est également interdit de rendre compte des délibérations intérieures, soit des jurys, soit des cours et tribunaux.

■ **Textes sources**
– Code des TA et des CAA, article L. 6.

■ **Commentaires**

Ces dispositions s'appliquent évidemment, au premier chef, aux membres des formations de jugement, le secret du délibéré étant un principe général du droit (CE 17 novembre 1922, Légillon). Est ainsi irrégulier un jugement dont un quotidien a révélé le sens et les motifs avant sa lecture, cette publicité ayant « porté au principe général du secret des délibérations de la formation de jugement une atteinte qui n'a été rendue possible que par une irrégularité de la procédure » (CE 30 décembre 1996, Élections municipales de Chantilly. Voir art. R. 741-1).

La suppression des écrits injurieux, outrageants ou diffamatoires

Art. L. 741-2 Sont également applicables les dispositions des alinéas 3 à 5 de l'article 41 de la loi du 29 juillet 1881 ci-après reproduites :

Art. 41 alinéas 3 à 5 — Ne donneront lieu à aucune action en diffamation, injure ou outrage, ni le compte rendu fidèle fait de bonne foi des débats judiciaires, ni les discours prononcés ou les écrits produits devant les tribunaux.

Pourront néanmoins les juges, saisis de la cause et statuant sur le fond, prononcer la suppression des discours injurieux, outrageants ou diffamatoires, et condamner qui il appartiendra à des dommages-intérêts.

Pourront toutefois les faits diffamatoires étrangers à la cause donner ouverture, soit à l'action publique, soit à l'action civile des parties, lorsque ces actions leur auront été réservées par les tribunaux et, dans tous les cas, à l'action civile des tiers.

■ **Textes sources**

– Code des TA et des CAA, article L. 7, § 1.

Les dommages-intérêts en raison des discours et écrits d'une partie

Art. L. 741-3 Si des dommages-intérêts sont réclamés à raison des discours et des écrits d'une partie ou de son défenseur, la juridiction réserve l'action, pour qu'il y soit statué ultérieurement par le tribunal compétent, conformément au cinquième alinéa de l'article 41 de la loi du 29 juillet 1881 ci-dessus reproduit.

Il est de même si, outre les injonctions que la juridiction peut adresser aux avocats et aux officiers ministériels en cause, elle estime qu'il peut y avoir lieu à une autre peine disciplinaire.

■ Textes sources

– Code des TA et des CAA, article L. 7, § 2 et 3.

■ Commentaires

Le pouvoir ainsi donné aux juges administratifs de prescrire la suppression des passages « injurieux outrageants ou diffamatoires » peut s'exercer d'office ou sur demande d'une partie, voire d'une personne concernée par ces passages, laquelle doit alors former une intervention en ce sens (CE 6 avril 1887, Élections de Mirebeau, *Lebon* p. 322 [**1**]). Mais une telle démarche n'est pas nécessaire : le juge peut, sur demande d'une partie, et, doit-on estimer, doit d'office prescrire la suppression de passages injurieux pour un tiers, sans intervention de ce dernier (CE 14 juin 1989, Hilt [**2**]).

La demande de suppression ne peut être utilement formée que si le litige relève, au principal, de la compétence du juge saisi, qui ne peut se prononcer qu'en « statuant sur le fond » (CE 15 juillet 1958, Limousin, *Lebon* p. 449 [**3**] – CE 31 juillet 1992, Ribert).

Si cette solution n'appelle guère d'hésitation s'agissant pour le juge de répondre à une demande de suppression regardée comme « accessoire » de la demande principale, il est permis de se demander s'il en va de même lorsque, mis en présence de tels passages, le juge est conduit à envisager d'en ordonner d'office la suppression, alors qu'il n'a pas compétence pour connaître du litige. À l'idée que seul le juge compétent sur le fond est habile à mesurer le caractère « injurieux, outrageant ou diffamatoire » d'un écrit, peut en effet s'opposer celle qu'un tribunal, même incompétent sur le fond, ne peut laisser passer, sans la sanction morale que constitue la suppression, des écrits de ce genre.

Notre sentiment est que la compétence doit primer. Le juge saisi par erreur doit en effet se garder de toute réaction qui serait de nature à empiéter, si peu que ce soit, sur l'appréciation que devra porter sur le litige le juge compétent. Tel fut le comportement de la cour administrative d'appel de Lyon dans une affaire où les écrits de ce type visaient le comportement d'un juge d'instruction (CAA Lyon 3 novembre 1992, Lavigne).

La qualification d'injurieux, outrageant ou diffamatoire n'obéit pas chez les juges administratifs aux incriminations pénales correspondantes. Il est difficile de s'en faire une idée précise à la seule lecture de la jurisprudence (qui s'efforce de ne pas citer intégralement lesdits passages, ce qui serait leur donner une publicité...). Sera regardé comme tel le passage dont le contenu « excède le droit à la libre discussion » (CE 21 décembre 1994, Cezary [**4**], qualification portée sous le contrôle du juge d'appel (même arrêt – CE 16 janvier 1995, Gobillon). À par exemple été jugé injurieux le passage du mémoire présenté par une commune déclarant qu'une procédure disciplinaire était engagée contre un agent « en répression de malversations », alors qu'aucune condamnation pénale n'avait sanctionné ces prétendus agissements (CE 19 mai 1989, Douce de la Salle).

Lorsque cette qualification est portée, la juridiction doit ordonner la suppression du passage incriminé, qu'elle doit donc identifier précisément (à titre d'exemples, CE 27 juillet 1984, Ministre de la Défense, *Lebon* p. 278 [**5**] – CE 21 décembre 1994 Cezary, précité – CE 16 janvier 1995, Gobillon. Voir, comme dernière manifestation, particulièrement abondante, de tels passages, CE 30 juillet 1997, Bidalou... si abondante que cela vaudra une amende à l'intéressé), sauf si son auteur déclare le retirer.

Le contenu des passages ainsi supprimés ou retirés est alors exclu du débat contentieux. Il ne semble pas que, lorsque la juridiction y procède d'office, il y ait lieu de faire jouer l'article R. 611-7 du code et de prévenir en conséquence les parties de son intention, cette intervention ne pouvant être regardée ni comme fondant la solution de l'affaire, ni comme l'examen d'un moyen d'ordre public relevé d'office.

Les dommages-intérêts doivent faire l'objet d'une demande spécifique devant le juge compétent, qui peut être le juge administratif si le passage émane d'une collectivité publique. Il n'est pas nécessaire pour le tribunal administratif de donner expressément acte de la réserve d'action en dommages-intérêts, malgré les termes du dernier alinéa de l'article 41 de la loi du 29 juillet 1881 (CE 4 mars 1887, Élections de Villedieu, *Lebon* p. 205), mais il est bien évidemment tenu de se prononcer, fût-ce pour décliner sa compétence, sur les conclusions qui pourraient lui être présentées de ce chef.

□ ***Jurisprudence***

[**1**] En ce qui concerne l'intervention du sieur Roblin tendant à la suppression comme injurieux d'un passage du mémoire présenté au nom du sieur Nivert :
Considérant que le sieur Roblin, candidat non élu au scrutin du 1er août 1886, justifie d'un intérêt de nature à rendre recevable sa demande en intervention...

[**2**] Sur les conclusions du ministre de l'Intérieur et de la Décentralisation tendant à la suppression dans le mémoire ampliatif déposé pour M. Hilt devant le Conseil d'État le 22 juillet 1985 de mentions injurieuses envers l'inspecteur Martinez :
Considérant que le passage du mémoire complémentaire présenté pour M. Hilt devant le Conseil d'État le 22 juillet 1985, figurant à la page 15 de ce document, commençant par ces mots : « ce faisant... » et finissant par ceux-ci : « inspecteur Martinez » sont diffamatoires à l'égard de celui-ci et sans rapport d'ailleurs avec l'objet du présent litige ; qu'ainsi, il y a lieu d'en ordonner la suppression...

[**3**] Considérant que le statut de la demoiselle Limousin, secrétaire sténo-dactylographe à la régie du syndicat intercommunal des Deux-Sèvres, laquelle présente les caractères d'un service public

industriel et commercial, relève du droit privé ; que, dans ces conditions, il n'appartient qu'à l'autorité judiciaire de connaître des litiges relatifs à l'application dudit statut ; que, par suite, le tribunal administratif de Poitiers n'était pas compétent pour connaître des demandes de la demoiselle Limousin relatives tant au reclassement prétendument irrégulier dont elle a été l'objet qu'à l'allocation d'une indemnité en réparation du préjudice que cette mesure lui aurait causé ; que, par voie de conséquence, il n'appartenait pas davantage au tribunal administratif de se prononcer sur les conclusions accessoires de la demoiselle Limousin, tendant à la suppression dans le mémoire de l'administration de certains passages estimés diffamatoires à l'égard de la réclamante...

[**4**] Considérant, d'autre part, que les passages du mémoire du 13 avril 1992 présenté par M. Cézary commençant par les termes « il sera également intéressant » et finissant par les termes « permis de construire illégaux pour la société civile immobilière » ainsi que de son mémoire enregistré le 25 mai 1992 commençant par les termes « en tant que combines » et finissant par les termes « on ne peut pas faire mieux » excèdent le droit à la libre discussion et sont injurieux pour le maire d'Arvieux ; que, dès lors, M. Cézary n'est pas fondé à soutenir que c'est à tort que le tribunal administratif a ordonné leur suppression...

[**5**] Sur les conclusions du ministre de la Défense tendant à la suppression de certains passages du mémoire du syndicat CFDT de l'Établissement technique central de l'armement en date du 21 mars 1984 :
Considérant que les passages du mémoire susmentionné du syndicat CFDT de l'Établissement technique central de l'armement déclarant que la décision du 12 novembre 1968 aurait pour objectif de « pouvoir payer à la tête du client arbitrairement et secrètement certains agents publics » et que l'interprétation des textes que le ministre de la Défense entend faire prévaloir est un « système supercherie mensonge-altération de texte » présentent un caractère injurieux ou diffamatoire ; qu'il y a lieu d'en prononcer la suppression par application des dispositions de l'article 41 de la loi du 29 juillet 1881...

CHAPITRE 2 Dispositions propres aux ordonnances

Le présent chapitre ne comprend pas de dispositions législatives.

LES DISPOSITIONS APPLICABLES AUX ORDONNANCES

Art. R. 742-1 Sauf dispositions contraires prévues par le présent chapitre, les dispositions du chapitre 1er du présent titre ainsi que celles du titre 5 sont applicables aux ordonnances.

■ **Textes sources**
– Décret nº 2000-389 du 4 mai 2000, article 1er.

LE CONTENU DES ORDONNANCES

Art. R. 742-2 Les ordonnances mentionnent le nom des parties, l'analyse des conclusions ainsi que les visas des dispositions législatives ou réglementaires dont elles font application.
Elles font apparaître la date à laquelle elles ont été signées.

■ **Textes sources**
– Décret nº 2000-389 du 4 mai 2000, article 1er.

LE DÉBUT DES ORDONNANCES

Art. R. 742-3 Les ordonnances débutent par les mots « Au nom du peuple français » et indiquent, à leur suite, la qualité de leur signataire.

■ **Textes sources**
– Décret nº 2000-389 du 4 mai 2000, article 1er.

LE DISPOSITIF DES ORDONNANCES

Art. R. 742-4 Le dispositif des ordonnances est divisé en articles et précédé du mot « ordonne ».

■ **Textes sources**

– Décret n° 2000-389 du 4 mai 2000, article 1er.

LA SIGNATURE DES ORDONNANCES

Art. R. 742-5 La minute de l'ordonnance est signée du seul magistrat qui l'a rendue.

■ **Textes sources**

– Décret n° 2000-389 du 4 mai 2000, article 1er.

L'ABSENCE D'AUDIENCE PUBLIQUE

Art. R. 742-6 Les ordonnances ne sont pas prononcées en audience publique.

■ **Textes sources**

– Décret n° 2000-389 du 4 mai 2000, article 1er.

■ **Commentaires**

Ces articles apportent, pour les ordonnances, les précisions qu'appelle la nature de ces décisions. Il est surtout important de noter qu'elles ne sont pas prononcées en audience publique, affirmation qui est parfois démentie par le jurisprudence (CE ass. 10 juin 1994, Commune de Cabourg).

TITRE V La notification de la décision

Le présent titre ne comprend pas de dispositions législatives.

LA FORMULE EXÉCUTOIRE

Art. R. 751-1 Les expéditions de la décision délivrées aux parties portent la formule exécutoire suivante : « la République mande et ordonne au (indiquer soit le ou les ministres, soit le ou les préfets désignés par la décision) en ce qui le (les) concerne ou à tous huissiers de justice à ce requis en ce qui concerne les voies de droit commun contre les parties privées, de pourvoir à l'exécution de la présente décision ».

■ **Textes sources**
- Ordonnance n° 45-1708 du 31 juillet 1945, article 70.
- Code des TA et des CAA, article R. 209.

LES EXPÉDITIONS DES DÉCISIONS

Art. R. 751-2 Les expéditions des décisions sont signées et délivrées par le greffier en chef ou, au Conseil d'État, par le secrétaire du contentieux.

■ **Textes sources**
- Code des TA et des CAA, article R. 210.

LA NOTIFICATION DES DÉCISIONS

Art. R. 751-3 Sauf disposition contraire, les décisions sont notifiées le même jour à toutes les parties en cause et adressées à leur domicile réel, par lettre recommandée avec demande d'avis de réception, sans préjudice du droit des parties de faire signifier ces décisions par acte d'huissier de justice.

■ **Textes sources**

– Décret n° 63-766 du 30 juillet 1963, article 57, alinéa 1, première phrase.
– Code des TA et des CAA, articles R. 211 et R. 215.

■ **Commentaires**

C'est aux parties, et non à leur mandataire, que le jugement doit être notifié, par dérogation à la règle voulant que toute la procédure se déroule avec le mandataire s'il en est un. La pratique coutumière veut d'ailleurs que le mandataire reçoive pour information une copie de la décision, laquelle ne vaut cependant pas notification, notamment au regard des délais d'appel. S'il est arrivé que le Conseil d'État admette contre la lettre de ce texte, que la notification d'un jugement au mandataire du requérant devant le tribunal administratif fasse courir contre l'intéressé le délai d'appel (CE 4 novembre 1994, Ravinet – CE 23 juin 1995, Pignol – CE 19 mars 1997, Duchemin), de telles décisions ont été expressément désavouées par un arrêt du 19 janvier 1998 (CE 19 janvier 1998, SARL Armement frigorifique martiniquais). Voir par exemple CE 14 juin 2000, Commune de Staffelfelden.

Une notification faite au domicile personnel du gérant d'une société de capitaux, qui ne correspond pas au siège de cette société, est donc irrégulière (CE 1er février 1995, SARL Rayure). Et la notification doit être faite au domicile réel des parties : n'est pas régulièrement notifié un jugement adressé au domicile élu d'une partie, dont on connaît le domicile réel, fût-il situé à l'étranger (CAA Lyon, 15 juin 1993, Konneman).

Aucun principe général n'impose que la notification, sauf texte spécial, indique les voies ou les délais de recours (CE sect. 5 avril 1996, Syndicat des avocats de France). Le code fait toutefois, en partie, la place à une telle obligation (voir art. R. 811-3 et R. 821-1).

Si la notification du jugement comporte mention des délais d'appel, et indique par erreur un délai plus long que le délai réglementaire, seul le délai mentionné sera opposable (CE sect. 26 mars 1993, Bourgeois).

Est notifiée une « expédition », à savoir une copie certifiée conforme de la décision, signée du greffier en chef, et revêtue de la formule exécutoire (on retrouve sous cette définition l'« ampliation » visée par exemple par la loi du 30 décembre 1977). On observe que l'omission de la formule exécutoire ne rend pas la notification irrégulière, en ce sens qu'elle n'empêche pas le délai d'appel de courir (CE 29 septembre 1961, Grandin, *Lebon* p. 1 151). La délivrance de cette expédition est gratuite (art. 2 de la loi du 30 décembre 1977).

Aucun délai n'est donné au greffier pour procéder aux notifications, sauf si la décision concerne une mesure d'urgence, auquel cas elle doit être notifiée sans délai (art. R. 522-12). Ces notifications bénéficient de la franchise postale (décret du 19 mai 1959).

On verra, sous les articles R. 751-10 à R. 751-12, les modalités spécifiques de transmission de certains types de décisions.

La notification par la voie administrative

Art. R. 751-4 La notification de la décision peut, le cas échéant, être faite par la voie administrative mentionnée à l'article R. 611-4.

■ **Textes sources**

– Code des TA et des CAA, article R. 212.

■ **Commentaires**

Le choix du mode de notification n'existe pas dans certains contentieux : ne peuvent être notifiés par voie postale les jugements relatifs aux contraventions de grande voirie (art. L. 774-6), et ceux qui sont intervenus dans le contentieux des immeubles menaçant ruine (art. R. 511-1 du CCH).

Les mentions de la notification si la décision relève du contrôle du juge de cassation

Art. R. 751-5 Lorsque la décision rendue relève de la cour administrative d'appel, la notification reproduit les dispositions de l'article R. 811-7.

Lorsque la décision rendue relève du contrôle du juge de cassation, la notification comporte les mentions prévues à l'article R. 821-4.

■ **Textes sources**

– Code des TA et des CAA, article R. 213.
– Décret n° 2001-710 du 31 juillet 2001, article 1-II.

■ **Commentaires**

La mention rappelant que le pourvoi en cassation ne peut être présenté que par un avocat aux conseils (voir art. R. 821-4) est destinée à permettre, dans le cadre de la procédure d'admission des pourvois en cassation, d'écarter les pourvois présentés sans ce ministère, sans devoir inviter le requérant à régulariser sa requête. Cette faculté, rappelée par l'arrêt Hai-Chrun (CE sect. 27 janvier 1989), est largement utilisée dans les décisions rendues au titre de cette procédure.

On note l'extension de cette obligation d'information, laquelle doit désormais figurer sur les notifications des jugements. Elle a le même objet, ainsi que cela se déduit du dernier alinéa de l'article R. 811-7.

L'ENVOI D'UNE COPIE DE LA DÉCISION AU PRÉSIDENT DE LA JURIDICTION DONT LA DÉCISION A ÉTÉ ATTAQUÉE

Art. R. 751-6 Lorsque la décision attaquée émane d'une juridiction, une copie de la décision d'appel ou de cassation est adressée au président de cette juridiction.

■ **Textes sources**

– Décret n° 63-766 du 30 juillet 1963, article 57, § 1.

LES EXPÉDITIONS SUPPLÉMENTAIRES DE LA DÉCISION

Art. R. 751-7 Des expéditions supplémentaires de la décision peuvent être délivrées aux parties à leur demande. Les tiers peuvent en recevoir copie à leurs frais.

■ **Textes sources**

– Code des TA et des CAA, article R. 214.

■ **Commentaires**

Les expéditions supplémentaires étaient assujetties à un droit forfaitaire de 60 F. En application de l'article 1018 B du CGI. Ce droit a été abrogé depuis le 1er janvier 2000.

Après que le Conseil d'État a jugé (CE sect. 27 juillet 1984, SOS Défense, *Lebon* p. 285 [1]) qu'une copie simple de jugement n'est pas une expédition, ou ampliation, du jugement, relevant de la perception du droit forfaitaire mentionné ci-dessus, et compte tenu du fait que les décisions juridictionnelles ne sauraient être regardées comme des documents administratifs soumis au droit d'accès organisé par la loi du 17 juillet 1978, la question se posait de savoir si, en dehors du cas des ampliations, existait un droit à obtenir copie simple d'une décision juridictionnelle.

La question a été tranchée par décision du 1er décembre 1993 (CE 1er décembre 1993, SOS Défense), dans le sens d'un droit à communication résultant « nécessairement de la publicité des audiences ». La rédaction du texte confirme expressément l'existence de ce droit, qui pourra être invoqué, en l'absence de texte, par exemple en vue de la communication de décisions du Conseil d'État. Faute d'autre précision, il faut semble-t-il considérer que cette délivrance ne doit pas être l'occasion pour le service d'effectuer un bénéfice, par application de ce qui paraît être un principe constant auquel le Conseil d'État s'est par exemple référé dans l'arrêt de section Fédération des industries françaises d'articles de sport (CE 22 novembre 1974, *Lebon* p. 576) ou dans la décision, également rendue en section, Préfet de l'Ariège (CE 5 octobre 1984, *Lebon* p. 315, concl. Delon). C'est donc le prix de revient qui doit être réclamé. Faute

également de tout renvoi par le code à l'arrêté du 29 mai 1980 ayant, pour l'application de la loi du 17 juillet 1978, fixé ce tarif « idéal » de copie à 1 F par page, il appartiendra à chaque chef de juridiction de déterminer son prix de revient, mission délicate car exigeant la résolution de redoutables questions comptables ou financières (comment imputer les frais fixes de la juridiction ?). De même le président devra-t-il préciser les modalités d'acquittement de ces frais, qui devraient être simplifiées par la création de régies de recettes.
Le greffier est tenu de délivrer les expéditions prévues par les articles R. 751-1 et suivants, à peine d'excès de pouvoir (CE 19 juin 1959, Delmas, *Lebon* p. 381 [**2**]).

□ ***Jurisprudence***

[**1**] Considérant que la demande présentée au secrétaire-greffier en chef du tribunal administratif de Paris le 16 juillet 1980 par M. Bertin, au nom de l'association SOS Défense tendait à obtenir une simple copie du jugement rendu par ce tribunal le 27 juin 1980 et non une « ampliation d'un acte ou d'une décision en matière civile ou administrative » dont l'article 11 de la loi du 30 décembre 1977 instaurant la gratuité des actes de justice devant les juridictions judiciaires et administratives, a prévu la délivrance moyennant la perception d'un droit forfaitaire de 20 F ; que, dès lors, en imposant à M. Bertin, par une fausse application de cet article 11, le versement préalable d'un droit de 20 F pour donner suite à sa demande de copie du jugement en cause, le secrétaire-greffier en chef du tribunal administratif de Paris a excédé ses pouvoirs...

[**2**] Considérant que le refus par le secrétaire-greffier d'un tribunal administratif de délivrer une expédition d'un jugement du tribunal constitue une décision administrative susceptible de faire l'objet d'un recours pour excès de pouvoir ;
Considérant qu'il résulte clairement des dispositions de l'article 1148 du Code général des impôts que ne sont soumis au timbre ni les mémoires et observations déposés dans les instances dirigées devant les juridictions administratives contre les actes faits en vertu du décret du 8 août 1935 sur l'expropriation, ni les décisions desdites juridictions rendues dans ces instances ; qu'il ressort des pièces du dossier que la demande ayant abouti au jugement du 12 novembre 1954 était dirigée contre l'arrêté d'un préfet ordonnant l'enquête administrative qui doit, d'après l'article 3 du décret précité, précéder la déclaration d'utilité publique ; que, dès lors, et même si à ladite date les expéditions des jugements des tribunaux administratifs étaient, sauf exception prévue par une disposition expresse, assujetties au timbre, l'expédition susvisée que le sieur Delmas avait réclamée devait, en tout état de cause, être établie sur papier libre ; que, dans ces conditions, c'est à tort que le tribunal administratif a rejeté la demande d'annulation de la décision du secrétaire-greffier refusant de délivrer autrement que sur timbre ladite expédition...

LA NOTIFICATION DES DÉCISIONS INTÉRESSANT L'ÉTAT

Art. R. 751-8 Lorsque la notification d'une décision du tribunal administratif ou de la cour administrative d'appel doit être faite à l'État, et sauf lorsque la déci-

sion statue sur une demande présentée, en application du Code général des collectivités territoriales, par le préfet, l'expédition doit dans tous les cas être adressée au ministre dont relève l'administration intéressée au litige.
Une copie est également transmise au préfet ainsi que, s'il y a lieu, à l'autorité qui assure la défense de l'État devant la juridiction, lorsque la décision n'a pas à lui être notifiée.
Devant les tribunaux administratifs de Papeete et de Nouvelle-Calédonie, l'expédition est adressée dans tous les cas au haut-commissaire.
Devant le tribunal administratif de Mamoudzou, l'expédition est adressée au représentant du gouvernement.

■ **Textes sources**

– Code des TA et des CAA, article R. 216.

■ **Commentaires**

Même si le préfet a représenté l'État, c'est au ministre que doit être notifié le jugement, faute de quoi les délais d'appel ne courent pas contre l'État (CE 20 décembre 1991, Ministre de l'Équipement – CE 19 janvier 1994, Ministre de l'Éducation nationale, de la Jeunesse et des Sports).
L'envoi au préfet d'une copie de toute décision est surtout destiné à tenir le représentant de l'État dans le département informé de la marche des services publics, surtout décentralisés, de ce département. Il n'est pas certain que ces informations soient exploitées par leurs destinataires...
Compte tenu de la déconcentration du contentieux (art. R. 421-9 et R. 431-10), une copie de la décision est transmise à l'autorité qui a représenté l'État, si l'acte n'a pas à lui être notifié. C'est mettre fin à une lacune qui voyait les responsables déconcentrés du contentieux (recteurs, directeurs régionaux du travail, par exemple) ne connaître du résultat des instances les concernant que par le canal, parfois aléatoire, de leur administration centrale.
La question s'est posée de savoir, s'agissant de Papeete ou Nouméa, si l'envoi de l'expédition au haut-commissaire se surajoute à la notification au ministre (ce qui combine les alinéas 1 et 3 de l'article) ou si le 3e alinéa est, pour ces tribunaux, exclusif du premier. Elle a été tranchée dans le sens second par décision du 5 mai 1995 (CE sect. 5 mai 1995, Ministre de l'Intérieur c/ Chacot).

La signification à l'avocat de la décision du Conseil d'État

Art. R. 751-9 Lorsque le ministère d'un avocat au Conseil d'État est obligatoire, les décisions du Conseil d'État statuant au contentieux ne peuvent être mises à exécution contre une partie qu'après avoir été préalablement signifiées à l'avocat qui l'a représentée.

■ **Textes sources**

– Ordonnance n° 45-1708 du 31 juillet 1945, article 71.

■ **Commentaires**

Cette disposition doit être combinée, pour les arrêts du Conseil d'État, avec la règle, énoncée à l'article R. 751-3, selon laquelle les décisions doivent être notifiées aux parties elles-mêmes.

La transmission de certains jugements au procureur de la République

Art. R. 751-10 Copie du jugement par lequel le tribunal administratif prononce l'annulation d'une décision accordant un permis de construire ou d'une mesure de police est transmise sans délai au procureur de la République près le tribunal de grande instance territorialement compétent.

■ **Textes sources**

– Code des TA et des CAA, article R. 122, § 2.

■ **Commentaires**

C'est le pendant, pour les jugements d'annulation, de l'article R. 522-14 concernant les ordonnances de suspension rendues en matière de permis de construire et de police.

La transmission de certaines décisions d'appel au procureur de la République

Art. R. 751-11 Copie des décisions d'appel qui annulent ou réforment un jugement par lequel un tribunal administratif s'est prononcé sur un recours pour excès de pouvoir dirigé contre un permis de construire ou une mesure de police est transmise sans délai au procureur de la République près le tribunal de grande instance territorialement compétent.

■ **Textes sources**

– Décret n° 63-766 du 30 juillet 1963, article 57-1.

LA TRANSMISSION DE CERTAINES DÉCISIONS AU TRÉSORIER-PAYEUR GÉNÉRAL

Art. R. 751-12 Copie de la décision d'un tribunal administratif, d'une cour administrative d'appel ou du Conseil d'État qui prononce le sursis à exécution ou l'annulation d'un acte constituant une pièce justificative du paiement de dépenses publiques est transmise sans délai au trésorier-payeur général du département dans lequel a son siège l'autorité qui a pris l'acte en cause.

■ **Textes sources**

– Décret nº 2000-389 du 4 mai 2000, article 1er.

– Décret nº 2000-1115 du 22 novembre 2000, article 2-IX.

■ **Commentaires**

C'est le pendant, pour les décisions d'annulation, des dispositions de l'article R. 522-14 concernant les pièces justificatives du paiement d'une dépense publique.

TITRE VI Les frais et dépens

LES FRAIS IRRÉPÉTIBLES

Art. L. 761-1 Dans toutes les instances, le juge condamne la partie tenue aux dépens ou, à défaut, la partie perdante, à payer à l'autre partie la somme qu'il détermine, au titre des frais exposés et non compris dans les dépens. Le juge tient compte de l'équité ou de la situation économique de la partie condamnée. Il peut, même d'office, pour des raisons tirées des mêmes considérations, dire qu'il n'y a pas lieu à cette condamnation.

■ Textes sources

– Loi n° 91-647 du 10 juillet 1991, article 75-1.
– Code des TA et des CAA, article L. 8-1.

■ Commentaires

Cet article transpose, à l'usage de la juridiction administrative, le mécanisme de l'article 700 du Nouveau Code de procédure civile, lequel avait été jugé inapplicable, en tant que tel, devant cette dernière (CE 7 mars 1980, Association de défense des étudiants de Paris XIII, *Lebon* p. 128 – CE 10 décembre 1986, Rousseau, *Lebon* p. 278).

Ces dispositions, gouvernées par un souci d'équité, et laissant une large place à l'appréciation du juge, ne confèrent ainsi aucun droit à la partie qui en demande le bénéfice. D'où il a pu être conclu que les décisions juridictionnelles se prononçant sur de telles demandes ne peuvent être regardées comme décidant d'une contestation portant sur les droits auxquels cette partie pourrait prétendre, au sens de l'article 6-1 de la Convention européenne de sauvegarde des droits de l'homme et des libertés fondamentales, lequel ne peut donc être utilement invoqué à l'encontre de telles décisions (CE 21 août 1996, Ministre de l'Économie et des Finances c/ SA Bolle et Cie).

I • La demande

Malgré la rédaction utilisée, le texte doit s'entendre comme ne pouvant trouver application que si une demande en ce sens est présentée au juge. Cela résulte clairement des travaux préparatoires du texte d'origine, et notamment de la déclaration faite devant le Sénat par le garde des Sceaux le 26 juin 1991. Cette interprétation rejoint celle que le Conseil d'État devait donner le 19 juillet

1991 (CE 19 juillet 1991, Commune de Famars [1]) et que, à propos de l'article 700 du Nouveau Code de procédure civile, avait donnée la Cour de cassation (Cass. civ. 5 avril 1978, *Bull. cass.* III, p. 118).

Le juge doit donc être saisi d'une demande. Et le désistement de la demande principale est réputé, sauf indication formelle contraire, valoir désistement des conclusions tendant à allocation de frais irrépétibles (CE 17 mars 1994, Audoubert). Cette demande ne peut être faite qu'au bénéfice de celui qui la forme (CE 27 février 1998, Thomassin). Elle doit au surplus être chiffrée (CE 27 mars 1991, Commune de Lagarde [2]). Mais, dès lors que le texte laisse à l'appréciation du juge le soin de fixer la somme due, il n'est pas nécessaire de présenter des justificatifs de la somme réclamée (CE 13 mars 1991, Ministre des Affaires sociales c/ Conate [3] – CE 31 juillet 1992, Bravinsky, *RJF* 1992, p. 827 – CE 11 mai 1994, Bertin – CE 17 février 1997, Comité de défense et de protection du site de Cordes). La demande doit toutefois faire état de frais « exposés » : en se bornant à « faire état de surcroît de travail pour ses services, sans se prévaloir de frais exposés », l'État ou une autre collectivité ne peut obtenir une condamnation à ce titre (CE 22 juillet 1994, Chambre syndicale du transport aérien – CE 12 décembre 1994, Darnis [4] – CE 17 juin 1996, Cire). Et la demande est soumise aux règles de procédure gouvernant le litige principal (le défendeur la présentant doit, si ce litige est de ceux pour lesquels il y a obligation d'avocat, la présenter par ce ministère : CAA Bordeaux, 19 décembre 1991, Établissement public départemental Cité de Clairvivre, *Lebon* p. 1137).

La demande ne doit évidemment pas porter sur des frais répétibles (par exemple, en matière fiscale, les frais de constitution de garanties auprès du comptable du Trésor, dont le remboursement est organisé par les articles R. 208-3 à R. 208-5 du Livre des procédures fiscales : CE 13 novembre 1991, Kocher, *RJF* 1992, n° 149). Les frais de timbre instaurés par l'article 44 de la loi du 30 décembre 1993 (voir les commentaires sous l'article R. 411-2), parce que non compris dans les dépens, peuvent être incorporés dans le montant de la demande (CE avis 28 septembre 1994, Préfet de l'Aube c/ SARL Gueritte – CE avis 28 septembre 1994, Maire de la commune de Laneuvelle). Et il est arrivé au juge d'interpréter la demande tendant à ce que l'adversaire soit condamné aux dépens comme tendant à l'allocation de frais... non compris dans les dépens (CE 15 octobre 1999, Société Jean d'Auberval).

Le juge est par voie de conséquence tenu par le contenu de la demande, et ne peut ni aller au-delà de ce qui lui est demandé, ni même partager la condamnation entre les personnes condamnées si cela ne lui est pas demandé (CE 4 novembre 1992, Ministre de l'Intérieur et Association Reims Karting Club). Mais, compte tenu de son pouvoir d'appréciation, il n'est pas nécessaire, en cas de pluralité d'adversaires, de désigner lequel d'entre eux on entend voir condamné : il suffit donc de conclure à la condamnation de la, ou des parties perdantes, la mission de désigner la partie perdante qui devra supporter la charge de la condamnation incombant au juge. Encourt ainsi la censure le jugement ayant rejeté une telle demande « au motif qu'elle n'avait pas indiqué laquelle des parties à l'instance devait être condamnée » (CE 4 décembre 1995, District urbain de l'agglomération rennaise).

Cette demande enfin doit faire l'objet d'une procédure contradictoire, c'est-à-dire être soumise à la discussion des parties adverses (CAA Paris, 10 décembre 1991, Bolle, *RJF* 1992, n° 195 – CAA Paris 1er février 1994, Heme, *RJF* 1994, n° 613). Pour une raison identique, les éléments afférents à cette demande (et par exemple son chiffrement) ne peuvent être pris en considération s'ils sont produits après clôture de l'instruction (voir art. R. 613-3), sauf évidemment réouverture de cette dernière (CE 10 juillet 1996, Association « Comité cinq cantons Barre »).

II • L'instance

La demande de frais « irrépétibles » (mal dénommés puisque précisément ils sont désormais... répétibles) peut être présentée « dans toutes les instances » ; c'est dire, en premier lieu, que leur remboursement n'est pas limité aux affaires dans lesquelles le ministère d'avocat est obligatoire (CE 8 février 1989, SARL Synthèses Industries, solution implicite, *AJDA* 1989, p. 94 – CE 15 juin 1994, Heudes [**5**]). On verra donc cet article jouer en matière fiscale (malgré les dispositions de l'art. L. 207 du Livre des procédures fiscales : Cass. comm. 22 juillet 1986, n° 2287 – CAA Nantes, 7 juin 1989, Fontaine), électorale (CE 15 décembre 1989, Élections municipales de Château-sur-Epte), répressive, ou en matière de question préjudicielle (CE 23 juillet 1993, Galardi – CE 1er avril 1994, Commune de Bilheres-en-Ossau – CE 10 octobre 1994, Commune de Batz-sur-Mer), ou encore dans le contentieux de l'astreinte pour inexécution des décisions du juge administratif (CE 20 mai 1994, Pipet). Et, bien qu'on ait pu hésiter sur ce point, les instances se déroulant devant le président statuant seul en application de l'article R. 222-1 peuvent incorporer des demandes accessoires de frais irrépétibles, sur lesquelles ce président est habilité à se prononcer (CE avis 28 octobre 1994, Gosse, voir les commentaires sous l'article R. 222-1). *A fortiori* en va-t-il de même des instances relevant, en vertu de l'article R. 222-13, du juge statuant seul. Plus généralement, on peut poser que, dès lors qu'un juge a compétence pour statuer sur un litige, il doit se prononcer sur les demandes de frais irrépétibles formées à l'occasion de ce litige : ainsi notamment lorsque le juge ne tire sa compétence que de l'article R. 351-4 du code et, par exemple, de ce que la requête est entachée d'une irrecevabilité manifeste insusceptible d'être couverte en cours d'instance (CE 15 mars 1996, Le Gac).

Aussi bien, et malgré les termes de l'article R. 776-1 du code, le juge est-il à même d'appliquer ces dispositions, également, en matière de reconduite à la frontière (CE 28 octobre 1991, Harabi, rendu à propos de l'art. R. 222 – CE 10 juin 1994, Davalou Ghadjar, portant condamnation du demandeur).

Naturellement, le contentieux de l'excès de pouvoir est susceptible de comporter des frais irrépétibles (par exemple, CE 13 novembre 1989, Valery), bien qu'y soient rejetées en principe toutes conclusions reconventionnelles ou pour procédure abusive (CE 24 novembre 1967, Noble, *Lebon* p. 443). Et le juge semblerait regarder désormais des conclusions tendant à indemnisation pour procédure abusive, présentées dans ce contentieux, comme formées au titre des frais irrépétibles (CE 4 février 1994, Ballarin [**6**]). Notamment ce mécanisme joue dans les déférés préfectoraux exercés dans le cadre du contrôle de légalité des collectivités territoriales, et l'État peut y être condamné (CE 14 novembre 1997, Préfet de Seine-et-Marne – CE 8 décembre 1997, Préfet de l'Allier [**7**]).

Et, malgré la position inverse adoptée par le tribunal administratif de Versailles dans une affaire Préfet des Yvelines (9 janvier 1989, *AJDA* 1989, p. 142), rien ne s'oppose à ce que ces frais soient demandés à l'occasion d'une instance en référé. Leur octroi posera cependant quelque problème. Il n'est pas évident, lorsque le référé ne tend qu'à voir ordonnée une mesure d'instruction, d'y repérer une « partie perdante », sauf lorsque la demande est rejetée. En matière de référé-provision (voir art. R. 541-1), malgré la présence, s'il est fait droit à la demande, d'une partie condamnée, il a pu paraître délicat de prononcer une condamnation au titre des frais irrépétibles, contraire à l'aspect « provisionnel » de cette partie du litige. La cour administrative d'appel de Lyon a estimé ne pouvoir le faire (CAA Lyon, 9 juillet 1991, Bourdiec, *Lebon* p. 554). Outre qu'on ne saurait l'approuver lorsque la demande de provision est rejetée, on doit noter que cette position a été écartée par le Conseil d'État le 10 février 1997 (CE 10 février 1997, Société d'économie mixte d'équipement et d'aménagement de l'Aude).

En matière de suspension, rien n'empêche cet article de jouer, dès lors que la demande de suspension doit être présentée par requête distincte (voir art. R. 522-1) et constitue donc une « instance » (CE 16 décembre 1992, Ravera), au même titre que l'appel formé contre le jugement rendu sur cette demande (même arrêt).

De son côté, le Tribunal des conflits applique la règle, identique, résultant de l'article 75-1 de la loi du 10 juillet 1991 : ayant cru à tort se trouver en présence d'un conflit négatif, M. Maurel a ainsi été condamné à verser à ce titre une somme de 10 000 F à l'État (Trib. confl. 16 janvier 1995, Maurel).

Encore faut-il en premier lieu une instance contentieuse. Ce n'est pas le cas, lorsque le tribunal administratif statue en application de l'article L. 2132-5 du Code général des collectivités territoriales sur la demande d'un contribuable communal tendant à être autorisé à exercer une action pour le compte de la commune (CE 13 mai 1994, Levais [**8**] – CE 10 juin 1994, Chalard), alors qu'à l'inverse le Conseil d'État statuant en cette matière, se prononçant désormais comme autorité juridictionnelle, applique ces dispositions (CE 13 mai 1994, Levais, précité).

Il faut en second lieu que l'instance soit en cours. On ne peut réclamer le bénéfice de cet article au titre d'une instance terminée (CE 13 mars 1991,

Dousset [9] – CE CAA Nantes, 16 mai 1991, SA Pivetta, *RJF* 1992, n° 255 – CE 28 avril 1995, Maraud – CE 26 juillet 1996, Groupement d'intérêt économique Argos).

Les choses sont un peu plus complexes en appel. Il n'est pas possible de réclamer au juge d'appel, pour la première fois, et au titre de la première instance, des frais que l'on a négligé de réclamer dans cette instance (CAA Paris, 14 juin 1994, Ferrara – CE 21 juillet 1995, Ministre du Budget c/ Garamond – CE 30 juillet 1997, Rousseau). Mais l'on peut inversement réitérer en appel les demandes à ce titre auxquelles le premier juge n'a pas donné satisfaction (CE 13 novembre 1992, Paris).

La question se pose de savoir si les conclusions d'appel visant les frais irrépétibles constituent ou non un litige distinct de celui auquel donne lieu, en appel, la contestation du principal du jugement, la réponse, si elle est affirmative, interdisant en la matière l'appel incident. Après quelques hésitations (par exemple, CE 23 décembre 1994, SARL De l'homme à l'habitat, rejetant l'appel incident), le Conseil d'État a opté pour l'admission de l'appel incident (CE 29 décembre 1995, Commune de Wasquehal – CE 16 décembre 1996, Élections municipales de Betschdorf). Encore faut-il que l'affaire soit de celles dans lesquelles l'appel incident est possible. Si ce n'est pas le cas (contentieux électoral, contraventions de grande voirie), aucune exception n'est faite en ce qui concerne les frais irrépétibles (CE 16 décembre 1996, Élections municipales de Betschdorf).

III • Les parties concernées

Seule une partie peut bénéficier de la condamnation. Seule la partie condamnée aux dépens ou à défaut la partie perdante peut être condamnée.

Le texte implique d'abord que soit définie la « partie », notion peu évidente. Les hasards de l'instruction font en effet que le tribunal invite parfois à présenter des observations dans un litige des personnes qui ne sont pas directement concernées par ce litige (par exemple une commune dans un litige dirigé contre un arrêté pris par le maire au nom de l'État), comme certaines personnes se manifestent spontanément par intervention.

Une personne à qui la juridiction a demandé à tort de produire des observations est considérée comme « partie », et peut donc bénéficier du remboursement des frais irrépétibles si elle n'est pas perdante (CE 23 mars 1994, Commune d'Aubervilliers – CE 29 juillet 1994, SCI Baudin, solutions implicites, revenant sur CE 24 février 1993, SCI du domaine de Billy). Autre chose sera de déterminer si une telle partie peut être tenue pour « perdante » : ainsi une commune ne peut être regardée comme « perdante » si l'acte annulé a été pris, fût-ce par son maire, au nom de l'État (CE 11 décembre 1991, Reboul, *Lebon* p. 1138).

En revanche, une personne intervenant spontanément dans un litige n'y est pas « partie » (CE 28 juillet 1993, Ministre des Affaires sociales c/ Syndicat CGT Enfance inadaptée). La condamnation à des frais irrépétibles ne peut donc être prononcée ni à son profit, ni à son encontre (CE 19 janvier 1994, Portel – CE 30 avril 1997 Association française des banques). Encore faut-il être prudent dans l'application de cette règle : l'intervenant en première instance, bénéficiaire par exemple d'une autorisation de travaux attaquée, devient partie en appel lorsqu'il attaque le jugement ayant annulé cette autorisation. Et il peut alors, s'il est partie perdante, être condamné à supporter des frais irrépétibles, le cas échéant solidairement avec l'auteur de la décision attaquée. (CE sect. 16 décembre 1994, Société immobilière du Théâtre des Champs-Élysées).

Le Conseil national d'un ordre, se manifestant devant le juge de cassation en matière disciplinaire, n'est pas regardé comme partie à cette instance disciplinaire, et ne peut donc ni bénéficier de cet article, ni être condamné sur son fondement (CE sect. 28 juillet 1999, Le Goff).

Enfin un expert est jugé ne pas être « partie » dans le litige portant sur son éventuelle récusation (CAA Nantes, 9 octobre 1991, Port autonome de Nantes-Saint-Nazaire, *Lebon* p. 567).

La partie condamnée est la partie condamnée aux dépens ou, à défaut, la partie perdante. Ce choix ne se présentera qu'en cas d'expertise ou autre mesure d'instruction (voir art. R. 761-1), les autres litiges se réglant sans dépens depuis la loi du 30 décembre 1977. Si une contradiction apparaît entre la partie condamnée aux dépens et la partie perdante (puisque l'article R. 761-1 autorise le juge à mettre les dépens à la charge d'une partie non perdante), la rédaction même de l'article L. 761-1 appelle la seule condamnation de la partie tenue aux dépens, même si elle n'est pas perdante (CAA Lyon, 2 février 1993, Centre hospitalier général de Belley). Cette « distorsion » ne devrait jouer que si les dépens sont intégralement mis à la charge de la partie gagnante. S'ils sont partagés, comme en ouvre la possibilité l'article R. 761-1, la charge des dépens désigne toutes les parties comme potentiellement débitrices des frais irrépétibles, et il appartient alors au juge, comme s'il n'y avait pas de dépens, de rechercher la partie perdante.

Le plus souvent aisée, cette recherche se complique dans le cas des contentieux « triangulaires », dans lesquels la partie qui perd son procès principal intenté par le demandeur gagne, par exemple, son appel en garantie dirigé contre une autre partie. Il nous semble que la qualification de partie perdante ne peut alors se faire qu'au regard de la situation des parties respectivement concernées par les conclusions formées au titre de l'article L. 761-1 : le perdant doit dans notre exemple les frais irrépétibles du demandeur, mais l'appelé en garantie doit les frais irrépétibles de ce perdant (CAA Lyon, 24 mars 1992, OPHLM de Bourg-en-Bresse). Ainsi, dans une décision du 20 janvier 1995 (CE sect. 20 janvier 1995, Commune de Sallanches), le Conseil d'État statuant comme juge de cassation a condamné la commune requérante à verser des frais irrépétibles à l'un de ses adversaires, ses conclusions le visant ayant été rejetées, alors même que cette commune voyait son pourvoi prospérer à l'encontre d'un autre de ses adversaires.

C'est une logique identique qui prévaut lorsque, dans une même requête, sont présentées plusieurs conclusions, dont certaines sont accueillies cependant que les autres sont rejetées. Dans cette situation, le juge recherche quelle est la partie qui est « pour l'essentiel la partie perdante » aux fins de savoir si elle peut être condamnée à verser des frais irrépétibles à son adversaire (CE 28 février 1997, Rodin). Recherche qui peut le conduire d'ailleurs à estimer que chaque partie est « perdante » au sens du texte (CE 25 septembre 1996, Société EURL Au service du développement).

En cas de pluralité de perdants, le juge aura tendance à rechercher la partie dont le comportement aura été principalement à l'origine du litige (CE 30 mars 1990, Lockhart, *AJDA* 1990, p. 348). Et, si plusieurs requêtes sont jointes, le juge raisonne requête par requête (CE 26 octobre 1992, Tosseri).

Lorsqu'il n'est pas « partie perdante », l'État est en droit de prétendre à des frais irrépétibles (CE 26 octobre 1992, Société Sayag Electronic – CE 23 novembre 1992, Montaignac). Il ne s'agit point par là, toutefois, de faire resurgir les frais de justice, supprimés depuis 1977. Aussi bien l'État ne peut-il obtenir que le remboursement des frais « exposés », et dans la limite de ces frais, qu'il doit identifier autrement que forfaitairement (CE 22 juillet 1994, Chambre syndicale du transport aérien – CE 12 décembre 1994, Darnis, précité [**4**]). En d'autres termes, si le montant des frais réclamés n'a pas nécessairement à être justifié, leur existence doit ressortir du dossier, ainsi que jugé à propos de la demande d'une commune (CE 12 décembre 1997, Richez [**10**]).

Le jeu de l'appel complique les choses : l'appelant peut en effet obtenir l'annulation pour vice de procédure du jugement attaqué sans pour autant voir triompher, sur le fond, après évocation, la position qu'il avait soutenue devant le premier juge. Est-il gagnant ou perdant ? On avait vu le Conseil d'État infliger une amende pour recours abusif à un tel appelant (CE 4 avril 1990, Bert), position qui préfigurait celle qui sera retenue en matière de frais irrépétibles (CE 26 septembre 1994, Préfet de la Corse-du-Sud – CE 30 septembre 1994, Gobillon – CE CE 25 septembre 1995, Association Civic – CE 21 juin 1996, Ville de Marseille) : le juge s'attache ainsi à la position finale des parties l'une à l'égard de l'autre pour déterminer qui a gagné ou perdu. Ce raisonnement, il faut le souligner, ne vaut que s'il y a évocation. Si le juge d'appel, après avoir annulé le jugement pour vice de procédure, se borne à renvoyer l'affaire au premier juge, il doit tenir pour vainqueur celui qui a obtenu cette annulation, puisqu'il ne peut préjuger du vainqueur final. C'est en ce sens que se prononce le Conseil d'État lorsqu'il statue en cassation (CE 19 novembre 1999, Ailloud). Si, après annulation de l'arrêt qui lui est déféré, il se prononce au fond en application de l'article L. 821-2, et si ce faisant il rejette au fond les conclusions de l'auteur du pourvoi en cassation, il tient ce dernier pour « partie perdante » et le condamne à lui payer des frais irrépétibles. C'est ce qui ressort expressément d'une décision Association de sauvegarde du site de Courcourt (CE 15 novembre 2000), revenant sur une décision Cavard-Courtebœuf du 10 juillet 1996 (*Lebon* p. 1 104).

Il est même arrivé que l'on regarde l'appelant comme perdant dans une hypothèse dans laquelle, sans avoir pu convaincre le juge d'appel de majorer l'indemnité accordée en première instance, il avait obtenu des intérêts sur cette somme (CE 5 mai 1999, Société groupe maritime et commercial du Pacifique).

IV • Les incidents de procédure

La question se pose du jeu de ces dispositions en cas de désistement ou de non-lieu.

Le désistement n'écarte pas le jeu de l'article L. 761-1 (CE 25 avril 1990, Camara). Dans cette situation, la partie qui se désiste pourra obtenir des frais irrépétibles si son désistement est motivé par le fait qu'elle a obtenu satisfaction en cours d'instance : son adversaire a devancé le jugement et accepté de perdre (CE 23 juillet 1993, Cottineau). Une telle condamnation est au contraire exclue si le désistement n'a pas cette motivation. C'est le cas s'il y a désistement d'office pour absence de production de l'ampliatif annoncé : le requérant est dans cette hypothèse regardé comme « partie perdante » (CE 17 mai 1999, Lombois). Quant à l'autre partie, elle peut dans ce dernier cas prétendre obtenir de tels frais à condition que sa demande en soit formée avant le désistement de son adversaire (CE 23 octobre 1992, Commune de La Clusaz – CE 12 janvier 1994, Pictet), conformément aux règles applicables en matière de désistement (voir obs. sous art. R. 636-1). Cette règle doit être regardée comme applicable dans le cas où le désistement est prononcé d'office, en application de l'article R. 611-22 ou R. 612-5, pour absence de production dans le délai requis du mémoire ampliatif annoncé (CE 24 mai 1995, SCPI France Pierre).

En cas de non-lieu, le Conseil d'État applique à peu près les mêmes règles. Le jeu de l'article L. 761-1 n'en est pas exclu (CE 13 mars 1991, Ministre des Affaires sociales c/ Conate [**11**] – CE 26 octobre 1992, Tosseri – CE 20 mai 1994, Martel). Lorsque le non-lieu provient de ce que le demandeur a obtenu satisfaction en cours d'instance, il peut obtenir le versement de frais irrépétibles (CE 20 mai 1994, Martel ou CE 20 mai 1994, Pipet, intervenus dans le contentieux de l'astreinte). Il en va de même, dans le contentieux de la suspension, du non-lieu provenant de ce que la décision contestée a été entièrement exécutée (CE 16 décembre 1992, Ravera).

Pour une hypothèse complexe d'annulation d'un jugement, assortie, après évocation, du constat d'un non-lieu sur la demande de première instance, l'acte dont le sursis à exécution était demandé ayant été définitivement annulé, voir CE 4 décembre 1995, Société des automobiles Citroën, arrêt par lequel le requérant obtient des frais irrépétibles et au titre de la première instance et au titre de l'appel. On note cependant que si le juge doit prononcer un non-lieu par suite d'une validation législative interdisant que soit discutée la légalité de la décision attaquée, il refuse de condamner le défendeur à verser des frais irrépétibles à son adversaire, lors même que la validation est intervenue postérieurement à la requête (CE 15 juin 1994, Olivaud), ce défendeur n'étant pas une « partie perdante ». Il en va différemment si la loi a, sans le valider, fait disparaître le texte attaqué (CE 27 janvier 1995, Comité central d'entreprise de la RNUR).

V • La condamnation

Ayant pour objet de couvrir des frais exposés, la condamnation ne peut être prononcée qu'au bénéfice exclusif de qui la demande : sont ainsi rejetées des conclusions tendant à ce que la somme soit versée « aux œuvres sociales de la commune » (CE 14 juin 1996, Élections municipales de Saint-Victor et Melvieu), ou à un autre que la personne qui la demande (CE 27 février 1998, Thomassin).

Ainsi qu'en dispose le texte, seules des considérations tirées de l'équité ou de la situation économique de la partie perdante peuvent faire obstacle à la condamnation, dans son principe. C'est dire en premier lieu que cette condamnation n'a pas à être regardée comme une sanction, et doit être soigneusement distinguée de l'amende qui sanctionne le caractère abusif d'une procédure (CE 17 mai 1991, Alverola [**12**]). Se trouve entachée d'erreur de droit une condamnation aux frais irrépétibles motivée par le caractère abusif de la requête (CAA Lyon, 25 janvier 1993, SA Canal de la Brillane). Et l'on a pu voir un requérant à la fois condamné à une amende pour recours abusif, et non condamné aux frais irrépétibles (CE 2 décembre 1992, Gestin).

En second lieu, le pouvoir d'appréciation ainsi donné au juge (qui s'exprime également s'agissant de déterminer le montant à verser) donne, comme il est normal, lieu à contrôle du juge d'appel (CE 28 juillet 1993, Ville de Bois-Colombes – CE 27 avril 1994, Commune d'Argenteuil). Le contrôle ainsi exercé ne portera guère sur la motivation retenue par le premier juge, à qui il suffit de fonder sa décision sur « les circonstances particulières de l'espèce » (CE 7 novembre 1992, Ministre de l'Agriculture c/ Scherer), mais bien évidemment sur le bien-fondé de sa position (CE 25 octobre 1996, Société d'économie mixte d'aménagement de Gennevilliers, réduisant le montant, jugé exagéré, accordé par les premiers juges). Mais il n'y a pas sur ce point contrôle de cassation, cette appréciation relevant de la souveraineté des juges du fond (CE 21 juin 1993, Entreprise Plouzennec).

Limitée aux « frais exposés », la condamnation ne paraît pas devoir inclure d'autres éléments, tels que les « peines et tracas du procès », à l'inverse de ce que jugé par la Cour de cassation à propos de l'article 700 du Nouveau Code de procédure civile (Cass. civ. 20 février 1980, *Bull. civ.* II, n° 37). Sont regardés comme « exposés » les frais découlant normalement de la conduite du litige, lors même qu'ils auraient été pris en charge par une compagnie d'assurance (contrat « défense-recours ») ou seraient inclus dans les sommes versées au titre d'un contrat d'assistance juridique (CE 6 novembre 1995, Clément). Et ces frais paraissent devoir être limités à ceux de l'instance contentieuse, à l'exclusion de ceux exposés lors de démarches précontentieuses (à propos de notes d'avocat établies à une date antérieure à celle de l'introduction de la requête : CE 8 octobre 1993, Société d'achats et de ventes de biens immobiliers). Ainsi qu'on l'a dit, le montant accordé par le premier juge est contrôlé par le juge d'appel (CE 7 octobre 1992, Ministre de l'Agriculture).

Ce montant incorpore le droit de timbre prévu par l'article 1089 B du Code général des impôts (CE avis 28 septembre 1994, Préfet de l'Aube, voir les commentaires sous l'article R. 411-2). Il doit pouvoir y être compté le montant du droit de plaidoirie prévu à l'article L. 723-3 du Code de la Sécurité sociale, dans sa rédaction résultant de la loi du 25 juillet 1994, puisque ce droit n'est pas compris dans les dépens tels que définis limitativement par l'article R. 761-1 du code (à la différence de la procédure civile : voir art. 695 du Nouveau Code de procédure civile). La somme accordée n'excède guère 10 000 à 15 000 F en moyenne devant le Conseil d'État (mais elle a pu atteindre 120 000 F dans une affaire Société SOFITAM, il est vrai exceptionnelle). Elle porte intérêts, sans même que ce soit prévu par le jugement (CE 30 mars 1994, Loubet, *Lebon* p. 172), mais seulement à compter du prononcé de ce jugement (CE 26 octobre 1994, Colliez [**13**] – CE 28 juillet 2000, Roca).

Sur le plan fiscal, la question se pose du sort des versements obtenus au titre de l'article L. 761-1. Une réponse ministérielle en date du 16 janvier 1992 apporte quelques éléments de réponse (voir *Gaz. Pal.* 4-8 octobre 1992, p. 24). Ces versements, ne pouvant être regardés comme la contrepartie d'une prestation de services à titre onéreux réalisée par le bénéficiaire, échappent à la taxe sur la valeur ajoutée et n'ont pas à être pris en compte pour le pourcentage de déduction que peut utiliser leur bénéficiaire. Au regard de l'impôt sur les bénéfices, ces sommes sont à inclure dans les profits exceptionnels si elles correspondent à une instance d'ordre professionnel, les frais engagés pour une telle instance étant de leur côté déductibles des résultats. S'agissant de l'impôt sur le revenu, ces sommes ne constituent un élément imposable que si l'instance avait pour objet d'acquérir ou de conserver le revenu (auquel cas les frais de cette instance sont de leur côté déductibles du revenu imposable).

Ces conséquences fiscales imposent en principe aux juridictions de faire une place à part, dans les condamnations qu'elles prononcent, à celles qui sont fondées sur l'article L. 761-1.

VI • L'aide juridictionnelle

L'article L. 761-1 joue même si l'une des parties bénéficie de l'aide juridictionnelle, dans les conditions définies par la loi du 10 juillet 1991.

Si l'aidé est gagnant, son adversaire pourra être condamné à lui rembourser ses frais irrépétibles sur demande de sa part, pour la part de ces frais qu'il a lui-même exposés. Le même adversaire devra dans tous les cas, et sur réquisition des services du Trésor, payer à l'État la part de ces frais correspondant aux honoraires d'avocat, sans que l'État ait eu besoin de le réclamer au juge. Mais ce dernier pourra, au nom de l'équité ou de considérations économiques propres à cet adversaire, l'en dispenser, totalement ou partiellement (art. 43 de la loi), ce qui paraît impliquer que ledit juge se prononce d'office sur cet aspect du procès.

Et l'article 37 de la loi du 10 juillet 1991 prévoit que l'avocat du bénéficiaire de l'aide, gagnant, puisse réclamer pour son compte les frais que le bénéficiaire de l'aide aurait exposés sans cette aide et renonce corrélativement, en cas de condamnation, à percevoir la somme correspondant à la part contributive de l'État (CE 13 octobre 1995, Kerakra – CE 12 mai 1997, Commune de La Roche-sur-Yon – CE 29 décembre 1999, Chambon – CE 6 octobre 2000, Commune de Seix [**14**]). En pareille situation, la condamnation est prononcée au bénéfice de l'avocat (on tiendra pour atypique une décision Laib du 4 octobre 2000 prononçant une condamnation au bénéfice du requérant).

Si l'aidé est perdant, il pourra être condamné à supporter les frais irrépétibles de son adversaire, sauf à en être dispensé compte tenu de sa situation économique ou de l'équité (c'est l'application du droit commun). Et, s'il est demandeur et a bénéficié de l'aide partielle, le juge peut même, d'office, mettre à sa charge une fraction des sommes exposées par l'État autres que la contribution aux frais d'avocats et d'officiers publics et ministériels (art. 42 de la loi).

De ces règles il résulte donc qu'en principe, chaque fois qu'une partie bénéficie de l'aide juridictionnelle, le juge doit s'interroger d'office sur l'application des articles 42 et 43, et au besoin faire état dans sa décision de la position qu'il a prise. Il n'est pas certain que cette obligation ne soit pas largement perdue de vue.

□ ***Jurisprudence***

[**1**] Considérant qu'aux termes de l'article R. 222 du Code des tribunaux administratifs et des cours administratives d'appel : « Lorsqu'il paraît inéquitable de laisser à la charge d'une partie des sommes exposées par elle et non comprises dans les dépens, le tribunal administratif ou la cour administrative d'appel peut condamner l'autre partie à lui payer le montant qu'il ou elle détermine » ;

Considérant qu'il n'appartient pas au juge administratif, en se fondant sur l'article précité, de condamner une partie à verser à l'autre tout ou partie des sommes exposées par elle et non comprises dans les dépens si une telle condamnation n'a pas été expressément demandée et chiffrée ; qu'en l'espèce le préfet de la région Nord/Pas-de-Calais, préfet du Nord n'avait formulé aucune demande à l'encontre de la commune de Famars au titre de l'article R. 222 précité ;

Considérant, dès lors, que la commune de Famars est fondée à soutenir que c'est à tort que, par le jugement attaqué, le tribunal administratif de Lille l'a condamnée à verser à l'État la somme de 10 000 F au titre de l'article R. 222 du Code des tribunaux administratifs et des cours administratives d'appel ; qu'il convient donc d'annuler ledit jugement sur ce point...

[**2**] Sur les conclusions de M. Dorel tendant à l'application des dispositions de l'article 1er du décret n° 88-907 du 2 septembre 1988 :

Considérant que les conclusions de M. Dorel tendant au remboursement des frais exposés par lui et non compris dans les dépens sont, faute d'être chiffrées, irrecevables...

[**3**] Considérant, d'autre part, que ledit article laisse à l'appréciation du juge le soin de fixer le montant de la somme due au requérant et ne subordonne nullement la fixation de ce montant à la présentation de justificatifs...

[**4**] Considérant, d'une part, qu'aux termes de l'article 75-1 de la loi du 10 juillet 1991 : « Dans toutes les instances, le juge condamne la partie tenue aux dépens ou à défaut la partie perdante à payer à l'autre partie la somme qu'il détermine au titre des frais exposés et non compris dans les dépens » ; que ces dispositions font obstacle à ce que l'État, qui se borne à faire état de surcroît de travail pour ses services, sans se prévaloir de frais exposés, obtienne la condamnation qu'il réclame...

[**5**] Considérant que la circonstance que le ministère d'avocat auquel la commune de Combourg a eu recours devant les premiers juges n'ait pas été obligatoire n'est pas de nature à justifier que M. Heudes soit exonéré des frais irrépétibles auxquels il a été condamné en application des dispositions sus-rappelées pour un montant de 4 000 F ; que par ailleurs les circonstances familiales qu'il invoque pour bénéficier d'une réduction ou d'une suppression de cette condamnation ne sont assorties d'aucun élément susceptible de permettre d'en apprécier la portée...

[**6**] Considérant que les conclusions de M. Ballarin tendant à être indemnisé pour procédure abusive doivent être analysées comme tendant à l'application des dispositions ci-dessus rappelées pour obtenir le remboursement des frais de procédure qu'il a exposés ; qu'il résulte de ce qui a été dit précédemment qu'il est la partie perdante, et que les conclusions ne peuvent dès lors être accueillies...

[**7**] Considérant qu'aucune disposition législative ni aucun principe ne font obstacle à l'application à l'État des dispositions précitées de l'article L. 8-1 du Code des tribunaux administratifs et des cours administratives d'appel dans le cas d'un déféré préfectoral formé sur le fondement de l'article 3 de la loi du 2 mars 1982 relative aux droits et libertés des communes, des départements et des régions...

[**8**] Considérant que lorsqu'il statue en application des dispositions des articles R. 316-1 à R. 316-4 du Code des communes, le tribunal administratif statue comme autorité administrative et non comme autorité juridictionnelle ; que le tribunal administratif de Clermont-Ferrand ne pouvait dès lors faire application des dispositions des articles L. 8-1 et R. 88 du Code des tribunaux administratifs et des cours administratives d'appel et condamner M. Levais à payer à la commune de Vernols des frais irrépétibles et à verser une amende pour recours abusif ;
Considérant qu'il résulte de ce qui précède que M. Levais est fondé à demander l'annulation de la décision du tribunal administratif de Clermont-Ferrand en date du 25 mai 1993 en tant qu'elle l'a condamné à payer la somme de 5 000 F à la commune de Vernols au titre des frais irrépétibles et à payer une amende de 3 000 F pour recours abusif ;
Sur les conclusions de la commune de Vernols et de M. Levais tendant à l'application des dispositions de l'article 75-1 de la loi n° 91-647 du 10 juillet 1991 :
Considérant que, lorsqu'il est saisi d'un pourvoi introduit à l'encontre d'une décision d'un tribunal administratif prise en application des dispositions susvisées du Code des communes, le Conseil d'État statue en tant qu'autorité juridictionnelle ;
Considérant qu'il y a lieu, dans les circonstances de l'espèce, de faire application des dispositions susvisées de l'article 75-1 de la loi n° 91-647 du 10 juillet 1991 et de condamner M. Levais à payer à la commune de Vernols la somme qu'elle demande au titre des sommes exposées par elle et non comprises dans les dépens...

[**9**] Considérant que M. Dousset demande au Conseil d'État, en application des dispositions de l'article 1er du décret du 2 septembre 1988 susvisé, le remboursement des frais engagés par lui lors d'une précédente procédure ; que, cette procédure ayant pris fin avec la décision du Conseil d'État statuant au contentieux en date du 23 novembre 1988, la requête de M. Dousset est irrecevable et doit par suite être rejetée...

[**10**] Considérant qu'il ne ressort pas des pièces du dossier que la commune de Meudon ait engagé, pour sa défense devant le tribunal administratif, des frais justifiant que M. Richez soit condamné à les lui rembourser sur le fondement de l'article L. 8-1 du Code des tribunaux administratifs et des cours administratives d'appel ; que ce dernier est dès lors fondé à demander l'annulation du jugement attaqué en tant qu'il l'a condamné à payer à ce titre 2 000 F à la commune...

[**11**] Considérant, d'une part, qu'aucune disposition de l'article susvisé n'interdit au juge administratif de condamner une partie à verser à l'autre des sommes exposées par elle et non comprises dans les dépens dans le cas où elle constate qu'il n'y a pas lieu de statuer sur les conclusions principales de la requête...

[**12**] Sur les conclusions tendant à l'octroi d'une indemnité pour procédure abusive et d'une indemnité au titre de l'article 1er du décret du 2 septembre 1988 présentées par les consorts Latour et Négrin :

Considérant que le pourvoi ne présente pas un caractère abusif et que les conclusions présentées sur ce point doivent être écartées ; qu'en revanche, il y a lieu, dans les circonstances de l'espèce, de faire droit aux demandes des consorts Latour et Négrin fondées sur le décret du 2 septembre 1988 et de condamner les requérants à leur verser la somme de 2 000 F au titre des sommes exposées par eux et non comprises dans les dépens...

[**13**] Considérant, d'une part, qu'il y a lieu dans les circonstances de l'espèce de faire droit à la demande des époux Colliez et de condamner l'école normale de Douai à leur verser une somme de 5 000 F au titre des frais exposés et non compris dans les dépens ;

Considérant, d'autre part, que les requérants demandent que cette somme soit majorée des intérêts de droit ; qu'en vertu des dispositions sus-rappelées de l'article 75-1 de la loi du 10 juillet 1991, il appartient au juge de déterminer la somme que la partie tenue aux dépens ou, à défaut, la partie perdante est condamnée à payer à l'autre partie ou, le cas échéant, pour des raisons tirées de l'équité ou de la situation économique de la partie condamnée, de dire qu'il n'y a pas lieu à cette condamnation ; que, de ce fait, si la somme allouée à ce titre est productive d'intérêts à compter de l'intervention de la décision juridictionnelle qui l'accorde dans les conditions fixées par l'article 1153-1 du Code civil, elle ne peut, eu égard à sa nature, ouvrir droit au paiement d'intérêts moratoires à une date antérieure à cette décision ; que, par suite, les requérants ne sont pas fondés à demander que la somme qui leur est accordée par la présente décision soit majorée des intérêts de droit à compter de la date à laquelle ils ont présenté des conclusions tendant à l'application de l'article 75-1 de la loi du 10 juillet 1991...

[**14**] Considérant que l'article 43 de la même loi [du 10 juillet 1991] autorise le bénéficiaire de l'aide juridictionnelle à demander au juge de condamner dans les mêmes conditions, prévues à l'article 75 précité, la partie perdante « au paiement d'une somme au titre des frais qu'il a exposés » ; que l'article 37 de la même loi dispose que : « [...] l'avocat du bénéficiaire de l'aide juridic-

tionnelle peut demander au juge de condamner, dans les conditions prévues à l'article 75, la partie tenue aux dépens ou qui perd son procès et non bénéficiaire de l'aide juridictionnelle, à une somme au titre des frais que le bénéficiaire de l'aide aurait exposés s'il n'avait pas eu cette aide. Il peut, en cas de condamnation, renoncer à percevoir la somme correspondant à la part contributive de l'État et poursuivre le recouvrement à son profit de la somme allouée par le juge » ;

Considérant qu'il résulte de ces dispositions que le bénéficiaire de l'aide juridictionnelle ne peut demander au juge de condamner à son profit la partie perdante qu'au paiement des seuls frais qu'il a personnellement exposés, à l'exclusion de la somme correspondant à la part contributive de l'État à la mission d'aide juridictionnelle confiée à son avocat ; mais que l'avocat de ce bénéficiaire peut demander au juge de condamner la partie perdante à lui verser la somme correspondant à celle qu'il aurait réclamée à son client, si ce dernier n'avait eu l'aide juridictionnelle, à charge pour l'avocat qui poursuit, en cas de condamnation, le recouvrement à son profit de la somme qui lui a été allouée par le juge, de renoncer à percevoir la rémunération correspondant à la part contributive de l'État à la mission d'aide juridictionnelle qui lui a été confiée...

LE CONTENU ET LA CHARGE DES DÉPENS

Art. R. 761-1 Les dépens comprennent les frais d'expertise, d'enquête et de toute autre mesure d'instruction dont les frais ne sont pas à la charge de l'État.

Sous réserve de dispositions particulières, ils sont mis à la charge de toute partie perdante sauf si les circonstances particulières de l'affaire justifient qu'ils soient mis à la charge d'une autre partie ou partagés entre les parties.

L'État peut être condamné aux dépens.

■ Textes sources

– Ordonnance n° 45-1708 du 31 juillet 1945, article 80.
– Code des TA et des CAA, article R. 217.

■ Commentaires

L'énumération du contenu des dépens est limitative. Trois exceptions ont toutefois été apportées à cette règle :

– les dépens exposés devant le juge judiciaire à l'occasion d'une affaire qui, après intervention du Tribunal des conflits a été attribuée au juge administratif, ont été incorporés aux dépens devant le tribunal administratif (CE 6 février 1987, Babin, *Lebon* p. 37 [**1**]) ;
– les dépens exposés devant la Cour de justice des Communautés européennes en cas de renvoi préjudiciel s'ajoutent aux dépens du litige (CE 27 janvier 1971, Syndicat du commerce extérieur des céréales, *Lebon* p. 69).
– Font partie des dépens les frais d'expertise de référé (CE 13 novembre 1985,

Ministre de l'Éducation nationale c/ Egger, n° 48804 [**2**]), sauf si l'ordonnance du référé a été annulée par le juge d'appel (CE 20 janvier 1992, Ministre de l'Éducation nationale c/ Ariano).

Ainsi, dans une affaire dans laquelle le demandeur en référé avait perdu dans l'instance au fond, mais dans laquelle la mission de l'expert avait été étendue, sur la demande du défendeur, par ordonnance annulée pour vice de forme, le Conseil d'État a-t-il confirmé la décision des premiers juges laissant à la charge du défendeur, pourtant vainqueur dans l'instance au fond, la moitié des frais d'expertise (CE 13 novembre 1996, Gérard). Le juge doit donc d'office se prononcer sur leur allocation, au moins lorsqu'il décide de ne pas les laisser à la charge de la partie qui a demandé le référé. On se reportera à l'article R. 621-13 pour l'examen détaillé de la combinaison, en matière de frais d'expertise, entre référé et instance au fond.

Les frais de déplacement exposés par une partie pour se rendre auprès de l'expert, s'ils sont justifiés, paraissent entrer dans les dépens (CE 22 avril 1992, Poste), ainsi que les frais engagés à la demande de l'expert (CE 28 juillet 1993, RATP).

Les dépens ne comprennent pas le droit de timbre (voir art. R. 411-2), non plus que le droit de plaidoirie prévu à l'article L. 723-3 du Code de la Sécurité sociale, dans sa rédaction résultant de la loi du 25 juillet 1994.

Il appartient au juge de se prononcer d'office sur la charge des dépens. Sauf en contentieux fiscal, la partie qui perd supporte normalement l'intégralité des dépens, sans égard pour le « degré de succombance ». Le juge administratif peut cependant inverser la charge des dépens, ou les partager. Ce que prévoit à cet égard le texte a été approuvé par la jurisprudence (CE sect. 13 octobre 1961, Ville de Marseille c/ Société marseillaise de trafic maritime, *Lebon* p. 567). Il y aura, par exemple, dérogation à la règle si une partie n'invoque une fin de non-recevoir qu'après l'expertise, ainsi rendue inutile (elle supporte alors les frais de cette expertise : CE 24 avril 1974, Jaubert, *Lebon* p. 247 [**3**]). Il y aura également partage des frais, au détriment de la partie gagnante, si elle a rendu les opérations d'expertise plus difficiles et coûteuses par sa carence à répondre aux demandes de renseignements de l'expert (CE 10 mai 1989, Centre hospitalier régional de Lille c/ Deblauwe [**4**]), ou du tribunal (CE 5 mars 1993, Ministre de l'Éducation nationale c/ Mariani [**5**]).

Rappelons que l'inversion de la charge des dépens a une conséquence directe sur l'application de l'article L. 761-1.

On note que l'article L. 774-5 interdit, en matière de contraventions de grande voirie, tout partage en cas d'acquittement.

□ ***Jurisprudence***

[**1**] Considérant que l'arrêt précité du Tribunal des conflits du 5 décembre 1983 ayant attribué à la juridiction administrative la connaissance du présent litige et déclaré nulle la procédure engagée

devant les instances judiciaires, il appartenait au tribunal administratif de Poitiers de se prononcer sur la totalité des dépens, y compris ceux exposés devant le tribunal de grande instance de Saintes et la cour d'appel de Poitiers ; qu'ainsi les époux Babin, qui ont succombé en l'instance, ne sont pas fondés à soutenir que le tribunal administratif les a condamnés à tort à supporter les dépens exposés par le département de la Charente-Maritime et la Société nationale des chemins de fer français devant les juridictions de l'ordre judiciaire...

[**2**] Considérant qu'il appartenait au tribunal administratif de se prononcer, même d'office, sur la charge des honoraires de l'expertise ordonnée par le juge des référés à la demande du secrétaire d'État aux Universités, et sur laquelle il s'est fondé...

[**3**] Sur les conclusions relatives à la charge des frais d'expertise :
Considérant qu'ainsi qu'il a été dit ci-dessus, l'administration n'a opposé une irrecevabilité qu'après l'expertise ; que cette expertise ne portait que sur le classement de la parcelle litigieuse et qu'elle a donc été totalement frustratoire ; que, dans les circonstances de l'affaire, il y a lieu de mettre les frais d'expertise à la charge de l'État...

[**4**] Considérant qu'il résulte de l'instruction, et notamment du rapport de l'expert, que, par sa carence à répondre aux demandes de renseignements de celui-ci, le centre hospitalier a rendu les opérations d'expertise plus difficiles et a retardé le dépôt du rapport établi à leur issue ; qu'il y a lieu, dans ces circonstances, de mettre à la charge du centre hospitalier régional de Lille la moitié des frais d'expertise exposés en première instance, frais sur lesquels les premiers juges n'ont pas statué...

[**5**] Considérant qu'il résulte de l'instruction que l'administration avait contribué à rendre l'expertise indispensable en ne produisant pas les éléments permettant de justifier la somme contestée par la requérante, notamment les factures d'eau, de gaz et d'électricité établissant sa consommation ; que, compte tenu des circonstances de l'espèce le ministre de l'Éducation nationale n'est pas fondé à soutenir que c'est à tort que, par le jugement attaqué, le tribunal administratif de Toulouse a mis à la charge de l'administration la moitié des frais et honoraires de l'expertise...

LES DÉPENS EN CAS DE DÉSISTEMENT

Art. R. 761-2 En cas de désistement, les dépens sont mis à la charge du requérant sauf si le désistement est motivé par le retrait total ou partiel de l'acte attaqué, opéré après l'enregistrement de la requête, ou, en plein contentieux, par le fait que, postérieurement à cet enregistrement, satisfaction totale ou partielle a été donnée au requérant.

■ Textes sources

– Code des TA et des CAA, article R. 218.

■ **Commentaires**

Cet article interdit, sauf dans l'hypothèse qu'il vise, tout partage des dépens en cas de désistement, en dérogation à la règle énoncée à l'article R. 761-1 : le tribunal est « tenu » de mettre les dépens à la charge de la partie qui se désiste (CE 3 octobre 1994, Saule).

LES ÉMOLUMENTS DE L'HUISSIER EN CAS DE SIGNIFICATION

Art. R. 761-3 Dans tous les cas où une partie fait signifier une décision par acte d'huissier de justice, l'huissier de justice a droit aux émoluments qui lui sont attribués par le tarif en vigueur devant les tribunaux de grande instance.

■ **Textes sources**

– Code des TA et des CAA, article R. 219.

■ **Commentaires**

Les émoluments de l'huissier procédant à la signification ne font pas partie des dépens.

LA LIQUIDATION DES DÉPENS

Art. R. 761-4 La liquidation des dépens, y compris celle des frais et honoraires d'expertise définis à l'article R. 621-11, est faite par ordonnance du président de la juridiction, après consultation du président de la formation de jugement ou, en cas de référé ou de constat d'urgence, du magistrat délégué.

Au Conseil d'État, la liquidation est faite par ordonnance du président de la section du contentieux.

■ **Textes sources**

– Code des TA et des CAA, article R. 220.

■ **Commentaires**

C'est la reprise, généralisée à l'ensemble des dépens, du système retenu pour les frais d'expertise et contenant une utile précision pour ce qui concerne les référés.

On rappelle que, en vertu de l'article R. 621-13, l'ordonnance qui liquide les dépens doit, en ce qui concerne les frais et honoraires d'expertise ordonnée

dans le cadre d'un référé ou d'un constat d'urgence, désigner la partie qui doit en assumer la charge.
La nature administrative de cette ordonnance exclut que l'expert puisse obtenir du juge administratif qu'il prononce une astreinte en vue d'en assurer l'exécution (CE 10 avril 1996, Le Nestour), comme elle exclut que le président du tribunal administratif puisse la rectifier au titre de l'article R. 741-11 (voir cet article).

LA CONTESTATION DE L'ORDONNANCE LIQUIDANT LES DÉPENS

Art. R. 761-5 Les parties, ainsi que, le cas échéant, les experts intéressés, peuvent contester l'ordonnance mentionnée à l'article R. 761-4 liquidant les dépens devant la juridiction à laquelle appartient son auteur. Celle-ci statue en formation de jugement.
Le recours mentionné au précédent alinéa est exercé dans le délai d'un mois à compter de la notification de l'ordonnance sans attendre l'intervention de la décision par laquelle la charge des frais est attribuée.

■ Textes sources

– Code des TA et des CAA, article R. 221.

■ Commentaires

La nature administrative de l'ordonnance portant liquidation des dépens (CE sect. 17 juin 1983, Lassallette, *Lebon* p. 260) fait que le tribunal ou la cour intervient non comme juge d'appel, mais comme juge de premier degré, la décision rendue étant, si elle émane d'un tribunal administratif, susceptible d'appel devant le juge d'appel qui aura à connaître de l'affaire principale. Si la décision émane de la cour administrative d'appel, et faute d'instance d'appel, seul un pourvoi en cassation paraît concevable.
L'intervention de la juridiction se fait en la forme ordinaire, la chambre du conseil ayant disparu des formations contentieuses. Il semble dès lors que les parties doivent être convoquées à l'audience publique où l'affaire est appelée, la jurisprudence antérieure contraire ne trouvant sa justification que dans le fait que la juridiction siégeait en chambre du conseil. Au demeurant, cette jurisprudence exigeait que les parties soient traitées sur un pied d'égalité par la chambre du conseil (CE 11 juillet 1991, Pisseau).
Le délai d'un mois dans lequel doit désormais être formé le recours contre l'ordonnance de taxe est un délai franc (CE 18 janvier 1922, Vallot, *Lebon* p. 44 [**1**]), qui doit, comme le délai de recours contentieux, se computer de quantième à quantième. Il semble (voir observations sous l'art. R. 621-11) que ce délai ne puisse courir que si la notification de l'ordonnance, acte administra-

tif, est assortie de l'indication des voies et délais de recours. Revenant sur les jurisprudences Dieppedale (CE sect. 19 juin 1970, *Lebon* p. 415) et Ferrero (CE 7 juillet 1976, *Lebon* p. 350), le texte précise opportunément que le délai prévu court « sans attendre l'intervention du jugement ou de l'arrêt par lequel la charge des frais est attribuée ». Les jurisprudences précitées avaient en effet posé que les parties ne trouvaient intérêt à contester le montant des frais d'expertise qu'à partir du moment où une décision au fond les en avait fait débitrices, de telle sorte que le délai de contestation ne pouvait courir que de la notification de ce jugement. Et la cour administrative d'appel de Lyon avait jugé, dans le prolongement de ce raisonnement, que l'intérêt d'une partie à contester l'ordonnance ne naissait qu'au jour où la charge des dépens était attribuée par une décision devenue définitive (CAA Lyon, 8 octobre 1991, Couget, *Lebon* p. 1136)... La nouvelle rédaction met fin à ces complications.
La contestation des dépens suit, en matière de ministère d'avocat, les règles applicables au contentieux principal auquel ils se rattachent (CE 12 mars 1990, Association pour la défense des résidents de l'Agenais).
L'appel formé contre le jugement rendu sur la contestation de l'ordonnance de taxe est porté devant le juge d'appel compétent pour connaître du litige principal (CE 24 janvier 1994, de Labrusse, solution implicite – CE 29 juillet 1994, Henault).

□ ***Jurisprudence***

[**1**] Sur le moyen tiré de ce que le sieur Vallot n'aurait pas contesté devant le conseil de préfecture, dans le délai imparti par l'article 23 de la loi du 22 juillet 1889, la liquidation des frais d'expertise faite par le vice-président dudit conseil :
Considérant que le délai imparti par l'article 23 de la loi du 22 juillet 1889 est un délai franc ; que, par suite, le sieur Vallot ayant reçu notification de l'arrêté du vice-président du conseil de préfecture, le 26 août 1911, son opposition formée le 30 août était recevable...

TITRE VII Dispositions spéciales

CHAPITRE 1 La saisine du Tribunal des conflits

Le présent chapitre ne comprend pas de dispositions législatives.

LA PRÉVENTION DES CONFLITS NÉGATIFS

Art. R. 771-1 La saisine du Tribunal des conflits par les juridictions administratives en prévention des conflits négatifs obéit aux règles définies par l'article 34 du décret du 26 octobre 1849 ci-après reproduit :

Art. 34 — Lorsqu'une juridiction de l'ordre judiciaire ou de l'ordre administratif a, par une décision qui n'est plus susceptible de recours, décliné la compétence de l'ordre de juridiction auquel elle appartient au motif que le litige ne ressortit pas à cet ordre, toute juridiction de l'autre ordre, saisie du même litige, si elle estime que ledit litige ressortit à l'ordre de juridictions primitivement saisi, doit par un jugement motivé qui n'est susceptible d'aucun recours même en cassation, renvoyer au Tribunal des conflits le soin de décider sur la question de compétence ainsi soulevée et surseoir à toute procédure jusqu'à la décision de ce tribunal.

■ **Textes sources**
– Décret du 26 octobre 1849, article 34.

LE RENVOI AU TRIBUNAL DES CONFLITS, PAR LE CONSEIL D'ÉTAT, D'UNE QUESTION DE COMPÉTENCE

Art. R. 771-2 Le renvoi par le Conseil d'État d'une question de compétence au Tribunal des conflits obéit aux règles définies par l'article 35 du décret du 26 octobre 1849 ci-après reproduit :

Art. 35 — Lorsque le Conseil d'État statuant au contentieux, la Cour de cassation ou toute autre juridiction statuant souverainement et échappant ainsi au contrôle tant du Conseil d'État que de la Cour de cassation, est saisi d'un litige qui présente à juger, soit sur l'action introduite, soit sur une exception, une question de compétence soulevant une difficulté sérieuse et mettant en jeu la séparation des autorités administratives et judiciaires, la juridiction saisie peut, par décision ou arrêt motivé qui n'est susceptible d'aucun recours, renvoyer au Tribunal des conflits le soin de décider sur cette question de compétence. Il est alors sursis à toute procédure jusqu'à la décision de ce tribunal.

■ **Textes sources**

– Décret du 26 octobre 1849, article 35.
– Code des TA et des CAA, article L. 11.

CHAPITRE 2 Le contentieux des impôts directs, des taxes sur le chiffre d'affaires et des taxes assimilées

Le présent chapitre ne comprend pas de dispositions législatives.

LES REQUÊTES EN MATIÈRE D'IMPOSITION

Art. R. 772-1 Les requêtes en matière d'impôts directs et de taxe sur le chiffre d'affaires ou de taxes assimilées dont l'assiette ou le recouvrement est confié à la direction générale des impôts sont présentées, instruites et jugées dans les formes prévues par le livre des procédures fiscales.

Les requêtes relatives aux taxes dont le contentieux ressortit à la juridiction administrative et autres que celles qui sont mentionnées à l'alinéa 1 sont, sauf disposition spéciale contraire, présentées et instruites dans les formes prévues par le présent code.

■ **Textes sources**

– Code des TA et des CAA, articles L. 11 et R. 233, § 1 et 2.

LA NÉCESSITÉ D'UNE RÉCLAMATION PRÉALABLE

Art. R. 772-2 Les requêtes mentionnées au deuxième alinéa de l'article précédent doivent être précédées d'une réclamation adressée à la personne morale qui a établi la taxe.

Lorsqu'aucun texte spécial ne définit le délai propre à cette contestation, les réclamations doivent être présentées au plus tard le 31 décembre de l'année qui suit celle de la réception par le contribuable du titre d'imposition ou d'un extrait de ce titre.

■ **Textes sources**

– Code des TA et des CAA, article R. 234.

■ **Commentaires**

Les impositions autres que les impôts directs et taxes sur le chiffre d'affaires, visées au deuxième alinéa de l'article R. 772-1, ont reçu une consécration solennelle par la décision n° 82-124 du 23 juin 1982 du Conseil constitutionnel et par l'arrêt d'assemblée du 20 décembre 1985, SA Établissements Outters, *Lebon* p. 382 [**1**], concernant les redevances de bassin.

L'article R. 772-2 organise dans la ligne de la jurisprudence Outters la procédure de contestation de ce genre d'impositions, non directement concernées par le Livre des procédures fiscales : une réclamation préalable est adressée à la personne morale qui a établi la taxe, réclamation qui, sauf texte contraire, doit être formée au plus tard le 31 décembre de l'année suivant la réception d'un titre d'imposition.

L'évolution de la jurisprudence du Conseil d'État a toutefois pour effet de rendre désormais inutile l'article R. 772-2, et inexact le deuxième alinéa de l'article R. 772-1.

En effet, comme le préfigurait l'arrêt Outters qui renvoyait déjà à « la procédure fixée par les articles 1931 et suivants du Code général des impôts », les arrêts postérieurs ont nettement précisé que le contentieux de toute « imposition », même autre que celles visées au premier alinéa de l'article R. 772-1 était, en ce qui concerne la procédure, intégralement régi par les articles L. 190 et R. 190 et suivants du Livre des procédures fiscales, qui ont repris les articles 1931 et suivants du Code général des impôts (CE 27 janvier 1987, *RJF* 1987, n° 308 – CE 2 octobre 1989, Société Sociel, concl. M.D. Hagelsteen, *RFDA* 1990, p. 280 [**2**]). Le délai de réclamation est donc fixé par le Livre des procédures fiscales et expire le 31 décembre de l'année qui suit la notification de l'acte de recouvrement : l'article R. 772-2 devient inutile.

Et le Livre des procédures fiscales est considéré comme contenant, sauf dispositions renvoyant expressément au Code des tribunaux administratifs et des cours administratives d'appel, et bientôt sans doute au Code de justice administrative, l'ensemble des règles de procédure applicables : le deuxième alinéa de l'article R. 772-1 est donc inexact, qui soumet à ce dernier code le contentieux des impositions autres que celles visées au premier alinéa.

□ ***Jurisprudence***

[**1**] Considérant que, par une décision n° 82-124 en date du 23 juin 1982, le Conseil constitutionnel a estimé que les redevances perçues par les agences financières de bassin en application de la loi du 16 décembre 1964 relative au régime et à la répartition des eaux et à la lutte contre leur pollution doivent être rangées parmi les impositions de toute nature dont l'article 34 de la Constitution réserve au législateur le soin de fixer les règles concernant l'assiette, le taux et les modalités de recouvrement ;

Considérant que ces redevances constituent, par leur nature, des impositions dont le contentieux relève de la juridiction administrative ;

Sur les conclusions tendant à l'annulation des décisions du directeur de l'Agence financière de bassin Seine-Normandie relatives aux redevances réelles dues pour détérioration de l'eau au titre des années 1974, 1975 et 1977 :

Considérant que les décisions par lesquelles il est statué sur la réclamation du redevable qui entend contester la créance de l'agence financière de bassin, en tout ou en partie, en ce qui concerne la redevance due pour détérioration de l'eau assignée, après déduction le cas échéant du montant de la prime d'épuration, ne constituent pas des actes détachables de la procédure d'imposition ; qu'elles ne peuvent, en conséquence, être déférées à la juridiction administrative par la voie du recours pour excès de pouvoir et ne peuvent faire l'objet d'un recours contentieux qu'au titre de la procédure fixée par les articles 1931 et suivants du Code général des impôts ; que, dès lors, la société requérante n'est pas recevable à demander l'annulation pour excès de pouvoir des décisions sus-analysées du directeur de l'Agence financière du bassin Seine-Normandie du 25 décembre 1977 et de la décision implicite de rejet du même directeur née du silence gardé pendant plus de quatre mois sur la réclamation à lui adressée par la société le 21 février 1978...

[**2**] Considérant que les redevances perçues par les agences financières de bassin en application de la loi du 16 décembre 1964 relative au régime et à la répartition des eaux et à la lutte contre leur pollution constituent par leur nature des impositions ; que ces redevances ne peuvent faire l'objet d'un recours contentieux qu'au titre de la procédure fixée par les articles 1931 et suivants du Code général des impôts repris aux articles L. 190 et R. 190 et suivants du Livre des procédures fiscales ; qu'il suit de là que le délai de la réclamation que les redevables de ces redevances sont tenus, en vertu des dispositions de l'article 21 du décret du 14 septembre 1966, d'adresser au directeur de l'agence avant d'être éventuellement soumise à la juridiction administrative compétente court à compter de la date de la notification de l'acte de recouvrement que constitue l'état exécutoire...

La dispense d'avocat pour les requêtes en matière d'imposition

Art. R. 772-3 Les requêtes mentionnées au présent chapitre sont dispensées du ministère d'avocat tant en première instance qu'en appel.

Le recours peut être déposé soit au greffe de la cour administrative d'appel, soit à la préfecture, soit à la sous-préfecture ; dans ce dernier cas, il est fait application des dispositions de l'article R. 413-2.

■ Textes sources

– Code des TA et des CAA, article R. 235.

■ Commentaires

On note la dispense générale du ministère d'avocat en matière fiscale, en première instance et en appel, pour autant que les requêtes sont dirigées contre un acte d'assiette ou de recouvrement. Mais on rappelle que cette dispense ne concerne que les recours dirigés contre une « imposition », et ne vaut pas, par exemple, en appel, pour les affaires mettant en cause les taxes prélevées par les associations syndicales (CE 2 octobre 1989, Ferdinand – CE 19 mars 1990, Renaud de La Faverie).

Il convient de noter que ne sont visées par cet article que les requêtes dirigées contre une imposition. Tel n'est pas le cas du recours pour excès de pouvoir formé contre la décision de la commission des impôts arrêtant le bénéfice agricole forfaitaire devant servir d'assiette à l'impôt (CE 25 avril 1990, FDSEA des Bouches-du-Rhône [1]). Si ce recours est dispensé d'avocat (en tant que recours pour excès de pouvoir), il ne peut être utilement déposé à la préfecture ou sous-préfecture.

□ ***Jurisprudence***

[1] Considérant que la requête de la Fédération départementale des syndicats d'exploitants agricoles des Bouches-du-Rhône, qui tend à l'annulation pour excès de pouvoir de décisions de la commission centrale des impôts directs publiées au *Journal officiel* du 29 décembre 1985 n'a été enregistrée au secrétariat du contentieux du Conseil d'État que le 14 mars 1986 ; que si elle a été déposée d'abord à la sous-préfecture d'Aix-en-Provence le 27 février 1986, elle ne peut être rangée dans aucun des cas où les parties ont, par dérogation à la règle générale, la faculté de déposer leur recours au Conseil d'État à la sous-préfecture ; qu'ainsi, le ministre chargé du budget est fondé à soutenir que cette requête est tardive et, par suite, irrecevable...

LES REQUÊTES FISCALES DEVANT LES TRIBUNAUX ADMINISTRATIFS DE PAPEETE ET DE NOUVELLE-CALÉDONIE

Art. R. 772-4 Devant les tribunaux administratifs de Papeete et de Nouvelle-Calédonie, les requêtes en matière fiscale dont le contentieux ressortit à la juridiction administrative sont, sous réserve des articles 100 à 104 *ter* du décret du 5 août 1881 modifié et des articles 172 et 173 du décret du 30 décembre 1912 modifié, présentées et instruites par le tribunal administratif dans les formes prévues dans le présent code.

Devant le tribunal administratif de Mamoudzou, les requêtes en matière d'impôts directs et de taxe sur le chiffre d'affaires ou assimilées dont l'assiette ou le recouvrement est confié à la direction des services fiscaux sont présentées, instruites et jugées dans les formes prévues dans le livre des procédures fiscales applicables à Mayotte.

■ **Textes sources**

– Code des TA et des CAA, article R. 233, § 3 et 4.

CHAPITRE 3 Le contentieux des élections

Le présent chapitre ne comprend pas de dispositions législatives.

LES REQUÊTES EN MATIÈRE D'ÉLECTIONS MUNICIPALES ET CANTONALES

Art. R. 773-1 Les requêtes en matière d'élections municipales et cantonales sont présentées, instruites et jugées dans les formes prescrites par le présent code, par le Code électoral et par les lois particulières en la matière.

■ **Textes sources**
– Code des TA et des CAA, article R. 236.

L'AVERTISSEMENT DU JOUR DE LA SÉANCE EN CAS DE RÉCLAMANTS MULTIPLES

Art. R. 773-2 Si les réclamants n'ont pas de mandataire ou de défenseur commun, l'avertissement du jour où leur requête sera portée en séance est adressé au premier dénommé dans la protestation.

■ **Textes sources**
– Code des TA et des CAA, article R. 237.

L'ABSENCE DE DÉPENS EN MATIÈRE ÉLECTORALE

Art. R. 773-3 En matière électorale, il n'y a lieu à aucune condamnation aux dépens et il n'est pas accordé d'indemnités aux témoins entendus dans une enquête.

■ **Textes sources**
– Code des TA et des CAA, article R. 238.

LE DÉPÔT DES REQUÊTES À LA PRÉFECTURE OU LA SOUS-PRÉFECTURE

Art. R. 773-4 En matière électorale, les requêtes au Conseil d'État peuvent être déposées à la préfecture ou à la sous-préfecture du domicile du requérant.

En Nouvelle-Calédonie, dans les territoires d'outre-mer et à Mayotte, les requêtes peuvent être déposées auprès des services du haut-commissaire ou du représentant du Gouvernement.

■ **Textes sources**
– Ordonnance nº 45-1708 du 31 juillet 1945, article 47, § 2.

Le timbre à date des requêtes électorales

Art. R. 773-5 Lorsque la requête au Conseil d'État est déposée auprès des services définis à l'article précédent, elle est marquée d'un timbre à date qui indique la date de l'arrivée et est transmise par le préfet au secrétariat du contentieux du Conseil d'État. Il en est délivré récépissé à la partie qui le demande.

■ **Textes sources**
– Code des TA et des CAA, article R. 240.

La notification de la décision du Conseil d'État

Art. R. 773-6 La notification de la décision du Conseil d'État est faite par lettre recommandée avec demande d'avis de réception par le secrétaire du contentieux au ministre intéressé, lequel notifie à son tour la décision par l'intermédiaire des préfets aux personnes présentes ou appelées dans l'instance.
Le secrétaire du contentieux notifie également la décision au demandeur et au défendeur ou, en cas de requête ou de défense collective, au représentant unique des demandeurs ou défendeurs.

■ **Textes sources**
– Décret nº 63-766 du 30 juillet 1963, article 57, § 2.

■ **Commentaires**
L'instruction des affaires électorales présente une particularité, découlant des articles R. 119 et R. 120 du Code électoral : le tribunal n'est pas tenu d'ordonner la communication au protestataire des défenses des élus dont l'élection est contestée (parmi d'innombrables exemples, CE 4 septembre 1995, Noble). On note que l'avertissement de la date de l'audience est donné systématiquement.

Le recours au mandataire commun n'est possible qu'à l'égard des réclamants (art. R. 773-2), non à l'égard des défendeurs, fussent-ils candidats sur une même liste.

CHAPITRE 4 Les contraventions de grande voirie

LA COMPÉTENCE DU JUGE STATUANT SEUL EN MATIÈRE DE CONTRAVENTION DE GRANDE VOIRIE

Art. L. 774-1 Le président du tribunal administratif ou le magistrat qu'il désigne à cette fin et ayant atteint au moins le grade de premier conseiller statue sur les difficultés qui s'élèvent en matière de contravention de grande voirie, à défaut de règles établies par des dispositions spéciales.

■ Textes sources

– Code des TA et des CAA, articles L. 4-1 et L. 12.

■ Commentaires

Ce contentieux est le seul contentieux répressif dévolu à la juridiction administrative. Il obéit aux règles issues du Code de procédure pénale, et notamment à la règle de la prescription d'un an établie à l'article 9 du Code de procédure pénale, interrompue dans les seules conditions fixées à l'article 7 du même code. Sont considérés comme interruptifs de prescription, en la matière, les jugements, les mesures d'instruction prises par les juridictions, les mesures ayant pour objet de constater l'infraction, d'en découvrir les auteurs, de contribuer à la saisine du tribunal administratif ou de former appel ou pourvoi en cassation.

Les démarches effectuées par l'affectataire du domaine public en vue du remboursement des frais de remise en état de ce domaine ne constituent ni des actes de poursuite, ni des actes d'instruction, et ne sont donc pas interruptifs de prescription (CE avis 22 juillet 1994, Préfet de la région Nord-Pas-de-Calais [**1**]).

Le domaine des contraventions de grande voirie – qui ne couvre pas les atteintes à la voirie routière : art. L. 116-1 du Code de la voirie routière et Trib. confl. 12 octobre 1992, Préfet de l'Essonne – a connu en 1996 un singulier rétrécissement : le II de l'article 13 de la loi du 26 juillet 1996 de réglementation des télécommunications en ôte en effet les dégradations du réseau souterrain de télécommunications ou les atteintes à son fonctionnement. Appelé à dire les conditions d'application de ce texte, le Conseil d'État a précisé que la juridiction administrative demeurait compétente pour connaître des contraventions dont elle avait été saisie avant l'entrée en vigueur de la loi nouvelle, mais qu'elle ne pouvait, à compter de cette date, prononcer dans ces affaires de condamnation répressive, devant se borner à statuer sur l'action en réparation des dommages causés (CE sect. avis 23 avril 1997, Préfet de l'Isère).

□ ***Jurisprudence***

[**1**] Aux termes de l'article 9 du Code de procédure pénale : « En matière de contravention, la prescription de l'action publique est d'une année révolue ; elle s'accomplit selon les distinctions spécifiées à l'article 7 ci-dessus » ; aux termes du premier alinéa de l'article 7 du même code : « En matière de crime, l'action publique se prescrit par dix années révolues à compter du jour où le crime a été commis si, dans cet intervalle, il n'a été fait aucun acte d'instruction ou de poursuite ». Peuvent seules être regardées comme actes d'instruction ou de poursuite, en matière de contraventions de grande voirie, outre les jugements rendus par les juridictions, et les mesures d'instruction prises par ces dernières, les mesures qui ont pour objet soit de constater régulièrement l'infraction, d'en connaître ou d'en découvrir les auteurs, soit de contribuer à la saisine du tribunal administratif ou à l'exercice par le ministre de sa faculté de faire appel ou de se pourvoir en cassation.
France Télécom ne tirant ni de la loi du 2 juillet 1990 ni du Code des postes et télécommunications la qualité pour intenter les poursuites contre l'auteur d'une atteinte à l'intégrité et à la conservation du domaine public qui lui a été transféré, les courriers qu'adresse cet organisme au contrevenant ne peuvent, quels que soient leurs termes, que tendre au recouvrement amiable des sommes destinées à réparer les dommages causés à ce domaine public, et ne peuvent ainsi être regardés comme des actes de poursuite ou d'instruction au sens des dispositions précitées du Code de procédure pénale seules applicables à la prescription de l'action publique. Ils ne sont donc pas interruptifs d'une telle prescription.

La notification du procès-verbal de contravention

Art. L. 774-2 Dans les dix jours qui suivent la rédaction d'un procès-verbal de contravention, et son affirmation quand elle est exigée, le préfet fait faire au contrevenant notification de la copie du procès-verbal ainsi que de l'affirmation.
La notification est faite dans la forme administrative, mais elle peut également être effectuée par lettre recommandée avec demande d'avis de réception.
La notification indique à la personne poursuivie qu'elle est tenue, si elle veut fournir des défenses écrites, de les déposer dans le délai de quinzaine à partir de la notification qui lui est faite.
Il est dressé acte de la notification ; cet acte doit être adressé au tribunal administratif et y être enregistré comme les requêtes introductives d'instance.

■ Textes sources

– Code des TA et des CAA, article L. 13.

■ Commentaires

La compétence ici dévolue au préfet n'a pas été transférée, s'agissant du domaine public départemental, au président du conseil général (CE 19 novembre 1988, Secrétaire d'État à la Mer c/ Jain, *Lebon* p. 774 [**1**] – CE 24 février 1989, Secrétaire d'État à la Mer c/ Alix, *Lebon* p. 677), car l'initiative des poursuites ne peut qu'appartenir à l'État (voir également, s'agissant de la voirie routière, art. L. 116-4 du Code de la voirie routière et Cass. 5 mai 1954, *Bull. cass.* 160, p. 276 [**2**]). Mais le préfet est habilité à déléguer sa signature dans les conditions prévues désormais par le décret du 10 mai 1982 (CE 11 mai 1979, Lallechere, *Lebon* p. 206).

Une loi expresse pourra déroger à cette règle. Seule la loi du 31 décembre 1991 portant dispositions diverses en matière de transports est à ce jour venue modifier ce régime. Son interprétation par le Conseil d'État aboutit au système suivant :

– l'établissement public « Voies navigables de France » est substitué entièrement au préfet pour ce qui concerne la procédure de répression des contraventions commises au détriment du domaine public qui lui est confié (CE avis 8 octobre 1993, Lévy) ;
– l'établissement public « Port autonome de Paris » exerce, concurremment avec le préfet, les compétences en la matière, et, s'il prend l'initiative des poursuites, est seul à intervenir ensuite (CE avis 8 octobre 1993, Chanthbouala), position que l'on peut étendre à l'établissement public « Port autonome de Strasbourg ».

Inversement la loi du 2 juillet 1990 créant « La Poste » et « France Télécom » ne leur a pas transféré le pouvoir de déclencher les poursuites même s'agissant de la protection du domaine public qui leur est transféré en pleine propriété (CAA Lyon, 27 décembre 1991, France Télécom, *Lebon* p. 929 ; voir commentaires sous l'article L. 774-7 – CE avis 2 mars 1994, Ministre de l'Industrie c/ Entreprise Plubel [**3**]).

La seule transmission du procès-verbal suffit à engager l'action publique, sans qu'il soit besoin de conclusions expresses tendant à la condamnation du contrevenant (CE sect. 2 novembre 1956, Ministre des Travaux publics c/ Commune de Poizat, *Lebon* p. 413, solution implicite ; voir concl. Mosset, *RFDA* 1957, p. 23). Et le délai de dix jours ici mentionné ne l'est pas à peine de nullité des poursuites (CE 4 décembre 1912, Beaucantin, *Lebon* p. 1 151 [**4**] – CE 1er mars 1967, Ministre des PTT c/ Lescot, *Lebon* p. 102).

Encore faut-il demeurer raisonnable : le délai de notification du procès-verbal ne doit pas, par sa longueur, porter atteinte aux droits de la défense (CE 15 décembre 2000, Société SCREG). A été jugée irrégulière une poursuite lancée par la notification d'un procès-verbal postérieure de sept ans aux faits, ce qui avait pour effet de priver le contrevenant de la possibilité de rassembler les preuves nécessaires à sa défense (CE 30 avril 1997, Société de chauffe et de combustibles).

Quant à la formalité de l'affirmation, lorsqu'elle n'a pas été supprimée par le décret du 30 octobre 1935, elle est substantielle : ainsi jugé à propos d'une construction dans une zone de servitudes militaires (CE 22 avril 1988, Société Kling [**5**]), ou à propos d'un procès-verbal dressé par un agent non dispensé de cette procédure (CE 20 mars 1991, SARL Les Sablières du Pont-de-l'Allier [**6**]).

Il est permis de se demander si la procédure précontentieuse est, à l'exception de la rédaction du procès-verbal, substantielle. Si le tribunal administratif a donné connaissance de la poursuite au contrevenant, et l'a mis à même de présenter ses observations écrites, on peut, semble-t-il, admettre que la procédure est régulière, même si l'intéressé n'a pas été touché par les communications prévues à l'article L. 774-2. Ainsi le Conseil d'État a admis que le préfet pouvait « régulariser » une procédure irrégulièrement engagée par la production d'observations écrites au conseil de préfecture (CE 12 mars 1937, Ministre des PTT c/ Mangoni, *Lebon* p. 308 – CE 23 mai 1980, Société d'armement et de transport par eau, *Lebon* p. 724, *a contrario*), position également adoptée par la cour administrative d'appel de Lyon (CAA Lyon, 27 avril 1990, Ministre des Postes c/ Société Tefrati [**7**]). Et l'on ne peut que s'interroger sur la portée d'un arrêt du 30 novembre 1994 (CE 30 novembre 1994, Secrétaire d'État à la Mer c/ Société Remolques Y Servicios Maritimos) qui a admis que puissent être annulées des poursuites alors que la notification avait été effectuée par les soins d'une ambassade, ce que le juge a estimé irrégulier, sans constater l'absence de régularisation...

On notera avec satisfaction que la nouvelle rédaction a été nettoyée de dispositions antiques, qui donnaient pratiquement au préfet le droit de fixer la date de l'audience à laquelle l'affaire serait jugée : il n'y a plus dans ce texte aucune « citation à comparaître ».

□ ***Jurisprudence***

[**1**] Considérant qu'en vertu de l'article L. 13 du Code des tribunaux administratifs, le préfet, commissaire de la République du département, cite à comparaître la personne inculpée de contravention de grande voirie devant le tribunal administratif ; que, contrairement à ce qu'ont estimé les premiers juges, aucune disposition de la loi n° 83-663 du 22 juillet 1983, ni d'ailleurs aucune autre disposition législative, n'a abrogé l'article L. 13 mentionné ci-dessus du Code des tribunaux administratifs, et transféré du préfet, commissaire de la République du département, au président du conseil général la compétence pour citer le contrevenant devant le tribunal et déférer à celui-ci le procès-verbal de la contravention...

[**2**] Attendu qu'une commune ne possède pas le droit d'agir devant le tribunal de répression en réparation des contraventions commises aux règlements de voirie ; que les dispositions de ces règlements ont pour objet l'intérêt général et non les intérêts privés des communes ; que la sanction de ces règlements est assurée exclusivement par l'action du ministère public, poursuivant l'application de la loi pénale...

[**3**] Ni le deuxième alinéa de l'article 22 de la loi susvisée du 2 juillet 1990, transférant en pleine propriété à France Télécom l'ensemble des biens immobiliers du domaine public de l'État attachés aux services relevant de la Direction générale des télécommunications, ni l'article 23 de la même loi précisant que France Télécom dispose d'un domaine public dont le régime est fixé par son cahier des charges, dans le respect des principes généraux de la domanialité publique, ne dérogent aux dispositions précitées du Code des tribunaux administratifs et des cours administratives d'appel. Par suite, seul le préfet, représentant de l'État, a qualité pour déclencher les poursuites en cas d'atteinte à l'intégrité et à la conservation du domaine public de France Télécom.
Il résulte dès lors des principes généraux gouvernant la procédure devant les juridictions administratives que seuls le ministre chargé des télécommunications ou la personne poursuivie ont qualité pour former appel des jugements rendus dans cette matière. Il suit de là que France Télécom, qui eût été sans qualité pour déclencher ces poursuites en première instance, serait sans qualité pour former appel du jugement intervenu sur la demande du préfet...

[**4**] Considérant que le délai de dix jours prévu par l'article 10 de la loi du 22 juillet 1889, pour la notification des procès-verbaux de contravention, n'est pas prescrit à peine de nullité, et qu'en fait les sieurs Beaucantin et Le Morvan ont été, en temps utile, mis à même de présenter leur défense devant le conseil de préfecture ; que, dès lors, ils ne sont pas fondés à soutenir que l'arrêté susvisé a été rendu sur une procédure irrégulière...

[**5**] Considérant qu'aux termes de l'article 40 du décret du 10 août 1853 sur le classement des places de guerre et des postes militaires, et sur les servitudes imposées à la propriété autour des fortifications, auquel renvoie l'article 10 de la loi du 8 août 1929 concernant les servitudes autour des magasins et établissements servant à la conservation, à la manipulation ou à la fabrication des poudres, munitions, artifices ou explosifs, « les gardes du génie, dûment assermentés, recherchent les contraventions et les constatent aussitôt qu'elles sont reconnues. À cet effet, ils dressent des procès-verbaux qui font foi jusqu'à l'inscription de faux, conformément à la loi du 29 mars 1806. Ces procès-verbaux doivent être affirmés dans les vingt-quatre heures devant le juge du tribunal d'instance ou le maire du lieu où la contravention a été commise [...] » ; qu'aucun texte ultérieur n'a expressément ou implicitement abrogé ces dispositions en tant qu'elles sont relatives à la formalité de l'affirmation ;
Considérant que les procès-verbaux qui ont été établis les 2 juin et 21 octobre 1981 par un sous-officier du génie et qui ont relevé que la société Kling et Cie a construit un séchoir à bois dans la zone de servitude défensive du dépôt de munitions de Romanswiller n'ont pas été affirmés ; qu'ainsi, la procédure de contravention de grande voirie n'a pas été régulière ; que la société Kling et Cie est, par suite, fondée à soutenir que c'est à tort que, par le jugement attaqué, le tribunal administratif de Strasbourg l'a condamnée à démolir le séchoir à bois dans un délai de six mois...

[**6**] Considérant qu'aux termes de l'article 41 du Code du domaine public fluvial et de la navigation intérieure : « Les contraventions sont constatées concurremment par les fonctionnaires des Ponts et Chaussées, les agents de la navigation intérieure, les conducteurs de chantiers ou agents de travaux assermentés à cet effet ou par les maires ou adjoints, les commissaires de police, les gardes champêtres et la gendarmerie. Les fonctionnaires publics ci-dessus désignés qui n'ont pas prêté serment en justice le prêteront devant le préfet » ; et qu'aux termes de l'article 42 du même code : « Les procès-verbaux constatant des contraventions de grande voirie, dressés par les brigadiers,

les gendarmes, ou écrits et signés par les agents de la navigation intérieure, sont dispensés d'affirmation. Les autres devront être affirmés devant le juge du tribunal d'instance ou devant le maire ou l'adjoint du lieu » ;
Considérant qu'il résulte de l'instruction que les procès-verbaux dressés à l'encontre de la société à responsabilité limitée Les Sablières du Pont-de-l'Allier ont été établis par un fonctionnaire des Ponts et Chaussées qui, s'il était assermenté, n'avait pas la qualité d'agent de la navigation intérieure ; qu'il n'est pas contesté que ces procès-verbaux n'ont pas été affirmés conformément aux dispositions de l'article 42 précité ; qu'ainsi la procédure de contravention de grande voirie n'a pas été régulière ; que, par suite, la société à responsabilité limitée Les Sablières du Pont-de-l'Allier est fondée à soutenir que c'est à tort que, par le jugement attaqué, le tribunal administratif de Clermont-Ferrand l'a condamnée à cesser toute extraction de matériaux de l'Allier dans le domaine public fluvial et à remettre les lieux dans leur état initial...

[**7**] Considérant que si la notification du procès-verbal de contravention de grande voirie n'a pu être faite à l'entreprise Tefrati conformément aux termes de l'article L. 13 précité, le préfet des Alpes-Maritimes a saisi, le 24 juillet 1987, le tribunal administratif de Nice de conclusions aux fins de condamnation de ladite entreprise au paiement d'une amende et des frais de réparation de l'installation détériorée ;
Considérant que ces conclusions ont été notifiées au contrevenant, qui a par ailleurs reçu un avis d'audience ; qu'ainsi, et à supposer que la notification du procès-verbal de contravention de grande voirie ne puisse être regardée comme ayant été effectuée, la procédure a été régularisée...

La communication des mémoires

Art. L. 774-3 La communication à l'administration compétente du mémoire en défense produit par la personne poursuivie et la communication à la personne poursuivie de la réponse faite par l'administration sont effectuées, s'il y a lieu, par le président du tribunal administratif ou par le greffier en chef agissant au nom et par ordre du président.
Toutefois, le président peut, s'il le juge utile, faire régler ces communications par le tribunal.

■ **Textes sources**
– Code des TA et des CAA, article L. 16.

L'avis d'audience

Art. L. 774-4 Toute partie doit être avertie du jour où l'affaire sera appelée à l'audience. Cet avertissement est notifié dans la forme administrative. Il peut être donné par lettre recommandée avec demande d'avis de réception.

■ **Textes sources**

– Code des TA et des CAA, article L. 17.

■ **Commentaires**

Il faut noter que la présentation des modes d'avertissement (forme administrative ou lettre recommandée avec accusé de réception) n'introduit pas de priorité entre eux.

L'ACQUITTEMENT

Art. L. 774-5 La partie acquittée est relaxée sans dépens.

■ **Textes sources**

– Code des TA et des CAA, article L. 18.

■ **Commentaires**

Depuis la suppression des frais de justice, cet article n'a plus guère d'objet, l'application de l'article R. 761-1 aboutissant en principe au même résultat. On doit toutefois souligner que, si une expertise a dû être effectuée, l'article L. 774-5 ne permettra pas, en cas de relaxe, de partager les frais d'expertise, comme l'article R. 761-1 en ouvre la possibilité. Un tel partage redevient possible en cas de condamnation.

Rien n'interdit au préfet de réclamer que le contrevenant soit condamné à rembourser à l'État des frais exposés non compris dans les dépens, par application de l'article L. 761-1, et notamment les frais de timbre qu'il a dû apposer sur son déféré (CE avis 28 septembre 1994, Préfet de l'Aube c/ SARL Guéritte).

LA NOTIFICATION DU JUGEMENT

Art. L. 774-6 Le jugement est notifié aux parties, à leur domicile réel, dans la forme administrative par les soins du préfet, sans préjudice du droit de la partie de le faire signifier par acte d'huissier de justice.

■ **Textes sources**

– Code des TA et des CAA, article L. 19.

Commentaires

À moins qu'il ne soit signifié, procédure fort rare, qui, malgré le terme utilisé (« droit de la partie ») paraît pouvoir être utilisée par l'administration, le jugement ne peut être notifié que par voie administrative. Cette procédure surannée est substantielle, et sa méconnaissance a pour effet d'empêcher le délai d'appel de courir (CE 29 mai 1996, Gaggioli [**1**]). C'est le préfet qui est chargé de sa notification aux autres parties (contrevenant et, le cas échéant, intervenant). Les avis Lévy et Chanthbouala conduisent à nuancer cette assertion. En ce qui concerne Voies navigables de France, substitué à l'État, lui seul doit être destinataire du jugement, et se trouve chargé de le notifier aux parties. En ce qui concerne Port autonome de Paris et Port autonome de Strasbourg, qui peuvent agir concurremment avec le préfet, la notification doit être faite par le tribunal à celui d'entre eux qui a pris l'initiative des poursuites. Et une erreur quant à la personne qui se charge de notifier (ou de faire signifier) le jugement au contrevenant aura pour effet de ne pas faire courir le délai d'appel contre ce dernier, le juge se montrant ici aussi sourcilleux qu'il l'est généralement en matière de délais d'appel (CE 14 juin 1995, Entreprise Paul Bastet [**2**]).

Il est utile de noter que, même devenu définitif, le jugement de condamnation ne met pas forcément un terme à l'affaire. En premier lieu, si le juge a par exemple ordonné la libération sous astreinte du domaine public, lui seul peut ensuite liquider cette astreinte, sur la demande de l'administration, et condamner le contrevenant à son paiement : l'autorité administrative est en cette matière totalement incompétente (CE 24 juillet 1987, Brolin, *Lebon* p. 280). En second lieu le tribunal peut être saisi par l'autorité administrative, dans les conditions prévues à l'article L. 911-4, des difficultés d'exécution du jugement, s'il n'a pas prévu déjà de donner à l'administration les moyens coercitifs nécessaires (par exemple s'il a omis de prévoir une astreinte). On note que les articles L. 911-1 et L. 911-2 ne sont pas applicables, ne concernant que les mesures d'exécution à prendre par une autorité administrative ou une personne privée chargée de la gestion d'un service public.

☐ *Jurisprudence*

[**1**] Considérant qu'aux termes de l'article R. 211 du Code des tribunaux administratifs et des cours administratives d'appel : « Sauf disposition contraire, les jugements, les ordonnances et arrêts sont notifiés par les soins du greffe à toutes les parties en cause [...] » ; qu'aux termes de l'article L. 19 du même code, relatif aux jugements rendus en matière de contraventions de grande voirie : « Le jugement est notifié aux parties, à leur domicile réel, dans la forme administrative par les soins du préfet, sans préjudice du droit de la partie de le faire signifier par acte d'huissier de justice » ; qu'il résulte de ces dispositions que le délai imparti pour relever appel d'un jugement rendu en matière de contravention de grande voirie ne commence à courir qu'à compter du jour où la partie en cause

en a reçu notification dans la forme administrative par les soins du préfet ou par acte d'huissier de justice ;
Considérant qu'il ressort des pièces du dossier soumis aux juges du fond que, si le jugement du 25 janvier 1991 par lequel le tribunal administratif de Bastia a condamné M. Gaggioli à payer une amende de 500 F et à remettre en état les lieux qu'il occupe sur le domaine public maritime dans un délai de deux mois, a été notifié par les soins du greffe, par lettre recommandée avec demande d'avis de réception, le 7 février 1991 à l'avocat de M. Gaggioli, il n'a été notifié à celui-ci, dans la forme administrative par les soins du préfet de la Corse-du-Sud, que le 5 mars 1991 ; que, par suite l'appel formé par M. Gaggioli le 18 avril 1991 devant la cour administrative d'appel de Lyon n'était pas tardif ; que M. Gaggioli est, par suite, fondé à soutenir que c'est à tort que, par l'ordonnance attaquée, le président de la deuxième chambre de la cour administrative d'appel de Lyon a rejeté sa requête comme irrecevable ; que cette ordonnance doit donc être annulée...

[**2**] Considérant qu'il ressort des pièces du dossier que le tribunal administratif a été saisi des poursuites contre l'entreprise Paul Bastet par le préfet du Val-de-Marne, à l'époque seul compétent pour les intenter ; que l'huissier chargé de signifier le jugement condamnant, à la demande du préfet, l'entreprise Paul Bastet à libérer sous astreinte les lieux qu'elle occupe sur le domaine confié au Port autonome de Paris a été mandaté non par le préfet mais par cet établissement public ; qu'il suit de là que, le jugement dont s'agit n'ayant pas été signifié dans les conditions prévues par l'article L. 19 du Code des tribunaux administratifs et des cours administratives d'appel, sa signification n'a pu faire courir le délai d'appel...

LE DÉLAI D'APPEL EN MATIÈRE DE CONTRAVENTIONS DE GRANDE VOIRIE

Art. L. 774-7 Le délai d'appel est de deux mois. Il court contre l'administration du jour du jugement et, contre la partie poursuivie, du jour de la notification du jugement à cette partie.

■ Textes sources

– Code des TA et des CAA, article L. 20.

■ Commentaires

On notera la particularité de la computation du délai d'appel pour l'administration.

La question de savoir qui peut faire appel est délicate à trancher. Contrairement à une décision ancienne (CE 25 juillet 1934, Commune de Port-aux-Poules, *Lebon* p. 888), qui conférait cette qualité au représentant de la collectivité propriétaire du domaine concerné, il est actuellement acquis que seule peut agir en appel, outre bien sûr le contrevenant condamné, ou un intervenant dont l'intervention aurait été rejetée, l'autorité qui était habilitée à exercer les poursuites (donc normalement l'État : voir art. L. 774-2). Cette position résulte

notamment de l'avis contentieux du 2 mars 1994, Ministre de l'Industrie c/ Société Plubel, reproduit sous l'article L. 774-2, et avait été antérieurement arrêtée par la cour administrative d'appel de Lyon (CAA Lyon, 27 décembre 1991, France Télécom, *Lebon* p. 929 [**1**]) : ni le service des Domaines (seul un ministre peut en appel représenter l'État), ni le concessionnaire (CE sect. 21 mai 1954, Ministre du Budget c/ Lombard, *Lebon* p. 296 [**2**] – CE 30 octobre 1951, Ministre des Travaux publics et SNCF c/ Coquerel, *Lebon* p. 510 [**3**]), qui ne peut qu'intervenir en appel ou faire tierce opposition au jugement, selon qu'il est ou non en cause en première instance, ne peuvent former appel.
S'agissant de Voies navigables de France, seul cet établissement a qualité pour faire appel, compte tenu de l'avis contentieux Lévy (voir art. L. 774-2). En ce qui concerne Port autonome de Paris et Port autonome de Strasbourg, seul pourra faire appel celui qui a pris l'initiative des poursuites.
On notera que si le juge d'appel est en situation d'évoquer, il est en cette matière tenu de le faire ; dans ce cas, sur appel du contrevenant, il ne peut aggraver la condamnation prononcée par le tribunal administratif (CE 29 avril 1936, Beauchereau, *Lebon* p. 476 [**4**]). Et, par application des principes généraux gouvernant la procédure pénale, il semble devoir faire profiter le contrevenant de la loi la plus douce, fût-elle intervenue postérieurement à la contravention (voir en ce sens l'avis du 23 avril 1997, Préfet de l'Isère).
Enfin, l'appel incident n'est pas possible en cette matière (CE 29 avril 1966, Entreprise H. Coutant, *Lebon* p. 298 [**5**]).
Le texte est muet sur le lieu de dépôt de l'appel. L'intervention de la loi du 31 décembre 1987 créant les cours administratives d'appel soulève un léger problème. Avant cette loi, en effet, l'appel au Conseil d'État pouvait, en vertu de l'article 47 de l'ordonnance du 31 juillet 1945 relative au Conseil d'État, être déposé « à la préfecture ou à la sous-préfecture du domicile du requérant ». Aucun texte n'a à notre connaissance repris cette possibilité pour les appels formés devant la cour administrative d'appel, désormais compétente en matière de contraventions, à la différence de ce qui s'est fait en matière fiscale (voir art. R. 772-3). On doit dès lors estimer que le seul lieu de dépôt des appels est désormais le greffe de la cour, et qu'un dépôt en préfecture ou sous-préfecture ne sauvegarde pas le délai d'appel.
Les restrictions mises par le juge à la qualité pour faire appel en cette matière ont leurs conséquences sur la possibilité de former un pourvoi en cassation contre un arrêt de cour administrative d'appel : ainsi France Télécom, dépourvue du droit de former appel (voir CE avis Ministre de l'Industrie c/ Société Plubel, reproduit sous l'article L. 774-2), ne peut donc avoir la qualité de partie devant le juge du fond, et n'est donc pas recevable à former un pourvoi en cassation contre l'arrêt qui a relaxé un contrevenant (CE 28 février 1997, France Télécom).

□ ***Jurisprudence***

[**1**] Considérant que l'action en répression des contraventions de grande voirie n'appartient qu'à l'autorité publique ; que, par suite, bien que la loi n° 90-568 du 2 juillet 1990 lui ait conféré la personnalité morale de droit public et lui ait transféré en pleine propriété l'ensemble des biens immobiliers du domaine public de l'État attachés aux services relevant de la Direction générale des télécommunications, France Télécom n'est pas recevable à faire appel du jugement attaqué relaxant l'entreprise Pompeani de la poursuite engagée contre elle par le préfet de Corse-du-Sud, cette voie de recours n'étant ouverte, au nom de l'État, qu'au ministre chargé des postes et télécommunications...

[**2**] Considérant que si, en vertu de l'article 20 du décret du 5 juin 1940, « aucune instance domaniale mettant en cause directement ou indirectement le fond du droit ou la domanialité publique ne peut être suivie sans que l'administration des Domaines ait été appelée à intervenir », les dispositions dudit article, non plus que celles de l'article 2 du décret du 19 juillet 1934, n'ont eu ni pour objet ni pour effet d'attribuer à cette administration ou au ministre du Budget le droit d'exercer l'action en répression des contraventions de grande voirie ; qu'il suit de là que la requête susvisée, formée par le chef du service des Domaines agissant par délégation du ministre du Budget, n'est pas recevable...

[**3**] Considérant que, l'exercice de l'action répressive n'appartenant qu'à l'autorité publique, la Société nationale des chemins de fer français n'est pas recevable à faire, par la voie d'un recours principal, appel de l'arrêté attaqué...

[**4**] Considérant enfin que l'arrêté du conseil de préfecture est annulé sur la seule requête du sieur Beauchereau ; que, dès lors, et sans qu'il soit besoin d'examiner si le juge de la contravention peut prescrire aux contrevenants d'exécuter des travaux sous peine d'astreinte, il n'appartient pas au Conseil d'État de prononcer cette sanction qui ne figure pas dans l'arrêté attaqué...

[**5**] Sur le recours incident formé par la ville de Paris :
Considérant que les recours incidents ne sont pas recevables dans une instance ayant pour objet la répression d'une contravention de grande voirie...

LA DISPENSE D'AVOCAT EN APPEL

Art. L. 774-8 Le recours contre les jugements des tribunaux administratifs en matière de contraventions aux lois et règlements sur la grande voirie et autres contraventions dont la répression appartient au tribunal administratif peut avoir lieu sans l'intervention d'un avocat.

■ Textes sources

– Code des TA et des CAA, article L. 21.

■ **Commentaires**

La dispense d'avocat doit s'entendre comme générale (et non limitée aux seuls avocats au Conseil d'État). Elle paraît devoir s'appliquer à tous les appels formés contre des jugements rendus « en matière de contraventions aux lois et règlements sur la grande voirie » et non aux seuls appels formés contre les jugements rendus sur poursuites. C'est ainsi qu'un appel dirigé contre un jugement statuant sur une opposition à titre de perception devrait être dispensé d'avocat dès lors que ce titre a pour objet le recouvrement de frais faisant suite à une condamnation pour contravention de grande voirie.

LES ADAPTATIONS DU TEXTE EN NOUVELLE-CALÉDONIE

Art. L. 774-9 Pour l'application des articles L. 774-1 à L. 774-8 en Nouvelle-Calédonie :
1° Dans l'article L. 774-2, le mot : « préfet » est remplacé par les mots : « haut-commissaire » ;
2° Le délai de quinze jours prévu à l'article L. 774-2 est porté à un mois ;
3° Le délai d'appel de deux mois prévu à l'article L. 774-7 est porté à trois mois.
Le président du gouvernement de la Nouvelle-Calédonie, pour le domaine public de la Nouvelle-Calédonie, et le président de l'assemblée de province, pour le domaine public de la province, exercent respectivement les attributions dévolues au haut-commissaire dans les conditions prévues par le présent article.
Pour l'application de l'alinéa précédent, à l'article L. 774-2, le mot : « préfet » est remplacé par les mots : « président du gouvernement ou le président de l'assemblée de province ».

■ **Textes sources**

– Code des TA et des CAA, article L. 21-1.

CHAPITRE 5 Le contentieux des édifices menaçant ruine

Le présent chapitre ne comprend pas de dispositions législatives.

LE CONTENTIEUX DES ÉDIFICES MENAÇANT RUINE

Art. R. 775-1 L'introduction, l'instruction et le jugement des instances en matière d'édifices menaçant ruine sont régis par les dispositions du titre 1er du livre V du Code de la construction et de l'habitation.

■ Textes sources

– Code des TA et des CAA, article R. 241.

■ Commentaires

Ce renvoi a pour effet d'obliger à notifier les jugements par la voie administrative...

CHAPITRE 6 Le contentieux des arrêtés de reconduite à la frontière

LA RECONDUITE À LA FRONTIÈRE : L'ARTICLE 22 *BIS* DE L'ORDONNANCE DU 2 NOVEMBRE 1945

Art. L. 776-1 Les modalités selon lesquelles le tribunal administratif examine les recours en annulation formés contre les arrêtés préfectoraux de reconduite à la frontière obéissent, sous réserve des dispositions de l'article 40 de l'ordonnance n° 45-2658 du 2 novembre 1945 relative aux conditions d'entrée et de séjour des étrangers en France, aux règles définies par l'article 22 *bis* de cette ordonnance, ci-après reproduit :

Art. 22 *bis* — I. L'étranger qui fait l'objet d'un arrêté préfectoral de reconduite à la frontière peut, dans les quarante-huit heures suivant sa notification lorsque l'arrêté est notifié par voie administrative ou dans les sept jours lorsqu'il est notifié par voie postale, demander l'annulation de cet arrêté au président du tribunal administratif.

Le président ou son délégué statue dans un délai de quarante-huit heures à compter de sa saisine. Il peut se transporter au siège de la juridiction la plus proche du lieu où se trouve l'étranger, si celui-ci est retenu en application de l'article 35 *bis* de la présente ordonnance.

L'étranger peut demander au président du tribunal ou à son délégué le concours d'un interprète et la communication du dossier contenant les pièces sur la base desquelles la décision attaquée a été prise.

L'audience est publique. Elle se déroule sans conclusions du commissaire du gouvernement, en présence de l'intéressé, sauf si celui-ci, dûment convoqué, ne se présente pas. L'étranger est assisté de son conseil s'il en a un. Il peut demander au président ou à son délégué qu'il lui en soit désigné un d'office.

II. Les dispositions de l'article 35 *bis* de la présente ordonnance peuvent être appliquées dès l'intervention de l'arrêté de reconduite à la frontière. Cet arrêté ne peut être exécuté avant l'expiration d'un délai de quarante-huit heures suivant sa notification lorsque l'arrêté est notifié par voie administrative ou de sept jours lorsqu'il est notifié par voie postale ou, si le président du tribunal administratif ou son délégué est saisi, avant qu'il n'ait statué.

III. Si l'arrêté de reconduite à la frontière est annulé, il est immédiatement mis fin aux mesures de surveillance prévues à l'article 35 *bis* et l'étranger est muni d'une autorisation provisoire de séjour jusqu'à ce que le préfet ait à nouveau statué sur son cas.

IV. Le jugement du président du tribunal administratif ou de son délégué

est susceptible d'appel dans un délai d'un mois devant le président de la section du contentieux du Conseil d'État ou un conseiller d'État délégué par lui. Cet appel n'est pas suspensif.
À compter d'une date fixée par décret en Conseil d'État, cet appel sera interjeté, dans les mêmes conditions, devant le président de la cour administrative d'appel territorialement compétente ou un membre de cette cour désigné par lui. Le même décret fixe les conditions d'application de cette disposition.

■ Textes sources
– Ordonnance n° 45-2658 du 2 novembre 1945, article 22 *bis*.
– Code des TA et des CAA, article L. 28.

LES MODALITÉS DU RECOURS CONTRE LA DÉCISION FIXANT LE PAYS DE RENVOI : L'ARTICLE 27 *TER* DE L'ORDONNANCE DU 2 NOVEMBRE 1945

Art. L. 776-2 Les modalités selon lesquelles le tribunal administratif examine les recours en annulation formés contre les décisions fixant le pays de renvoi qui accompagnent les arrêtés préfectoraux de reconduite à la frontière obéissent aux règles définies par l'article 27 *ter* de l'ordonnance n° 45-2658 du 2 novembre 1945 relative aux conditions d'entrée et de séjour des étrangers en France, ci-après reproduit :

Art. 27 *ter* – La décision fixant le pays de renvoi constitue une décision distincte de la mesure d'éloignement elle-même.
Le recours contentieux contre cette décision n'est suspensif d'exécution, dans les conditions prévues au II de l'article 22 *bis*, que s'il est présenté au président du tribunal administratif en même temps que le recours contre l'arrêté de reconduite à la frontière que la décision fixant le pays de renvoi vise à exécuter.

■ Textes sources
– Ordonnance n° 45-2658 du 2 novembre 1945, article 27 *ter*.

LES SEULES DISPOSITIONS APPLICABLES

Art. R. 776-1 Les dispositions suivantes sont seules applicables à la présentation, à l'instruction et au jugement des recours en annulation dirigés contre les décisions visées aux articles L. 776-1 et L. 776-2.

■ **Textes sources**

– Code des TA et des CAA, article R. 241-1.

■ **Commentaires**

Cet article introduit en réalité un « mini-code » destiné à définir la procédure applicable au contentieux des arrêtés préfectoraux de reconduite d'étrangers à la frontière.

Malgré la similitude des termes utilisés, cette procédure n'est pas applicable aux mesures de reconduite d'office à la frontière décidées à l'encontre d'étrangers ayant fait l'objet d'un signalement aux fins de non-admission dans le cadre de la convention de Schengen (CE 22 mai 1996, Lautaru – CE 30 juillet 1997, Préfet du Doubs c/ Lupeanu). Enfin cette procédure n'est pas applicable au refus d'abrogation d'un arrêté de reconduite (CE 19 mars 1997, Omri).

Ce contentieux trouve son origine dans la loi du 10 janvier 1990 reprise à l'article L. 776-1 du code, complétée par la loi du 24 août 1993, reprise à l'article L. 776-2. Il est marqué par l'extrême brièveté des délais prévus pour les diverses phases de la procédure : au délai de recours de deux mois est substitué un délai soit de quarante-huit heures, soit de sept jours, pendant lequel l'arrêté de reconduite ne peut être exécuté. On note toutefois que le fait pour le préfet d'exécuter d'office un tel arrêté malgré le dépôt d'un recours contentieux ne constitue pas une voie de fait si ce recours est tardif (Trib. confl. 16 janvier 1995, Préfet de la Gironde c/ Diaz-Canete).

Le recours lui-même doit être jugé en quarante-huit heures par le président du tribunal administratif ou son délégué statuant seul, et, par dérogation au principe énoncé à l'article L. 4, il est suspensif, l'arrêté ne pouvant être exécuté tant que le juge saisi ne s'est pas prononcé. Ceci explique l'absence en première instance de toute procédure de suspension, devenue inutile.

Enfin, le délai donné au juge administratif n'est assorti d'aucune sanction juridique.

A donc été définie une procédure *sui generis*, tous autres articles du code étant écartés. Un tel pari est audacieux et déjà perdu. Force sera bien de se référer, au moins implicitement, à l'article R. 221-3 définissant les sièges et ressorts des tribunaux administratifs. Et comment se réglera une demande de récusation (que l'article L. 721-1, à défaut d'un principe général du droit, rend possible devant le juge administratif) si les articles R. 721-1 et suivants sont écartés ?

Est-on par ailleurs certain qu'il ne faudra pas, un jour, procéder à une enquête, à une vérification d'écritures, ou statuer sur une demande en inscription de faux d'une pièce produite ? Le secours des articles R. 623-1, R. 624-1 et R. 633-1 sera alors bienvenu...

On note que l'amende pour recours abusif prévue par l'article R. 741-12 se trouve exclue de cette procédure. Est de même écarté tout recours à la mise en demeure ou à la clôture de l'instruction ou à la procédure instituée par l'article R. 222-1 (voir art. R. 776-10). Enfin, les dispositions de l'article

R. 611-7 ne trouveront pas à s'appliquer (CE 6 juillet 1994, Préfet du Pas-de-Calais).

Inversement, le Conseil d'État a jugé applicables les dispositions de l'ancien article R. 222 concernant les frais irrépétibles, solution qui ne peut qu'être confirmée sous le régime de l'article L. 761-1 (CE 28 octobre 1991, Harabi – CE 10 juin 1994, Davalou Ghadjar).

Le droit de timbre prévu à l'article L. 411-1 n'est pas applicable aux recours formés devant le tribunal administratif en la matière (CE sect. avis contentieux 18 février 1994, Chatbi [**1**]). Mais il l'est aux appels intervenus en la même matière (CE 13 janvier 1995, Miayoukou).

Enfin, le Conseil d'État décide que le juge unique de la reconduite ne dispose pas du pouvoir d'injonction instauré par les articles L. 911-1 ou L. 911-2 : il doit donc renvoyer à la formation collégiale les conclusions tendant au prononcé de telles injonctions (CE 3 novembre 1997, Préfet de police c/ Zairag).

La jurisprudence ayant distingué, dans les arrêtés de reconduite, d'une part la décision de reconduite, d'autre part la décision fixant le pays de destination, il a été décidé que ces deux décisions relevaient du même régime procédural, et que l'appel formé contre l'une rendait recevable un appel incident formé contre l'autre (CE 30 novembre 1994, Préfet du Rhône). Encore faut-il que l'arrêté de reconduite soit attaqué. Si l'étranger conteste le seul arrêté fixant son pays de destination, ou s'il a contesté antérieurement l'arrêté de reconduite, le contentieux de l'arrêté fixant le pays de destination devient un contentieux de droit commun, le recours n'y est pas suspensif, seule la formation collégiale peut se prononcer (CE avis 26 mai 1995, Botos) : c'est ce qu'exprime l'article L. 776-2. Le préfet n'a pas alors qualité pour faire appel, et c'est le juge d'appel de droit commun qui a compétence pour se prononcer. Identiquement, si le juge administratif a bien compétence pour se prononcer sur la décision par laquelle l'autorité administrative fixe le pays de renvoi d'un étranger faisant l'objet d'une interdiction du territoire prononcée par le juge judiciaire, le recours ainsi formé relève des règles du droit commun, en ce sens qu'il n'est pas suspensif d'une part, et doit être jugé par la formation collégiale d'autre part : il échappe donc aux règles définies aux articles R. 776-1 et suivants (CE avis 26 mai 1995, Stein). Enfin, les actes de l'autorité administrative décidant le placement initial de l'étranger en « rétention » administrative (art. 35 *bis* de l'ordonnance du 2 novembre 1945) peuvent être contestés devant le président du tribunal administratif en même temps que l'arrêté de reconduite, par un recours qui est toutefois dépourvu d'effet suspensif ; s'ils sont contestés indépendamment de la mesure de reconduite, ils relèvent de la procédure de droit commun, à savoir : formation collégiale en première instance, préfet sans qualité pour faire appel, et juge d'appel de droit commun (CE avis 26 mai 1995, Yilmaz – CE 24 mars 1997, Préfet de la Sarthe [**2**]).

□ ***Jurisprudence***

[**1**] Il résulte de l'ensemble des dispositions de l'ordonnance du 2 novembre 1945 relatives à la reconduite à la frontière des étrangers en situation irrégulière, et notamment de celles des articles 22 et 22 *bis* qui ouvrent un recours suspensif devant le juge administratif, organisent les garanties dont bénéficie l'étranger pour pouvoir exercer utilement ledit recours et imposent pour la présentation et le jugement de ce recours des délais fixés respectivement à 24 heures et 48 heures, que le législateur a entendu déterminer l'ensemble des règles de procédure administrative et contentieuse applicables en la matière. Dans ces conditions, les dispositions précitées de la loi de finances pour 1994 n'ont pu, dès lors qu'elles ne l'ont pas expressément prévu, rendre applicable aux requêtes présentées devant les tribunaux administratifs et dirigées contre les arrêtés de reconduite à la frontière le droit de timbre qu'elles ont institué...

[**2**] Considérant que, par la demande qu'elle a présentée le 13 octobre 1995 devant le tribunal administratif de Nantes, Mlle Trozzo s'est bornée à demander l'annulation de l'arrêté n° 9505674, en date du 12 octobre 1995, décidant son placement en rétention administrative dans un local ne relevant pas de l'administration pénitentiaire, pour une durée de 24 heures ; que, dans le cas où elle est contestée indépendamment de la mesure de reconduite à la frontière, la mesure de placement en rétention administrative relève des procédures de droit commun ; que l'appel d'un tel jugement, enregistré au secrétariat du contentieux du Conseil d'État le 30 octobre 1995, est, conformément aux dispositions du décret du 17 mars 1992 susvisé, de la compétence de la cour administrative d'appel, nonobstant la circonstance que, s'étant mépris sur le sens des conclusions présentées devant lui par Mlle Trozzo, le magistrat délégué par le président du tribunal administratif de Nantes s'est prononcé sur l'arrêté du préfet de la Sarthe ordonnant la reconduite à la frontière de Mlle Trozzo...

LA COMPÉTENCE DU PRÉSIDENT DU TRIBUNAL ADMINISTRATIF

Art. R. 776-2 Les jugements sont rendus par le président du tribunal administratif ou le magistrat qu'il délègue, sans conclusions du commissaire du gouvernement.

■ Textes sources

– Code des TA et des CAA, article R. 241-2.

■ Commentaires

Cet article réaffirme ce que prévoit la loi, à savoir compétence du juge unique (président du tribunal administratif ou son délégué) et absence de conclusions du commissaire du gouvernement.

La question de savoir si, comme en matière de référés, le président peut, si la demande présente des difficultés sérieuses, en renvoyer le jugement à une formation collégiale a été tranchée par arrêt du 28 décembre 1992 (CE Préfet du Rhône c/ Ali Aslan) ; la réponse est positive, le président ne constituant pas une juridiction distincte du tribunal lui-même. On note toutefois que la loi du 10 janvier 1990 exclut expressément toute intervention du commissaire du gouvernement.

Par arrêt du Préfet du Rhône c/ Zobnine (CE 29 mai 1996), le Conseil d'État paraît avoir admis qu'un recours était possible contre le jugement par lequel le magistrat délégué renvoie l'affaire devant la formation collégiale, puisqu'il a décidé que, cette formation ayant, depuis ce renvoi, statué, il n'y avait plus lieu de statuer sur l'appel préfectoral. Mais, par décision Préfet de police du 10 décembre 1997 (n° 170529), il a expressément et très normalement jugé qu'une telle décision n'était pas susceptible de recours.

Les visas du jugement n'ont pas à faire apparaître la date de la décision de délégation du président à l'un de ses magistrats (CE 12 octobre 1994, Kitoko Luzaya) ni même à faire mention de l'acte par lequel cette délégation a été accordée (CE 9 octobre 1996, Boumegouas).

Le tribunal administratif territorialement compétent

Art. R. 776-3 Le tribunal administratif territorialement compétent est celui dans le ressort duquel a son siège le préfet qui a pris la décision.

Lorsque le président d'un tribunal administratif est saisi de conclusions qu'il estime ressortir à la compétence du président d'un autre tribunal administratif, il lui transmet le dossier sans délai et par tous moyens.

■ Textes sources

– Code des TA et des CAA, article R. 241-3.

■ Commentaires

Cet article déroge en son premier alinéa à l'article R. 312-8, puisque le tribunal administratif compétent pour connaître de cette mesure de police n'est pas déterminé en fonction de la résidence de l'intéressé. Observons toutefois que le plus souvent la « résidence » de l'étranger sera le centre de rétention administrative se trouvant dans la zone de compétence territoriale du préfet auteur de l'arrêté.

Le second alinéa organise une transmission directe du dossier au président de tribunal administratif compétent, sans le détour par le président de la section du contentieux du Conseil d'État prévu par les articles R. 351-1 et suivants. On doit estimer, bien que le texte n'en fasse pas mention et bien que l'article R. 776-1 l'écarte nécessairement, que l'article R. 351-7 trouvera en pareil cas à s'appliquer, qui reconnaît la validité devant le juge de renvoi des actes de procédure accomplis devant le juge primitivement saisi (on songe notamment

aux délais de recours). À tout le moins devra-t-on s'inspirer des règles qu'il contient.
L'article R. 776-1 s'appliquant exclusivement à la procédure devant le tribunal administratif, les règles normales reprennent leur rôle pour l'appel : ainsi, si par hasard une cour administrative d'appel est saisie en appel, elle utilisera la procédure prévue aux articles R. 351-1 et suivants pour transmettre l'affaire au Conseil d'État (CE 15 mars 1999, Pascal). Un problème peut se poser si le Conseil d'État ou une cour administrative d'appel est saisi au titre de la première instance : aucune procédure ne permet alors de régler la question de compétence ainsi posée. La requête devrait en principe être rejetée.

LE CONTENU DE LA REQUÊTE

Art. R. 776-4 La requête doit contenir les nom et adresse du requérant ainsi que l'exposé des faits et des motifs pour lesquels l'annulation est demandée. Elle est présentée en un seul exemplaire.
La décision attaquée est produite par l'administration.

■ Textes sources

– Code des TA et des CAA, article R. 241-4.

■ Commentaires

L'exigence des copies a disparu ; de même note-t-on que c'est à l'administration de produire la décision attaquée. Aussi bien une circulaire du 25 janvier 1990 (*JO* 26 janvier) prescrit-elle aux préfets d'adresser systématiquement au président du tribunal administratif, dès leur notification, copie de tous les arrêtés de reconduite, ainsi que les pièces du dossier administratif.
La requête doit être rédigée en français, fût-ce par les soins d'un interprète qui doit être réclamé (CE 27 janvier 1992, Ersahin [**1**]). Les motifs peuvent en être présentés par oral (CE 29 novembre 1991, Préfet de l'Aisne [**2**]).
Il est enfin jugé qu'elle n'a pas nécessairement à être signée (CE 28 juillet 1999, El Aryani [**3**])

□ ***Jurisprudence***

[**1**] Considérant que la demande présentée par M. Ersahin devant le tribunal administratif de Rouen, à l'encontre de l'arrêté du préfet de la Seine-Maritime en date du 18 avril 1991, n'était pas rédigée en langue française ; qu'il ne ressort pas du dossier que M. Ersahin ait sollicité l'assistance d'un interprète ; que M. Ersahin n'est, dès lors, pas fondé à soutenir que c'est à tort que, par le jugement attaqué, le conseiller délégué par le président du tribunal administratif de Rouen a rejeté sa demande, comme non recevable...

[**2**] Considérant qu'il ressort des termes mêmes du jugement attaqué que M. Strzyzowski a exposé oralement à l'audience du 2 mai 1991 les motifs du recours contre l'arrêté ordonnant sa reconduite à la frontière qu'il avait formé alors qu'il était placé en rétention à la gendarmerie de Château-Thierry ; que ni l'existence ni la teneur de ces observations orales ne sont contestées par le préfet de l'Aisne qui n'est, dès lors, pas fondé à soutenir que la requête de M. Strzyzowski devant le tribunal administratif était irrecevable...

[**3**] Considérant qu'aux termes de l'article R. 110 du Code des tribunaux administratifs et des cours administratives d'appel : « Les requêtes doivent être signées par leurs auteurs » ; qu'il appartient donc au juge administratif, lorsqu'une requête n'est pas signée, de la rejeter comme irrecevable si son auteur ne s'est pas acquitté de cette obligation après une demande de régularisation restée sans effets ;
Considérant, toutefois, que les dispositions de l'article 22 *bis* de l'ordonnance du 2 novembre 1945 relative aux conditions d'entrée et de séjour des étrangers en France ouvrent un recours suspensif devant le juge administratif contre les arrêtés de reconduite à la frontière ; que les dispositions du chapitre IV du Code des tribunaux administratifs et des cours administratives d'appel, intitulé « Le contentieux des arrêtés préfectoraux de reconduite d'étrangers à la frontière » déterminent seules l'ensemble des règles de procédure contentieuses applicables en la matière, comme le précise l'article R. 241-1, aux termes duquel : « Les dispositions suivantes sont seules applicables à la présentation, à l'instruction et au jugement des recours en annulation dirigés contre les arrêtés préfectoraux de reconduite à la frontière de ressortissants étrangers » ;
Considérant que les dispositions de l'article R. 241-4, qui figurent dans le chapitre IV du Code des tribunaux administratifs et des cours administratives d'appel, ne prévoient d'autre forme de présentation d'une requête dirigée contre un arrêté de reconduite à la frontière que l'obligation d'indiquer « les nom et adresse du requérant ainsi que l'exposé des faits et des motifs pour lesquels l'annulation est demandée » ; qu'il suit de là que c'est à tort que le magistrat délégué par le président du tribunal administratif de Versailles a déclaré irrecevable, comme dépourvu de signature en violation de l'article R. 110 mentionné ci-dessus, le recours de M. Abdeslam El Aryani contre l'arrêté du 7 octobre 1998 du préfet de l'Essonne ordonnant sa reconduite à la frontière...

LA DISPENSE D'AVOCAT

Art. R. 776-5 Les requêtes mentionnées à l'article R. 776-1 peuvent être présentées sans ministère d'avocat.
L'étranger peut, dès le dépôt de sa requête, demander qu'un avocat soit désigné d'office ; le président du tribunal administratif en informe aussitôt le bâtonnier de l'ordre des avocats près le tribunal de grande instance dans le ressort duquel se tiendra l'audience. Le bâtonnier effectue la désignation sans délai.

■ **Textes sources**

– Code des TA et des CAA, article R. 241-5.

■ **Commentaires**

Seul un avocat peut représenter l'étranger, ce qui exclut (le terme de « bâtonnier » le confirme) l'intervention d'un avocat au Conseil d'État et à la Cour de cassation. L'avocat commis d'office est rémunéré dans les conditions prévues par les textes relatifs à l'aide juridictionnelle (art. 3 de la loi du 10 juillet 1991 et art. 90 du décret du 19 décembre 1991).

Aucun délai n'est donné à l'étranger pour réclamer le concours d'un avocat et cette demande pourra donc être faite à l'audience, mettant ainsi le magistrat dans l'obligation de renvoyer l'affaire s'il ne dispose pas séance tenante d'un avocat commis par le bâtonnier « pour la séance » et présent dans la salle, ou si ce dernier ainsi désigné demande à disposer du temps nécessaire à l'exercice normal de sa mission. Si le législateur a expressément prévu l'assistance d'un avocat commis d'office, il serait en effet contraire à sa volonté de transformer cette assistance en simple formalité, comme les commises pénales en donnent parfois l'exemple.

La procédure est régulière même si l'intéressé n'a pu rencontrer son conseil avant l'audience (CE 9 novembre 1992, Sene).

Le refus de faire droit à la demande d'assistance d'un avocat entache d'irrégularité le jugement, alors même que la requête se trouve entachée d'une irrecevabilité insusceptible d'être couverte en cours d'instance (CE 19 septembre 1994, Tomas, l'irrecevabilité étant la tardiveté). On comparera cette solution rigoureuse à celle, plus souple, retenue en matière d'aide juridictionnelle (CE 5 novembre 1982, Roturier), admettant qu'en cas de tardiveté manifeste, il puisse être statué sur la requête sans transmission de la demande d'aide juridictionnelle au bureau compétent.

LE DÉPÔT DE LA REQUÊTE

Art. R. 776-6 La requête doit être enregistrée au greffe du tribunal administratif dans les délais visés à l'article L. 776-1.

Toutefois, si, au moment de la notification de l'arrêté, l'étranger est retenu par l'autorité administrative, sa requête peut valablement être déposée dans le même délai, soit auprès de ladite autorité administrative, soit au greffe du tribunal devant lequel il comparaît en vue de la prorogation de sa rétention administrative.

Dans le cas prévu à l'alinéa précédent, mention du dépôt est faite sur un registre ouvert à cet effet. Un récépissé indiquant la date et l'heure du dépôt est délivré au requérant.

L'autorité qui a reçu la requête la transmet sans délai et par tous moyens au président du tribunal administratif.

■ Textes sources

– Code des TA et des CAA, article R. 241-6.

■ Commentaires

L'intention manifeste du législateur exclut toute interruption du délai de recours, que ce soit par l'exercice d'un recours gracieux (CE 12 février 1996, Chergou), par une demande d'aide juridictionnelle (qui n'a pas lieu d'être) ou par la saisine d'une juridiction incompétente (CE 15 novembre 1996, Zola Nalumbu), sauf si c'est un autre tribunal administratif. Ce délai n'est pas contraire à la Convention européenne de sauvegarde des droits de l'homme (CE 15 mai 1991, Mbala – CE 25 juin 1993, Ben Aziza).

Le délai, même dans les cas dans lesquels il est fixé en jours, n'est pas un délai franc (CE 15 mars 1999, Pascal [**1**], *Lebon* p. 67, reprenant une jurisprudence rendue alors que le délai était de vingt-quatre heures)

Le point de départ du délai est la notification de la décision, assortie de la mention des voies et délais de recours. Une notification rédigée en français suffit à faire courir les délais (CE 15 mai 1991, Mbala) et ce même si l'intéressé ne sait ni lire ni écrire (CE 5 octobre 1992, Camara), ou s'il est malade (CE 10 juillet 1995, Brustman). En cas de notification par lettre recommandée avec avis de réception, le départ du délai est fixé au jour de cette notification à vingt-quatre heures (CE 2 décembre 1991, Hatri [**2**] – CE 14 février 1992, Danso) sauf si les pièces postales permettent de déterminer l'heure effective de la notification (ou celle à laquelle s'est effectuée celle-ci « au plus tard »), auquel cas c'est cette heure qui sera retenue comme point de départ du délai (CE 16 juin 1995, Gordon – CE 13 décembre 1996, Wu). Encore faut-il que l'on ne puisse nourrir de doute quant à la remise effective du pli ou que l'absence de remise ne procède pas d'une anomalie : ainsi le délai ne courra pas contre un étranger qui n'a pu retirer le pli contenant l'arrêté, faute de pièces d'identité, lesquelles lui avaient été confisquées par la police (CE 30 juillet 1997, Préfet des Yvelines c/ Djalo).

Si, au contraire, l'arrêté est remis par notification administrative, le délai de quarante-huit heures part de l'heure même de cette notification (CE 20 mars 1992, Zangato [**3**]).

Conformément à une jurisprudence classique, l'intéressé ne peut échapper au délai de recours en ne retirant pas à la poste un pli recommandé (CE 9 novembre 1992, Préfet des Bouches-du-Rhône c/ Dogan). Mais, s'il retire le pli, son délai ne courra que du jour et de l'heure du retrait (CE 12 mars 1993, Weng).

Ce délai, lorsqu'il est exprimé en heures, se compute d'heure à heure (voir,

alors que ce délai était de vingt-quatre heures, CE 5 octobre 1992, Djorf, affaire où l'irrecevabilité a été opposée pour 2 heures 34 minutes – CE 15 novembre 1996, Zerraf, forclusion opposée pour neuf minutes, ou encore CE 4 avril 1997, Mourad, pour dix minutes). On veut espérer que les horloges concernées sont d'une exactitude officiellement garantie ! Il n'est pas tenu compte de l'expédition postale de la requête, mais de son enregistrement (arrêt Danso – CE 19 juin 1992, Bompolonga [**4**] — CE 29 juin 1992, Da Silva). Ainsi qu'il est dit dans le texte, cet enregistrement peut s'effectuer, outre au greffe du tribunal administratif, au greffe du tribunal judiciaire, ou devant l'autorité administrative chargée de la rétention. Mais ces dernières possibilités ne sont ouvertes qu'aux étrangers retenus par l'administration (CE 29 décembre 1993, Ahyi). Le Conseil d'État y a ajouté, dans le cas d'un étranger placé sous mandat de dépôt, l'autorité pénitentiaire (CE 27 janvier 1992, Préfet d'Ille-et-Vilaine c/ Yamasenda). Et l'article 642 du Nouveau Code de procédure civile, renvoyant au premier jour ouvrable le terme d'un délai survenant un samedi, dimanche ou jour férié ou chômé, n'est pas applicable au délai fixé en heures (arrêt Hatri – CE 29 juin 1992, Mokhefi – CE 28 décembre 1992, Préfet du Vaucluse c/ Renklicay, *Lebon* p. 981), sans qu'il soit besoin que l'on indique à l'intéressé que le tribunal dispose d'un « fax » ou d'une boîte aux lettres extérieure et d'un horodateur (arrêt Hatri précité – CE 19 juin 1992, Préfet des Bouches-du-Rhône c/ Yessayan [**5**] – CE 5 juillet 1995, Teca) ou encore qu'une permanence est assurée le dimanche (CE 19 avril 1995, Hamdaoui). Il n'y a toutefois forclusion que si le défaut d'enregistrement dans le délai n'est pas imputable à une carence du tribunal (CE 30 avril 1997, Nfono Eyi).
Mais, lorsque le délai est de sept jours, il est jugé que l'article 642 du Nouveau Code de procédure civile s'applique, et que donc, si ce délai expire un samedi, un dimanche ou un jour férié, il est reporté au premier jour ouvrable suivant (CE 27 mars 2000, Préfet des Hauts-de-Seine c/ Andrukajtys).

□ ***Jurisprudence***

[**1**] Considérant qu'aux termes du premier alinéa du I de l'article 22 *bis* de l'ordonnance du 2 novembre 1945, dans sa rédaction issue de la loi du 11 mai 1998 : « L'étranger qui fait l'objet d'un arrêté préfectoral de reconduite à la frontière peut, dans les 48 heures suivant sa notification, lorsque l'arrêté est notifié par voie administrative ou dans les sept jours lorsqu'il est notifié par voie postale, demander l'annulation de cet arrêté au président du tribunal administratif » ;
Considérant qu'il résulte de ces dispositions, éclairées par les débats parlementaires qui ont précédé leur adoption, que les délais qu'elles instituent, bien qu'ils s'agissent de délais de procédure, ne constituent pas des délais francs...

[**2**] Considérant qu'il ressort des pièces du dossier que M. Hatri a reçu le samedi 11 mai 1991 notification par lettre recommandée avec accusé de réception de l'arrêté du préfet de police de Paris du 7 mai 1991 ordonnant sa reconduite à la frontière ; qu'il n'est pas contesté que cet arrêté était accompagné de l'indication des voies et des délais de recours contentieux ; qu'ainsi et alors

même que la notification dudit arrêté ne mentionnait pas l'existence au tribunal administratif de Paris d'une boîte aux lettres extérieure pourvue d'un horodateur, le délai de recours contentieux avait commencé à courir à compter du 11 mai 1991 à 24 heures ; qu'ainsi le délai fixé par l'article 22 *bis* de l'ordonnance du 2 novembre 1945 modifiée, lequel se décompte d'heure à heure, était expiré lorsque M. Hatri a saisi le 13 mai 1991 le tribunal administratif de Paris...

[**3**] Considérant qu'il résulte des pièces du dossier que l'arrêté du préfet de Seine-Saint-Denis ordonnant la reconduite à la frontière de M. Zangato lui a été régulièrement notifié le 16 mai 1991 à 15 heures et qu'il a été informé des voies et délais de recours ouverts contre cette décision ; que la requête tendant à l'annulation de cet arrêté que l'intéressé a déposée entre les mains de l'autorité administrative auprès de laquelle il était retenu n'a été enregistrée que le 17 mai 1991 à 17 heures, soit après l'expiration du délai fixé par l'article 22 *bis* de l'ordonnance du 2 novembre 1945 modifiée, lequel se décompte d'heure à heure...

[**4**] Considérant qu'il ressort des pièces du dossier que M. Bompolonga a reçu le 28 novembre 1991 à 10 heures 30 notification de l'arrêté attaqué ; que sa requête n'a été enregistrée au greffe du tribunal administratif que le 2 décembre 1991 à 10 heures 30 ; que la circonstance que M. Bompolonga aurait posté sa requête dès le lendemain de la notification est sans incidence sur l'expiration du délai de vingt-quatre heures ; que, par suite, c'est à bon droit que le conseiller délégué par le président du tribunal administratif de Lyon a rejeté sa requête comme tardive...

[**5**] Considérant qu'il est constant que Mme Yessayan a reçu le 11 octobre 1991 notification de l'arrêté du préfet des Bouches-du-Rhône ordonnant sa reconduite à la frontière et que cette notification comportait l'indication des voies et des délais de recours ; que, par suite, en l'absence de dispositions législatives ou réglementaires imposant de telles obligations, c'est à tort que le conseiller délégué par le président du tribunal administratif de Marseille a estimé que, faute de préciser les modalités concrètes selon lesquelles l'intéressée pouvait exercer son recours un samedi, cette notification n'avait pas fait courir le délai, et qu'il a déclaré recevable la requête présentée par Mme Yessayan le 14 octobre 1991...

Le registre d'ordre spécial

Art. R. 776-7 À son arrivée au greffe, la requête est inscrite sur un registre d'ordre spécial tenu par le greffier en chef. Elle est, en outre, marquée, ainsi que les pièces qui y sont jointes, d'un timbre indiquant la date et l'heure de leur arrivée.

■ Textes sources

– Code des TA et des CAA, article R. 241-7.

La représentation de l'État

Art. R. 776-8 L'État est représenté en défense par le préfet qui a pris l'arrêté attaqué. Dès le dépôt de la requête, le président du tribunal administratif lui transmet copie de celle-ci et des pièces qui y sont jointes.

■ **Textes sources**

– Code des TA et des CAA, article R. 241-8.

■ **Commentaires**

Le préfet disposera d'un temps bref – moins de quarante-huit heures en principe – pour préparer sa défense, qui normalement sera présentée à l'audience (voir art. R. 776-13).

Le délai pour statuer

Art. R. 776-9 Le délai de quarante-huit heures imparti au président du tribunal administratif ou à son délégué pour statuer court à partir de l'heure d'enregistrement de la requête au greffe du tribunal.

■ **Textes sources**

– Code des TA et des CAA, article R. 241-9.

■ **Commentaires**

Cet article reprend la règle énoncée à l'article R. 413-4. On doit estimer que lorsque la requête, présentée à un président de tribunal administratif incompétent, aura été transmise au magistrat compétent, conformément à l'article R. 776-3, le délai imparti à ce dernier partira de l'enregistrement à son propre greffe.

Le délai pour statuer n'est pas imparti à peine de dessaisissement.

L'avertissement de la date de l'audience

Art. R. 776-10 Les parties doivent être averties par tous moyens de la date, de l'heure et du lieu de l'audience.

■ Textes sources

– Code des TA et des CAA, article R. 241-10.

■ Commentaires

Une audience est dans tous les cas nécessaire. Il n'est donc pas possible, même en cas de requête manifestement et définitivement irrecevable, de recourir à l'ordonnance prévue à l'article R. 222-1 (CE 23 septembre 1992, Tarbane).

Aucun délai n'est donné pour l'avertissement de la tenue de l'audience. L'expression « tous moyens » autorise l'utilisation de la voie orale (téléphone) : ainsi a été admise une convocation effectuée par téléphone, au numéro indiqué par le requérant, le greffe ayant laissé un message téléphonique à une personne susceptible de le joindre (CE 31 mars 1999, Ba). Le magistrat attestera donc dans sa décision de l'accomplissement de cette formalité. Même assisté d'un avocat, l'étranger doit être personnellement convoqué à l'audience (CE 27 janvier 1992, Kinkufi – CE 15 avril 1992, Timera [**1**] – CE 21 février 1997, El Idrissi).

Cette convocation, qui peut se faire par télégramme, peut être relativement proche de l'audience : un délai inférieur à vingt-quatre heures a été reconnu régulier (par exemple du 2 août à 16 h 54 au 3 août à 9 h 30, la requête ayant été enregistrée le 2 août à 11 h 20 : CE 22 mai 1992, Mutantu Kanza [**2**] ; du 29 avril à 11 h 05 au 30 à 10 heures, pour une requête enregistrée le samedi 27 avril à 12 heures : CE 22 mai 1992, Fioti Shema). Un délai de préavis de trois heures a été jugé insuffisant (CE 28 février 1997, Stan, espèce dans laquelle le juge s'était efforcé de se prononcer le jour même de sa saisine), comme une convocation effectuée le matin pour une audience à quinze heures, alors que 80 km séparaient la résidence du requérant du siège du tribunal (CE 14 juin 2000, Muhammad).

A été en revanche jugée régulière la procédure au cours de laquelle un télégramme, déposé trois jours avant l'audience, n'a été remis à son destinataire qu'après ladite audience (CE 21 février 1997, Cezar). Identiquement a été jugée régulière une procédure dans laquelle le télégramme avisant l'intéressé de l'audience ne lui était parvenu que plusieurs jours après, l'intéressé n'établissant pas que ce télégramme aurait été expédié postérieurement à l'audience (CE 30 juillet 1997, Liu).

□ *Jurisprudence*

[**1**] Considérant qu'aux termes du quatrième alinéa de l'article 22 *bis* de l'ordonnance du 2 novembre 1945 modifiée : « L'audience est publique. Elle se déroule sans conclusions du commissaire du gouvernement, en présence de l'intéressé, sauf si celui-ci, dûment convoqué, ne se présente pas. L'étranger est assisté de son conseil s'il en a un [...] » ; qu'il résulte de ces dispositions que l'étranger qui a formé un recours contre l'arrêté ordonnant sa reconduite à la frontière doit, même s'il est assisté d'un avocat, être personnellement convoqué à l'audience ;

Considérant qu'il ne ressort ni des énonciations du jugement attaqué, qui se bornent à mentionner que l'avocat de M. Timera a été entendu à l'audience, ni d'aucune autre pièce du dossier que M. Timera ait été lui-même convoqué à l'audience au cours de laquelle a été examinée sa demande d'annulation de l'arrêté du préfet de police ordonnant sa reconduite à la frontière ; qu'il suit de là que le jugement attaqué est intervenu sur une procédure irrégulière et doit être annulé...

[**2**] Considérant qu'il ressort des pièces du dossier que M. Mutantu Kanza a été convoqué par un télégramme expédié le 2 août 1991 à 16 h 54 à l'audience du 3 août 1991 à 9 h 30 au cours de laquelle devait être examinée la demande d'annulation de l'arrêté du préfet de police ordonnant sa reconduite à la frontière dont il avait saisi le tribunal administratif le 2 août 1991 à 11 h 20 ; qu'eu égard au délai très bref imparti à ce dernier par l'article 22 *bis* de l'ordonnance du 2 novembre 1945 pour statuer sur cette demande et aux dispositions de l'article R. 241-10 du Code des tribunaux administratifs et des cours administratives d'appel selon lesquelles « les parties doivent être averties par tous moyens de la date, de l'heure et du lieu de l'audience », la convocation du requérant à l'audience a été régulière...

L'INTERPRÈTE

Art. R. 776-11 Dans le cas où l'étranger, qui ne parle pas suffisamment la langue française, le demande, le président nomme un interprète qui doit prêter serment d'apporter son concours à la justice en son honneur et en sa conscience. Cette demande peut être formulée dès le dépôt de la requête introductive d'instance.

■ Textes sources

– Code des TA et des CAA, article R. 241-11.

■ Commentaires

En se référant à l'étranger « qui ne parle pas suffisamment le français », les auteurs du décret ont donné au magistrat le pouvoir d'apprécier le sérieux d'une telle demande, notamment lorsque, formée pour la première fois à l'audience, elle peut apparaître comme dilatoire (CE 28 octobre 1991, Touré [**1**]). Le magistrat doit toutefois rejeter expressément la demande qui lui est faite en ce sens (CE 27 octobre 2000, Yang).

Il n'est pas, en tout cas, dérogé à la règle selon laquelle une requête doit être rédigée en français (CE 27 janvier 1992, Ersahin ; voir les commentaires sous l'article R. 776-4).

□ ***Jurisprudence***

[**1**] Considérant qu'aux termes de l'article R. 241-11 du Code des tribunaux administratifs et des cours administratives d'appel : « Dans le cas où l'étranger qui ne parle pas suffisamment la langue française le demande, le président nomme un interprète » ; qu'il appartient au président du tribunal d'apprécier si l'intéressé est en mesure de comprendre et de s'exprimer suffisamment en français ; Considérant qu'il ressort des pièces du dossier que M. Touré, de nationalité guinéenne, séjourne en France depuis 1987 ; qu'en estimant qu'il n'y avait pas lieu, dans ces conditions, de faire appel à un interprète, le conseiller délégué par le président du tribunal administratif de Paris n'a pas entaché son jugement d'irrégularité ; que M. Touré n'est, par suite, pas fondé à en demander l'annulation...

LA PRÉSENTATION DES CONCLUSIONS OU OBSERVATIONS

Art. R. 776-12 Jusqu'au moment où l'affaire est appelée, les parties peuvent présenter des conclusions ou observations écrites.

■ Textes sources

– Code des TA et des CAA, article R. 241-12.

■ Commentaires

Cet article ne fait apparemment que confirmer les règles générales de clôture de l'instruction. On note toutefois qu'il a pour effet d'écarter la jurisprudence « Société Intercopie » (CE 20 février 1953, *Lebon* p. 88), laquelle interdit de présenter un moyen fondé sur une cause juridique nouvelle, une fois passée la date d'expiration du délai de recours contentieux.

Cet article, non plus que la brièveté du délai donné au juge, ne saurait être regardé comme dispensant le juge de l'obligation de respecter une procédure contradictoire, et notamment de communiquer au préfet un mémoire complémentaire comportant des moyens nouveaux sur lesquels le juge envisage de se fonder (CE 8 octobre 1993, Préfet de l'Ariège c/ Loukou). Si notamment des pièces nouvelles sont produites en langue étrangère, le représentant du préfet doit être mis en mesure d'en apprécier le sens et la portée (CE 24 septembre 1999, Préfet d'Indre-et-Loire c/ Imtiaz). Mais le même principe du contradictoire n'oblige pas à communiquer spontanément au demandeur les observations produites en défense par l'administration : il appartient au requérant d'en demander la communication, qui ne doit pas lui être refusée (CE 28 juillet 1993, Camara).

En revanche, compte tenu de la brièveté du délai donné au juge pour statuer, les dispositions de l'article R. 611-7 (communication aux parties des moyens soulevés d'office) ne sont pas applicables au contentieux des arrêtés de reconduite à la frontière (CE 6 juillet 1994, Préfet du Pas-de-Calais – CE 1er février 1995, Serhoual).

L'AUDIENCE

Art. R. 776-13 Après le rapport fait par le président du tribunal administratif ou son délégué, les parties peuvent présenter en personne ou par un avocat des observations orales. Elles peuvent également produire des documents à l'appui de leurs conclusions. Si ces documents apportent des éléments nouveaux, le magistrat demande à l'autre partie de les examiner et de lui faire part à l'audience de ses observations.

■ Textes sources

– Code des TA et des CAA, article R. 241-13.

■ Commentaires

La procédure orale fait par cet article une nouvelle entrée dans le contentieux administratif, qui la connaît déjà dans le contentieux des référés en urgence (voir livre V).

Les conclusions ne peuvent certes être présentées que par écrit (art. R. 776-12). Mais l'on admet une présentation orale des moyens (CE 29 novembre 1991, Préfet de l'Aisne ; voir art. R. 776-4), et sont recueillies par oral les observations sur les documents présentés à l'audience à l'appui des conclusions. Il pourra donc s'établir un débat oral sur la portée desdits documents. C'est dire que la procédure contradictoire se poursuit pendant l'audience (CE 20 mars 1992, Tenia [1], *Lebon* p. 982). Au juge de laisser, par une suspension d'audience, le temps aux parties de préparer leur réponse (même arrêt).

Le texte rompt par ailleurs avec la procédure contradictoire telle que pratiquée devant la juridiction administrative : puisque les observations faites par une partie sur les documents produits par l'autre doivent être faites « à l'audience », la partie non présente ou représentée à cette audience est exclue du débat. La décision juridictionnelle peut donc être rendue sur la base d'une pièce produite par une partie et que l'autre n'a pu, faute de savoir qu'elle était produite, discuter. Il lui appartiendra, par la voie de l'appel, de renouer avec ce débat tronqué.

S'il n'y a donc pas lieu à mesure d'instruction complémentaire aux fins de permettre au demandeur de riposter aux éléments produits à l'audience par son adversaire (CE 27 novembre 1996, Lalaoui), un minimum de « transparence » est toutefois exigé : commet une irrégularité le magistrat qui fonde sa décision sur les informations contenues dans une fiche de police invoquée à la barre par le représentant du préfet, sans que ce document ou les informations qu'il contenait aient été communiqués au requérant présent (CE 22 janvier 1997, Nafa).

C'est dire qu'en cette matière l'assistance à l'audience peut devenir essentielle. Et l'on peut penser que c'est pour cette raison qu'a été jugé irrégulier un jugement ne comportant pas « mention de l'audition du représentant du préfet ni de son absence malgré une convocation régulière » (CE 6 juillet 1990, Préfet des Hauts-de-Seine c/ El Yartaoui).

□ ***Jurisprudence***

[**1**] Considérant que si l'avocat de M. Tenia n'a eu communication qu'à l'audience du 24 mai 1991 du mémoire produit par le préfet de l'Isère en réponse à sa requête du 23 mai 1991, il ressort des pièces du dossier que le vice-président délégué par le président du tribunal administratif de Grenoble a suspendu l'audience pendant un temps suffisant pour permettre au conseil du requérant de prendre connaissance de ce mémoire et de préparer sa réplique ; qu'en procédant ainsi il n'a pas, compte tenu du très bref délai dont il disposait pour statuer en application de l'article 22 *bis* de l'ordonnance du 2 novembre 1945 modifiée, méconnu le caractère contradictoire de la procédure ; que le jugement attaqué n'est, dès lors, pas entaché d'irrégularité...

LE PRONONCÉ DU JUGEMENT

Art. R. 776-14 Le jugement est prononcé à l'audience.

■ Textes sources

– Code des TA et des CAA, article R. 241-14.

■ Commentaires

Ce texte n'exclut pas que le juge suspende l'audience pour prendre le temps de la réflexion sur des dossiers qui auront pu se compliquer à la suite du débat oral.

LE CONTENU DU JUGEMENT

Art. R. 776-15 Le jugement comporte, sous réserve des dispositions du présent chapitre, les mentions prévues aux articles R. 741-2, R. 741-3 et R. 741-6.

■ Textes sources

– Code des TA et des CAA, article R. 241-15.

■ Commentaires

En rendant applicables au jugement, sous les réserves rendues nécessaires, les articles R. 741-2, R. 741-3 et R. 741-6 (voir ces articles), les auteurs du décret ont entendu que ces jugements comportent, entre autres, dès l'audience, visas et motifs. Mais l'article R. 776-17, on va le voir, atténue cette exigence.

LA MINUTE DU JUGEMENT

Art. R. 776-16 La minute du jugement est signée par le magistrat qui l'a rendu.

■ Textes sources

– Code des TA et des CAA, article R. 241-16.

■ Commentaires

Dès lors que seul le magistrat signe le jugement, on pourrait se demander si la présence d'un greffier à l'audience est requise. On remarque en effet que pour le reste du contentieux seul l'article R. 741-7, ici non applicable, fait état du « greffier d'audience ». On doit toutefois considérer qu'il est une règle générale selon laquelle il n'y a pas d'audience sans greffier : ce dernier est en effet l'autorité qui va, telle étant sa mission, attester de l'exactitude des diverses phases marquant le déroulement de la procédure, et en garder trace.

LA COMMUNICATION SUR PLACE DU DISPOSITIF

Art. R. 776-17 Le dispositif du jugement, assorti de la formule exécutoire prévue à l'article R. 751-1, est communiqué sur place aux parties présentes à l'audience qui en accusent aussitôt réception.

S'il ne l'a pas été sur place, le jugement est notifié sans délai et par tous moyens aux parties qui en accusent réception.

La notification mentionne la possibilité de faire appel et le délai dans lequel cette voie de recours peut être exercée.

■ Textes sources

– Code des TA et des CAA, article R. 241-17.

■ **Commentaires**

Combiné avec les articles R. 776-14 et R. 776-15, le texte de l'article R. 776-17 permet de dissocier le prononcé du jugement de sa notification complète.

Il a également pour effet d'organiser et d'autoriser, pour les parties présentes, la notification en deux temps du jugement. À l'audience est remis le dispositif assorti de la formule exécutoire, qui permettra à la partie victorieuse d'être détentrice d'un titre écrit.

Ultérieurement (« sans délai » dit le texte), est effectuée la notification du jugement dans son ensemble (si cela n'a pu, pour des raisons qui peuvent être purement matérielles, être fait à l'audience). Seule cette dernière fait courir le délai d'appel (voir art. R. 776-20), pour autant qu'elle le mentionnera (CE 6 mars 1985, Catois, *Lebon* p. 747). Le texte implique que la notification, qui peut être effectuée « par tous moyens », puisse être réalisée par télécopie, même sans envoi ultérieur de l'original du jugement, et que ce procédé fasse courir le délai d'appel (CE 22 mars 2000, Préfet de l'Isère c/ Bouchalta).

Les frais d'interprète

Art. R. 776-18 Les frais d'interprète sont liquidés dans les conditions prévues par l'article R. 122 du Code de procédure pénale.

■ **Textes sources**

– Code des TA et des CAA, article R. 241-18.

■ **Commentaires**

Selon l'article R. 122 du Code de procédure pénale, les interprètes ont droit, outre indemnités de voyage et de séjour calculées selon les règles applicables aux fonctionnaires du groupe I, aux tarifs suivants (décret du 18 mars 1999) : 97 F pour la première heure (due en entier dès que commencée) à Paris et dans les départements des Hauts-de-Seine, de la Seine-Saint-Denis et du Val-de-Marne (87 F dans les autres départements) ; 48 ou 44 F selon la même distinction par demi-heure supplémentaire, due en entier dès que commencée. Ces sommes sont majorées de 25 % si la traduction porte sur une langue autre que l'anglais, l'allemand, l'espagnol ou l'italien.

Faute de précision, on doit estimer qu'il appartient au magistrat saisi du dossier d'opérer la liquidation de ces frais.

On rappelle que la loi du 10 janvier 1990 a précisé en son article 3 que ces frais sont à la charge de l'État, sans recours contre l'étranger.

L'APPEL

Art. R. 776-19 Le préfet signataire de l'arrêté attaqué et l'étranger peuvent interjeter appel du jugement devant le président de la section du contentieux du Conseil d'État ou un conseiller d'État délégué par lui.

■ Textes sources

– Code des TA et des CAA, article R. 241-19.

■ Commentaires

Seul l'appel étant mentionné en tant que voie de recours contre le jugement, ce dernier ne peut faire l'objet ni d'une tierce opposition (dont on se demande d'ailleurs qui y aurait intérêt) ni de la rectification d'erreur ou d'omission matérielle prévue à l'article R. 741-11.

Comme signalé à propos de l'article R. 776-3, une éventuelle erreur quant au juge d'appel (saisine de la cour administrative d'appel) peut être rectifiée par procédure de règlement interne, les particularités énoncées à l'article R. 776-3 ne valant que pour la demande de première instance. Les précisions données par la notification du jugement devraient au demeurant rendre une telle erreur fort improbable.

Le recours à un juge d'appel unique résulte de la loi, laquelle a au surplus expressément précisé que l'appel n'est pas suspensif (ce qui est conforme au droit commun : voir art. L. 11).

Par arrêt Engin (29 juin 1990 [1]), le Conseil d'État a décidé que, en appel, des conclusions aux fins de sursis à exécution de l'arrêté de reconduite pouvaient être jointes aux conclusions tendant à l'annulation d'une ordonnance de rejet. Cette jurisprudence n'est pas transposable aux mesures de suspension prévues par l'article L. 521-1 : par une décision du 26 janvier 2001 (CE, Juge des référés, 26 janvier 2001, Gunes), il a été en effet jugé qu'un arrêté décidant la reconduite à la frontière d'un étranger n'est justiciable de cette dernière procédure « ni devant le juge des référés du tribunal administratif dans la mesure où il ne saurait lui être demandé de suspendre l'exécution d'une décision dont le recours en annulation formé contre elle a déjà entraîné cet effet suspensif, ni devant le Conseil d'État en raison de la différence de nature entre les voies de recours ouvertes respectivement par le premier alinéa de l'article L. 523-1 du Code de justice administrative et par l'article 22 *bis* de l'ordonnance du 2 novembre 1945 », la même ordonnance précisant que le requérant qui a vu rejeter sa demande peut demander le sursis à exécution du jugement sur le fondement de l'article R. 811-17.

Les règles de l'appel s'appliquent tant aux jugements rendus sur les arrêtés de reconduite à la frontière proprement dits qu'aux décisions, souvent incorporées à ces arrêtés, fixant le pays de destination (CE 30 novembre 1994, Préfet du

Rhône [**2**] – CE 1er février 1995, Préfet de la Vienne). L'appel formé contre l'une de ces décisions rend recevable un appel incident formé contre l'autre (CE même arrêt).

□ ***Jurisprudence***

[**1**] Considérant qu'en vertu de l'article 22 *bis* de l'ordonnance du 2 novembre 1945 dans sa rédaction issue de la loi du 10 janvier 1990 : « L'étranger qui fait l'objet d'un arrêté préfectoral de reconduite à la frontière peut, dans les vingt-quatre heures suivant sa notification, demander l'annulation de cet arrêté au président du tribunal administratif. Le président ou son délégué statue dans un délai de quarante-huit heures à compter de sa saisine [...]. Le jugement du président du tribunal administratif ou son délégué est susceptible d'appel dans un délai d'un mois devant le président de la section du contentieux du Conseil d'État ou un conseiller d'État délégué par lui. Cet appel n'est pas suspensif » ;

Considérant que, par un arrêté en date du 21 mars 1990, le préfet du département de la Haute-Garonne a décidé la reconduite à la frontière de M. Engin ; que saisi par ce dernier, le conseiller délégué par le président du tribunal administratif de Toulouse a rejeté sa demande dirigée contre ledit arrêté par le jugement susvisé du 23 mars 1990 ; que les dispositions précitées de l'ordonnance du 2 novembre 1945 modifiée ne faisaient pas obstacle à ce que M. Engin demande au président de la section du contentieux du Conseil d'État d'ordonner le sursis à l'exécution de cet arrêté dans les conditions prévues par les dispositions de l'article 48 de l'ordonnance du 31 juillet 1945 et du décret du 30 juillet 1963...

[**2**] Considérant qu'aux termes de l'article R. 241-19 du Code des tribunaux administratifs et des cours administratives d'appel : « Le préfet signataire de l'arrêté attaqué et l'étranger peuvent interjeter appel du jugement devant le président de la section du contentieux du Conseil d'État ou un conseiller d'État délégué par lui » ; que ces dispositions sont applicables tant à l'arrêté ordonnant la reconduite d'un étranger à la frontière qu'à la décision fixant le pays à destination duquel l'intéressé sera reconduit ; que, par suite, M. Rahatsoz n'est pas fondé à soutenir que le préfet du Rhône n'avait pas qualité pour faire appel devant le président de la section du contentieux du Conseil d'État de l'article 1er du jugement du 4 juin 1992 par lequel le conseiller délégué par le président du tribunal administratif de Lyon a annulé sa décision ordonnant la reconduite de l'intéressé à destination de la Turquie ; que M. Rahatsoz est également recevable, par la voie de l'appel incident, à déférer au Conseil d'État l'article 2 du même jugement rejetant ses conclusions dirigées contre l'arrêté du 15 mai 1992 ordonnant sa reconduite à la frontière...

LE DÉLAI D'APPEL

Art. R. 776-20 Le délai d'appel est d'un mois. Il court contre toute partie à l'instance à compter du jour où la notification a été faite à cette partie dans les conditions prévues à l'article R. 776-17, troisième alinéa.

■ Textes sources

– Code des TA et des CAA, article R. 241-20.

■ Commentaires

Ce délai spécial, résultant également de la loi du 10 janvier 1990, ne court qu'à compter de la notification complète du jugement, cette notification incluant l'indication de la voie et du délai d'appel. Pour tenir compte de la spécificité de cette procédure au regard du temps, il a été admis que le délai d'appel coure contre un préfet à qui le jugement avait été notifié par télécopie, à compter de la date de réception mentionnée sur l'exemplaire produit en appel par ledit préfet (CE 22 mars 2000, Préfet de l'Isère).

Ce délai est interrompu par une demande d'aide juridictionnelle (CE 31 juillet 1992, Kinkongo).

Ce délai, bien qu'étant de procédure, n'est pas un délai franc. Mais sa computation obéit à l'article 642 du Nouveau Code de procédure civile renvoyant au premier jour ouvrable suivant le terme d'un délai expirant un samedi, dimanche ou jour férié (CE 13 octobre 2000, Préfet de police c/ Fetchat [**1**], énonçant ce principe, mais paraissant avoir computé le délai comme s'il était franc...)

□ *Jurisprudence*

[**1**] Considérant qu'aux termes du IV de l'article 22 *bis* de l'ordonnance du 2 novembre 1945 : « Le jugement du président du tribunal administratif ou de son délégué est susceptible d'appel dans un délai d'un mois devant le président de la section du contentieux du Conseil d'État ou un conseiller d'État délégué par lui... » ;

Considérant qu'il résulte de ces dispositions que le délai d'un mois qu'elles instituent, bien qu'il s'agisse d'un délai de procédure, ne constitue pas un délai franc ; que, toutefois, lorsque ce délai expire un samedi, un dimanche ou un jour férié ou chômé, il y a lieu, par application de l'article 642 du Nouveau Code de procédure civile, d'admettre la recevabilité d'un pourvoi présenté le premier jour ouvrable suivant ;

Considérant que le jugement attaqué a été notifié au préfet de police le 17 août 1999 ; que le délai d'un mois prévu par les dispositions précitées de l'ordonnance du 2 novembre 1945 expirait le samedi 18 septembre 1999, qu'ainsi la requête tendant à l'annulation de ce jugement, qui a été enregistrée au secrétariat du contentieux du Conseil d'État le lundi 20 septembre 1999, était encore recevable...

Livre VIII

Les voies de recours

TITRE I L'appel

Le juge d'appel

Art. L. 811-1 Dans le cas où un jugement rendu en premier ressort est susceptible d'appel, celui-ci est porté devant la juridiction d'appel compétente en vertu des dispositions du Livre III.

■ **Textes sources**

– Ordonnance n° 2000-387 du 4 mai 2000, article 1er.

■ **Commentaires**

Le livre III n'est pas le seul à désigner le juge d'appel compétent. On trouve de semblables désignations au livre V (art. L. 523-1, alinéa 2°) et au livre VII (art. L. 776-1).

La possibilité d'interjeter appel

Art. R. 811-1 Toute partie présente dans une instance devant le tribunal administratif ou qui y a été régulièrement appelée, alors même qu'elle n'aurait produit aucune défense, peut interjeter appel contre toute décision juridictionnelle rendue dans cette instance.

■ **Textes sources**

– Code des TA et des CAA, article R. 228.

■ **Commentaires**

Dans sa généralité, cet article énonce une règle inexacte, et ce, pour plusieurs raisons.

En premier lieu, tous les jugements ne sont pas susceptibles d'appel. Lorsque le tribunal administratif se prononce sur un acte préparatoire à une élection, son jugement ne peut être frappé d'appel ; la contestation ne peut en être opérée qu'à l'occasion du recours formé contre les résultats de l'élection, devant le juge de cette élection (qui peut être le Conseil constitutionnel s'il s'agit d'élections législatives). Ainsi jugé à propos de décisions statuant sur les refus de récépissé de déclaration de candidature (CE 29 novembre 1989, Élections municipales de Juvignac [1]).

De même faut-il réserver les hypothèses dans lesquelles seul un recours en cassation est organisé contre la décision rendue par le juge de premier degré, tel étant le cas des décisions prises en application des articles L. 521-1, L. 521-3, L. 521-4, L. 522-3, L. 551-1 et L. 551-2 entre autres.

En second lieu, trois hypothèses au moins révèlent que peuvent faire appel des personnes absentes de la première instance. Ce sera le cas en contentieux électoral, à la suite d'un jugement ayant annulé ou modifié les résultats d'une élection, qui peut être frappé d'appel par tout électeur, même non partie en première instance. Ce sera ensuite le cas de l'expert, admis à former appel du jugement ayant omis de se prononcer sur la charge des frais d'expertise (CE 16 septembre 1994, Bourrat, solution implicite). Ce sera enfin le cas lorsque le tribunal aura à tort « oublié » un requérant : exemplaire est de ce point de vue l'affaire Fédération départementale des chasseurs de la Creuse (CE sect. 16 décembre 1994), dans laquelle le Conseil d'État a vérifié d'abord que le tribunal avait eu raison de négliger une intervention formée après clôture de l'instruction, pour en conclure que cet intervenant était sans qualité pour faire appel, l'a contrario conduisant à estimer que, si cette omission avait été irrégulière, l'omis aurait été recevable, précisément parce que non reconnu comme « partie », à faire appel.

Demeure sans réponse nette la question de savoir si peut faire appel une personne, absente d'un litige, mais à l'égard de laquelle le jugement emporte, par erreur, effet (par exemple en ce qu'il la condamnerait à payer des frais irrépétibles). Si cela a été admis (CE 18 février 1998, Université d'Auvergne c/ Perrucaud), il nous semble que la contestation du jugement doit ici normalement prendre la forme d'une tierce opposition, non d'un appel.

Ce ne sont qu'exceptions à la règle énoncée à l'article R. 811-1.

On conclut de cet article que, pour faire appel, il faut nécessairement un jugement (CE 11 mai 1994, Piechota, irrecevabilité manifeste de l'appel formé contre un jugement non rendu), à quoi la jurisprudence a ajouté que seul le dispositif d'un jugement est susceptible de faire grief, donc de fonder l'intérêt à faire appel (jurisprudence constante : CE 26 mars 1990, Ministre des Finances c/ Janichon – CE 2 juin 1993, Osmo, irrecevabilité de l'appel formé contre les motifs d'un jugement dont le dispositif donne satisfaction). On a même vu le Conseil d'État dénier le droit de faire appel à une personne publique dès lors que le premier juge avait rejeté la requête dirigée contre elle au motif que, cette personne publique ayant commis une voie de fait, seul le juge judiciaire avait compétence pour connaître du litige (CE sect. 21 octobre 1988, Société d'aménagement des marais de Noirmoutier, *Lebon* p. 373). La question se posera ultérieurement de savoir comment se combinera ce principe (expressément confirmé par CE sect. 3 février 1999, Hôpital de Cosne-Cours-sur-Loire [2]) avec l'obligation faite désormais au juge, en matière de contentieux de l'urbanisme, de se prononcer, en cas d'annulation ou de suspension, sur l'ensemble des moyens qu'il estime fondés (article L. 600-4-1 du nouveau du Code de l'urbanisme, résultant des articles 37 et 43 de la loi « solidarité et renouvellement urbains » du 13 décembre 2000) : on ne sait encore si sera en la matière qui déroge à la règle de l'« économie des moyens » admis un appel qui, sans mettre en cause le dispositif du jugement, se bornera à reprocher aux motifs du jugement de n'avoir pas mentionné comme fondé un des moyens de la demande présentée au premier juge.

Parce que le dispositif ne lui fait pas grief, une collectivité ayant retiré, avant jugement, l'acte que ce jugement a annulé, est sans intérêt à former appel contre ce jugement (CE 10 octobre 1994, Commune de Mimet). Une telle situation est, il faut le noter, fondamentalement distincte de celle qui voit la personne publique, en application d'un jugement d'annulation, prendre l'acte qu'appelle l'exécution de ce jugement, tant il est vrai qu'exécuter un jugement conformément à ce qu'appelle le droit n'est pas acquiescer au dispositif de ce jugement.

L'appel, lorsqu'il est formé, doit être formel, et ne peut notamment être conditionnel : est irrecevable un appel subordonné à l'éventualité d'un appel de l'adversaire (CE 7 juin 1993, Bastien).

C'est à propos de la notion de « partie présente dans une instance ou qui y a été régulièrement appelée » que se posent de délicates questions.

On en conclut d'abord que la partie qui n'a été ni présente ni appelée ne peut normalement faire appel. Et si un jugement opère une jonction entre plusieurs instances, chacune des parties n'a qualité pour faire appel que de la partie du jugement se prononçant sur le litige dans lequel elle avait cette qualité (CE 5 juillet 1995, Société Compagnie financière de la Beauce). Une personne non partie à un jugement ne peut en faire appel, même si elle aurait dû être appelée dans l'instance. Ainsi l'État, au nom de qui la décision attaquée en première instance a été prise, ne peut-il faire appel du jugement qui l'a annulée, si le tribunal n'a par erreur mis en cause que la commune, la décision ayant été prise par le maire (CE 15 octobre 1990, Ministre de l'Équipement c/ Papin Bricaud). Seule la voie de la tierce opposition est en principe ouverte à ces « oubliés » (CE 1er juillet 1994, Cortell, irrecevabilité même si les intéressés sont devenus en cours d'instance propriétaires de l'immeuble en cause – CE 7 octobre 1994, Basset).

Il ne suffit toutefois pas d'avoir été présent ou appelé dans la cause. Encore faut-il en principe l'avoir été à bon droit. Deux types de litiges posent problème à cet égard.

L'État est parfois mis en cause en première instance dans des litiges intéressant des établissements publics. Il n'aura qualité pour faire appel que si l'affaire soit met en cause les droits statutaires d'agents de l'État (CE sect. 29 décembre 1978, Secrétaire d'État aux Universités c/ Falc'hun, *Lebon* p. 544), soit est relative à l'organisation du service public : ainsi l'État ne sera-t-il pas recevable à contester en appel le jugement annulant la décision du proviseur d'un lycée

« étrangère au contenu et à l'organisation de l'action éducative » (CE 12 octobre 1992, Ministre de l'Éducation nationale c/ Personnaz, *Lebon* p. 1 255). On doit même penser que, dans ces hypothèses, l'État peut faire appel alors même qu'il n'était pas présent en première instance. Ainsi, en matière électorale, et si est en question le compte de campagne, le ministre de l'Intérieur, au même titre que la Commission nationale des comptes de campagne, ont qualité pour faire appel (CE sect. 26 juillet 1996, Élections de Tonneins [**3**], *Lebon* p. 307). Hors ces hypothèses, l'appel de l'État est irrecevable (CE 21 septembre 1990, Ministre de la Solidarité [**4**]).

Souvent également des communes sont mises en cause en première instance, au seul motif que la décision attaquée a été prise par le maire, alors que, ce dernier agissant au nom de l'État, seul l'État avait à être appelé. Longtemps il a été décidé que ces communes, ainsi appelées à tort dans l'instance, n'avaient pas qualité pour faire appel (CE 4 février 1991, Commune de Millas [**5**] – CE 3 février 1992, Commune de Challes-les-Eaux). Il semble que cette jurisprudence est à ce jour assouplie (CE 2 mars 1994, Commune de Saint-Tropez, recevabilité d'une commune à former appel du jugement ayant annulé la décision de son maire, prise au nom de l'État, d'ordonner l'interruption de travaux, en application de l'art. L. 480-2 du Code de l'urbanisme).

Lorsque l'État a qualité pour faire appel, et sauf dans les hypothèses dans lesquelles ce droit est réservé au préfet (contentieux de la décentralisation, contentieux de la reconduite à la frontière), la question se pose de savoir quel ministre a qualité pour le représenter, autrement dit quel ministre est « intéressé ». La notion ne va pas de soi. À titre d'exemples, on précisera entre autres que le ministre des Finances ne peut faire appel du jugement concernant l'indemnité versée à un agent d'un autre ministère (CE 29 janvier 1971, Ministre des Finances c/ Gallut, *Lebon* p. 88), mais est admis à contester le jugement annulant le refus d'accorder une allocation temporaire d'invalidité à un agent, fût-il d'un autre ministère (CE 14 mai 1986, Ministre des Finances c/ Diere). Et le ministre de l'Intérieur est sans qualité pour faire appel du jugement ayant annulé le refus d'autorisation de travail opposé à un étranger (CE 18 juin 1993, Ministre de l'Intérieur c/ Ayad). Le ministre de l'Intérieur et le garde des Sceaux sont admis chacun à faire appel du jugement annulant le refus d'un préfet de délivrer un récépissé de déclaration préalable d'activité « transactions immobilières » (CE sect. 27 janvier 1995, Ministre de l'Intérieur et Garde des Sceaux c/ Nicolas).

Lorsqu'il est admis que plusieurs ministres sont « intéressés », n'importe lequel a qualité pour faire appel (CE sect. 3 mars 1993, Ministre de l'Équipement).

Quant aux intervenants de première instance, ils n'ont qualité pour faire appel du jugement rendu contrairement aux conclusions de leur intervention que s'ils auraient eu qualité pour former la requête ou pour former tierce opposition à ce jugement en l'absence d'intervention de leur part (voir art. R. 632-1 – CE sect. 9 janvier 1959, de Harenne, *Lebon* p. 23). Mais il reste entendu que l'intervenant peut faire appel du jugement qui a rejeté son intervention.

L'appelant doit motiver son acte d'appel en y inscrivant une discussion spécifique de la position retenue par le premier juge, ce qui exclut en principe la seule référence à la demande de première instance, fût-elle jointe à la requête d'appel (voir commentaires sous l'article R. 411-1).

S'il était également demandeur en première instance, il ne peut en principe présenter au juge d'appel, sauf moyen d'ordre public, des demandes qui n'ont pas été soumises au premier juge (sauf évidemment la demande tendant à l'annulation ou à la réformation du jugement attaqué ou à l'obtention de frais exposés en appel).

Cette règle souffre toutefois une double exception dans le contentieux de l'indemnité :

– L'appelant principal et ses adversaires peuvent demander que soient capitalisés les intérêts, à chaque échéance utile, comme ils peuvent demander pour la première fois les intérêts, voire demander que soit modifié le point de départ des intérêts accordés par le jugement attaqué : la jurisprudence Entreprise Giulani (CE 14 décembre 1981, *Lebon* p. 912) interdisant cette pratique a en effet été abandonnée par l'arrêt Haurillon (CE 6 mars 1987, *Lebon* p. 946). Encore faut-il, si la demande d'appel portant sur les intérêts est nouvelle, que le litige d'appel se soit noué sur un autre point.
– L'appelant – principal et, doit-on penser, incident – peut majorer en appel le montant de la somme demandée en première instance, soit que le préjudice qu'elle doit réparer se soit aggravé depuis la première instance, soit que l'étendue réelle des conséquences dommageables de l'agissement en cause en première instance n'ait été connue que postérieurement au jugement de première instance (CE sect. 8 juillet 1998, Département de l'Isère [**6**])

À l'irrecevabilité de conclusions nouvelles s'ajoute celle des moyens relevant d'une catégorie juridique non soumise au premier juge : ainsi ne peut être soumis pour la première fois au juge d'appel, dans le contentieux de l'excès de pouvoir, un moyen de légalité externe – sauf s'il concerne la compétence de l'auteur de l'acte – si seuls des moyens de légalité interne ont été soumis au premier juge (CE 20 février 1953, Intercopie, *Lebon* p. 88). Identiquement, dans le contentieux de l'indemnité, ne peut être proposé au juge d'appel l'examen d'une cause juridique autre que celle qui a été soumise au premier juge (sauf si cette cause est la responsabilité sans faute, laquelle est d'ordre public) : CE 7 novembre 1969, Agussol, *Lebon* p. 482. À cette règle il est une seule exception, en matière de contentieux contractuel : la révélation, en appel, de la nullité du contrat, autorise l'appelant à se prévaloir, pour la première fois devant le juge d'appel, d'une cause juridique autre que la responsabilité contractuelle, et par exemple de la responsabilité quasi contractuelle ou quasi délictuelle (CE sect. 20 octobre 2000, Société Citecable Est [**7**]).

Quant au défendeur de première instance, devenant appelant principal, il est en principe recevable à invoquer en appel tous moyens, même pour la première fois. Mais il ne peut le faire – ou tout au moins changer de cause juridique – que s'il respecte le délai d'appel (CE 29 septembre 2000, Société Dezellus metal Industrie [8]).

□ ***Jurisprudence***

[1] Considérant qu'aux termes du premier alinéa de l'article L. 265 du Code électoral « la déclaration de candidature résulte du dépôt à la préfecture ou à la sous-préfecture d'une liste répondant aux conditions fixées aux articles L. 260, L. 263 et L. 264. Il en est délivré récépissé » ; qu'aux termes des deux derniers alinéas du même article : « En cas de refus de délivrance du récépissé, tout candidat de la liste intéressée dispose de vingt-quatre heures pour saisir le tribunal administratif qui statue, en premier et dernier ressort, dans les trois jours du dépôt de la requête. Faute par le tribunal administratif d'avoir statué dans ce délai, le récépissé est délivré » ;
Considérant qu'il résulte de ces dispositions que le législateur a entendu que les jugements des tribunaux administratifs statuant sur les refus de récépissé de déclaration de candidatures, actes préliminaires aux opérations électorales, ne puissent, eu égard à la nature de la décision en cause et à la brièveté du délai imparti par la loi au tribunal administratif pour statuer, délai au terme duquel le récépissé est délivré de plein droit, être contestés qu'à l'occasion d'un recours contre l'élection...

[2] Considérant, en premier lieu, que par le jugement attaqué, le tribunal administratif a rejeté les conclusions des époux Devos et Boulin dirigées contre l'arrêté du 9 septembre 1988 accordant un permis de construire à l'Hôpital de Cosne-Cours-sur-Loire au motif que ce permis de construire était périmé ; que si, dans l'appel qu'il forme contre ce jugement, l'hôpital demande au Conseil d'État de constater que le permis de construire dont il était titulaire était encore valide, ces conclusions qui ne sont pas dirigées contre le dispositif du jugement mais contre ses motifs, ne sont pas recevables...

[3] Considérant que le recours du ministre de la Solidarité, de la Santé et de la Protection sociale tend à l'annulation du jugement susmentionné en tant que celui-ci a rejeté les conclusions de l'hôpital de Lectoure tendant à la détermination du domicile de secours de Mme Chalmin ; qu'ainsi ce recours relève de la compétence de la cour administrative d'appel de Bordeaux ; que, toutefois, le litige en cause ne concerne pas le ministre de la Solidarité, de la Santé et de la Protection sociale ; que, par suite, celui-ci, alors même qu'il avait été appelé par le tribunal administratif de Pau à produire des observations sur le pourvoi de l'hôpital de Lectoure, n'avait pas la qualité de partie à l'instance ; que, dès lors, le recours du ministre est entaché d'une irrecevabilité manifeste insusceptible d'être couverte en cours d'instance et qu'il y a lieu ainsi pour le Conseil d'État, en application des dispositions de l'article R. 83 du Code des tribunaux administratifs et des cours administratives d'appel, de rejeter immédiatement ce recours...

[4] Considérant que, par un jugement du 21 décembre 1995, le tribunal administratif de Bordeaux a rejeté comme tardive la saisine de la Commission nationale des comptes de campagne et des financements politiques lui transmettant, en application de l'article L. 52-15 du Code électoral, sa décision en date du 18 octobre 1995 rejetant le compte de campagne de M. Dominique Tacco, candidat aux élections municipales des 11 et 18 juin 1995 dans la commune de Tonneins (Lot-et-Garonne) ; que le ministre de l'Intérieur, au même titre que la commission, a qualité pour faire appel, au nom de l'État, dudit jugement...

[**5**] Considérant qu'il résulte des dispositions du décret du 16 mai 1952 que le certificat de bonne vie et mœurs peut être délivré soit par les consuls de France à l'étranger, soit par les maires et les commissaires de police à toute personne domiciliée dans leur ressort et se rendant à l'étranger ; que le maire exerce les attributions qui lui ont été dévolues par le décret susmentionné du 16 mai 1952 au nom de l'État ; que le maire de la commune de Millas est, dès lors, sans qualité pour faire appel du jugement du 15 juillet 1985 par lequel le tribunal administratif de Montpellier a annulé sa décision du 25 avril 1983 refusant de délivrer à M. Casanovas un certificat de bonne vie et mœurs ; qu'il résulte de tout ce qui précède que la requête de la commune de Millas, dont le ministre de l'Intérieur, à qui elle a été communiquée, n'a pas entendu reprendre les conclusions, est dans ces conditions irrecevable...

[**6**] Considérant que, lorsque l'étendue réelle des conséquences dommageables d'un même fait n'est connue que postérieurement au jugement de première instance, la partie requérante est recevable à augmenter en appel le montant de ses prétentions par rapport au montant de l'indemnité demandée devant les premiers juges ; que, dans ces conditions, en admettant, à la suite de l'expertise précitée, la réévaluation de l'indemnité demandée par les consorts de Bernis, la cour n'a pas commis d'erreur de droit...

[**7**] Considérant que lorsque le juge, saisi d'un litige engagé sur le terrain de la responsabilité contractuelle, est conduit à constater, le cas échéant d'office, la nullité du contrat, les cocontractants peuvent poursuivre le litige qui les oppose en invoquant, y compris pour la première fois en appel, des moyens tirés de l'enrichissement sans cause que l'application du contrat frappé de nullité a apporté à l'un d'eux ou de la faute consistant, pour l'un d'eux, à avoir passé un contrat nul, bien que ces moyens, qui ne sont pas d'ordre public, reposent sur des causes juridiques nouvelles...

[**8**] Considérant qu'en principe le défendeur en première instance est recevable à invoquer en appel tous moyens, même pour la première fois ; que cette faculté doit cependant se combiner avec l'obligation faite à l'appelant d'énoncer, dans le délai d'appel, la ou les causes juridiques sur lesquelles il entend fonder son pourvoi ; qu'il suit de là que, postérieurement à l'expiration dudit délai, et hors le cas où il se prévaudrait d'un moyen d'ordre public, l'appelant n'est recevable à invoquer un moyen nouveau que pour autant que celui-ci repose sur la même cause juridique qu'un moyen ayant été présenté dans le délai d'introduction de l'appel...

LE DÉLAI D'APPEL

Art. R. 811-2 Sauf disposition contraire, le délai d'appel est de deux mois. Il court contre toute partie à l'instance à compter du jour où la notification a été faite à cette partie dans les conditions prévues aux articles R. 751-3 et R. 751-4. Si le jugement a été signifié par huissier de justice, le délai court à dater de cette signification à la fois contre la partie qui l'a faite et contre celle qui l'a reçue.

■ **Textes sources**
– Code des TA et des CAA, article R. 229, § 1 et 2.

■ **Commentaires**
Voir article R. 811-6.

LA MENTION D'UN DÉLAI D'APPEL INFÉRIEUR À DEUX MOIS

Art. R. 811-3 Le défaut de mention, dans la notification du jugement, d'un délai d'appel inférieur à deux mois emporte application du délai de deux mois.

■ **Textes sources**
– Code des TA et des CAA, article R. 229-1.

■ **Commentaires**
Voir article R. 811-6.

LE DÉLAI D'APPEL À MAYOTTE, EN POLYNÉSIE ET EN NOUVELLE-CALÉDONIE

Art. R. 811-4 À Mayotte, en Polynésie française et en Nouvelle-Calédonie, le délai d'appel de deux mois est porté à trois mois.

■ **Textes sources**
– Code des TA et des CAA, article R. 229, § 4.

■ **Commentaires**
Voir article R. 811-6.

LES DÉLAIS DE DISTANCE

Art. R. 811-5 Les délais supplémentaires de distance prévus aux articles 643 et 644 du Nouveau Code de procédure civile s'ajoutent aux délais normalement impartis.
Toutefois, ne bénéficient pas de ce délai supplémentaire ceux qui, en matière électorale, déposent leur requête à la préfecture ou à la sous-

préfecture ou, en Nouvelle-Calédonie, dans les territoires d'outre-mer et à Mayotte, auprès des services du délégué du Gouvernement.

■ **Textes sources**

– Ordonnance n° 45-1708 du 31 juillet 1945, article 50.
– Code des TA et des CAA, article R. 230.

■ **Commentaires**

Voir article R. 811-6.

Le délai d'appel contre un jugement avant dire droit

Art. R. 811-6 Par dérogation aux dispositions du premier alinéa de l'article R. 811-2, le délai d'appel contre un jugement avant dire droit, qu'il tranche ou non une question au principal, court jusqu'à l'expiration du délai d'appel contre le jugement qui règle définitivement le fond du litige.

■ **Textes sources**

– Code des TA et des CAA, article R. 229, § 3.

■ **Commentaires**

Le délai d'appel applicable est celui qui est en vigueur à la date du jugement attaqué (CE 23 mars 2000 Leroy [**1**]). Aucun principe général n'impose que la notification des jugements comporte la mention des délais et voies de recours (CE 5 avril 1996, Syndicat des avocats de France, *Lebon* p. 118).

Dans la procédure d'appel, le délai court donc même si le jugement n'en fait pas état, sous la seule réserve apportée par l'article R. 811-3 que l'absence de mention d'un délai d'appel inférieur à deux mois emporte application de ce délai de deux mois. Mais si la notification du jugement mentionne un délai inexact, c'est ce dernier, s'il est plus long que le délai réglementaire, qui est appliqué (CE sect. 26 mars 1993, Bourgeois, *Lebon* p. 86 [**2**]). On doit toutefois souligner que, par arrêts des 22 septembre 1994 et 2 novembre 1994 (Ministre du Budget c/ Fillod, et Boyer, *RJF* 1995, p. 144), la cour administrative d'appel de Paris a cantonné la jurisprudence Bourgeois aux hypothèses dans lesquelles était en vigueur un délai d'appel plus bref que le délai normal : elle a ainsi refusé de prendre en compte l'indication erronée d'un délai d'appel de plus de deux mois, donnée soit au ministre (affaire Fillod), soit au contribuable (affaire Boyer), et fait prévaloir le délai de droit commun de deux mois. On ne peut qu'exprimer des réserves sur cette jurisprudence.

Le délai d'appel est interrompu par une demande d'aide juridictionnelle.

La rédaction du premier alinéa de l'article R. 811-2 doit être lue strictement : le délai d'appel ne peut courir que d'une notification « dans les conditions prévues aux articles R. 751-3 et R. 751-4 ». Seule une notification officielle, répondant aux prescriptions de l'un ou l'autre de ces articles, peut donc faire courir le délai d'appel : il n'est point en la matière de connaissance acquise (CE sect. 4 décembre 1959, Ministre des Finances c/ Nicod, *Lebon* p. 652 – CAA Lyon, 20 octobre 1992, Commune de Lamanon, *Lebon* p. 577). Un jugement notifié au domicile du gérant d'une société de capitaux, distinct du siège de cette société, n'est ainsi pas notifié « au domicile réel » de cette dernière, et ne fait pas courir le délai d'appel (CE 1er février 1995, SARL Rayure). Inversement un jugement notifié au siège d'une société, fût-elle en liquidation, fait courir le délai d'appel contre son liquidateur (CE 25 septembre 1995, Société Sablières de Moselle). Identiquement, la notification d'un jugement à l'avocat d'une partie, et non à cette partie elle-même ne saurait faire partir le délai d'appel (CE 19 janvier 1998, SARL Armement frigorifique martiniquais – CE 14 juin 2000, Commune de Staffelfelden ; voir article R. 751-3).

Saisi de la question de savoir si, dans une version antérieure du texte qui se limitait à la notification du jugement par la voie postale pour marquer le point de départ du délai, une notification par voie administrative pouvait également faire partir ce délai, le Conseil d'État a par deux fois jugé que, ce dernier procédé présentant les mêmes garanties que le procédé postal, il faisait également courir le délai (CE 1er février 1995, Navarro – CE 27 mars 2000 Leroy, précité).

Jugé également que l'intervention d'une ordonnance rejetant une requête en appel, parce que non motivée dans le délai, interrompt ce délai, et que la rectification pour erreur matérielle de cette ordonnance (le jugement n'ayant pas en fait été notifié) ne fait repartir ce délai, déclenché par la signification du jugement postérieure à l'ordonnance, que du jour de notification de l'arrêt de rectification (CAA Lyon, 20 octobre 1992, Commune de Lamanon, précité).

La prorogation jusqu'en fin de cause du délai d'appel contre les jugements avant dire droit, dont il faut noter qu'elle ne joue pas identiquement pour les pourvois en cassation (CE 17 janvier 1996, SA des établissements Lagorce), qui évite les appels intercalaires parfois inutiles, joue lors même que le jugement avant dire droit a réglé définitivement la partie principale du litige, opposant par exemple la victime au défendeur qu'elle a choisi, et ne fait rebondir l'affaire qu'en ce qui concerne le sort d'un tiers appelé en garantie par ce défendeur (CE ass. 18 décembre 1998, Gaz de France [**3**]). Elle ne va pas sans poser quelques problèmes lorsque le jugement avant dire droit tranche une question au principal, et qu'il n'est attaqué que par un défendeur de première instance. Statuant sur cet appel, le juge d'appel risque de se heurter ensuite à un second appel dirigé contre le jugement final, formé par l'autre défendeur, mettant également en cause le jugement avant dire droit [...] et conduisant le cas échéant le juge d'appel à revenir sur la solution adoptée sur le premier appel...

Cette prorogation de délai autorise les intimés à présenter à leur tour, lors de l'appel dirigé contre le jugement avant dire droit, des conclusions d'appelants sans entrer dans la pratique subtile des appels incidents ou provoqués : tant que le délai d'appel reste en effet ouvert, leurs conclusions, même d'intimé à intimé, doivent être regardées comme formées au titre d'un appel principal, et au besoin requalifiées comme telles : une telle requalification, qui fut interdite (CE sect. 11 mai 1962, Dame veuve Ymain, *Lebon* p. 315), est désormais admise (CE 21 juin 1989, Ministre des Postes et Télécommunications). Une telle requalification doit même être effectuée indépendamment du cours du délai, toutes les fois que les conclusions, qualifiées par exemple d'appel provoqué, ne peuvent être analysées comme telles, même si la requalification doit les rendre irrecevables (CE 11 mars 1994, Commune d'Ayen).

Si le jugement avant dire droit a été attaqué, mais que le jugement final est devenu définitif faute d'avoir été contesté, cette circonstance rend sans objet le recours formé contre l'avant dire droit, recours sur lequel il n'y a dès lors plus lieu de statuer (CE 24 janvier 1994, Montagne). Inversement, si le jugement avant dire droit n'a pas été frappé d'appel par les demandeurs de première instance qui ont obtenu satisfaction lors du jugement final, le juge d'appel saisi d'une requête dirigée contre ce dernier et censurant le motif retenu par le premier juge doit, au titre de l'effet dévolutif de l'appel, examiner les autres moyens des demandeurs de première instance, même si le jugement avant dire droit les a écartés (CE sect. 17 mars 1995, Ministre de l'Éducation nationale c/ Ranieri).

Le délai une fois démarré (et l'état de santé du destinataire est sans effet sur ce démarrage : CE 25 mai 1994, G...), l'appel doit être enregistré avant son expiration, sous la seule réserve de la prise en compte des délais anormaux d'acheminement postal (CE 29 décembre 1993, SA Bigand ; voir commentaires sous l'article R. 421-5).

En matière électorale, le délai de distance mentionné à l'article R. 811-5 est maintenu si l'intéressé, résidant outre-mer, a déposé sa requête directement devant le Conseil d'État, sans profiter de la possibilité de la déposer à la préfecture ou à la sous-préfecture (CE 6 janvier 1999, Hiro).

On notera qu'en matière fiscale l'article R. 200-18 du Livre des procédures fiscales prévoit que, sauf si le jugement est signifié au ministre par huissier, le délai d'appel ne commence à courir, pour le ministre, qu'à compter de l'expiration du délai de deux mois imparti au service local pour lui transmettre le jugement attaqué et le dossier de l'affaire. Ce texte, qui tient compte « des difficultés particulières du fonctionnement de l'administration fiscale qui la placent dans une situation différente de celle des autres justiciables » ne confère pas au ministre « un privilège qui serait de nature à porter atteinte au principe d'égalité » (CE 29 septembre 2000, Le Diberder).

L'expiration du délai d'appel n'interdit pas totalement aux parties de présenter de nouvelles conclusions.

L'adversaire de l'appelant principal peut, par recours *incident*, présenter hors délai des conclusions remettant en cause à son bénéfice un jugement qu'il n'avait pas contesté spontanément, pourvu qu'il demeure dans le cadre défini par l'appel principal (CE 2 août 1912, Compagnie d'Orléans, *Lebon* p. 936 – CE 7 juin 1989, Ville de Menton [**4**] – CE 26 juin 1989, Institut géographique national c/ Autuly [**5**]), que bien sûr il n'invoque pas de moyens irrecevables parce que non soumis au premier juge (s'il était demandeur devant eux), et surtout que son attaque ne concerne que le sort de l'appelant principal, à l'exclusion de toute autre partie (car alors ses conclusions sont d'intimé à intimé, et ne peuvent être admises que dans le cadre de l'appel provoqué).

Ainsi pourra être contesté, par la voie de l'appel incident, formé en réponse à l'appel principal dirigé contre un jugement final fixant une indemnité, le jugement avant dire droit ayant tranché la question de la responsabilité (CE 12 février 1990, Winterstein), en faisant jouer la règle énoncée à l'article R. 811-6.

Cet appel incident subsiste même s'il y a désistement de l'appel principal (CE 1er juillet 1931, Ministre des Travaux publics c/ Estrade, *Lebon* p. 714 [**6**]), sauf si ce désistement a été accepté par l'appelant incident (CE sect. 6 mars 1981, Société Bastide, *Lebon* p. 129 ; voir art. R. 636-1). Mais qui s'est désisté de son appel principal n'est pas recevable à présenter un appel incident sur l'appel de son adversaire (CE 10 mai 1989, Ville de Mâcon [**7**]).

Sur la possibilité d'appel incident en ce qui concerne les frais irrépétibles, voir article L. 761-1 (CE 14 janvier 1994, Kadri, solution sans doute différente de CE 23 décembre 1994, SARL De l'homme à l'habitat).

Si sa situation est susceptible d'être aggravée par l'admission des conclusions de l'appelant (ou, doit-on penser, d'un appelant incident), une partie intimée peut, par appel *provoqué*, conclure contre un autre intimé (CE sect. 1er décembre 1972, Commoy, *Lebon* p. 772 – CE sect. 11 juillet 1984, Commune de Saint-Sébastien-sur-Loire, *Lebon* p. 267 [**8**]). Le désistement de l'appel principal fait donc obstacle à l'admission de l'appel provoqué (CE 6 mars 1981, Société Bastide), sauf, doit-on penser, si subsiste un appel incident.

L'existence de cette aggravation est une condition de recevabilité de l'appel provoqué (on doit estimer également que l'appel provoqué doit concerner le même litige que l'appel principal). Mais, une fois cet appel recevable, il l'est totalement, et non au seul prorata de l'aggravation (CE 11 juillet 1984, Commune de Saint-Sébastien-sur-Loire, précité). Et il peut porter sur des chefs de préjudice autres que ceux pour lesquels les conclusions de l'appel principal ont été accueillies (CE 30 décembre 1996, Levasseur).

On note que le prononcé en appel de la capitalisation des intérêts n'est pas regardé comme une aggravation de la situation du défendeur condamné en première instance, et ne justifie donc pas de sa part un appel provoqué (CE 17 avril 1989, ANPE c/ Massota). Il en va de même de l'ajout des intérêts à la condamnation initiale (CE sect. 9 juin 1989, SIVOM de la région havraise, *Lebon* p. 140).

Les délais supplémentaires de distance prévus à l'article R. 811-5 s'ajoutent au délai de deux mois de l'article R. 811-2, ou de trois mois fixé par l'article R. 811-4. Compte tenu de ce que la juridiction d'appel se trouve située en métropole pour les tribunaux administratifs mentionnés à ce dernier article, le délai d'appel y est donc de quatre mois pour les personnes résidant sur ces territoires (CE 1er avril 1994, Terrien-Meyre [**9**]), y compris pour le ministre, le jugement devant être notifié au délégué local du gouvernement (CE sect. 5 mai 1995, Ministre de l'Intérieur c/ Charcot, revenant sur CE 14 février 1994, Ministre de l'Intérieur c/ Fouilhac, ayant adopté la solution inverse).

On signale enfin que le ministre compétent peut, après expiration des délais d'appel, former devant le juge suprême, et lui seul (CE 1er octobre 1997, Ministre de la Défense), un recours dans l'intérêt de la loi, lequel n'aura aucun effet sur l'état du droit, mais évitera de cristalliser en jurisprudence, sous forme de précédent, une solution juridique qui pourrait être erronée. Cette vocation du recours dans l'intérêt de la loi justifie qu'il puisse être formé contre la seule motivation d'une décision juridictionnelle qui, quant à son dispositif, donne satisfaction à l'administration (CE sect. 12 juin 1959, Ministre des Affaires économiques c/ Filaire, *Lebon* p. 365 ; *AJDA* 1959-I-168). Un tel recours peut être jugé sur le fondement d'un moyen relevé d'office, sans donc que le juge se prononce sur la question ayant motivé ce recours (CE 10 décembre 1997, Ministère de l'Intérieur). Ce recours ne peut être formé contre une décision du Conseil d'État statuant au contentieux (CE 31 janvier 1996, Ministre de l'Équipement, des Transports et du Tourisme). Il ne peut non plus être formé contre un jugement non encore définitif (CE 29 juillet 1998, Ministre de l'équipement c/ Salle).

☐ ***Jurisprudence***

[**1**] Considérant qu'aux termes de l'article R. 211 du Code des tribunaux administratifs et des cours administratives d'appel : « Sauf disposition contraire, les jugements, les ordonnances et arrêts sont notifiés par les soins du greffe à toutes les parties en cause, à leur domicile réel, par lettre recommandée avec demande d'avis de réception, sans préjudice du droit des parties de faire signifier ces décisions par acte d'huissier de justice » et qu'en vertu de l'article R. 212 du même code, la décision juridictionnelle peut être également notifiée par voie administrative ;

Considérant qu'aux termes de l'article R. 229 (premier alinéa) du même code, dans sa rédaction antérieure à celle que lui a donnée le décret n° 97-563 du 29 mai 1997 : « Sauf disposition contraire, le délai d'appel est de deux mois. Il court contre toute partie à l'instance à compter du jour où la notification a été faite à cette partie dans les conditions prévues à l'article R. 211 » ; que le décret du 29 mai 1997 a modifié ces dispositions en substituant aux mots « [...] à l'article R. 211 » les mots : « aux articles R. 211 et R. 212 » ;

Considérant qu'à l'appui de son pourvoi en cassation contre l'ordonnance du 11 mars 1998 par laquelle le président de la cour administrative d'appel de Nantes a rejeté, comme présentée après l'expiration du délai d'appel la requête contre un jugement du tribunal administratif de Rouen en date du 16 juillet 1997, la requérante invoque un moyen tiré de ce que ce serait à tort que l'ordonnance attaquée s'est référée aux dispositions de l'article R. 229 du Code des tribunaux administratifs et des cours administratives d'appel dans leur rédaction antérieure au décret du 29 mai 1997 ;

Mais considérant, d'une part, qu'en vertu de ses dispositions transitoires le décret du 29 mai 1997 n'est entré en vigueur que le 1er septembre 1997, soit postérieurement à l'intervention du jugement du 16 juillet 1997 dont Mme Leroy a interjeté appel devant la cour administrative d'appel ;

Considérant, d'autre part, que le droit de former un recours contre une décision d'une juridiction administrative est définitivement fixé au jour où cette décision est rendue ; que les voies selon lesquelles ce droit peut être exercé, ainsi que les délais qui sont impartis à cet effet aux intéressés, sont, à la différence des formes dans lesquelles le recours doit être introduit et jugé, des éléments constitutifs du droit dont s'agit ; que, par suite, en cas de modification des textes, les voies de recours, ainsi que les délais de leur exercice continuent, à moins qu'une disposition expresse y fasse obstacle, à être régis par les textes en vigueur à la date où la décision susceptible d'être attaquée est intervenue ;

Considérant qu'il résulte de ce qui précède que le jugement déféré à la cour administrative d'appel ayant été prononcé antérieurement à l'entrée en vigueur de la modification apportée à l'article R. 229 du Code des tribunaux administratifs et des cours administratives, c'est à bon droit que l'ordonnance attaquée s'est référée à la rédaction de cet article antérieure à cette modification ;

Considérant, au demeurant qu'il ne résultait pas de la rédaction de l'article R. 229 antérieure à l'intervention du décret du 29 mai 1997 que la notification par la voie administrative, prévue à l'article R. 212, qui présente les mêmes garanties que le procédé de la lettre recommandée prévue à l'article R. 211, ne faisait pas également courir le délai d'appel à l'encontre des jugements des tribunaux administratifs ; que si le premier alinéa de l'article R. 229 du Code des tribunaux administratifs et des cours administratives d'appel tel qu'il a été complété par le décret n° 97-563 du 29 mai 1997 précise désormais que le délai d'appel court du jour où la notification a été faite dans les conditions prévues « aux articles R. 211 et R. 212 », cette précision n'a fait qu'expliciter, sans la modifier, la règle de procédure contentieuse applicable...

[**2**] Considérant qu'il résulte des pièces du dossier soumis au tribunal administratif que, si l'ordonnance du juge du référé du tribunal administratif de Lyon en date du 25 août 1989 rejetant la demande de Mlle Bourgeois en tant qu'elle tendait à la suspension des poursuites provisoires mises en œuvre par le comptable du Trésor pour le recouvrement de suppléments d'impôt sur le revenu établis au titre des années 1986 et 1987 a été notifiée à l'intéressée le 1er septembre 1989, cette notification comportait l'indication que la requérante disposait d'un délai de deux mois pour se pourvoir devant la cour administrative d'appel de Lyon contre ladite décision ; que, dès lors, cette notification erronée n'a pu faire courir le délai spécial de huit jours prévu au 4e alinéa de l'article L. 279 du livre des procédures fiscales mais seulement le délai d'appel de droit commun de deux mois ; qu'en conséquence la requête de Mlle Bourgeois, présentée le 27 octobre 1989 devant la cour administrative d'appel, était encore recevable à cette date...

[**3**] Considérant qu'aux termes du premier alinéa de l'article R. 192 du Code des tribunaux administratifs et des cours administratives d'appel dans sa rédaction antérieure au décret du 7 septembre 1989 et dont les dispositions sont aujourd'hui reprises à l'article R. 229 : « sauf disposition

contraire, le délai d'appel est de deux mois. Il court contre toute partie à l'instance à compter du jour où la notification a été faite... » ; qu'aux termes du troisième alinéa de ce même article : « Par dérogation aux dispositions du premier alinéa, le délai d'appel contre un jugement avant dire droit, qu'il tranche ou non une question au principal, court jusqu'à l'expiration du délai d'appel contre le jugement qui règle définitivement le fond du litige » ;
Considérant que tout jugement par lequel un tribunal administratif ne statue que sur une partie des conclusions dont il est saisi et ordonne pour le surplus une mesure d'instruction constitue un jugement avant dire droit au sens des dispositions précitées ; qu'il peut être interjeté appel d'un tel jugement après l'expiration du délai de deux mois qui suit sa notification et jusqu'à l'expiration du délai de recours contentieux applicable au jugement qui met fin à l'instance ;
Considérant que le jugement du 5 octobre 1988 par lequel le tribunal administratif de Poitiers a statué sur l'action principale engagée par Mme Locteau contre Gaz de France et a ordonné une expertise sur les appels en garantie formés par l'établissement public contre l'État et par ce dernier contre un entrepreneur, constituait un jugement avant dire droit ; que c'est dès lors par une inexacte application des dispositions précitées que le président de la cour administrative d'appel de Bordeaux a jugé irrecevable l'appel qu'avait formé Gaz de France contre ce jugement, plus de deux mois après sa notification mais avant l'expiration du délai du recours contentieux applicable au jugement réglant entièrement le litige en statuant sur les appels en garantie...

[**4**] Considérant que, par sa requête, la ville de Menton ne défère au Conseil d'État que la partie du jugement du 16 octobre 1985 du tribunal administratif de Nice qui statue sur le montant de l'indemnité de rachat restant à sa charge ; que les conclusions de l'appel incident de la société Parba, dirigées contre le rejet de ses conclusions à fin de dommages-intérêts par le tribunal administratif, soulèvent un litige différent de celui qui résulte de l'appel principal ; que, dès lors, elles ne sont pas recevables...

[**5**] Considérant que le tribunal administratif d'Amiens a, par l'article 1er du jugement attaqué, annulé la décision du directeur général de l'Institut géographique national (IGN) prononçant la mise à pied de M. Autuly et, par son article 2, rejeté les conclusions en indemnité de M. Autuly ; que l'Institut géographique national demande la réformation de ce jugement en tant qu'il annule la décision de son directeur général ; que les conclusions de l'appel incident de M. Autuly dirigées contre l'article 2 du jugement du tribunal administratif soulèvent un litige différent de celui qui résulte de l'appel principal ; que dès lors elles ne sont pas recevables...

[**6**] I. Sur le désistement du ministre de son recours n° 89-046 :
Considérant que ce désistement est pur et simple et qu'il y a lieu d'en donner acte ;
II. Sur la recevabilité des conclusions prises par le sieur Estrade contre l'arrêté du 20 avril 1925 :
Considérant que si la requête n° 95003 est irrecevable comme ayant été présentée plus de deux mois après la date où le sieur Estrade a reçu notification de cet arrêté, rien ne s'opposait à ce qu'à l'occasion du recours introduit par l'État contre le même arrêté, l'entrepreneur reprît par voie de recours incident et maintînt après le désistement de l'État les conclusions qui faisaient l'objet de sa requête principale...

[**7**] Considérant que la société Grangette et Passager-Chambon s'est désistée le 20 novembre 1981 de l'appel qu'elle avait interjeté contre le jugement, en date du 1er juillet 1980, par lequel

le tribunal administratif de Dijon l'a condamnée à verser à la ville de Mâcon une indemnité de 73 388 F représentant le quart des conséquences dommageables des désordres constatés dans l'étanchéité du collège d'enseignement secondaire Robert-Schuman à Mâcon ; que le Conseil d'État lui a donné acte de ce désistement pur et simple par une décision du 29 juillet 1983 ; que, par suite, si ladite société peut présenter un mémoire en défense à la requête d'appel introduite par la ville de Mâcon le 9 septembre 1980 devant le Conseil d'État contre le même jugement du 1er juillet 1980, elle n'est plus recevable, en revanche, à présenter par un mémoire, enregistré le 1er mars 1988, des conclusions incidentes tendant à ce qu'elle soit intégralement ou partiellement déchargée de la condamnation prononcée à son encontre par le tribunal administratif de Dijon...

[**8**] Sur les appels provoqués de l'entreprise Bringer et Tondut et du département de Loire-Atlantique :
Considérant que l'admission partielle de l'appel principal de la commune de Saint-Sébastien-sur-Loire aggrave la situation de l'entreprise Bringer et Tondut et du département de Loire-Atlantique, qui se trouvent exposés, à raison de la solidarité, à devoir payer à l'État et à M. Mayeton la totalité des indemnités allouées à ceux-ci par le tribunal administratif et à n'être remboursés par la commune que sur la base des indemnités réduites, laissées à sa charge par la présente décision ; qu'ils sont, dès lors, recevables et fondés à demander, par voie d'appel provoqué, que les indemnités qu'ils ont été condamnés à payer par le jugement attaqué fassent l'objet des mêmes réductions que les indemnités dues par la commune...

[**9**] Considérant, d'une part, qu'aux termes de l'article R. 229 du Code des tribunaux administratifs et des cours administratives d'appel : « Sauf dispositions contraires, le délai d'appel est de deux mois. Il court contre toute partie à l'instance à compter du jour où la notification a été faite à cette partie dans les conditions prévues à l'article R. 211 [...] Dans les territoires de la Polynésie française et de la Nouvelle-Calédonie et dépendances, le délai d'appel est porté à trois mois » ; qu'aux termes de l'article R. 230 du même code : « Les délais supplémentaires de distance prévus aux articles 643 et 644 du Nouveau Code de procédure civile s'ajoutent aux délais prévus ci-dessus » ; qu'aux termes de l'article 643 du Nouveau Code de procédure civile : « Lorsque la demande est portée devant une juridiction qui a son siège en France métropolitaine, les délais [...] d'appel [...] sont augmentés de : [...] Un mois pour les personnes qui demeurent dans un département d'outre-mer ou dans un territoire d'outre-mer » ;
Considérant qu'il ressort des pièces du dossier que Mme Terrien-Meyre a reçu notification du jugement du tribunal administratif de Nouméa le 25 novembre 1991 ; que la requête de Mme Terrien-Meyre, résidant alors en Nouvelle-Calédonie, a été enregistrée au greffe de la cour administrative d'appel de Paris le 28 février 1992, soit avant l'expiration du délai de quatre mois qui lui était imparti en application des dispositions combinées des articles R. 229 et R. 230 du Code des tribunaux administratifs et des cours administratives d'appel...

L'OBLIGATION D'AVOCAT EN APPEL

Art. R. 811-7 Les appels ainsi que les mémoires déposés devant la cour administrative d'appel doivent être présentés à peine d'irrecevabilité par l'un des mandataires mentionnés à l'article R. 431-2.

Toutefois, sont dispensés de ministère d'avocat :

1° Les requêtes dirigées contre les décisions des tribunaux administratifs statuant sur les recours pour excès de pouvoir ;

2° Les litiges en matière d'élections ;

3° Les litiges en matière de contraventions de grande voirie ;

4° Les litiges en matière de contributions directes, de taxes sur le chiffre d'affaires et de taxes assimilées ;

5° Les litiges en matière de pensions, d'aide sociale, d'aide personnalisée au logement, d'emplois réservés et d'indemnisation des rapatriés ;

6° Les demandes d'exécution d'un arrêt de la cour administrative d'appel ou d'un jugement rendu par un tribunal administratif situé dans le ressort de la cour et frappé d'appel devant celle-ci.

Lorsque la notification de la décision rendue en premier ressort ne comporte pas l'information prévue au premier alinéa de l'article R. 751-5, le requérant est invité à régulariser sa requête dans les conditions fixées à l'article R. 612-1.

■ Textes sources

– Code des TA et des CAA, article R. 116, § 1 à 4.
– Décret n° 2001-710 du 31 juillet 2001, article 1-III.

■ Commentaires

Les dispenses de ministère d'avocat devant les cours administratives d'appel sont les mêmes que devant le Conseil d'État (sauf lorsque ce dernier est saisi en cassation).

On doit signaler que les « taxes assimilées » concernent exclusivement les impositions ; ne bénéficient donc pas de la dispense d'avocat les appels formés en matière de taxes prélevées par les associations syndicales (CE 2 octobre 1989, Ferdinand – CE 19 mars 1990, Renaud de La Faverie [1]).

S'agissant des litiges en matière de pensions, il convient de préciser que la dispense d'avocat s'étend aux demandes d'intérêts en raison du retard apporté au versement des sommes dues (CE sect. 11 février 1981, Lemoine, *Lebon* p. 86), mais ne couvre pas les actions en responsabilité fondées sur la faute commise par le service des pensions, ces actions ne concernant « ni la concession ni le refus d'une pension » (CE 1er avril 1977, Fourcade).

On note que la demande présentée à la cour, tendant à obtenir l'exécution d'un de ses arrêts définitifs ou d'un jugement frappé d'appel devant elle, est dispensée d'avocat, comme celle qui, aux mêmes fins, est présentée devant le tribunal administratif (voir art. R. 431-3).

Les litiges en matière d'aide personnalisée au logement ne constituent pas des litiges « en matière d'aide sociale » (CAA Lyon, 30 décembre 1992, Cavalieri), ces derniers devant s'entendre de ceux provoqués par l'application du Code de l'aide sociale. Ce qui est *a contrario* confirmé par la modification du texte opérée en juillet 2001 (voir article R. 431-3).

La combinaison des articles R. 811-7 et R. 431-2 autorise un avoué à signer des pièces de procédure devant la cour administrative d'appel. Encore faut-il qu'il soit « en exercice dans le ressort du tribunal administratif intéressé », tels étant les termes de l'article R. 431-2. C'est donc en considération du ressort du tribunal dont le jugement fait l'objet de l'appel, et non de celui de la cour administrative d'appel, que doit s'apprécier la qualité d'un avoué se présentant devant cette cour.

Le dernier alinéa confirme *a contrario* la portée de l'obligation inscrite à l'article R. 751-5 : son objet est bien de dispenser le greffe de la Cour de toute demande de régularisation des requêtes présentées sans avocat lorsque ce dernier est nécessaire.

□ ***Jurisprudence***

[**1**] Considérant que ces conclusions doivent être regardées comme tendant à ce que Mme Renaud de la Faverie soit déchargée des cotisations syndicales auxquelles elle a été assujettie au titre des années 1978 à 1987 ; que si, en vertu de l'article 15 de la loi du 21 juin 1865 sur les associations syndicales, le recouvrement des taxes prélevées au profit des associations syndicales est fait comme en matière d'impôts directs, ces dispositions ne sauraient avoir pour effet de rendre applicables au litige né en cette matière les dispositions de l'article R. 200-17 du Livre des procédures fiscales qui dispensent du ministère d'avocat les seules requêtes dirigées contre les jugements rendus en matière fiscale ; que, dès lors, les conclusions sus-analysées, qui sont présentées sans le ministère d'un avocat au Conseil d'État, et n'ont pas été régularisées malgré la demande faite à la requérante, ne sont pas recevables...

La représentation des parties en cas de dispense d'avocat

Art. R. 811-8 En cas de dispense, les parties peuvent agir et se présenter elles-mêmes. Elles peuvent aussi se faire représenter :

1° Par l'un des mandataires mentionnés à l'article R. 431-2 ;

2° Par une association agréée au titre de l'article L. 252-1 du Code rural, dès lors que les conditions prévues à l'article L. 252-5 dudit code sont réunies et selon les modalités prévues par les articles R. 252-21 à R. 252-29 dudit code.

■ **Textes sources**

– Code des TA et des CAA, article R. 116, § 5.

■ **Commentaires**

On note que les seuls mandataires admis devant la cour administrative d'appel sont les avocats ou avoués ; n'est donc pas applicable à la cour la disposition autorisant devant le Conseil d'État les parties à se doter, en cas de dispense de ministère d'avocat, d'un mandataire de leur choix (art. R. 432-2).
Il convient toutefois de préciser que depuis le 1er janvier 1990 les parties disposent en matière fiscale de la possibilité d'être, devant la cour administrative d'appel, représentées par un mandataire non avocat ni avoué. Cette possibilité, prévue par l'article R. 200-17 du Livre des procédures fiscales résultant du décret du 22 décembre 1989, n'est pas écartée par le présent code : la combinaison des articles R. 811-13 et R. 431-6 conduit à la même conclusion.

L'aide juridictionnelle

Art. R. 811-9 Les parties peuvent, le cas échéant, réclamer le bénéfice de l'aide juridictionnelle.

■ **Textes sources**

– Code des TA et des CAA, article R. 116, § 6.

La dispense d'avocat pour l'État

Art. R. 811-10 Devant la cour administrative d'appel, l'État est dispensé de ministère d'avocat soit en demande, soit en défense, soit en intervention. Sauf dispositions contraires, les ministres intéressés présentent devant la cour administrative d'appel les mémoires et observations produits au nom de l'État.

■ **Textes sources**

– Code des TA et des CAA, article R. 117.

■ **Commentaires**

La compétence de principe du ministre pour signer les mémoires produits en appel pour le compte de l'État s'efface lorsqu'un texte spécial désigne une autre autorité. Ainsi le préfet a-t-il compétence pour introduire les appels dirigés contre les jugements rendus sur les déférés qu'il forme contre les actes des collectivités territoriales. La détermination du ministre « intéressé » n'est pas toujours aisée à effectuer (voir commentaires sous l'article R. 811-1). Sur la qualité du signataire des observations en défense, se reporter à l'article R. 431-9.

LE DÉPÔT DES APPELS AU GREFFE DE LA COUR ADMINISTRATIVE D'APPEL

Art. R. 811-11 Les appels relevant de la compétence de la cour administrative d'appel doivent être déposés au greffe de cette cour.

■ **Textes sources**

– Code des TA et des CAA, article R. 98.

■ **Commentaires**

Il faut toutefois réserver le cas des appels formés contre les jugements rendus en matière fiscale, lesquels peuvent être déposés, outre au greffe de la cour, à la préfecture ou à la sous-préfecture (art. R. 772-3). S'agissant des appels en matière de contravention de grande voirie, voir le commentaire de l'article L. 774-7.

LA COMPUTATION DU DÉLAI POUR STATUER

Art. R. 811-12 Dans tous les cas où la cour administrative d'appel est, en vertu d'une disposition spéciale, tenue de statuer dans un délai déterminé, ce délai ne court que de l'arrivée des pièces au greffe.

■ **Textes sources**

– Code des TA et des CAA, article R. 99.

■ **Commentaires**

On n'a point trouvé de cas dans lequel cet article devrait jouer.

LES RÈGLES DE PROCÉDURE EN APPEL

Art. R. 811-13 Sauf dispositions contraires prévues par le présent titre, l'introduction de l'instance devant le juge d'appel suit les règles relatives à l'introduction de l'instance de premier ressort définies au livre IV.

Sont de même applicables les dispositions des livres VI et VII.

■ **Textes sources**
– Décret n° 2000-389 du 4 mai 2000, article 1er.

■ **Commentaires**
Cet article « balai » rend applicables, en bloc, toutes les règles de forme et de procédure énoncées aux livres IV, VI et VII.

L'ABSENCE D'EFFET SUSPENSIF DE L'APPEL

Art. R. 811-14 Sauf dispositions particulières, le recours en appel n'a pas d'effet suspensif s'il n'en est autrement ordonné par le juge d'appel dans les conditions prévues par le présent titre.

■ **Textes sources**
– Décret n° 63-766 du 30 juillet 1963, article 54, § 1.
– Code des TA et des CAA, article R. 125, § 1.

■ **Commentaires**
Voir article R. 811-18.

LE SURSIS À EXÉCUTION D'UN JUGEMENT ANNULANT UNE DÉCISION ADMINISTRATIVE

Art. R. 811-15 Lorsqu'il est fait appel d'un jugement de tribunal administratif prononçant l'annulation d'une décision administrative, la juridiction d'appel peut, à la demande de l'appelant, ordonner qu'il soit sursis à l'exécution de ce jugement si les moyens invoqués par l'appelant paraissent, en l'état de l'instruction, sérieux et de nature à justifier, outre l'annulation ou la réformation du jugement attaqué, le rejet des conclusions à fin d'annulation accueillies par ce jugement.

■ **Textes sources**
– Décret n° 63-766 du 30 juillet 1963, article 54, § 3.
– Code des TA et des CAA, article R. 125, § 2.

■ **Commentaires**
Voir article R. 811-18.

Le sursis à exécution d'un jugement portant condamnation

Art. R. 811-16 Lorsqu'il est fait appel par une personne autre que le demandeur en première instance, la juridiction peut, à la demande de l'appelant, ordonner sous réserve des dispositions de l'article R. 541-6 qu'il soit sursis à l'exécution du jugement déféré si cette exécution risque d'exposer l'appelant à la perte définitive d'une somme qui ne devrait pas rester à sa charge dans le cas où ses conclusions d'appel seraient accueillies.

■ **Textes sources**
- Décret nº 63-766 du 30 juillet 1963, article 54, § 2.
- Code des TA et des CAA, article R. 125, § 1.
- Décret nº 2000-1115 du 22 novembre 2000, article 2-X.
- Décret nº 2001-710 du 31 juillet 2001, article 7-III.

■ **Commentaires**
Voir article R. 811-18.

Les autres sursis à exécution

Art. R. 811-17 Dans les autres cas, le sursis peut être ordonné à la demande du requérant si l'exécution de la décision de première instance attaquée risque d'entraîner des conséquences difficilement réparables et si les moyens énoncés dans la requête paraissent sérieux en l'état de l'instruction.

■ **Textes sources**
- Décret nº 63-766 du 30 juillet 1963, article 54, § 4.
- Code des TA et des CAA, article R. 125, § 3.

■ **Commentaires**
Voir article R. 811-18.

L'interruption du sursis à exécution

Art. R. 811-18 À tout moment, la juridiction d'appel peut mettre fin au sursis qu'elle a ordonné.

■ Textes sources

– Code des TA et des CAA, article R. 125, § 4.

■ Commentaires

Les articles R. 811-16 et R. 811-17 peuvent se cumuler, en ce sens qu'en matière financière le sursis peut se demander tant parce que l'exécution du jugement expose l'appelant à la perte définitive d'une somme (sans qu'il ait à démontrer que ses moyens sont sérieux) que parce que, les moyens étant sérieux, le préjudice est difficilement réparable (CE 3 juillet 1985, Benaitreau, *Lebon* p. 216), ce préjudice pouvant résider dans l'impossibilité (CE 4 mai 1984, Maternité régionale A. Pinard, *Lebon* p. 165) de récupérer les intérêts sur la somme versée en exécution du jugement, pourvu que cette somme soit importante : le risque de perdre les intérêts de quelque 700 000 F n'a pas suffi à convaincre le Conseil d'État (CE 5 juin 1985, Le Goas, *Lebon* p. 176 [**1**]). Une solution identique a été adoptée à propos d'une condamnation à payer environ 1,2 million de francs, (CE 9 juillet 1997, Ministre délégué à la Jeunesse et aux Sports, n° 180181). Il en fut différemment pour une somme de 1 315 000 F (Benaitreau, précité) et, *a fortiori*, pour une somme de plus de 5 millions de francs (CE 14 octobre 1988, Petitperrin [**2**]).

Le sursis à exécution « financier » peut n'être que partiel (CE 20 janvier 1989, Centre hospitalier de Mulhouse c/ Boehrer [**3**]).

En principe le sursis n'est pas possible contre un jugement se bornant à ordonner une mesure d'instruction, même si elle pèse sur une partie seule (tel étant le cas de l'expertise en matière fiscale : CE 16 mars 1984, Ministre du Budget c/ Derosier, *Lebon* p. 119 [**4**]). On pourrait toutefois imaginer qu'un requérant conteste, par la voie du sursis à exécution, l'étendue d'une mission d'expertise que, s'il perd, il devra payer...

Il est en revanche admis que l'État demande le sursis à exécution d'un jugement prononçant la décharge d'une imposition (CE 26 juin 1968, Ministre des Finances, *Lebon* p. 388).

Le terme « décision » mentionné à l'article R. 811-17 désigne la seule décision juridictionnelle faisant l'objet de l'appel, et non plus, comme c'était le cas dans l'article R. 125 de l'ancien code, la décision administrative qui était attaquée en première instance. Si donc le jugement attaqué a rejeté la demande tendant à l'annulation de cette décision, l'article R. 811-17 ne permettra pas d'en paralyser l'exécution (n'étant pas en principe envisageable qu'un jugement de rejet puisse être frappé de sursis à exécution, sauf si la procédure de première instance est, par elle-même, suspensive d'exécution : CE 26 janvier 2001, Gunes). Seule la voie de la demande de suspension, présentée le cas échéant devant la cour administrative d'appel pour la première fois, est envisageable, en application de l'article L. 521-1 (CAA Lyon, 30 janvier 2001, Fédération professionnelle indépendante de la police [**5**]). Ainsi qu'on l'a précisé ci-dessus, une décision Gunes (CE 26 janvier 2001, Gunes [**6**]) introduit en la matière une nuance : rendue à propos de l'appel d'un jugement relatif à une reconduite à la frontière, cette décision donne à penser que, lorsque la procédure de première instance est par elle-même suspensive (cas des reconduites à la frontière, ou des oppositions à contrainte), il est concevable de prononcer le sursis à exécution d'un jugement de rejet, cette mesure ayant pour effet de remettre en vigueur le caractère suspensif de la procédure à laquelle ce jugement a mis fin.

□ ***Jurisprudence***

[**1**] Considérant que M. Le Goas, architecte, a été condamné conjointement et solidairement avec la société Europe Engineering à verser la somme de 696 004 F à la ville de Neuilly-sur-Marne par un jugement du tribunal administratif de Paris en date du 21 novembre 1984 ; qu'il invoque, à l'appui de sa demande de sursis à l'exécution dudit jugement, le préjudice qu'il subirait en raison de la perte définitive des intérêts moratoires sur la somme susmentionnée dans le cas où ses conclusions tendant à être déchargé du paiement de cette somme seraient accueillies en appel ; qu'un tel préjudice ne présente pas un caractère de nature à justifier le sursis à exécution du jugement attaqué...

[**2**] Considérant qu'en cas d'annulation, après qu'il aurait été exécuté, du jugement attaqué par lequel le tribunal administratif de Besançon l'a condamné à payer une somme de 5 116 628 F à la ville de Vesoul, M. Petitperrin n'aurait pas droit à des intérêts moratoires sur cette somme pendant la période comprise entre la date de son paiement et celle de sa restitution ; qu'il justifie ainsi d'un préjudice difficilement réparable ; que l'un au moins des moyens énoncés dans la requête présente, en l'état de l'instruction, un caractère sérieux et de nature à justifier l'annulation du jugement attaqué ; qu'il y a lieu, dans les circonstances de l'affaire, d'ordonner le sursis à l'exécution de ce jugement...

[**3**] Considérant qu'il résulte de l'instruction que, dans la mesure où ce jugement condamne le centre hospitalier à verser à Mlle Boehrer une somme supérieure à 50 000 F, son exécution immédiate exposerait en fait cet établissement à la perte définitive d'une somme qui ne devrait pas rester à sa charge au cas où les conclusions de la requête tendant à l'annulation du jugement attaqué et au rejet de la demande d'indemnité présentée par Mlle Boehrer seraient reconnues fondées par le Conseil d'État ; que, dans les circonstances de l'affaire, il y a lieu, par suite, en application des dispositions de l'article 54 alinéa 2 du décret du 30 juillet 1963 de faire partiellement droit aux conclusions du centre hospitalier de Mulhouse, en ordonnant qu'il soit sursis à l'exécution de ce jugement en tant qu'il a condamné cet établissement à payer une somme supérieure à 50 000 F...

[**4**] Considérant qu'aux termes de l'alinéa 2 de l'article 54 du décret du 30 juillet 1963 modifié : « lorsqu'il est fait appel devant le Conseil d'État, par une personne autre que le demandeur en première instance, d'un jugement du tribunal administratif statuant sur un litige de pleine juridiction, les sous-sections réunies, la section ou l'assemblée du contentieux peuvent, à la demande de l'appelant, ordonner qu'il soit sursis à l'exécution de ce jugement si celle-ci risque d'exposer l'appelant à la perte définitive d'une somme qui ne devrait pas rester à sa charge dans le cas où ses conclusions d'appel seraient accueillies » ; qu'il résulte des termes mêmes de cette disposition que son champ d'application ne s'étend pas aux jugements par lesquels le tribunal administratif se borne

à ordonner une mesure d'instruction sans prononcer la condamnation du défendeur de première instance...

[**5**] Considérant qu'aux termes de l'article R. 125 du Code des tribunaux administratifs et des cours administratives d'appel invoqué par la requérante : « [...] le sursis peut être ordonné à la demande du requérant si l'exécution de la décision attaquée risque d'entraîner des conséquences difficilement réparables et si les moyens énoncés dans la requête paraissent, en l'état de l'instruction, sérieux et de nature à justifier l'annulation de la décision attaquée. » ; que ces dispositions, qui permettaient de demander tant le sursis à l'exécution d'un jugement que le sursis à l'exécution de la décision que le premier juge s'était refusé à annuler, ont, en ce qui concerne la première de ces hypothèses, été codifiées à l'article R. 811-17 du code de justice administrative, aux termes duquel : « Dans les autres cas, le sursis peut être ordonné à la demande du requérant si l'exécution de la décision de première instance attaquée risque d'entraîner des conséquences difficilement réparables et si les moyens énoncés dans la requête paraissent sérieux en l'état de l'instruction. » ; que toutefois les termes mêmes de ce dernier article excluent qu'il puisse autoriser, en cas de jugement rejetant la demande, et pour cette raison non susceptible d'exécution, le prononcé du sursis à exécution de la décision faisant l'objet de cette demande ; que par suite, en se fondant sur les dispositions, devenues inapplicables, de l'article R. 125 du Code des tribunaux administratifs et des cours administratives d'appel, le syndicat requérant doit être regardé comme ayant demandé, non le sursis à exécution du jugement ayant rejeté sa demande, mais, en application de l'article L. 521-1 du Code de justice administrative, la suspension de la décision susmentionnée du préfet délégué pour la police à Lyon...

[**6**] Considérant que l'ordonnance du 2 novembre 1945 relative à l'entrée et au séjour en France des étrangers a organisé dans son article 22 *bis* une procédure particulière de contestation de la légalité d'un arrêté décidant la reconduite à la frontière d'un étranger ; qu'elle se traduit notamment par le caractère non exécutoire d'un tel arrêté pendant le délai de recours ouvert à son encontre, par l'effet suspensif attaché au pourvoi formé devant le tribunal administratif jusqu'à ce que le président du tribunal ou son délégué ait statué ainsi que par l'existence d'une procédure d'appel ; que cet appel est dépourvu de caractère suspensif hors le cas où, sur le fondement des dispositions combinées des articles R. 811-14 et R. 811-17 du Code de justice administrative, il en est autrement ordonné par le Conseil d'État à la demande du requérant...

Le délai du recours en cassation contre les arrêts rendus en matière de sursis à exécution

Art. R. 811-19 Lorsqu'il est fait application par une cour administrative d'appel des articles R. 811-14 à R. 811-18, ses arrêts sont susceptibles de recours en cassation devant le Conseil d'État dans la quinzaine de leur notification.

■ **Textes sources**

– Code des TA et des CAA, article R. 127.

■ **Commentaires**

Le délai de quinzaine doit s'entendre de quinze jours (CE 28 mai 1990, Turpin). C'est un délai franc.

TITRE II Le recours en cassation

CHAPITRE 1 Dispositions générales

La compétence du Conseil d'État juge de cassation

Art. L. 821-1 Les arrêts rendus par les cours administratives d'appel et, de manière générale, toutes les décisions rendues en dernier ressort par les juridictions administratives peuvent être déférés au Conseil d'État par la voie du recours en cassation.

■ **Textes sources**

– Loi nº 87-1127 du 31 décembre 1987, article 10.

■ **Commentaires**

Cet article rend compte d'un principe général reconnu par le Conseil d'État depuis la décision d'Aillières (CE 7 février 1947, d'Aillières, *Lebon* p. 50).

Le pourvoi en cassation est réservé aux parties présentes en appel : une personne « appelée en cause poour produire des observations » n'est pas nécessairement partie (CE 20 décembre 2000, Commune de Ville-d'Avray). Et les personnes qui n'étaient pas parties et estiment qu'elles auraient dû l'être disposent de la seule voie de la tierceopposition devant le juge du fond (CE 5 juin 1996, Salord – CE 14 mars 1997, SA Pont-à-Mousson). S'agissant à l'inverse des parties présentes, mais qui se trouvent en situation de former opposition à un arrêt rendu par défaut, il est admis qu'elles disposent du choix entre les deux procédures (bien que l'opposition soit en principe prioritaire), et que l'expiration du délai d'opposition a pour effet de régulariser le pourvoi en cassation effectué prématurément (CE sect. 20 novembre 1992, Joseph, *Lebon* p. 417 [1]).

Seul le ministre est habilité à former un pourvoi au nom de l'État, même dans les contentieux dans lesquels le préfet peut agir, en première instance et en appel (CE sect. 28 janvier 1998, Préfet du Var c/ Ferran).

Comme l'appel, la cassation connaît les pourvois incidents et les pourvois provoqués (CE sect. 19 avril 1991, SARL Cartigny).

□ ***Jurisprudence***

[1] Considérant que si, en vertu des règles générales de la procédure le recours en cassation n'est recevable que contre une décision définitive à l'égard de laquelle aucune autre voie de recours et, notamment, celle de l'opposition, ne reste ouverte, et si, par conséquent, les personnes à l'égard desquelles une cour administrative d'appel a statué par défaut ne sont, en principe, recevables à se pourvoir en cassation contre l'arrêt les concernant qu'après l'expiration du délai de deux mois ouvert pour former opposition, il ressort des pièces du dossier que le pourvoi en cassation formé prématurément le 6 février 1990 par M. Joseph contre l'arrêt attaqué de la cour administrative d'appel de Paris, dont il a reçu notification le 10 janvier 1990, s'est trouvé régularisé par l'expiration du délai d'opposition contre ledit arrêt...

La possibilité ou l'obligation pour le juge de cassation de régler l'affaire au fond

Art. L. 821-2 S'il prononce l'annulation d'une décision d'une juridiction administrative statuant en dernier ressort, le Conseil d'État peut, soit renvoyer l'affaire devant la même juridiction statuant, sauf impossibilité tenant à la nature de la juridiction, dans une autre formation, soit renvoyer l'affaire devant une autre juridiction de même nature, soit régler l'affaire au fond si l'intérêt d'une bonne administration de la justice le justifie.
Lorsque l'affaire fait l'objet d'un second pourvoi en cassation, le Conseil d'État statue définitivement sur cette affaire.

■ Textes sources

– Loi n° 87-1127 du 31 décembre 1987, article 11, § 2 et 3.

■ Commentaires

On remarquera la dernière mention du premier alinéa, qui fait l'objet d'un usage relativement systématique, aux fins de ne pas rallonger inconsidérément les procédures. Usant de cette disposition, le Conseil d'État, de juge de cassation, redevient juge d'appel, et juge du fond, ce qui a parfois pour conséquence que le moyen qui, en tant que présenté pour la première fois devant le juge de cassation, est irrecevable, devient recevable une fois effectuée la transformation en juge d'appel.

La décision d'opérer cette sorte d'évocation n'est pas subordonnée à une demande des parties, et ne fait pas l'objet d'un avertissement qui leur serait donné. De telle sorte que plus d'une a pu être surprise, et pour tout dire piégée par cette décision qui a pour effet d'ouvrir un débat sur le fond devant un juge que l'on a saisi comme juge de cassation. Il est donc nécessaire de prévoir l'éventualité de cette évocation, et d'argumenter même sur les points qui, relevant de la « souveraine appréciation » du juge du fond, ne peuvent être discutés devant le juge de cassation. On ajoutera que cette évocation a pour effet de donner toute leur utilité aux moyens tirés de la régularité de l'arrêt attaqué (sa motivation par exemple) : si l'on peut convaincre le juge de cassation, on obtient, grâce à cette « évocation », que le Conseil d'État joue le rôle de troisième degré de juridiction...

Lorsque l'affaire est renvoyée devant les juges du fond, ces derniers doivent inviter les parties à produire, dans le délai qu'ils fixent, les mémoires qu'il peut leur paraître opportun d'adresser (CE 19 janvier 1998, Mesplet [1]).

□ ***Jurisprudence***

[1] Considérant que, par une décision du 18 octobre 1993, le Conseil d'État statuant au contentieux a annulé l'arrêt du 12 février 1991, par lequel la cour administrative d'appel de Bordeaux avait rejeté la requête de M. Mesplet dirigée contre le jugement du 6 avril 1989 du tribunal administratif de Bordeaux, rejetant sa demande en décharge de l'impôt sur le revenu auquel il a été assujetti au titre des années 1984 et 1985, et a renvoyé l'affaire devant cette cour ; que par l'effet de cette décision du Conseil d'État, la cour s'est trouvée saisie de plein droit de la requête de M. Mesplet ; qu'avant d'y statuer à nouveau, elle devait faire connaître aux parties, qui n'avaient pas présenté d'observations après la cassation de son arrêt du 12 février 1991, qu'il leur était loisible de produire, dans le délai qu'il lui appartenait de fixer, les mémoires qu'il leur paraîtrait opportun de lui adresser ; qu'il est constant que la cour a rendu son arrêt sans avoir mis les parties à même de produire de tels mémoires ; que la faculté, qui leur a été donnée par la cour, de présenter des observations orales à l'audience, mais sans qu'elles puissent, à ce stade, invoquer des moyens nouveaux à l'appui de leurs conclusions, ne leur a pas permis de faire valoir pleinement leurs droits ; qu'ainsi, M. Mesplet est fondé à soutenir que l'arrêt attaqué a été rendu à la suite d'une procédure irrégulière et à en demander, pour ce motif, l'annulation...

LE DÉLAI DE RECOURS EN CASSATION

Art. R. 821-1 Sauf disposition contraire, le délai de recours en cassation est de deux mois.

Le défaut de mention dans la notification de la décision d'un délai de recours en cassation inférieur à deux mois emporte application du délai de deux mois.

■ **Textes sources**

– Code des TA et des CAA, article R. 232, § 1 et 2.

■ **Commentaires**

Le même mécanisme que pour le délai d'appel est retenu en cas du défaut de mention d'un délai de pourvoi inférieur à deux mois (voir art. R. 811-3).

À la différence du délai d'appel (voir art. R. 811-6), le délai de pourvoi contre un arrêt avant dire droit n'est pas prorogé jusqu'à l'expiration du délai de pourvoi contre l'arrêt définitif (CE 17 janvier 1996, SA des établissements Lagorge [1]).

□ ***Jurisprudence***

[1] Considérant qu'aucune disposition législative ou réglementaire ni aucune règle générale de procédure ne proroge le délai du pourvoi en cassation contre un arrêt avant dire droit jusqu'à l'expiration du délai de pourvoi en cassation contre l'arrêt définitif...

Les délais de distance

Art. R. 821-2 Les dispositions de l'article R. 811-5 sont applicables aux recours en cassation.

■ **Textes sources**

– Décret n° 2000-389 du 4 mai 2000, article 1er.

L'obligation de recourir à un avocat au Conseil d'État

Art. R. 821-3 Le ministère d'un avocat au Conseil d'État et à la Cour de cassation est obligatoire pour l'introduction, devant le Conseil d'État, des recours en cassation, à l'exception de ceux dirigés contre les décisions de la commission centrale d'aide sociale et des juridictions de pension.

■ **Textes sources**

– Décret n° 53-934 du 30 septembre 1953, article 11.

■ **Commentaires**

Les ministres peuvent cependant introduire au nom de l'État des pourvois en cassation sans devoir recourir à un avocat.

La régularisation de l'absence d'avocat

Art. R. 821-4 La notification d'une décision rendue en dernier ressort mentionne, s'il y a lieu, que le pourvoi en cassation devant le Conseil d'État contre cette décision ne peut être présenté que par le ministère d'un avocat au Conseil d'État et à la Cour de cassation. Lorsque la notification ne comporte pas cette mention, le requérant est invité par le Conseil d'État à régulariser son pourvoi dans les conditions fixées aux articles R. 612-1 et R. 612-2.

■ Textes sources

– Décret n° 63-766 du 30 juillet 1963, article 57-8.
– Code des TA et des CAA, article R. 232, § 3.
– Décret n° 2001-562 du 29 juin 2001, article 4, § I.

■ Commentaires

L'objet de cet article est de permettre d'opposer l'absence d'avocat aux conseils sans qu'il soit nécessaire d'inviter l'intéressé à régulariser son pourvoi introduit sans cet avocat. L'omission de cette mention est sans effet sur le cours du délai de pourvoi en cassation (CE 4 avril 1997, Derrier).

Le sursis à exécution par le juge de cassation

Art. R. 821-5 La formation de jugement peut, à la demande de l'auteur du pourvoi, ordonner qu'il soit sursis à l'exécution d'une décision juridictionnelle rendue en dernier ressort si cette décision risque d'entraîner des conséquences difficilement réparables et si les moyens invoqués paraissent, en l'état de l'instruction, sérieux et de nature à justifier, outre l'annulation de la décision juridictionnelle rendue en dernier ressort, l'infirmation de la solution retenue par les juges du fond.

À tout moment, il peut être mis fin par une formation de jugement au sursis qui avait été accordé.

■ Textes sources

– Décret n° 63-766 du 30 juillet 1963, article 54, § 1 et 3.

LES RÈGLES APPLICABLES À L'INTRODUCTION DU POURVOI

Art. R. 821-6 Sauf dispositions contraires prévues par le présent titre, l'introduction du pourvoi en cassation suit les règles relatives à l'introduction de l'instance devant le Conseil d'État définies au livre IV.
Sont de même applicables les dispositions des livres VI et VII.

■ **Textes sources**
– Décret n° 2000-389 du 4 mai 2000, article 1er.

CHAPITRE 2 La procédure d'admission

La procédure d'admission des pourvois en cassation

Art. L. 822-1 Le pourvoi en cassation devant le Conseil d'État fait l'objet d'une procédure préalable d'admission. L'admission est refusée par décision juridictionnelle si le pourvoi est irrecevable ou n'est fondé sur aucun moyen sérieux.

Textes sources

– Loi n° 87-1127 du 31 décembre 1987, article 11, § 1.

Commentaires

Cette procédure préalable d'admission conduit à écarter, au terme d'une procédure juridictionnelle, et sans instruction auprès d'éventuels défendeurs, les pourvois irrecevables ou non fondés. Son maniement sans retenue pourrait conduire à un « gel » de la jurisprudence, un moyen n'allant pas dans le sens de la jurisprudence risquant, de façon systématique, d'être regardé comme « non sérieux ». L'examen de ce qui a été jugé en cassation depuis 1989 ne permet pas de conclure à un semblable immobilisme.
L'admission d'un pourvoi ne signifie pas nécessairement que ce pourvoi sera couronné de succès, ni même que ceux qui l'ont examiné au titre de la procédure préalable l'ont regardé comme tel. L'admission peut être l'occasion soit de poser une règle jurisprudentielle non encore consacrée, soit de réaffirmer que ladite règle est bien maintenue : cette règle peut parfaitement conduire au rejet du pourvoi.

La répartition des pourvois entre les sous-sections

Art. R. 822-1 Les pourvois en cassation présentés au Conseil d'État sont répartis entre les sous-sections dans les conditions prévues à l'article R. 611-20.

Textes sources

– Décret n° 63-766 du 30 juillet 1963, article 57-3.

L'ADMISSION ET LE REFUS D'ADMISSION DU POURVOI

Art. R. 822-2 S'il apparaît que l'admission du pourvoi peut être refusée, le président de la sous-section transmet le dossier au commissaire du gouvernement en vue de son inscription au rôle ; le requérant ou son mandataire est averti du jour de la séance.

Dans le cas contraire, le président de la sous-section décide qu'il sera procédé à l'instruction du pourvoi dans les conditions ordinaires ; le requérant ou son mandataire est avisé de cette décision.

■ **Textes sources**

– Décret n° 63-766 du 30 juillet 1963, article 57-4.

■ **Commentaires**

La combinaison des deux alinéas fait apparaître qu'il n'y a pas instruction du pourvoi voué au refus d'admission. Une telle procédure a été jugée légale (CE 1er avril 1996, Maury, *Lebon* p. 111).

Le refus d'admission ne peut être décidé qu'au terme d'une procédure juridictionnelle impliquant l'intervention d'un commissaire du gouvernement et appel de l'affaire à une séance de jugement. En revanche, la décision d'instruire (et donc d'admettre le pourvoi) peut résulter de la seule décision du président de la sous-section, dont le requérant est avisé, sans connaître les motifs de cette admission. Il en ira de même si, au terme de la séance de jugement, la formation – généralement la sous-section statuant seule – ne refuse pas l'admission du pourvoi : cette position ne se traduit pas par une décision juridictionnelle (voir article suivant).

LA NOTIFICATION DU REFUS D'ADMISSION

Art. R. 822-3 La décision juridictionnelle de refus d'admission est notifiée au requérant ou à son mandataire. Elle n'est susceptible que du recours en rectification d'erreur matérielle et du recours en révision.

Lorsque la formation de jugement ne refuse pas l'admission du pourvoi, il est procédé à l'instruction de l'affaire dans les conditions ordinaires. Le requérant ou son mandataire en est avisé.

■ **Textes sources**

– Décret n° 63-766 du 30 juillet 1963, article 57-5.

■ **Commentaires**

Ainsi qu'on l'a précisé à propos de l'article précédent, le refus d'admission procède d'une décision juridictionnelle, laquelle doit être motivée à l'instar de toute décision juridictionnelle. Force est de constater que la motivation adoptée dans ces affaires – si ce n'est lorsqu'une irrecevabilité est opposée au pourvoi – est des plus laconiques : après avoir énoncé les moyens du pourvoi, la décision se borne en effet à poser qu'aucun de ces moyens n'est de nature à permettre l'admission du pourvoi.

Une telle décision est revêtue de l'autorité relative de chose jugée (CE 16 mai 1994, Société Arcus Air Logistic, *Lebon* p. 1 154 [**1**]), et certaines ont été assorties d'une amende pour recours abusif.

L'admission, à l'inverse, ne procède pas d'une décision qui, rendue au terme d'une séance de jugement, devrait être formalisée comme décision juridictionnelle, mais d'une absence de décision de refus, ainsi que cela résulte des termes du second alinéa.

□ ***Jurisprudence***

[**1**] Considérant que, par décision en date du 27 novembre 1991, le Conseil d'État statuant au contentieux a rejeté le pourvoi que la société d'applications métalliques avait formé contre l'arrêt attaqué ; que l'autorité de chose jugée qui s'attache à cette décision fait obstacle à ce que, par la voie de conclusions incidentes ou provoquées, la société d'applications métalliques réitère, pour une cause juridique identique, une demande tendant à l'annulation de l'arrêt attaqué ; qu'il suit de là que les conclusions présentées par la société d'applications métalliques ne peuvent qu'être rejetées...

L'INSTRUCTION DE LA DEMANDE DE SURSIS À EXÉCUTION

Art. R. 822-4 Lorsque les conclusions d'un pourvoi en cassation sont assorties de conclusions à fin de sursis à exécution, le président de la sous-section peut, s'il y a lieu, rejeter ces dernières conclusions sans instruction ; dans le cas contraire, les conclusions à fin de sursis sont instruites par la sous-section dans les conditions ordinaires.

■ **Textes sources**

– Décret n° 63-766 du 30 juillet 1963, article 57-6.

Le désistement

Art. R. 822-5 En cas de désistement avant l'admission du pourvoi, ou si le requérant est réputé s'être désisté en application de l'article R. 611-22, le président de la sous-section donne acte du désistement par ordonnance.

Lorsque le pourvoi devient sans objet avant son admission, le président de la sous-section peut constater par ordonnance qu'il n'y a plus lieu d'y statuer.

Lorsque le pourvoi est irrecevable pour défaut de ministère d'avocat ou entaché d'une irrecevabilité manifeste non susceptible d'être couverte en cours d'instance, le président de la sous-section peut décider par ordonnance de ne pas l'admettre.

Textes sources

– Décret n° 63-766 du 30 juillet 1963, article 57-7.
– Décret n° 2001-562 du 29 juin 2001, article 4, § II.

L'absence de communication des moyens d'ordre public dans la procédure d'admission des pourvois en cassation

Art. R. 822-6 Les dispositions de l'article R. 611-7 ne sont pas applicables à la procédure d'admission des pourvois en cassation.

Textes sources

– Décret n° 63-766 du 30 juillet 1963, article 57-9.

Commentaires

L'admission d'un pourvoi peut être refusée pour un motif d'ordre public relevé d'office, sans que l'intéressé en soit préalablement averti, ce qui n'a rien de surprenant s'agissant d'une mesure prise sans instruction (voir commentaires sous l'article R. 611-7).

TITRE III **Autres voies de recours**

Le présent titre ne comprend pas de dispositions législatives.

CHAPITRE 1 L'opposition

L'OPPOSITION DEVANT LA COUR ADMINISTRATIVE D'APPEL ET LE CONSEIL D'ÉTAT

Art. R. 831-1 Toute personne qui, mise en cause par la cour administrative d'appel ou le Conseil d'État, n'a pas produit de défense en forme régulière est admise à former opposition à la décision rendue par défaut, sauf si celle-ci a été rendue contradictoirement avec une partie qui a le même intérêt que la partie défaillante.

■ Textes sources

– Ordonnance nº 45-1708 du 31 juillet 1945, articles 72 et 74.
– Code des TA et des CAA, article R. 224, § 1.

■ Commentaires

Les arrêts des cours administratives d'appel et du Conseil d'État sont susceptibles d'opposition, à la différence des jugements de tribunal administratif (voir art. R. 831-6).

Selon une règle générale applicable devant les juridictions administratives, la voie de l'opposition faute de comparaître n'est ouverte qu'au défendeur qui n'a produit régulièrement aucun mémoire écrit (CE 13 janvier 1993, Baraf [**1**]). On note que le défendeur ayant produit devant un juge administratif incompétemment saisi, et n'ayant pas renouvelé ses productions devant le juge compétent désigné en application des articles R. 351-1 et suivants, n'est pas défaillant, lors même que sa défense s'est bornée à exciper de l'incompétence du juge initialement saisi (CE 28 juillet 1999, Commune de Bonne-sur-Ménoge). Cela correspond à la définition du « défaut » donnée par l'article R. 831-1, laquelle au demeurant rend compte de la jurisprudence intervenue antérieurement en la matière. Ainsi de l'absence de production régulière en défense (CE 6 mai 1949, Vauzelle, *Lebon* p. 204 – CE 23 janvier 1959, Commune d'Huez, *Lebon* p. 67 [**2**]), ou de la notion de décision rendue contradictoirement avec une partie ayant même intérêt que la partie défaillante (CE 20 février 1980,

Schwetzoff, *Lebon* p. 101 [**3**]). Pour l'application de cette dernière notion, il est considéré que le bénéficiaire d'une décision administrative a le même intérêt que l'administration qui l'a prise (CE 22 juillet 1992, Cazaux, *Lebon* p. 1 265 [**4**]). Dès lors donc que cette dernière a été présente dans l'instance dirigée contre cette décision, le bénéficiaire n'est pas recevable à former opposition à la décision rendue dans cette instance (CE 22 juillet 1992, Cazaux).

C'est l'existence d'une mise en cause par la juridiction qui permettra de faire le départ, pour les parties qui n'ont pas produit, entre la voie de l'opposition et celle de la tierce opposition (voir art. R. 832-1), le juge acceptant, inhabituellement, de requalifier la procédure qui aurait inexactement été désignée par le demandeur (CE 16 février 1994, Grandry [**5**], à propos d'une pseudo « opposition » requalifiée de tierce opposition, s'agissant d'un requérant non appelé à l'instance). Cette décision implique que, devant le tribunal administratif, une opposition ne soit pas rejetée motif pris de l'absence d'une telle procédure devant cette juridiction sans qu'auparavant le juge se soit interrogé sur une éventuelle requalification.

Il n'est pas possible, à l'occasion d'une instance en opposition, de réclamer la capitalisation des intérêts prévus par la décision frappée d'opposition (CE 30 juin 1993, Syndicat des copropriétaires du 67 rue de la Convention).

Tant qu'une opposition est possible, la voie du recours en cassation est en principe fermée. Mais il est admis, on l'a vu (voir art. L. 821-1) qu'un pourvoi en cassation prématuré (et donc irrecevable) se trouve validé par l'expiration du délai d'opposition, en l'absence d'introduction d'un tel recours (CE 20 novembre 1992, Joseph, cité sous l'article L. 821-1).

☐ ***Jurisprudence***

[**1**] Considérant qu'aux termes de l'article L. 426 du Code de la santé publique : « Si la décision a été rendue sans que le médecin mis en cause ait comparu ou se soit fait représenter, celui-ci peut faire opposition dans le délai de cinq jours à compter de la notification faite à sa personne, par lettre recommandée avec accusé de réception. Lorsque la notification n'a pas été faite à sa personne, le délai est de trente jours à partir de la notification à sa résidence professionnelle et par ministère d'huissier. L'opposition est reçue par simple déclaration au secrétariat du conseil qui en donne récépissé » ; que ce texte formel déroge à la règle générale applicable devant les juridictions administratives et selon laquelle la voie de l'opposition faute de comparaître n'est ouverte qu'au défendeur qui n'a produit aucun mémoire écrit...

[**2**] Considérant qu'aux termes de l'article 121 de la loi du 5 avril 1884, modifié par la loi du 8 janvier 1905, « le conseil municipal délibère sur les actions à intenter ou à soutenir au nom de la commune [...] » et qu'aux termes de l'article 122 de la même loi « le maire, en vertu de la délibération du conseil municipal, représente en justice la commune [...] Il peut toujours, sans autorisation préalable du conseil municipal, faire tous actes conservatoires ou interruptifs des déchéances » ;
Considérant que si, par délibération en date du 1er mai 1955, le conseil municipal de la commune

d'Huez-en-Oisans a autorisé son maire en exercice à défendre, au nom de la commune, à l'instance engagée contre elle, devant le tribunal administratif de Grenoble, par la société des téléskis d'Huez, il ressort des pièces du dossier qu'à la date du jugement attaqué cette délibération n'avait pas été produite au tribunal ; que, dans ces conditions, et nonobstant la circonstance qu'en vertu de l'article 122, 2e alinéa, précité, de la loi du 5 avril 1884, le maire d'Huez avait pris l'initiative de présenter des observations écrites en défense, le tribunal administratif de Grenoble, en l'absence de la production de l'autorisation exigée par l'article 122 précité, n'a pu statuer que par défaut à l'égard de la commune d'Huez, qui ne se trouvait pas régulièrement représentée...

[**3**] Sur la recevabilité de la requête en opposition :
Considérant qu'aux termes de l'article 74 de l'ordonnance du 31 juillet 1945 : « L'opposition d'une partie défaillante à une décision rendue contradictoirement avec une autre partie ayant le même intérêt n'est pas recevable » ;
Considérant que la décision du Conseil d'État, statuant au contentieux, en date du 19 mai 1976 attaquée par M. Schwetzoff a été rendue contradictoirement avec les époux Bervas qui avaient le même intérêt à agir que M. Schwetzoff ; que, dès lors, l'opposition formée contre elle par M. Schwetzoff n'est pas recevable...

[**4**] Considérant qu'aux termes de l'article 74 de l'ordonnance du 31 juillet 1945 susvisée : « L'opposition d'une partie défaillante à une décision rendue contradictoirement avec une autre partie ayant le même intérêt n'est pas recevable » ;
Considérant que la décision du Conseil d'État, statuant au contentieux, en date du 24 septembre 1990, attaquée par M. Cazaux a été rendue contradictoirement avec le Conseil national de l'Ordre des médecins qui avait le même intérêt que M. Cazaux à défendre la légalité de la décision dont bénéficiait ce dernier ; que, dès lors, l'opposition formée par M. Cazaux n'est pas recevable...

[**5**] Considérant qu'en vertu de l'article 79 de l'ordonnance du 31 juillet 1945, toute personne qui n'a été ni appelée, ni représentée dans l'instance peut former tierce opposition à une décision du Conseil d'État rendue en matière contentieuse et que cette voie de recours est ouverte à ceux qui se prévalent d'un droit auquel la décision a préjudicié ;
Considérant que la requête de M. Grandry est dirigée contre une décision en date du 9 octobre 1992 par laquelle le Conseil d'État, statuant au contentieux sur le pourvoi en cassation formé par le ministre du Budget contre l'arrêt en date du 25 avril 1991 de la cour administrative d'appel de Lyon, a annulé ledit arrêt, remis à la charge du requérant des cotisations d'impôt sur le revenu au titre des années 1982 à 1984 par application d'un quotient familial, et réformé en ce sens le jugement du tribunal administratif de Nice en date du 30 décembre 1988 ;
Considérant qu'il est constant que le pourvoi du ministre a été jugé sans instruction dans les conditions prévues à l'article 52 de l'ordonnance du 31 juillet 1945 et n'a donc pas été communiqué à M. Grandry, qui n'a ainsi pas été appelé à l'instance ; que la décision attaquée préjudicie à ses droits ; que dès lors, sa requête, inexactement qualifiée par lui d'opposition, constitue une tierce opposition recevable ; que, par suite, il y a lieu de statuer à nouveau sur le pourvoi du ministre du Budget...

LE CARACTÈRE NON SUSPENSIF DE L'OPPOSITION ET LE DÉLAI D'OPPOSITION

Art. R. 831-2 L'opposition n'est pas suspensive, à moins qu'il en soit autrement ordonné.
Elle doit être formée dans le délai de deux mois à compter du jour où la décision par défaut a été notifiée.

■ Textes sources

– Ordonnance n° 45-1708 du 31 juillet 1945, article 72.
– Code des TA et des CAA, article R. 224, § 1.

LES DÉLAIS DE DISTANCE

Art. R. 831-3 Les dispositions de l'article R. 811-5 sont applicables aux oppositions.

■ Textes sources

– Décret n° 2000-389 du 4 mai 2000, article 1er.

■ Commentaires

Ce texte précise opportunément que les délais de distance valent aussi en matière d'opposition.

LES RÈGLES D'INTRODUCTION DE L'OPPOSITION

Art. R. 831-4 Sauf dispositions contraires prévues par le présent chapitre, l'introduction de l'opposition suit les règles relatives à l'introduction de l'instance d'appel ou de cassation prévues aux titres 1 et 2 du présent livre.
Sont de même applicables les dispositions des livres VI et VII.

■ Textes sources

– Décret n° 2000-389 du 4 mai 2000, article 1er.

LES EFFETS DE LA DÉCISION QUI ADMET L'OPPOSITION

Art. R. 831-5 La décision qui admet l'opposition remet, s'il y a lieu, les parties dans le même état où elles étaient auparavant.

■ **Textes sources**
- Ordonnance n° 45-1708 du 31 juillet 1945, article 73.
- Code des TA et des CAA, article R. 224, § 2.

L'ABSENCE D'OPPOSITION DEVANT LE TRIBUNAL ADMINISTRATIF

Art. R. 831-6 Les jugements et ordonnances des tribunaux administratifs ne sont pas susceptibles d'opposition.

■ **Textes sources**
- Code des TA et des CAA, article R. 223.

■ **Commentaires**

Par arrêt du 12 octobre 1956 (Desseaux, *Lebon* p. 364), le Conseil d'État avait reconnu une valeur législative au principe selon lequel les jugements rendus par défaut peuvent faire l'objet d'une opposition. On pouvait donc s'interroger sur la légalité du décret du 10 avril 1959 qui supprimait l'opposition devant les tribunaux administratifs.

L'interrogation fut de courte durée, puisque, par arrêt du 13 novembre 1959 (Secrétaire d'État à la Reconstruction et Commune de Pointe-à-Pitre, *Lebon* p. 164), le Conseil d'État admettait implicitement la légalité dudit décret.

Un jugement rendu par défaut ne peut donc faire l'objet que d'un appel.

Une opposition présentée au tribunal administratif ne peut par suite qu'être rejetée, sans devoir être transmise au juge d'appel, car il ne s'agit pas d'un appel présenté devant un juge incompétent pour l'examiner, mais du choix d'une procédure inapplicable devant le juge choisi, aussi bien que devant tout autre juge. Mais, avant de la rejeter pour ce motif, le tribunal (ou son président agissant en application de l'art. R. 222-1) devra vérifier qu'il ne se trouve pas en présence d'une tierce opposition, le juge devant au besoin requalifier les erreurs de qualification qui ont pu être commises entre ces deux notions (CE 16 février 1994, Grandry).

CHAPITRE 2 La tierce opposition

LA TIERCE OPPOSITION

Art. R. 832-1 Toute personne peut former tierce opposition à une décision juridictionnelle qui préjudicie à ses droits, dès lors que ni elle ni ceux qu'elle représente n'ont été présents ou régulièrement appelés dans l'instance ayant abouti à cette décision.

■ Textes sources

– Ordonnance n° 45-1708 du 31 juillet 1945, article 79.
– Code des TA et des CAA, article R. 225.

■ Commentaires

En veillant à instruire notamment les recours pour excès de pouvoir contradictoirement avec les bénéficiaires des décisions contestées, les juridictions administratives limitent le recours à la tierce opposition. Relativement peu fréquentes, les procédures prévues par l'article R. 832-1 aboutissent encore plus rarement à une modification de la décision initiale.

Est considérée comme « non présente ou régulièrement appelée » une partie, défendeur éventuel à un constat d'urgence, lors même qu'elle a été représentée aux opérations de constat (CE 27 mai 1991, Société centrale nucléaire à neutrons rapides [**1**]). La solution a été identique dans le cas d'un défendeur qui n'avait reçu aucun des mémoires de l'instance et avait seulement été destinataire de l'avis d'audience, lors même que la date de réception de ce dernier lui avait laissé un délai suffisant pour demander la communication de la procédure (CAA Lyon, 26 novembre 1991, Salord). En revanche, l'assureur, subrogé dans les droits de son assuré, est réputé présent dans l'instance engagée par ce dernier, et n'est donc pas admis à former tierce opposition au jugement rendu contre l'assuré (CE 12 avril 1981, Société Union des assurances de Paris [**2**]).

Quelques exemples récents permettent de se faire une idée de la notion de « personne non présente », ou de jugement préjudiciant à des droits :

– les auteurs d'une promesse de vente d'un terrain ont des intérêts concordants avec l'acheteur de ce terrain, titulaire d'un permis de construire sur ce terrain, et sont donc représentés par lui dans le litige ayant conduit à l'annulation de ce permis (CE 8 février 1999, Sagne [**3**]) ;
– l'État est représenté par un ministre, et un autre ministre ne peut former opposition à un jugement rendu sans qu'il soit présent, alors même que la décision en cause ne pouvait être prise que moyennant l'intervention de ses services (CE 9 avril 1999, Ministre du Budget [**4**]) ;
– le voisin d'un terrain supportant un permis de construire n'est pas admis à

former tierce opposition au jugement annulant le retrait de ce permis, dès lors que cette mesure n'a pas été prononcée à sa demande (CE 28 avril 1997, Franchi [**5**]) ;
- solution inverse si le retrait d'une autorisation a été opéré à la demande de l'opposant (CE 28 mai 1997, Syndicat des pharmaciens de la Seine-Maritime).

Classiquement, la tierce opposition est exclusive de l'appel, d'où il suit de sérieuses complications dans le cas où une partie non appelée dans l'instance forme tierce opposition, dans le temps où une autre partie, appelée, se présente devant le juge d'appel...

Lorsque le droit à tierce opposition est reconnu, le juge doit admettre cette dernière et déclarer non avenue la décision objet de cette procédure, lors même qu'ensuite, réexaminant le fond de l'affaire, il confirme la position initialement arrêtée (CE 15 juin 1992, Société du canal de Provence).

L'annulation par le juge d'appel du jugement faisant par ailleurs l'objet d'une tierce opposition rend sans objet cette dernière procédure. Le juge d'appel prononcera donc un non-lieu sur la requête dirigée contre le jugement qui a rejeté la tierce opposition (CE 2 décembre 1991, Groupement foncier agricole du domaine de Croix-d'Hins).

Il convient de noter que si la tierce opposition est formée dans une matière sur laquelle le tribunal est tenu de se prononcer dans un délai déterminé, à peine de dessaisissement, et si ce délai est expiré, le tribunal doit renvoyer au Conseil d'État l'examen de la tierce opposition (CE 11 mai 1990, François).

La question se pose de savoir si, à l'occasion d'une tierce opposition, peuvent être présentées des conclusions tendant à ce que soit prononcé le sursis à exécution du jugement (ou de l'arrêt) faisant l'objet de cette procédure. Sous l'empire des textes antérieurs à la loi du 30 juin 2000, le tribunal administratif de Versailles a cru pouvoir juger que non, le sursis à exécution lui paraissant limité, devant le tribunal administratif, aux décisions administratives (TA Versailles, 13 novembre 1956, Société Persoons et Bertola, *AJDA* 1957, II, p. 53). Cette position était contraire à la jurisprudence du Conseil d'État (CE 1er juin 1883, Armand – CE 24 avril 1963, Chavanne, *Lebon* p. 972). Le système de suspension issu de la loi du 30 juin 2000 ne permet pas de répondre à cette question : la suspension est sans ambiguïté réservée aux décisions administratives, cependant que la demande de sursis à exécution d'un jugement ne peut être présentée qu'au juge d'appel... qui ne peut être saisi par le demandeur d'une tierce opposition, lequel n'est pas partie. Or on peut imaginer que ce jugement porte aux intérêts du tiers opposant un préjudice qu'il convient de faire cesser d'urgence... Il appartiendra aux juges d'imaginer le moyen de combler ce trou.

On rappelle qu'il appartient le cas échéant au juge de requalifier une « opposition » en « tierce opposition » (CE 16 février 1994, Grandry).

Seule la personne ayant formé une tierce opposition a qualité pour former appel du jugement rejetant sa tierce opposition, à l'exclusion notamment de la

partie à laquelle le jugement faisant l'objet de cette tierce opposition a donné tort (CE 10 janvier 1996, Commune de Vernon).
On notera que la tierce opposition n'est pas possible devant le Tribunal des conflits (Trib. confl. 3 juin 1996, SNC Baie de Saint-Tropez).

□ ***Jurisprudence***

[**1**] Considérant qu'en vertu des principes généraux de la procédure, le droit de former appel des décisions de justice n'est pas ouvert aux personnes qui n'ont pas été en cause dans l'instance sur laquelle a statué la décision qu'elles critiquent ; que, si la société a été avisée de l'ordonnance de constat d'urgence, en date du 30 novembre 1988, par laquelle le magistrat délégué par le président du tribunal administratif de Grenoble a ordonné une expertise aux fins de constater l'existence d'un rapport définitif de sûreté approuvé par la ministre de l'Industrie et l'exécution des travaux prévus par la synthèse dudit ministre, en date du 11 octobre 1988, et si la société a été représentée aux opérations de constat, elle n'a pas été appelée à l'instance ; qu'elle est, dès lors, sans qualité pour interjeter appel de ladite ordonnance...

[**2**] Considérant qu'il résulte de l'instruction que par deux jugements en date du 26 juin 1972 le tribunal administratif de Toulouse a condamné l'entreprise Charles et Samanos à verser des indemnités à l'Office public d'habitations à loyer modéré du Lot en raison des désordres survenus dans des immeubles construits pour l'office par l'entreprise ; que la société Union des assurances de Paris n'avait pas, en sa qualité d'assureur de l'entreprise, à être appelée dans l'instance introduite devant le tribunal administratif ; qu'elle n'était dès lors pas recevable à former tierce opposition contre ledit jugement...

[**3**] Considérant qu'en vertu de l'article 79 de l'ordonnance du 31 juillet 1945, toute personne qui n'a été ni appelée, ni représentée dans l'instance peut former tierce opposition à une décision du Conseil d'État rendue en matière contentieuse et que cette voie de recours est ouverte à ceux qui se prévalent d'un droit auquel la décision a préjudicié ;
Considérant que, par décision du 10 novembre 1993, le Conseil d'État, statuant au contentieux, a rejeté la requête de la ville d'Antibes tendant à l'annulation du jugement du 6 juin 1991 par lequel le tribunal administratif de Nice a annulé l'arrêté du maire d'Antibes en date du 25 juin 1990 accordant un permis de construire à la société Wempey France pour un bâtiment de 44 logements sur des terrains situés rue du Lys et boulevard Bijou-plage ; que M. Jean-Pierre Sagne, Mme Alexandrine Le Garrec, M. Patrick Michelet, Mme Eliane Le Garrec et Mme Rosa Le Garrec, propriétaires d'une partie de ces terrains à la date de délivrance du permis de construire, forment tierce opposition à cette décision ; qu'ayant consenti une promesse de vente à la société Wempey au titre de laquelle celle-ci a pu déposer une demande de permis de construire sur des terrains leur appartenant, ils disposent d'intérêts concordant avec ceux du bénéficiaire du permis de construire ; que cette société a été régulièrement appelée à l'instance ; que dès lors, les requérants doivent être regardés comme ayant été représentés dans l'instance par la société bénéficiaire du permis de construire qui, à la date du jugement du tribunal administratif de Nice du 6 juin 1991, était devenue propriétaire desdits terrains ; que, par suite, leur requête en tierce opposition n'est pas recevable...

[**4**] Considérant qu'aux termes de l'article R. 225 du Code des tribunaux administratifs et des cours administratives d'appel : « Toute personne peut former tierce opposition à une ordonnance, un jugement ou un arrêt qui préjudicie à ses droits, dès lors que, ni elle, ni ceux qu'elle représente n'ont été présents ou régulièrement appelés dans l'instance ayant abouti à cette décision » ; qu'aux termes de l'article R. 117 du même code : « Les ministres intéressés présentent devant la cour administrative d'appel les mémoires et observations produits au nom de l'État » ;
Considérant que la cour administrative d'appel de Bordeaux a rejeté la tierce opposition formée par le ministre délégué au budget contre l'arrêt du 1er août 1995, par lequel elle a réformé le jugement du 13 décembre 1993 du tribunal administratif de Bordeaux, condamnant Mme Marie-Josette Lalande à démolir la construction qu'elle occupe dans le groupement ostréicole de « Pirail-lan », en bordure du bassin d'Arcachon, et l'a relaxée des fins de la poursuite pour contravention de grande voirie engagée contre elle ;
Considérant que l'État était représenté devant la cour administrative d'appel de Bordeaux par le ministre de l'Équipement, des Transports et du Tourisme, ministre intéressé, au sens de l'article R. 117 précité du Code des tribunaux administratifs et des cours administratives d'appel ; qu'ainsi, l'arrêt du 1er août 1995 a revêtu un caractère contradictoire à l'égard de l'État ; que le ministre délégué au budget se prévaut, toutefois, des dispositions de l'article R. 159 du Code du domaine de l'État, selon lequel, « dans toute instance intéressant l'État, le service des domaines doit être appelé à intervenir, dès lors que se trouvent mis en cause, directement ou indirectement, la notion de domanialité publique ou les droits et obligations dont il lui appartient, aux termes des articles R. 158 et R. 158-1, d'assurer la défense ou de demander l'exécution en justice », et de l'article R. 163 du même code, qui définit les modalités de la représentation de l'État devant les juridictions dans les instances auxquelles le service des domaines est partie, notamment en application de l'article R. 159 ; que ces dispositions n'étant pas de nature à donner au ministre dont relève le service des domaines qualité pour former tierce opposition contre un arrêt ayant revêtu un caractère contradictoire à l'égard de l'État, le Ministre délégué au budget n'est pas fondé à demander l'annulation de l'arrêt du 2 décembre 1996 de la cour administrative d'appel de Bordeaux, qui a rejeté comme irrecevable la tierce opposition formée contre son arrêt du 1er août 1995...

[**5**] Considérant que, par un jugement du 28 novembre 1991, le tribunal administratif de Bastia, après avoir admis l'intervention en défense des époux Franchi, a annulé, à la demande de M. Giorgi, d'une part, l'arrêté du maire de Lecci-de-Porto-Vecchio (Corse-du-Sud) en date du 20 décembre 1989 retirant le permis de construire qui lui avait été accordé le 18 janvier 1988, et d'autre part, l'arrêté du préfet de la Corse du Sud en date du 2 janvier 1991 annulant et remplaçant l'arrêté du maire de Lecci-de-Porto-Vecchio en date du 20 décembre 1989...
Considérant que la personne qui, devant le tribunal administratif, est intervenue en défense à un recours pour excès de pouvoir n'est recevable à interjeter appel du jugement rendu sur ce recours contrairement aux conclusions de son intervention que si elle aurait eu qualité à défaut d'intervention de sa part pour faire tierce opposition contre le jugement faisant droit au recours ; qu'en l'espèce, leur qualité de voisins, alors qu'il ne ressort pas des pièces du dossier que le retrait ait été prononcé à leur demande, n'aurait pas conféré à M. et Mme Franchi, qualité pour former tierce opposition contre le jugement annulant le retrait du permis de construire accordé à M. Giorgi ; que, par suite, la requête d'appel de M. et Mme Franchi est irrecevable...

LE DÉLAI POUR FORMER TIERCE OPPOSITION

Art. R. 832-2 Celui à qui la décision a été notifiée ou signifiée dans les conditions prévues à l'article R. 751-3 ne peut former tierce opposition que dans le délai de deux mois à compter de cette notification ou signification.

■ **Textes sources**

– Code des TA et des CAA, article R. 226.

■ **Commentaires**

Le délai ne court que de la notification régulière du jugement. Il n'y a point en la matière de connaissance acquise (CE 8 janvier 1958, de Batz de Tranquelléon, *Lebon* p. 18).

LE DÉLAI POUR FORMER TIERCE OPPOSITION DEVANT LES TRIBUNAUX ADMINISTRATIFS DE MAMOUDZOU, PAPEETE ET NOUVELLE-CALÉDONIE

Art. R. 832-3 Devant les tribunaux administratifs de Mamoudzou, de Papeete et de Nouvelle-Calédonie, le délai pour former tierce opposition est porté à trois mois.

■ **Textes sources**

– Code des TA et des CAA, article R. 226.

LES DÉLAIS DE DISTANCE

Art. R. 832-4 Les dispositions de l'article R. 811-5 sont applicables aux tierces oppositions.

■ **Textes sources**

– Décret n° 2000-389 du 4 mai 2000, article 1er.

■ **Commentaires**

On peut former devant le juge d'appel une demande de sursis à exécution du jugement rendu sur tierce opposition.

Les règles d'introduction de la tierce opposition

Art. R. 832-5 Sauf dispositions contraires prévues par le présent chapitre, l'introduction de la tierce opposition suit les règles relatives à l'introduction de l'instance définies au livre IV.

Sont de même applicables les dispositions des livres VI et VII.

Textes sources

– Décret n° 2000-389 du 4 mai 2000, article 1er.

CHAPITRE 3 Le recours en rectification d'erreur matérielle

LE RECOURS EN RECTIFICATION D'ERREUR MATÉRIELLE

Art. R. 833-1 Lorsqu'une décision d'une cour administrative d'appel ou du Conseil d'État est entachée d'une erreur matérielle susceptible d'avoir exercé une influence sur le jugement de l'affaire, la partie intéressée peut introduire devant la juridiction qui a rendu la décision un recours en rectification.
Ce recours doit être présenté dans les mêmes formes que celles dans lesquelles devait être introduite la requête initiale. Il doit être introduit dans un délai de deux mois qui court du jour de la notification ou de la signification de la décision dont la rectification est demandée.
Les dispositions des livres VI et VII sont applicables.

■ Textes sources

– Ordonnance nº 45-1708 du 31 juillet 1945, article 78.
– Code des TA et des CAA, article R. 231.

■ Commentaires

La rectification d'erreur matérielle est admise, même sans texte, devant les juridictions statuant en dernier ressort, même si elles sont soumises au contrôle de cassation (CE 6 février 1931, Société des automobiles Berliet, *Lebon* p. 140 – CE ass. 4 mars 1955, Athias, *Lebon* p. 129), mais à la condition que la juridiction soit saisie d'une demande en ce sens (CE 27 mars 1996, Kizgin, à propos de la Commission des recours des réfugiés). De toutes les juridictions ainsi concernées, seul le Tribunal des conflits en écarte la possibilité devant lui (Trib. confl. 20 février 1952, Société immobilière Trystram).

À la différence du mécanisme institué par l'article R. 741-11, la rectification par la cour administrative d'appel ou le Conseil d'État d'une erreur matérielle suppose un recours en ce sens, sur lequel il est statué par une formation collégiale (et non par le président seul). Un tel recours supposera, pour être admis, qu'il y ait erreur matérielle (et non juridique : CE 7 avril 1993, Ministre de l'Équipement), non imputable à celui qui s'en plaint (CE 17 février 1965, Ministre de l'Intérieur c/ Picard, *Lebon* p. 113 [**1**] – CE 28 avril 1993, Commune d'Antibes) et qu'elle ait bien sûr exercé, comme l'exige le texte, une influence sur l'arrêt critiqué. Ce n'est pas le cas, par exemple, de l'omission d'une partie, dans le dispositif d'un arrêt, de la liste des personnes à qui cet arrêt doit être notifié (CE 23 février 2001, Société Pan Européenne).

Ont été regardés comme erreurs matérielles devant le Conseil d'État : le défaut de réponse à conclusions (CE 17 avril 1970, Société DMS Préfontaines, *Lebon* p. 260), une erreur de chiffre (CE 26 juillet 1978, Élections cantonales de

Niolu-Omessa [Haute-Corse], *Lebon* p. 337), l'omission de prendre en compte une demande d'aide judiciaire pour calculer les délais (CE 19 mars 1986, Roberge, *Lebon* p. 605), le fait de déclarer tardif un recours formé contre un acte non publié (CE 17 juin 1991, Meyet), ou l'omission, dans le cadre de l'effet dévolutif de l'appel, de statuer sur le mérite de la demande de première instance (CE 31 janvier 1990, Gloviak, *Lebon* p. 35 ; *AJDA* 1990, p. 480 [**2**]). L'omission pour le Conseil d'État de statuer sur un moyen, longtemps jugée insusceptible de fonder un tel recours (CE 25 janvier 1946, Morin, *Lebon* p. 25 – CE 20 février 1980, Schwetzoff, *RDP* 1981, p. 849 – CE 9 avril 1993, Beaudoin), l'est désormais (CE sect. 29 mars 2000, GIE Groupe Victoire [**3**]), pour autant que l'existence de ce moyen ne relève pas d'une appréciation d'ordre juridique. Quelque souple que soit la notion d'erreur matérielle, une telle erreur ne sera retenue que si son existence est démontrée par le dossier : ainsi le ministre soutenant qu'il a invoqué devant le premier juge le moyen tiré de la prescription n'a pu obtenir la rectification de l'arrêt lui opposant l'absence de ce moyen, faute pour le Conseil d'État – alors juge d'appel – d'avoir trouvé ce moyen dans le dossier de première instance, absence d'ailleurs corroborée par le fait que le ministre n'avait pas, en appel, critiqué le fait que le premier juge n'aurait pas répondu à ce prétendu moyen (CE 29 décembre 2000, Ministre de l' Économie c/ Montaudon).

La transposition de ces exemples aux cours administratives d'appel doit être opérée avec prudence. Ils témoignent en effet d'une conception très large de la notion d'erreur matérielle, touchant par exemple à la façon dont le juge a exercé sa mission (omission à statuer). Cette interprétation extensive trouve sa justification devant le Conseil d'État, statuant en dernier ressort, sans le contrôle d'un juge supérieur : elle est dictée par le souci légitime de bonne administration de la justice, et ne risque pas d'entrer en concurrence avec la mission de ce juge supérieur.

Les cours administratives d'appel sont soumises au contrôle de cassation du Conseil d'État. À généraliser l'interprétation extensive, on risque de créer une zone de turbulences dans lesquelles se télescopent les procédures de rectification d'erreur matérielle et de contrôle de cassation. Ce sera notamment le cas dans les hypothèses d'omission à statuer. Saisi de cette question, le Conseil d'État a jugé d'une part que la conception de l'erreur « matérielle » ne devait pas varier selon la juridiction appelée à la rectifier, d'autre part que les deux procédures de rectification d'erreur matérielle d'une part, de cassation de l'autre ne s'excluaient pas l'une l'autre, sans qu'une priorité doive être observée entre elles (CE sect. 23 juin 1995, Conseil régional d'Aquitaine, *Lebon* p. 271 – CE 20 octobre 1995, Ministre du Budget c/ Gobert).

On note que le recours en rectification d'erreur matérielle ne peut tendre qu'à cette rectification, à l'exclusion de toute autre conclusion. Ainsi jugé dans une hypothèse où pourtant l'erreur matérielle (omission de près d'un million de francs dans le calcul d'une créance) aurait pu ouvrir un droit à capitalisation d'intérêts, compte tenu de la date à laquelle elle a été corrigée (CE 22 juillet 1992, Société SPIE-Batignolles) : trois ans ont en effet séparé l'arrêt initial de la rectification... C'est que le juge statuant sur une rectification d'erreur matérielle « statue en l'état du dossier sur lequel il s'est prononcé initialement », ce qui rend irrecevables tous moyens ou conclusions nouveaux (CE 31 mai 1995, Salah Ben Ouali).

On pourrait se demander enfin, compte tenu de cette dernière décision, si peuvent être présentées dans une telle instance des conclusions tendant à l'allocation de frais irrépétibles. L'énoncé très général de l'article L. 761-1 (« dans toutes les instances... ») nous paraît ôter tout doute à cet égard.

Le fait pour une juridiction de ne pas avoir statué sur des conclusions formées après clôture de l'instruction ne constitue pas une erreur matérielle (CAA Lyon, 26 septembre 1991, Syndicat intercommunal du CES de Beaurepaire).

On pourrait regretter qu'à côté de ce recours le code n'ait pas prévu, au bénéfice du président de la cour, un mécanisme de rectification spontanée à l'instar de celui qui est à la disposition du président du tribunal administratif. Force est toutefois de reconnaître que le cumul d'un tel mécanisme et du recours en rectification d'erreur aurait porté en lui quelques germes de confusion dans les cas où des arrêts, faisant l'objet d'un recours en rectification, auraient parallèlement été spontanément rectifiés par le président de la juridiction.

□ ***Jurisprudence***

[**1**] Considérant que, par une décision en date du 17 novembre 1961, le Conseil d'État statuant au contentieux a rejeté un recours du ministre de l'Intérieur contre un jugement du tribunal administratif de Paris en date du 24 mai 1960 par le motif que ce jugement avait été notifié au ministre le 16 août 1960, et que le recours, enregistré au secrétariat du contentieux du Conseil d'État le 19 octobre 1960, avait été présenté après l'expiration du délai d'appel et n'était pas, dès lors, recevable ;

Considérant qu'il résulte des pièces produites par le ministre de l'Intérieur à l'appui de son recours en rectification d'erreur matérielle que la notification du 16 août 1960 sur laquelle le Conseil d'État s'était fondé pour rejeter le recours dont s'agit concernait non pas le jugement attaqué, mais un autre jugement rendu à la même date sur une autre demande du sieur Picard ; que le ministre n'a, en réalité, reçu notification du jugement attaqué que le 23 août 1960 ; qu'ainsi la décision susvisée du Conseil d'État est entachée d'une erreur matérielle qui n'est pas imputable au ministre et qui, par application de l'article 78 de l'ordonnance du 31 juillet 1945, doit être rectifiée...

[**2**] Considérant que, saisi en appel d'une requête de la SCI Les Prés contre un jugement du 23 mars 1984 par lequel le tribunal administratif de Versailles avait annulé, à la demande des époux Gloviak et autres, l'arrêté du 30 juin 1983 du préfet de l'Essonne accordant un permis de construire de 40 logements à la SCI Les Prés, le Conseil d'État, statuant au contentieux par une décision du 25 janvier 1989, a annulé le jugement attaqué ; qu'en se bornant, pour rejeter la demande des époux Gloviak et autres devant le tribunal administratif, à infirmer le motif retenu par les premiers

juges, il a omis de se prononcer sur le mérite de la demande de première instance ; qu'il y a lieu de rectifier l'erreur matérielle résultant de cette omission...

[**3**] Considérant qu'il ressort des termes mêmes – et sans qu'il y ait à procéder à cet égard à une appréciation d'ordre juridique – des mémoires produits par le Groupement d'intérêt économique du groupe Victoire à l'appui de son pourvoi dirigé contre l'arrêt du 11 juillet 1997 de la cour administrative d'appel de Paris que ce groupement avait invoqué de manière distincte des autres moyens un moyen tiré de l'insuffisance de motivation de cet arrêt ; que ce moyen a d'ailleurs été visé par la décision attaquée ; qu'en omettant d'y répondre le Conseil d'État a entaché sa décision d'une erreur matérielle au sens des dispositions de l'article 78 de l'ordonnance du 31 juillet 1945...

LES DÉLAIS DE DISTANCE

Art. R. 833-2 Les dispositions de l'article R. 811-5 sont applicables aux recours en rectification d'erreur matérielle.

■ Textes sources

– Décret n° 2000-389 du 4 mai 2000, article 1er.

CHAPITRE 4 Le recours en révision

LE RECOURS EN RÉVISION CONTRE UNE DÉCISION DU CONSEIL D'ÉTAT

Art. R. 834-1 Le recours en révision contre une décision contradictoire du Conseil d'État ne peut être présenté que dans trois cas :
1° si elle a été rendue sur pièces fausses,
2° si la partie a été condamnée faute d'avoir produit une pièce décisive qui était retenue par son adversaire,
3° si la décision est intervenue sans qu'aient été observées les dispositions du présent code relatives à la composition de la formation de jugement, à la tenue des audiences ainsi qu'à la forme et au prononcé de la décision.

■ Textes sources

– Ordonnance nº 45-1708 du 31 juillet 1945, article 75.

■ Commentaires

Les conditions d'admission d'un recours en révision sont strictement interprétées : ainsi une pièce contenant une mention inexacte ne constitue pas une « pièce fausse » (CE 11 janvier 1961, David, *Lebon* p. 30). Et la pièce non produite parce que retenue doit être « décisive », à savoir de nature à modifier le sens de la décision juridictionnelle. On note à l'inverse que le fait pour l'administration de ne pas avoir retrouvé une pièce équivaut à l'avoir « retenue » (CE sect., 5 avril 1996, Treiber, *Lebon* p. 122 [**1**]).

□ ***Jurisprudence***

[**1**] Considérant que, pour se prononcer sur les limites du périmètre du lotissement de Beauséjour à Vichy, le tribunal administratif de Clermont-Ferrand avait, par un jugement avant dire droit du 19 avril 1983, ordonné un supplément d'instruction aux fins d'obtenir notamment la production de l'arrêté du 30 mai 1925 par lequel le préfet de l'Allier avait approuvé ledit lotissement et son plan ; qu'il est constant que l'administration n'a pas été en mesure de produire ni devant le tribunal administratif, ni devant le Conseil d'État lesdits documents ; que, si par un jugement du 7 octobre 1983, le tribunal administratif de Clermont-Ferrand a annulé l'arrêté du 2 avril 1982 du maire de Vichy délivrant un permis de construire à M. Deluc et à Mme Leprevost-Hoel après avoir considéré que la parcelle litigieuse était incluse dans le périmètre du lotissement, en revanche, par un jugement du 25 septembre 1987, le Conseil d'État a considéré qu'en l'absence de l'arrêté et du plan joint « il ne peut être regardé comme établi que ce terrain soit compris dans le lotissement Beauséjour » ; que, à la suite de recherches chez un notaire, M. Treiber produit à l'appui de son recours en révision une copie de l'arrêté du 30 mai 1925 et du plan y annexé ;
Considérant qu'en vertu de l'article 75 de l'ordonnance du 31 juillet 1945, modifiée, le recours

en révision contre une décision contradictoire du Conseil d'État ne peut être présenté que dans trois cas : si elle a été rendue sur pièce fausse, si la partie a été condamnée faute de représenter une pièce décisive qui était retenue par ses adversaires..., ou si la décision a été rendue en méconnaissance de certaines dispositions de l'ordonnance précitée ;
Considérant, en premier lieu, que M. Treiber, qui est la partie qui a succombé devant le Conseil d'État et l'administration, qui avait délivré le permis de construire, doivent être respectivement considérés comme condamné et adversaire au sens de l'article 75 précité de l'ordonnance du 31 juillet 1945 ;
Considérant, en deuxième lieu, qu'il résulte des dispositions de l'article 13 de la loi du 19 juillet 1924 complétant la loi du 14 mars 1919 concernant les plans d'extension et d'aménagement des villes, applicable à la date du 30 mai 1925 à laquelle le préfet de l'Allier a approuvé le lotissement de Beauséjour à Vichy, que l'obligation de détenir le plan de lotissement annexé à l'arrêté préfectoral du 30 mai 1925, pesait uniquement sur l'État ; que celui-ci n'a pas été en mesure de produire le plan de ce lotissement ainsi qu'il l'a reconnu ; que la circonstance que l'administration de l'État n'ait pu retrouver le document dont s'agit « malgré des recherches approfondies » ne fait pas obstacle à ce qu'elle soit considérée comme l'ayant « retenu » au sens des mêmes dispositions ;
Considérant, enfin, que la pièce retenue présente un caractère décisif dès lors qu'il résulte du rapprochement du plan annexé à l'arrêté du 30 mai 1925 et de l'acte notarié de partage établi le 7 janvier 1913 que le terrain litigieux faisait partie du lotissement Beauséjour et que le permis de construire du 2 avril 1982 a été délivré en méconnaissance d'une servitude de recul ; qu'il résulte de tout ce qui précède que M. Treiber est fondé à soutenir que c'est à tort que, par sa décision du 25 septembre 1987, le Conseil d'État a accueilli les requêtes de M. Deluc et de Mme Leprevost-Hoel et a annulé le jugement du 7 octobre 1983 du tribunal administratif de Clermont-Ferrand qui avait fait droit à sa demande...

Le délai pour former un recours en révision

Art. R. 834-2 Le recours en révision est formé dans le même délai et admis de la même manière que l'opposition à une décision par défaut.
Dans les cas visés au 1° et au 2° de l'article précédent, le délai ne court qu'à compter du jour où la partie a eu connaissance de la cause de révision qu'elle invoque.

■ Textes sources

– Ordonnance n° 45-1708 du 31 juillet 1945, article 76, § 1.

L'obligation de recourir à un avocat au Conseil d'État

Art. R. 834-3 Le recours en révision est présenté par le ministère d'un avocat au Conseil d'État, même si la décision attaquée est intervenue sur un pourvoi pour la présentation duquel ce ministère n'est pas obligatoire.

■ Textes sources

– Ordonnance n° 45-1708 du 31 juillet 1945, article 76, § 2.

■ Commentaires

Naturellement, l'État peut présenter un recours en révision sans avocat.

L'irrecevabilité d'un second recours en révision contre la même décision

Art. R. 834-4 Lorsqu'il a été statué sur un premier recours en révision contre une décision contradictoire, un second recours contre la même décision n'est pas recevable.

■ Textes sources

– Ordonnance n° 45-1708 du 31 juillet 1945, article 77.

LIVRE IX

L'exécution des décisions

TITRE I Principes

L'INJONCTION DE PRENDRE UNE MESURE D'EXÉCUTION DANS UN SENS DÉTERMINÉ

Art. L. 911-1 Lorsque sa décision implique nécessairement qu'une personne morale de droit public ou un organisme de droit privé chargé de la gestion d'un service public prenne une mesure d'exécution dans un sens déterminé, la juridiction, saisie de conclusions en ce sens, prescrit, par la même décision, cette mesure assortie, le cas échéant, d'un délai d'exécution.

■ **Textes sources**

– Loi n° 80-539 du 16 juillet 1980 modifiée, article 6-1, § 1.

– Code des TA et des CAA, article L. 8-2, § 1.

■ **Commentaires**

Voir article L. 911-2.

L'INJONCTION DE STATUER À NOUVEAU DANS UN DÉLAI DÉTERMINÉ

Art. L. 911-2 Lorsque sa décision implique nécessairement qu'une personne morale de droit public ou un organisme de droit privé chargé de la gestion d'un service public prenne à nouveau une décision après une nouvelle instruction, la juridiction, saisie de conclusions en ce sens, prescrit, par la même décision juridictionnelle, que cette nouvelle décision doit intervenir dans un délai déterminé.

■ **Textes sources**

– Loi n° 80-539 du 16 juillet 1980 modifiée, article 6-1, § 2.

– Code des TA et des CAA, article L. 8-2, § 2.

■ **Commentaires**

Avec ces articles, issus de la loi du 8 février 1995, le pouvoir d'injonction a fait son entrée générale dans la juridiction administrative. Un tel pouvoir avait déjà été confié au juge des référés en matière de marchés (voir art. L. 551-1 et L. 551-2). La formule classiquement reprise dans les arrêts et jugements selon laquelle « il n'appartient pas au juge administratif d'adresser des injonctions à l'administration » est désormais modifiée, et fait réserve des cas prévus par ces articles.

Le point commun aux deux articles est que la juridiction doit être saisie de conclusions tendant à ce qu'elle fasse usage du pouvoir ainsi défini. Outre que le juge ne doit donc pas agir d'office, on doit en conclure que ce qu'il décidera constituera non une information donnée aux parties, mais une chose jugée, incorporée dans le dispositif de la décision, et couverte par la formule exécutoire. Du même coup sont envisageables des appels, ou des pourvois en cassation dirigés non contre le principal du jugement ou de l'arrêt (l'annulation d'une décision par exemple), mais contre l'injonction, qu'elle concerne la décision qui doit être prise, ou le délai donné au défendeur pour s'exécuter. Ainsi a été admis un appel formé par le défendeur de première instance, mais limité aux mesures ordonnées par le premier juge (CE 10 mai 1999, Laroze), et un pourvoi en cassation, formé par le bénéficiaire de ces mesures, qui, à juste titre d'ailleurs, les estimait insuffisantes (CE 2 juillet 1999, Hirsch Marrie). On doit même envisager que soit discuté le choix que la juridiction a opéré entre les deux articles.

Par arrêt Vassilikiotis (CE ass. 29 juin 2001, Vassilikiotis), l'assemblée du contentieux a toutefois, s'agissant de l'annulation partielle d'un règlement en ce qu'il ne prévoyait pas certaines dispositions, enjoint d'office à l'administration non seulement d'édicter les dispositions manquantes, mais encore de ne pas opposer à des particuliers l'absence de ces dispositions dans l'attente de leur édiction. Une telle avancée a procédé du souci de donner son plein effet à l'annulation.

Sont soumis à ce pouvoir d'injonction les « personnes morales de droit public ou les organismes de droit privé chargés de la gestion d'un service public », pourvu bien sûr que le litige né de leur activité relève de la compétence du juge administratif.

S'agissant des personnes purement privées, ces dispositions n'ont en effet pas lieu d'être, le juge administratif s'étant reconnu depuis longtemps un pouvoir d'injonction à leur égard (voir en ce sens : CE 13 juillet 1956, OPHLM du département de la Seine, *Lebon* p. 338 – CE 25 janvier 1980, Sotem et Mariani, *Lebon* p. 615 – CE 16 janvier 1985, Codorniu), notamment dans le cadre de la répression des contraventions de grande voirie. On doit estimer que ces dispositions joueront, lorsque, dans le cadre du contentieux de l'excès de pouvoir, seront en cause des actes de personnes apparemment privées, mais qui ne sont que le camouflage de personnes publiques (CE 11 mai 1987, Divier, *Lebon* p. 167). Il convient en tout état de cause que le juge administratif respecte l'ordre des compétences, même lorsqu'il fait usage des pouvoirs d'injonction qui lui sont ainsi reconnus (CE sect. avis 13 mars 1998, Vindevogel [**1**]).

Le juge saisi de conclusions tendant à ce qu'il use de ce pouvoir d'injonction est tenu d'y satisfaire si les conditions en sont réunies (CE sect. avis 30 novembre 1998, Berrad [**2**]).

Il va de soi qu'aucun de ces articles ne trouve à s'appliquer dans le cas de rejet d'un recours pour excès de pouvoir, qui n'implique aucune décision administrative nouvelle (CE 7 avril 1995, Surry).

Le premier article se réfère aux mesures que, nécessairement, doit prendre le défendeur « dans un sens déterminé ». En d'autres termes, il vise les hypothèses dans lesquelles sa compétence est liée, lesquelles ne sont *a priori* pas très fréquentes. On en verra des applications dans le contentieux de la fonction publique, lorsque, le service ayant compétence liée (par exemple pour servir une allocation de chômage ou attribuer un échelon), il aura à tort estimé que les conditions d'exercice de cette compétence n'étaient pas réunies (estimant par exemple qu'un agent démissionnaire n'a pas droit à cette allocation, ou qu'un autre agent n'a pas l'ancienneté nécessaire pour atteindre l'échelon recherché) : il sera alors aisé de lui prescrire ce qu'il doit faire à la suite de l'annulation. Par un raisonnement analogue, l'annulation du refus de prendre une mesure, lorsqu'elle est fondée sur l'obligation légale qu'avait l'administration de la prendre, donne lieu à injonction de prendre cette mesure (CE sect. 26 juillet 1996, Association lyonnaise de protection des locataires), sans que l'injonction doive alors définir le contenu de la décision à prendre (CE 21 mai 1997, Dobler [**3**]).

S'agissant du contentieux des mesures positives, le plus souvent l'annulation de l'acte se suffira à elle-même (songeons à l'annulation d'une mesure de police). Et, dans de nombreux domaines, le raisonnement juridique permet de dire ce que doit faire l'administration après l'annulation d'une décision positive. Le contentieux de la fonction publique, ici encore, fournit quelques hypothèses dans lesquelles l'annulation d'une mesure positive oblige l'administration à agir dans un sens déterminé. Ainsi l'annulation d'une révocation, quel qu'en soit le motif, « implique nécessairement la réintégration de l'intéressé à la date de son éviction », ainsi que la reconstitution de sa carrière (CE 29 décembre 1995, Kavvadias – CE 25 mars 1996, Commune de Saint-François, injonction assortie d'astreinte). De même, et ce fut la première application du texte nouveau, l'annulation de l'acceptation du retrait de la démission, définitive, d'un maire, implique nécessairement le remplacement du maire par un adjoint (CE ass. 26 mai 1995, Etna).

C'est le cas de l'annulation des mesures négatives, de refus, qui soulève les questions les plus délicates, toutes les fois que l'existence d'une compétence strictement liée n'appelle pas l'édiction de la mesure inverse. On sait en effet que la compétence, non liée avant contrôle juridictionnel, peut le devenir une fois ce contrôle effectué, le juge fondant parfois son annulation sur l'obligation dans laquelle se trouve l'administration, compte tenu des circonstances de fait telles qu'appréciées par la juridiction, de se prononcer dans un sens déterminé. S'agissant du contentieux des refus, il est toutefois relativement rare que le juge fonde leur annulation sur le droit que le requérant a d'obtenir ce qu'il veut : le plus souvent est sanctionné un vice de forme, une incompétence, ou l'erreur affectant un motif, sans que la juridiction reconnaisse pour autant le droit du requérant. Le défendeur n'est dans une telle hypothèse *a priori* pas tenu de se prononcer « dans un sens déterminé ». C'est la première lecture que les juridictions ont faite du texte nouveau : ainsi, si l'annulation du refus de délivrer un titre de séjour à un étranger contraint l'administration à lui remettre une autorisation provisoire de séjour couvrant la période pendant laquelle s'opère une nouvelle instruction de sa demande (TA Lille, 24 octobre 1995, El Jarroudi), elle n'oblige pas en principe l'administration à délivrer le titre, même si elle est fondée sur l'atteinte excessive au droit de mener une vie familiale normale (CE 18 octobre 1995, Ministre de l'Intérieur c/ Reghis), des éléments nouveaux pouvant remettre en cause cette appréciation.

Une évolution sensible s'est produite avec la décision Bourezak (CE 4 juillet 1997, Bourezak [**4**], *Lebon* p. 278) : le juge, ayant censuré le refus opposé par l'administration sur le terrain qu'elle a choisi, peut s'assurer de la présence ou de l'absence d'éléments nouveaux qui pourraient justifier derechef un refus en instruisant, de façon inquisitoriale, la demande d'injonction (voir également CE 4 juillet 1997, Leveau). Dans ces deux affaires, le Conseil d'État a tiré, s'agissant de la réponse à apporter à des conclusions en injonction, les conséquences de l'instruction menée par la sous-section, faisant apparaître qu'en raison d'un changement de fait, postérieur à la décision annulée, l'annulation n'implique plus nécessairement la prise d'une décision dans un sens déterminé (Leveau), ou qu'au contraire (Bourezak), la situation de fait ou de droit de l'intéressé n'avait pas changé au point de rendre sans objet l'injonction, ou que ne seraient pas survenus des faits, postérieurs à la décision de refus, qui permettraient de fonder légalement une nouvelle décision identique (voir, identiquement, CE 6 novembre 2000, Mouvement contre le racisme et pour l'amitié entre les peuples). Il est significatif que l'arrêt fasse apparaître avec minutie l'objet de l'instruction à laquelle il a été ainsi procédé, et souligne l'obligation dans laquelle se trouve le juge de l'injonction d'y procéder. De telles décisions donnent à penser que, en cas d'annulation d'une décision de refus comme non fondée, le juge peut, au terme d'une instruction complémentaire, reconnaître le droit de l'intéressé à ce qu'il demandait, et donc transformer les conclusions aux fins d'injonction en une sorte de recours en déclaration de droits.

En termes procéduraux, on peut dire que les conclusions aux fins d'injonction s'appuyant sur le premier article peuvent ainsi ouvrir un contentieux de pleine juridiction à l'intérieur d'un contentieux de l'excès de pouvoir, et que le juge se voit ainsi reconnaître la possibilité de statuer « en déclaration de droits ». Cette évolution ne pourra toutefois être que mesurée, et sans doute limitée aux hypothèses dans lesquelles le motif de l'annulation implique déjà une sorte de présomption du droit de l'intéressé à obtenir ce qu'il réclame : le juge de l'injonction se trouve au bord d'une frontière délicate, qui, si elle était franchie, aboutirait à le substituer à l'administration. En l'état de la jurisprudence, on voit mal le juge administratif, après avoir annulé un refus de permis de construire, instruire la demande à la place de l'administration compétente, et, après avoir porté toutes les appréciations incombant à cette dernière, prescrire la délivrance dudit permis...

Le caractère juridictionnel de cette procédure exclut toute approximation, voire tout compromis, alors que l'on sait que, en matière d'exécution, certaines situations deviennent si embrouillées que seul le compromis permet de les régler. Il arrive même que seule une indemnisation permette de pallier les effets d'une annulation trop tardive pour pouvoir être suivie d'effet : on songe à des affaires de remembrement ayant duré des décennies : les contraintes nées de l'évidence commandent parfois d'écarter comme irréalistes ou absurdes les conséquences de la chose jugée... qui se résout en indemnité. Il ne sera normalement pas possible au juge de la légalité d'emprunter de tels itinéraires. De plus, il sera parfois délicat de découvrir et définir la mesure déterminée qui devra assurer l'exécution de la chose jugée : que doit faire l'administration pour assurer l'exécution du refus d'admettre la candidature à un concours, assortie de la reconnaissance juridictionnelle du droit de l'intéressé à concourir, alors que ce concours, unique, est depuis longtemps achevé (songeons à un concours d'architecture...), ou que l'intéressé a depuis de nombreuses années dépassé l'âge limite pour concourir ?

Le juge ne peut statuer que « saisi de conclusions en ce sens ». C'est une autre source d'interrogations. Faudra-t-il que le demandeur identifie précisément la ou les mesures qu'il souhaite voir ordonnées, ou se contentera-t-on d'une demande générale laissant au juge le soin de déterminer lesdites mesures ? La première lecture, cohérente avec la conception générale de l'office du juge (qui ne doit pas statuer au-delà de ce qui lui est demandé), enferme le débat dans le cadre choisi par le demandeur, et le prend au piège de ses erreurs. La seconde, plus ouverte, laisse entière l'initiative du juge. Mais déterminer les conditions d'exécution de la chose jugée ne relève-t-il pas des questions d'ordre public que le juge doit examiner d'office ? Le contentieux de l'astreinte tel qu'il s'est développé devant le Conseil d'État révèle un juge sachant déterminer les mesures à prendre pour assurer l'exécution de la chose jugée, mais attentif à ne pas méconnaître les conclusions dont il est saisi (CE sect. 7 janvier 1994, Ledoux [**5**]). Et l'on peut penser qu'il devra en aller de même pour l'application de ce premier alinéa. Appliquant ce texte, le Conseil d'État s'en est tenu, pour refuser d'y faire droit, à la demande exprimée par le requérant, sans ordonner, de son propre chef, d'autres mesures qui pourtant auraient pu être prescrites (CE 7 juillet 1995, Gelle).

Enfin, et dès lors qu'il est statué par jugement sur les conclusions aux fins d'injonction, la question doit être posée de savoir si un tel jugement est justiciable des procédures de sursis à exécution en appel prévues à l'article R. 811-17, lequel est rédigé en termes assez généraux pour conduire à une réponse positive. Ce qui n'a rien d'extraordinaire : on peut parfaitement envisager le cas d'une administration qui, tout en s'inclinant devant l'annulation d'une de ses décisions, conteste l'injonction dont cette annulation est assortie, lui imposant de prendre une nouvelle décision dans un sens déterminé, et se trouve dans une situation telle que l'exécution de cette injonction soit susceptible d'entraîner des conséquences difficilement réparables : ce pourrait, par exemple, être l'ordre de délivrer une autorisation périlleuse pour l'ordre public... À notre sens, et tant que les administrations n'auront pas pris l'habitude de présenter des observations en défense pour contester spécifiquement les conclusions en injonction, de telles situations sont susceptibles de survenir, quelque souci qu'ait le juge de premier degré de ne pas « enjoindre » inconsidérément.

Or ces nouvelles habitudes sont difficiles à prendre, et pas seulement parce que le texte n'est pas vieux. Dans la discussion contentieuse de l'excès de pouvoir en effet, la jurisprudence a consacré depuis 1976 l'inopérance des défenses fondées sur l'existence de motifs dont la décision ne fait pas état, ces motifs fussent-ils de nature à justifier légalement la décision prise (CE 23 juillet 1976, Ministre du Travail c/ Urssaf du Jura, *Lebon* p. 362). Il faudra que les défendeurs apprennent que de telles observations retrouvent toute leur pertinence lorsqu'il s'agit de convaincre le juge de ne pas ordonner de prendre une décision dans un sens déterminé.

Le second article marque les bornes du pouvoir d'injonction donné au juge administratif et la frontière séparant encore l'exercice de ce pouvoir du recours en déclaration de droits. Si la mesure d'exécution appelle « une nouvelle instruction », le juge se bornera à préciser le délai dans lequel elle devra intervenir. Ainsi qu'on l'a dit, la notion de « nouvelle instruction » n'interdit pas au juge, statuant au titre du premier article, de faire procéder par l'administration à un nouvel examen du dossier au sein de la procédure contentieuse (voir décisions Bourezak et Leveau, précitées), mais semble impliquer que, s'il doit y avoir, au terme du nouvel examen du dossier, exercice d'un pouvoir d'appréciation par l'autorité compétente, le juge se refusera à se substituer à cette dernière. Le juge administratif français se borne dans ce cas à donner un délai à l'administration, sans pouvoir alors lui indiquer que faire, au risque que naisse, ensuite, un nouveau contentieux si la nouvelle décision, au fond, est identique à celle qui a été annulée.

À en croire la jurisprudence déjà intervenue à propos de ces mécanismes, on remarque que le Conseil d'État s'en tient à ce qui lui est demandé (décision dans un sens déterminé ou décision dans un délai déterminé), sans estimer que la seconde demande est implicitement contenue dans la première. C'est ainsi que, après avoir annulé une décision, et constaté que cette annulation impliquait seulement que l'administration instruise à nouveau une demande, il a rejeté comme irrecevables les conclusions tendant à ce qu'il lui ordonne de statuer dans un sens déterminé, sans envisager de lui ordonner de statuer à nouveau dans un délai déterminé (CE 7 avril 1995, Grekos – CE 9 février 1996, Ricard). Encore qu'une décision Mersni, du 17 novembre 2000, donne à penser que cette position s'assouplit : saisi en effet d'une demande tendant à ce qu'il ordonne qu'une décision soit prise, le Conseil d'État, s'y refusant, a enjoint à l'autorité administrative de « prendre les mesures nécessaires au réexamen de la situation » de l'intéressé.

Enfin, et lorsque trouve, ou peut trouver à s'appliquer le premier article, il n'est pas toujours aisé de déterminer quelle mesure implique une annulation. Trois exemples illustrent la difficulté de l'exercice :

- L'annulation d'un acte réglementaire, sur le fondement duquel ont été prises des mesures individuelles, implique-t-elle que soient rapportées ces mesures individuelles ? Non, a répondu la Conseil d'État (CE sect. avis, 13 mars 1998, Vindevogel, précité).
- L'annulation de mesures concernant les étrangers, qu'il s'agisse du refus de titre de séjour ou de l'arrêté portant reconduite à la frontière, implique-t-elle la délivrance d'un titre de séjour ? Oui, si le refus de titre de séjour a été annulé pour violation de l'article 8 de la Convention européenne de sauvegarde des droits de l'homme et des libertés fondamentales (CE sect. avis, 30 novembre 1998, Berrad [**6**]). Non en cas d'annulation de l'arrêté de reconduite à la frontière, quelle qu'en soit la cause, une telle mesure impliquant seulement que l'intéressé soit mis en possession d'une autorisation provisoire de séjour (CE 21 février 2000, Préfet de la Seine-Saint-Denis c/ Jelassi [**7**] – 29 mars 2000, Ludickueno). Et cette position est maintenue alors même que, examinant par la voie de l'exception d'illégalité le refus d'autorisation de séjour, le Conseil d'État juge que l'intéressé pouvait prétendre de plein droit à la délivrance d'une carte de séjour : l'annulation, qui s'ensuit, de l'arrêté de reconduite à la frontière n'implique pas la délivrance d'un tel titre, mais seulement que le préfet réexamine la situation de l'intéressé (CE 17 novembre 2000, Mersni).
- L'annulation de la décision de conclure un marché implique que l'autorité administrative procède, au besoin par voie juridictionnelle, à la résolution de ce marché (CE sect. 26 mars 1999, Société Hertz France, solution préfigurée, pour un contrat de droit privé, par CE sect. 7 octobre 1994, Lopez).

S'agissant du point de savoir si des conclusions présentées sur le fondement de ce texte peuvent être présentées pour la première fois en appel, les conceptions ont varié. Par une décision Ville de Paris c/ Toudross (CE 6 novembre 1995), le Conseil d'État a initialement jugé que le rejet de l'appel formé par le défendeur de première instance n'impliquait aucune mesure d'exécution ayant pour objet de faire exécuter le jugement d'annulation rendu en premier ressort et confirmé en appel. Puis, par décision Commune de Saint-François c/ Picard (CE 25 mars 1996), confirmée le 15 mars 1999 (CE 15 mars 1999, Devic) a été, au contraire, jugée recevable la conclusion incidente tendant au prononcé d'une mesure semblable, et le Conseil d'État, après avoir rejeté l'appel principal dirigé contre le jugement ayant annulé un licenciement, a fait droit à la demande d'injonction qui lui était présentée par le demandeur de première instance. On doit donc en conclure que, dans tous les cas, une telle demande pourra être présentée à titre incident, le cas échéant pour la première fois, devant le juge d'appel.

Le juge unique de la reconduite à la frontière n'a pas compétence pour prononcer des injonctions en application de cet article, et doit renvoyer à la formation collégiale les conclusions tendant à ce prononcé (CE 3 novembre 1997, Préfet de police c/ Zairag). Mais le juge statuant seul en application de l'article R. 222-13 peut faire usage de ces dispositions (CE avis 29 décembre 2000, Clouzeau).

□ ***Jurisprudence***

[**1**] 1. Dans tous les cas où un jugement de tribunal administratif a fait l'objet d'un appel et alors même que cet appel a été rejeté par la juridiction d'appel, cette dernière est seule compétente pour prononcer les mesures qu'implique l'exécution du jugement.

2. S'il appartient à l'autorité administrative de tirer toutes les conséquences du jugement par lequel un acte réglementaire a été annulé, l'exécution de ce jugement n'implique pas que le juge, saisi sur le fondement des dispositions de l'article L. 8-4 précitées, enjoigne à l'administration de revenir sur les mesures individuelles prises en application de cet acte. Il s'ensuit notamment que ce juge n'a pas à ordonner le remboursement d'une somme perçue sur le fondement d'une délibération à caractère réglementaire annulée pour excès de pouvoir.

3. Le pouvoir conféré par la loi au juge administratif, de prononcer à l'égard des personnes morales de droit public ou des organismes de droit privé chargés de la gestion d'un service public des injonctions, éventuellement assorties d'astreintes, aux fins d'assurer l'exécution de ses décisions, ne l'autorise pas à s'affranchir des règles de répartition des compétences entre les deux ordres de juridiction. S'il appartient au juge administratif de connaître des recours pour excès de pouvoir dirigés contre les délibérations par lesquelles les collectivités ou les établissements publics qui exploitent ou concèdent le service d'assainissement instituent la redevance et en fixent le tarif, il n'est pas compétent pour enjoindre la restitution d'une somme mise à la charge d'un usager et qui constitue la rémunération des prestations d'un service public industriel et commercial...

[**2**] Aux termes du premier alinéa de l'article L. 8-2 du Code des tribunaux administratifs et des cours administratives d'appel : « Lorsqu'un jugement ou un arrêt implique nécessairement qu'une personne morale de droit public ou un organisme de droit privé chargé de la gestion d'un service public prenne une mesure d'exécution dans un sens déterminé, le tribunal administratif ou la cour administrative d'appel, saisi de conclusions en ce sens, prescrit cette mesure, assortie, le cas échéant, d'un délai d'exécution, par le même jugement ou le même arrêt ».

Lorsque l'exécution d'un jugement ou d'un arrêt implique normalement, eu égard aux motifs de ce jugement ou de cet arrêt, une mesure dans un sens déterminé, il appartient au juge, saisi de conclusions sur le fondement des dispositions précitées, de statuer sur ces conclusions, en tenant compte, le cas échéant après une mesure d'instruction, de la situation de droit et de fait existant à la date de sa décision ; si, au vu de cette situation de droit et de fait, il apparaît toujours que l'exécution du jugement ou de l'arrêt implique nécessairement une mesure d'exécution, il incombe au juge de la prescrire à l'autorité compétente...

[**3**] Considérant que M. Dobler demande en outre que le Conseil d'État précise les conditions de titularisation qui devront être fixées par lesdits décrets ; qu'il n'appartient pas au Conseil d'État, dans le cadre des compétences qui lui sont attribuées par les dispositions précitées de l'article 6-1 de la loi du 16 juillet 1980, de préciser le contenu du ou des décrets à intervenir ; que les conclusions de M. Dobler en ce sens ne peuvent par suite qu'être en tout état de cause rejetées...

[**4**] Sur la légalité de la décision attaquée :
Considérant que si la venue en France de M. Bourezak, ressortissant algérien, dont l'épouse était titulaire d'un certificat de résidence de dix ans, avait été autorisée au titre du regroupement familial, cette circonstance ne faisait pas obstacle à ce que l'autorité consulaire usât du pouvoir, qui lui appartient, de refuser son entrée en France en se fondant, sous le contrôle du juge de l'excès de pouvoir, sur des motifs d'ordre public ; que toutefois, eu égard au caractère des liens familiaux dont pouvaient justifier les requérants, la décision attaquée a porté une atteinte au respect de leur vie familiale disproportionnée aux buts en vue desquels le refus de visa a été opposé à M. Bourezak, et, par suite, a méconnu les stipulations de l'article 8 de la Convention européenne de sauvegarde des droits de l'homme et des libertés fondamentales ;
Considérant dès lors et sans qu'il y ait lieu d'ordonner la mesure d'instruction sollicitée que M. et Mme Bourezak sont fondés à demander l'annulation de la décision du 22 décembre 1993 par laquelle le ministre des Affaires étrangères a confirmé le refus du consul général de France à Alger de délivrer un visa à M. Bourezak ;
Sur les conclusions tendant à ce que soit prescrite, sous astreinte, la délivrance d'un visa à M. Bourezak :
Considérant qu'aux termes de l'article 6-1 introduit dans la loi du 16 juillet 1980 par la loi du 8 février 1995 : « Lorsqu'il règle un litige au fond par une décision qui implique nécessairement une mesure d'exécution dans un sens déterminé, le Conseil d'État, saisi de conclusions en ce sens, prescrit cette mesure et peut assortir sa décision d'une astreinte à compter d'une date qu'il détermine » ; que, eu égard aux motifs de la présente décision, l'exécution de celle-ci implique normalement la délivrance d'un visa à M. Bourezak ; que, toutefois, il appartient au Conseil d'État, lorsqu'il est saisi, sur le fondement des dispositions précitées, de conclusions tendant à ce que soit prescrite une mesure d'exécution dans un sens déterminé, de statuer sur ces conclusions en tenant compte de la situation de droit et de fait existant à la date de sa décision ; qu'invitées par lettre du président de la deuxième sous-section de la section du contentieux du Conseil d'État à faire savoir si la situation de M. Bourezak avait été modifiée, en fait ou en droit, depuis l'intervention de la décision litigieuse, dans des conditions telles que sa demande serait devenue sans objet, ou que des circonstances postérieures à la date de ladite décision permettraient désormais de fonder légalement une nouvelle décision de rejet, les parties ont répondu qu'aucun changement n'était intervenu dans la situation de M. Bourezak ; que par suite, il y a lieu pour le Conseil d'État de prescrire à l'autorité compétente la délivrance à M. Bourezak, dans un délai d'un mois, d'un visa d'entrée en France ; que dans les circonstances de l'espèce, il n'y a pas lieu d'assortir cette injonction d'une astreinte...

[**5**] Considérant que, par jugement du 15 mars 1990, le tribunal administratif de Grenoble a annulé l'arrêté du préfet de la Haute-Savoie du 5 juillet 1987 instituant, sur le fondement de la loi du 4 août 1962, une servitude destinée à permettre l'installation, par la commune de Frangy, d'une canalisation publique d'évacuation d'eaux usées sur une parcelle appartenant aux époux Ledoux ;

que si la commune de Frangy est tenue de prendre les mesures exigées par l'annulation de la servitude instituée à son profit, cette annulation n'impose pas de façon nécessaire la destruction de la canalisation dont ladite servitude a permis l'installation ; que, par suite, la requête des époux Ledoux, qui tend uniquement à ce le Conseil d'État prononce une astreinte à l'encontre de la commune en vue d'obtenir la destruction de cette canalisation, à l'exclusion de toute autre mesure, ne peut être accueillie...

[**6**] L'exécution du jugement prononçant l'annulation d'un refus de titre de séjour au motif que ce refus porte au droit de l'intéressé au respect de sa vie privée et familiale une atteinte excessive au regard des exigences de l'article 8 de la Convention européenne de sauvegarde des droits de l'homme et des libertés fondamentales, implique normalement que l'administration délivre le titre sollicité ou un titre présentant des garanties suffisantes au regard du droit que l'intéressé tire de l'article 8 de cette convention. Si le droit au séjour tiré du respect des stipulations de l'article 8 de la Convention européenne de sauvegarde des droits de l'homme et des libertés fondamentales n'implique pas par lui-même et dans tous les cas le droit de travailler, le législateur a prévu à l'article 12 *bis* de l'ordonnance du 2 novembre 1945, dans sa version issue de l'article 5 de la loi du 11 mai 1998, la délivrance à l'étranger qui tire du droit au respect de sa vie privée et familiale un droit au séjour, d'une carte de séjour temporaire portant la mention « vie privée et familiale » qui, aux termes de l'avant-dernier alinéa de l'article 12 *bis* de l'ordonnance, « donne droit à l'exercice d'une activité professionnelle ». Il suit de là que ne peuvent être opposés à l'intéressé ni la situation de l'emploi ni le fait qu'il n'est pas en mesure de présenter un contrat de travail ou un engagement d'embauche. Il résulte ainsi de la combinaison des stipulations de l'article 8 de la Convention européenne de sauvegarde des droits de l'homme et des libertés fondamentales et de l'article 12 *bis* de l'ordonnance du 2 novembre 1945 modifiée que l'exécution du jugement ayant annulé un refus de titre de séjour, au motif que ce refus porte une atteinte excessive au droit du demandeur au respect de sa vie privée et familiale, implique au moins – sous réserve d'un changement dans les circonstances de droit ou de fait – la délivrance de la carte de séjour temporaire portant la mention « vie privée et familiale » prévue à l'article 12 *bis* de l'ordonnance du 2 novembre 1945, dans sa version issue de la loi du 11 mai 1998...

[**7**] Considérant qu'eu égard aux dispositions de l'ordonnance du 2 novembre 1945 dans sa rédaction, applicable en l'espèce, issue de la loi du 11 mai 1998, l'annulation des arrêtés ordonnant la reconduite à la frontière de M. et Mme Jelassi, si elle implique, en application des dispositions du III de l'article 22 *bis* de cette ordonnance, qu'une autorisation provisoire de séjour leur soit délivrée jusqu'à ce que le préfet ait à nouveau statué sur leur cas, n'implique pas nécessairement qu'un titre de séjour leur soit délivré...

LA POSSIBILITÉ D'ASSORTIR L'INJONCTION D'UNE ASTREINTE

Art. L. 911-3 Saisie de conclusions en ce sens, la juridiction peut assortir, dans la même décision, l'injonction prescrite en application des articles L. 911-1 et L. 911-2 d'une astreinte qu'elle prononce dans les conditions prévues au présent livre et dont elle fixe la date d'effet.

■ Textes sources

– Code des TA et des CAA, article L. 8-3.

■ Commentaires

Les pouvoirs prévus aux articles précédents sont assortis d'une possibilité d'astreinte, toujours à condition que cela soit demandé (sauf devant le Conseil d'État : voir article suivant) : le juge administratif obéit désormais au principe général qu'il avait lui-même dégagé à propos du juge judiciaire, selon lequel les juges ont la faculté « de prononcer une astreinte en vue de l'exécution tant de leurs décisions que des mesures d'exécution qui en sont le préalable » (CE 10 mai 1974, Barre et Honnet, *Lebon* p. 276). Mais, à la différence des injonctions prévues ci-dessus, le prononcé d'une astreinte relève du pouvoir souverain du juge. Ainsi, dans des cas identiques d'injonction de réintégration faisant suite à l'annulation d'une révocation, le Conseil d'État a rejeté la demande d'astreinte dans la décision Kavvadias (29 décembre 1995) alors qu'il y a fait droit dans la décision Commune de Saint-François (25 mars 1996).

Pendant un certain temps, le projet de loi a prévu que l'astreinte ne puisse être envisagée qu'une fois constatée l'inexécution des injonctions mentionnées aux articles précédents. Sagement, le Parlement s'est rangé à un système plus simple. L'astreinte, qui est à ce niveau provisoire, peut être ordonnée à titre conservatoire en quelque sorte, « au cas où », étant entendu qu'il appartiendra au bénéficiaire de revenir devant le juge pour en faire liquider le montant définitif.

Par avis contentieux rendu le 30 avril 1997 (CE avis contentieux 30 avril 1997, Marchal [**1**]), le Conseil d'État a estimé, d'une part, que la demande adressée au tribunal administratif tendant à ce qu'il procède à la liquidation d'une astreinte qu'il a infligée n'est pas une « requête » et n'est pas soumise au droit de timbre, d'autre part que cette demande doit être présentée devant le tribunal qui a prononcé l'astreinte, même si son jugement est frappé d'appel (CE 27 octobre 1997, Fischer). Et si le tribunal a statué dans le cadre de l'article R. 222-13, par juge statuant seul, c'est ce dernier qui a qualité pour liquider l'astreinte qu'il a ordonnée (CE avis, 29 décembre 2000, Clouzeau).

□ *Jurisprudence*

[**1**] 1° L'article 62 de la loi du 8 février 1995 relative à l'organisation des juridictions et à la procédure civile, pénale et administrative, a complété le titre II du livre II du Code des tribunaux administratifs et des cours administratives d'appel par un chapitre VIII intitulé « L'exécution du jugement » qui comprend les articles L. 8-2, L. 8-3 et L. 8-4. Ces articles modifient les compétences des tribunaux administratifs et des cours administratives d'appel de deux manières. D'une part, les articles L. 8-2 et L. 8-3 ouvrent aux tribunaux et aux cours, lorsqu'ils statuent sur les recours pour excès de pouvoir ou de plein contentieux qui leur sont soumis et lorsqu'ils sont saisis de conclusions en ce sens, la possibilité d'enjoindre à l'administration de prendre les mesures d'exécution qu'im-

plique nécessairement l'exécution du jugement ou de l'arrêt qu'ils rendent et, dans le même jugement ou arrêt, d'assortir l'injonction prononcée d'une astreinte. L'article L. 8-4, d'autre part, transfère aux tribunaux et aux cours le pouvoir, jusqu'alors réservé au Conseil d'État, de prononcer des astreintes pour l'exécution de leurs jugements ou arrêts devenus définitifs. À cet effet, il dispose que : « En cas d'inexécution d'un jugement ou d'un arrêt définitif, la partie intéressée peut demander au tribunal administratif ou à la cour administrative qui a rendu la décision d'en assurer l'exécution. En cas d'inexécution d'un jugement frappé d'appel, la demande d'exécution est adressée à la juridiction d'appel ». Il résulte des dispositions ainsi analysées, éclairées par les travaux préparatoires de la loi du 8 février 1995 et précisées par le décret du 3 juillet 1995 pris pour leur application, que le législateur, en prévoyant que les demandes d'exécution de jugements frappés d'appel seraient adressées à la juridiction saisie en appel a entendu viser les seules demandes tendant à l'exécution de jugements n'ayant pas eux-mêmes prononcé une astreinte en application de l'article L. 8-3 du Code des tribunaux administratifs et des cours administratives d'appel. Ne constituent donc pas des demandes d'exécution, au sens du second alinéa de l'article L. 8-4, les conclusions tendant à ce qu'un tribunal administratif procède à la liquidation de l'astreinte qu'il a, par le même jugement, prononcée conjointement à une injonction. Un tribunal administratif qui, par le même jugement, a fait droit aux conclusions d'excès de pouvoir ou aux prétentions indemnitaires dont il était saisi et a enjoint à l'administration de prendre sous peine d'astreinte les mesures qu'impliquait nécessairement ce jugement est, dès lors, compétent pour statuer sur les conclusions tendant à ce que cette astreinte soit liquidée, alors même que son jugement est frappé d'appel.
2° En vertu de l'article 44-I de la loi du 30 décembre 1993 susvisée portant loi de finances pour 1994, toute requête enregistrée auprès des tribunaux administratifs, des cours administratives d'appel et du Conseil d'État est soumise à un droit de timbre de 100 F. La demande tendant à ce que le tribunal administratif procède à la liquidation de l'astreinte qu'il a prononcée n'est pas soumise aux règles de recevabilité des requêtes fixées à l'article R. 87 du Code des tribunaux administratifs et des cours administratives d'appel. Elle se rattache à la même instance contentieuse que celle qui a été ouverte par la demande d'astreinte dont elle est le prolongement procédural. Elle ne constitue pas un préalable nécessaire à l'opération de liquidation, le juge pouvant procéder d'office à celle-ci s'il constate que les mesures d'exécution qu'il avait prescrites n'ont pas été prises. Une telle demande n'est, dans ces conditions, pas constitutive d'une requête au sens des dispositions précitées de l'article 44-I de la loi du 30 décembre 1993 et n'est, dès lors, pas soumise au droit de timbre...

LA DEMANDE D'EXÉCUTION

Art. L. 911-4 En cas d'inexécution d'un jugement ou d'un arrêt, la partie intéressée peut demander au tribunal administratif ou à la cour administrative d'appel qui a rendu la décision d'en assurer l'exécution.
Toutefois, en cas d'inexécution d'un jugement frappé d'appel, la demande d'exécution est adressée à la juridiction d'appel.
Si le jugement ou l'arrêt dont l'exécution est demandée n'a pas défini les

mesures d'exécution, la juridiction saisie procède à cette définition. Elle peut fixer un délai d'exécution et prononcer une astreinte.
Le tribunal administratif ou la cour administrative d'appel peut renvoyer la demande d'exécution au Conseil d'État.

■ Textes sources

– Code des TA et des CAA, article L. 8-4, sauf § 4.

■ Commentaires

I • Le mécanisme

Cet article déconcentre sur les tribunaux administratifs et les cours administratives d'appel une partie des pouvoirs antérieurement donnés tant à la section du rapport et des études qu'à la section du contentieux du Conseil d'État en matière d'exécution des décisions juridictionnelles, selon un critère simple : le tribunal administratif pourvoit à l'exécution de ses jugements définitifs ; la cour administrative d'appel pourvoit à l'exécution de ses arrêts définitifs et des jugements frappés d'appel devant elle (seules sont concernées les décisions juridictionnelles : ainsi l'ordonnance taxant les frais et honoraires d'une expertise, qui est une décision administrative – voir art. R. 761-4 du code –, ne peut faire l'objet d'une demande d'exécution en application de ce texte (CE 10 avril 1996, Le Nestour). La cour administrative d'appel a seule compétence pour se prononcer sur la demande d'exécution d'un jugement qu'elle a confirmé, même lorsque cette demande est formée après l'arrêt de confirmation (CE sect. avis 13 mars 1998, Vindevogel, cité sous l'article L. 911-2, nº 1).
Il est enfin rappelé que seule la juridiction qui a prononcé une astreinte a le pouvoir de la liquider, même si sa décision est frappée d'appel (CE avis contentieux, 30 avril 1997, Marchal – CE 27 octobre 1997, Fischer).
Les modalités d'application de l'article L. 911-4 (voir art. R. 921-1 et suivants.) organisent l'articulation entre les procédures « amiables » et contentieuses, ce qui ne va pas de soi. La procédure en vigueur en la matière devant le Conseil d'État distingue très nettement les phases, auxquelles correspondent des demandes distinctes, et des formations différentes : la phase amiable se déclenche par la saisine de la section du rapport et des études aux fins d'exécution, cette section pouvant déclencher alors d'office une phase contentieuse d'astreinte confiée à la section du contentieux (art. R. 931-7). Le requérant peut lui-même faire choix immédiat de cette phase, en formant une demande d'astreinte (art. R. 931-3).
L'article L. 911-4 se place intégralement dans une perspective contentieuse, et les mesures d'application y ont « glissé » une phase amiable au cours de laquelle le président ou le rapporteur désigné à cette fin accomplissent « toutes diligences utiles » (art. R. 931-5). Cette phase est triplement limitée : au bout de six mois d'insuccès, le dossier devient automatiquement contentieux ; il en

va de même si le président juge nécessaire de recourir plus tôt à la voie juridictionnelle (par exemple pour que soit prononcée une astreinte si la décision à exécuter n'en a pas prévu) et dans les cas où l'intéressé n'accepte pas la décision de classement envisagée, et estime donc, contrairement à la juridiction, que la décision juridictionnelle n'a pas été entièrement exécutée. Une ordonnance insusceptible de recours marque le début « officiel » de cette phase juridictionnelle.

Tant que l'on n'aura à faire exécuter que des jugements ou arrêts « classiques », les modalités d'intervention des tribunaux et cours ne seront guère différentes de ce qui s'observe au Conseil d'État.

Mais si l'intéressé a invoqué l'article L. 911-1 (ou l'article L. 911-2) devant le juge du fond, et donc obtenu une décision juridictionnelle définissant ses mesures d'application, la question, nouvelle, va se poser du degré de liberté dont disposera la juridiction saisie en cas d'inexécution, le problème étant désormais le même au Conseil d'État. Si elle nous paraît devoir conserver une liberté de moyens affranchie des contraintes procédurales, son objectif sera désormais impérativement fixé par la décision juridictionnelle. Et, si la décision juridictionnelle a défini tant les mesures d'exécution que l'astreinte, la seule mission dévolue à la juridiction saisie sera alors de liquider l'astreinte, par voie juridictionnelle, sauf à avoir tenté une ultime démarche amiable pour obtenir l'exécution.

On verra (art. R. 911-2 et s.) que la décision de l'administration refusant de faire droit à une demande tendant à obtenir l'exécution d'une décision juridictionnelle ne fait courir le délai de recours contentieux que si elle est expresse, et que la saisine d'une juridiction formée dans le cadre de l'article L. 911-4 interrompt ce délai de recours, ce qui est déjà prévu par l'article R. 421-3.

II • La saisine

Elle doit tendre à l'exécution d'une décision juridictionnelle, et non administrative (CE 6 janvier 1995, Lacroix – CE 10 avril 1996, Le Nestour). Elle est ouverte à « la partie intéressée ».

Ce peut être l'administration en cas par exemple de condamnation de l'auteur d'une contravention de grande voirie, si le jugement lui imposant de libérer le domaine public n'a pas prévu d'astreinte. Mais il doit demeurer clair que le juge vérifiera, avant d'admettre une saisine émanant d'une personne publique, que cette dernière ne dispose pas elle-même des pouvoirs réclamés au juge : le jugement rendu en matière d'immeuble menaçant ruine autorisant le maire à procéder d'office aux travaux de réparation ou démolition qu'il prescrit, on concevrait mal que le maire revienne devant le juge chargé de l'exécution pour obtenir de lui, par exemple, une astreinte. La règle issue de la jurisprudence Préfet de l'Eure (CE 30 mai 1913, *Lebon* p. 583) devra jouer.

La notion de partie intéressée est le plus souvent simple à définir. Se pose toutefois le problème de l'exécution des décisions d'annulation d'actes réglementaires. Le Conseil d'État a jugé (CE 13 novembre 1987, Tusques et Mar-

caillou, *Lebon* p. 360) que seules pouvaient le saisir les personnes « directement concernées » par la décision, estimant à cette occasion que des contribuables, qui n'avaient pas été à l'origine de l'annulation, n'avaient pas qualité pour le saisir d'une demande d'exécution d'un jugement annulant une délibération du conseil général accordant des subventions. Il a toutefois assoupli cette position par décision du 27 janvier 1995 (CE sect. 27 janvier 1995, Melot, *Lebon* p. 52), admettant qu'un agent public, non partie au litige ayant conduit à annuler les refus de prendre des mesures statutaires, était recevable à demander une astreinte pour que soit exécuté l'arrêt ayant annulé ce refus.
On note que le délai donné pour saisir le tribunal administratif ou la cour administrative d'appel (voir art. R. 921-1) n'est désormais, comme devant le Conseil d'État, plus imparti à peine d'irrecevabilité : une demande d'exécution prématurée, qui était irrecevable (CE 18 février 1983, Nielsen, *Lebon* p. 14), est désormais admise dès lors que le refus d'exécution a persisté au-delà du délai imparti (CE sect. 5 mai 1995, Berthaux, *Lebon* p. 200).
La partie défenderesse peut être autre que l'autorité dont la décision a été affectée par la décision juridictionnelle : ainsi une demande d'astreinte peut être formée contre une commune bénéficiaire d'une autorisation préfectorale annulée, cette commune « étant tenue de prendre les mesures exigées par l'annulation » (CE 7 janvier 1994, Ledoux, reproduit sous art. L. 911-3).

III • L'astreinte

Le juge n'est pas tenu de prononcer une astreinte, même en cas d'inexécution établie. Cette règle a été tirée de la loi à propos d'une espèce particulière : un jugement annule le licenciement d'un agent. Il n'est pas exécuté, mais, sur appel formé devant le Conseil d'État, ce dernier juge que, l'agent relevant du droit privé, et la juridiction administrative étant donc incompétente pour se prononcer, le jugement de l'appel doit être renvoyé à la cour administrative d'appel. Il refuse dans ces conditions de prononcer une astreinte pour assurer l'exécution de ce jugement, non encore annulé, mais dont il est certain qu'il le sera (CE 8 avril 1994, Latchoumaninchetty [**1**]). Elle a été également appliquée à une situation dans laquelle, sur la demande d'un autre requérant, une astreinte avait déjà été ordonnée pour non-exécution de la même décision juridictionnelle (CE sect. 27 janvier 1995, Melot).
Il est toujours délicat de s'assurer qu'un jugement a été correctement exécuté, les bénéficiaires dudit jugement se méprenant souvent sur l'étendue de la chose jugée. Il est clair que l'astreinte ne peut que limiter son objet à l'exécution de la chose jugée, même si cette exécution laisse subsister des zones litigieuses, et si la personne chargée d'y procéder ne met aucune bonne volonté à les nettoyer. D'où la fréquence des formules écartant des conclusions aux fins d'exécution au motif qu'elles soulèvent un litige distinct de celui qui a été tranché. On trouvera un bon exemple de ce tri dans l'affaire Kerbache (CE 4 novembre 1996, Kerbache [**2**]). Il convient notamment de retenir, car la question est fréquemment posée, que, lorsque le jugement implique le versement d'une

somme (arriérés de rémunérations, ou indemnité représentative de traitements en cas d'éviction annulée), la question de savoir si et dans quelle mesure ce versement doit supporter des précomptes de cotisations sociales ou de contributions (CSG par exemple) soulève un litige distinct, et est étrangère aux difficultés d'exécution (CE 29 juillet 1998, Gabriel).

IV • Le cas de certains jugements emportant condamnation

Ainsi que cela ressort de l'article L. 911-9, la loi du 16 juillet 1980 a introduit un mécanisme d'exécution d'office des condamnations prononcées par décision de justice « passée en force de chose jugée » (c'est-à-dire définitive s'il s'agit d'un jugement, ou simplement prononcée s'il s'agit d'un arrêt de cour administrative d'appel : CE ass. 27 octobre 1995, Ministre du Logement c/ Mattio). L'existence de ce mécanisme se substitue à l'astreinte, et, doit-on penser, à la procédure prévue à l'article L. 911-4 (CE 6 mai 1998, Lother [**3**]). Mais, si la question de l'exécution financière n'a pas été réglée par le jugement, le procédé de l'astreinte reprend ses droits : voir par exemple CE 28 juillet 2000, Roca, prononçant une astreinte de 50 F par jour pour obtenir le paiement d'intérêts, dans un cas où ces intérêts, de droit, n'avaient pas été ordonnés par décision juridictionnelle.

□ ***Jurisprudence***

[**1**] Considérant qu'aux termes de l'article 2 de la loi du 16 juillet 1980 : « En cas d'inexécution d'une décision rendue par une juridiction administrative le Conseil d'État peut, même d'office, prononcer une astreinte contre les personnes morales de droit public pour assurer l'exécution de cette décision » ; qu'il résulte des termes mêmes de cette disposition qu'il appartient au Conseil d'État d'apprécier dans chacun des cas qui lui sont soumis s'il y a lieu de prononcer une astreinte ; Considérant que, par les jugements en date du 27 mars 1991, le tribunal administratif de Saint-Denis de la Réunion a annulé les décisions du maire de la commune de Sainte-Marie de la Réunion portant licenciement de Mmes Latchoumaninchetty, Persée, Philogène et de M. Maillot ; que par deux décisions en date du 22 décembre 1993, le Conseil d'État statuant au contentieux a jugé que les litiges concernant ces agents, qui ne peuvent pas être regardés comme participant à l'exécution du service public, ne relevaient pas de la compétence de la juridiction administrative et a renvoyé le jugement des appels présentés contre les jugements du tribunal administratif de Saint-Denis de la Réunion à la cour administrative d'appel de Paris seule compétente sur ces appels en raison de l'incompétence de la juridiction administrative pour connaître des litiges en cause ; que, dans les circonstances de l'espèce, il n'y a pas lieu de prononcer des astreintes pour assurer l'exécution des jugements susvisés du tribunal administratif de Saint-Denis de la Réunion...

[**2**] Considérant que, par décision du 27 septembre 1993, le Conseil d'État statuant au contentieux a, d'une part, annulé la décision en date du 30 juin 1988 par laquelle le directeur du centre hospitalier général de Petit-Quevilly a licencié, pour abandon de poste, Mlle Kerbache, agent hospitalier stagiaire, d'autre part, renvoyé cette dernière devant le centre hospitalier pour que soit

liquidée l'indemnité à laquelle elle avait droit pour la période pendant laquelle elle a été illégalement privée de son emploi ;

Considérant, en premier lieu que, pour assurer l'exécution de la décision susmentionnée du Conseil d'État, le directeur du centre hospitalier a, par décision du 12 mars 1994, réintégré Mlle Kerbache dans ses fonctions à compter du 30 juin 1988 ; qu'il a ainsi, en ce qui concerne la situation de Mlle Kerbache, assuré l'exécution de la décision du 27 septembre 1993 du Conseil d'État ; que si Mlle Kerbache soutient qu'elle aurait dû à cette occasion être titularisée, alors qu'elle a été réintégrée comme stagiaire, elle soulève ainsi un litige distinct qui ne se rapporte pas à l'exécution de la décision du 27 septembre 1993 et dont il n'appartient pas au Conseil d'État de reconnaître dans le cadre de la présente instance ; qu'il suit de là que les conclusions de Mlle Kerbache relatives à sa réintégration sont devenues sans objet, et que celles qui concernent sa titularisation doivent être rejetées ;

Considérant, en deuxième lieu, qu'il résulte de l'instruction que le centre hospitalier a versé à Mlle Kerbache, en exécution de la décision susmentionnée du Conseil d'État, une somme de 288 836 F, dont Mlle Kerbache soutient, d'une part, qu'elle est insuffisante, d'autre part, qu'elle doit être assortie d'intérêts ;

Considérant, d'une part, qu'il résulte de l'instruction que, pour calculer la somme due à Mlle Kerbache, le centre hospitalier a retenu une période se terminant le 27 septembre 1993, date de la décision susmentionnée du Conseil d'État, et non à la date à partir de laquelle en application de la décision de réintégration du 12 mars 1994 Mlle Kerbache a effectivement repris ses fonctions et recouvré ses droits à traitement ; que cette dernière est ainsi fondée à soutenir que la décision susmentionnée du Conseil d'État qui avait reconnu à Mlle Kerbache droit à indemnité pour l'ensemble de la période pendant laquelle elle a été privée illégalement de son emploi n'a pas été complètement exécutée ;

Considérant, d'autre part, que toute condamnation prononcée par une juridiction emporte intérêts de droit à compter de ce prononcé ; que par suite Mlle Kerbache est fondée à soutenir qu'en ne majorant pas les sommes qui lui sont dues en principal du montant des intérêts courus de la date du 27 septembre 1993 à la date de leur paiement, le directeur du centre hospitalier n'a pas complètement exécuté la décision du Conseil d'État ; qu'en revanche, cette décision n'ayant pas prescrit que la condamnation prononcée porterait intérêts à compter d'une date antérieure à ce prononcé, les conclusions de Mlle Kerbache tendant à ce que de tels intérêts lui soient alloués soulèvent un litige distinct qui ne se rapporte pas à l'exécution de la décision susmentionnée du Conseil d'État, et doivent être rejetées ;

Considérant qu'il y a lieu, dans les circonstances de l'espèce, de prescrire au centre hospitalier de prendre dans un délai de quatre mois à compter de la notification de la présente décision, en ce qui concerne les sommes dues à Mlle Kerbache en principal et en intérêts, les mesures propres à assurer complètement l'exécution de l'arrêt du 27 septembre 1993, et de prononcer contre lui une astreinte de 300 F par jour à compter de l'expiration de ce délai s'il ne s'est pas acquitté de cette obligation…

[**3**] Considérant qu'aux termes de l'article 6-I de la loi du 16 juillet 1980 susvisée : « Lorsqu'il règle un litige au fond par une décision qui implique nécessairement une mesure d'exécution dans un sens déterminé, le Conseil d'État, saisi de conclusions en ce sens, prescrit cette mesure et peut assortir sa décision d'une astreinte à compter d'une date qu'il détermine […] » ;

Considérant, toutefois, qu'aux termes du II de l'article 1er de la loi du 16 juillet 1980 susvisée : « Lorsqu'une décision juridictionnelle passée en force de chose jugée condamne une collectivité locale ou un établissement public au paiement d'une somme d'argent dont le montant est fixé par la décision elle-même, cette somme doit être mandatée ou ordonnancée dans un délai de quatre mois à compter de la notification de la décision de justice. À défaut de mandatement ou d'ordonnancement dans ce délai, le représentant de l'État dans le département ou l'autorité de tutelle procède au mandatement d'office [...] » ; que, dès lors que la disposition législative précitée permet à M. Lother, en cas d'inexécution de la présente décision dans le délai prescrit, d'obtenir le mandatement d'office de la somme que la région de Guadeloupe est condamnée à lui verser par cette même décision, il n'y a pas lieu de faire droit aux conclusions aux fins d'injonction présentées par M. Lother...

La possibilité pour le Conseil d'État de prononcer, d'office, une astreinte

Art. L. 911-5 En cas d'inexécution d'une décision rendue par une juridiction administrative, le Conseil d'État peut, même d'office, prononcer une astreinte contre les personnes morales de droit public ou les organismes de droit privé chargés de la gestion d'un service public pour assurer l'exécution de cette décision.

Les dispositions du premier alinéa ne sont pas applicables dans les cas prévus aux articles L. 911-3 et L. 911-4 et lorsque le Conseil d'État statuant au contentieux a déjà fait application des dispositions des articles L. 911-1 et L. 911-2.

Les pouvoirs attribués au Conseil d'État par le présent article peuvent être exercés par le président de la section du contentieux.

■ Textes sources

– Loi n° 80-539 du 16 juillet 1980 modifiée, articles 2 et 6.

■ Commentaires

Cet article, spécifique au Conseil d'État, lui donne le pouvoir de décider d'une astreinte au besoin d'office (à la différence donc des tribunaux et cours), en cas d'inexécution d'une décision d'une juridiction administrative quelle qu'elle soit. Mais, et c'est la portée du deuxième alinéa, ce pouvoir s'efface s'agissant des tribunaux et cours, qui assurent eux-mêmes l'exécution de leurs décisions en application des articles L. 911-3 et L. 911-4. Par ailleurs, si le Conseil d'État statuant au contentieux a, en application des articles L. 911-1 et L. 911-2, prononcé une injonction à l'encontre de la personne publique, avec ou sans astreinte, il ne lui appartient pas, au titre de l'article L. 911-5, d'infliger spontanément une telle astreinte : c'est imposer à l'organe chargé de l'exécution de respecter la chose jugée. Mais l'astreinte peut être alors prononcée par voie juridictionnelle (voir art. R. 931-7).

L'ASTREINTE PROVISOIRE OU DÉFINITIVE

Art. L. 911-6 L'astreinte est provisoire ou définitive. Elle doit être considérée comme provisoire à moins que la juridiction n'ait précisé son caractère définitif. Elle est indépendante des dommages et intérêts.

■ Textes sources

– Loi nº 80-539 du 16 juillet 1980 modifiée, article 3.

■ Commentaires

Les astreintes sont réputées provisoires, en ce qui concerne le taux fixé par la décision « comminatoire ». Ce qui permettra, lors de leur liquidation, qui est souvent fractionnée, de moduler leur taux. Mais chaque liquidation a pour effet de rendre définitive l'astreinte, pour la période couverte par cette liquidation.

LA LIQUIDATION DE L'ASTREINTE

Art. L. 911-7 En cas d'inexécution totale ou partielle ou d'exécution tardive, la juridiction procède à la liquidation de l'astreinte qu'elle avait prononcée.
Sauf s'il est établi que l'inexécution de la décision provient d'un cas fortuit ou de force majeure, la juridiction ne peut modifier le taux de l'astreinte définitive lors de sa liquidation.
Elle peut modérer ou supprimer l'astreinte provisoire, même en cas d'inexécution constatée.

■ Textes sources

– Loi nº 80-539 du 16 juillet 1980 modifiée, article 4.

■ Commentaires

L'astreinte peut être liquidée pour des sommes modestes et des retards réduits : dans une affaire Bastien, jugée le 15 décembre 1993, le Conseil d'État a liquidé à 3 000 F une astreinte sanctionnant un retard d'exécution de trois jours. Le juge peut se saisir d'office de la question de la liquidation de l'astreinte, laquelle peut porter sur une période arrêtée provisoirement (CE 22 février 1995, Loubet). Au fil des décisions de liquidation successives, le taux de l'astreinte – qui devient définitif pour chaque période couverte par la décision – peut au demeurant varier, en fonction de la plus ou moins bonne volonté de la personne publique, en augmentation (CE 22 novembre 1999, Lother), ou en diminution (CE 25 novembre 1998, Lechene), pour tenir compte notamment d'un commencement d'exécution.

LA POSSIBILITÉ DE VERSER UNE PART DE L'ASTREINTE À L'ÉTAT

Art. L. 911-8 La juridiction peut décider qu'une part de l'astreinte ne sera pas versée au requérant.
Cette part est affectée au budget de l'État.

■ **Textes sources**
– Loi n° 80-539 du 16 juillet 1980 modifiée, article 5.
– Loi n° 2000-1353 du 30 décembre 2000, article 51.

■ **Commentaires**
Le mécanisme original ici institué a pour objet de conserver à l'astreinte ses vertus comminatoires, en laissant ouverte la possibilité de retenir des taux très élevés, tout en évitant d'enrichir par trop la « victime ». Il était prévu à l'origine que les sommes ainsi détournées de la poche du requérant seraient affectées au fonds d'équipement des collectivités locales, puis au fonds de compensation de la TVA. La nouvelle version mentionnée au second alinéa, simple, a ses vertus lorsque le débiteur de l'astreinte est une personne autre que l'État. On reste perplexe sur sa portée lorsque l'État devra payer l'astreinte : et l'on a quelque mal à imaginer le dispositif d'une décision condamnant l'État à payer une astreinte « affectée au budget de l'État »... La tendance la plus récente est en la matière de ne pas « dériver » vers le budget de l'État l'astreinte que doit verser l'État (CE 28 février 2001, Fédération française des masseurs kinésithérapeutes rééducateurs).

L'EXÉCUTION D'UNE DÉCISION JURIDICTIONNELLE PORTANT CONDAMNATION

Art. L. 911-9 Lorsqu'une décision passée en force de chose jugée a prononcé la condamnation d'une personne publique au paiement d'une somme d'argent dont elle a fixé le montant, les dispositions de l'article 1er de la loi n° 80-539 du 16 juillet 1980, ci après reproduites, sont applicables.

Art. 1er – I. Lorsqu'une décision juridictionnelle passée en force de chose jugée a condamné l'État au paiement d'une somme d'argent dont le montant est fixé par la décision elle-même, cette somme doit être ordonnancée dans un délai de deux mois à compter de la notification de la décision de justice.

Si la dépense est imputable sur des crédits limitatifs qui se révèlent insuffisants, l'ordonnancement est fait dans la limite des crédits disponibles. Les ressources nécessaires pour les compléter sont dégagées dans les conditions prévues par l'ordonnance n° 59-2 du 2 janvier 1959 portant loi organique relative aux lois de finances. Dans ce cas, l'ordonnancement complémentaire doit être fait dans un délai de quatre mois à compter de la notification.

À défaut d'ordonnancement dans les délais mentionnés aux alinéas cidessus, le comptable assignataire de la dépense doit, à la demande du créancier et sur présentation de la décision de justice, procéder au paiement.

II. Lorsqu'une décision juridictionnelle passée en force de chose jugée a condamné une collectivité locale ou un établissement public au paiement d'une somme d'argent dont le montant est fixé par la décision elle-même, cette somme doit être mandatée ou ordonnancée dans un délai de deux mois à compter de la notification de la décision de justice. À défaut de mandatement ou d'ordonnancement dans ce délai, le représentant de l'État dans le département ou l'autorité de tutelle procède au mandatement d'office.

En cas d'insuffisance de crédits, le représentant de l'État dans le département ou l'autorité de tutelle adresse à la collectivité ou à l'établissement une mise en demeure de créer les ressources nécessaires ; si l'organe délibérant de la collectivité ou de l'établissement n'a pas dégagé ou créé ces ressources, le représentant de l'État dans le département ou l'autorité de tutelle y pourvoit et procède, s'il y a lieu, au mandatement d'office.

IV. L'ordonnateur d'une collectivité territoriale ou d'un établissement public local est tenu d'émettre l'état nécessaire au recouvrement de la créance résultant d'une décision juridictionnelle passée en force de chose jugée dans le délai de deux mois à compter de la date de notification de la décision de justice.

Faute de dresser l'état dans ce délai, le représentant de l'État adresse à la collectivité territoriale ou à l'établissement public local une mise en demeure d'y procéder dans le délai d'un mois ; à défaut, il émet d'office l'état nécessaire au recouvrement correspondant.

En cas d'émission de l'état par l'ordonnateur de la collectivité ou de l'établissement public local après mise en demeure du représentant de l'État, ce dernier peut néanmoins autoriser le comptable à effectuer des poursuites en cas de refus de l'ordonnateur.

L'état de recouvrement émis d'office par le représentant de l'État est adressé au comptable de la collectivité territoriale ou de l'établissement public local pour prise en charge et recouvrement, et à la collectivité territoriale ou à l'établissement public local pour inscription budgétaire et comptable.

■ **Textes sources**

– Loi n° 80-539 du 16 juillet 1980, article 1er.
– Loi n° 2000-321 du 12 avril 2000, article 17.

■ **Commentaires**

C'est l'existence de ces dispositions qui a conduit le Conseil d'État à juger que la procédure découlant des articles L. 911-4 et suivants n'est pas applicable lorsque la décision de justice portant condamnation est passée en force de chose jugée (CE 6 mai 1998, Lother, cité sous l'article L. 911-4).

L'AMENDE PRÉVUE PAR LE CODE DES JURIDICTIONS FINANCIÈRES

Art. L. 911-10 Lorsqu'une décision passée en force de chose jugée a prononcé la condamnation d'une personne publique au paiement d'une somme d'argent dont elle a fixé le montant, les dispositions de l'article L. 313-12 du Code des juridictions financières, ci-après reproduites, sont applicables.

Art. L. 313-12 – En cas de manquement aux dispositions de l'article 1er, paragraphes 1 et 2, de la loi n° 80-539 du 16 juillet 1980 relative aux astreintes prononcées en matière administrative et à l'exécution des jugements par les personnes morales de droit public, les personnes visées à l'article L. 312-1 sont passibles de l'amende prévue à l'article L. 313-1.

■ **Textes sources**

– Code des juridictions financières, article L. 313-12.

■ **Commentaires**

L'amende ici prévue, d'un minimum de 1 000 F, peut atteindre le montant du traitement ou salaire annuel brut de la personne concernée. Elle est prononcée par la cour de discipline budgétaire et financière, et peut frapper, outre des fonctionnaires, les responsables des exécutifs locaux. Cette disposition explique la présence des articles R. 921-7 et R. 931-8.

L'APPLICABILITÉ DU DÉCRET DU 12 MAI 1981

Art. R. 911-1 Lorsqu'une personne publique a fait l'objet d'une condamnation dans les conditions prévues à l'article L. 911-9, les dispositions du décret n° 81-501 du 12 mai 1981 sont applicables.

■ Textes sources

– Décret n° 2000-389 du 4 mai 2000, article 1er.

■ Commentaires

Le décret ici mentionné, pris pour l'application de la loi du 16 juillet 1980, prévoit, en ce qui concerne l'exécution des décisions passées en force de chose jugée et portant condamnation financière :

– que l'ordonnancement et le paiement direct des intérêts ne s'appliquent que si la décision de justice en a fixé le point de départ et le taux ;
– qu'un ordonnancement de régularisation est opéré lorsque le compatble a payé en application du troisième alinéa du I de l'article 1 de la loi du 16 juillet 1980 ;
– qu'il est fait interdiction à l'ordonnateur de procéder à tout nouvel engagement de dépenses tant que l'ordonnancement de régularisation n'a pas eu lieu.

On remarquera que, en ce qui concerne les intérêts, la position retenue par le décret est en retrait par rapport à la jurisprudence, qui veut que tout jugement prononçant une condamnation emporte, de plein droit, intérêts dès son prononcé (CE 16 janvier 1987, Ribot, *Lebon* p. 9).

TITRE II **Dispositions applicables aux tribunaux administratifs et cours administratives d'appel**

Le présent titre ne comprend pas de dispositions législatives.

LE DÉLAI POUR PRÉSENTER UNE DEMANDE D'EXÉCUTION

Art. R. 921-1 La demande tendant à ce que le tribunal administratif prescrive les mesures nécessaires à l'exécution d'un jugement définitif de ce tribunal, en assortissant, le cas échéant, ces prescriptions d'une astreinte, ne peut être présentée, sauf décision explicite de refus d'exécution opposée par l'autorité administrative, avant l'expiration d'un délai de trois mois à compter de la notification de ce jugement. Toutefois, en ce qui concerne les décisions ordonnant une mesure d'urgence, la demande peut être présentée sans délai.

Dans le cas où le tribunal a, dans le jugement dont l'exécution est poursuivie, déterminé un délai dans lequel l'administration doit prendre les mesures d'exécution qu'il a prescrites, la demande ne peut être présentée qu'à l'expiration de ce délai.

Les mêmes conditions de délai s'appliquent à la demande présentée à la cour administrative d'appel soit pour l'exécution d'un arrêt de cette cour, soit pour l'exécution d'un jugement rendu par un tribunal administratif situé dans le ressort de la cour et qui est frappé d'appel devant celle-ci.

■ Textes sources

- Code des TA et des CAA, article R. 222-2.
- Décret n° 2000-1115 du 22 novembre, article 2-XI.

■ Commentaires

Le délai de présentation de la demande est le même, qu'il s'agisse d'une demande d'astreinte ou d'une demande tendant à ce qu'il soit pourvu à l'exécution du jugement ou de l'arrêt, à la différence de la situation qui prévaut au Conseil d'État, pour lequel les articles R. 931-2 et R. 931-3 ont fixé des délais de trois mois pour l'exécution et de six mois pour l'astreinte. Ces délais, de toute façon, ne paraissent plus impartis à peine d'irrecevabilité de la demande

prématurée, par application de la jurisprudence Berthaux (CE sect. 5 mai 1995).
L'unicité du délai confirme ce que laisse entendre l'article L. 911-4, à savoir qu'il n'est devant le tribunal ou la cour qu'une sorte de demande d'exécution, qu'elle tende ou non à astreinte, et que cette demande est d'emblée contentieuse. Elle est dispensée du ministère d'avocat (art. R. 431-3 et R. 811-7 : voir art. R. 921-4). Ainsi qu'on l'a précisé à propos de l'article L. 411-1, la demande tendant à ce que soit liquidé le montant de l'astreinte n'est, elle, pas soumise au droit de timbre (CE avis 30 avril 1997, Marchal).

LE DÉLAI DE RECOURS CONTRE LE REFUS D'EXÉCUTER

Art. R. 921-2 En cas de rejet d'une réclamation adressée à l'autorité administrative et tendant à obtenir l'exécution d'une décision d'un tribunal administratif ou d'une cour administrative d'appel, seule une décision expresse fait courir les délais de recours contentieux.

■ Textes sources
– Code des TA et des CAA, article R. 222.

■ Commentaires
Cette disposition ne fait que reprendre la règle énoncée au 3° de l'article R. 421-3.

L'INTERRUPTION DU DÉLAI DE RECOURS PAR UNE DEMANDE D'EXÉCUTION

Art. R. 921-3 Le délai de recours contentieux contre une décision administrative expresse refusant de prendre les mesures nécessaires à l'exécution d'une décision d'un tribunal administratif ou d'une cour administrative d'appel est interrompu par la demande d'exécution, présentée en application de l'article R. 921-1, jusqu'à la notification de la décision qui statue sur cette demande.

■ Textes sources
– Code des TA et des CAA, article R. 222-1.

LA DISPENSE D'AVOCAT

Art. R. 921-4 Ainsi qu'il est dit aux articles R. 431-3 et R. 811-7, les demandes d'exécution d'un jugement ou d'un arrêt peuvent être présentées sans le ministère d'un avocat.

■ **Textes sources**
– Décret nº 2000-389 du 4 mai 2000, article 1er.

L'ACCOMPLISSEMENT DE DILIGENCES ET LE CLASSEMENT ADMINISTRATIF DE LA DEMANDE

Art. R. 921-5 Le président de la cour administrative d'appel ou du tribunal administratif saisi d'une demande d'exécution sur le fondement de l'article L. 911-4, ou le rapporteur désigné à cette fin, accomplissent toutes diligences qu'ils jugent utiles pour assurer l'exécution de la décision juridictionnelle qui fait l'objet de la demande.
Lorsque le président estime qu'il a été procédé à l'exécution ou que la demande n'est pas fondée, il en informe le demandeur et procède au classement administratif de la demande.

■ **Textes sources**
– Code des TA et des CAA, article R. 222-3, § 1 et 2.

■ **Commentaires**
Voir article suivant.

L'OUVERTURE DE LA PROCÉDURE JURIDICTIONNELLE

Art. R. 921-6 Dans le cas où le président estime nécessaire de prescrire des mesures d'exécution par voie juridictionnelle, et notamment de prononcer une astreinte, ou lorsque le demandeur le sollicite dans le mois qui suit la notification du classement décidé en vertu du dernier alinéa de l'article précédent et, en tout état de cause, à l'expiration d'un délai de six mois à compter de sa saisine, le président de la cour ou du tribunal ouvre par ordonnance une procédure juridictionnelle. Cette ordonnance n'est pas susceptible de recours. L'affaire est instruite et jugée d'urgence. Lorsqu'elle prononce une astreinte, la formation de jugement en fixe la date d'effet.

■ **Textes sources**

– Code des TA et des CAA, article R. 222-3, § 3.

■ **Commentaires**

On se reportera aux observations sous l'article L. 911-4. Les articles R. 921-5 et R. 921-6 reconstituent, à propos d'une demande qui est contentieuse dès l'origine, la césure qui, devant le Conseil d'État, distingue les diligences de la section du rapport et des études (interventions amiables et non contentieuses) et la mission de la section du contentieux (astreinte prononcée selon une procédure contentieuse). La phase amiable et informelle est confiée au président ou à un rapporteur désigné à cette fin, et peut se clore par un « classement administratif » de la demande, si le président estime soit que l'exécution a été effectuée, soit que la demande n'est pas fondée. Cette décision de classement est insusceptible de recours contentieux (CE 29 décembre 2000, Colombeau). Mais, si la résistance de la personne chargée d'exécuter le jugement est trop forte (et notamment s'il faut envisager une astreinte), le président « ouvre par ordonnance une procédure juridictionnelle », équivalent de la transmission, par le président de la section du rapport et des études, du dossier au président de la section du contentieux du Conseil d'État. Cette ouverture est de droit si le demandeur conteste, dans le mois, la décision de classement, ou si un délai de six mois s'est écoulé depuis la saisine de la juridiction. À partir de cette ordonnance – non susceptible de recours –, l'affaire entre dans la procédure juridictionnelle. Mais le fait que le président soit tenu de prendre une telle ordonnance si l'intéressé conteste la décision de classement démontre, ici encore, que la juridiction était saisie, au contentieux, dès la demande.

La liquidation de l'astreinte en cas d'inexécution

Art. R. 921-7 Lorsqu'à la date d'effet de l'astreinte prononcée par le tribunal administratif ou la cour administrative d'appel, cette juridiction constate, d'office ou sur la saisine de la partie intéressée, que les mesures d'exécution qu'elle avait prescrites n'ont pas été prises, elle procède à la liquidation de l'astreinte dans les conditions prévues aux articles L. 911-6 à L. 911-8.

Lorsqu'il est procédé à la liquidation de l'astreinte, copie du jugement ou de l'arrêt prononçant l'astreinte et de la décision qui la liquide est adressée au ministère public près la Cour de discipline budgétaire et financière.

■ **Textes sources**

– Code des TA et des CAA, article R. 222-4.

■ **Commentaires**

Voir articles L. 911-3 et L. 911-7. L'astreinte est réputée provisoire sauf disposition expresse de la décision qui la prononce. Elle peut ainsi, lors de sa liquidation, être ramenée à des montants plus modérés que ne le prévoit cette décision.

La liquidation de l'astreinte peut s'effectuer d'office ; elle peut également être demandée par son bénéficiaire. Une telle demande n'est pas soumise au droit de timbre prévu à l'article R. 411-2 (CE avis 30 avril 1997, Marchal). C'est enfin au juge qui a prononcé l'astreinte d'en opérer la liquidation, même si son jugement est frappé d'appel (même avis).

Ce texte peut ainsi conduire à un télescopage entre deux procédures. Lorsque la décision juridictionnelle a défini ses mesures d'application et les a assorties d'une astreinte, l'inexécution peut déboucher sur une procédure – le cas échéant juridictionnelle – d'exécution, en application de l'article L. 911-4, et devant la juridiction désignée par cet article, à savoir la cour administrative d'appel si le jugement est frappé d'appel. Cette juridiction n'aura d'autre ressource que de liquider provisoirement l'astreinte. Simultanément, l'article R. 921-7 donne à l'auteur de la décision juridictionnelle – le tribunal administratif dans notre exemple – le pouvoir et le devoir de liquider l'astreinte...

Le dernier alinéa est destiné, en principe, à conduire à la mise en œuvre de l'article L. 313-12 du Code des juridictions financières, auquel renvoie l'article L. 911-10. On n'a pas le sentiment qu'il soit fait un usage abusif de ces dispositions...

Le rapport sur les difficultés d'exécution

Art. R. 921-8 À l'issue de chaque année, le président de chaque tribunal administratif et le président de chaque cour administrative d'appel rendent compte au président de la section du rapport et des études du Conseil d'État des difficultés d'exécution qui leur ont été soumises. Le cas échéant, il est fait mention de ces difficultés dans le rapport annuel du Conseil d'État.

■ **Textes sources**

– Code des TA et des CAA, article R. 222-5.

■ Commentaires

Ce rapport spécial ne pourra constituer une partie du rapport annuel prévu à l'article R. 222-10. En premier lieu, il n'a pas nécessairement la même date de réalisation (avant le premier février pour le rapport annuel, à l'issue de chaque année civile pour le rapport sur l'exécution). Mais surtout il n'a pas même destinataire. Le rapport annuel est destiné au président du Conseil supérieur des tribunaux administratifs et des cours administratives d'appel ; le rapport sur l'exécution rend compte au président de la section du rapport et des études des difficultés d'exécution rencontrées, dans la perspective, pour les cas les plus choquants, d'une mention au rapport annuel (et public) du Conseil d'État.

TITRE III **Dispositions applicables au Conseil d'État**

Le présent titre ne comprend pas de dispositions législatives.

LA DEMANDE D'ÉCLAIRCISSEMENT AU CONSEIL D'ÉTAT

Art. R. 931-1 Lorsqu'une juridiction administrative a annulé pour excès de pouvoir un acte administratif ou, dans un litige de pleine juridiction, a rejeté tout ou partie des conclusions présentées en défense par une collectivité publique, l'autorité intéressée a la faculté de demander au Conseil d'État d'éclairer l'administration sur les modalités d'exécution de la décision de justice.

Ces demandes donnent lieu à la désignation d'un rapporteur dont la mission auprès de l'administration s'exerce sous l'autorité du président de la section du rapport et des études. Le cas échéant, il est fait mention de l'affaire dans le rapport annuel du Conseil d'État.

■ Textes sources

– Décret n° 63-766 du 30 juillet 1963, article 58.

■ Commentaires

Cette procédure est spécifique au Conseil d'État : c'est en quelque sorte le « service après vente » de la juridiction administrative. Elle peut fonctionner à propos de toute décision d'une juridiction administrative. Et l'on peut penser que, comme cela a été fait pour aide à l'exécution, naguère confiée exclusivement au Conseil d'État, ce service sera réparti entre les juridictions administratives : après tout, les diligences de toute nature effectuées par le chef de juridiction saisi d'une demande d'exécution ne vont pas sans s'accompagner, souvent, de conseils quant à la façon d'exécuter et quant aux modalités à mettre en œuvre à cette fin...

On note que la possibilité d'interroger le Conseil d'État, naguère réservée aux « ministres intéressés », est désormais ouverte à toute collectivité publique intéressée, ce qui inclut, entre autres, les collectivités territoriales.

LE RÔLE DE LA SECTION DU RAPPORT ET DES ÉTUDES EN CAS DE DIFFICULTÉS D'EXÉCUTION

Art. R. 931-2 Les parties intéressées peuvent signaler à la section du rapport et des études du Conseil d'État les difficultés qu'elles rencontrent pour obtenir l'exécution d'une décision rendue par le Conseil d'État ou par une juridiction administrative spéciale.

Ces demandes d'aide à l'exécution ne peuvent être présentées, sauf décision explicite de refus d'exécution opposée par l'autorité administrative, qu'après l'expiration d'un délai de trois mois à compter de la date de notification des décisions juridictionnelles.

Dans le cas des décisions ordonnant une mesure d'urgence, les demandes peuvent être présentées sans délai à la section du rapport et des études.

Dans le cas où la décision dont l'exécution est poursuivie a elle-même déterminé un délai dans lequel l'administration doit prendre les mesures d'exécution prescrites, la demande ne peut être présentée qu'à l'expiration de ce délai.

Le président de la section du rapport et des études désigne un rapporteur au sein de cette section.

Le cas échéant, il est fait mention de l'affaire dans le rapport annuel du Conseil d'État.

En cas de rejet d'une réclamation adressée à l'autorité administrative et tendant à obtenir l'exécution d'une décision d'une juridiction administrative, seule une décision expresse fait courir les délais de recours contentieux.

■ **Textes sources**

– Décret nº 63-766 du 30 juillet 1963, article 59.

■ **Commentaires**

À la différence de ce qui se passe dans les tribunaux ou cours, le texte désigne, au sein du Conseil d'État, la formation chargée de l'aide à l'exécution, laquelle n'est pas une formation contentieuse.

LA DEMANDE D'ASTREINTE

Art. R. 931-3 Il peut être demandé au Conseil d'État de prononcer une astreinte pour assurer l'exécution d'une décision rendue par le Conseil d'État ou par une juridiction administrative spéciale.

Ces demandes ne peuvent être présentées, sauf décision explicite de refus

d'exécution opposée par l'autorité administrative, qu'après l'expiration d'un délai de six mois à compter de la date de notification des décisions juridictionnelles.
Toutefois, dans le cas où la décision dont l'exécution est poursuivie a elle-même déterminé un délai dans lequel l'administration doit prendre les mesures d'exécution prescrites, la demande ne peut être présentée qu'à l'expiration de ce délai.

■ **Textes sources**
– Décret n° 63-766 du 30 juillet 1963, article 59-1.
– Décret n° 2000-1115 du 22 novembre 2000, article 2-XI.

L'intervention du président de la section du contentieux

Art. R. 931-4 Lorsque le président de la section du contentieux exerce les pouvoirs prévus au dernier alinéa de l'article L. 911-5, il statue par ordonnance motivée.

■ **Textes sources**
– Décret n° 63-766 du 30 juillet 1963, article 59-5.

La dispense d'avocat

Art. R. 931-5 Les demandes tendant à ce que le Conseil d'État prononce une astreinte peuvent être présentées sans le ministère d'un avocat au Conseil d'État.
Il en est de même pour les demandes d'aide à l'exécution d'une décision rendue par une juridiction administrative.

■ **Textes sources**
– Décret n° 63-766 du 30 juillet 1963, article 59-2.

L'instruction de la demande d'exécution au Conseil d'État

Art. R. 931-6 Sous réserve des dispositions de l'article R. 931-4, les affaires sont présentées, instruites et jugées conformément aux dispositions régissant la procédure devant le Conseil d'État statuant au contentieux. Sauf dans les cas où il peut être statué sans instruction sur les demandes, la sous-section du

contentieux communique le dossier à la section du rapport et des études du Conseil d'État ; cette section accomplit les diligences qui lui incombent en vertu des dispositions réglementaires relatives à l'exécution des décisions des juridictions administratives.
Les pièces produites devant la section du rapport et des études sont jointes au dossier.

■ **Textes sources**
– Décret n° 63-766 du 30 juillet 1963, article 59-3.

■ **Commentaires**
C'est la section du rapport et des études qui joue le rôle d'organe d'instruction des demandes contentieuses tendant au prononcé d'astreintes en cas d'inexécution. Mais le texte lui confie en même temps le soin d'effectuer les diligences nécessaires pour faire exécuter la décision juridictionnelle en cause. De telle sorte que bien souvent la demande d'astreinte se traduit par un non-lieu, signe que les diligences ont été couronnées d'effet.

LA PROCÉDURE D'ASTREINTE D'OFFICE

Art. R. 931-7 Lorsque des difficultés d'exécution ont été signalées à la section du rapport et des études dans les conditions prévues au premier alinéa de l'article R. 931-2, le président de cette section peut saisir le président de la section du contentieux aux fins d'ouverture d'une procédure d'astreinte d'office.
Le président de la section du contentieux prononce par ordonnance l'ouverture de la procédure. L'ordonnance est enregistrée au secrétariat de la section du contentieux et notifiée aux parties. L'affaire est instruite et jugée d'urgence.

■ **Textes sources**
– Décret n° 63-766 du 30 juillet 1963, article 59-4.

■ **Commentaires**
Si les difficultés d'exécution persistent, la section du rapport peut saisir la section du contentieux, qui ouvrira une procédure d'astreinte d'office, distincte de celle qui est ouverte sur demande de l'intéressé en application de l'article R. 931-3. Le dossier d'exécution passe ainsi de la phase amiable à la phase contentieuse, mécanisme dont s'est inspiré l'article R. 921-6 relatif à l'exécution devant les tribunaux et cours.

La communication au ministère public près la Cour de discipline budgétaire de la décision liquidant l'astreinte

Art. R. 931-8 Au moment de la liquidation de l'astreinte, copie de la décision prononçant l'astreinte et de la décision qui la liquide est adressée au ministère public près la Cour de discipline budgétaire.

■ **Textes sources**

– Décret nº 63-766 du 30 juillet 1963, article 59-6.

■ **Commentaires**

Voir article R. 921-7.

L'interruption du délai de recours par la demande d'astreinte

Art. R. 931-9 Le délai de recours contentieux contre une décision administrative expresse refusant de prendre les mesures nécessaires à l'exécution d'une décision de la juridiction administrative est interrompu par la demande d'astreinte jusqu'à la notification de la décision qui statue sur cette demande.

■ **Textes sources**

– Décret nº 63-766 du 30 juillet 1963, article 59-7.

■ **Commentaires**

La règle est identique à celle énoncée à l'article R. 921-3, mais est adaptée au Conseil d'État, devant lequel il est possible de présenter une demande d'astreinte « autonome ».

Table de concordance des textes d'origine vers le code

Textes sources	Articles du code
Code général des collectivités territoriales	
art. L. 1111-7, al. 4 et 5	L. 554-4
art. L. 2131-6, al. 3	L. 554-1
art. L. 2131-6, al. 4	L. 554-2
art. L. 2131-6, al. 5	L. 554-3
Code de l'environnement	
art. L. 122-2	L. 554-11
art. L. 123-12	L. 554-12
Code de l'urbanisme	
Création de l'article R. 600-1	R. 411-7
Code de la santé publique	
art. L. 6145-6 (ancien art. L. 714-10)	L. 554-5
art. L. 6143-4-1°, 3e al. du 1° (ancien art. L. 714-5, 3e al. du 1°)	L. 554-6
Code des juridictions financières	
art. L. 313-12	L. 911-10
Code général des impôts	
art. 1089 B et 1090 A	L. 411-1
Livre des procédures fiscales	
art. L. 277, al. 4	L. 552-2
art. L. 279	L. 552-1
art. R.* 200-2, al. 1	R. 431-6

Code des tribunaux administratifs et des cours administratives d'appel

art. L. 1	L. 2
art. L. 2	L. 221-1
art. L. 2-1	L. 221-2
art. L. 2-2, al. 1	L. 223-1
art. L. 2-2, al. 2	L. 225-1
art. L. 2-2, al. 3	L. 224-1
art. L. 2-3	R. 223-2
art. L. 2-4	abrogé
art. L. 2-5	abrogé
art. L. 2-6	L. 224-2
art. L. 3, al. 1	L. 211-1
art. L. 3, al. 2	L. 211-4
art. L. 4, al. 1	L. 222-1
art. L. 4, al. 2	L. 3
art. L. 4-1	R. 222-13
art. L. 5	L. 721-1
art. L. 6	L. 741-1
art. L. 7, al. 1	L. 741-2
art. L. 7, al. 2 et 3	L. 741-3
art. L. 8	L. 11
art. L. 8-1	L. 761-1
art. L. 8-2, al. 1	L. 911-1
art. L. 8-2, al. 2	L. 911-2
art. L. 8-3	L. 911-3
art. L. 8-4, al. 4	abrogé
art. L. 8-4, sauf al. 4	L. 911-4
art. L. 9	R. 222-1
art. L. 10	abrogé
art. L. 11	R. 771-2
art. L. 12 et partie L. 4-1	L. 774-1
art. L. 13	L. 774-2
art. L. 14	abrogé
art. L. 16	L. 774-3
art. L. 17	L. 774-4
art. L. 18	L. 774-5
art. L. 19	L. 774-6
art. L. 20	L. 774-7

art. L. 21	L. 774-8
art. L. 21-1	L. 774-9
art. L. 22	L. 551-1
art. L. 23	L. 551-2
art. L. 24	L. 554-10
art. L. 25	abrogé
art. L. 26	L. 554-9
art. L. 27	L. 554-2
art. L. 28	L. 776-1
art. R. 1	R. 221-1
art. R. 2	R. 237-1
art. R. 3	R. 221-2
art. R. 4	R. 221-3
art. R. 5, al. 1	R. 221-4
art. R. 5, al. 2	R. 221-5
art. R. 6	R. 221-6
art. R. 7	R. 221-7
art. R. 8	R. 221-8
art. R. 9	R. 222-3
art. R. 9-1	R. 222-4
art. R. 10	R. 222-5
art. R. 11	R. 222-6
art. R. 12	R. 222-7
art. R. 13	R. 222-8
art. R. 14	R. 222-9
art. R. 15	R. 222-10
art. R. 16	R. 222-17
art. R. 17, al. 1	R. 222-18
art. R. 17, al. 2 et 3	R. 222-20
art. R. 17, al. 4 et 5	R. 222-21
art. R. 17-1	R. 222-14
art. R. 17-2	R. 222-15
art. R. 17-3	R. 222-16
art. R. 18	R. 222-22
art. R. 19	R. 222-23
art. R. 20	R. 222-24
art. R. 21	R. 223-3
art. R. 22	R. 223-4

art. R. 23	R. 223-1
art. R. 24	R. 223-1
art. R. 25 (Nouvelle-Calédonie)	R. 224-1
art. R. 25 (Papeete)	R. 225-1
art. R. 26	R. 222-25
art. R. 27, al. 1	R. 222-26
art. R. 27, al. 2	R. 222-27
art. R. 28	R. 222-28
art. R. 29	R. 222-30
art. R. 30	R. 222-31
art. R. 31	R. 226-1
art. R. 32	R. 226-6, al. 1
art. R. 33	R. 226-3
art. R. 34	R. 226-4
art. R. 35	R. 226-2
art. R. 36	R. 226-6, al. 2
art. R. 37	R. 226-7
art. R. 38	R. 226-7
art. R. 39	R. 226-8
art. R. 40	R. 226-9
art. R. 41	R. 226-10
art. R. 42	R. 226-11
art. R. 43	R. 226-12
art. R. 44	R. 226-13
art. R. 45	R. 226-7
art. R. 46	R. 312-1
art. R. 47	R. 312-2
art. R. 48	R. 312-3
art. R. 49	R. 312-4
art. R. 50	R. 312-6
art. R. 51	R. 312-7
art. R. 52	R. 312-8
art. R. 53	R. 312-9
art. R. 54	R. 312-10
art. R. 55	R. 312-11
art. R. 56	R. 312-12
art. R. 57	R. 312-13
art. R. 58	R. 312-14

art. R. 59	R. 312-15
art. R. 60	R. 312-16
art. R. 61	R. 312-5
art. R. 62	R. 322-1
art. R. 63	abrogé
art. R. 64	R. 322-2
art. R. 65	R. 322-3
art. R. 66	R. 341-1
art. R. 67	R. 341-2
art. R. 68	R. 341-3
art. R. 69	R. 341-4
art. R. 70	R. 342-1
art. R. 71	R. 342-2
art. R. 72	R. 342-3
art. R. 73	R. 343-1
art. R. 74	R. 343-2
art. R. 75	R. 343-3
art. R. 76	R. 343-4
art. R. 77	R. 344-1
art. R. 78	R. 344-2
art. R. 79	R. 344-3
art. R. 80	R. 351-1
art. R. 81	R. 351-2
art. R. 82	R. 351-3
art. R. 83	R. 351-4
art. R. 84	R. 351-6
art. R. 85	R. 351-7
art. R. 86	abrogé
art. R. 87	R. 411-1
art. R. 87-1	R. 411-2
art. R. 88	R. 741-12
art. R. 89	R. 411-3
art. R. 91	R. 411-4
art. R. 92	R. 411-5
art. R. 93	R. 411-6
art. R. 94	R. 412-1
art. R. 95	R. 412-2
art. R. 96	R. 413-1

art. R. 97	R. 413-2
art. R. 98	R. 811-11
art. R. 99 (CAA)	R. 811-12
art. R. 99 (TA)	R. 413-4
art. R. 100	R. 413-5
art. R. 101	R. 413-6
art. R. 102, al. 1	R. 421-1
art. R. 102, al. 2, 3 et 5	R. 421-2
art. R. 102, al. 4	R. 421-3
art. R. 102, al. 6	R. 421-4
art. R. 103	R. 421-6
art. R. 104	R. 421-5
art. R. 105	R. 421-7
art. R. 106	abrogé
art. R. 107	R. 431-1
art. R. 108	R. 431-2
art. R. 109	R. 431-3
art. R. 110, al. 1	R. 431-4
art. R. 110, al. 2	R. 431-5
art. R. 111	R. 431-7
art. R. 112	R. 441-1
art. R. 113	R. 431-8
art. R. 114	R. 431-9
art. R. 115	R. 431-10
art. R. 116, al. 1 à 4	R. 811-7
art. R. 116, al. 5	R. 811-8
art. R. 116, al. 6	R. 811-9
art. R. 117	R. 811-10
art. R. 118	L. 4
art. R. 119	abrogé
art. R. 120	abrogé
art. R. 121	abrogé
art. R. 122	abrogé
art. R. 122, al. 2 (annulation)	R. 751-10
art. R. 122-1	abrogé
art. R. 123	abrogé
art. R. 124	abrogé
art. R. 125, 1re phr.	L. 4

art. R. 125, al. 1, 1re phr.	R. 811-14
art. R. 125, al. 1, sauf 1re phr.	R. 811-16
art. R. 125, al. 2	R. 811-15
art. R. 125, al. 3	R. 811-17
art. R. 125, al. 4	R. 811-18
art. R. 126	abrogé
art. R. 127 (sursis du jugement)	R. 811-19
art. R. 128	R. 532-1
art. R. 129	R. 541-1
art. R. 130	L. 521-3
art. R. 131	R. 532-2 et R. 541-2
art. R. 132	R. 533-1 et R. 541-3
art. R. 133	R. 533-3 et R. 541-5
art. R. 134	R. 541-6
art. R. 135	R. 533-2
art. R. 136	R. 531-1
art. R. 137	R. 533-3
art. R. 138	R. 611-1
art. R. 138-1	R. 611-2
art. R. 139	R. 611-3
art. R. 140	R. 611-4
art. R. 141, al. 1	R. 611-5
art. R. 141, al. 2 et 3	R. 611-6
art. R. 142, al. 1	R. 611-9
art. R. 142, al. 2	R. 611-10
art. R. 142, al. 3	R. 611-11
art. R. 143	R. 611-12
art. R. 144, al. 1 et 2	R. 611-14
art. R. 144 al. 3	R. 611-15
art. R. 145	R. 611-13
art. R. 146	R. 611-16
art. R. 147, al. 1, 1re phr.	R. 611-16
art. R. 147, al. 1, sauf 1re phr.	R. 611-17
art. R. 147, al. 2	R. 611-18
art. R. 148	R. 611-19
art. R. 149	R. 611-8
art. R. 149-1, al. 1 et 2	R. 612-1
art. R. 149-1, al. 3	R. 612-2

art. R. 185	R. 626-4
art. R. 186	R. 631-1
art. R. 187	R. 632-1
art. R. 188	R. 633-1
art. R. 189	R. 636-1
art. R. 190	R. 711-1
art. R.191 (CAA)	R. 222-29
art. R. 191 (TA)	R. 222-19
art. R. 192	R. 711-3
art. R. 193	R. 711-2
art. R. 194, al. 1	abrogé
art. R. 194, al. 2 à 4	R. 721-9
art. R. 195	L. 6
art. R. 196	R. 731-3
art. R. 197	R. 731-3
art. R. 198	abrogé
art. R. 199	L. 10 et R. 741-1
art. R. 200, al. 1 à 4	R. 741-2
art. R. 200, al. 5	L. 9
art. R. 200, al. 6	L. 10
art. R. 201	R. 741-3
art. R. 202	R. 741-4
art. R. 203	R. 741-6
art. R. 204, al. 1	R. 741-7
art. R. 204, al. 2 et 3	R. 741-8
art. R. 205	R. 741-11
art. R. 206	R. 741-10
art. R. 207	R. 113-1
art. R. 208	R. 113-4
art. R. 208-1	R. 225-2
art. R. 208-2	R. 225-5
art. R. 208-3	R. 224-3
art. R. 208-4	R. 224-6
art. R. 209	R. 751-1
art. R. 210	R. 751-2
art. R. 211	R. 751-3
art. R. 212	R. 751-4
art. R. 213	R. 751-5

art. R. 214	R. 751-7
art. R. 215	R. 751-3
art. R. 216	R. 751-8
art. R. 217	R. 761-1
art. R. 218	R. 761-2
art. R. 219	R. 761-3
art. R. 220	R. 761-4
art. R. 221	R. 761-5
art. R. 222	R. 921-2
art. R. 222-1	R. 921-3
art. R. 222-2	R. 921-1
art. R. 222-3, al. 1 et 2	R. 921-5
art. R. 222-3, al. 3	R. 921-6
art. R. 222-4	R. 921-7
art. R. 222-5	R. 921-8
art. R. 223	R. 831-6
art. R. 224, al. 1, 1re phr.	R. 831-1
art. R. 224, al. 1, 2e et 3e phr.	R. 831-2
art. R. 224, al. 2	R. 831-5
art. R. 225	R. 832-1
art. R. 226, 1re phr.	R. 832-2
art. R. 226, 2e phr.	R. 832-3
art. R. 227	abrogé
art. R. 228	R. 811-1
art. R. 229, al. 1 et 2	R. 811-2
art. R. 229, al. 3	R. 811-6
art. R. 229, al. 4	R. 811-4
art. R. 229-1	R. 811-3
art. R. 230	R. 811-5
art. R. 231	R. 833-1
art. R. 232, al. 1 et 2	R. 821-1
art. R. 232, al. 3	R. 821-4
art. R. 233, al. 1 et 2	R. 772-1
art. R. 233, al. 3 et 4	R. 772-4
art. R. 234	R. 772-2
art. R. 235	R. 772-3
art. R. 236	R. 773-1
art. R. 237	R. 773-2

art. R. 238	R. 773-3
art. R. 239	abrogé
art. R. 240	R. 773-5
art. R. 241	R. 775-1
art. R. 241-1	R. 776-1
art. R. 241-2	R. 776-2
art. R. 241-3	R. 776-3
art. R. 241-4	R. 776-4
art. R. 241-5	R. 776-5
art. R. 241-6	R. 776-6
art. R. 241-7	R. 776-7
art. R. 241-8	R. 776-8
art. R. 241-9	R. 776-9
art. R. 241-10	R. 776-10
art. R. 241-11	R. 776-11
art. R. 241-12	R. 776-12
art. R. 241-13	R. 776-13
art. R. 241-14	R. 776-14
art. R. 241-15	R. 776-15
art. R. 241-16	R. 776-16
art. R. 241-17	R. 776-17
art. R. 241-18	R. 776-18
art. R. 241-19	R. 776-19
art. R. 241-20	R. 776-20
art. R. 241-21	abrogé
art. R. 241-22	abrogé
art. R. 241-23	R. 551-3
art. R. 241-24	R. 551-4
art. R. 242	R. 212-1
art. R. 243	R. 222-2
art. R. 244	L. 222-2
art. R. 246	R. 212-2
art. R. 247	R. 212-3
art. R. 248	R. 225-6
art. R. 249	R. 225-8
art. R. 250	R. 224-7
art. R. 251	R. 224-9
art. R. 252	R. 224-2

Décret du 26 octobre 1849

art. 34	R. 771-1
art. 35	R. 771-2

Loi du 22 juillet 1889

art. 15	abrogé
art. 24	abrogé

Décret du 5 mai 1934

art. 1	abrogé
art. 2	abrogé

Ordonnance n° 45-1708 du 31 juillet 1945

art.1	L. 121-1
art. 2	abrogé
art. 5	L. 133-1
art. 6	L. 133-2
art. 7	L. 133-3 et R.* 134-4
art. 8	L. 121-4 et R. 121-15
art. 9	L. 133-4 et R.* 134-6
art. 10	L. 133-5 et R.* 134-8
art. 11	abrogé
art. 16	L. 121-6
art. 18	abrogé
art. 20 al. 1	R. 121-13
art. 20 al. 2	R. 122-26
art. 21 al. 1 à 3	L. 112-1
art. 21 al. 4	L. 112-4
art. 22	abrogé
art. 23 al. 1	L. 112-1 et L. 112-2
art. 23 al. 2	L. 112-5 et R. 112-1
art. 23 al. 3	L. 112-4
art. 24	L. 112-3
art. 32	L. 111-1
art. 38	abrogé
art. 39	abrogé
art. 40	R. 411-1 et R. 412-1

art. 41	R. 432-1
art. 42	R. 432-2
art. 43	R. 432-4
art. 44	abrogé
art. 45	abrogé
art. 46	abrogé
art. 47 al. 1	R. 413-1
art. 47 al. 2 (contentieux électoral)	R. 773-4
art. 47 al. 2 (autres)	abrogé
art. 47 al. 3	R. 411-3
art. 47 al. 4	abrogé
art. 48	L. 4
art. 49	abrogé
art. 50 (appel)	R. 811-5
art. 50 (premier ressort)	R. 421-7
art. 52	R. 611-8
art. 53	R. 611-26
art. 57	abrogé
art. 58	R. 631-1
art. 59	R. 631-1
art. 60	R. 633-1
art. 61	R. 632-1
art. 62	R. 634-1
art. 63	R. 634-2
art. 64	R. 635-2
art. 65	R. 635-3
art. 66 al. 1	L. 6
art. 66 al. 2	abrogé
art. 67	R. 731-4
art. 68 al. 1	L. 10 et R. 741-1
art. 68 al. 2	L. 10, R. 741-2 et R. 741-9
art. 69	abrogé
art. 70	R. 751-1
art. 71	R. 751-9
art. 72	R. 831-1 et R. 831-2
art. 73	R. 831-5
art. 74	R. 831-1
art. 75	R. 834-1

art. 76 al. 1	R. 834-2
art. 76 al. 2	R. 834-3
art. 77	R. 834-4
art. 78	R. 833-1
art. 79	R. 832-1
art. 80	R. 761-1
art. 84	abrogé

Ordonnance n° 45-2658 du 2 novembre 1945

art. 22 *bis*	L. 776-1
art. 27 *ter*	L. 776-2

Décret n° 53-934 du 30 septembre 1953

art. 2, 7°	L. 311-5
art. 2, dernier alinéa	L. 331-1
art. 2 (autres)	R. 311-1
art. 2 *bis* al. 1 et 2	abrogés
art. 2 *ter* al. 1 et 2	abrogés
art. 3, al. 1	abrogé
art. 3, al. 2	R. 351-5
art. 11	R. 821-3

Décret n° 53-935 du 30 septembre 1953

art. 3 al. 1	R.* 133-3
art. 3 al. 2	R.* 133-4
art. 3 al. 3	R.* 133-5
art. 3 al. 4	R.* 133-6
art. 3 al. 5 à 8 et al. 10	abrogé
art. 3 al. 9	L. 133-8 et R.* 133-6
art. 2 al. 10	abrogé

Décret n° 53-1169 du 28 novembre 1953

art. 2 al. 1, 1°	L. 311-2
art. 2 al. 1, 7°	L. 321-2
art. 2, al. 1, 8°	abrogé
art. 2, al. 1, 10°	L. 311-5
art. 2 dernier alinéa	R. 311-1

art. 2 al. 1, sauf 7°, 8°, 10° et dernier alinéa	R. 311-1
art. 3	R. 321-2

Décret n° 63-766 du 30 juillet 1963

art. 1 al. 1 et 2	L. 121-2 et R. 121-1
art. 1 al. 3	R. 121-2
art. 2 al. 1	L. 121-3
art. 2 al. 2	R. 121-3
art. 2 al. 3	L. 121-4
art. 2, al. 4 et 5	R. 121-4
art. 2, al. 6	R. 121-5
art. 2, al. 7	R. 121-6
art. 4, al. 1	R. 121-7
art. 4, al. 2	R. 121-8
art. 4, al. 3 et 4	R. 121-9
art. 4, al. 5	R. 121-10
art. 4, al. 6	R. 121-11
art. 5, al. 1	L. 132-1
art. 5 al. 2 et 3	R. 132-1
art. 5 al. 4	L. 132-3
art. 6	R. 121-12
art. 7	R. 121-14
art. 8	R. 123-1
art. 9, al. 1	R. 123-2
art. 9, al. 2 à 4	R. 123-3
art. 9, al. 5	R. 123-4
art. 10 (rapporteur SRE)	R. 123-7
art. 10 (sauf rapporteur SRE)	R. 123-6
art. 11	R. 123-8
art. 12	R. 123-9
art. 13	R. 123-10
art. 13-1	R. 225-6
art. 13-2	R. 225-7
art. 13-3	R. 225-8
art. 13-4	R. 224-7
art. 13-5	R. 224-8
art. 13-6	R. 224-9
art. 14	R. 123-11

art. 14-1	R. 123-5
art. 15, al. 1	R. 123-12
art. 15, al. 2	R. 123-13
art. 15, al. 3 à 5	R. 123-14
art. 16	R. 123-15
art. 17, 1re phr.	L. 121-1
art. 17, 2e phr.	R. 123-16
art. 18	R. 123-17
art. 19	R. 123-18
art. 20	R. 123-19
art. 21	R. 123-20
art. 22	R. 123-21
art. 23	R. 123-22
art. 24	R. 123-23
art. 25	R. 123-24
art. 25-1	R. 123-25
art. 26	R. 123-26
art. 27, al. 1 et 2	R. 122-1
art. 28	R. 122-2
art. 29	R. 122-3
art. 30, al. 1	R. 122-4
art. 30, al. 2	R. 122-5
art. 31	R. 122-6
art. 32	R. 122-7
art. 33	R. 122-8
art. 34	R. 122-9
art. 35, al. 1 et 2	R. 122-10
art. 35, al. 3 à 5	R. 122-14
art. 36	R. 611-20
art. 37	R. 611-27
art. 37-1	abrogé
art. 37-2	R. 122-12 et R. 122-13
art. 38, al. 1	R. 611-30
art. 38, al. 2	R. 122-11
art. 38, al. 3 à 6	R. 122-15
art. 38, al. 7 à 9	R. 122-16
art. 39	R. 122-17
art. 40, al. 1 et 2	R. 122-18

art. 40, al. 3 et 4	R. 122-19
art. 41	R. 122-20
art. 42	R. 122-21
art. 43	R. 122-21
art. 44	R. 122-20
art. 45	R. 122-20
art. 46	R. 122-22
art. 47	R. 122-23
art. 48	R. 122-24
art. 49	R. 122-25
art. 50, al. 1 (secrétaire adjoint)	R. 122-27
art. 50, al. 1 (secrétaire)	R. 122-26
art. 50, al. 2	R. 122-29
art. 50, al. 3	R. 122-28
art. 51	R. 413-5
art. 52, al. 1	R. 413-2
art. 52, al. 2	abrogé
art. 53, al. 1	R. 412-2
art. 53, al. 2	abrogé
art. 53, al. 3 à 5	R. 412-3
art. 53-1	R. 611-28
art. 53-2	R. 611-29
art. 53-3, al. 1	R. 611-21
art. 53-3, al. 2	R. 611-22
art. 53-3, al. 3	R. 611-23
art. 53-3, al. 4 1re phr.	R. 611-24
art. 53-3, al. 4 2e phr.	R. 611-25
art. 53-4	R. 612-6
art. 53-5	R. 411-5
art. 54, al. 1	R. 811-14
art. 54 al. 1 et 3 (cassation)	R. 821-5
art. 54, al. 2	R. 811-16
art. 54, al. 3	R. 811-15
art. 54, al. 4	R. 811-17
art. 54, al. 5	R. 122-12
art. 54-1	R. 611-7
art. 55	R. 712-1
art. 56	R. 741-5

art. 57, al. 1, 1re phr.	R. 751-3
art. 57, al. 1, 2e phr.	R. 751-6
art. 57, al. 2	R. 773-6
art. 57-1 (annulation)	R. 751-11
art. 57-1 (sursis)	R. 522-14
art. 57-2	R. 741-12
art. 57-3	R. 822-1
art. 57-4	R. 822-2
art. 57-5	R. 822-3
art. 57-6	R. 822-4
art. 57-7	R. 822-5
art. 57-8	R. 821-4
art. 57-9	R. 822-6
art. 57-11	R. 113-1
art. 57-12	R. 113-2
art. 57-13	R. 113-4
art. 57-14	R. 225-2
art. 57-15	R. 225-3
art. 57-16	R. 225-5
art. 57-17	R. 224-3
art. 57-18	R. 224-4
art. 57-19	R. 224-6
art. 57-20	R. 224-10
art. 57-21	R. 224-11
art. 57-22	R. 224-12
art. 58	R. 931-1
art. 59	R. 931-2
art. 59-1	R. 931-3
art. 59-2	R. 931-5
art. 59-3	R. 931-6
art. 59-4	R. 931-7
art. 59-5	R. 931-4
art. 59-6	R. 931-8
art. 59-7	R. 931-9
art. 60	R. 137-1
art. 61	R. 137-2
art. 62	R. 137-3

art. 63	R. 137-4
art. 64	L. 137-1

Décret nº 63-767 du 30 juillet 1963

art. 1	L. 131-1
art. 2, al. 1 et 2	R.* 131-1
art. 2, al. 3	L. 121-7
art. 3	L. 131-2
art. 4	L. 131-3
art. 5	R.* 131-2
art. 6, al. 1 et 2	L. 132-2
art. 6, al. 3	R. 132-3
art. 6 al. 4	R. 132-2
art. 7, al. 1	L. 133-3
art. 7, al. 2 et 3	R.* 134-3
art. 8	R.* 134-5
art. 9	L. 121-5
art. 10	R.* 134-7
art. 11, 1re phr.	L. 133-6
art. 11, 2e phr.	abrogé
art. 11-1	R.* 133-1
art. 11-2	R.* 133-2
art. 12	R.* 134-2
art. 13	L. 136-1
art. 14	L. 136-2
art. 15	R.* 135-1
art. 16	R.* 135-2
art. 17	R.* 135-3
art. 18	R.* 135-4
art. 19	R.* 135-5
art. 20	R.* 135-6
art. 21	R.* 135-8
art. 22	R.* 135-9
art. 23	R.* 135-10
art. 24	R.* 135-11
art. 25	abrogé
art. 26	abrogé

Loi n° 80-539 du 16 juillet 1980

art. 1	L. 911-9
art. 2	L. 911-5
art. 3	L. 911-6
art. 4	L. 911-7
art. 5	L. 911-8
art. 6	L. 911-5
art. 6-1, al. 1	L. 911-1
art. 6-1, al. 2	L. 911-2

Loi n° 83-663 du 22 juillet 1983

art. 15-12-II, al. 2	L. 554-7

Loi n° 84-610 du 16 juillet 1984

art. 17-1, al. 1	L. 554-8
art. 19 dernier alinéa	R. 311-2 et R. 312-17

Loi n° 86-14 du 6 janvier 1986

art. 1, al. 1	L. 233-1
art. 1, al. 2	L. 231-3
art. 2	L. 231-2
art. 3	L. 231-4
art. 4	L. 231-7
art. 5 sauf dernier al.	L. 231-5
art. 5 dernier al.	L. 231-6
art. 6	L. 231-8
art. 7	L. 233-2
art. 8 al. 1	L. 233-3
art. 8 al. 2	L. 233-4
art. 9	L. 233-6
art. 10	R. 237-1
art. 11	L. 231-9
art. 12	L. 233-5
art. 13	L. 232-1
art. 14 al. 1 et 2	L. 232-2
art. 14 al. 3 et 4	L. 232-3
art. 14 al. 5	L. 232-4

art. 14 al. 6	L. 232-5
art. 14 al. 7	abrogé
art. 16 al. 1	L. 234-1
art. 16 al. 2 et 3	L. 234-2
art. 16-1 al. 1	L. 234-3
art. 16-1 al. 2	L. 234-4
art. 16-1 al. 3	L. 234-5
art. 17 al. 1	L. 236-1
art. 17 al. 2 et 3	L. 236-2
art. 17 al. 4	L. 236-3
art. 18 al. 1	L. 7
art. 18 al. 2	R. 222-24
art. 19 (CAA)	R. 611-16
art. 19 (TA)	R. 611-9
art. 21	L. 231-1

Loi nº 86-1067 du 30 septembre 1986

art. 42-10	L. 553-1

Décret nº 87-554 du 17 juillet 1987

art. 1	R. 232-1
art. 2	R. 232-2
art. 3	R. 232-3
art. 4	R. 232-4
art. 5	R. 232-5
art. 6	R. 232-6
art. 7	R. 232-7
art. 8	R. 232-8
art. 9	R. 232-9
art. 10	R. 232-10
art. 11	R. 232-11
art. 12, a	R. 232-12
art. 12, b	R. 232-13
art. 12, c	R. 232-14
art. 13	R. 232-15
art. 14	R. 232-16
art. 15	R. 232-17
art. 16	R. 232-18

art. 17	R. 232-19
art. 18	R. 232-20
art. 19	R. 232-21
art. 20	R. 232-22
art. 21	R. 232-23
art. 22	R. 232-24
art. 23	R. 232-25
art. 24	R. 232-26
art. 25	R. 232-27
art. 26	R. 232-28
art. 27	R. 232-29
art. 28	abrogé

Loi nº 87-1127 du 31 décembre 1987

art. 1 al. 1 et 2	L. 211-2
art. 1 al. 3	L. 211-3
art. 1 (autres)	R. 321-1
art. 2	L. 221-3
art. 4	L. 222-5
art. 5, 1re phr.	L. 222-3
art. 5 (autres)	R.* 133-9
art. 8	L. 233-8
art. 10	L. 821-1
art. 11 al. 1	L. 822-1
art. 11 al. 2 et 3	L. 821-2
art. 12	L. 113-1

Décret nº 88-153 du 15 février 1988

art. 1	R.* 133-7
art. 2	R.* 133-8
art. 3	L. 222-4

Décret nº 89-915 du 19 décembre 1989

art. 1, al. 1 et 3 (membres)	R. 231-3
art. 1, al. 2 et 3 (dépenses)	R. 222-11
art. 1, al. 4	R. 222-12

Loi nº 91-647 du 10 juillet 1991

art. 75-1	L. 761-1

Loi nº 94-530 du 28 juin 1994

art. 2-1 (Conseil d'État)	L. 133-7

Loi organique nº 96-312 du 12 avril 1996

art. 113	L. 225-2
art. 114	L. 225-3

Décret nº 97-859 du 18 septembre 1997

art. 1 al. 2	R. 237-1
art. 1 al. 3	R. 237-2
art. 1 al. 4	R. 231-1
art. 2	R. 231-4
art. 3	R. 231-2
art. 4	R. 233-1
art. 5	R. 233-4
art. 6	R. 233-5
art. 7	R. 233-6
art. 8	R. 233-7
art. 9	R. 233-2
art. 10	R. 233-3
art. 11	R. 234-1
art. 12	R. 234-2
art. 13	R. 234-3
art. 14	R. 234-4
art. 15	R. 234-5
art. 16	R. 234-6
art. 17	R. 234-7
art. 18	R. 235-1
art. 19	R. 235-2

Loi organique nº 99-209 du 19 mars 1999

art. 100	L. 112-6
art. 107	L. 224-5

art. 11 .... L. 522-2
art. 12 .... L. 522-3
art. 13-III-1 .... L. 551-1 et L. 551-2
art. 13-III-2 .... L. 211-2, L. 321-1, L. 552-1 et L. 552-2
art. 13-III-3 .... L. 553-1
art. 13-III-4-a .... L. 554-1 à L. 554-9
art. 13-III-4-b .... L. 554-10 à L. 554-12
art. 14 .... L. 551-1 et L. 551-2
art. 16-I .... L. 554-1
art. 17-I .... L. 554-9
art. 17-II .... L. 554-3
art. 22 .... L. 555-1

Décret nº 2000-1115 du 22 novembre 2000

art. 1 .... R. 522-1 à R. 551-4
art. 2-I .... R. 122-12
art. 2-II .... R. 222-1
art. 2-III .... R. 322-2, R. 322-3 et R. 322-4
art. 2-IV .... R. 611-11
art. 2-V .... R. 611-20
art. 2-VI .... R. 611-23
art. 2-VII .... R. 621-13
art. 2-VIII .... R. 625-1
art. 2-IX .... R. 751-12
art. 2-X .... R. 811-16
art. 2-XI .... R. 921-1 et R. 931-2
art. 3-I .... R. 226-2, R. 226-5 et R. 226-6
art. 3-II .... R. 226-5
art. 4 .... R. 421-2

Loi nº 2000-1353 du 30 décembre 2000

art. 51 .... L. 911-8

Décret nº 2001-373 du 27 avril 2001

art. 1-I .... R. 741-12
art. 2 .... R. 222-14

Décret n° 2001-562 du 29 juin 2001

Loi n° 2001-616 du 11 juillet 2001

Décret n° 2001-710 du 31 juillet 2001

Index alphabétique

Les numéros renvoient aux articles du code et aux commentaires qui leur sont associés. Les numéros en italiques renvoient aux seuls commentaires.

A

F

J

L

M

N

O

S

T

Table des matières

TITRE III

Dispositions statutaires

TITRE II

Organisation et fonctionnement

LIVRE III

La compétence

TITRE I
La compétence de premier ressort

TITRE II

La compétence d'appel

TITRE III

Le Conseil d'État juge de cassation

TITRE IV

La connexité

LIVRE IV

L'introduction de l'instance de premier ressort

TITRE I
La requête introductive d'instance

TITRE II
Les délais

TITRE III

La représentation des parties

TITRE IV

L'aide juridictionnelle

LIVRE V

Le référé

TITRE I
Le juge des référés

TITRE II
Le juge des référés statuant en urgence

LIVRE VI

L'instruction

TITRE I
La procédure ordinaire

LIVRE VII

Le jugement

TITRE I

L'inscription au rôle

TITRE II

L'abstention et la récusation

TITRE III

La tenue de l'audience

TITRE IV
La décision

TITRE V
La notification de la décision

TITRE VI
Les frais et dépens

TITRE VII
Dispositions spéciales

LIVRE VIII

Les voies de recours

TITRE I

L'appel

TITRE II

Le recours en cassation

TITRE III

Autres voies de recours

LIVRE IX

L'exécution des décisions

TITRE I
Principes

TITRE II

Dispositions applicables aux tribunaux administratifs et cours administratives d'appel

TITRE III

Dispositions applicables au Conseil d'État

Dans la collection Guides

Droit de cité pour le cirque
Accueil des cirques dans les communes – Partenariats avec les collectivités locales
Antoine Billaud, Alexandra Echkenazi, Michel Léon

Le protocole dans les collectivités locales
Mode d'emploi – Usages et pratiques
Nathalie Loux

Vade-mecum de l'action municipale, 2e édition
Responsabilités de l'élu municipal – Gestion quotidienne de la cité
Didier Lamy

Accueil et stationnement des gens du voyage, 2e édition
Organisation – Autorisations – Interdictions – Expulsions
Daniel Merchat

Le cadre juridique des campagnes électorales, 2e édition
Communication – Financement – Contentieux
Michel Guénaire, en collaboration avec David Biziou, Bruno Quentin et Emmanuel Vital-Durand

Réussir le passage à l'euro
Informer localement – Mobiliser les acteurs locaux – Accompagner les citoyens
André Hartereau

Dans la collection Moniteur Référence

Code général des collectivités territoriales
Annoté et commenté
Sous la direction scientifique de Jean-Bernard Auby
(4 classeurs, 3 200 pages, 4 mises à jour par an)

Droit des services publics locaux
Organisation – Gestion – Contrôle
Sous la direction scientifique de Laurent Richer
(2 classeurs, 1 600 pages, 4 mises à jour par an)

Photocomposition Nord Compo
Villeneuve d'Ascq

Achevé d'imprimer en Italie
sur les presses de Rotolito Lombarda,
20096 Pioltello (MI)
Dépôt légal : septembre 2001

100/01/195